Spannungen und Widersprüche
Gedenkschrift für František Graus

Spannungen und Widersprüche

Gedenkschrift für František Graus

Herausgegeben von
Susanna Burghartz, Hans-Jörg Gilomen,
Guy P. Marchal, Rainer C. Schwinges und
Katharina Simon-Muscheid

Jan Thorbecke Verlag Sigmaringen
1992

Gedruckt mit Unterstützung
   der Geschw. Boehringer Ingelheim Stiftung für Geisteswissenschaften
   in Ingelheim am Rhein
   der Freien Akademischen Stiftung Basel
   der Bank Dreyfus Basel
   der Max Geldner-Stiftung Basel
   der Johann Wolfgang von Goethe-Stiftung Zürich
   des Friedrich Emil Welti-Fonds Bern

> Die Deutsche Bibliothek – CIP-Einheitsaufnahme
>
> *Spannungen und Widersprüche:* Gedenkschrift für
> František Graus / hrsg. von Susanna Burghartz ... –
> Sigmaringen: Thorbecke, 1992
>   ISBN 3-7995-4157-8
> NE: Burghartz, Susanna [Hrsg.]; Graus, František:
> Festschrift

© 1992 by Jan Thorbecke Verlag GmbH & Co., Sigmaringen
Alle Rechte vorbehalten. Ohne schriftliche Genehmigung des Verlages ist es nicht gestattet, das Werk unter Verwendung mechanischer, elektronischer und anderer Systeme in irgendeiner Weise zu verarbeiten und zu verbreiten. Insbesondere vorbehalten sind die Rechte der Vervielfältigung – auch von Teilen des Werkes – auf photomechanischem oder ähnlichem Wege, der tontechnischen Wiedergabe, des Vortrags, der Funk- und Fernsehsendung, der Speicherung in Datenverarbeitungsanlagen, der Übersetzung und der literarischen oder anderweitigen Bearbeitung.
Dieses Buch ist aus säurefreiem Papier hergestellt und entspricht den Frankfurter Forderungen zur Verwendung alterungsbeständiger Papiere für die Buchherstellung.
Gesamtherstellung: M. Liehners Hofbuchdruckerei GmbH & Co. Verlagsanstalt, Sigmaringen
Printed in Germany · ISBN 3-7995-4157-8

Inhalt

Vorwort der Herausgeberinnen und Herausgeber 7

Hans R. Guggisberg
    Erinnerung an František Graus 9

Jacques Le Goff
    František Graus et la crise du XIVe siècle: Les structures et le hasard 13

I. Ideologiekritische Aspekte der Hagiographie

Michael Richter
    Waliser und Wundermänner um 1300 23

Klaus Schreiner
    Hildegard, Adelheid, Kunigunde. Leben und Verehrung heiliger Herrscherinnen im Spiegel ihrer deutschsprachigen Lebensbeschreibungen aus der Zeit des späten Mittelalters 37

II. Traditionskritik

Ivan Hlaváček
    Die böhmische vorhussitische Historiographie als Quelle der Verwaltungsgeschichte 53

Hans-Dietrich Kahl
    Die weltweite Bereinigung der Heidenfrage – ein übersehenes Kriegsziel des Zweiten Kreuzzugs 63

Guy P. Marchal
    Das Mittelalter und die nationale Geschichtsschreibung der Schweiz 91

Peter Moraw
    Die Prager Universitäten des Mittelalters. Perspektiven von gestern und von heute 109

Otto Gerhard Oexle
  Das Mittelalter und das Unbehagen an der Moderne. Mittelalterbeschwörungen in der Weimarer Republik und danach 125

Rainer C. Schwinges
  Wilhelm von Tyrus: Vom Umgang mit Feindbildern im 12. Jahrhundert 155

III. Soziale Unrast und Randgruppen

Hans-Jörg Gilomen
  Das Motiv der bäuerlichen Verschuldung in den Bauernunruhen an der Wende zur Neuzeit 173

Josef Macek
  Die sozialen Randgruppen in den böhmischen Städten in der Jagellonenepoche 1471–1526 191

Katharina Simon-Muscheid
  Randgruppen, Bürgerschaft und Obrigkeit. Der Basler Kohlenberg, 14.–16. Jahrhundert 203

IV. Geschichte der Juden

Susanna Burghartz
  Juden – eine Minderheit vor Gericht (Zürich 1378–1436) 229

Jean-Claude Schmitt
  La question des images dans les débats entre juifs et chrétiens au XIIe siècle 245

Reinhard Schneider
  Der Tag von Benfeld im Januar 1349: Sie kamen zusammen und kamen überein, die Juden zu vernichten 255

Peter Aufgebauer und Ernst Schubert
  Königtum und Juden im deutschen Spätmittelalter 273

Die Publikationen von František Graus 315
  Zusammengestellt unter Benützung seiner hinterlassenen Angaben von Hans-Jörg Gilomen und Mireille Othenin-Girard

Vorwort der Herausgeberinnen und Herausgeber

Am 1. Mai 1989 verstarb Prof. Dr. Dr. h. c. František Graus, Ordinarius für mittelalterliche Geschichte an der Universität Basel, Ehrendoktor der Justus Liebig-Universität Gießen, Mitherausgeber der »Historischen Zeitschrift«. Aus der Festschrift, die ihm Kollegen, Freunde und Schüler zum 70. Geburtstag widmen wollten, ist eine Gedenkschrift geworden. Sie trägt den Titel »Spannungen und Widersprüche«. Beide Begriffe kennzeichnen wie wenige andere Leben und Werk von František Graus. Die politischen Verhältnisse und Ideologien des 20. Jahrhunderts, Nationalismus, Faschismus, Antisemitismus, Stalinismus/Marxismus, zwangen ihn wiederholt, Spannungen und Widersprüche auszuhalten. Die Deportation nach Theresienstadt 1941 und die erzwungene Emigration im Anschluß an den »Prager Frühling« 1969 waren nur die bedrohlichsten Stationen.

Schicksal und Lebensweg von František Graus spiegeln sich in Ansatz und aller Breite in seinem Werk. Erzwungenermaßen ist er zu einem europäischen Gelehrten geworden. Graus beherrschte und nutzte schon früh die verschiedenen Strömungen moderner Forschung in Europa, insbesondere die neueren Ansätze in Frankreich, die er mit der traditionellen Mediävistik zu verbinden wußte. Trotz des europäischen Formats dachte er dennoch aus heimatlichen, böhmisch-mährischen, überdies deutsch-jüdischen Erfahrungen, die immer ganz unabhängig von der politisch-gesellschaftlichen Umwelt die charakteristischen Erfahrungen von Minderheiten gewesen sind. Menschlichen Gesellungsformen mit all ihren Spannungen und Widersprüchen, ihrer Bedrohlichkeit und Ambivalenz und ihrer grundsätzlichen Krisenhaftigkeit galt deshalb auch immer wieder seine Aufmerksamkeit. Mit vollem Recht hat man Graus in einem Nachruf einen »Historiker der Krise« genannt. Skepsis gegenüber zu großem Optimismus und jedweder Form von Harmonisierung und Verklärung der Vergangenheit war eine der Grundlinien seiner historischen Arbeit, gleichgültig, ob sie sich den großen Themen von Staat und Nation widmete oder den Mentalitäten, den Randgruppen oder den Mythen der Geschichtsschreibung.

Forschung und Lehre von František Graus umfaßten ein unerhört weites Interessenfeld. Er hat für die früh- bis spätmittelalterliche Sozial-, Verfassungs- und Wirtschaftsgeschichte und für eine bis in die Gegenwart vorgetriebene Traditionsgeschichte immer wieder bahnbrechende Beiträge geliefert, die heute zum festen Bestand der Fachdiskussion gehören. Besonders befaßt hat er sich mit *Ideologiekritischen Aspekten der Hagiographie*, mit der *Traditionskritik*, mit *Sozialer Unrast und Randgruppen* und der *Geschichte der Juden*. Es lag nahe, daß diese Themen die Konzeption der Gedenkschrift bestimmen sollten. So sind denn auch die einzelnen Beiträge diesen Themenkreisen zugeordnet, verfaßt von Autoren jener vier Länder, die in seinem Leben eine wie auch immer geartete Bedeutung hatten. Die Würdigung seines Werkes begann anläßlich der akademischen Gedenkfeier der Universität Basel am 30. November 1989. Die dort gehaltenen Reden wurden in Band 90 der »Basler Zeitschrift für Geschichte und Altertumskunde« 1990 gedruckt; aus ihr entstammt der Beitrag von Prof. Jacques Le Goff.

Das Gedenken an František Graus verbindet sich mit dem Andenken an einen seiner Freunde und engen Weggefährten aus Prager Tagen, an Prof. Josef Macek, der im Dezember 1991 verstorben ist. Sein Beitrag zu diesem Buch war seine letzte fertiggestellte Arbeit.

Viele haben neben den Autoren mitgeholfen, die Gedenkschrift für František Graus zu verwirklichen. Die Herausgeberinnen und Herausgeber danken in erster Linie den Institutionen im In- und Ausland, die das Erscheinen durch ihre Druckkostenzuschüsse gesichert haben: der Geschw. Boehringer Ingelheim Stiftung für Geisteswissenschaften in Ingelheim am Rhein, der Freien Akademischen Stiftung Basel, der Bank Dreyfus Basel, der Max Geldner-Stiftung Basel, der Johann Wolfgang von Goethe-Stiftung Zürich sowie dem Friedrich Emil Welti-Fonds Bern. Wir danken ferner für bereitwillige und kompetente Hilfe in verschiedenen Phasen der Herstellung Frau S. Bruggmann, Basel, Herrn Dr. Ch. Hesse, Bern, Frau M. Kähr, Bern, Herrn Bruno Koch, Bern, Herrn Privatdozent Dr. Ch. Simon, Basel, sowie dem Jan Thorbecke Verlag und seinen Mitarbeitern in Sigmaringen. Ein herzlicher Dank geht nicht zuletzt an Frau Vera Graus in Basel, die stets mit Rat und Tat Anteil genommen hat.

Frühjahr 1992 *Die Herausgeberinnen und Herausgeber*

Erinnerung an František Graus

VON HANS R. GUGGISBERG

Siebzehn Jahre hat František Graus als Erforscher und Lehrer der mittelalterlichen Geschichte an der Universität Basel gewirkt, nämlich von 1972 bis 1989. Die zahlreichen wissenschaftlichen Werke, die er in dieser Zeit geschaffen hat, genießen in der internationalen Fachwelt große Hochschätzung. Einige von ihnen sind auch außerhalb der mediävistischen Zunft mit Interesse und lebhafter Zustimmung aufgenommen worden. Wer die Basler Tätigkeit von František Graus verfolgte, konnte feststellen, daß er hier sehr gute Schüler und Schülerinnen hatte. Seine Anregungen und Fragestellungen fielen auf fruchtbaren Boden und ließen eine ganze Reihe ausgezeichneter Dissertationen und Habilitationsschriften entstehen. Aber auch außerhalb Basels wirkte Graus inspirierend auf manche Angehörige einer jüngeren Forschergeneration. Zur Zeit seines allzu frühen Todes gehörte sein Name zu den angesehensten in seinem Fache. Wo immer er heute erwähnt wird, geschieht es mit Respekt und Dankbarkeit.

Die folgenden Zeilen sollen nun aber nicht in erster Linie der wissenschaftlichen Würdigung des Forschers und Lehrers Graus gewidmet sein, sondern der persönlichen Erinnerung an den Kollegen und Freund. Daher darf hier auch ein Nicht-Mediävist zu Wort kommen.

*

Als František Graus nach Basel kam, war er durch seine bisherigen Publikationen bereits international bekannt. Man wußte, daß er namentlich in der Bundesrepublik Deutschland und in Frankreich geschätzt wurde und daß er unter anderem zu den Mitarbeitern der Annales gehörte. Man wußte auch, daß er über eine große Lehrerfahrung verfügte, die er sich an der Karls-Universität in Prag, als Gastprofessor in Paris und Konstanz und nach der Emigration an der Universität Giessen erworben hatte. Persönliche Kontakte mit dem Basler Historischen Seminar hatten aber bisher keine bestanden, und man war bei aller Genugtuung über seine Annahme der Berufung etwas überrascht, daß er überhaupt kommen wollte. Wie sich in späteren Gesprächen herausstellte, hatten die übersichtliche Struktur der relativ kleinen Universität Basel sowie die Aussicht, sich wiederum in kleinstaatlichen Verhältnissen niederlassen zu können, den Entschluß nicht unwesentlich mitbestimmt. Die unbestreitbar respektablen kulturellen Institutionen der Stadt Basel sowie ihre eigenständigen historischen Traditionen mochten ebenfalls eine gewisse Attraktion ausgeübt haben. Die Möglichkeiten konzentrierter wissenschaftlicher Arbeit schienen gegeben, und František Graus sollte sie mit der ihm eigenen Gabe, sich nicht stören zu lassen, aufs beste ausnützen.

*

Der tschechische Kollege, dessen vortreffliches Deutsch nicht im Akzent, aber wohl im Wortschatz zuweilen an donaumonarchische Vergangenheit erinnerte, wurde von uns mit Respekt und hohen Erwartungen aufgenommen. Von Anfang an verstanden wir uns gut mit ihm. Seine freundliche Zurückhaltung, seine Bescheidenheit und seine skeptische Ironie gegenüber allem, was sich im universitären Alltag selbstgefällig aufplusterte und lächerlich machte, nahm uns für ihn ein. František Graus war älter und erfahrener als die meisten von uns, wohl auch illusionsloser. Wenn wir uns über bürokratische Schwierigkeiten, behördlichen Unverstand oder scheinbar allzu scharf vorgetragene studentische Kritik aufhielten, pflegte er lächelnd zu bemerken, solches komme in allen »Systemen« vor und er habe »alles schon erlebt«. Diesen Ausspruch tat er öfters; immer wurden wir dadurch sehr ernst gestimmt. Wir wußten genau, was insinuiert war. František Graus hatte in der Tat viel Schlimmeres erlebt als wir alle zusammen.

Von seinen leidvollen Erfahrungen in deutschen Konzentrationslagern sprach er nie, aber als wir ihn besser kennenlernten, spürten wir mehr als nur einmal, daß er in seinen jungen Jahren dunkelste Schattenbezirke bedrohter menschlicher Existenz hatte durchschreiten müssen. Guy P. Marchal hat es treffend ausgedrückt: »Manchmal glaubte man zu ahnen, daß noch immer der kalte Hauch jener Jahre seine Seele streifte«[1].

Wir verstanden, daß und warum František Graus ein Skeptiker blieb. Es entging uns nicht, daß seine Hoffnungen durch die Nachkriegsentwicklung der Tschechoslowakei und vor allem durch den Zusammenbruch des Prager Frühlings von 1968 aufs brutalste enttäuscht worden waren. Wir freuten uns, wenn wir sahen, daß er sich in der Schweiz verhältnismäßig wohl fühlte, aber wir waren uns darüber im klaren, daß er hier keine »neue Heimat« finden würde. Von persönlichen Anfechtungen blieb er mit seiner Familie auch in Basel nicht verschont. Der schwerste Schlag war der Tod des älteren Sohnes. Zur Tragik seines Lebens gehörte es schließlich, daß František Graus den Zusammenbruch des diktatorischen Regimes in der Tschechoslowakei nicht mehr erleben durfte.

*

Schon bald nach seinem Basler Amtsantritt war uns klargeworden, was wir an dem neuen Kollegen in wissenschaftlicher und menschlicher Hinsicht gewonnen hatten. Obwohl er im Gespräch selten wirklich aus sich herausging, beeindruckte er uns stets nicht nur durch die Breite seiner Kenntnisse und Interessen, sondern auch durch die sozusagen prätentionslose Weisheit seiner Einsichten. Geschichte beschäftigte ihn weit über die geographischen und chronologischen Grenzen des europäischen Mittelalters hinaus. Wenn man ihn auf irgendein Problem zum Beispiel aus der böhmischen Vergangenheit ansprach, konnte es leicht geschehen, daß man auf deren literarische Verarbeitung kam, etwa durch Grillparzer. Sehr gut vermag ich mich an ein Gespräch über das »Libussa«-Thema zu erinnern, das sich vom Drama Grillparzers zur Oper Smetanas und von dort zu den späten sinfonischen Dichtungen Dvořáks weiterspann. Dabei behauptete Graus stets, von Musik verstehe er überhaupt nichts. Das glaubte ich ihm aber nur ganz am Anfang unserer Bekanntschaft.

Neuzeitliche und zeitgeschichtliche Entwicklungen faszinierten František Graus auf ebenso selbstverständliche Weise wie Probleme der Tagespolitik. Fragen hatte er immer, aber er konnte

---

1 MARCHAL, Guy P., »Zum Gedenken: Professor František Graus«. In: Basler Zeitung, 9. Mai 1989.

auch zuhören, wenn man eine Antwort zu geben versuchte. Aus der Erfahrung der Gegenwart bezog er oft die Fragestellungen seiner mediävistischen Lehrveranstaltungen. Damit faszinierte er die Studierenden vor allem in seinen Seminarübungen und weckte in ihnen »das Bewußtsein von der Geschichtlichkeit der Geschichte selbst«[2].

*

František Graus war ein vielseitiger Historiker, nicht nur in bezug auf die ihn interessierenden Themen, sondern auch in bezug auf die zu deren Behandlung notwendigen Forschungsmethoden. Seine Stärke war gewiß die Sozial- und Mentalitätsgeschichte, aber er besaß auch ein lebendiges Interesse für ideengeschichtliche Zusammenhänge, vor allem für den Wandel historischer Vorstellungen und für die Geschichte der Historiographie. Über all dies konnte man mit ihm reden, über alles hatte er nachgedacht und sich aufgrund kritischer Lektüre eine Meinung gebildet. Besonders eingehend verfolgte er die wissenschaftlichen Debatten in Deutschland und Frankreich, aber er wußte auch, was zum Beispiel in Italien, in England oder in den Vereinigten Staaten vor sich ging. Wenn ihm etwas unbekannt geblieben oder entgangen war, scheute er sich nie, dies zuzugeben. Er wußte sehr genau um die Grenzen, die dem einzelnen Forscher in der Vielfalt des heutigen internationalen Wissenschaftsbetriebes gesetzt sind. Er war sich darüber im klaren, daß man zwar selbst nicht alles tun und nicht überall mitreden kann, daß man aber wissen muß, was andere tun, um gegebenenfalls von ihnen zu lernen. Und er war immer bereit, das anzuerkennen, was er von anderen gelernt hatte. Er verstand es, den Gesprächspartner spüren zu lassen, wenn er ihm eine weiterführende Anregung verdankte. Diese Offenheit stimmte den Kollegen dankbar und verstärkte die Freundschaft.

*

Bei aller äußeren Zurückhaltung war František Graus auch ein sehr engagierter Historiker. Er hatte eine hohe Meinung von der Bedeutung der Geschichtswissenschaft für das rechte Verständnis der Gegenwart. Er spürte aber auch die Last der Verantwortung, die er als Erforscher und Darsteller der Vergangenheit trug. Dieses Verantwortungsbewußtsein machte es ihm unmöglich, als »Autorität« aufzutreten und sich durch folgsame Adepten bewundern zu lassen. Die Selbstkritik verließ ihn nie. Sie hielt ihm den Weg offen zur Anerkennung anderer Meinungen, zu neuen Problemstellungen und zu unerwarteten Erkenntnissen. Sie berechtigte ihn auch zur Kritik an den problematischen Aspekten und Erscheinungsformen der gegenwärtigen Geschichtswissenschaft und des akademischen Kulturbetriebs ganz allgemein. Diese Kritik konnte mitunter sehr scharfe Formen annehmen.

František Graus besaß ein überaus empfindliches Sensorium für jede Art von institutionellem und institutionalisiertem Leerlauf. Bei den Alibiübungen universitärer Kommissionsaktivitäten mochte dieser Mißstand noch halbwegs tolerabel sein, denn bis zu einem gewissen Grade konnte man sich davon ja vielfach ohne allzu schlechtes Gewissen fernhalten. In der wissenschaftlichen Bemühung aber waren solcher Absentismus und das Ausweichen vor unvermeidlichen Konflikten für Graus nicht möglich. Unerbittlich war er namentlich gegenüber Oberflächlichkeit, begrifflicher Unklarheit, intellektueller Unredlichkeit, Autoritätsanmaßung, modischer Terminologie der »großen Worte« sowie gegenüber jeder Art von

2 Ebd.

Vergangenheitsverklärung. Was er über die Gefährlichkeit einer Verkürzung des Geschichtsbewußtseins auf das 19. und 20. Jahrhundert, über die Problematik unreflektierter Theoriegläubigkeit, aber auch über den Selbstbetrug des sich auf »sauberes Arbeiten« berufenden Synthesenverzichts geschrieben hat, ist bekannt und braucht hier nicht wiedergegeben zu werden. Immerhin darf man sagen, daß wir in Basel die kritische Einstellung unseres Kollegen gegenüber dem »Leerlauf der terminologischen Gebetsmühlen« und dem »hohen Blech« der Nur-Theoretiker schon kannten, bevor er sie in seinem HZ-Aufsatz über »Die Einheit der Geschichte« artikulierte[3]. Wir glaubten zu erkennen, daß einige seiner Einwände ganz tief in seiner persönlichen Erfahrung verwurzelt waren, in jenen »Schattenbezirken« seines Lebens, von denen er nie sprach. Die leidenschaftliche Schärfe des »cum ira et studio« geschriebenen Aufsatzes dürfte sich mindestens teilweise aus dieser Tatsache erklären.

Wir fanden die Graus'sche Wissenschaftskritik berechtigt, zutreffend und mutig, zumal sie ja im Grunde keineswegs nur die bundesdeutsche Mediävistik betraf. Unser Erstaunen war aber auch nicht sonderlich groß, als die Diskussion, die hätte provoziert werden sollen, ausblieb. Graus hatte vielen unter seinen (jüngeren) Lesern ganz offensichtlich aus dem Herzen gesprochen. Wer (unter den älteren) konnte es sich schon leisten, die Berechtigung seiner Vorwürfe anzuzweifeln?

Wie alle seriösen und geistig wirkungsvollen Geschichtsforscher war auch František Graus auf seine großen Themen nicht durch Zufall gestoßen. »Sage, Mythos und Geschichtsschreibung«, »Nationenbildung«, »Minderheiten und Randgruppen«, »Volksaufstände« – das waren alles Bereiche historischen Studiums, deren Wahl erklärbar wird, wenn man Herkunft und Lebensgang von František Graus kennt. In seinen letzten Werken widmete er sich zunehmend jenen Menschengruppen, die im Mittelalter an den Rand der Gesellschaft gedrängt und schließlich zu deren Opfern wurden[4]. Dabei beschrieb und analysierte er zahlreiche Vorfälle von Bedrohung, Unterdrückung und Vernichtung menschlicher Existenz, deren Schrecklichkeit dadurch nicht gemildert wird, daß sie im 20. Jahrhundert noch übertroffen wurde. Die Nüchternheit und Klarheit der Formulierung machte das, was Graus lehrte, nur um so eindringlicher. Diese Einsicht veranlaßte den amerikanischen Historiker Steven Rowan, seine Rezension des Buches *Pest – Geissler – Judenmorde* (1987) mit dem folgenden Satz abzuschließen: »It is a relief to read such a wise and calm book about such a terrible subject«[5].

»Wise and calm« – so war nicht nur sein letztes Buch; so war auch František Graus selber: Ein Skeptiker, aber ein weiser Skeptiker, einer, der trotz aller Widrigkeiten des Lebens nicht resignierte, sondern die Würde seiner Menschlichkeit bis zuletzt bewahrte. Es war ein Privileg, mit ihm während siebzehn Jahren kollegial zusammenzuarbeiten. Die persönliche Freundschaft war ein Geschenk, das ich mit allen jenen teile, die ihm menschlich nahestanden.

---

3 GRAUS, František, Die Einheit der Geschichte. In: Historische Zeitschrift 231 (1980), S. 631–649.
4 UNGERN-STERNBERG, Jürgen von, »František Graus«, Rede gehalten bei der Trauerfeier am 9. Mai 1989. In: Uni nova 55 [Basel], Oktober 1989, S. 16–18.
5 American Historical Review 95 (1990), S. 484.

František Graus et la crise du XIVe siècle:
Les structures et le hasard*

PAR JACQUES LE GOFF

J'ai rencontré František Graus pour la première fois à Rome en 1955 au Xe Congrès International des Sciences Historiques où il parlait de la crise du XIVe siècle qu'il présentait selon le titre de l'article qu'il publia cette même année 1955 dans la Zeitschrift für Geschichtswissenschaft comme »Die erste Krise des Feudalismus«. Il a depuis renoncé à cette caractérisation comme il l'écrit dans son dernier livre: »Pest – Geißler – Judenmorde. Das 14. Jahrhundert als Krisenzeit.« Ce thème aura donc été une de ses préoccupations majeures de sa réflexion d'historien. Et il explique dans son dernier ouvrage qu'il ne croit plus que la crise du XIVe siècle ait été une césure capitale, qu'elle ait été la première mise à l'épreuve décisive des structures sociales du Moyen Age. Ainsi s'achève (et je crois que, même sans la mort prématurée et irrémédiable, se serait achevée) une longue et lente révision d'une problématique qui, sans qu'il se soit renié, a évolué.

Il me semble que l'oeuvre de František Graus est une recherche exemplaire, parfois pathétique, d'une lisibilité de l'histoire, d'une rationalité de l'histoire. Comment se présentent au bout de ce cheminement les rapports entre ce perturbateur de rationalité qu'est le hasard et le concept qui semble le mieux avoir permis à František Graus comme à d'autres historiens et spécialistes des sciences humaines et sociales d'introduire dans l'histoire une certaine cohérence, une certaine stabilité, gage d'une certaine maîtrise rationnelle, pour ne pas dire scientifique, de l'histoire: le concept de structure?

František Graus ne croit donc plus dans ce livre que la crise du XIVe siècle ait été une crise décisive, »epochemachend«, en particulier parce qu'elle n'a pas été une crise générale. D'ailleurs il n'existe pas d'unité du Moyen Age, on ne peut y atteindre des structures globales. Pour le XIVe-XVe siècle on peut difficilement parler de structures de l'économie rurale, de la ville, de l'état, etc. .., institutions qui sont rudimentaires par rapport à ce qu'elles seront au XIXe et au XXe siècles. »Structure du Bas Moyen Age« écrit František Graus, ça sonne bien, c'est une jolie formule, mais elle n'a pas de contenu réel, l'hypothèse d'une structure d'ensemble reste un postulat invraisemblable. On ne peut parler que de conglomérats de morceaux individuels (»Konglomerate von Einzelteilen«). Et notre ami définit en ces termes l'intention de son ouvrage: »Dieses Buch ist der Untersuchung einiger Aspekte der ›Krise‹ gewidmet: dem Funktionieren von Beziehungsbündeln (je laisse provisoirement de côté la définition de ce terme essentiel) und Teilstrukturen und dem teilweisen Bewußtwerden innerer Widersprüche.«

---

* Dieser Vortrag wurde gehalten anläßlich der Gedenkfeier für František Graus am 30. November 1989 und erstmals abgedruckt in der Basler Zeitschrift für Geschichte und Altertumskunde 90, 1990, S. 20–33.

Avant d'essayer d'entrer plus avant dans ce programme et dans ce livre deux remarques préliminaires.

Ce livre semble être le produit sinon d'un désenchantement du moins d'une limitation des ambitions de l'historien. Il est clair que cet ouvrage se situe dans une retractatio de thèmes opérée par František Graus le marxiste dans le climat de renoncement aux idéologies qui a marqué ces dernières années et qui en ce moment même se traduit sur le plan des événements par l'extraordinaire effondrement d'un système dans lequel František Graus avait voulu croire mais dont il n'avait cessé de suivre et de faire lui-même lucidement la critique dans les faits comme dans les fondements idéologiques. Ce livre se situe à l'intérieur de ce que František Graus appelle à la dernière page de son livre »ein gewisser gemeinsamer Tonus der Geschicke«.

Mais il ne faudrait pas croire que ce livre illustre le moindre renoncement à l'ambition de comprendre et d'expliquer l'histoire qui a animé František Graus dans toute sa vie d'historien. Graus n'a jamais considéré l'histoire comme un divertissement ni choisi ses sujets au hasard, et ne s'est jamais contenté d'une histoire n'allant pas au-delà de l'établissement des faits et du récit. Il a toujours pratiqué ce que Lucien Febvre et Marc Bloch appelaient l'histoire-problème. Tous ses livres et celui-ci autant sinon plus que tous les autres, tout nourris de faits et d'érudition qu'ils soient – mais pourquoi opposer érudition et histoire, ce sont d'indissociables compagnes – sont des laboratoires de problématiques, des leçons de méthodologie.

Avant de tenter de mettre en valeur cette méthodologie autour du couple »hasard – structure«, permettez-moi de vous rappeler l'architecture de l'ouvrage.

De ce que les historiens appellent traditionellement la crise du XIVe siècle, František Graus n'a donc choisi de présenter que des morceaux, des »Einzelstrukturen«. Il commence par évoquer les catastrophes (terme déjà significatif) à travers deux phénomènes spectaculaires:

1) la Peste Noire qui avait disparu d'Occident depuis le VIIe siècle et qui revient brutalement en 1348, se répétant à intervalles plus ou moins réguliers environ tous les quinze ans;

2) les processions de flagellants liés à la Peste, pénitents extrêmes étudiés à travers leurs manifestations en 1349, mouvement laïc perçu comme un mouvement de la canaille.

Puis il semble faire une digression pour traiter de l'Eglise et de la religion chrétienne pendant près de cent pages. C'est qu'il sait, au contraire de trop de médiévistes qu'il n'y a pratiquement pas de secteur de la vie médiévale où l'Eglise et la religion ne soient présentes. L'histoire de l'Eglise n'est pas au Moyen Age une histoire à part, car il n'y a pas de frontières du religieux et cette omniprésence du religieux est caractéristique du Moyen Age car le rapport de l'homme à la question de la croyance est différent avant et après le concile de Trente et le christianisme médiéval n'est pas une religion au sens du XIXe et du XXe siècle. L'Eglise est aussi importante pour qui veut démonter les mécanismes de l'histoire car elle est un système. J'ai particulièrement apprécié la façon dont František Graus a si perspicacement analysé la signification de l'au-delà pour les hommes du Moyen Age, le rôle de l'enfer, du paradis, du purgatoire. Je lui envie une phrase sur un usurier qu'il a découverte chez le dominicain du XIIIe siècle, Etienne de Bourbon, et qui m'avait échappé: »ignorant, le malheureux, que Dieu l'avait engraissé comme un porc pour en faire une victime de la mort éternelle« (*ignorans miser, quod Deus eum impinguasset ut porcum ad victimam mortis eterne*). Il montre que cette Eglise qui est au coeur de tout est elle-même en crise non seulement sous les aspects qui en sont connus comme le déchirement du Grand Schisme mais sous d'autre qu'il révèle: il prouve par d'irréfutables documents que l'incroyance, nouveauté que l'on croyait réservée au XVIe siècle, existait déjà de façon significative au XIVe siècle. Le religieux déborde le sens restreint qu'il a aujourd'hui en particulier pour englober le social et pour être la forme sous laquelle s'expriment les insatisfactions et les révoltes. Il faut savoir lire sous le religieux le social.

František Graus en vient alors aux objets partiels qui sont plus particulièrement les thèmes de recherche de son enquête sur la crise du XIVe siècle: les manifestations antijuives et les révoltes sociales. Ici les analyses très poussées conduisent à deux véritables synthèses, à deux monographies de grand relief.

Le premier thème, les Juifs, correspond à une préoccupation elle aussi à peu près continue de la réflexion historique de František Graus: l'histoire des Juifs est-elle une histoire particulière ou n'est-elle qu'une partie de l'histoire générale? Sans diluer les spécifités de l'histoire juive, František Graus estime que les spécialistes de l'antisémitisme ont tort de découper, d'isoler comme un territoire à part les relations entre Juifs et Chrétiens. Elle sont au coeur de l'histoire globale. Le XIVe siècle voit s'accélérer le processus de diabolisation et de marginalisation des Juifs mais c'est aussi le cas des hérétiques et des sorciers, et surtout sorcières, la sorcière, cette création du XIVe siècle comme l'avait bien senti Michelet. Le Juif est réduit à un stéréotype négatif mais c'est aussi le cas de la femme, et dans une certaine mesure du clerc victime d'un accès d'anticléricalisme. La persécution, le massacre des Juifs est justifié, comme pour les hérétiques et les sorciers, par des fables, des mythes justificateurs comme les accusations de meurtre rituel et de profanation de l'hostie. Mais quand on les accuse de complot et en particulier d'empoisonner les sources et les puits en 1348/1349, cette accusation avait été portée en 1321 contre les lépreux. Comme pour les autres catégories sociales suspectes le processus d'accusation des Juifs repose largement sur la rumeur, rumor ou fama. La rumeur, cette grande meurtrière. Mais au XIVe siècle, les Juifs deviennent un foyer de danger et de troubles (Gefahrenherd) et le bouc émissaire par excellence des autorités et de la société (Blitzableiter). František Graus dresse un inventaire minutieux (le premier) des pogroms du milieu du XIVe siècle et une analyse aigue de leur déroulement. Il en note la fréquence, la chronologie et l'extension géographique à partir des deux foyers de la France méridionale et du Lac de Genève. Il en étudie la préparation, le déroulement, les justifications et les suites.

Puis il ouvre son second grand dossier qui est celui des révoltes sociales. Il en recherche là aussi la fréquence, la chronologie, l'étendue géographique, les motifs selon l'opinion des contemporains, la préparation et le déroulement et en propose une typologie.

On voit à quels pans de la crise du XIVe siècle František Graus a renoncé: à l'économie, à la démographie, à la guerre pour focaliser sur le trio: peste, flagellation, pogrom. Enfin deux chapitres théoriques reprennent sur le cas du XIVe siècle l'analyse de la notion de crise a travers les phénomènes qui la composent et leurs interprétations (die Krisenphänomene und ihre Deutungen) et celle de la notion d'époque (Das Spätmittelalter als Epoche).

Notons encore avant de tenter une étude de l'outillage conceptuel de František Graus que son esprit critique (critique de la notion de structure, de globalité, de système) ne l'amène pas a une histoire »positiviste«, faussement objective, »wertneutral«. František Graus est resté un historien qui assume ses responsabilités.

C'est d'abord un homme de concepts et qui utilise un double outillage notionnel. D'un côté ce qui concerne le dur, le cohérent, le résistant dans l'histoire et qui s'appuie sur des concepts abstraits: système, mécanisme, régularités, stéréotypes, typologie, et, bien entendu, structure, de l'autre ce qui donne au contraire de la souplesse, du mouvement à ces éléments solides, des métaphores: vague (Welle), boule de neige (Schneeball), épicentres, incubation, noyau solide (fester Kern) qui permet de repérer par opposition et complémentarité un ensemble flou, constellation, climat, soupape (Ventil).

Je note toutefois que ces métaphores sont souvent consolidées par leur insertion dans un ensemble plus dur, par exemple Schneeballsystem, et plus encore dans les processus qui leur confèrent à la fois cohérence, dynamisme et sens.

La logique d'analyse des phénomènes qu'il étudie dans ce livre est clairement exprimé: préparation (Vorbereitung), déroulement (Verlauf), conséquences (Folgen), épilogue (Nachspiel), dénouement (Ablauf). Ces termes lui permettent – souci d'historien pour qui il n'existe pas d'histoire immobile, bien qu'il comprenne pourquoi mon ami Emmanuel Le Roy Ladurie a été amené à employer cette expression excessive à propos de la plage temporelle XIVe-XVIIIe siècle – ces termes lui permettent donc d'insérer le déroulement des phénomènes historiques dans une durée rationalisée et orientée: Inkubationszeit, Vorbereitungsphase.

Et, démarche essentielle qui relie et couronne les deux séries conceptuelles: celle des notions abstraites explicatives, celle des métaphores descriptives prises dans un découpage significatif de durée, l'invention du sens: Sinngebung. La force de František Graus est de montrer cette Sinngebung dans deux perspectives dont la confrontation produit l'explication historique: d'une part la perspective des contemporains, l'interprétation des phénomènes historiques par les contemporains selon les différentes catégories et positions sociales et culturelles (František Graus y est très attentif et ses analyses d'idéologies et de mentalités sont très remarquables), d'autre part les schémas explicatifs de l'historien que celui-ci doit obligatoirement, s'il veut bien faire son métier, construire face aux interprétations de l'époque. Par exemple, les hommes du XIVe siècle voient dans les catastrophes des punitions divines et des avertissements (Menetekel) et l'historien explique à son tour leurs réactions comme les produits d'une longue habitude des calamités, d'une impuissance historico-structurelle matérielle et mentale face à des calamités et de la lente imprégnation d'un système de croyances religieuses. Faire de l'histoire, c'est lui donner un sens: Geschichtsschreibung ist Sinngebung. Soulignons que, ce faisant, František Graus me paraît englober et dépasser avec bonheur la notion traditionnelle de prise de conscience (Bewußtsein, Bewußtwerden). Dans ses fondements, je dirai presque dans ses a priori, cette méthode d'analyse écarte le hasard car pour František Graus le hasard est une donnée mais n'est pas un fait historique, ne relève pas pour l'historien de son métier, de sa discipline. L'objet de l'historien, ce sont les réactions des hommes au hasard et ces réactions sont sinon prévisibles du moins explicables en fonction de systèmes, de structures de longue durée. Dans le vécu séculaire et longtemps recommencé des famines et des épidémies, les hommes et les femmes du Moyen Age ont forgé leurs réactions à la Peste Noire de 1348. Aussi František Graus égrène son analyse de la »crise« du XIVe siècle de constatations: »ce n'est pas un hasard si ...«, das ist nicht zufällig ... dies ist kein Zufall. Par exemple, il pose en ces termes l'analyse des pogroms du XIVe siècle: il faut, dit-il, commencer par analyser »ob das Judenmorden der Jahre 1348 bis 1350 einem zufälligen Zusammentreffen rein zeitbedingter Phänomene zuzuschreiben ist, oder ob es mit längerfristigen Änderungen zusammenhing«.

La réponse, bien entendu, est que la seconde hypothèse est la bonne. Mais où František Graus montre sa pensée d'historien c'est que les syndromes historiques qui expliquent dans la longue durée les événements ne restent pas immobiles. Ils subissent des changements. Ces pogroms de 1348–1350 manifestent qu'à la longue hostilité des chrétiens à l'égard des Juifs en raison de motifs religieux (la haine du judaïsme), économiques (la haine des usuriers), s'ajoutent deux sentiments nouveaux: le désir de les désigner comme boucs émissaires – selon un processus mis à l'épreuve sur d'autres marginaux auparavant, les lépreux accusés en 1321 d'avoir empoisonné les sources et les puits et surtout l'idée nouvelle que, dans le climat social tendu des villes au milieu du XIVe siècle, les Juifs constituent un »foyer de risques de troubles« (Gefahrenherd). Au-delà de ces refus répétés d'introduire le hasard dans l'explication des composantes partielles de la crise du XIVe siècle, František Graus se livre à une critique globale de l'explication de la crise par le hasard: Zufallstheorie. Il constate d'abord que pour faire de la crise une convergence de hasards, cela fait »trop de hasards d'un seul coup et tout d'un coup«. Surtout il estime que la théorie du hasard se heurte principalement à la constatation de parallélismes dans les traits individuels de la crise, de similitudes dans diverses crises à diverses époques et de continuités dans presque chacune de ses composantes.

Je suis d'accord avec František Graus pour estimer que le métier d'historien consiste à expliquer le déroulement historique plus par les réactions non hasardeuses des structures au hasard que par le hasard lui-même, mais je me demande si l'historien ne devrait pas malgré tout s'occuper un peu plus du hasard, se demander par exemple si une chronologie des catastrophes ne devrait pas permettre une intégration du hasard dans le schéma explicatif de l'historien. Que la Peste Noire ait éclaté en 1348 plutôt qu'en 1311 au moment du concile de Vienne ou en 1378 au début du Grand Schisme, change bien les choses. Surtout je souhaiterais que les historiens circonscrivent mieux dans les divers systèmes historiques les types de hasards susceptibles d'apporter le plus d'ébranlements. Nous savons ou plutôt nous ne sommes capables aujourd'hui d'expliquer l'éruption de Peste Noire en 1348 que comme un hasard – le réveil, imprévisible dans l'état actuel de la science, du bacille de Yersin dans les régions où il était endémique. Il me semble qu'en privilégiant les structures qui expliquent les réactions à la Peste, František Graus a quelque peu anesthésié artificiellement les réactions des hommes du XIVe siècle à la Peste. Si le nombre de témoignages »catastrophiques« sur la Peste de 1348 est relativement limité, le relatif silence des contemporains (l'argument a silentio, nous le savons, est délicat à manier) n'est-il pas plus un silence de stupeur que d'accoutumance aux épidémies? La Peste Noire, ce fut quand-même autre chose que les épidémies de dysenterie ou de typhus. Et František Graus, s'il a raison d'écarter l'explication démographique de la Peste, a sans doute sous-estimé l'importance de la chute catastrophique de la population, conséquence principalement de la Peste. Je pense en particulier qu'il faut étudier avec plus d'attention la part des diverses formes du hasard biologique dans les systèmes historiques. Le hasard qui donna aux Capétiens pendant plus de trois siècles des héritiers mâles qui leur survécurent, n'a-t-il pas, dans un système politique monarchique, dynastique, restreignant aux mâles le droit de succession au trône, joué un rôle historique qui appelle une analyse de l'historien, tenant compte du hasard au-delà d'un pur donné extérieur à la discipline historique?

Mais venons-en à ce qui fut l'essentiel pour František Graus et que dans ce dernier livre il expose avec une rigueur, une clarté et des nuances remarquables.

Je me bornerai à un rapide examen des concepts essentiels de typologie, de système, de crise pour conclure avec notre très regretté collègue et ami sur le problème de la périodisation, du »Spätmittelalter« comme époque. Mais auparavant encore une remarque sur l'analyse par František Graus des mentalités et des comportements auxquels il accorde justement une place très importante dans le sens des phénomènes historiques. Certes, il ne néglige pas l'importance des symboles mais il me semble avoir une conception un peu restrictive de la notion de représentation qui retient de plus en plus l'attention des historiens – y compris Graus. Mais il n'évoque guère l'imaginaire qui me semble avoir joué un si grand rôle dans les événements du XIVe siècle. Je ne parle pas de l'iconographie, domaine qu'on peut estimer particulier, mais des images au confluent du mental et du sensible, telles que les images de la Mort, de l'Apocalypse, du Juif, du bon et du mauvais Gouvernement qui ont sans doute travaillé de l'intérieur les hommes et les femmes du XIVe siècle.

Mais examinons rapidement l'armature conceptuelle de la pensée historique de František Graus.

D'abord l'outil typologique. Graus s'en est surtout servi pour caractériser les types de révoltes, et son maniement de l'outil me paraît particulièrement heureux, d'abord parce qu'il met en place le vocabulaire de l'époque (l'étude des mots est essentielle pour l'historien) par rapport à l'outillage verbal de l'historien. Sa moisson est riche en latin: rebellio, commotio, guerra, conspiratio, seditio, dissensio, assignatio, litigium, furia populi, en allemand: ungenade, unfriden, zweyunge, ufflauff, gelouffe, span, crieg, zweiung, zwitracht, stosz, missehelle, aufruhr, rumor, geschrey, bruch, uffstand, etc. et en français: commotions, dissensions, murmures et entreprises, conspiration, colligation, conjuration, rébellion, désobéissance, etc… Ensuite parce qu'il définit clairement les principes d'établissement d'une typologie: 1) la forme qui heurte les normes habituelles de la société, 2) la constitution de la révolte en groupes structurés ou formes pour la circonstance, 3) les buts des actions menées contre les gouvernants ou les puissants.

Aussi parce qu'il croise les typologies, ne se contentant pas d'une seule et accordant toujours beaucoup d'importance à l'espace territorial et social concerné par les révoltes à l'intérieur ou à l'extérieur de la ville. Car une préoccupation constante de František Graus est de combiner l'espace et le temps dans ses analyses et dans les synthèses (Zusammenhang) dont il fait toujours suivre ses études de composantes partielles. Préoccupation du temps qui est, sous une forme ou sous une autre, commune à tous les historiens mais aussi insertion dans l'espace parfois négligée par les historiens. »Chronologie« et »Umfang«, telles sont bien les deux dimensions indissolublement liées de l'histoire dont Graus nous donne l'exemple.

Surtout František Graus insiste sur le caractère artificiel, instrumental des typologies qui n'ont pas de réalité objective mais qui ne sont que des outils construits par l'historien. Précision salutaire face aux historiens qui, à la façon des vieux naturalistes, s'imaginent avoir fini leur travail quand ils ont mis les phénomènes historiques dans des classements, des catégories, des tiroirs, les faits historiques ne sont pas des plantes qu'il suffirait de classer. Un historien ne peut se contenter d'être un Linné si génial soit-il. Une typologie dont un historien se satisferait sans aller au-delà ne serait qu'une pétrification stérilisante de l'histoire dont l'objet est la vie même des sociétés, des hommes vivant en société.

Ici se présente la notion de structure avec la critique à laquelle la soumet František Graus et les limites dans lesquelles désormais il l'utilise. Il se livre dans cet ouvrage à une critique sans concession du Strukturbegriff encore plus vague, dit-il, que celui de crise. »Um die Lage nicht zu verwischen, sei hier der Gebrauch des Wortes Struktur auf den allgemein akzeptierten kleinsten Nenner der Gemeinsamkeiten reduziert: auf nicht-zufällige, wiederholt auftauchende Regelmäßigkeiten der Beziehungen von Einzelteilen eines postulierten Ganzen.«

Comme les typologies, les structures qui risquent de se transformer en modèles hors du temps (zeitlos) ne sont qu'une sorte de modèle opérationnel, elles n'ont pas de réalité.

Tout ce que l'historien peut atteindre, ce sont des structures partielles (Teilstrukturen) ou plutôt des paquets de relations (Beziehungsbündel). »Die historisch feststellbaren Einzelbestandteile, qualitativ zuweilen unterschiedlich, tauchen dennoch vielfach recht gleichartig auf; sie sind ihrerseits Konglomerate von Einzelteilen, die (im genannten begrenzten Sinn) strukturiert sind und weitere Strukturen bilden. Die Bindung einiger Einzelteile ist besonders ›dicht‹ (kompakt), zeitlich stabil: Ich möchte sie mit einem dem Strukturalismus entlehnten Begriff als Beziehungsbündel (paquets de relations) bezeichnen.«

On le voit, la conception structuraliste de Graus comporte une possibilité de changement, une dynamique. L'historien ne s'abandonne jamais à une immobilité qu'il ne rencontre jamais en histoire.

Il y a simplement des tendances à la stabilisation dans le jeu des structures. Au niveau des opinions, des mentalités on aboutit alors aux stéréotypes, au niveau des comportements, aux ritualisations. A propos des flagellants et des pogroms, František Graus a d'excellentes analyses de ritualisation mais on peut regretter que ses seules références, d'ailleurs excellentes, soient deux historiens américains, Natalie Zemon Davis et Richard Trexler. La ritualisation est un objet spécifique des ethnologues et des anthropologues culturels. František Graus s'adresse souvent aux sociologues mais à eux seuls. C'est à mes yeux une de ses limites. Il ne regarde jamais du côté des ethnologues: Mauß, Van Gennep, Evans-Pritchard, Leach, Levi-Strauß.

On retrouve cette relative indifférence aux disciplines non historiques et non sociologiques à propos de la notion de système à l'intérieur duquel il veut toujours ménager une dynamique: »Aucun système, écrit-il, n'existe sans contradictions internes et comporte toujours des composantes dissolvantes qui font éclater le système. C'est la dialectique entre éléments systemerhaltende et éléments systemsprengende.«

Graus critique le fonctionnalisme: »L'idée que l'ensemble des composantes ›sert‹ à quelque chose est une opinion téléologique indémontrable et décrire les situations de crise en termes de ›disfonctionnement‹ ne mène pas à grand chose«, mais il ne songe pas à préciser et à approfondir ses propres conceptions à l'aide des notions de »systèmes complexes« des mathématiciens ou de »sociétés segmentaires« des ethnologues.

Ainsi le tout demeurant un objectif inaccessible, la même critique, la même conception des conglomérats partiels et temporaires mise à l'épreuve pour les notions de structure et de système se retrouvent pour la caractérisation des crises et des époques par laquelle se termine l'ouvrage.

Critiquant les idées exprimées par Rudolf Vierhaus dans ses articles de 1978 et 1979, »Zum Problem historischer Krisen« et »Politische und historische Krisen«, qui ont amené l'éminent historien allemand à définir le Spätmittelalter comme une »politisch-soziale Systemkrise«, il propose une définition plus modeste, plus restreinte de la crise.

»Ich schlage daher vor, als ›Krise‹ das Zusammenfallen verschiedenartiger Erschütterungen (Teilkrisen) objektiver Art (qualitative Umbrüche, Trendeinbrüche, Trendwenden) zu bezeichnen, sofern sie von Erschütterungen (drohenden Verlusten) bisher kaum bestrittener Sicherheiten (Werte) begleitet sind, deren man sich bewußt ist.«

Dans cette perspective le XIVe-XVe siècle n'est une crise qu'au sens restreint du mot et une époque caractérisée plus par le trouble, l'ébranlement que par de grandes nouveautés ou de grands changements. Cette »crise« ne déboucha pas sur un effrondrement général (Zusammenbruch) du système médiéval. Il n'y eut pas de césure même dans le domaine artistique et intellectuel, encore moins dans le domaine économique et social.

Le Spätmittelalter fut un temps où oppositions et contradictions s'approfondirent, où les contrastes entre régions s'accentuèrent, où le sentiment se répandit que les choses ne pouvaient pas continuer à durer comme ça sans qu'on puisse dire ce qui allait arriver, sentiment qui troublait non seulement les intellectuels, mais les masses.

Tout ce que l'on peut dire du Spätmittelalter, c'est qu'il est caractérisé par un tonus spécifique du destin (ein gewisser Tonus der Geschicke). Je note qu'après ses analyses profondes et souvent neuves d'aspects essentiels des troubles du XIVe, František Graus retrouve le climat de l'automne du Moyen Age de Huizinga et qu'il cherchait peut-être un concept métaphorique (Tonus) voisin de celui de style que Paul Veyne et Michel Foucault à la fin de sa vie ont cherché à introduire en histoire.

Je voudrais aussi dire que ce grand livre ne se résume pas dans des analyses abstraites. Il y passe les grandes vagues des sentiments profonds, la sensibilité de František Graus, ses dons à capter et à exprimer la sensibilité d'une époque. Haine, peur dont d'autres historiens aussi ont bien parlé, mais aussi colère, Zorn, qu'il a mieux que quiconque dépeinte et analysée à l'oeuvre dans les révoltes du Bas Moyen Age, un temps de la colère, qui est aussi celui d'un monde fou qui passe d'un monde à l'envers au XIVe siècle, verkehrt (un monde »changé« et »détourné« selon le Songe du Vergier) à un monde proprement fou, verrückt, au XVe siècle.

Avec ce livre où culminent la recherche et la pensée historique de František Graus, apparaît en pleine lumière l'importance de son oeuvre pour l'illustration des problèmes les plus importants de la science historique: l'inscription des phénomènes historiques dans l'espace et le temps, l'appréciation des événements dans la longue durée de leur maturation et de leurs conséquences, la nature, le fonctionnement et la valeur explicative des structures, la valeur et les limites des outils conceptuels forgés par l'historien pour introduire de la rationalité, de la lisibilité dans l'histoire: catastrophe, stéréotype, système, typologie, crise, période et surtout et toujours, acteur et victime de cette histoire, l'homme, les hommes dans leurs structures et leurs évolutions sociales et nationales – les deux pôles: la société, la nation et les processus d'exclusion créant marginaux, exclus, victimes, pauvres, ou Juifs. Les hommes avec leurs mentalités et leurs comportements pris dans le mouvement de l'histoire qui pour être déchiffrable et maîtrisable jusqu'à un certain point par l'historien, n'en demeure pas moins semée de malheurs et de drames pour les hommes qui la vivent. Cette intime union, ce dialogue dramatique entre le progrès des structures et le malheur des crises, František Graus l'a vécu à la fois dans son oeuvre et dans sa vie. C'est à l'homme de haute vertu et à l'historien de grande classe ensemble que je dédie ces modestes lignes inspirées par sa pensée et ses travaux.

I.
IDEOLOGIEKRITISCHE ASPEKTE DER HAGIOGRAPHIE

Waliser und Wundermänner um 1300

VON MICHAEL RICHTER

An der Südküste von Wales, etwa auf halber Strecke zwischen Bristol im Osten und St. David's beziehungsweise Fishguard im Westen, liegt die Halbinsel Gower. Sie ist etwa 17 km lang und rund 8 km breit. Sie ist der Ort unserer Handlung. Unser Bericht über die Ereignisse von 1289 stammt aus dem Jahre 1307. Die zeitliche Distanz zwischen dem Geschehen und dem Bericht ist hinsichtlich der genauen Rekonstruktion einiger Ereignisse von Nachteil; offensichtlich hatten in der Zwischenzeit einige Eindrücke an Schärfe verloren. Aber in mancher Hinsicht ermöglicht die zeitliche Distanz zwischen Geschehen und Bericht zusätzliche Aussagen.

Eine Delegation von der päpstlichen Kurie kam im Jahr 1307 nach England, um Material für eine eventuelle Heiligsprechung von Thomas Cantilupe zu sammeln. Cantilupe war von 1275 bis 1282 Bischof von Hereford im Westen Englands nahe der walisischen Grenze gewesen; seine Heiligsprechung wurde von seinem Amtsnachfolger Richard Swinfield seit 1286 energisch betrieben. Thomas Cantilupe wurde im Jahr 1320 von Papst Johannes XXII. heiliggesprochen[1]. Zu diesem Zeitpunkt hatte die Verehrung für Thomas Cantilupe indes bereits ihren Höhepunkt überschritten. Cantilupe wurde nie so populär wie sein Namensvetter Thomas Becket von Canterbury.

Die Berichte über die Ereignisse in der Herrschaft Gower im späten 13. Jahrhundert sind in der vatikanischen Handschrift Vat. Lat. 4015 erhalten. Diese Handschrift wurde bisher nur in kleinen Auszügen veröffentlicht[2]. Diese Berichte werden hier auf zwei Themen hin untersucht: 1. sozialgeschichtliche Aspekte von Landesherrschaft in einem überschaubaren Raum; 2. Aspekte von Volksfrömmigkeit im späteren Mittelalter.

Die Herrschaft Gower war seit dem späten 11. Jahrhundert fast immer in den Händen von Adligen aus dem benachbarten England, die ihrerseits fast ausschließlich vom Festland stammten und mit Wilhelm dem Eroberer nach England gekommen waren. Im Jahr 1203 verlieh König Johann Gower an William de Braose[3]. Der Name der Familie leitet sich von einer kleinen Ortschaft in der Normandie in der Nähe von Falaise ab. Es gab immer wieder ernste

---

1 Meryl JANCEY (Hg.), St. Thomas Cantilupe of Hereford. Essays in his Honour. Hereford 1982 (The Friends of Hereford Cathedral) war mir nicht zugänglich. Den weiteren Rahmen bietet VAUCHEZ, André, La sainteté en occident aux derniers siècles du moyen-age d'après les procès de canonisation et les documents hagiographiques. Bibliothèque des écoles françaises d'Athènes et de Rome 241. Rom 1981.
2 Acta Sanctorum Octobris I. Antwerpen 1765. S. 539–705. Diese Quelle habe ich unter sprachsoziologischen Gesichtspunkten analysiert und bin dabei kurz auf die nachfolgend behandelten Ereignisse eingegangen. RICHTER, Michael, Sprache und Gesellschaft im Mittelalter. Monographien zur Geschichte des Mittelalters 18. Stuttgart 1979, bes. S. 197–201.
3 Den besten Überblick bietet SMITH, J.B., PUGH, T.B., The Lordship of Gower and Kilvey in the Middle Ages. In: T.B. PUGH (Hg.), Glamorgan County History III, The Middle Ages. Cardiff 1971. S. 218–243.

Spannungen mit der englischen Krone, auch mit König Johann, bald nachdem die Familie de Braose Gower erhalten hatte. Doch blieb dieser Familie die Herrschaft erhalten, bis sie im Jahr 1326 in männlicher Linie ausstarb. Außer in Gower waren die de Braose auch in Irland präsent, das seit 1170 verstärkt unter englische Kontrolle geriet. Im 13. Jahrhundert gab es zwei Bischöfe aus dieser Familie, Giles de Braose in Hereford (1200–1215) und William de Braose (1266–1287) in Llandaff in der Nähe von Cardiff. Die de Braose waren eine nicht untypische adlige Familie für diese Gegend in dieser Zeit.

Zur Zeit unserer Ereignisse herrschte in Gower William de Braose, der zweite Herr von Gower dieses Namens, 1241–1290; ihm folgte der letzte Vertreter seiner Familie, sein gleichnamiger Sohn als Herr von Gower 1290–1326. Zum weiteren Rahmen ist noch anzumerken, daß das Fürstentum Wales in den Jahren 1282 bis 1284 von König Eduard I. erobert wurde[4] (Karte). Diese Eroberung berührte die Herrschaft von Gower nur in geringem Maße, da das Fürstentum Wales nicht die gesamte Halbinsel umfaßt hatte. Freilich gab es auch in Gower sowie im weiteren walisischen Raum Spannungen zwischen den walisischen Einheimischen und den Herren der walisischen Mark; in der Folge der Unterwerfung des Fürstentums Wales kam es auch in Südwales zu Anzeichen national geprägten Widerstandes, die unter der Führung des Walisers Rhys ap Maredudd zwischen 1287 und 1291 größere Ausmaße annahmen. Die nachfolgenden Ereignisse aus dem Jahr 1289 sind mit diesen ethnisch geprägten Aufständen in Zusammenhang zu sehen.

Der Kern unseres Berichtes ist folgender: im Herbst 1289 kam es zu einem Aufruhr in Gower. Eine Burg der de Braose in Oystermouth wurde von Walisern eingenommen und niedergebrannt, und einige Menschen verloren dabei ihr Leben. Solche Ereignisse waren damals nicht ungewöhnlich; die Burg Oystermouth war in den vergangenen Jahren mehrfach in die Hände von Aufständischen gefallen[5]. Zu diesem Zeitpunkt allerdings, es war gegen Ende Oktober, gelang es William de Braose dem Jüngeren, damals 28 Jahre alt, der in Abwesenheit seines Vaters die Herrschaft führte, 14 Aufständische gefangenzunehmen. Unter diesen befanden sich zwei lange gesuchte walisische Anführer: William ap Rees und Traharn ap Howel. Die 14 wurden in der Burg Swansea, dem Zentrum der Herrschaft Gower, festgesetzt. Nachdem William de Braose der Ältere wieder verfügbar war, wurden 12 Gefangene freigelassen, aber die zwei Anführer wurden zum Tode verurteilt. Nach einer Haft von zwei Wochen wurden sie am Montag nach dem Fest des heiligen Martin zum Galgen außerhalb des Ortes Swansea geführt und nacheinander aufgeknüpft. Die beiden Verurteilten hingen von morgens bis abends am Galgen. Während des Tages hatte die Gattin des Herrn von Gower, Maria de Braose, dessen dritte Ehefrau (eine de Rus) und die Stiefmutter Williams des Jüngeren, ihren Mann mehrfach gebeten, ihr die Verurteilten zu überlassen, sowohl vor der Vollstreckung des Urteils als auch danach. Ihr Mann gewährte ihr die Bitte erst, als er sich sicher wähnte, daß die beiden Verurteilten tot seien. Im Laufe der folgenden Stunden stellte sich jedoch heraus, daß

Zum weiteren Rahmen vgl. DAVIES, R. R., Lordship and society in the March of Wales, 1282–1400. Oxford 1978; sowie DERS., Conquest, coexistence and change. Wales 1063–1415. History of Wales II. Oxford 1987.
4 Dazu vgl. RICHTER, Michael, Mittelalterlicher Nationalismus. Wales im 13. Jahrhundert. In: Nationes I, hg. von Helmut BEUMANN und Werner SCHRÖDER. Sigmaringen 1978. S. 465–488.
5 Im Jahr 1287 war die Burg von Rhys ap Maredudd erobert worden, SMITH, S. 229f. Zu weiteren Einzelheiten vgl. GRIFFITHS, R. A., The revolt of Rhys ap Maredudd, 1287–1288. In: Welsh History Review 3 (1966–1967), S. 121–143.

William ap Rees nicht tot war. Obwohl Vater und Sohn de Braose sichtlich enttäuscht waren, daß die Hinrichtung nicht die gewünschte Wirkung gezeigt hatte, stand der Herr von Gower zu seinem Wort und ließ William ap Rees das Leben. Dieser erholte sich so weit, daß er etwa sechs Wochen später – es muß um Weihnachten gewesen sein – die Herrschaften von Gower nach Hereford begleiten konnte, um dort, nach einer dreitägigen Reise, Thomas Cantilupe für seine wunderbare Errettung zu danken. Diese Reise hatte Maria de Braose gelobt, sollte der Erhenkte wieder zum Leben kommen.

Die päpstliche Kommission, die im Jahr 1307 in England Wunderberichte über das Wirken Cantilupes sammelte, verhörte am 14. und 15. Juli in London zum Fall William ap Rees den Herrn von Gower, William de Braose den Jüngeren, damals 46 Jahre alt, seine Stiefmutter Maria de Broase (ihr Alter wird nicht angegeben) und den Hausgeistlichen William de Codineston, damals 45 Jahre alt[6]. Fünf Monate später wurde derselbe Fall noch einmal behandelt, nämlich in Hereford. Dort wurden zwischen dem 6. und 9. November folgende Personen vernommen (Altersangabe in Klammern): William ap Rees (45), Thomas Marshall (32), John de Laggeham (50), Henry Pelliparius (34), Adam Loghorne (30) und John ap Howel (40)[7]. Es überraschte die Kommission dabei besonders das Auftreten des durch Thomas de Cantilupes Intervention wunderbar Erretteten, William ap Rees, denn im Juli war ihnen von William de Braose mitgeteilt worden, Rees sei etwa zwei Jahre zuvor eines natürlichen Todes gestorben.

Wir haben also über die Ereignisse im Zusammenhang mit der Exekution und der folgenden Wiederbelebung von William ap Rees Berichte von neun verschiedenen Personen. Es ist ein zusätzlicher Reiz dieser Quelle, daß die Aussagen von zwei verschiedenen Gruppen und unabhängig voneinander gemacht wurden. Die erste Gruppe besteht aus dem Landesherrn, seiner Stiefmutter und deren Hofgeistlichem, die zweite ist aus verschiedenen Bürgern von Swansea und Walisern zusammengesetzt. Alle berichteten von ihrem persönlichen Erleben der Ereignisse vom Herbst 1289. Am stärksten beteiligt waren drei Personen: der Landesherr, William de Braose, dessen Stiefmutter Maria de Braose und der Verurteilte William ap Rees. Während die Aussagen aller Zeugen in großen Zügen übereinstimmen – schließlich war die wundersame Errettung des William ap Rees in der Umgebung weit bekannt gewesen und muß ungezählte Male berichtet worden sein –, gibt es doch in Einzelheiten erhebliche Unterschiede, die auf den Zeugen rückschließen lassen.

Interessante Differenzen gibt es zum Beispiel hinsichtlich der Zeit des Ereignisses. Während der Zeugenbefragung wurde die *communis opinio* mehrfach bemüht; sie wurde charakterisiert als das, *was alle Leute sagen*. Das Jahr der Hinrichtung war an sich für die Untersuchungskommission verhältnismäßig irrelevant. Die Gruppe der Zeugen, die in Hereford aussagte, verlegte die Ereignisse fast einstimmig in die Zeit *vor etwa 15 bis 16 Jahren*. Selbst William ap Rees erinnerte sich nicht genauer an das Jahr seiner Hinrichtung. Hingegen war William de Braose, der Landesherr, in bezug auf das Jahr präzise: vor 18 Jahren nach seiner Aussage. Ihm ist in dieser Sache zu vertrauen, da sein Vater gegen Weihnachten 1290 gestorben war, aber noch die Wallfahrt nach Hereford mitgemacht hatte, die etwa sechs Wochen nach der mißglückten Hinrichtung, um Weihnachten 1289, stattgefunden hatte. Anders stand es um die Erinnerung an die Jahreszeit, in der die Ereignisse stattgefunden hatten. Nach Aussage von William de Braose

---

6 Vat. Lat. 4015, f. 7^v – 14^v.
7 Vat. Lat. 4015, f. 219^v–227^v.

hatten sie sich *zwischen Michaelis und Allerheiligen* zugetragen, während William ap Rees hier genau war; seine Hinrichtung erfolgte am Montag nach St. Martin. Diese Aussage wurde von einigen Personen der zweiten Gruppe bestätigt: die Aussage des Individualgedächtnisses war zu der des Gruppengedächtnisses geworden[8]. Wir werden noch andere Beispiele für den Unterschied von Individual- und Gruppengedächtnis finden, die es erlauben, die Vorgänge einigermaßen genau zu rekonstruieren, sowie gleichzeitig Einblicke in verschiedene Mentalitäten gewähren.

Wir kehren nun zu den Ereignissen im Jahr 1289 zurück.

William ap Rees, etwa gleichaltrig mit William de Braose dem Jüngeren, war adliger Herkunft, ebenso wie der andere Anführer der walisischen Aufständischen, Traharn ap Howel. William ap Rees war von William de Braose dem Älteren seines Besitzes beraubt worden und lebte seitdem in Armut. Gleichwohl hatte er die volle Unterstützung seiner Landsleute. Während seiner Gefangenschaft in der Burg von Swansea boten die Waliser dem Herrn von Gower für die Freilassung von William ap Rees und Traharn ap Howel 100 Stück Rindvieh an[9]. Ein derartiger Freikauf ist in Nordwales in dieser Zeit als *emenda* bezeugt, aber er war keineswegs zwingend. Nach Auskunft der walisischen Rechtstexte waren 106 Kühe der übliche Betrag in derartigen Fällen[10]. Die Abrundung der Summe in unserem Text ist bemerkenswert und bleibt unerklärt. William de Braose lehnte den Freikauf ab, denn, so sagte einer der Zeugen, *er haßte William ap Rees, weil dieser ein schlechter Mensch war und viel Unrecht begangen hatte*. Von einem Gerichtsverfahren, das zur Verurteilung führte, hören wir nur in Ansätzen. Rees wurde beschuldigt, 13 Menschen umgebracht zu haben. Er beteuerte seine Unschuld, und zwar bis zum Schluß[11]; nach eigenen Aussagen wurden ihm die Untaten nicht nachgewiesen. Die knappen Angaben lassen vermuten, daß es sich um ein Schwurgericht handelte. Diese Institution war im Lauf des 13. Jahrhunderts von England aus nach Wales vorgedrungen[12], aber das System der Blutrache und des damit verknüpften Freikaufs ist in den Gebieten der walisischen Mark in dieser Zeit noch recht häufig bezeugt. Andererseits konnte sich William de Braose in seinem Urteil gestärkt fühlen, ohne im einzelnen den Schuldnachweis zu erbringen, da

---

8 Zu diesem Themenkomplex siehe HALBWACHS, Maurice, Das kollektive Gedächtnis. Dt. Ausgabe 1967. (Fischer tb 1985).

9 (William de Braose) *dixit etiam quod licet consuetudo sit in patria predicta Wallie quod illi qui suspendendi sunt possint evadere cum peccunia si placet dominis temporalibus qui faciunt tales iudicari ad suspendium, pro redemptione tamen dicti Willelmi Cragh pater dicti testis noluit recipere redemptionem licet tam pro ipso Willelmo Cragh quam pro alio cum eodem Willelmo suspenso offerentur sibi centum vacce ab amicis dictorum suspensorum.* Vat. Lat. 4015, f. 12^(r-v). Vgl. damit *centum vacce cum tauro albo*, die nach den walisischen Rechtstexten dem walisischen König von jedem cantref zustehen: Hywel D. EMANUEL (Hg.), The Latin texts of the Welsh laws. Board of Celtic Studies, History and Law Series 22. Cardiff 1967. S. 110. Die de Braose beanspruchten *royal jurisdiction* in Gower, was allerdings wiederholt angefochten wurde, SMITH passim. Rechts- und verfassungsgeschichtlich betrachteten sich die Marcher Lords in Wales als Nachfolger der walisischen Könige mit deren Rechten; OTWAY-RUTHVEN, A.J., The constitutional position of the great lordships in south Wales. Transactions of the Royal Historical Society, 5th series 8. 1958. S. 1–20.

10 Llyfr Blegywryd, hg. von S.J. WILLIAMS und E.J. POWELL. Cardiff 1961. S. 166f.

11 Vgl. dazu die walisische Rechtsmaxime: *Quot et qui quorum cuiuslibet verbo credendum est. Novem homines sunt quorum cuiuslibet verbo credendum est et soli in testimonio ferendo... Nonus est latro ductus ad patibulum et certus de morte sua.* Latin Texts 124.

12 DAVIES, R.R., The twilight of Welsh law, 1284–1538. In: History 51 (1966), S. 143–164, hier S. 148 und Anm. 29.

König Eduard I. im Frühjahr 1289 hatte verkünden lassen, jedwede Unterstützung für Rhys ap Maredudd sei streng zu ahnden. Der Aufstand der Waliser im Herbst des Jahres, der zur Festnahme des William ap Rees führte, konnte in diese Kategorie gerückt werden.

Die Ereignisse im Zusammenhang mit der Hinrichtung der beiden Waliser geben wertvolle Einblicke in die religiösen Bindungen der Beteiligten. Im Zentrum unserer Betrachtungen steht dabei William ap Rees, der offenbar von Anfang an auf die Hilfe Thomas Cantilupes vertraute. Während er von dem Landesherrn in den schwärzesten Farben geschildert wird und auch bei den Swanseaer Bürgern in geringem Ansehen stand, erscheint er nach seinen eigenen Aussagen ebenso wie nach seinem Verhalten als ein tief gläubiger Mensch. Im Verlauf der Untersuchung im Jahr 1307, als er aussagte, er sei durch die Intervention des heiligen Thomas gerettet worden, fragte man ihn, ob er anstatt Cantilupe vielleicht dem Apostel Thomas oder dem Thomas Becket von Canterbury für seine Rettung verpflichtet sei. William ap Rees bestand auf Thomas Cantilupe und sagte aus, er sei bereits vor seiner Gefangennahme zum Grab des Thomas Cantilupe nach Hereford gepilgert. Es muß hier in Betracht gezogen werden, daß Thomas Cantilupe keineswegs ein Lokalheiliger war. Swansea gehörte zum Bistum St. David's; Hereford war drei Tagesreisen von Gower entfernt, und Thomas Cantilupe hatte gegen Ende seines Lebens öfter mit dem Fürsten von Wales, Llywelyn ap Gruffudd, in Konflikt gelegen[13]. Schon aus diesen Gründen ist die Verehrung Cantilupes durch William ap Rees bemerkenswert; desgleichen ist in Rechnung zu stellen, daß Thomas Cantilupe als helfender Heiliger erst kurze Zeit vorher zu wirken begonnen hatte. Wir werden sehen, daß auch Maria de Braose Thomas Cantilupe hoch schätzte und um Hilfe anrief. Es ist aber auszuschließen, daß die Hochschätzung von Cantilupe durch William ap Rees von der Burg von Swansea stammte. William ap Rees war nur der walisischen Sprache mächtig. Maria de Braose benutzte Französisch als Umgangssprache, und ihr Hausgeistlicher war nach eigenen Aussagen nicht fähig, Walisisch zu sprechen oder auch nur zu verstehen. Seine Muttersprache war Englisch, und mit Maria de Braose sprach er Französisch. Es bleibt uns also letztendlich verborgen, wie es zu der Verehrung Thomas Cantilupes durch William ap Rees kam; wir können es nur selbst zur Kenntnis nehmen. Als William ap Rees erstmals nach Hereford pilgerte, wird er etwa 25 Jahre alt gewesen sein.

Seine Frömmigkeit erscheint ferner darin, daß er in der Nacht vor seiner Hinrichtung einen Traum religiösen Inhalts hatte. Es war ihm, als befände er sich im Gefängnis zusammen mit den 13 anderen Gefangenen, als ihm die Gottesmutter in Begleitung eines Mannes erschien. Maria war prächtig gekleidet, aber William berichtete, daß sie im Unterschied zu den Bildern, die er von ihr gesehen hatte, nicht das Jesuskind auf den Armen trug. Sie fragte, ob sich unter den Gefangenen ein gewisser William ap Rees befände. Er bejahte. Dann riet sie den Gefangenen, über eine Leiter in die Freiheit zu steigen, mit Ausnahme Traharns ap Howel, der zurückzulassen sei. Rees fragte Maria, wer der Mann in ihrer Begleitung sei, und sie antwortete, es sei der heilige Thomas von Hereford, der ihn erretten würde.

Außerdem berichtete William ap Rees, er habe am Tag seiner Gefangennahme dem heiligen Thomas von Hereford einen Pfennig gelobt, und diesen Pfennig habe er bei sich gehabt, als er gehenkt worden sei. Vor der Hinrichtung wünschte William ap Rees zu beichten. Er wandte sich an den Hausgeistlichen des Landesherrn, den Engländer William de Codineston. Doch da taten sich unüberwindliche Sprachbarrieren auf. Der Engländer William de Codineston war der

---

13 RICHTER, Sprache und Gesellschaft, S. 180, 184.

walisischen Sprache nicht mächtig; er selbst hatte in London ausgesagt, er habe bei William ap Rees deutliche Anzeichen von Reue festgestellt und man habe ihm später berichtet, William ap Rees habe Thomas Cantilupe um Beistand angefleht. Der Verurteilte fand schließlich einen walisischen Geistlichen namens Madoc, dem er seine Beichte ablegte. Freilich war dieser Geistliche 1307 nicht zur Zeugenaussage verfügbar. Der Hausgeistliche der Familie de Braose begleitete den Verurteilten nicht einmal an den Galgen; er konnte daher später nur vom Hörensagen berichten, William ap Rees habe auf dem Weg zur Richtstatt mehrfach den heiligen Thomas Cantilupe angerufen, er möge ihn retten.

Gehen wir kurz auf die Hinrichtung ein: Sie wird von verschiedenen Zeugen ausführlich geschildert, verständlicherweise, denn die päpstliche Untersuchungskommission wollte so sicher wie möglich wissen, ob William ap Rees tatsächlich durch ein Wunder wieder zum Leben erweckt worden sei oder ob er am Galgen gar nicht gestorben sei. Hierin waren sich alle Zeugen außer William ap Rees einig: er war tatsächlich tot gewesen. Er selbst konnte dazu nichts sagen. William de Braose erläuterte der Kommission, daß es in seinem Land üblich sei, den Henker selbst zu töten, sollte es sich herausstellen, daß er seine Opfer absichtlich verschont hatte[14].

Die zwei Verurteilten wurden am Montagmorgen mit auf den Rücken gebundenen Händen unter Begleitschutz von zehn Berittenen von der Burg Swansea zum Galgenhügel außerhalb des Ortes geführt. Auf dem Platz von Swansea innerhalb der Stadtmauer hatten sich etwa 100 Menschen versammelt, um die Hinrichtung zu erleben (wie groß Swansea damals war, ist nicht bekannt)[15]. Der Herr von Gower hatte angeordnet, daß die Verurteilten von ihren eigenen Verwandten gehenkt werden sollten, umringt von dem berittenen Begleitschutz. Die Absicht hinter dieser Verfügung kann man nur erahnen: sicher sollte ein abschreckendes Beispiel gegeben werden, und zugleich wurde die Macht des Landesherrn demonstriert. Drei Verwandte Williams ap Rees werden namentlich genannt. Er war als erster an der Reihe. Der Galgen wird nicht genau beschrieben; wichtig ist indes, daß es einen Querbalken gab, der auf einer oder zwei Gabeln ruhte. William mußte eine Leiter besteigen. Dann wurde ihm die Schlinge mit einem Knoten um den Hals gelegt und die Leiter weggezogen. Allem Anschein nach starb William ap Rees auf der Stelle, denn mehrere Zeugen berichten, aus seinen unteren Körperöffnungen sei Unrat geflossen, was üblicherweise als Zeichen des eingetretenen Todes betrachtet wurde.

Kurze Zeit später war Traharn ap Howel an der Reihe. Seine Hinrichtung verzögerte sich etwas, weil in letzter Minute Verhandlungen mit dem Landesherrn bezüglich der Form seiner Bestattung geführt wurden. Howel wurde nicht von Verwandten, sondern von Gefolgsleuten des William de Braose gehenkt. Über die genaue Art der Vollstreckung gehen die Aussagen auseinander. Nach einer Version mußte auch er eine Leiter besteigen, nach einer anderen Version wurde ein Seil über den Querbalken geworfen, und er sollte hochgezogen werden. Howel wird als großer und schwerer Mann geschildert, der bis zum Ende Widerstand leistete. Diese Einzelheiten interessieren aus einem einzigen Grund: als Traharn ap Howel gehenkt wurde, brach der Querbalken des Galgens, und beide Gehenkten fielen zu Boden. Obwohl die

---

14 (William de Broase) *modus supendendi homines in patria est talis quod statim moriuntur suspensi post suspendium quia laqueus cursilis apponitur ad collum eorum et nodus dicti laquei stat retro ex parte colli ita quod statim suffocantur et si non morerentur et fraus aliqua interveniret in suspendio per quam vita suspensi posset prorogari, carnifex secundum modum patrie qui tales suspendit suspenderetur.* Vat. Lat. 4015, f. 12ʳ.
15 Die Information zu Swansea im 13. Jahrhundert ist besonders dürftig, vgl. ROBINSON, W.R.B., Swansea. In: Boroughs of Mediaeval Wales, hg. von R. A. GRIFFITHS. Cardiff 1978. S. 261–286, bes. S. 266f.

Umstehenden der Ansicht waren, daß beide bereits tot seien, wurden sie noch einmal aufgeknüpft, jeder an einer Gabel des Galgens. Denn nach Landessitte durften sie erst abgenommen werden, nachdem der Landesherr ausdrücklich die Genehmigung dazu erteilt hatte. Nach Aussage der Mehrzahl der Zeugen geschah das erst am Abend gegen Sonnenuntergang. Die beiden Gehenkten hingen also den ganzen Tag über am Galgen, und William de Braose, Vater und Sohn, blickten befriedigt von der Burg hinüber.

Auf der Burg hatte Maria de Braose seit dem frühen Morgen ihren Mann wiederholt gebeten, er möge ihr die Verurteilten überlassen. Es handelte sich bei ihr offenbar um einen völlig unpersönlichen, rein religiös motivierten Akt der Gnade, denn auch nachdem William ap Rees wieder zum Leben gekommen war, beschränkte sich Marias persönliche Bekanntschaft mit ihm auf zwei Begegnungen. Marias Bitte um Gnade für die zwei Verurteilten wurde abgelehnt; die Bitte wurde erneuert, als die Gehenkten vom Galgen gefallen waren, wiederum vergeblich. Erst am Abend überließ der Landesherr seiner Frau die beiden Opfer.

Hier lassen uns die Quellen in mancher Beziehung im Stich. So wissen wir nicht, was mit Traharn ap Howel geschah. William ap Rees wurde abgenommen, über eine Stange (nach anderen Aussagen auf die Leiter, die er bestiegen hatte) gebunden und nach Swansea getragen. Es ist auch nicht bekannt, warum der Leichnam ursprünglich in eine dem heiligen Johannes geweihte Kapelle gelegt werden sollte; die Träger fanden diese verschlossen und brachten deshalb den Leichnam in das benachbarte Haus des Swanseaer Bürgers Thomas Matheus. Dieses Haus füllte sich bald mit Schaulustigen. Als der erfolgte Transport Williams ap Rees auf der Burg gemeldet wurde, ergriff Maria de Braose die Initiative. Alle im Saal Anwesenden wurden aufgefordert, sich niederzuknien, und Maria flehte den heiligen Thomas von Hereford an, er möge bei Gott Fürbitte einlegen, daß William ap Rees das Leben wieder gegeben werde, damit dieser sein Leben künftig Gott widmen könne. Die Frage der Untersuchungskommission, ob sie geglaubt habe, Thomas Cantilupe würde dies tun, bejahte sie mit der trockenen Bemerkung, sonst hätte sie ihn ja nicht darum gebeten. Anschließend beteten die Anwesenden ein Vaterunser und ein Ave Maria. Daraufhin, so fuhr Maria de Braose fort, habe sie eine ihrer Dienerinnen mit Namen Sonehud in den Ort geschickt, um William ap Rees aufzusuchen und ihn im Namen des heiligen Thomas von Hereford zu vermessen.

Dieser Vorgang der Vermessung wird als *mos Anglicana* bezeichnet und war offenbar für die Beteiligten von ausschlaggebender Bedeutung für die Wiederbelebung des Opfers. Es ging darum, den Leichnam die Länge und die Breite mit einem Faden im Namen des angerufenen Heiligen zu messen. Der dabei benutzte Faden wurde üblicherweise nach gelungener Heilung in eine Kerze als Docht eingezogen und in der Kathedrale von Hereford geopfert. Die Vermessung des Leichnams geschah in Gegenwart aller Anwesenden. Von denen, die im Haus waren, waren einige nach eigenen Aussagen William ap Rees keineswegs wohlgesonnen. So zum Beispiel John de Laggeham, einer der zehn Berittenen, die die Hinrichtung überwacht hatten. Er war froh gewesen, daß William ap Rees offenbar endlich tot war. Er wird wohl einer der wenigen gewesen sein, die nach vollzogener Vermessung des Leichnams nicht in das gemeinsame Gebet um eine Wiederbelebung des Gehenkten einstimmten.

Die Aussage der Maria de Braose wird im wesentlichen von der ihres Stiefsohnes bestätigt. Dieser berichtete, er sei mit einigen Dienern in das Haus des Swanseaer Bürgers (dessen Namen ihm entfallen sei) gegangen, um William ap Rees in Augenschein zu nehmen. Er gibt eine ausführliche Beschreibung des Leichnams, um den Eindruck zu vermitteln, daß William ap Rees zu diesem Zeitpunkt wirklich tot gewesen war. Seine Augen waren aus den Höhlen getreten, die Augenhöhlen waren mit Blut gefüllt und verklebt, die Nase war ebenfalls blutverklebt und verkrustet. Die Zunge des Gehenkten hing fingerlang aus dem Mund heraus, sie war stark geschwollen, und der Sterbende hatte sich noch dazu auf die Zunge gebissen. Nachdem sich William de Braose davon überzeugt hatte, daß dieser Mann kein Lebenszeichen mehr zeige, kehrte er zur Burg zurück und berichtete seiner Stiefmutter. Ihre Reaktion: *Dieser Mann ist zweimal aufgehängt worden und hat viel erlitten. Laßt uns zu Thomas Cantilupe beten, daß er ihm das Leben wieder gibt; dann wollen wir den Geretteten nach Hereford bringen*[16]. William de Braose zitierte hier seine Stiefmutter wörtlich; sie hatte diese Absicht in französischer Sprache geäußert. William fuhr fort, seine Stiefmutter habe dann eine Kammerdienerin zur Vermessung Williams nach Swansea heruntergeschickt. Seine Aussage unterscheidet sich von der seiner Stiefmutter nur hinsichtlich des Namens der Kammerdienerin, aber der spielte wohl keine Rolle mehr, denn nach übereinstimmenden Aussagen von Maria und William de Braose war die Dienerin, die William ap Rees vermessen hatte, zur Zeit der Zeugenvernehmung nicht mehr am Leben.

Den Aussagen von Maria und William de Braose in dieser Sache stehen jene Johns de Laggeham in einigen Punkten entgegen. Er war, wie bereits vermerkt, an der Hinrichtung Williams ap Rees fast hautnah beteiligt. Er bezeichnete sich als Seneschall der de Braose; in der Zwischenzeit hatte sich seine Einschätzung seiner Bedeutung anscheinend zu seinen Gunsten verschoben. Denn nach seiner Aussage war er von Maria de Braose mit der Vermessung des Leichnams beauftragt worden; angeblich hatte sie ihm dazu eine Schnur aus der Börse ihrer Tochter Margarete gegeben. Von Gebeten in Zusammenhang mit der Vermessung berichtete John nichts. Statt dessen behauptete er, es seien fast unmittelbar darauf (*cito post ita quod potuit homo ivisse sicut estimat unum stadium sive octavum partem unius miliaris*, f. 224ᵛ) wunderbare Folgen eingetreten: William ap Rees soll einen seiner Füße leicht bewegt und zu atmen begonnen haben. John berichtete das der Burgherrin. Er fuhr fort, daraufhin sei die Burgherrin persönlich mit ihrer Tochter zu William ap Rees geeilt und habe ihn noch einmal mit einer anderen Schnur vermessen. Dies sei geschehen, bevor John de Laggeham gestattet worden sei, sein inzwischen wohlverdientes Abendessen einzunehmen. Nach dieser neuerlichen Vermessung seien die Augäpfel in die Augenhöhlen des Gehenkten zurückgeschlüpft, und er habe die Augen schließen können. Er hielt die Augen geschlossen, *so lange, wie ein Mensch braucht, um eine Meile zu laufen*. Dann öffnete er die Augen, erkannte aber an diesem Abend niemanden.

Nach den wohl verläßlicheren Aussagen Williams de Braose zeigte William ap Rees erst einige Stunden nach der Vermessung erste Lebenszeichen.

Die Genesung Williams ap Rees machte erstaunliche Fortschritte. Er blieb im Haus des Bürgers Thomas Matheus. Maria de Braose schickte ihm von der Burg regelmäßig flüssige Nahrung, da er noch keine festen Speisen zu sich nehmen konnte. Vier Tage nach der Hinrichtung besuchte ihn William de Braose. Noch konnte der Genesende nicht sprechen, und auch die Besucher erkannte er noch nicht.

Doch eine Woche später hatte er sich so weit erholt, daß er zur Burg gehen und dem Landesherrn von seiner Errettung berichten konnte. Bei dieser Begegnung waren William de

---

16 Vat. Lat. 4015 *Prium deu e seint Thomas de Cantilup qe luy donne vie e si il luy donne vie nous le amenerouns a lavant dit seint Thomas.* f. 11ʳ.

Braose, Vater und Sohn, Maria de Braose sowie der Hausgeistliche anwesend. Wie sich William ap Rees mit den Herrschaften verständigte, da er nur die walisische Sprache beherrschte, wird nicht gesagt. Ihm war daran gelegen, zu vermitteln, daß er durch die Intervention eines Heiligen gerettet worden war. Als er vor seinem Landesherrn stand, befürchtete er, daß das Todesurteil doch noch vollstreckt werden würde. Doch der Landesherr stand zu dem Wort, das er seiner Frau in dieser Angelegenheit gegeben hatte.

Maria de Braose und der Hausgeistliche William de Codineston stimmten in ihren Aussagen darin überein, William ap Rees habe berichtet, ein Bischof habe ihn, als er gehenkt wurde, an den Füßen unterstützt und dadurch das Eintreten des Todes verhindert. Diese Form der Errettung Gehenkter hatte eine jahrhundertealte Tradition und war in Bild und Wort weit verbreitet[17]. Offenbar waren in dieser Sache Maria de Braose und der Hausgeistliche mehr von literarischen Traditionen als von dem tatsächlichen Ereignis geprägt, und es liegt nahe, einen direkten Einfluß des Geistlichen auf die Burgherrin zu vermuten. Denn deren Bericht über die Errettung Williams ap Rees ist anderweitig nicht gestützt. William de Braose sagte aus, William ap Rees habe berichtet, ein weiß gekleideter Mann habe ihm die Zunge wieder in den Mund gelegt, wodurch er wieder atmen konnte.

Die Aussagen von William ap Rees, die er 19 Jahre später zu Protokoll gab, sind anders. Die Frage der Kommission, ob ihn ein Bischof oder sonst jemand am Galgen gestützt habe, verneinte er. Auch die fünf anderen Zeugen, die mit Rees in Hereford erschienen, wußten von dieser Form der Errettung nichts. Freilich wußten sie auch nichts von dem Traumgesicht, welches William ap Rees gehabt habe, in dem ihm die Jungfrau Maria und Thomas Cantilupe erschienen, bevor er hingerichtet wurde. William hatte ausgesagt, er habe dieses Traumgesicht nach seiner Errettung allen erzählt, die es hören wollten. Es ist jedoch zu berücksichtigen, daß die fünf Männer, die mit William ap Rees in Hereford aussagten, nicht zu seinem Freundeskreis gehörten, obwohl ihn einige seit seiner Jugend und ihrer Kindheit gekannt hatten. Dennoch wurde geglaubt, er sei durch die Intervention Thomas Cantilupes gerettet worden, denn nach allgemeiner Aussage waren seit seiner Rettung die Leute aus Gower verstärkt nach Hereford gepilgert.

Der Gerettete hatte damit den Anfang gemacht. Etwa sechs Wochen nach seiner Errettung brachte ihn die Familie de Braose nach Hereford. Der Hausgeistliche war nicht dabei. William ap Rees mußte die Reise nach Hereford zu Fuß machen. Er trug dabei den Strick um den Hals, mit dem er gehenkt worden war. In der Kathedrale von Hereford wurde das Wunder verkündet; es wurde ein *Te Deum* gesungen, und der Errettete opferte eine Votivgabe, die der Landesherr hatte anfertigen lassen, die Darstellung eines Galgens mit einer Figur. Es wird nicht berichtet, daß die Schnur, mit der William ap Rees vermessen worden war, in Form einer Kerze geopfert wurde.

In Hereford trennte sich die Gesellschaft. William ap Rees hatte angeblich gelobt, ins Heilige Land zu pilgern, jedenfalls nach Angaben der Herrschaften. Sie waren sich später einig, daß er dieses Gelübde nicht erfüllt hatte. Maria de Braose sah William ap Rees nie wieder, anders ihr Stiefsohn. Beide stimmten allerdings darin überein, daß William ap Rees etwa zwei Jahre vor ihrer Vernehmung eines natürlichen Todes gestorben sei. William de Braose fügte hinzu,

---

17 Vgl. GAIFFIER, Baudoin de, Un thème hagiographique: le pendu miraculeusement sauvé. In: Revue Belge d'Archéologie et d'Histoire de l'Art 13 (1943), S. 123–148, wieder abgedruckt in DERS., Etudes critiques d'hagiographie et d'iconologie. Subsidia Hagiographica 43. Brüssel 1967. S. 194–226.

offenbar habe die wundersame Errettung William ap Rees positiv beeinflußt, denn er habe seitdem keine Untaten mehr begangen. Der Gerettete bestätigte dies dahingehend, daß er durch seine Rettung in seinem Glauben bestärkt worden sei.

Es bleibt die erstaunliche Tatsache, daß der Landesherr in dem überschaubaren Gebiet von Gower William ap Rees schließlich völlig aus den Augen verlor, obwohl dieser mit Personen in Verbindung blieb, die, wie zum Beispiel John de Laggeham, eng mit dem Landesherrn in Verbindung standen. Eine mögliche Erklärung dafür mag in der Tatsache zu suchen sein, daß de Braose in den Jahren 1304 und 1305 dem englischen König in Schottland Heerfolge leistete[18]. Aber etwas anderes gilt es auch in Rechnung zu stellen.

Aus dem Jahre 1306, bald nach William de Braoses Rückkehr aus Schottland, datiert eine ausführliche Urkunde, die der Landesherr für die Bürger von Swansea ausstellte und in der er ihnen umfangreiche Zugeständnisse machte[19]. Die Herrschaft des letzten William de Braose ist im ganzen recht dürftig dokumentiert; üblicherweise wird angenommen, daß das Privileg für Swansea aus dem Jahr 1306 ein Zeugnis für den Versuch war, seit etwa 1300 bezeugte erhebliche Spannungen zwischen dem Landesherrn und seinen Untergebenen zu mildern. Im Verlauf dieser Spannungen mag die Kommunikation zwischen dem Landesherrn und den Bewohnern von Gower so gestört worden sein, daß William ap Rees aus dem Gesichtskreis des William de Braose völlig verschwinden konnte.

Quellen wie die hier vorgestellte lassen den Historiker Fragen stellen, die durch den Reichtum der Quellen überhaupt angeregt werden. Wie so oft geht es darum, möglichst über die Grenzen der Quellen vorzustoßen.

Einige Grenzen sind schon durch die Art der Überlieferung gesteckt. Unsere Quelle ist in lateinischer Sprache verfaßt: sie wurde durch Notare angefertigt, wodurch mit erheblichen Stilisierungen oder Ebnungen der Aussagen zu rechnen ist. Die Aussagen aller Zeugen mußten übersetzt werden. Von den insgesamt neun Zeugen sagten fünf in französischer Sprache aus, darunter auch die beiden Priester, deren Lateinkenntnisse nicht ausreichten, um direkt zu Protokoll zu geben. Drei Aussagen erfolgten in englischer Sprache; und William ap Rees sagte in walisischer Sprache aus. Für ihn wurden eigens zwei Franziskanermönche, die aus Wales stammten, als Dolmetscher beschafft[20]. Diese Art der Zeugenvernehmung war für die Kommission ungewöhnlich umständlich, und daher ist die so wichtige Aussage Williams ap Rees bedauerlicherweise recht knapp ausgefallen. Freilich ließ es sich die Kommission nicht nehmen, ihn genau zu inspizieren. An seinem Hals fand man keine Spuren von Narben, lediglich seine Zunge zeigte noch Spuren von dem Biß, die angeblich von der Hinrichtung zurückgeblieben waren.

Abschließend noch einige Gedanken zu den Personen. Neben den drei Hauptgestalten des Verfahrens, Maria und William de Braose sowie William ap Rees, erschienen zwei weitere Personen in einiger Tiefe: William de Codineston, der Hausgeistliche, und John Laggeham, der Seneschall.

Dem Hausgeistlichen der Burg von Swansea war der ganze Vorgang um William ap Rees im Grunde genommen fremd geblieben. Er hielt Distanz nicht nur zu dem Verurteilten, sondern

---

18 SMITH, S. 234f.
19 G. T. CLARK (ed.), Cartae et alia munimenta quae ad dominium de Glamorgancia pertinent. 1–6. Cardiff ²1910, III, Nr. 851, S. 990–99.
20 RICHTER, Sprache und Gesellschaft, S. 178f.

auch zu den Bewohnern von Swansea. Die walisische Sprache war ihm nicht vertraut, die walisischen Namen bereiteten ihm unüberwindliche Schwierigkeiten. Seine Version der Hinrichtung ist die phantastischste von allen: Er berichtete, nachdem William ap Rees zum zweitenmal gehenkt worden sei, sei auch noch der Strick gerissen, mit dem er gehenkt wurde. Obwohl er dem Gehenkten erst 10 Tage später auf der Burg wieder begegnete, berichtete er als einziger, der Leichnam sei nach der Abnahme vom Galgen noch nicht kalt gewesen. Auch wußte er nicht einmal, wer William ap Rees vermessen hatte, obwohl die Initiative dazu von der Burgherrin ausgegangen war. Somit scheint William Codineston auch eine gewisse Distanz zu der Familie de Braose gewahrt zu haben. Ihn beeindruckte lediglich die Tatsache der Errettung, und er scheint die Erklärung dazu gegeben zu haben, die in hagiographischen Quellen weit verbreitet war, daß nämlich der Heilige den Verurteilten an den Füßen unterstützt habe, um den Tod zu verhindern.

Die andere Persönlichkeit, die sich einigermaßen rundet, ist John de Laggeham. Er war als berittener Begleiter dem Verurteilten physisch so nahe gewesen wie kein anderer Zeuge. Er war auch der einzige, außer dem Opfer selbst, der sich namentlich an die Verwandten des Verurteilten erinnerte, die dessen Hinrichtung zu vollziehen hatten. Offenbar machte es ihm keine Schwierigkeiten, sich walisische Namen zu merken. Seine Aussagen der folgenden Ereignisse sehen ihn im Mittelpunkt des Geschehens. Angeblich machte er Meldung von der Exekution noch während des Tages, führte er die erste Vermessung des Gehenkten aus, die unmittelbar wunderbare Folgen hatte, berichtete er dies in der Burg und erhob Einspruch, als Maria de Braose sich über die wundersame Errettung dieses *schlechten Menschen* (so der Zeuge) freute. Er war auch der einzige, der berichtet, William ap Rees sei anschließend noch zweimal vermessen worden, nämlich einmal von Maria de Braose persönlich und dann von ihrer Tochter Margarete. Er ist der einzige Zeuge, der diese Tochter überhaupt erwähnt. Auch berichtet er als einziger, William ap Rees habe bereits am Tag nach seiner Hinrichtung wieder reden können. John de Laggeham war des Französischen, der Umgangssprache der Familie Braose, mächtig. Kein anderer der nicht-geistlichen Zeugen war der Familie de Braose in jeder Hinsicht so nahe. John de Laggeham vermittelt den Eindruck, daß er seine Persönlichkeit stärker in den Mittelpunkt des Geschehens rückte, als es die Tatsachen rechtfertigen.

Jeder Zeuge wurde gefragt, ob er seine Aussage mit anderen abgestimmt habe. Alle Zeugen verneinen diese Frage. Die weitgehende Übereinstimmung, wenigstens in der zweiten Zeugengruppe, einschließlich Angaben über räumliche und zeitliche Distanzen, ist sicher damit zu erklären, daß die Geschichte von der Errettung Williams ap Rees im Laufe der Zeit Allgemeingut geworden war. Auch wurden ja nur solche Zeugen geladen, die personliche Erinnerungen an das Ereignis hatten, die zum Teil singulärer Art sind. Sie geben dem Gesamtgeschehen beträchtliche Tiefe und Lebendigkeit. Zwei der Zeugen, Thomas Marshall und Adam de Loghorne, hatten die Erhängung Williams ap Rees als Kinder im Alter von etwa 12 Jahren erlebt. Selbst in deren knappen Berichten scheint Menschliches durch. Andeutungen lassen erkennen, daß Thomas Marshall bereits damals Berufung zum Priesteramt bezeugte, das er 1307 – noch ohne feste Anstellung – ausübte. Adam de Loghorne erinnerte sich an seine kindliche Furcht, als er den Erhenkten im Haus des Thomas Matheus sah und sich scheute, ihm ganz nahe zu kommen.

Von vielen einzigartigen Aussagen sei schließlich noch eine herausgegriffen. Die Frage an alle Zeugen, ob sie mit Thomas Cantilupe verwandt gewesen seien, verneinen alle, mit

Ausnahme Williams de Braose. Er war sich zwar nicht ganz sicher, wie er mit dem Bischof von Hereford verwandt war, erinnerte sich aber, ihn als Kind einige Male getroffen zu haben. Seine Stiefmutter sagte nichts darüber, und deshalb ist eine Verbindung über sie wohl auszuschließen. Es mag aber sein, daß eine wenn auch weitläufige Verschwägerung der de Braose mit den Cantilupes die frühe Verehrung Thomas Cantilupes durch Maria de Braose gefördert hatte. Standesgemäß waren diese Familien einander auf jeden Fall näher als die Familie de Braose den Bewohnern von Gower, übrigens auch bildungsmäßig. Wir wissen, daß Thomas Cantilupe als Umgangssprache Französisch benutzte, und zwar mit normannischem Dialekt, den er seiner Mutter verdankte[21]. Wir haben gehört, daß es in der weiteren Familie de Braose einen Bischof gab, der Altersgenosse von Thomas Cantilupe war.

Dies sind Spuren – nicht mehr – von Verbindungen der Familie de Braose mit Gesellschaftskreisen, die weit über Gower hinausreichten. Derartige Verbindungen sind in den historischen Quellen nicht selten verzeichnet. Viel seltener sind die Berichte über Mikrokosmen der Art, wie sie uns in der Grafschaft Gower um 1300 anläßlich der wundersamen Errettung des William ap Rees entgegentreten.

Das Dossier über Thomas Cantilupe befindet sich im Vatikanischen Archiv unweit des Dossiers des Jaques Fournier, welches den Stoff zu Montaillou lieferte. Gower und Swansea sind kein zweites Montaillou, deswegen aber nicht weniger interessant. Hier lernen wir Einzelheiten aus dem anglo-walisischen Alltagsleben kennen, die bisher nicht ausgewertet wurden. Es steht zu vermuten, daß im Umkreis der Handschriften Vat. Lat. 4015 und 4030 noch manche sozial- und mentalitätsgeschichtliche Schätze zu heben sind.

21 Ebd., S. 181.

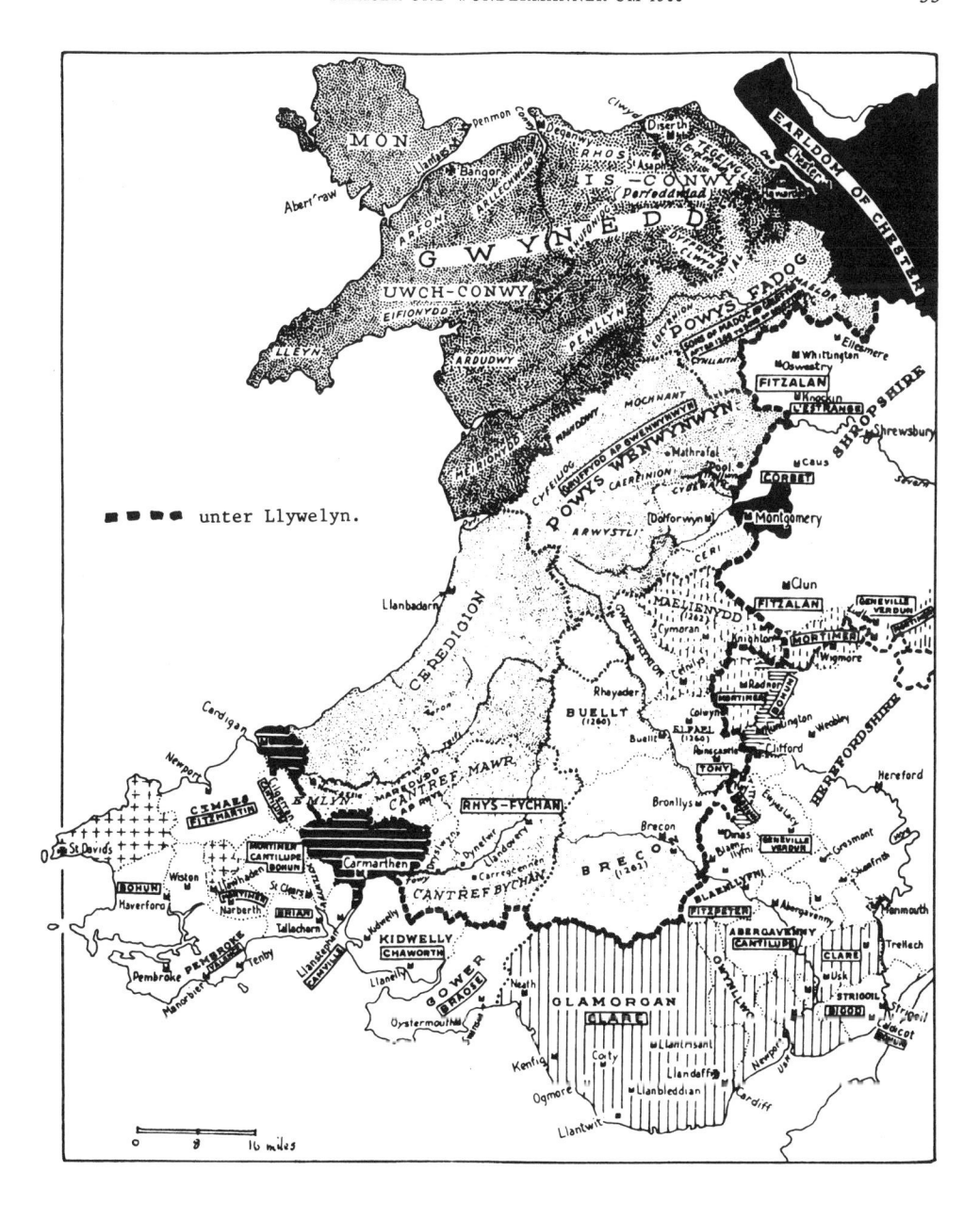

Karte 1 Wales 1627 (nach W. REES, An Historical Atlas of Wales mit freundlicher Genehmigung des Verlages Faber and Faber Ltd., London)

Karte 2 Die Herrschaft Gower um 1300

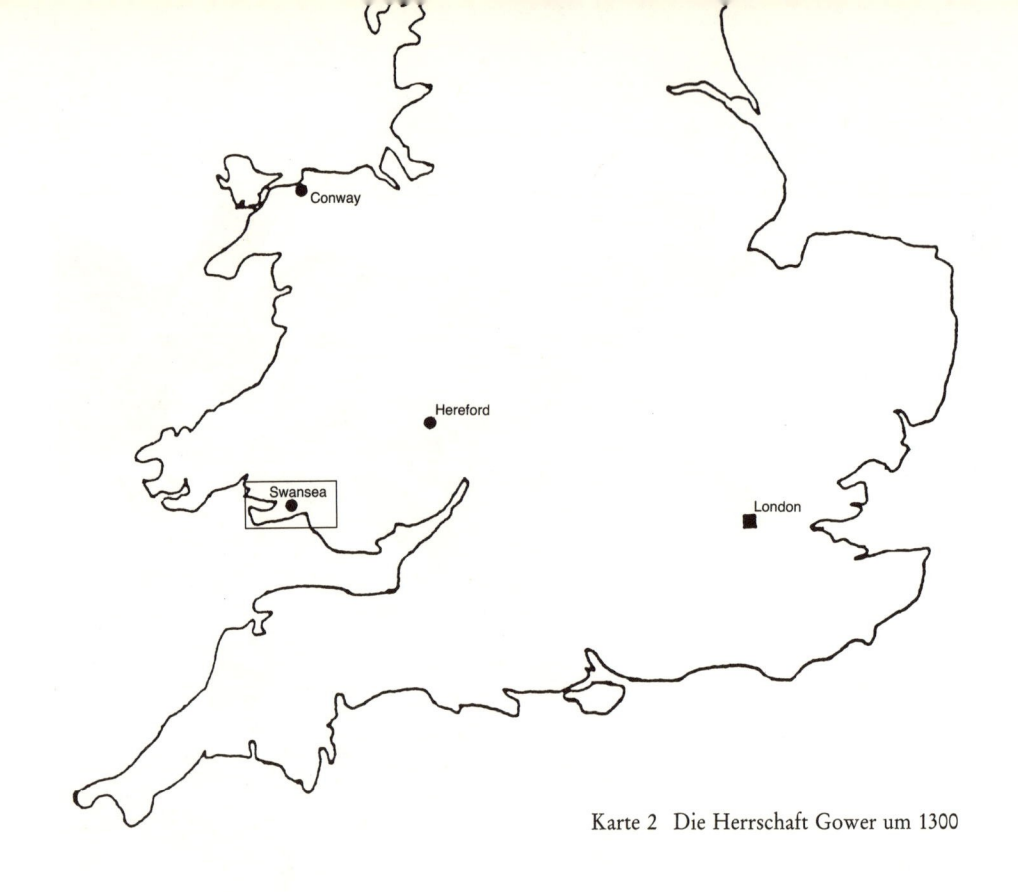

Hildegard, Adelheid, Kunigunde

Leben und Verehrung heiliger Herrscherinnen im Spiegel ihrer deutschsprachigen Lebensbeschreibungen aus der Zeit des späten Mittelalters

VON KLAUS SCHREINER

»Aber nicht nur Herrscher wurden zu Heiligen. In größerem Umfang wurden es die Frauen, die heiligen Königinnen ... Es lohnt sich, auch die Charakteristik dieser heiligen Frauen auf dem Thron kurz durchzugehen«[1].

František Graus unterzog sich dieser Aufgabe, als er Rechenschaft zu geben suchte, weshalb Frauen von Merowingerkönigen – Chrodehilde († 544), Radegunde (518–587) und Balthilde († 680/81) – als Heilige verehrt wurden. Er tat dies mit der ihm eigenen Unterscheidungsgabe für Typisches und Untypisches in hagiographischen Texten[2].

Alle drei mit Königen aus dem Geschlecht der Merowinger verheirateten Frauen hatten Kinder. Chrodehilde und Balthilde lebten asketisch, nachdem ihre Männer gestorben waren. Radegunde hat sich durch ihre »Flucht aus der Ehe« bereits zu Lebzeiten ihres Mannes einen Namen als Asketin gemacht, der ihr »Königtum ganz in den Hintergrund« rückte[3]. Alle drei Königinnen stifteten Klöster, Chrodehilde ein Frauenkloster in Tours, Radegunde ein Frauenkloster bei Poitiers, Balthilde ein Frauenkloster in Chelles-sur-Marne (Diöz. Paris). Radegunde und Balthilde nahmen in den von ihnen eingerichteten klösterlichen Gemeinschaften den Schleier. Demut, Geduld und Weltentsagung machten sie zu leuchtenden Vorbildern für ihre Mitschwestern.

Die Vita Balthildes sprengte das hagiographische Schema. Dessen Wahrnehmungs- und Beschreibungsmuster hatte es bis dahin nicht zugelassen, soziales Handeln im Interesse der Allgemeinheit als Ausdrucksform christlicher Heiligkeit zu begreifen. Balthilde war als Sklavin angelsächsischer Herkunft an den neustroburgundischen Hof gelangt. Um 648 hatte sie Chlodwig II. (639–657) geheiratet. In dem Aufstieg der ehemaligen Sklavin zur Königin erblickt der Verfasser ihrer Vita eine Fügung Gottes; er deutet sie mit dem Psalmvers 112, 7: »Er hebt auf den Dürftigen aus dem Staub und erhöht den Armen aus dem Kot, daß er ihn setze unter die Fürsten und den Stuhl der Ehre erben lasse«. Bemerkenswert bleibt außerdem, daß der Verfasser ihrer Vita auch administrative Entscheidungen in das Heiligenbild der Königin integriert: »eine Steuererleichterung und das Verbot des Exportes christlicher Sklaven«. Insofern verdankt Balthilde ihre Heiligkeit nicht allein ihrer asketischen, klösterlichen Lebens-

---

1 GRAUS, František, Volk, Herrscher und Heiliger im Reich der Merowinger. Studien zur Hagiographie der Merowingerzeit. Praha 1965. S. 406.
2 Ebd. S. 406–415.
3 Ebd. S. 409.

führung. In ihrem Falle sind Ehe, Kinder und Regentschaft »zu einem Bestandteil ihrer Vita geworden, zur Folie ihres Heiligencharakters«[4].

Die Art und Weise, wie die drei merowingischen Königinnen als Heilige wahrgenommen, dargestellt und verehrt wurden, bleibt an zeitgenössische Voraussetzungen und Interessen gebunden. Heiligenideal und Heiligenkult sind in kirchliche und gesellschaftliche Lebenszusammenhänge eingebettet. In welcher Weise gilt das für Hildegard, Adelheid und Kunigunde und deren spätmittelalterliche Verehrung? Geben ihre Lebensbeschreibungen Aufschluß über Kontinuität und Wandel von Beschreibungsmustern, deren sich Hagiographen bedienten, um aus Königinnen wunderwirkende heilige Frauen zu machen? Zeichnet sich in dem den drei Herrscherinnen zuteil gewordenen Kult ein Wandel von dessen religiöser und politisch-sozialer Funktion ab?

Lebensdaten und Lebenswege

Die urkundlich bezeugten Lebenswege von Hildegard, Adelheid und Kunigunde entbehren spektakulärer Züge. Heilig und als Heilige verehrt wurden die drei Frauen vornehmlich deshalb, weil bestimmte Kirchen und Klöster an ihrer Heiligkeit und kultischen Verehrung interessiert waren.

Hildegard, aus dem fränkisch-alemannischen Geschlecht der Udalrichinger stammend, wurde um 758 geboren[5]. Kaiser Karl der Große nahm sie 771 zu seiner zweiten Frau. Als Hildegard am 30. April 783 in der Pfalz Diedenhofen starb, hatte sie neun Kinder zur Welt gebracht. Begraben wurde sie in St. Arnulf in Metz.

Adelheid, um 931 als Tochter König Rudolfs II. von Burgund geboren, war in erster Ehe mit König Lothar von Italien († 950) verheiratet[6]. Otto der Große nahm im Jahre 951 die verwitwete Adelheid, die zeitweilig in die Gefangenschaft König Berengars II. von Italien geraten war, zu seiner Frau. Als *consors regni* begegnet Adelheid in zahlreichen Urkunden als Intervenientin. Nach dem frühen Tod Ottos II. († 983), ihres Sohnes, den sie erzogen und bei seinen Regierungsgeschäften beraten hatte, widmete sie sich der Erziehung Ottos III., ihres Enkels. Als Theophanu, ihre Schwiegertochter, 991 starb, griff sie noch einmal in die Regierungsge-

---

4 Ebd. S. 413f.
5 Zur Abstammung und zum Lebensgang Hildegards vgl. SCHREINER, Klaus, ›Hildegardis regina‹. Wirklichkeit und Legende einer karolingischen Herrscherin. In: Archiv f. Kulturgeschichte 57 (1975), S. 3–15; ALTHOFF, Gerd, Über die von Erzbischof Liutbert auf die Reichenau übersandten Namen. In: Frühmittelalterliche Studien 14 (1980), S. 230–233. Mit der Biographie der historischen Hildegard und der Geschichte ihrer kultischen Verehrung befaßte sich im Mai 1983 ein vom Centre de Recherches sur l'Antiquité Tardive et le Haut Moyen Age de l'Université de Paris-X Nanterre und vom Centre de Recherches d'Histoire et Civilisation de l'Université de Metz gemeinsam veranstaltetes Kolloquium. Die im Rahmen dieses Kolloquiums gehaltenen Vorträge sind gedruckt in den Actes du Colloque ›Autour d'Hildegarde‹, publié par Pierre RICHÉ, Carol HEITZ et François HÉBER-SUFFRIN, Cahier V – 1987. Vgl. darin insbesondere Jean SCHNEIDER, Charlemagne et Hildegarde: conscience dynastique et tradition locale, S. 9–18; Robert FOLZ, Tradition et culte de Hildegarde, S. 19–25; Nora GAEDEKE, Die memoria fur die konigin Hildegard, S. 27–39; Michel PARISSE, La reine Hildegarde et l'abbaye Saint-Arnoul de Metz, S. 41–47; Florentine MÜTHERICH, Manuscrits enluminés ›autour de Hildegarde‹, S. 49–61; Jean VEZIN, Les livres dans l'entourage de Charlemagne et d'Hildegarde, S. 63–71.
6 Zur Biographie Adelheids vgl. ZIELINSKI, H., Artikel ›Adelheid‹. In: Lexikon des Mittelalters 1. 1980, Sp. 145–146, und die ebd. angegebene Literatur.

schäfte ein, zog sich aber nach der Mündigkeit Ottos III. (994) endgültig aus dem politischen Leben zurück. Ihre letzten Lebensjahre verbrachte sie in dem unterelsässischen Kloster Selz, einer von cluniazensischem Reformgeist geprägten Gründung der Kaiserin, in der sie auch bestattet wurde[7]. Durch ein Kanonisationsdekret vom Jahre 1097, dem ein förmliches Verfahren am päpstlichen Stuhl in Rom vorausgegangen war, wurde Kaiserin Adelheid offiziell in den Kreis der kirchlichen Heiligen aufgenommen[8].

Kunigunde, in Luxemburg um 980 geboren, wurde als Zwanzigjährige dem Bayernherzog Heinrich, dem späteren König und Kaiser Heinrich II., in die Ehe gegeben[9]. Die eheliche Gemeinschaft zwischen Heinrich und Kunigunde blieb kinderlos. Als *conregnans* Heinrichs war sie an dessen Kirchen- und Klostergründungen maßgeblich beteiligt. Nach dem Tod des Kaisers am 19. Juli 1024 zog sie sich in das von ihr gestiftete Benediktinerinnenkloster Kaufungen zurück. Dort führte sie das Leben einer einfachen Nonne. Gestorben ist sie am 3. März 1033; bestattet wurde sie im Dom von Bamberg an der Seite ihres Gemahls. Am 29. März 1200 verkündete Papst Innozenz III. feierlich Kunigundes Aufnahme in den Kanon der von der Kirche verehrten Heiligen.

Hagiographische Stilisierung, kultische Verehrung, politische Religiosität

1. Kunigunde, die keusche, mariengleiche Jungfrau und Kaiserin

Was interessierte spätmittelalterliche Fromme an *sant Kúnigunt*? In der ›Legenda sanctorum‹, die der Dominikaner und spätere Erzbischof von Genua Jacobus de Voragine (1228/29–1298) vor 1267 abfaßte, sucht man Kunigunde vergeblich. Das änderte sich, als ein Straßburger Anonymus in der ersten Hälfte des 14. Jahrhunderts die hagiographische Summe des Dominikaners, die wegen ihrer beispiellosen Verbreitung bereits im 13. Jahrhundert ›Legenda aurea‹ genannt wurde, ins Deutsche übersetzte. Der Übersetzer hat seine Vorlage nachgebessert. Nach dem Bericht ›Von vnser frowen geburt‹ fügte er die Lebensbeschreibung ›Von sancte Kúnigunt‹ ein[10].

Was er in deutscher Sprache seinen Lesern zur Kenntnis bringt, ist eine Summe von Exzerpten, die der ›Vita Heinrici‹ und der ›Vita S. Cunegundis‹ entstammen[11]. Folgt man der Textauswahl des anonymen Kompilators und Übersetzers, sind es insbesondere vier Sachverhalte, denen Kunigunde ihre Heiligkeit verdankt: ihre in der Ehe mit Kaiser Heinrich bewahrte Keuschheit; die Gründung des Bistums Bamberg sowie die Stiftung von drei weiteren Kirchen (St. Stephan in Bamberg; ein Benediktinerkloster auf dem Bamberger Michelsberg; ein

---

7 WOLLASCH, Joachim, Das Grabkloster der Kaiserin Adelheid in Selz am Rhein. In: Frühmittelalterliche Studien 2 (1968), S. 135–143.
8 PAULHART, Herbert, Zur Heiligsprechung der Kaiserin Adelheid. In: Mitteilungen des Instituts für Österreichische Geschichtsforschung 64 (1956), S. 65–67.
9 GUTH, Klaus, Die heiligen Heinrich und Kunigunde. Leben, Legende, Kult und Kunst. 1986 (mit ausführlichem Quellen- und Literaturverzeichnis).
10 Die ›Elsässische Legenda Aurea‹, Bd. 1: Das Normalcorpus. Hg. von Ulla WILLIAMS und Werner WILLIAMS-KRAPP. 1980. S. 588–590. – Zur mittelalterlichen, frühneuzeitlichen und gegenwärtigen Kunigunden-Verehrung vgl. KLAUSER, Renate, Der Heinrichs- und Kunigundenkult im mittelalterlichen Bistum Bamberg. 1957; ROTH, Elisabeth, Sankt Kunigunde – Legende und Bildaussage. In: Historischer Verein für die Pflege der Geschichte des ehemaligen Fürstbistums Bamberg, 123. Bericht. 1987. S. 5–68.
11 Adalberti Vita Heinrici II. Imp. c. 21. In: MGH SS 4, S. 805; Vita S. Cunegundis c. 1–9, ebd. S. 821–824.

Benediktinerinnenkloster in Kaufungen); vorbildhaftes Leben als Nonne im Kloster Kaufungen; Wunder zu ihren Lebzeiten und nach ihrem Tod.

In bildlichen Darstellungen, Legenden und liturgischen Texten nahm Kunigunde die Gestalt einer ausgesprochen jungfräulich-asketischen Frau an. Unverwechselbarkeit gab ihrem Bild eine Pflugscharprobe, durch die sie sich auf wunderbare Weise vom Vorwurf des Ehebruchs reinigte. Im Kloster führte sie *ein strenge leben*; sie war *vnderdienestber allen den die do wonetent vnd troste die siechen vnd was gezieret mit aller demueteketi*[12]. Ebernant von Erfurt, der bereits um 1220 ein mittelhochdeutsches Versepos über ›Heinrich und Kunigunde‹ abfaßte, bemerkt ausdrücklich: *mit ir hant sie worhte*[13]. Mit einem Kreuzzeichen löschte sie brennendes Stroh, auf dem sie schlief. Der Äbtissin von Kaufungen, ihrer Nichte, die Vergnügen suchte und nicht Verzicht übte, schlug sie *an iren backen das ir die hant rot bleib an deme backen gezeichent*[14]. Als sie zum Altar ging, um zu opfern, warf sie ihren Handschuh hinter sich, der an einem Sonnenstrahl hängen blieb.

Erst an der Wende vom 15. zum 16. Jahrhundert ist die Vita Kunigundes mit einer sozialen Komponente ausgestattet worden. Kraft ihrer Heiligkeit, berichtet Nonnosus Stettfelder, Sekretär des Michelsberger Abtes Andreas Lang, in seiner 1511 bei Johann Pfeyl in Bamberg gedruckten ›Legende des Heiligen Heinrich und der Heiligen Kunigunde‹, garantierte sie den am Bau von St. Stephan beteiligten Handwerkern gerechte Entlohnung. Als ein *wunderzeychen* beschreibt Nonnosus Stettfelder folgenden Vorgang: Als Feierabend war, nahm *sandt Kungundt ein Cristallin schuessel auß Cristalln gar koestlich gemacht ... vnd setzet sich auff ein orth / hilt dye schuesseln voll mit pfenning auff yrer schoß / vnnd gingen dar nach dye Tagloener einer nach dem andern zu der heyligen junckfrawen / vnnd greyff ein ytlicher in dye Schuessel sein taglon zu nemen / vnd entpfing nit mer dan so viel er getrewlich verdynet vnd nach dem er an dye arbeyt getretten heth / welcher frwe komen der kant nit mer nemen dan so viel er verdynet het / Des gleychen welcher spat oder langksam kumen was / erhub auch nit mer dan im zu stund / Dye gnad ward der heyligen junckfrawen sant Kungunden von got gegeben auß einer sunderlichen verdinstlickeit yrer kewscheit frumckeyt vnnd heylligkeyt*[15].

Kunigunde hielt sich an die spätmittelalterliche Sozialethik, nicht an das Evangelium, in dem berichtet wird, daß alle Arbeiter im Weinberg des Herrn – gleichgültig ob sie früh oder spät gekommen waren – den gleichen Lohn empfangen sollten (Mt. 20, 1–16). Nonnosus Stettfelder historisiert eine sozialethisch bedeutsame Verhaltensnorm im Medium der Hagiographie. Den Gegensatz zu der von Nonnosus beschriebenen Episode bilden auf zeitgenössischen Holzschnitten dargestellte Streikszenen, die zeigen, wie Bauhandwerker den Bau verlassen, weil ihnen der versprochene Lohn vorenthalten wird.

Erst im 19. Jahrhundert ist das Bild von der gerecht entlohnenden Herrscherin mit

---

12 Elsässische Legenda Aurea, wie Anm. 10, S. 589.
13 Heinrich und Kunegunde von Ebernand von Erfurt. Hg. von Reinhold BECHSTEIN, Amsterdam 1968 (Nachdruck Quedlin und Leipzig 1860), S. 128, V. 3441. – Ebernand von Erfurt war der erste Autor, der in einem 4752 Zeilen umfassenden Versepos Leben und Legenden Kunigundes in deutscher Sprache darstellte. Vgl. SCHÖPFER, Hans-Jürgen, Heinrich und Kunigunde. Untersuchungen zur Verslegende des Ebernand von Erfurt und zur Geschichte ihres Stoffs. 1969.
14 Elsässische Legenda Aurea, wie Anm. 10, S. 589.
15 Nonnosus Stettfelder, Legende des hl. Heinrich und der hl. Kunigunde, Bamberg 1511, f. 44ᵛ-45ᵛ. Vgl. ROTH, wie Anm. 10, S. 42 f.; Ausstellungskatalog Staatsbibliothek Bamberg. Handschriften, Buchdruck um 1500 in Bamberg, E.T.A. HOFFMANN. 1990. S. 114.

Bedeutungsgehalten angereichert worden, die Kunigunde in die Rolle einer Patronin zur Streikverhinderung drängten. Die Darstellung der entsprechenden Szene auf dem von Tilman Riemenschneider gehauenen Grabmal im Bamberger Dom ist, um dem Verlangen nach gesellschaftlicher Harmonie einen Rückhalt in der Geschichte zu geben, folgendermaßen gedeutet worden: »Die Bauleute an dem Dome waren mit ihrem Lohn nicht zufrieden und erwirkten höhere Bezahlung. Durch die Gewährung dieser Bitte kühner gemacht, forderten sie noch höheren Lohn und stellten dabei Bedingungen, deren Erfüllung eben im Bereiche der Unmöglichkeit lag. Die Kaiserin ward auf diese Weise hart bedrängt, aber sie flehte um Rath zu Gott, und der Herr erhörte ihr inbrünstiges Gebet und that ein Wunder: als die Arbeiter nach der Ablöhnung nach Hause kamen, fanden sie in ihren Taschen nur den Betrag des anfänglichen niederen Arbeitslohnes. Auf diese Wunder hin hörten sie auf, zu murren und arbeiteten mit doppeltem Eifer an dem Baue weiter«[16].

2. Adelheid, die heilige »Mutter von Königen«

Die Vorstellung, die sich spätmittelalterliche Fromme von Adelheid machten, war geprägt durch das ›Epitaphium Adelheidis‹, eine Gedächtnisschrift Abt Odilos von Cluny († 1048). Zwischen 1051 und 1057 wurde diese durch einen Wunderbericht ergänzt. Der Wunderbericht geht vermutlich auf einen Mönch des Klosters Selz zurück. »Selz mit dem Grab der Kaiserin war Mittelpunkt ihres Kultes und das Ziel zahlreicher Wallfahrten, von hier gingen die Bemühungen um ihre Kanonisation aus, und die Entstehung des Liber miraculorum stand in unmittelbarem Zusammenhang damit«[17].

Odilos Erwartung, daß sein ›Epitaphium domine Adelheide auguste‹ einen Mann von Gelehrsamkeit (vir eruditus) bewegen könne, eine dem »erhabenen Gegenstand« (res eminens) angemessene Lebensbeschreibung zu verfassen[18], erfüllte sich nicht. Seine Gedächtnisschrift ist in den von Adelheid gestifteten Klöstern Peterlingen, Selz und San Salvatore bei Pavia »teilweise umgearbeitet« worden, »so daß sie in drei voneinander abweichenden Rezensionen überliefert ist«[19]. Eine weitere Rezeptionsstufe markieren spätmittelalterliche, im Laufe des 15. Jahrhunderts entstandene Übersetzungen ins Deutsche. Die eine von ihnen überliefert eine Münchener Handschrift (Cgm 750, f. CLXXIV^v – CLXXX^v); die andere findet sich in einer Berliner Handschrift (Cgbf 1259, f. 110ra–116ra). Keine der beiden Übersetzungen gibt Odilos ›Epitaphium‹ vollständig wieder. Die jeweiligen Übersetzer wählten mit unterschiedlichen Interessen aus. Für den Umfang der jeweiligen Übersetzung dürfte neben subjektiven Auswahlprinzipien auch der Textbestand der jeweils benutzten lateinischen Vorlage eine Rolle gespielt haben. Nur die Berliner Handschrift bringt *Die vorred in das leben der aller säligsten kayserin sant adelhait* (Cgbf 1259, f. 110^r), konkret: den Brief Odilos an Abt Andreas von San Salvatore bei Pavia, der dem ›Epitaphium‹ vorausgeht. Die *Legend von der Heyligen Romischen keyserin Sanct*

---

16 ROTH, wie Anm. 10, S. 48.
17 Die Lebensbeschreibung der Kaiserin Adelheid von Abt Odilo von Cluny (Odilonis Cluniacensis abbatis Epitaphium domine Adelheide auguste). Bearbeitet von Herbert PAULHART. In: Mitteilungen des Instituts für Österreichische Geschichtsforschung. Ergbd. 20, 2 (1962), S. 10.
18 Ebd. S. 27.
19 HOFMANN, Heinz, Artikulationsformen historischen Wissens in der lateinischen Historiographie des hohen und späten Mittelalters. In: Grundriß der romanischen Literaturen des Mittelalters XI, 1 (2. Teilband). 1987. S. 559.

Adelheyden der Münchener Handschrift spart sie aus – ein Befund, der möglicherweise damit zusammenhängt, daß dem Übersetzer eine Handschrift ohne diese Vorrede vorlag. Keiner der beiden Übersetzer ist jedoch von einer dem Kloster Peterlingen zuzuordnenden Handschriftengruppe abhängig, die »nur den Text des Epitaphiums enthält«[20]; beide berichten nämlich auch von Wundern aus dem Wunderbericht, der dem ›Epitaphium‹ folgt. Der Übersetzer der in der Berliner Handschrift überlieferten Vita machte offenkundig von einer Textüberlieferung Gebrauch, die »durch die Voranstellung des Briefes an den Abt von S. Salvatore in Pavia gekennzeichnet« ist[21]. Überlieferungsträger dieser Handschriftenklasse war das Kloster San Salvatore bei Pavia. Die von ihm gleichfalls ins Deutsche übersetzten Wunderberichte muß er aus einer Vorlage des dritten Typus (Epitaph und Wunderbericht ohne Brief an Abt Andreas von San Salvatore) genommen haben. Der Übersetzer der in Cgm 750 erhaltenen Lebensbeschreibung der hl. Adelheid benutzte als Vorlage gleichfalls den Text der »durch eine gute Ortskenntnis von Selz und Umgebung sich auszeichnenden dritten Gruppe«, die »das Epitaphium zusammen mit dem Liber miraculorum« enthält[22].

Keiner der beiden Übersetzer übersetzte Odilos Einleitung, in welcher der Abt von Cluny in Erinnerung brachte, daß der »in göttlicher und menschlicher Wissenschaft unvergleichliche« Kirchenvater Hieronymus zahlreichen Frauen seiner Zeit Gedächtnisschriften gewidmet habe[23]. Bemerkenswert für den Übersetzer des Berliner Textes ist das Bemühen um Vollständigkeit. Nicht jedes Kapitel von Adelheids Lebensbeschreibung hat er Wort für Wort übersetzt, doch keines gänzlich ausgespart. Von den insgesamt dreizehn Wundergeschichten übersetzte er nur die ersten acht. Der Übersetzer des Münchener Textes hingegen hat alle Wunder bis auf eines (c. 9) ins Deutsche übertragen. Im ›Epitaphium‹ hingegen überging er die Kapitel 2 bis 8 sowie die Kapitel 15, 17 und 19. Die übrigen Kapitel, die er übersetzte, hat er stark gekürzt.

Abt Odilo hatte von Adelheids Leben und Wirken ein geschlossenes Bild entworfen. Folgt man der biographischen Skizze Odilos, sicherte Adelheid als Mutter von Königen und Kaisern die Kontinuität des regierenden Hauses; als Herrscherin fühlte sie sich für die Geschicke des Reiches verantwortlich und pflegte als solche »eine cluniazensisch geprägte, politisch gerichtete Frömmigkeit«[24]. Durch ihren demütigen Lebenswandel, ihre Stiftungen und ihre Mildtätigkeit gegenüber Armen erwarb sie sich den Ruf einer Heiligen. Odilo sah keinen Grund, im Lebensgang Adelheids Herrschertum und Heiligkeit voneinander zu trennen.

Der Übersetzer des Berliner Textes folgte diesen Vorgaben. Der Übersetzer der Münchener Vita hingegen war an einer Heiligkeit, die auch das Feld der Politik einschloß, nicht interessiert. Deshalb blendete er die Kapitel 1 bis 8, die über Adelheids Biographie und Regentschaft eingehend berichten, aus. Odilos Absicht war es gewesen, in Gestalt einer Erinnerungsschrift erbaulichen Lesestoff für die persönliche Lektüre und die gemeinsame Tischlesung klösterlicher Gemeinschaften bereitzustellen. Der Übersetzer der Münchener Vita verstärkte diese Tendenz. Was ihm nicht ins Konzept einer auf Erbaulichkeit angelegten Berichterstattung paßte, ließ er weg. Seine Übersetzung beginnt er folgendermaßen: *hie hebt sich an dy Legend von der Heyligen Römischen keyserin Sanct Adelheyden die man am Reyn in großen eren hat vnd ligt*

---

20 Lebensbeschreibung der hl. Adelheid, wie Anm. 17, S. 14f.
21 Ebd. S. 14.
22 Ebd. S. 14f.
23 Ebd. S. 28f.
24 SCHLESINGER, Walter, Artikel ›Adelheid‹. In: Neue Deutsche Biographie 1. 1953. S. 58.

begraben in eynem kloster genant Else, daz sie selber gestyftet hat. Da tut got große zeychen durch ir verdinen, vnd ist ir schidung tag im Aduent der vird tag nach Lucie [16. Dezember][25].

Offenkundig lag dem Autor daran, für die Tischlesung eines Frauenkonventes einen geeigneten Text zu verfassen, der am Todestag der allerseligsten Frau Adelheid vorgelesen werden konnte. Folgt man den die Textauswahl bestimmenden Berichtsinteressen, verdiente sich Adelheid ihre Heiligkeit durch die Stiftung von Klöstern, die sie mit *groß gut*, mit *eygen / vnd erbe, lehen vnd varende hab* reich beschenkte, durch Tugenden, die sie zur Idealgestalt einer christlichen Frau machten, durch *mitleyden der armen, denen sye allzeyt vnterteyg waz mit demütikeit*[26], und nicht zuletzt durch Wunderzeichen, die ihre fürbittende Kraft bei Gott unter Beweis stellten.

Odilo ergänzend, weist der Übersetzer ausdrücklich auf Adelheids asketische Gesinnung hin, die sie pflegte, als sie Witwe wurde: *da zemet sie iren leyp stetiklich mit hereyn hemden, darvm daz sie got sünderlich möcht geuallen*[27]. Ohne außergewöhnliche Anstrengungen gegen Versuchungen des Fleisches konnte man sich im späten Mittelalter offenkundig keine Heilige vorstellen. *Sie lebt in kúschait*, betont auch der Übersetzer des Berliner Textes, Odilos ›Epitaphium‹ erweiternd, *vnd vnder vil grosser rychtung kestiget sie jren lib vnd was schlechtlich beklaidet vnd jr hercz was allweg mit grosser lieb vnd hoffnung zuo got*[28].

Solche Erweiterungen sind Zugeständnisse an ein Heiligkeitsideal, das nach außergewöhnlichen asketischen Leistungen verlangte. Insofern kam es darauf an, das Leben Adelheids mit vorgefaßten Bildern von weiblicher Heiligkeit in Einklang zu bringen. Dennoch gab es Grenzen der Stilisierung. Hildegard, die seit dem späteren Mittelalter als Heilige verehrte Frau Karls des Großen, hatte weder eine ›Josefsehe‹ geführt, noch hatte sie ihren Lebensabend in einem Kloster zugebracht. Ihre Lebens- und Denkungsart mit asketischen Zügen auszustatten, war schlechterdings nicht möglich. Aus der Überlieferung ihrer deutschsprachigen Viten des späten Mittelalters ist denn auch nicht zu erkennen, daß diese für Klosterfrauen geschrieben worden wären. Sie dienten der Herstellung eines Geschichtsbildes, mit dessen Hilfe Klosterherren der spätmittelalterlichen Fürstabtei Kempten die Rechts- und Sozialverfassung ihres Klosters zu begründen und zu behaupten suchten.

3. Hildegard, die Garantin der Rechts- und Sozialverfassung der Abtei Kempten

Über Hildegard sind erst seit der zweiten Hälfte des 15. Jahrhunderts eigene Viten abgefaßt worden[29]. Als Wohltäterin, mit der man bestimmte Rechts- und Besitztitel in Verbindung brachte, war Hildegard bis dahin im Gedächtnis von Benediktinerkonventen (St. Arnulf in Metz, Reichenau, Ottobeuren, Kempten) lebendig. Die Erinnerung an Hildegard nährte sich in Benediktinerkonventen Lothringens, Schwabens und Bayerns aus Dankbarkeitsgefühlen, Sicherheits- und Reputationsbedürfnissen. Das Gedächtnis an Hildegard konnte in diesen klösterlichen Gemeinschaften vernachlässigt, mäßig gepflegt oder je nach Bedürfnis- und Interessenlage aktiviert werden.

---

25 Cgm. 750, f. CLXXIV[v].
26 Ebd. f. CLXXV[r].
27 Ebd. f. CLXXVI[v].
28 Cgbf 1259, f. 114rb.
29 SCHREINER, wie Anm. 5, S. 5, S. 23 f.

Sich in einer eigenen Vita des Lebensweges von Hildegard zu vergewissern, geht auf eine Anregung des Kemptener Abtes Johannes von Wernau (1460–1481) zurück. Absichts- und interesselos geschah das nicht. Die um 1472 in Latein abgefaßte Lebensbeschreibung Hildegards wollte nicht nur an die Tugenden und Wundertaten einer heiligen Herrscherin erinnern, sondern zugleich den Nachweis dafür erbringen, daß die Besitz- und Hoheitsrechte der Abtei Kempten, insbesondere die Herrschaft des Klosters über die Stadt Kempten, auf letztwillige Verfügungen Hildegards zurückgehen würden. Nicht ohne Bedacht ist die Handschrift ihrer Vita Kaiser Friedrich III. und seiner Gemahlin Eleonora gewidmet. Das erste Blatt der Handschrift bringt eine ganzseitige Miniatur des Kaisers und seiner Ehefrau. Unmittelbar vor ihnen kniet der Abt von Kempten, von dessen Mund zwei beschriftete Spruchbänder ausgehen. Das eine führt zum Kaiser und trägt die Aufschrift: *Imperator invictissime tenete jura mea inconfracte* (»Unbesiegbarer Kaiser, unversehrt erhaltet meine Rechte«). An die Kaiserin richtet der kniende Abt folgenden Bittruf: *Imperatrix magnificentissima conservate Monasterii mei privilegia sine lesura* (»Hocherhabene Kaiserin, unverletzt bewahret die Rechte meines Klosters«). Auf dem dritten Blatt kniet der Abt vor der hl. Hildegard, die er als *fundatrix* des Klosters anfleht, der bedrängten Abtei eine tatkräftige *auxiliatrix* zu sein[30]. Es ist denkbar, daß im Jahre 1474, als in Augsburg ein Reichstag stattfand, dem Kaiser als dem höchsten Gerichtsherrn und obersten Friedenswahrer die Handschrift vorgelegt und überreicht wurde, um den Herrscher in dem Konflikt zwischen Abtei und Stadt für die im Willen Hildegards verankerten Herrschaftsansprüche des Klosters zu gewinnen.

Als ein nicht näher bekannter Konrad Widerlin aus Ebenweiler (Kr. Ravensburg) im Jahre 1479 in deutscher Sprache eine ›Chronick des würdigen styffts vnd gotz huß kempten vnd sannt hyltgarten leben. Auch die Regiment der hochwirdigen fürsten vnd herren von kempten Abbte des egenannten klosters‹ (cgm 5819) abfaßte, tat er das in der Absicht, ein Bild von Hildegard zu entwerfen, das durch seinen Farben- und Episodenreichtum bei Lesern Glauben und Gefallen finden sollte. Der Autor wollte in der Überzeugung bestärken, daß Hildegards *hailigkayt* in alten Historien auf vielfältige Weise bezeugt werde. Zugleich bemühte er sich um den Nachweis, daß die gegenwärtige Rechts- und Besitzverfassung der Abtei Kempten im Willen Hildegards, der Stifterin des Klosters, verankert sei, Hildegard im Kloster begraben liege und ihren Verehrern tatkräftig zu Hilfe komme.

In alten Schriften werde Hildegard zu Recht die *Aller säligest* genannt; seien doch nach ihrem Tod *offenbarlich* Engel vom Himmel herniedergekommen, um ihre Seele mit süßem Gesang und großem Jubel ins himmlische Paradies zu entrücken[31]. Der Versuch, aus der

---

30 Ebd. S. 30. – Ein Anonymus hat diese lateinische Hildegards-Vita auszugsweise ins Deutsche übersetzt. Erhalten hat sich diese Übersetzung unter dem Titel ›Von Hiltgarten Kayser Carels weibe ain Hertzogin von dem stam Schwaben‹ in der zwischen 1472 und 1482 beschriebenen, aus dem Augsburger Jesuiten-Kolleg stammenden Handschrift Cgm 735, f. 67ʳ–76ʳ. Zur Beschreibung der Handschrift vgl. SCHNEIDER, Karin, Die deutschen Handschriften der Bayerischen Staatsbibliothek München. Cgm. 691–867 (Catalogus codicum manu scriptorum Bibliothecae Monacensis V, 5). 1984. S. 186–192; GRAF, Klaus, Exemplarische Geschichten. Thomas Lirers ›Schwäbische Chronik‹ und die ›Gmünder Kaiserchronik‹. 1987. S. 201f.
31 Cgm. 5819, S. 2. – Der Text von Widerlins Chronik ist zwischen die ›Vita Hildegardis‹ und die ›Cronic des loblichen gotzhuß Kempten und auch von sant Hylgarten leben mit ander sachen‹ einzuordnen. In ihrer Bedeutung für die Historiographie des Klosters Kempten im späten 15. und beginnenden 16. Jahrhundert ist sie bislang noch nicht herangezogen und verwertet worden. Für eine Quellenkritik von Birks historischen Schriften (s.u.) enthält sie grundlegende neue Erkenntnismöglichkeiten.

karolingischen Dynastie eine *stirps sancta* zu machen, ist kaum zu übersehen. König Ludwig dem Frommen, einem leiblichen Sohn von *sant hyltgarten*, sei auf der Brust als *sälig zaychen* ein Kreuz eingeprägt gewesen. Dieses Stigma rühre von seinem Vater Karl her, dem, als ihm Gott vom Himmel herab Schwert, Apfel und Kreuz gereicht habe, *vff der brust sines hertzen* ein Kreuzzeichen gewachsen sei. Karl und seine Nachfahren hätten auf dem Rücken noch ein weiteres Kreuz getragen. Beide Kreuze, das auf der Brust und das auf dem Rücken, seien als *zaichy der ganczen hailigkait* zu begreifen[32].

Hildegards Geburtsort sucht und findet der Verfasser auf dem heiligen Berg Andechs, um sie so an ein Geschlecht anzusippen, das zahlreiche Heilige hervorgebracht hatte. Unter den Heiligen, die dem Geschlecht der Grafen von Andechs entstammten, erwähnt der Autor ausdrücklich Kaiser Heinrich II., Bischof Otto von Bamberg, die hl. Elisabeth von Thüringen, die hl. Hedwig, Herzogin von Schlesien und Polen, die Äbtissinnen Mechthild von Edelstetten und Euphemia von Altomünster[33].

Die Tatsache, daß Hildegard *nitt canociczyert* worden sei, solle niemand zum Anlaß nehmen, an ihrer *haylikaitt* zu zweifeln. Daß unter Papst Johannes XI. und Kaiser Otto I. ein förmliches Kanonisationsverfahren nicht stattgefunden habe, obschon Hildegard bereits damals viele Wunderzeichen gewirkt hatte, hänge mit der Tatsache zusammen, daß das Kloster damals in *grosse schuld* und *verderbung* geriet[34].

Hildegard in der Person Regardas eine Mutter aus bayerischem Herzogsgeschlecht zu geben, die ihr Erbe – *hylergöw, albgöw, desegöw mit grund vnd boden, weltlicher vnd gaistlicher vnd all groß vnd clain fryhaitten vnd aigenschaffte*[35] – dem Kloster Kempten vermachte, geht auf Bemühungen der bayerischen Herzöge zurück, ihren seit 1461 nachweislich erhobenen Ansprüchen auf die Schutz- und Schirmherrschaft über Kempten ein historisches Rückgrat zu geben[36].

Um Kaisernähe zu einem geschichtlich überkommenen Bestimmungsmerkmal der Abtei Kempten zu machen, weist der Verfasser darauf hin, Kaiser Ludwig der Fromme habe mit dem damaligen Abt Gotthard Kaltberger vieles *geordnet vnd geredet von nutzperkayt des lands flecken Kempten kalbsaugst vnd Hylomont*, die alle zu dem *huß Kempten* gehören *mit weltlicher vnd gaistlicher regierung nach ordnung syner muoter Hyltgarden*. Mit dem Abt von Kempten habe Ludwig auch vereinbart, daß er in Kempten neben *syn muoter sant hyltgarden* bestattet werde[37].

Ausdrücklich hebt der Autor hervor, Herzog Ernst von Schwaben, der *von dem geschlecht her sant hyltgartten* verwandt war, habe zu Anfang des 11. Jahrhunderts *sant hyltgartten wegen* dem Kloster *besunder gunst* erwiesen, indem er in Kempten das zerfallene Gemeinschaftsleben wiederherstellte. Maßgebend für Ernsts Reformwerk seien *fryhaitten, gaistlich vnd weltlich*, gewesen, die von *sant hyltgarten* herrührten und in einem im Kloster Stöttwang aufgefundenen Buch verzeichnet waren[38].

---

32 Cgm. 5819, S. 22.
33 Ebd. S. 9.
34 Ebd. S. 100.
35 Ebd. S. 7.
36 SCHREINER, wie Anm. 5, S. 34f.
37 Cgm. 5819, S. 21f.
38 Ebd. S. 27–31.

Berichtet Konrad Widerlin von Ebenweiler von dem Leben und den Taten der Kemptener Äbte, vergißt er nie, zum Ruhme eines jeden Abtes hervorzuheben, er sei von *ritterlichem stamme, guots geschlecht* oder *guots stammen* gewesen; von manchem Abt heißt es, er war ein *hochgeporner man* oder *ain wyß edel man*. Die Rolle des Apologeten, der im Interesse des sozialen Status quo die Auffassung vertritt, Hildegard habe ihre Klostergründung in Kempten ausschließlich für Mönche adliger Geburt bestimmt, spielt Widerlin jedoch nicht.

Johannes Birk hingegen, seit Ausgang der sechziger Jahre des 15. Jahrhunderts Leiter der Kemptener Klosterschule[39], weiß in seiner nach 1481 abgefaßten Klosterchronik von einem ausdrücklichen Entschluß Hildegards zu berichten, demzufolge die heilige Frau den *edelenn geistlichen litten* in Kempten zu einem standesgemäßen *vffenthalt* verhelfen wollte. Um näher zu begründen, weshalb Hildegard in Kempten ein ›Spital des Adels‹ habe einrichten wollen, erzählt der Kemptener Schulmeister folgende Geschichte: Tallandus, ein Stiefbruder Kaiser Karls, verlangte in Karls Abwesenheit nach Hildegard, die aber dem Buhlen nicht gefügig war. Der abgewiesene Liebhaber beschuldigte Hildegard des Ehebruches, was Karl veranlaßte, seine Gattin blenden zu lassen. Einem edlen Ritter von Freudenberg gelang es jedoch, die Untat zu verhindern, indem er den Schergen dazu überredete, Karl als Beweis der vollbrachten Tat die Augen seines Hundes auszuhändigen. Hildegard flüchtete nach Rom, wo sie, den Spuren der elsässischen Herzogstochter Odilia folgend, ihre Kunst und Wunderkraft darin bewies, daß sie Augenkranke gesund machte. Nachdem sie dort von Karl wiedererkannt worden war, ermöglichte er ihr die Stiftung Kemptens[40]. Diese auf Adlige zu beschränken, habe sie deshalb getan, um der Rettungstat des edlen Freudenbergers ein bleibendes Denkmal zu setzen.

Birks ›Cronic des loblichen gotzhus Kempten und auch von sant Hyltgarten leben mit ander sachen‹ betont auf der einen Seite den von Hildegard mit Bedacht gewollten aristokratischen Charakter des Klosters, auf der anderen die von Hildegard dem Kloster eingeräumte Herrschaft über die Stadt Kempten. Dem Versorgungs- und Herrschaftsanspruch einer monastischen Adelsgruppe entspricht eine ausgesprochen bürgerfeindliche Grundeinstellung. Folgt man den Angaben Birks, schleiften 1363 die Bürger Kemptens die klösterliche Feste auf der Burghalde, in welcher der Abt als *herr von Kempten* residiert hatte. Die aufsäßigen Bürger vertrieben den Abt, verbrannten die klösterlichen Freiheitsbriefe, grenzten ihre Siedlung durch eine Mauer

---

39 Zur Biographie und zum schriftstellerischen Werk des Johannes Birk vgl. Johanek, Peter, Artikel ›Birk, Johannes‹. In: Die deutsche Literatur des Mittelalters. Hg. von Kurt Ruh, ²1978. Sp. 870–875.
40 Baumann, Ludwig, Die Kemptener Chroniken des ausgehenden 15. Jahrhunderts. In: Ders., Forschungen zur Schwäbischen Geschichte. 1898. S. 21; Spätlese des Mittelalters I: Weltliches Schrifttum. Hg. von Wolfgang Stammler. 1963. S. 47. – Mittelalterliche Königinnen und Kaiserinnen des Ehebruchs zu bezichtigen, hatte Tradition. Vgl. Mikoletzky, Hanns Leo, Sinn und Art der Heiligung im frühen Mittelalter. In: Mitteilungen des Instituts für Österreichische Geschichtsforschung 57 (1949), S. 107–122, beschreibt das eingehend am Beispiel der Kaiserin Richardis († um 893), der Gemahlin Kaiser Karls III., die sich vom Vorwurf des Ehebruchs gleichfalls durch ein Gottesurteil reinigt, indem sie ein aus Wachs gefertigtes Hemd (*cereata camisia*) anzieht und dieses an sich abbrennen läßt. Nach der Absetzung ihres Gatten (887) zog sie sich in das von ihr gegründete benediktinische Frauenkloster Andlau zurück. Die zwischen Karl III. und Richardis unfruchtbar gebliebene Ehe wurde auf ein Keuschheitsgelübde des Königs zurückgeführt. – Zur literarischen Herleitung und Verbreitung des Motivs der wegen Ehebruchs verleumdeten und verfolgten Frau vgl. Maaz, Wolfgang, Artikel ›Hildegardis‹. In: Enzyklopädie des Märchens 6. 1990, Sp. 1017–1021 (mit zahlreichen Nachweisen und Literaturangaben).

gegen den Herrschaftsbereich des Klosters ab und fingen an, *burgermaister zuo machen wider iren lyplichen herren. Und fürwar*, stellt Birk anklagend und resigniert fest, *dozemal ist sant Hyltgarden ir hopt abgeschlagen worden und das gotzhus umb ir ober regiment komen*. An dieser Situation, fährt Birk fort, habe sich bis zur Gegenwart nichts geändert. Auch die derzeitige Bürgerschaft komme von *iren alten boßhaitten* nicht los und beweise gegenüber dem Fürstabt, ihrem legitimen Stadtherren, *ungehorsamigkeit, übermutt und stoltzhait*. Bei St. Mang hätten Kemptens Bürger neuerdings eine stadteigene Schule errichtet, obschon von Hildegard ausdrücklich verfügt worden sei, daß *kain Lateinisch schul sol in der rinckmur sin wider ain herren von Kempten*[41].

Vergleichende Schlußerwägungen

Weder Hildegard noch Adelheid oder Kunigunde haben es zur Reichs-, Landes- oder Stadtpatronin gebracht. Zu solchen Ehren und Funktionen gelangten gemeinhin nur männliche Heilige. Ausnahmen bilden die hl. Maria, die Stadtpatronin von Konstantinopel, Siena und Straßburg war, und die hl. Ursula, die in Köln neben dem hl. Gereon und den Heiligen Drei Königen als Patronin der Stadt angerufen und verehrt wurde. Überregionale Bedeutung erlangte im späten Mittelalter allein Kunigunde. Das ist auch und nicht zuletzt an der Verbreitung ihrer deutschsprachigen Viten ablesbar. Nur Kunigunde ist mit ihrer Vita in der elsässischen ›Legenda aurea‹ (1. Hälfte 14. Jahrhundert) vertreten; nur Kunigundes Lebensbeschreibung fand Aufnahme in das 1481 bei Koberger in Nürnberg gedruckte ›Passional – Das ist der heyligen Leben‹; nur das Leben Kunigundes ist 1511 als eigenes Buch in deutscher Sprache gedruckt worden. Kultische Kontinuität begründete und pflegte die Bamberger Bischofskirche,

---

41 SCHREINER, wie Anm. 5, S. 29f. – Die Interessen, die das Hildegards-Bild der Kemptener Klosterherren damals bestimmten, sind evident. Von anderen Erkenntnis- und Verehrungsinteressen ließen sich um 1500 die Mönche der Reichenau leiten. Das beweist eine um 1500 auf der Reichenau entstandene und aller Wahrscheinlichkeit nach von Gallus Öhem verfaßte ›Deutsche Chronik‹ (Cod. Vindob. 2927). Daran zu erinnern, daß Karl d. Gr. auf Bitten Hildegards der Reichenau das im Hegau gelegene Dorf Rörnang mit dem dortigen Wald *zuo dienst vnd nutz* der kranken Brüder gab, damit sie *bad haben* können und ihren kranken Gliedern und gebrechlichen Körpern *möchten libpliche Hilff thuon* (f. 3ʳ), entspricht der Pflege einer Rückbesinnung auf die eigene Geschichte. Ausgeprägter schwäbischer Regionalismus kommt ins Spiel, wenn der Verfasser auf die *haylig kunigin Hiltigard* als *ain schwäbin* zu sprechen kommt (f. 3ᵛ), von der alle karolingischen und sächsischen Herrscher abstammen. Karl d. Gr. habe *hiltigardan ain herczuggin vsser schwaben* zur Frau gehabt. Karls Sohn Ludwig sei *von hiltigarden ainer schwebin* geboren worden. Ludwigs Kinder und Kindeskinder seien deshalb alle *von muotter mang vnd sypp schwauben gewesen* und *von tüschen vnd schwaebeschen Land herkommen* (f. 8ʳ). Der 911 gewählte König Konrad sei *von muotter mag ain schwaub* gewesen (f. 9ʳ). Der von Karl d. Gr. abstammende Heinrich I. müsse *ainsztayls ain schwabe* gewesen sein (f. 19ʳ). Otto d. Gr. sei deshalb auch *vom bluott der herczogen von schwaben herkommen* (f. 21ᵛ). Wie ihr Vater seien auch Otto II. und Otto III. *desz bluotz Schwaben* wie ihr Vater gewesen (f. 27ʳ). Von Otto II. schreibt der Verfasser ausdrücklich, er sei *desz bluotz von Sant hiltigardisz Herczogin von swaben herkommen* (f. 27ᵛ). Was die Abstammung von Heinrich II. anbetrifft, betont er ausdrücklich: So *ist er ouch desz bluotz von schwaben gelicher wusz wie die Otten von dem stammen karoli magni vnd hiltigardisz herkommen* (f. 30ᵛ). Der Verfasser verwandelt Hildegard nicht in ein Legitimationssymbol für die Wahrung adliger Standes- und klösterlicher Herrschaftsinteressen. Mit der Person Hildegards verknüpft er dynastische Abstammungsverhältnisse zu *loub vnd eren* Schwabens (f. 8ʳ).

die Kunigunde und Heinrich als Gründer des Bistums verehrte und das bis heute immer noch tut. Symptomatisch für den Wechselbezug zwischen der Anziehungskraft der heiligen Kaiserin und dem Interesse der Bamberger Kirche ist die Tatsache, daß Bischof Friedrich Karl von Schönborn, der ehemalige Reichsvizekanzler, im Jahre 1744 bei der Ritenkongregation in Rom den Antrag stellte, das in der Bamberger Diözese zu Ehren der hl. Kunigunde gefeierte Fest auf die ganze Christenheit auszudehnen.

Kultprägend und kultfördernd war überdies das ausgesprochen jungfräuliche Profil, das Hagiographen der Kaiserin gaben. Seit Kunigundes Heiligsprechung im Jahre 1200 ist sie als *imperatrix* und *virgo* verehrt worden. Die Verbindung von Herrschertum und Jungfräulichkeit machten »Kunigunde zur zweiten Maria«[42]. In seiner marianischen Ausprägung überstrahlte der »Kult der Jungfrau und Kaiserin ... ab 1300 den des Kaisers«[43]. Spätmittelalterliche Prediger feierten Kunigunde »weniger als Kaiserin denn als marien-ähnliche Gestalt«. Im Zentrum spätmittelalterlicher Verkündigung stand nicht mehr Kunigundes eheliche Treue, sondern das Motiv bewußt gewählter Jungfräulichkeit[44].

Der Verehrung Adelheids kam weder das Interesse einer Bischofskirche zugute noch die fürsorgliche Pietät einer Dynastie. Odilos Epitaphium fand, an der Anzahl der überlieferten Handschriften gemessen, »keine weite Verbreitung«[45]. Selz mit der Grablege Adelheids war Mittelpunkt ihrer Verehrung und Ziel zahlreicher Wallfahrten aus dem Elsaß und dem Oberrheingebiet. »Das Interesse blieb im wesentlichen ein lokales«[46].

Das gilt auch für Hildegard. An sie erinnert haben bis ins hohe Mittelalter nur einzelne Klöster, die von der heiligen Herrscherin mit Wohltaten bedacht worden waren. Die benediktinische Fürstabtei Kempten bemühte sich seit der Mitte des 15. Jahrhunderts, eine breitenwirksame Kulttradition auszubilden, die zugleich das Ansehen der Abtei heben sollte. Die Kemptener Kommunität behauptete, im Besitz des Hildegards-Grabes zu sein. Durch Bilder und Texte, die das Leben und Wirken Hildegards sicht- und lesbar machten, warben sie für die Verehrung ihrer renommierten Hausheiligen.

Zum Ursprung einer kontinuierlichen Kultgeschichte von überregionaler Wirksamkeit wurden diese Anstrengungen nicht. Als der Münchener Jesuitenpräfekt Mathäus Rader (1561–1634) zu Anfang des 17. Jahrhunderts in einer zweibändigen ›Bavaria Sancta‹ Leben und Taten von »vaterländischen Heiligen« herausbrachte, räumte er mit bemerkenswerter Offenheit ein, die »Vita Hildegardis« sei mit *prodigiosa fabularum monstra* vermengt[47]. Aber gerade diese fabelhaften Ungeheuerlichkeiten hatten in der frühen Neuzeit den Hildegardsstoff für Theater und Unterhaltung interessant gemacht[48]. Neben das kultische Ritual trat das theatralische Spiel,

---

42 GUTH, wie Anm. 9, S. 79.
43 Ebd. S. 74.
44 Ebd. S. 79. – Diese Tendenz verdeutlicht auch eine Predigt des Dominikaners Johannes Nider († 1438), der, als er über ›De sancta kunegunde‹ zu sprechen hatte, das Gleichnis vom verborgenen Schatz im Acker (Matth. 13) *ad laudem virginum* auslegte und keine Silbe über die Biographie Kunigundes verlor. Vgl. NIDER, Johannes, Sermones de sanctis, s.l. et a. (Hain * 11 797), sermo XIII (f. 194ᵛ in dem mit Bleistift paginierten Exemplar der Bayerischen Staatsbibliothek, München, 2°. Inc. s. a. 929).
45 Lebensbeschreibung der Kaiserin Adelheid, wie Anm. 17, S. 13.
46 Ebd.
47 RADER, Mathäus, Bavaria Sancta, Tom. 2, Monacii 1624, S. 102.
48 MAAZ, wie Anm. 40, Sp. 1017–1021.

neben die Frömmigkeit das Ergötzen. Das Leben Adelheids und Kunigundes war, weil es keine inszenierbaren Erzählstoffe enthielt, für die Bühne ungeeignet. Nur die bewegten, emotional ansprechenden Lebensschicksale Hildegards sind durch Bühnenaufführungen, Versepen und Nacherzählungen popularisiert worden.

Die damit bezweckte moralische Belehrung vermochte aber die kultische Verehrung Hildegards auf Dauer nicht zu verdrängen. Der Hildegards-Kult konnte reaktiviert werden, wenn dazu Anlaß bestand und wenn im Rahmen bestehender Abhängigkeitsbeziehungen christliche Fromme angehalten und verpflichtet werden konnten, Hildegard als Heilige zu verehren. Das war zum Beispiel im Jahre 1777 der Fall, als die Kemptner Fürstabtei ihre ›Tausendjährige Jubelfeier‹ beging und es den Mitgliedern aller stiftseigenen Pfarreien zur Pflicht machte, zum Jubelfest nach Kempten zu kommen[49]. Festprediger geizten nicht mit Eloquenz und Phantasie, um den zeitgenössischen Frommen klarzumachen, daß die aristokratische Rechts- und Sozialverfassung Kemptens im Willen Hildegards verankert sei.

»Hildegard war es«, behaupteten die barocken Prädikanten, »Hildegard, jene gottesfürchtige Fürstin, jene Gesegnete, aus dem schwäbisch herzoglichen Geblüte abstammende Prinzessin«, die heute als »grosse Himmelsfürstin auf den Altären« verehrt wird und ehedem »den großmütigen Entschluß faßte, »in Kempten zu der Ehre des Allerhöchsten eine dauerhafte Pflanz-Schule für adlige Männer zu errichten«, die »den Schild eines geistlichen Heldenmuthes auf ihrer christlichen Adler-Brust tragen«[50]. Bereits Karl der Große habe dem »adeligen Benediktinerkloster« den Rang einer Fürstabtei zuerkannt. Angesichts dessen könne einer auf den Gedanken kommen und sich träumen lassen: »O wie hat sich die alte römische Kirche geändert? Wenn wir unsere Augen auf solche zurückwerfen, sehen wir nichts als Armuth, den Urheber derselben arm, die Apostel arm, die Bischöfe arm, alles ohne Reichtum, alles ohne Herrschaften, alles ohne Adel«. Jetzt aber sehen wir bei dem Nachfolger des hl. Petrus eine »dreyfache Krone auf dem Haupt, an den Kardinälen den Purpur, an den deutschen Fürsten und Bischöfen die Herzogs-Hauben; die Klöster stehen da, wie die Paläste, die hohen Stifte prangen mit dem fürnehmsten Adel, alle durchgehends versehen mit den fettesten Einkünften, o wie hat sich die Kirche verändert?«[51]

Dieser Wandel, antwortete der Prediger prompt und prägnant, sei nicht als Teufelswerk zu betrachten, sondern entspreche dem Willen Gottes. Gott habe es gewollt, »daß seine Kirche auf Erden sollte hellleuchtend sein, adelig, und in allen Dingen fürtrefflich werden«. Durch die sichtliche Bevorzugung des Adels bei der Besetzung kirchlicher Ämter habe Gott »der ganzen Welt zu verstehen« gegeben, daß es »sein Wille sei, die Kirche auf Erden durch kaiserliches, königliches, herzogliches, fürstliches, gräfliches Geblüt scheinbar und ansehnlich zu machen«[52].

Es sind die gleichen Merkmale, denen Hildegard, Adelheid und Kunigunde ihre Heiligkeit verdanken: Stiftungstätigkeit im Interesse der Kirche, Armenfürsorge als Erfüllung eines biblischen Gebots, vorbildhafter Lebenswandel, in dem eheliche Treue, jungfräuliche Verzicht-

---

49 Vgl. dazu Beschreibung der Tausendjährigen Jubel-Feyer des Fürstlichen Hoch-Stifts Kempten, Kempten. 1777.
50 Ebd. S. 98f.
51 Ebd. S. 130f.
52 Ebd. S. 131f.

bereitschaft und monastische Weltentsagung eine zentrale Rolle spielen, Wunderzeichen als Beweise ihrer himmlischen Erhöhung. Als geschichtliche Personen besitzen sie ihre eigene Individualität, die auf ihre Weise auch das jeweilige Heiligenbild grundiert. Verschieden sind die Funktionen, die von den drei heiligen Frauen jeweils ausgeübt werden sollten; verschieden groß ist der räumliche Radius der jeweils erreichten Ausstrahlung; von unterschiedlicher zeitlicher Erstreckung ist die Dauer ihrer Verehrung.

Ist die Art und Weise, wie Frauen und Männer von heiligmäßigem Charakter in verschiedenen Zeiten verehrt wurden, symptomatisch für das geistige und soziale Klima einer Epoche, ist folgendes zu bedenken: »Erst die Summe verschieden abgestufter, manchmal widersprüchlicher Ansichten bildet die Mentalität einer Zeit, einer Generation«[53].

---

53 GRAUS, František, Die Herrschersagen des Mittelalters als Geschichtsquelle. In: Archiv für Kulturgeschichte 51 (1969), S. 93.

II.
TRADITIONSKRITIK

Die böhmische vorhussitische Historiographie als Quelle der Verwaltungsgeschichte

VON IVAN HLAVÁČEK

Die zeitgenössische Mediävistik widmet bekanntlich ständig wachsende Aufmerksamkeit der Aufhellung der inneren Zusammenhänge der menschlichen Kommunikation, sei es im Rahmen der höheren gesellschaftlichen Schichten, sei es im Rahmen der breiteren Schichten der städtischen wie ländlichen Bevölkerung. Ähnlich werden aus neuen Blickwinkeln auch die Strukturen des mittelalterlichen Staates analysiert und beschrieben. Wenn ich diese Dinge erwähne, will ich nicht ihre mehrdimensionale Problematik, zu der František Graus viel beigesteuert hat, aufrollen[1], obwohl ein kritisch vergleichender Sammelbericht über die Forschungsergebnisse der deutschen, französischen, aber auch anderer Historiographien sehr wünschenswert wäre. In die traditionelle verwaltungsgeschichtliche Problematik werden neuerdings Forschungen mit spezialisierten Arbeitsmethoden einbezogen, insbesondere die Itinerar- und Residenzforschung bzw. Prosopographie mit ihren überraschend tiefen Einblikken in die sonst kaum erklärbaren und dunklen Hintergründe der Machtausübung auf verschiedensten Ebenen sowie die zweckgebundene diplomatische Analyse unterschiedlichster amtlicher Dokumente. Einige Namen führender Forscher in diesen Bereichen müssen – ohne nur annähernde Repräsentativität erreichen zu wollen – im Anmerkungsapparat genügen[2]. Unser Anliegen soll jedoch ein anderes Ziel haben, nämlich am konkreten Material, das anders gerichtet ist, zu zeigen, ob und wie es zu diesen Gegenständen beizusteuern vermag. Freilich, bis in die sonst willkommenen Einzelheiten zu gehen, ist hier aus Raumgründen nicht möglich. Man muß sich aber vergegenwärtigen, daß wir in diesen Zusammenhängen für jede Einzelheit, die ans Tageslicht kommt, dankbar sein können. Und umgekehrt gilt, daß die aus solcher Forschung gewonnenen Ergebnisse eine tiefere Bewertung der einschlägigen Quellen erlauben.

Die mittelalterliche Historiographie ist ein besonders wichtiger und in ihrer Komplexität

1 An dieser Stelle genügt es, auf die Bibliographie von František GRAUS hinzuweisen.
2 Um diese Anmerkung nicht zur ausgedehnten Bibliographie anwachsen zu lassen, seien nur die wichtigsten Arbeiten mit größerem bibliographischen Apparat angeführt. Daß dabei nur die engeren mitteleuropäischen Verhältnisse des späten Hoch- und des frühen Spätmittelalters reflektiert werden, sei dem Verfasser nicht übel genommen. Hans K. SCHULZE, Grundstrukturen der Verfassung im Mittelalter, 2 Bde. Stuttgart u. a. 1985–1986, der freilich mehr zur Verfassung tendiert; Deutsche Verwaltungsgeschichte 1, Vom Spätmittelalter bis zum Ende des Reiches, hg. von Kurt G. A. JESERICH u. a., Stuttgart 1983 (besonders der Beitrag von Peter MORAW); Zdenka HLEDÍKOVÁ, Diplomatika a dějiny správy pozdního středověku, in: 200 let pomocných věd historických na filosofické fakultě Univerzity Karlovy v Praze, Praha 1988, S. 201–226; DIES. in: Jan JANÁK–Zdenka HLEDÍKOVÁ, Dějiny správy v českých zemích do roku 1945, Praha 1989, und Ivan HLAVÁČEK, K organizaci státního správního systému Václava IV. Dvě studie o jeho itineráři a radě, Einleitung (im Druck).

fast unerschöpflicher Gegenstand der Forschung³, womit nicht gesagt werden soll, daß sie die Problematik des geschichtlichen Verlaufs gleichmäßig abdeckt beziehungsweise abdecken kann. Und wirklich wurde neuerdings mit Recht konstatiert, daß die Chroniken im großen und ganzen für den Bereich der Verwaltungs- und Wirtschaftsgeschichte nur eine recht bescheidene Bedeutung besitzen⁴. Um so mehr erscheint es mir wichtig, hier näher hinzusehen, um feststellen zu können, was zu erwarten ist. Es ist klar, daß die Antwort nicht genügend eindeutig sein kann, sondern ziemlich strukturiert formuliert werden muß. Meiner Meinung nach sind dabei vornehmlich folgende Punkte maßgebend:

1. Die Zeit, die Entstehungszeit des Werkes selbst oder die der beschriebenen Epoche.
2. Die Art bzw. der Typus des Werkes und seine räumliche und informatorische Nähe bzw. Ferne, aus der die beschriebenen Ereignisse betrachtet werden.
3. Schließlich dann die konkrete Fragestellung im Bereich der eigentlichen Verwaltungsgeschichte, mit anderen Worten die Frage, ob die »Sache« nur nebenbei erwähnt wird oder ob sie im Zentrum des Interesses steht.

Da diese Punkte eigentlich ganz allgemein respektiert werden müssen, ist es notwendig, im Zusammenhang mit der Verwaltungsgeschichte noch ein paar klärende Worte vorauszuschikken. Daß sich diese Punkte in der Sache verschiedentlich überschneiden, braucht nicht besonders hervorgehoben zu werden; so betrachte man die folgenden Bemerkungen als stets relativ. Zunächst zum ersten Punkt.

Es ist bekannt, daß für die Verwaltungsgeschichte das diplomatische Material entscheidend ist, da es als Produkt der laufenden Verwaltung deren Spezifität am deutlichsten widerspiegelt und wiedergibt. Vom Niveau des rechtlichen Zustandes der konkreten Gesellschaft sind freilich seine Quantität und Qualität abhängig; auch wird dadurch die allgemeine Tendenz abgeleitet. In indirekter Proportionalität gilt, daß mit steigender Masse des diplomatischen und verwandten Materials (wie etwa Relationen) die Rolle des narrativen Quellengutes für die Verwaltungsgeschichte sinkt. Das bedeutet jedoch nicht linear, daß das Historiographische für die urkundenlose bzw. mit diplomatischem Material schwach versehene Zeit stürmisch an Bedeutung gewänne, da man nicht vergessen darf, daß die Verwaltungsstrukturen in der Zeit des Mangels an urkundlichem Gut bedeutend »primitiver« gewesen sind als danach. Auch ist genau die Qualität der Informationen zu unterscheiden. Damit jedoch gehen wir zu Punkt zwei über.

Es ist zwar klar, daß die Autoren der geschichtlichen Werke bzw. Aufzeichnungen nicht einmal in Ansätzen eine Verwaltungsgeschichte schreiben wollten und auch nicht geschrieben haben. Man kann daher zumeist nur aus indirekten Nachrichten Rückschlüsse ziehen. Wenn jedoch konkrete Angaben vorhanden sind, so handelt es sich entweder um untypische oder um

---

3 Zu ihr als kultureller Erscheinung und historischer Quelle zugleich seien allgemein zwei zusammenfassende Werke genannt: Bernard GUENÉE, Histoire et culture historique dans l'Occident médiéval, Paris 1980; Franz-Josef SCHMALE, Funktion und Formen mittelalterlicher Geschichtsschreibung, Darmstadt 1985. Weiter noch zwei Sammelwerke: Geschichtsschreibung und Geschichtsbewußtsein im späten Mittelalter, Sigmaringen 1987, sowie das Protokoll der Pariser Konferenz über die mittelalterliche Geschichtsschreibung vom Frühling 1989 (im Druck). Zur böhmischen Problematik Marie BLÁHOVÁ, Klasifikace předhusitských narativních pramenů české provenience in: 200 let (wie Anm. 2), S. 165–196, die wegen der laufenden Bibliographie verglichen werden muß. Unten werden aus Literatur und Editionen nur die nicht eben zahlreichen Neuerscheinungen zitiert, um den Apparat nicht allzu sehr anwachsen zu lassen.
4 So im Grunde mit Recht Dieter RÜBSAMEN, Kleine Herrschaftsträger im Pleissenland. Studien zur Geschichte des mitteldeutschen Adels im 13. Jahrhundert, Köln-Wien 1987, S. 157, Anm. 7.

feierliche Ereignisse. Aber weder die einen noch die anderen betreffen den Grund der Dinge; sie könnten vielmehr durch ihre Plastizität und scheinbare Eindeutigkeit in die Irre führen. Aber nicht nur das. Auch die Blicknähe ist ständig zu analysieren und dabei grundlegend die zeitliche Nähe festzustellen. Größere zeitliche Unterschiede müssen schon an sich zur Vorsicht mahnen. Denn es ist vollkommen verständlich, daß die Verfasser ihre Verhältnisse in die Vergangenheit projizieren. Weniger häufig gilt das für räumliche Entfernungen, die die Phantasie meist nicht so sehr beflügelten. Nachrichten aus zweiter Hand – manchmal gilt das auch für Augenzeugen, die die Dinge einfach nicht richtig verstanden haben – können diese Ungenauigkeiten, ja Fehlhaftigkeiten freilich fixieren. Aber das sind ständige Fragen der inneren Kritik eines historiographischen Werkes, obwohl bei unserer Fragestellung die Akzente anders gesetzt sind.

Zum dritten Punkt sind ebenfalls Klärungen angebracht. Die Verwaltungsstruktur realisiert sich auf mehreren Ebenen, die unterschiedliche Ausgangspunkte haben. Mit gewisser Vereinfachung kann man im böhmischen Bereich über vier solcher Ebenen sprechen: die der staatlichen Zentralverwaltung, der kirchlichen, der landesherrlichen und der städtischen Verwaltung. Jeder, der nur einige ältere Geschichtswerke mit Aufmerksamkeit gelesen hat, wird sofort bestätigen, daß mit Ausnahme der erst recht spät ansetzenden städtischen Historiographie[5] eigentlich nur die ersten zwei Ebenen (wenn überhaupt) in Frage kommen. Man könnte dazu sicher mehrere allgemein gehaltene Reflektionen anfügen, doch halte ich sie in diesem Zusammenhang nicht für besonders notwendig und möchte zu anderen Fragen übergehen.

Da das Thema ziemlich umfangreich ist, möchte ich die im Titel angedeutete Problematik nur anhand einiger weniger Beispiele aus der mittelalterlichen böhmischen Gegenwartsgeschichtsschreibung besprechen, ohne den Ehrgeiz zu haben, die Dinge erschöpfend zu behandeln. Darüber hinaus können auch nicht alle Bereiche berücksichtigt werden; nur der wichtigste, der Bereich – sit venia verbo – der »staatlichen Zentralverwaltung« sei systematischer verfolgt. Die legendäre Überlieferung, deren Produkte von Zeit zu Zeit auch – freilich ein wenig überspitzt – als Chroniken bezeichnet wurden[6], kann man hier außer acht lassen, um so mehr, als die gesellschaftlichen Verhältnisse jener Zeit, für die die Legenden maßgeblich gewesen sind, noch so unentwickelt waren, daß wir kaum fündig werden könnten.

Es wäre freilich wenig sinnvoll, die einzelnen Werke der Reihe nach durchzugehen und auf verstreute Einzelheiten hinzuweisen. Für lehrreicher halte ich eine kumulative Charakteristik der einzelnen Epochen dieser Geschichtsschreibung, die aber nicht nach den inneren Merkmalen der Geschichtswerke selbst periodisiert werden können, sondern nach dem Stand bzw. der Entwicklungsstufe des diplomatischen Materials. Dabei muß der Interferenz besondere Aufmerksamkeit gewidmet werden.

Aus der eben angedeuteten Sicht halte ich folgende Periodisierung für sinnvoll: Die *erste Epoche* behandelt die Zeit der Anfänge des schriftlichen Amtsverfahrens[7], also rund die Zeit

---

5 Darüber für Böhmen Marie BLÁHOVÁ, Stadt, Bürgertum und Städtewesen im Spiegel der Geschichtsschreibung, Protokoll des Münsteraner Kolloquiums 1988 (im Druck).
6 So bekanntlich Josef PEKAŘ, Nejstarší kronika česká, Praha 1902, wo die sog. Christian-Legende besprochen wird.
7 Da stimme ich vollkommen der Periodisierung zu von Jindřich ŠEBÁNEK – Saša DUŠKOVÁ in: Česká diplomatika do roku 1848, Praha 1971, S. 83 ff.

vom Jahre 1000 bis zum Ende des 12. Jahrhunderts; die Wende bildet der endgültige Regierungsantritt Přemysl Ottokars I. (1198). Freilich bemerkt man hier, insbesondere seit der Mitte des 12. Jahrhunderts, einen allmählichen Wandel.

Die *zweite Epoche* deckt sich mit dem 13. Jahrhundert und ist rahmenweise mit der Zeit der Přemyslidenkönige identisch (1198–1306). Es ist die Zeit des sich vertiefenden und verallgemeinernden schriftlichen Rechtsverfahrens, wobei das strikt urkundliche Schriftgut seit der zweiten Jahrhunderthälfte durch aktenkundliches Material bereichert wird. Und schließlich ist es die *dritte Epoche*, eigentlich die Epoche der Luxemburger (1306/1310–1419), in der man die dynamische Entfaltung aller möglichen Arten des diplomatischen Materials registrieren kann. Kurz quantitativ charakterisierend kann man sagen, daß in der ersten Epoche wenige Dutzend heimischer Produkte zu bemerken sind, in der zweiten schon etliche Hunderte und in der dritten schließlich Tausende von Belegen.

In die erste Epoche[8] gehört vor allem das klassische Werk der ganzen mitteleuropäischen Geschichtsschreibung, nämlich die Cosmas'sche Chronik mit den Fortsetzern, d. h. mit den Werken des Mönches von Sázava, des Kanonikers von Wyschegrad, die Gradisch-Opatowitzer Annalen sowie das Werk des Prager bischöflichen Kapellans Vinzenz. Sein Fortsetzer, der Abt von Mühlhausen, Gerlach, bzw. dessen Chronik gehört schon in die Anfänge der zweiten Epoche, in der sonst nur ziemlich unbedeutende und eher annalistische Werke zu verzeichnen sind. Ebenfalls unausgewogen ist die Reihe der Geschichtswerke in der luxemburgischen Periode. Während für die ersten Jahrzehnte zwei äußerst wichtige Werke, die tschechisch verfaßte Chronik des sogenannten Dalimil und die Königsaaler Chronik zur Verfügung stehen und ebenfalls für die Zeit Karls IV. bzw. für die erste Hälfte seiner Regierung die Werke seiner Hofhistoriographie existieren, ist für die Zeit seines Sohnes Wenzel so gut wie nichts zu verzeichnen.

Aber kehren wir zur ersten Epoche zurück. In gewisser Hinsicht sind die prosopographischen Angaben am wichtigsten, d. h., es erscheinen verschiedene Amtsträger des Hofes oder der beginnenden Landesverwaltung, glücklicherweise oft mit mehr oder weniger exakten Titulaturen, die sonst kaum in den diplomatischen Quellen vorkommen. Besonders lehrreich scheint mir die Frage der ersten Erwähnungen der böhmischen Kanzler zu sein, wo erst aus der Kombination verschiedener Quellengattungen, insbesondere eben aus den historiographischen Quellen, ein klareres Bild entstehen kann. Wenden wir uns diesem Fragenkomplex ein wenig näher zu.

Es ist klar, daß das Amt eines Kanzlers ganz allgemein zu den bedeutendsten und profiliertesten der mittelalterlichen Geschichte gehört und zugleich nicht unbedingt mit der Kanzlei und ihrer Leitung zusammenhängen muß. Dies für die älteren Zeiten genau erkannt zu haben, ist das Verdienst von H. W. Klewitz, dessen Ausführungen ohne weiteres auch zu böhmischen Verhältnissen passen[9]. Im knappen Aufsatz über die Entwicklungsgeschichte

---

8 Soweit nicht unbedingt nötig, werden keine detaillierten Hinweise auf die Quellen gegeben, denn die Stellen sind nach den im Text angeführten Angaben leicht zu finden. Die Zitate halte ich auch deshalb für überflüssig, da es sich nur um Beispiele, wenn auch signifikante, handelt. Soweit die Werke in Bücher und Kapitel gegliedert sind, werden die Verweise auch direkt im Text in Klammern angegeben.
9 Hans-Walter Klewitz, Cancellaria. Ein Beitrag zur Geschichte des geistlichen Hofdienstes, ursprünglich DA 1, 1937, Nachdruck in: Ders., Ausgewählte Aufsätze zur Kirchen- und Geistesgeschichte des Mittelalters, 1971, S. 13–48.

der böhmischen Hofkanzlei erwähnt V. Vojtíšek für die Zeit der Herzöge Wladislaws I. (1109–1125), Sobeslaws I. (1125–1140) und des Herzogs bzw. ab 1158 Königs Wladislaws II. (I.) insgesamt vier Namen[10]. Es sind Jurata, Alexander, Bartholomäus und Gervasius. Der erste von ihnen, der Propst des Prager Kapitels war, ist nur in den jüngeren Spurien von Urkunden für das Kloster Kladrau belegt[11], so daß vorausgesetzt werden muß, daß sein Name den älteren echten Vorlagen im Kloster selbst entnommen wurde. Der zweite[12] war Alexander, Bruder des Prager Propstes und späteren Bischofs Daniel I., der bei Vincentius bloß als *dominus Alexander* vorkommt und dessen Tod in Griechenland im Dienste des Herzogs chronologisch genau angeführt wird. Und da zu demselben Datum in einem böhmischen Nekrolog zufälligerweise *Alexander diaconus Uisegradensis ecclesie prepositus et cancellarius* vorkommt[13], kann man diese beiden Informationen auf eine Person beziehen. Nur so weiß man, daß es sich um diesen Alexander handelt, sonst könnte man leicht an den gleichnamigen Kanzler Alexander aus den achtziger Jahren desselben Jahrhunderts denken oder, besser gesagt, man könnte davon – freilich falsch – fest überzeugt sein. Aber man kann weiter gehen: Es überrascht, daß Vincentius den Kanzleititel nicht erwähnt, obwohl er ihn natürlich kennt und zweifelsohne auch schätzt. Da er selbst Notar war, mag das doppelt überraschen. Daher warnt diese Tatsache vor voreiligen Schlüssen, die eventuell ex silentio gezogen werden könnten.

Als Kanzler kommt weiter ein gewisser Bartholomäus vor, den wir nur bei Vincentius antreffen[14] und dessen Spur sich nach demselben Chronisten nach dem Untergang des zweiten Kreuzzugs im Osten verliert. Schließlich ist als Kanzler der Wyschegrader Propst Gervasius zu nennen, der besonders einflußreich sein mußte, da er bei Vincentius gar dreimal und dazu noch in profilierten Zusammenhängen auftaucht und sich als des Herrschers »rechte Hand« erwies[15]. Auch das zeitgenössische diplomatische Material ist mannigfaltig[16], doch die breitere Dimension gibt der Gestalt des Gervasius erst das historiographische Gut.

Aber zurück zu anderen Fragen. Die Werke der ersten Epoche erlauben noch weitere Schlüsse, so z. B. über die Burgverfassung Böhmens und besonders über die zwar wechselnde, jedoch in den Grundstrukturen ziemlich stabile Zusammensetzung des höfischen Milieus. Im Zusammenhang mit der Außenpolitik wird in der Schilderung der Einzelereignisse Nachdruck auf die Verfolgung der wechselseitigen Kontakte gelegt. Im Zusammenhang mit der Reichspolitik wird zwar vornehmlich das »Außenverwaltungsgeschichtliche« zum Programm erhoben, doch bei aufmerksamerem Lesen kann man z. B. den Beschreibungen verschiedenster Gesandtschaften oder wenigstens Anspielungen an sie auch manche Informationen über die heimischen

---

10 Václav VOJTÍŠEK, Vývoj královské české kanceláře, ursprünglich 1937, Nachdruck in: DERS., Výbor rozprav a studií, Praha 1953, S. 503 f.
11 In einem Spurium der Urkunde für das Kloster Kladrau; vgl. Václav NOVOTNÝ, České dějiny I-2, Praha 1913, S. 787, und DERS., Začátky kláštera kladrubského a jeho nejstarší listiny, Praha 1932, besonders S. 14.
12 Vgl. Peter HILSCH, Die Bischöfe von Prag in der frühen Stauferzeit. Ihre Stellung zwischen Reichs- und Landesgewalt von Daniel I. (1148–1167) bis Heinrich (1182–1197), München 1969 (= Veröffentlichungen des Collegium Carolinum 22), S. 54; er hält ihn sogar für den ersten durch die Quellen belegten Kanzler. Ansonsten ist diese wichtige Arbeit auch für das Folgende zu konsultieren.
13 Moderne Edition bei František GRAUS, Necrologium Bohemicum – Martyrologium Pragense a stopy nekosmovského pojetí českých dějin, in: Československý časopis historický 15, 1967, S. 808.
14 Ed. Fontes rerum Bohemicarum 2, Praha 1874, S. 418.
15 Vgl. HILSCH (wie Anm. 12), S. 91, Anm. 313, und Václav NOVOTNÝ, České dějiny I-3, Praha 1928, S. 19.
16 Vgl. Codex diplomaticus et epistolaris regni Bohemiae 1, hg. von Gustav FRIEDRICH, Pragae 1904–1907, nach Register.

»Strukturen« entnehmen. Das ist freilich auch für das allgemeinere Niveau wenigstens symptomatisch. Übrigens gerade das Gesandtschaftswesen im böhmischen Staat als solches ist bisher fast eine tabula rasa. Im Laufe der Zeit verlagert sich zwar das Hauptgewicht auf das diplomatische Material, doch sind in der ersten Epoche die historiographischen Quellen, so lückenhaft sie auch sind, von erstrangiger Bedeutung; erst allmählich nimmt sie ab. Aber nicht nur diese positiven Informationen sind von Belang. Wenn auch mit großer Zurückhaltung, so können doch auch die nicht mitgeteilten, aber voraussetzbaren Ereignisse ausgewertet werden. Damit wird keinesfalls zum Voluntarismus geraten; es handelt sich einerseits vielmehr um Ausnützung der Parallelität der Ereignisse in vergleichbaren Nachbarländern und vergleichbaren Situationen, andererseits aber auch um zurückhaltende Rückprojektionen. Aber damit würden wir unseren Rahmen schon bedeutend überschreiten, so daß wir uns einen solchen Exkurs ersparen müssen.

Das meiste Material bezieht sich auf den Herrscher direkt. Das ist an sich nicht verwunderlich; allerdings handelt es sich nicht nur um den Herzog bzw. König selbst, sondern um die Art, wie sein Bild geboten wird. So ist es meines Erachtens notwendig, sich auf zwei Aspekte des herrscherlichen Daseins zu konzentrieren: zuerst auf sein Itinerar, dann auf die Erwähnungen seiner konkreten richterlichen bzw. schiedsrichterlichen Funktionen und verwaltungstechnischen Arbeitsweisen (die Jagd u. ä. eingerechnet). Die militärischen Ereignisse im breiteren Rahmen lasse ich beiseite, da es sich dabei um eine spezifische Problematik handelt.

Nun jedoch zum Itinerar[17], gezielt freilich im Hinblick auf die Historiographie, die sonst normalerweise für dieses Phänomen der Realisierung herrscherlicher Macht zweitrangig ist[18]. Man kann aber auch die Dinge umgekehrt formulieren, in dem Sinne, daß Intensität und Qualität der Itinerarangaben (des Herrschers und seines Gefolges) für die Bewertung der historiographischen Einzelwerke, wenn nicht maßgeblich, so doch sehr bezeichnend werden können. Mit Absicht habe ich von »Bewertung« gesprochen, da die Beziehung zwischen ihr und der Glaubwürdigkeit des Werkes als solchem nicht immer direkt gegeben ist und nach Möglichkeit stets durch urkundliches Material korrigiert werden muß.

Illustrierend sei noch auf die Cosmas'sche Chronik hingewiesen, auf die kurze Erwähnung des »Arbeitsrhythmusses« Herzog Spytignews II. (Buch II, Kap. 16), der sich zweifellos von dem seiner Vorgänger und wohl auch der Nachfolger unterschied.

Aus der eben skizzierten Sicht können wir die einschlägigen historiographischen Werke Böhmens wie folgt klassifizieren: Die Chronik des Cosmas bietet im Rahmen ihres Interesses für die politische Geschichte des Landes für ihre Zeit relativ viel Material, doch ist daraus begreiflicherweise kein Itinerar zu rekonstruieren. In ähnlicher, ja vermehrter Weise gilt dies auch für den Kanoniker von Wyschegrad, der seinen fast verherrlichten Helden, den Herzog Sobeslaus I. (1125–1140), fast Schritt für Schritt bei seinen politischen, aber auch militärischen Zügen verfolgt. Neben ihm berichtet er in dieser Art öfters auch über andere Würdenträger, so etwa über den Prager Bischof. Und da er zugleich die Aufenthalte charakterisiert hat, kann man relativ gut auch die Hauptgründe der Reisen erkennen. Freilich ist deren Variabilität nicht allzu groß, und neben den militärischen kann man noch rahmenweise die politischen Gründe ausmachen, die sich jedoch weiter nuancieren lassen. Es handelt sich vornehmlich um

17 Die Literatur wird bei Hlaváček, K organizaci (wie Anm. 2), 1. Kapitel, angeführt.
18 Die Relativität der Echtheit dieser Angaben hat schon vor Jahrzehnten Harry Bresslau, Jahrbücher des deutschen Reiches unter Konrad II., München 1879–1884, Bd. 2, S. 425 ff. geklärt.

binnenstaatliche Politik, die meist mit verschiedenen Verwaltungs- und Rechtsakten identifiziert werden kann, sowie um Außenpolitik oder wenigstens um ein Überwiegen außenpolitischer Aspekte. Trotz des Übergewichts der »großen« Ereignisse, die den Chronisten besonders erwähnungswert schienen, erfahren wir auch etwas über reine Verwaltungsakte täglichen Charakters, so wenn zum Beispiel im Jahre 1139 über die militärische Besatzung von Burgen entschieden wurde[19].

Besonders viel enthalten die alten Chroniken – und deshalb sind sie unersetzbar – über das Zeremonienwesen, das im Mittelalter eine große Rolle spielte und das ohne diese Quellen fast völlig im Dunkel bliebe. Es war zwar ein allgemeines Phänomen, doch im böhmischen Material spiegelt es sich in besonders ausgeprägter Form wider, so daß aus ihm wichtige Beobachtungen abzuleiten sind. Wenn man die entsprechenden Stellen in den Einzelwerken zusammenfaßt und die Qualität der Aussagen mit der allgemeinen Wertschätzung der Werke vergleicht, sieht man schon auf den ersten Blick die direkten Zusammenhänge. Entsprechende Hinweise bei den Abseitsstehenden steuern darüber hinaus nicht Unbedeutendes auch zum Verständnis der allgemeinen Mentalität der Zeit bei[20].

Gehen wir nun nach der kurzen Durchsicht der ältesten Schicht der böhmischen hochmittelalterlichen Historiographie zu den Werken von Vincentius und Gerlach über. Man kann hier schon auf den ersten Blick gewisse Deutungsverschiebungen beobachten. Zuvor sei jedoch noch konstatiert, daß diese Werke, obwohl sie nach der oben vorgeschlagenen Periodisierung verschiedenen Epochen angehören, doch so eng verwandt sind, daß sich das Folgende wohl rechtfertigen läßt. Die Annalen des Vincentius sind eigentlich bis auf kleine, vornehmlich einleitende Teile das Tagebuch der italienischen Züge des römischen Kaisers. Daraus folgt, daß ordentliche Verwaltungsakte darin kaum Eingang gefunden haben und Verwaltungsstrukturen des böhmischen Königreichs kaum berührt wurden, ja berührt werden konnten. Dagegen finden wir dort viele sehr willkommene Einzelheiten über die militärische Verfassung und Organisation – sowohl im allgemeinen als auch im böhmischen Rahmen[21] – und in Anknüpfung daran auch interessante Streiflichter auf das delikate Gewebe der außenpolitischen Verhandlungen, insbesondere was das kaiserliche Gesandtschaftswesen in Italien betrifft. Die vereinzelten Kapitel über die böhmisch-heimischen Geschicke orientieren sich ebenfalls so gut wie ausschließlich an politisch-militärischen Ereignissen, so daß sie verwaltungsgeschichtlich unergiebig sind. Doch darf man nicht vergessen, daß die böhmische Verwaltungsstruktur noch immer sehr begrenzt war; die kirchliche war dagegen viel fortgeschrittener, was sich auch in der konkreteren Aufmerksamkeit des Autors niederschlug. Doch auch hierbei handelte es sich zumeist nur um die Wahlakte der heimischen Bischöfe, nur gelegentlich um die Ausübung der pastoralen Tätigkeit des Ordinarius in seiner Diözese. Bei Gerlach wird dann bekanntlich der Prozeß der kirchlichen Emanzipation von der lokalen, böhmisch-herzoglichen Gewalt sehr betont, obwohl sein Scheitern nicht verschwiegen wird.

Die Annalistik[22] des 13. Jahrhunderts bietet aus unserer Sicht nichts Außergewöhnliches an, obwohl bei der aufmerksamen Lektüre der Einzeleinträge doch Verschiedenes ans Tageslicht

---

19 Fontes (wie Anm. 14), S. 229f.
20 Vgl. dazu allgemein bahnbrechend František GRAUS, vornehmlich in seiner Einleitung des Bandes: Mentalitäten im Mittelalter, Sigmaringen 1987 (= Vorträge und Forschungen XXXV).
21 Besonders hier erübrigt es sich, die konkreten Belege anzuführen.
22 Sämtlich in Fontes (wie Anm. 14) gedruckt.

kommt, was das Mosaik willkommenerweise vervollständigt. Eigentlich handelt es sich um zwei Mosaike; einerseits ist es das der Verwaltungsgeschichte, besonders der Bindungen des Herrschers an die unterstellten »Strukturen«, andererseits betrifft es wiederholt die Genesis des Geschichtswerkes an sich, d. h. seiner Aussagekraft und seiner Glaubwürdigkeit bzw. seines Entstehungsmilieus. Allmählich aber vertieften sich die Verwaltungsstrukturen bedeutend, und ebenfalls kam es zu einem umfassenderen »Urkundenverkehr«, so daß die Verwaltungsgeschichte die Aushilfe der historiographischen Quellen scheinbar nicht mehr benötigt. Doch ist dies nur bis zu einem gewissen Grade richtig. Mit anderen Worten heißt das, daß die nuanciertere Verwaltungsstruktur wieder mehr Aufmerksamkeit auf sich zieht, wobei das diplomatische Schriftgut nur die äußeren Vorgänge schildert bzw. widerspiegelt, während die Historiographie ihrem Entstehungsmilieu nach wichtige Elemente des Funktionierens dieser Mechanismen vermitteln kann[23]. Man könnte es auch so ausdrücken, daß sie auf diese Weise verschiedene Arkana wenigstens teilweise aufhellen kann und freilich nicht nur sie.

Wenn wir schließlich zur böhmischen Historiographie des 14. Jahrhunderts übergehen, so ist das Material ziemlich leicht überschaubar: Aus der Regierungszeit Johanns von Luxemburg sind es zwei sehr unterschiedliche Werke, nämlich die tschechisch verfaßte Reimchronik des sogenannten Dalimil[24] und die Königsaaler Chronik, die vornehmlich von Petrus von Zittau verfaßt worden ist[25]. Beide sind schon für sich genommen Schlüsselwerke des Zeitalters der letzten Přemysliden und des beginnenden 14. Jahrhunderts. Beide sind also zeitgeschichtlich orientiert, der sogenannten Dalimil aber, da er mit dem Antritt Johanns endet, bedeutend weniger als die Königsaaler Chronik, die zu diesem Zeitpunkt erst entsprechend breit konzipiert wird. Die verwaltungsgeschichtlichen Aspekte können jedoch ernsthaft nur dann daraus entnommen werden, wenn sie über die Gegenwart und die unmittelbare Umgebung des Verfassers Auskunft geben. Dagegen ist bei Nachrichten über entferntere Ereignisse schon eine gewisse Zurückhaltung notwendig, da gerade Nachrichten dieser Art subjektiver als sonst üblich übernommen werden konnten. In noch höherem Maße gilt das für die retrospektiven Informationen, die eher – soweit sie nicht von unmittelbaren Vorlagen abzuleiten sind – eigene Vorstellungen des Verfassers oder mindestens der Zeit wiedergeben.

Aus verwaltungsgeschichtlicher Sicht zunächst ein paar Worte über den sog. Dalimil. Man kann sich kurz fassen, da das Werk unter diesem Aspekt nicht allzu ergiebig ist, was nicht nur aus seiner Versform, sondern auch aus dem zeitlichen Umfang der Schilderung (von den Anfängen der böhmischen Geschichte bis zum Antritt Johanns von Luxemburg, wobei die letzten Jahre außerordentlich knapp ausfielen) abzuleiten ist; für andere Fragestellungen ist sie freilich unersetzbar. Bedeutend ergiebiger erscheint die Königsaaler Chronik, die eigentlich bloß Zeitgeschichte schreibt und dem Dalimil gegenüber die böhmische Geschichte vom Machtzentrum aus betrachtet und darüber hinaus große Ehrfurcht vor den Fakten zeigt. So sind nicht nur die Zeremonien und das Zeremonienwesen im Programm. Beide Autoren, Petrus von Zittau sogar in erhöhtem Maße, ließen sich von verschiedenen Seiten über brennende Fragen direkt unterrichten; und da sie auch sonst zu Informationen ersten Ranges direkten Zugang

---

23 Das betrifft vornehmlich die sog. Geschicke des Königs Ottokar II.
24 Erwähnt sei die gründliche Analyse seines Werkes von Marie BLÁHOVÁ, die den dritten Band der neuen kritischen Edition von Dalimil bilden soll (im Druck).
25 Neben der Edition in Fontes rerum Bohemicarum 4 sind auch drei tschechische Übersetzungen wichtig, da sie alle ausführliche Einleitungen bzw. Kommentare besitzen: BLÁHOVÁ (wie Anm. 3), S. 186.

hatten und auch für innere Geschicke Verständnis besaßen, konnten sie, doch stets nur nebenbei, Wichtiges mitteilen, so z. B. über die Zusammensetzung der obersten Ratskollegien bzw. über konkretes Funktionieren und die Machtverteilung in der Staatszentrale. Besonders galt das für das zweite Machtzentrum um die Königin[26]. Und da Petrus von Zittau die Zeitgeschichte ausführlich genug schilderte und die innere Geschichte Böhmens sehr bunt war, konnte er auch in andere Kreise als nur in den um das Staatsoberhaupt Einblick nehmen. Jedoch getreu seiner Stellung geschah das nur dann, wenn diese beiden Linien irgendwie organisch miteinander in Berührung kamen – zu Johanns Zeiten zumeist in feindlicher Art und Weise[27].

Schließlich einige Worte zur Historiographie der Zeit Karls IV. Neben der Hofhistoriographie im engeren Sinne des Wortes haben wir es eigentlich nur mit der Chronik aus dem Umkreis des Prager (Erz-) Bistums und Kapitels zu tun, die Franz von Prag verfaßt hat. Es ist klar, daß er sich im Bereich der Verwaltungsgeschichte vornehmlich für kirchliche Geschehnisse interessierte, ansonsten noch für Verwaltungsakte Karls, sofern sie allgemeinere Bedeutung besaßen. Die Gründungen der Prager Universität und der Prager Neustadt sind nur die deutlichsten Belege dafür. Diese Charakteristik gilt im großen und ganzen auch für das Werk Benes's Krabice von Weitmühl, der ebenfalls Zeitgeschichte schrieb; und obwohl kaum imstande war, den Intentionen des Kaisers gerecht zu werden, ist doch sein Werk für die Verwaltungsgeschichte von unschätzbarem Wert. Denn manche Herrschaftsakte Karls wären uns ohne seine Chronik unverständlich, andere sogar vollkommen verborgen geblieben. Beispielsweise sei an die durch Karl angeordnete Vereinigung der rechtsufrigen Prager Städte im Jahre 1367 oder an die Beschlüsse des Prager Landtags vom Frühherbst 1355 erinnert[28]; unbegreiflicherweise wird aber dieser Tag durch Benes ins Jahr 1356 datiert. Aber es geht nicht nur um faktographische Fehler. Der Verfasser hat manche wichtigen Geschehnisse gar nicht erwähnt, ja man könnte sagen, er hat sie direkt verschwiegen. Das gilt zum Beispiel für die Verhandlungen, die das gescheiterte gesetzgeberische Werk, die sogenannte *Maiestas Carolina* betreffen, das Karl wegen des Widerstands des Adels zurückziehen mußte.

Pribík Pulkavas Chronik muß separat charakterisiert werden, obwohl sie nicht zur Zeitgeschichte gelangte, da sie bekanntlich nur bis zum Jahre 1330 reicht, aber doch in den siebziger Jahren entstanden ist. Der Grund dafür ist, daß sie das urkundliche Material fast in Unmengen im Volltext wiedergibt. Gegenüber der häufigen Benutzung des mannigfaltigen Urkundengutes bei wenigen weiteren Werken, wie etwa bei der Königsaaler Chronik, bietet sie staatsrechtlich wichtiges Material, das fast sämtlich aus dem böhmischen Kronarchiv stammt[29]. Das ist um so schwerwiegender, als das Werk noch heute in rund 40 Handschriften verschiedener Rezensionen erhalten ist, es daher große Verbreitung gefunden und die staatsrechtliche Kultur Böhmens im Mittelalter bedeutend mitgestaltet hatte. Andere Werke, wie die Autobiographie des Kaisers oder die Chronik Marignolas, sind aus unserer Sicht unergiebig.

---

26 Vgl. 2. Buch, Kapitel 1.
27 Das betrifft z. B. die Auseinandersetzung mit den Prager Bürgern: 2. Buch, Kapitel 7.
28 Vgl. Ivan HLAVÁČEK, Staré a Nové Město pražské a jejich spojení na sklonku vlády Karla IV., in: Documenta Pragensia 4, 1984, S. 84–89. Über die Historiographie der Zeit Karls IV. neuerdings Marie BLÁHOVÁ in: Kroniky doby Karla IV., Praha 1987.
29 Darüber in breiteren Zusammenhängen Ivan HLAVÁČEK, Le matériel diplomatique etc., in: Protokoll (wie Anm. 3).

Da bekanntlich die Zeit Wenzels kein richtiges historiographisches Werk hinterließ, kann man schon kurz zusammenfassen, wobei nochmals betont sei, daß es sich in den vorangehenden Zeilen um Bemerkungen vornehmlich zum täglichen Verwaltungsleben handelte:

1. Obwohl die Interessen der mittelalterlichen Geschichtsschreiber Böhmens und die Erforschung der Verwaltungsgeschichte verschiedene Wege gehen, dürfen die Geschichtswerke in dieser Hinsicht nicht vernachlässigt werden. Dabei bemerkt man, daß verwaltungsgeschichtlich wichtige Ereignisse entweder nur nebenbei erwähnt oder zugleich mit den rechtlichen oder militärischen Geschicken identifiziert werden.
2. Nicht der Typus des Werkes, sondern die Nähe des Verfassers zum Zentrum und der Umfang der Darstellung limitieren die Ausgiebigkeit und Verläßlichkeit der Informationen, freilich niemals ausnahmslos.
3. Das Meiste bieten die zeitgeschichtlichen Schilderungen, während in der Retrospektive die Nachrichten bedeutend seltener sind und mit größerem Abstand benutzt werden müssen.
4. In all den mittelalterlichen Darstellungen bis zur hussitischen Zeit werden nur wenige Bereiche des Verwaltungslebens und Verwaltungssystems sowohl des Staates als auch der Kirche systematischer besprochen. Besonders gilt das für das staatliche und kirchliche Zeremonialwesen, für die persönliche Zusammensetzung des engsten Ratgeberkreises sowie für das Itinerar des Herrschers bzw. geistlicher Würdenträger. In anderen Bereichen sind es nur nichtzusammenhängende Einzelheiten.
5. Die unteren Stufen des Verwaltungssystems aller Strukturen finden im historiographischen Material so gut wie keinen Niederschlag.
6. Vorrangige Stellung nahm die Militärverfassung und -verwaltung ein, doch immer nur als Nebenprodukt der aktiven militärischen Handlungen.

Die weltweite Bereinigung der Heidenfrage –
ein übersehenes Kriegsziel des Zweiten Kreuzzugs

VON HANS-DIETRICH KAHL

Non dubito quin auditum sit in terra vestra..., quomodo suscitaverit spiritum regum Deus et principum ad faciendam vindictam in nationibus et exstirpandos de terra christiani nominis inimicos. Magnum bonum, magna divinae miserationis ubertas!
(Bernhard von Clairvaux, ep. 457)

1. Die Aufgabe

Wenige haben ein so klares Gespür für Ideologien und Ideologieanfälligkeiten gehabt und für von ihnen ausgehende Gefährdung des Menschlichen wie – nach bitterster eigener Erfahrung – František Graus. Darum sei seinem Andenken ein Beitrag zu einem Thema gewidmet, das noch mit ihm selbst durchzusprechen leider nicht mehr möglich war. Er trifft, 1990 abgefaßt, zugleich in das internationale Gedenkjahr zum 900. Geburtstag eines Mannes, für den nicht ohne Grund gefragt worden ist, ob bei ihm neben dem, was er unter Gottesliebe verstand, nicht die Menschenliebe vielfach zu kurz kam: Bernhards von Clairvaux[1].

Zu den merkwürdigsten Dokumenten, die dieser Heilige hinterlassen hat, gehört der Aufruf vom März 1147, also unmittelbar vom Vorabend des Zweiten Kreuzzugs, der im Anschluß an den damaligen Frankfurter Reichstag Konrads III. erging. Ziel dieses Aufrufs war, so seltsam dies in unseren Ohren klingt, für die bevorstehende Orientfahrt eine Flanken- und Rückensicherung zu erreichen durch eine weitere Unternehmung, gegen vermeintlich bedrohliche Heiden jenseits der Elbe gerichtet – vereinfachend und anachronistisch pflegen wir von ihr als dem »Wendenkreuzzug« zu sprechen[2]. Hinter dieser uns merkwürdigen Verbindung, die das Sendschreiben zwischen weit entlegenen Schauplätzen herstellt, steht neben zeitgemäß verworrenen Vorstellungen von geographischen Realitäten eine große metaphysisch-heilsgeschichtli-

---

1 B. DE GAIFFIER, Anal. Boll. 69 (1951), S. 435, im Anschluß an den Versuch von J. LECLERCQ, St Bernard mystique, Bruges 1948, für den Abt von Clairvaux ›l'histoire de sa vie intérieure‹ zu geben: »Certes un saint n'échappe pas aux idées et aux traditions de son époque, mais le christianisme de Bernard n'a-t-il pas été trop indulgent à des conceptions peu en harmonie avec l'esprit de l'évangile: lutte armée contre l'infidèle, recours au bras séculier, âpreté à pourfendre l'adversaire tant sur un champ de bataille que dans un conflit d'idées? Le P. L(eclercq). a beaucoup insisté sur l'amour que Bernard portait à Dieu; comment la sincérité de cet amour n'a-t-elle pas adouci une certaine dureté envers tel ou tel contemporain?«
2 Bernhards Aufruf: ep. 457, jetzt in: S. Bernardi Opera VIII, rec. J. LECLERCQ – H. ROCHAIS, Romae 1977, S. 432 f.; der früher benutzte Text, auf den gleich Bezug zu nehmen ist, unter gleicher Nummer in: Patrologia Latina, rec. J.-P. MIGNE, tom. 182, col. 651–652. Zur Kritik des Terminus »Wendenkreuzzug«: H.-D. KAHL, »... Auszujäten von der Erde die Feinde des Christennamens«. Der Plan zum »Wendenkreuzzug« von 1147 als Umsetzung sibyllinischer Eschatologie, in: Jahrbuch für die Geschichte Mittel- und Ostdeutschlands 39 (1990), S. 134–136. – Vgl. Anm. 111.

che Konzeption, die in diesem Fall den Sog einer scheinbar zwingenden Ideologie zu entwickeln vermochte. Sie knüpfte einerseits an Augustinus an und an seine Lehre vom Ringen der beiden *civitates*, andererseits an sibyllinischen Endkaiserglauben, wie er gerade in dieser Vorphase des großen Kreuzzugsunternehmens auch sonst vielfach erneuert worden war[3].

Die neue Gesamtausgabe von Bernhards Werken, die wir dem selbstlosen Einsatz von J. Leclercq und H. Rochais zu danken haben, hat auch für dieses Sendschreiben eine breitere Handschriftenbasis bereitstellen können. Die Folge ist ein an entscheidender Stelle merklich verbesserter Text.

Bisher war als Ziel des Gesamtkreuzzugs – nicht etwa nur des ostelbischen! – zu lesen gewesen, er solle ausziehen *ad faciendam vindictam in nationibus et exstirpandas de terra christiani nominis*. Wer Bernhard als den hervorragenden Stilisten kannte, der er war, mußte hier mit Verderbnis rechnen und mochte sich im zweiten Satzglied einen femininen Akkusativ pluralis, Nomen oder Pronomen, ergänzen. Bestehen blieb dann die Wendung: *terra christiani nominis*; als Kreuzzugsziel erschien das Ausmerzen von »Heiden« (*nationes* ist eine der Heidenbezeichnungen des älteren Kirchenlateins nach bibelgriechisch τὰ ἔθνη[4]), »aus dem Lande unseres Christennamens«. Das paßte zur Befreiung des vorderen Orients, einer Großregion, deren Christentum weit älter war als die muslimische Eroberung, von der Herrschaft der Allahgläubigen, die mittelalterlich-abendländisches Verständnis nur zu oft unreflektiert und phantasievoll als »Heiden« einzustufen liebte im Sinn polytheistischer Götzendiener[5]. Es paßte auch zum »Wendenkreuzzug«, der sich zunächst Gebieten zuzuwenden hatte, die im 10. und 11. Jahrhundert Schauplatz slawischer Apostasiebewegungen auf Kosten bereits aufgebauter Bistumsorganisation gewesen waren[6]. Manch weitere Folgerungen schienen sich anzuschließen[7].

Der neue Text durchkreuzt all diese Vorstellungen, wie es gründlicher nicht gehen kann. Zu lesen ist: *ad ... exstirpandos de terra christiani nominis inimicos*. Dabei korrespondiert *terra* im Kontext mit dicht vorausgehendem *terra vestra*. Es kann daher nur die Erdscheibe damaliger Vorstellung insgesamt meinen, gegenübergestellt dem besonderen »Land« der Empfänger des Sendschreibens; die Erdscheibe in den kleinen Dimensionen, in denen man von ihr zu wissen glaubte, mit der Christenheit als Herrin der überwiegenden Ländermasse und einigen wenig

---

3 S. Anm. 11.
4 H.-D. Kahl, Einige Beobachtungen zum Sprachgebrauch von *natio* im mittelalterlichen Latein, in: Aspekte der Nationenbildung im Mittelalter, hg. von H. Beumann – W. Schröder (Nationes I), Sigmaringen 1978, S. 81–87, zu Bern. ep. 457, bes. S. 84f m. Anm. 70.
5 R.C. Schwinges, Kreuzzugsideologie und Toleranz. Studien zu Wilhelm von Tyrus, Stuttgart 1977, S. 85–104, bes. 97ff., vgl. 73, 80, 121f., 135f.; ergänzend L. Denecke, Ritterdichter und Heidengötter, Leipzig 1930, passim.
6 Vgl. H.-D. Kahl, *Compellere intrare*. Die Wendenpolitik Bruns von Querfurt im Lichte hochmittelalterlichen Missions- und Völkerrechts, zuletzt in: Heidenmission und Kreuzzugsgedanke in der deutschen Ostpolitik des Mittelalters, hg. von H. Beumann, Darmstadt 1963 = 1973, S. 203ff. 208–212. 257ff. u. ö.; H.-D. Kahl, Slawen und Deutsche in der brandenburgischen Geschichte, Köln-Graz 1964, bes. S. 118 u. 340f.; W.H. Fritze, Der slawische Aufstand von 983, in: Festschrift der Landesgeschichtlichen Vereinigung für die Mark Brandenburg zu ihrem 100jährigen Bestehen, Berlin 1984, S. 9–55.
7 So in eigenen Ergebnissen des Verf., die damit z.T. überholt sind, vgl. H.-D. Kahl, Zum Geist der deutschen Slawenmission des Hochmittelalters, bei Beumann (wie Anm. 6), S. 172f.; Ders., *Compellere* (wie Anm. 6), S. 211f. 240f. – charakteristische Beispiele für die Abhängigkeit des Forschers von der Textqualität!

bedeutenden Heidenresten am Rande[8]. Eine universale Lösung der Heidenfrage ist angestrebt, auf den zwei Wegen, die damals vorstellbar waren, um Heidentum auszulöschen: entweder durch physische Ausrottung seiner Träger oder durch ihre Bekehrung, mit der der Fortbestand des »Teufelsdienstes« gleichfalls ein Ende nahm, wobei als »Bekehrung« schon galt, wenn nur die Taufe genommen wurde. Bernhards *exstirpare* schließt, was wir dem Wortlaut nicht mehr ohne weiteres zu entnehmen vermögen, beide Möglichkeiten nebeneinander in gleicher Weise ein, und dasselbe gilt für die an den »Heiden« (*nationes*) zu vollziehende »Rache«[9].

So weit das Bild, das aus Bernhards eigenen Verlautbarungen entwickelt werden muß. Seine Verwurzelung im sibyllinischen Endkaiserglauben ist dabei nicht *expressis verbis* ausgesprochen, sie wird aber hinreichend deutlich. Bernhard selbst bringt die Endzeitbekehrung der Heiden, die er als unmittelbar bevorstehend hinstellt, ausdrücklich als solche in Verbindung mit dem damals vorbereiteten Jerusalemzug. Das ist eine Kombination, die sonst nirgends auftritt als in Traditionssträngen eben dieses Glaubens – der Vorstellung vom letzten Beherrscher des Römischen Imperiums vor dem Ende der Tage, der sein Reich über die gesamte Erdenwelt ausbreiten und dabei alle Heiden zum Christentum bringen werde, notfalls mit der Schärfe des Schwertes, um dann in eindrucksvollem Symbolakt seinen Herrschaftsauftrag an Christus zurückzugeben, bevor der Antichrist sein verhängnisvolles Wirken beginnen könne. Berichte über das, was den Zeitgenossen als Inhalt bernhardinischer Kreuzzugspropaganda in der entscheidenden Endphase vor dem Aufbruch des Kreuzheeres besonders auffiel, bestätigen hinlänglich, daß seine Predigt damals mehr oder weniger deutlich von diesem Glauben bestimmt gewesen sein muß; vieles spricht dafür, daß er den künftigen Endkaiser in der Person König Konrads III. gesehen hat[10]. Der Endkaiserglaube lief jedoch im damaligen Abendlande noch in anderen Ausprägungen um. Bekannt sind Prophezeiungen, die ihn mit Ludwig VII. von Frankreich verbanden, neben solchen, die die Entscheidung noch offenließen[11]. Muß dann aber nicht erwartet werden, daß die Vorstellung, nun werde die Heidenfrage in wahrhaft universalem Rahmen gelöst werden, weiter verbreitet war, als es bisher beobachtet wurde? Tatsächlich finden sich ihre Spuren in so unerwartet reichem Maße, daß ihre bisherige Nichtbeachtung erstaunlich wirkt. Allerdings sind sie weit verstreut, so daß sie sich nicht leicht zu geschlossenem Eindruck zusammenfügen.

Dabei ist auf eine mögliche Fehlerquelle zu achten. An beziehungsreichem Termin, am Sonntag *Laetare Jerusalem* (21. März 1148), eröffnete Papst Eugen III. das bekannte Reimser Konzil. Das Osterfest am 11. April konnte wohl noch ungetrübt von schlechten Nachrichten aus Kleinasien gefeiert werden. Keine vierzehn Tage später wußte man auch in Nordfrankreich, daß der großangelegte Kreuzzug schon auf dem Vormarsch, noch weit vom Ziel, gescheitert war, und das geistliche Oberhaupt der Christenheit befand sich auf der Flucht aus dem so stark

---

8 Vgl. H.-D. KAHL, Was bedeutet: »Mittelalter«? Saeculum 40 (1989), S. 25 f., sowie unten Anm. 32 und 52.
9 Genauere Textanalyse mit entsprechenden Nachweisen bei KAHL (wie Anm. 2), S. 146 f.
10 H.-D. KAHL, Die Kreuzzugseschatologie Bernhards von Clairvaux und ihre missionsgeschichtliche Auswirkung, bei D.R. BAUER – P. DINZELBACHER (Hgg.), Bernhard von Clairvaux und der Beginn der Moderne (Stuttgart, voraussichtlich Frühjahr 1993), 1. Abschnitt. – Vgl. Anm. 134.
11 H.-D. KAHL, *Fides cum Ydolatria*... Ein Kreuzfahrerlied als Quelle für die Kreuzzugseschatologie der Jahre 1146/47, in: Festschrift B. Schwineköper, hg. von H. MAURER – H. PATZE, Sigmaringen 1982, S. 295 f. 298 ff.

betroffenen Land[12]. Die Mehrzahl der vorliegenden Quellennachrichten ist nach diesem kritischen Zeitpunkt entstanden, und das heißt: was ursprünglich angestrebt wurde, kann dort entstellt sein, bewußt oder unbewußt, etwa um den Abstand zwischen Zielsetzung und Mißerfolg zu beschönigen oder zu vertuschen. Wir haben daher in erster Linie mit Zeugnissen zu arbeiten, die vor dem bezeichneten Einschnitt liegen, mithin für die Vor- und Frühphase des Zweiten Kreuzzugs unmittelbar zeitgenössisch sind; jüngere sind nur mit heranzuziehen, wo sie ausdrücklich und deutlich in diese gleiche Phase zurückblenden. Nur so läßt sich zu einigermaßen gesicherten Ergebnissen kommen.

Ein weiteres Problem entsteht für die Einordnung scheinbar klarer Einzelaussagen. Wie vollständig oder wie fragmentarisch sind sie? Manche sprechen vielleicht nur von Christianisierungsabsicht, lassen aber den universalen Rahmen vermissen, ohne daß er dabei ausgeschlossen bleibt; andere mögen ihn ansprechen, doch nur im Hinblick auf angestrebten Sieg über die Heidenwelt. Manche Quellentexte beziehen die eine oder andere Aufgabenstellung ausdrücklich nur auf den Orient. Was wird damit gesagt? Meint der Autor im Einzelfall eine regional begrenzte Zielsetzung, die jetzt dort zu erfüllen sei, unbeschadet vergleichbarer Aufgaben in anderer Richtung, die auch anzupacken wären, gleichzeitig oder ein andermal? Wird statt dessen der dorthin gerichtete Zug unausgesprochen als Teilexpedition einer einzigen Kraftanstrengung verstanden, die übergreifend-universal gemeint ist; in deren Dienst daher gleichzeitig auch auf anderen Schauplätzen gekämpft wird, ohne daß dies eigens mit ausgesprochen ist? Hier bleiben Unklarheiten. Trotzdem läßt sich einiges zeigen.

Behauptet werden soll damit – und das ist wichtig – nur, daß es in dem fraglichen kurzen Zeitraum die Vorstellung einer unmittelbar bevorstehenden, weltweiten Bereinigung der Heidenfrage, so oder so, gegeben hat. Nicht unterstellt werden kann, daß sie Allgemeingut der Zeitgenossen war, die ja auch den Endkaiserglauben als Modell der Gegenwartsdeutung keineswegs durchweg akzeptiert haben.

2. Orientzug und Heidenfrage im Denken der Frühphase 1147/48

Im Sommer 1147 lag das französische Kreuzheer, von seinem König angeführt, nahe bei Konstantinopel. Schon auf dem Anmarsch hatten sich ernste Spannungen zu den Byzantinern ergeben, für die diese Flut bewaffneter Fremdlinge eigene Probleme schuf. Sie verschärften sich während der Wartezeit, die vor dem Übersetzen nach Kleinasien entstand. Odo von Deuil, später Abt von St-Denis, damals als Kaplan und Sekretär Ludwigs VII. persönlich beteiligt, hat aus großer Zeitnähe, noch von unterwegs, darüber berichtet. Er schreibt von Stimmen, die sich damals erhoben, man solle die »griechische Kaiserstadt« kurzerhand einnehmen; das würde die Herrschaft über das Gesamtreich des Ostens an die Kreuzfahrer bringen und alle Hindernisse, die von diesem (wie die Sprecher meinten) Verschwörernest her sich ihrer frommen Heerfahrt noch entgegenstellen könnten, im voraus ausräumen: geistige Vorwegnahme jener Katastrophe der Christenheit, die sich 1204 verwirklichen sollte. Dem wurde entgegengehalten, und Odo gibt dies wieder ohne jeden Anflug von Kritik: »Wir haben beschlossen, das Grab des Herrn aufzusuchen ... und unsere Sünden, wie es der Papst befahl, im Blut der Heiden oder in ihrer Bekehrung zu tilgen (*nostra*

---

12 B. KUGLER, Studien zur Geschichte des zweiten Kreuzzuges, Stuttgart 1966, S. 211 (mit z.T. ungedrucktem Material); E. VACANDARD, Vie de Saint Bernard II, 17ᵉ mille, Paris 1920, S. 355 m. Anm. 2-3; H. GLEBER, Papst Eugen III., Jena 1936, S. 103.

crimina, praecepto summi pontificis, paganorum sanguine vel conversione delere)«; statt dessen Christenblut zu vergießen, selbst wenn die Rechtgläubigkeit der Betroffenen mancherseits in Zweifel gezogen werde, könne schwerlich den gleichen Ertrag für das Seelenheil der Kämpfer erbringen[13]. Bernhard von Clairvaux hatte in seinem Aufruf zum »Wendenkreuzzug« geschrieben, das Christenheer solle gegen die *pagani* sich wappnen, *ad delendas penitus aut certe convertendas nationes illas*[14]. Die Parallele ist schlagend: verschieden sind die Worte, doch die Substanz bleibt sich gleich – selbst die Reihenfolge, in der hier Vernichtung und Bekehrung erscheinen, stimmt überein, und daß hier überhaupt gut bernhardinisch gedacht wird, stützt der Kontext, denn er variiert auf seine Weise ein Motiv, das in der allgemeinen Kreuzpredigt des Abtes von Clairvaux stark hervorgetreten sein muß: die Gegenüberstellung der *malitia* innerchristlicher Kriege, die dem Seelenheil Beteiligter nur schaden können, mit der wahren *militia* gottwohlgefälligen Heidenkampfes dort, wo er vom Gegner herausgefordert wurde[15].

An der Kompetenz dieses Zeugen ist nicht zu zweifeln. Um so wichtiger bleibt, daß die zitierte Äußerung in seinem Bericht nicht allein steht. Anderwärts unterstreicht er zwar nicht die Vernichtungsabsicht, doch das Bekehrungsmotiv für eben diesen Orientkreuzzug seines Königs[16] – wie gesagt: als ein Sprecher aus dessen nächster Umgebung auf dieser Fahrt –, und auch daß es allein gegen »Heiden« geht, gegen Christen also nicht gehen darf, wird nochmals unterstrichen[17]. Das sind eindeutige Worte aus berufener Feder.

Wir besitzen zwei lateinsprachige Kreuzzugslieder aus der Zeit unmittelbarer Vorbereitungen zu dem großen Schlag der Christenheit. Eins davon, *Exsurgat gens Christiana*, hat sich einzig in einem Kodex der Stadtbibliothek zu Chartres erhalten; es dürfte in Frankreich entstanden sein[18]. Sein Aufruf richtet sich zunächst an die Christenheit als Ganzes, dann nacheinander an die für die Mobilisierung ihrer Kräfte wichtigsten Teile: Franzosen, Italiener, Deutsche, Engländer, aber auch Ungarn, denen Slawen (gemeint etwa Kroaten und Tschechen) und »Alanen« zugeordnet werden. Sie alle sollen ins Heilige Land ziehen; die Hispanier dagegen haben das eigene von heidnischem Unflat zu befreien. Vorausgesetzt wird also das Übergreifen der Kreuzzugswerbung über den Kanal und andererseits über den Rhein hinweg

---

13 Odo de Diogilo, De prof. Lud., IV, ed. V.G. BERRY, New York 1968, S. 70; W. NORDEN, Das Papsttum und Byzanz, Berlin 1903, S. 79–81; H.A. BÖSWALD, Studien zur Kreuzzugsgeschichtsschreibung des Odo von Deuil, Diss./masch. München 1958, S. 110f. (bereits mit Hervorhebung, daß Odos Auffassung vom kreuzzugsmäßigen Heidenkrieg, nicht allein nach dieser einen Stelle, »so radikal« erscheint, »wie er vorwiegend in Bernhards Aufruf zum Wendenkreuzzug gefordert worden war«).
14 Oben Anm. 2.
15 Bern. Clar., cp. 363,5 (Opera VIII, S. 315,1); vgl. Dens., De Laude Novae Militiae II,3 (Opera III, S. 216,1f.), auch ebd. I,1–IV,8 (S. 214–221) und V,10 (S. 223). Dazu U. MAYER, Die Grundlegung der Kreuzzugsidee Bernhards von Clairvaux in seiner Schrift »De Laude Novae Militiae«, Magisterarbeit im Fachbereich Geschichtswissenschaften (masch.), Gießen 1977.
16 Odo de Diogilo, im Widmungsbrief an seinen Abt, Suger von St-Denis, den wohlunterrichteten Reichsverweser während der Abwesenheit des Herrschers: Ludwig sei ausgezogen, *zelo ductus fidei propagandae* (S. 1 Berry); vgl. I (S. 10): *rex ... nactus gaudium suum fidei propagandae...*
17 Odo de Diogilo IV (S. 80): *Contra paganos properamus; Christianorum utamur pace.*
18 Überlieferung: Stadtbibliothek Chartres, Cod. 341. Die Ausgabe von G.M. DREVES (u.a.), Analecta hymnica medii aevi X, Leipzig 1886–1922, Neudruck New York 1961, S. 7f., ist überholt durch die leider ungedruckte bei A. SCHMUCK, Mittellateinische Kreuzlieder, Diss./masch. Würzburg 1954, S. 107–109, Nr. 8.

nach Osten, dazu das Eintreten sichtbarer Wirkungen, während vom ergänzenden Zug ins ostelbische Gebiet noch keine Rede ist. Wir kämen damit in den Oktober 1146 als frühesten Entstehungstermin, eher später[19]; vom März 1147, in dem Bernhards Sendbrief zum »Wendenkreuzzug« entstand, ist die Dichtung höchstens durch ein paar Monate getrennt[20].

Von jeher ist an diesem Lied der schroff militante Ton aufgefallen: Es ist ein erbarmungsloser Aufruf, aufs Ganze zu gehen; manche Stellen wirken wie ein offener Appell an die Mordlust[21]. Andererseits wurde mit Recht hervorgehoben: der Kampf, zu dem hier die Fanfare geblasen wird, ist nicht so sehr gegen die Heiden als Menschen gerichtet als vielmehr gegen »das Heidentum als Lehre«[22], besser: als Kult- und Glaubensform. Von ihm soll die Welt radikal gereinigt werden, und zwar die ganze:

Dissipetur gens pagana
Et propellatur profana
Lex ab orbis area
...
Percute perfida
Perime morbida
Ut mundentur sordida ... montana
A secta tam foetida[23].

Die Zielsetzung geht sogar noch weiter, schließt andere Formen von »Unglauben« ein, denn die Schlußstrophe faßt zusammen:

Frange schismatica,
Ure haeretica;
Dissipa paganica[24],

---

19 Hier ist vor allem die Wirksamkeit Bernhards von Clairvaux als Kreuzzugslegat zu beachten, mit berichtigter Chronologie behandelt von L. GRILL, Die Kreuzzugs-Epistel St. Bernhards »*Ad Peregrinantes Jerusalem*«, in: Studien und Mitteilungen zur Geschichte des Benediktinerordens 67 (1956), S. 238–249, passim, leider, bedingt durch den Untersuchungsgang, ohne systematische Reihenfolge oder Zusammenfassung; hier bes. S. 243. 244 u. 247 (Brieffühler nach England), 241 f. (Übergreifen nach Deutschland).
20 Zur Datierung mit anderen Argumenten bes. SCHMUCK, S. 72 f., vgl. 52, ferner 109 (Sicherung des Zusammenhangs mit der Vorbereitungsphase des Zweiten Kreuzzugs ohne Präzisierungsversuch). Die großräumig gesehene Gesamtkonzeption mit Aufgabenteilung zwischen Orient und Pyrenäenhalbinsel erinnert an Eugens III. Bestätigungsbulle für den Wendenkreuzzug, JL 9017 (unten Anm. 43), nur daß im Lied die ostelbische Unternehmung noch fehlt. Da auch die am »Wendenkreuzzug« beteiligten Skandinavier hier nicht angesprochen sind, wahrscheinlich (wegen der Verbindung der *Slavi* mit den Ungarn) auch nicht die Polen, könnte das Lied älter sein als der Zeitpunkt, an dem Nachrichten vom Frankfurter Märzreichstag 1147 in kirchlichen Kreisen Frankreichs bekannt wurden, doch ist statt dessen auch mit Begrenzung des geographischen Horizonts gerade im östlichen und nördlichen Europa zu rechnen. – Für die Sonderrolle Spaniens verweist SCHMUCK, S. 109, auf Parallelen in provençalischen Kreuzzugsliedern.
21 Text wie Anm. 18, Str. 4,4 ff.: *Viscera lacera, / Verbera vulnera / Discerpendo viscera.*
22 G. SPRECKELMEYER, Das Kreuzzugslied des lateinischen Mittelalters, München 1974, S. 65, vgl. 68; die sonstigen Ausführungen ebd. S. 64–69 ergänzen Schmuck in willkommener Weise, ohne aber seinen Beitrag auszuschöpfen.
23 Text wie Anm. 18, Str. 1, 8 ff.; 5, 5 ff.
24 Ebd., Str. 6, 5 ff. Man beachte die inhaltliche Parallele zu dem älteren Kreuzfahrerschreiben an Papst Urban II. von 1098 Sept. 11 bei H. HAGENMEYER, Die Kreuzzugsbriefe aus den Jahren 1088–1100, Innsbruck 1901, Nachdruck Hildesheim-New York 1973, Nr. II, § 14 (S. 164 f.). 5.

wobei wieder nicht die Menschen als Ziel bezeichnet sind, nicht Schismatiker, Häretiker und Heiden, sondern »Schismatisches«, »Häretisches« und »Heidnisches«: man wird hier ein frühes Zeugnis für Kreuzzugsbestrebungen zu sehen haben, die auch die ostkirchliche Eigenständigkeit, gleichsam im Vorbeigehen, mit aufgehoben sehen wollten, noch vor den Auseinandersetzungen vor Konstantinopel, an denen uns der Kaplan König Ludwigs teilnehmen ließ[25]. Kurz, alle denkbaren Formen von *infidelitas*, wo immer sie sich finden, sind angesprochen; einzige Ausnahme ist das Judentum, dessen Repräsentanten nach offizieller Kirchenlehre von gewaltsamer Verfolgung aus Glaubensgründen ausgenommen sein sollten[26]. Orientzug und Spanienkrieg stehen gemeinsam im Dienst dieser Ziele; sie sind Teilunternehmungen einer umfassenden Gesamtplanung, die sich über alles erstreckt, was man sich damals unter unserer Erde vorstellen konnte[27].

Eine gleich umfassende Zielsetzung taucht damals wohl an keiner zweiten Stelle auf. Doch im Grunde erscheint hier nichts anderes, als was Bernhard von Clairvaux mit seinem *exstirpare de terra christiani nominis inimicos* propagiert[28]: der gleiche Gedanke wird aufgegriffen und nach allen Richtungen hin konsequent zu Ende gedacht mit dem gleichen Ziel, daß nämlich *aut ritus ipse aut natio deleatur*[29].

Die Übereinstimmung scheint sogar wieder noch weiter zu gehen. Wenn die Ausrottungsabsicht sich nicht so sehr gegen die »Ungläubigen« richtet als gegen den »Unglauben«: ist sie dann nicht gleichfalls im Zeichen jener *vindicta in nationibus* zu sehen, die die Alternative zwischen leiblicher Tötung des Bekehrungsunwilligen und geistlicher Tötung seines »Irrglaubens« offenläßt[30]? Dann würde das Lied sogar auf die gleiche Alternative zwischen *delere* und *convertere* hinführen, die eben schon anzusprechen war, nur nicht gleich klar zum Ausdruck gebracht wie in den Formulierungen Bernhards und Odos.

Die Vertilgung des Heidentums *ab orbis area*, die das Lied propagiert[31], stimmt jedenfalls mit der *terra* zusammen, die nach dem Abt von Clairvaux von den Feinden des Christentums

---

25 Mit den *schismatica*, Str. 6,5, ist zweifellos in erster Linie Byzanz gemeint: das geht schon daraus hervor, daß die betreffende Strophe den Sonderauftrag formuliert, den die Ungarn samt den nachgeordneten Slawen und »Alanen« wahrzunehmen haben. Auch *haeretica* paßt dazu, denn die Zuordnung der Ostkirche zu dieser oder jener Kategorie wurde im Abendland bald so, bald so entschieden; es gab jedoch auch häretische Strömungen auf dem Balkan, die Ost- und Westkirche gemeinsam bekämpften. Das damit gewonnene Zeugnis antibyzantinischer Tendenzen schon vor den Konfrontationen des Zweiten Kreuzzugs ist bei DALI (wie Anm. 13) nachzutragen. Zum französischen Griechenhaß dieser Phase wird BÖSWALD (wie Anm. 13), S. 103–130 und weiter, vgl. 117f., zu wenig berücksichtigt. – Vgl. unten Anm. 34.
26 P. BROWE, Die Judenmission im Mittelalter und die Päpste, Rom 1942, passim; ergänzend (mit Schwerpunkt in jüngerer Zeit) S. GRAYZEL, The Church and the Jews in the xiiith Century, Revised Edition, New York 1966. Auch Bernhard von Clairvaux hat sich 1146 für den Judenschutz eingesetzt, vgl. ep. 363, 6–7 (S. 316f.) u. 365 (S. 320ff.). Dabei ist stark die Verheißung Rm 11, 25–26 herausgestellt, eine wichtige Stelle, über die H.-D. KAHL, Diskussionsbemerkung, in: Unter dem Bogen des Bundes, hg. von H. H. HENRIX, Aachen 1981, S. 45. – Bernhards Judenschutz kam aus der Exegese und schloß intensive Judenfeindschaft nicht aus, vgl. vorläufig H.-D. KAHL, Bernhard von Fontaines, Abt von Clairvaux, in: Gestalten der Kirchengeschichte III, hg. von M. GRESCHAT, Stuttgart-Mainz 1983, S. 187f.
27 S. Anm. 8.
28 S. Anm. 2 und 9.
29 So eine andere Formulierung aus Bern. Clar., ep. 457 (s. Anm. 2).
30 S. Anm. 9.
31 Text wie Anm. 18, Str. 1,9; s. oben vor Anm. 23.

gereinigt werden soll, wohlgemerkt: in den Partien seines Aufrufs 457, die noch nicht die ostelbische Sonderunternehmung ansprechen, sondern das aktuelle Kreuzzugsgeschehen als Ganzes[32]. Der Endkaiserglaube ist im Lied ebensowenig angesprochen, so sicher er bruchlos auch an seine Zielsetzung angeschlossen werden kann: eine universale Heidenbekehrung ist schon nach der Bibel der Endzeit vorbehalten[33], und sie wird hier mit Waffengewalt angestrebt, wie in den sibyllinischen Traditionen, nicht durch friedliche Verkündigung oder durch ein göttliches Wunder[34].

Weitgehend inhaltliche Übereinstimmung entscheidender Motivelemente mit dem, was Bernhard in dem genannten Sendschreiben verlautbart: das ist eine wichtige Gemeinsamkeit der bisher besprochenen Texte. Sie gilt, wohlgemerkt, gerade auch für die Partien, die nicht der darin propagierten Sonderunternehmung gewidmet sind, sondern dem allgemeinen Kreuzzugsplan, der *via Ierosolymitana*[35]. Eins aus der Reihe fehlt bei Odo wie im Lied, auch in Bernhards Text mehr angedeutet als ausgeführt: die Einordnung des aktuellen Geschehens in den Kampf der beiden augustinischen *civitates*. Doch auch dieses Motiv läßt sich anderweitig finden. Es erscheint in einem provençalischen Kreuzlied eben dieser gleichen Phase, das auch sonst recht bernhardinisch anmutet. Der bevorstehende Kreuzzug wird dort aufgefaßt als ein Turnier zwischen Hölle und Paradies, und die Kreuzfahrer sind berufen, in seinem Verlauf die »Rache Gottes« (*la vengeance Dieu*) zu vollziehen[36]. Es ist schon erstaunlich, welch kleine Zahl von Belegen ausreicht, um nachzuweisen, daß alle entscheidenden Grundgedanken des bernhardinischen Aufrufs vom März 1147 auch auf dem Boden des damaligen Frankreich vorhanden waren, wenigstens prinzipiell, und das in der gleichen Verbindung mit dem Orientkreuzzug, die auch dieses Sendschreiben aufzeigt[37].

Wie ist diese Übereinstimmung zu erklären? Fassen wir hier eine unmittelbare Einwirkung Bernhards, des päpstlichen Legaten für die Kreuzzugspropaganda, oder schöpfen beide aus einem gemeinsamen Fonds? Die sonstigen Kreuzzugsbriefe des Abtes, soweit erhalten, geben keinerlei Anhalt für die erste dieser Möglichkeiten. Doch wir haben damit zu rechnen, daß sie nicht alle Gedanken und biblischen Belege wiedergeben, die dieser Mann in seiner vielmonatigen Wirksamkeit für das große Ziel öffentlich eingesetzt hat. Spuren, die schwerlich auf anderes zurückgehen können als auf seine ureigenste mündliche Verkündigung, sind an anderer Stelle bereits nachgewiesen[38], eine wichtige Ergänzung zu

---

32 Oben vor Anm. 8, dazu KAHL (wie Anm. 2), bei Anm. 64–72.
33 KAHL (wie Anm. 11), S. 305 m. Anm. 59.
34 Auch das berührt sich mit Bernhards ep. 457. Man wird nach den aufgeführten Vergleichspunkten fragen müssen, ob *Exsurgat gens Christiana* wirklich so durch und durch unbernhardinisch ist, wie SCHMUCK (wie Anm. 18), S. 52, meinte. – Der Eindruck der Nähe verstärkt sich angesichts der deutlichen Hoffnungen auf Reintegration der Ostkirche, die der Abt von Clairvaux am Vorabend des Kreuzzugs hegte, vgl. GRILL (wie Anm. 122).
35 S. Anm. 2.
36 F. W. WENTZLAFF-EGGBERT, Kreuzzugsdichtung des Mittelalters, Berlin 1960, S. 44–46 mit Datierung zwischen 25. 12. 1145 und 12. 6. 1146; S. 45 ausführliche Zitate mit deutscher Übersetzung. Vgl. auch R. W. SOUTHERN, Gestaltende Kräfte des Mittelalters, Stuttgart 1960, S. 49.
37 S. Anm. 2.
38 Vgl. KAHL (wie Anm. 10), bes. Abschnitte 5. und 6.

dem längst verfügbaren Material aus seiner eigenen Feder oder doch seiner Kanzlei. So ist Vorsicht geboten, diese erste Möglichkeit rundweg auszuschließen.

In den geschilderten Beratungen vor Konstantinopel fanden wir eine Partei im französischen Heer, die die Alternative »Heidenblut oder Heidenbekehrung« als einzig legitimes Kreuzzugsziel neben der Wallfahrt zum Heiligen Grabe vertrat[39]. Sie berief sich dafür, laut Odo von Deuil, auf ein *praeceptum summi pontificis*[40]. Das überrascht. Als maßgebliche Verlautbarung Eugens III. für den Orientkreuzzug kommt nach unserer Kenntnis vor allem die Bulle *Quantum praedecessores* in Betracht[41]. Mustern wir sie, so will sie keine Formulierung zeigen, der wir auch nur eine allgemeine missionarische Zielsetzung zu entnehmen vermöchten, und schon gar nicht eine derartige Alternative. Wohl lesen wir dort vom *Christianum nomen in partibus illis dilatare*, doch im Textzusammenhang bezieht sich das deutlich nicht auf eine Christianisierungsaufgabe, sondern auf die Gründung der Kreuzfahrerstaaten im Gefolge des Ersten Kreuzzugs und deren anschließende Expansion. Später heißt es, der neue Kreuzzug solle geführt werden, *ut Christiani nominis dignitas nostro tempore augeatur*, durch den Kontext präzisiert im Sinn einer Verteidigung der *ecclesia orientalis* und der Befreiung christlicher Gefangener aus Feindeshand[42]. Soll man in solchen Formulierungen missionarische Absichten finden über bloße militärische Triumphe auf Kosten von Nichtchristen hinaus, vielleicht noch Ausbreitung von Herrschaft christlicher Fürsten über sie? Erst in den Stellungnahmen, mit denen der Papst den »Wendenkreuzzug« sanktioniert, findet sich die Wendung *eos* (bzw. *ipsos*) *christiane religioni subiugare*, ausdrücklich auf diese eine Unternehmung *contra Sclauos ceterosque paganos habitantes versus aquilonem* bezogen[43].

Um so auffälliger ist es, daß Otto von Freising, selbst Anführer eines größeren Kreuzfahrerkontingents für den Orient, sich in ähnlichem Sinne äußert wie Odo von Deuil, und zwar bemerkenswerterweise gleichfalls dort, wo er unmittelbar für den Kreis um König Ludwig spricht. Heißt es bei ihm zunächst ganz farblos vom *Hierusalem eundi desiderium* des Königs von Frankreich, so sind daraus unmittelbar bei der nächsten Erwähnung *vota pro dilatando Christiane religionis ritu* geworden, was sehr eindeutig missionarische Perspektiven aufreißt über bloße Ausbreitung der politischen Machtsphäre christlicher Fürsten hinaus, wenngleich ohne die blutige Alternative; der Zusammenhang aber, in dem diese neue Wendung erscheint, behandelt nichts anderes als die Approbation des königlichen Planes durch den Papst, begleitet durch die Mitteilung, dieser habe dabei an Abt Bernhard die *auctoritas predicandi*

---

39 Oben vor Anm. 13.
40 Odo, wie Anm. 13.
41 JL 8796, kritisch ediert bei P. Rassow, im Anhang zu E. Caspar, Die Kreuzzugsbullen Eugens III., Neues Archiv 45 (1924), S. 300–305. Dazu und zu weiteren einschlägigen Schreiben des Papstes, Caspar, ebd. S. 284–305.
42 Ebd.; vgl. Anm. 43.
43 JL 9017 (Bulle Divini dispensatione), in: Pommerschers Urkundenbuch I², bearb. von K. Conrad, Köln-Wien 1970, S. 36f., Nr. 32; vgl. JL 9110 an Bischof Heinrich von Olmütz, ebd. S. 37f. Nr. 33. – Die scheinbare Einschränkung der Bekehrungsabsicht auf den »Wendenkreuzzug« wird besonders deutlich im ersten Falle, wo für die Orient- und die Spanienunternehmung abweichende Zielsetzungen formuliert werden: für alle gemeinsam *ad infidelium expugationem*, für den Orientzug *ad deliberationem orientalis ecclesie … et crucis Christi inimicos … potenter expugnare*; für Spanien *contra Saracenos de partibus illis potenter armatur*. Daß JL 9017 auch mit dieser Einschränkung die kirchenrechtliche Approbierung des »Missionskreuzzugs« bedeutet, vgl. Kahl (wie Anm. 10), 11. Abschnitt.

animosque cuntorum ad hoc commovendi übertragen[44]. *Ad hoc*: das kann im Kontext auf nichts anderes gehen als den unmittelbar vorher genannten *dilatandus Christiane religionis ritus*; mit anderen Worten: Otto, der führende Teilnehmer am Orientkreuzzug in eigener Person, stellt in aller Form eine Christianisierungsaufgabe als offizielles Ziel eben dieses Unternehmens hin, und er führt sie – bei seinem Informationsstand! – gleichfalls direkt auf den Papst zurück. Als angeblicher Beleg dafür aber folgt alsbald – ein ausführlicher Auszug aus der eben zitierten Bulle *Quantum praedecessores*, der die soeben herausgehobenen Partien in vollem Wortlaut einschließt, und weiter nichts[45].

Ottos Urteilsfähigkeit in solchen Fragen ist uns dreifach garantiert: durch seinen bischöflichen, noch mehr durch seinen allgemeinen geistigen Rang, fußend auf für seine Zeit vorzüglichstem Bildungsstand, und durch seine unmittelbare Beteiligung an dem fraglichen Unternehmen in führender Stellung. Wurden also Schriften wie *Quantum praedecessores* damals anders gelesen, als wir dies von unseren Voraussetzungen her für wahrscheinlich halten mögen? Oder hat zeitgenössisches Empfinden sie mit Ergänzungen, die allein die mündliche Verkündigung brachte, die uns also verschollen sind, unreflektiert und selbstverständlich als Einheit zusammengesehen?

In *Divini Dispensatione*, seiner Bulle zum »Wendenkreuzzug«, zeigt Eugen, daß er die drei Feldzüge in den Orient, ins muslimische Spanien und gegen die »Heiden des Nordens« als Teilexpeditionen einer umfassenden Gesamtplanung sieht. Für sie stellt er eine Zielsetzung rein militärischer Art fest; er umschreibt sie mit: *ad infidelium expugnationem*. Dies wird für jeden Einzelschauplatz spezifiziert: für den Hauptkreuzzug in den Orient erscheint die *deliberatio orientalis ecclesie*, für die Pyrenäenhalbinsel das *triumphare* des *Rex Ispaniarum*, und nur für den Kreuzzug nach Ostelbien wird das *eos Christiane religioni subiugare* herausgestellt, im Text für diesen Sonderfall gleich zweimal, alsbald ergänzt durch ein *de promovenda Christiana religione*[46].

Auch das scheint in unseren Augen eine eindeutige Differenzierung, die für sich selber spricht. Aber der gleiche Papst ließ im Spätherbst 1147 an Konrads III. in Deutschland zurückgebliebenen Sohn, den jungen König Heinrich, ein Schreiben ausfertigen, dessen Vater sei *assumpto vitae signaculo ad hostes fidei subiugendos et catholicam aecclesiam dilatandam* ausgezogen[47]; am 1. April 1148 faßte er dies für uns noch präziser als *ad debellandam*

---

44 Otto Fris., Gesta Frederici I,35 (ed. G. WAITZ – B. v. SIMSON, MG SSRerGerm 1912, S. 55,6) bzw. I,36 (ed. F. J. SCHMALE, Ausgew. Quellen zur deutschen Gesch. d. Mittelalters XVII, Darmstadt 1965, S. 200,28).

45 Otto Fris., im unmittelbar anschließenden Kapitel, mit der Überleitung: *Unde eius scriptum tale ... invenitur*, die doch wohl nur bedeuten kann, daß der Bischof dieses Schreiben als Beleg für das soeben vorher Ausgeführte angesehen hat.

46 S. Anm. 43.

47 JL 9084, a. 1147 Spätherbst (PL 180, 1300A; auch Wibald, ep. 43, in: Scriptores Rerum Germanicarum, ed. Ph. JAFFÉ, Bd. I, Lips. 1864, S. 121). Eugen konnte Bezug nehmen auf ein Schreiben des jungen Königs vom Anfang Juni, aus dem ersichtlich ist, daß nach Auffassung seiner Umgebung, insbes. wohl eines Wibald von Stablo, der Vater *pro dilatatione ecclesie crucem Christi circumfert* bzw. ausgezogen sei *pro dilatanda ecclesia se ipsum periculis omnibus usque ad effusionem sanguinis exponendo* (Heinr., ep. 1, MG DD IX, Anhang, Nr. 1, S. 521,23 ff. = Wibald, ep. 42, S. 120). Diese beiden Zeugnisse sind, soviel ich sehe, nach Bern. Clar., ep. 457 (oben Anm. 2) die chronologisch ältesten zur Bekehrungsproblematik des damaligen Orientkreuzzugs, gefolgt von dem gleich zu zitierenden JL 9214 (s. Anm. 48) sowie der Weihnachtspredigt Gerhochs von Reichersberg (unten Anm. 58), wobei die relative Chronologie Odos

idololatrarum insaniam et ad cultum Christiani nominis propagandam[48]. Da haben wir sogar wieder eine Alternativformulierung; indem sie das Negative, das *debellare*, vor das Positive, die Ausbreitung der katholischen Kirche setzt, klingt sie beachtlich an die bisher aufgeführten an, gerade auch an diejenige Odos, die sich ausdrücklich auf diesen Papst beruft[49]. Vor allem aber zeigt sich: mindestens zu diesem fortgeschrittenen Zeitpunkt, lange nach dem Aufbruch des Kreuzheeres in den Orient, war Eugen offenbar wirklich der Meinung, dessen Zug habe etwas mit einer Christianisierungsaufgabe zu schaffen.

Hat der Papst zwischen dem ersten und dem letzten dieser Texte eine Entwicklung durchgemacht, oder lesen wir seine früheren Verlautbarungen falsch? Liegt es an unserer »Vokabelkenntnis«, an unserem Verständnis etwa von *deliberare* und *expugnare*? Die Jahrzehnte vor dem ersten Kreuzzug waren erfüllt vom Ruf nach umfassender *Libertas ecclesiae;* dabei zeigte sich: gemeint war nicht die Freiheit der institutionellen Kirche von Eingriffen der Gewalten »dieser Welt«, sondern ihre Herrschaft über diese Gewalten, die allein geeignet schien, sie unter die für nötig gehaltene Kontrolle zu bringen. Ist die *deliberatio orientalis ecclesie* im gleichen Sinn zu verstehen? Soll sie besagen: aufzurichten ist die vollständige Herrschaft dieser Kirche dort in ihrem östlichen Bereich in einer Weise, die sie künftig jeder Gefährdung von außen her enthebt? Dann wäre die Einverleibung der bisher »Ungläubigen« in diese Kirche eine stillschweigend eingeschlossene Konsequenz. Und kann *expugnare*, in einem geistlichen Zusammenhang gebraucht, wie ein Kreuzzug es für das Verständnis der Zeitgenossen nun einmal ist – kann, ja darf dieses Wort dann anders verstanden werden als im Sinn eines Eroberungskrieges, an dem *beide* Schwerter der Christenheit, das geistliche wie das weltliche, gemeinsam beteiligt sind in dem Sinn, wie die Zeit diese Symbolformel verstand[50]? Wenn wir so lesen, und wohl nur so, verschwindet der Bruch, den wir sonst zwischen all den verschiedenen aufgeführten Texten empfinden, und Otto von Freising behält mit der Art, wie er *Quantum praedecessores* als Beleg einführt, recht.

Dabei scheint es, als habe Eugen nicht daran gedacht, die Heidenfrage mit einem Schlage, mit einer einzigen geballten Kraftanstrengung der Christenheit, lösen zu können. *Divini dispensatione*, seine Bulle zum »Wendenkreuzzug«, ist bekanntlich keine einfache Bestätigung dessen, was Bernhard von Clairvaux vorher in Frankfurt proklamiert hatte; sie nimmt wesentliche Modifizierungen vor[51]. Zu ihnen gehört, daß der Papst nicht grundsätzlich jede vertragliche Vereinbarung mit Heiden verbietet, sondern nur mit solchen, deren Übertritt zum Christentum hätte erreicht werden können[52]. Das setzt stillschweigend voraus, es werde auch solche geben, deren Bekehrungsunwilligkeit größer ist als der Leidensdruck unter eingesetzter militärischer Gewalt, und läßt für solche Fälle offen, daß der Krieg ohne die Taufe

von Deuil zu diesen Zeugnissen offenbleiben muß. Die Auffassung Konrads III. stimmte mit derjenigen seines Hofes überein, s. unten bei Anm. 57, ergänzend Anm. 59 Ende.
48 JL 9241 (PL 180, 1320 D).
49 S. oben bei Anm. 40.
50 Dazu KAHL (wie Anm. 2), 3. Abschnitt, bes. bei Anm. 52–63.
51 Vgl. KAHL (wie Anm. 10), 11. Abschnitt.
52 JL 9017 (wie Anm. 43): ... *prohibentes, ut nullus de paganis ipsis, quos Christiane fidei poterit subiugare, pecuniam vel aliam redemptionem accipiat, ut eos in sua perfidia remanere permittat.* Bei Bernhard (wie Anm. 2) hatte es geheißen: *interdicimus, ne qua ratione ineant foedus cum eis, neque pro pecunia, neque pro tributo, donec, auxiliante Deo, aut ritus ipse, aut natio deleatur.* Vgl. unten bei Anm. 76 und 85.

des Gegners beendet werden kann. Der Papst war mithin nicht, wie Bernhard, von einer eschatologischen Naherwartung bestimmt, die in dem bevorstehenden Kreuzzug den letzten Heidenkrieg vor dem Ende der Tage erblickte[53]. Allerdings müssen wir wohl annehmen, daß die Zeitgenossen das, was unmittelbar vom Apostolischen Stuhl kam, und das, was dessen bevollmächtigter Legat verlautbarte, nicht immer säuberlich zu scheiden wußten: Bernhard berief sich ja auf die erhaltene Weisung des Papstes[54]. So mochte nicht nur für uns, sondern auch für die damals Lebenden hier manches durcheinandergehen.

Verfolgen wir weiter die Reihe der Belege, die uns, wie nun wohl gesagt werden darf, vom Echo des Wirkens dieser beiden Männer berichten. Am deutschen Hof, in der Umgebung des jungen Königs Heinrich, der als nomineller Reichsregent an des Vaters Statt in der Heimat zurückgeblieben war, finden wir damals Auffassungen, die ganz zusammenklingen mit den letztzitierten Äußerungen Eugens[55]. Kein Wunder: Heinrich war auf demselben Frankfurter Reichstag zum König gewählt worden, auf dem Bernhard den bewußten Aufruf erließ und zweifellos auch in dessen Sinn gepredigt hatte[56]. Ähnliches ist uns für Konrad III. während seines Vormarsches in Anatolien bezeugt, bevor es dort zur Katastrophe kam. Gewährsmann ist in diesem Fall, bemerkenswerterweise noch nach mehrjährigem Abstand zu ihr, einer der geistig führenden Augustinerchorherren der Zeit, Propst Gerhoch von Reichersberg († 1169), fußend offenbar auf persönlichen Mitteilungen des Herrschers. Er berichtet, Konrad habe damals Gott einen Gefolgschaftsdienst zu leisten geglaubt (*obsequium se arbitrans prestare Deo*), indem er bestrebt war, *quascunque gentes* (hier zweifellos als »Heiden« zu nehmen) *Christianis infestas subiugare Christo vel humiliare atque infirmare*. Gerhoch stellt den König damit den Byzantinern gegenüber, die beim Vormarsch durch jenes Gebiet eher militärische Maßnahmen allein im Auge gehabt hätten, ohne Rücksicht auf »die Ausbreitung des Christennamens« (*inimicorum suorum humiliationem potius quam Christiani nominis propagationem*)[57]. Das rückt wieder nahe an die Aussage Odos von Deuil über die vor Konstantinopel erörterte Alternative heran, nur daß die Formulierung, aus rückschauender Resignation im Wissen um das baldige Scheitern, sich vorsichtiger gibt, fast möchte man sagen: realistischer, weniger unbekümmert und unbedingt; wenn dabei die missionarische Tendenz womöglich stärker betont erscheint als bei dem französischen Benediktiner, so steht dahin, ob dies auf persönlicher Stilisierung Gerhochs beruht oder schon auf den von ihm verwerteten Äußerungen aus Konrads eigenem Munde; in jedem Fall könnte es Kritik bedeuten. Die Hoffnung, der Kreuzzug werde aus »den Heidenresten, die noch übrig sind«, Christen machen, hatte der Propst von Reichersberg schon in einer Weihnachtspredigt des Jahres 1147 geäußert, die zufällig erhalten ist. Das ist wieder eine sehr intensive und sehr universale Hoffnung auf durchschlagenden Christianisierungserfolg, und wieder ohne Betonung der Alternative Aus-

---

53 Für Bernhard: KAHL (wie Anm. 10).
54 So auch noch in der Apologie nach dem Scheitern des Kreuzzugs, De Consid. II,1,1 (Opera III, S. 411, 8f.): *Cucurrimus ... te iubente, immo per te Deo*.
55 Oben Anm. 47.
56 Bezeugt von Helmold von Bosau, s. unten Anm. 67.
57 Gerhoh. Reichersb., De inv. Antichr. I, 59 (MG LdL III, S. 375,17ff.). Der Ausdruck: *obsequium Deo praestare* für die Absicht der Kreuzfahrer erscheint bemerkenswerterweise auch Ann. Herbipolens. a. 1147 (MG SS XVI, S. 3,21).

rottung. Es fällt auf, daß Gerhoch sich dafür auf eine gemeinsame Weisung des Papstes und Bernhards beruft, und das in einer Form, die durchaus an ein offiziell aufgerichtetes Kreuzzugsziel denken läßt[58].

Gern hätten wir auch für Ludwig VII. von Frankreich Hinweise, wie er persönlich die Kreuzzugszielsetzung sah, bevor es zur Katastrophe kam. Zuverlässige Überlieferung schweigt hier jedoch; wir müssen uns mit Odos Zeugnis als einem aus der nächsten Umgebung des Königs begnügen, für das immerhin gesagt werden darf, daß es bestimmt war, vor die kritisch prüfenden Augen Abt Sugers zu gelangen[59]. Die Chronik von Morigny (Diözese Sens), eine kluniazensische Stimme, bietet zwar den Text einer Ansprache, die Ludwig zum offiziellen Auftakt der Kreuzzugswerbung für sein Reich gehalten haben soll, am Ostertag 1146 zu Vézelay. Ohne weiteres für authentisch halten wird man diese Worte nicht; immerhin darf registriert werden: der Gedanke, die Heiden zu vernichten oder zu bekehren, klingt auch dabei an; er läßt sich damit einmal mehr für das zeitgenössische Frankreich sichern[60]. Mit der *Christianae fidei propagatio*, den *augmenta ecclesiae dei*, hatte der Orientkreuzzug mindestens zeitweise auch für Petrus Venerabilis von Cluny etwas zu tun[61]. Die sibyllinische Weissagung aber, die am Vorabend dieses Unternehmens in Frankreich auf

---

58 Zitat aus der Handschrift bei P. CLASSEN, Gerhoch von Reichersberg, Wiesbaden 1960, S. 132 Anm. 19: *homines ... hortatu Eugenii pape III et venerabilis viri Bernhardi abbatis Clarevallensis ... arma contra inimicas Christi et civitatis Iherusalem gentes* (»Heiden!«) *corripiunt ... Ut igitur ille bellorum motus ad laudem et benedictionem Dei maximam proveniat atque ut gentium que adhuc supersunt reliquie* (vgl. oben bei Anm. 8) *salve fiant et in filios benedictionis inmutate ... prestet ipse Dominus noster Ihesus Christus.* Dazu CLASSEN, ebd., S. 133. Eine Verwechslung mit dem »Wendenkreuzzug«, den Gerhoch überhaupt nicht erwähnt, ist zweifelsfrei auszuschließen, schon weil diese Unternehmung lange vor Weihnachten 1147 beendet war.

59 S. Anm. 16. – Ludwigs Briefe vom Kreuzzug sind jünger als die Katastrophe. Meist betreffen sie kurze Aufträge, vor allem zur Geldbeschaffung, und enthalten nichts Gedankliches (vgl. RHGF XV, S. 457 f. 496). In der Spätphase betonen sie die Notwendigkeit, die *orientalis ecclesia* zu verteidigen (ebd. 502A; 509A). Aus diesen Äußerungen auf die Anfangsphase zurückzuschließen, scheint mir nicht statthaft. Über die Motive für Ludwigs Kreuznahme: F. COMBES, L'abbé Suger, Paris 1853, S. 118 f., in Verbindung mit B. SEGUIN, Bernard et la Seconde Croisade, in: Bernard de Clairvaux. Commission d'Histoire de l'Ordre de Cîteaux, Paris o. J. = 1953, S. 393 f., beide, ohne die hier angerissene Problematik zu berücksichtigen. – Über die Briefe Konrads III. vom Kreuzzug läßt sich Entsprechendes wie für Ludwig VII. sagen, vgl. D. Ko. III, 195–198 (MG DD IX, S. 354–357).

60 Chron. Mauriniac., lib. III (RGHF XII, S. 88B-C): *Francorum virtus ... inimicos ... viles ... gravi persecutione deturbet ... Resistamus idolorum cultoribus ... Confundentur ... et convertentur retrorsum omnes qui oderunt Syon, si viriliter egerit probitas nostra ...* Eine Ansprache Ludwigs bei dieser Gelegenheit ist wahrscheinlich, aber sonst nirgends erwähnt; möglicherweise handelt es sich bei vorstehender Version um »une amplification de rhétorique de la bulle d'Eugène III dans sa partie relative aux Français et à leur roi dans la Croisade«: A. ALPHANDÉRY, La chrétienté et l'idée de la croisade I, Paris 1954, S. 177, Anm. 2.

61 Nach dem gescheiterten Kreuzzug schrieb der Abt an Roger II. von Sizilien, der dem Unternehmen ferngeblieben war, seine Feindschaft mit Konrad III. *multum ... obesse regnis Latinis et Christianae fidei propagationi*; er lobt dabei die *augmenta aecclesiae dei*, die der Normanne durch Eigenunternehmungen auf sarazenische Kosten bewirkt habe (Petr. Venerab., ep. 162 – älter VI,16 –, ca. 1149/50: The Letters of Peter the Venerable, ed. G. CONSTABLE, Cambridge, Mass. 1967, S. 393 f.). – Ep. 130 (älter IV, 36; S. 327 f.) von 1146 an Ludwig VII. spricht in scharfer Form von Vernichtungsabsicht; ein zusätzliches Bekehrungsziel ist nicht für uns deutlich ausgesprochen, könnte jedoch möglicherweise angedeutet sein in dem: Ludwig *delebit ... hostes verae fidei Sarracenos, terras eorum subiugare laborabit deo non sibi* (so S. 328), doch soll hierauf kein Gewicht gelegt werden.

Ludwig VII. gemünzt wurde, betrachtete die Orientfahrer als Männer, die auf *procreatio filiorum* bedacht sind[62]. Kann dies auf anderes zielen als auf die Gewinnung neuer Söhne für die Kirche[63]? Zugleich spiegelt sie, soweit ihr reichlich dunkler Text sich deuten läßt, wieder einmal das Ziel eines universalen Heidenkrieges, der nicht nur im Osten nach Babylon hin ausgreift, sondern auch nach Westen hin zu den Säulen des Herkules[64]. Durch Otto von Freising wissen wir, daß dieses abstruse Machwerk, als das wir es zu nehmen geneigt sind, damals unter den führenden Köpfen des geistlichen Frankreich ernst genommen wurde[65]; wir steigen auch mit seiner Einbeziehung also nicht in die Niederungen letztlich unmaßgeblicher Vulgärauffassungen herab: es ist möglich, daß es von Petrus Venerabilis selbst oder aus seinem Umkreise stammt, doch sind hierzu noch weitere Untersuchungen erforderlich[66].

Die Zahl der Belege ist damit schon allein für Frankreich fast erdrückend geworden; die Frage taucht auf, wie es möglich war, sie gleichwohl bisher mit solcher Konsequenz zu überlesen. Doch auch das Reichsgebiet steuert noch weitere Beispiele bei.

Einige der wichtigsten wurden eingehend bereits anderweitig behandelt und seien daher hier nur kurz aufgezählt. Helmold von Bosau hebt nach dem Augenzeugenbericht eines Teilnehmers am Frankfurter Reichstag als das Bemerkenswerteste an Bernhards dortiger Predigt hervor die Aufforderung, nach Jerusalem zu ziehen, um die Heidenvölker des Orients niederzuwerfen und zu bekehren (*ad comprimendas et Christianis legibus subigendas barbaras orientis naciones*)[67]; das deutsche Kreuzheer macht nach ihm folgerichtig vor Konstantinopel geltend, es sei ausgezogen, um das Gebiet der *pax* auszuweiten (*propter ampliandos fines pacis*), womit nur der von Christus gewährte Gottesfriede gemeint sein kann[68]. Dabei tritt für Bernhards Predigt der eschatologische Zusammenhang, die akute apokalyptische Naherwartung, im Kontext deutlich hervor[69]. Ergänzungen im gleichen Sinne, ebenfalls mit deutlicher Anspielung darauf, daß es im Kreuzzug um die biblisch prophezeite Endzeitbekehrung der Heiden hatte gehen sollen, bietet ein ungenannter Thüringischer Annalist, der, vielleicht noch vor 1150, über die Diskrepanz zwischen Predigtverheißung und Ergebnis berichtet: für ihn

---

62 Druck bei W. von GIESEBRECHT, Geschichte der deutschen Kaiserzeit IV, Braunschweig 1875, S. 504. Das bemerkenswerte Textstück bedarf dringend erneuter Behandlung; ich hoffe, darauf zurückzukommen. Vgl. Anm. 66.
63 Vgl. die *gentium ... reliquie ... in filios benedictionis inmutate* beim Zeitgenossen Gerhoch von Reichersberg, oben Anm. 58.
64 Vgl. einstweilen die kommentierenden Erläuterungen zu der bei Otto von Freising übermittelten Fassung in der Ausgabe seiner Gesta von F.-J. SCHMALE (wie Anm. 44), S. 114–117. Daran anknüpfend das unter Anm. 71 zu zitierende Lied *Fides cum Ydolatria*, Str. 4, bei KAHL (wie Anm. 11), S. 292, vgl. Kommentar S. 298f.
65 Otto von Freising, Gesta (wie Anm. 11), S. 292, vgl. Kommentar S. 298f.
66 Für diese Annahme sprechen insbes. die inhaltlichen Parallelen zu der oben Anm. 61 zitierten ep. 130 des Abtes, die hier nicht zu analysieren sind; ich hoffe, darauf bald bei anderer Gelegenheit einzugehen.
67 Helmold von Bosau, Chronica Slavorum I,59 (rec. B. SCHMEIDLER, MG SSRerGerm 1937, S. 115,1; cur. H. STOOB, Ausgewählte Quellen – wie Anm. 44 – Bd. 19, Darmstadt 1963, S. 216,7ff.). Dazu ausführlich KAHL (wie Anm. 10), 6. Abschnitt.
68 Helmold I,60 (S. 115,30f. SCHMEIDLER; S. 216,32 STOOB). Eine Stelle, auf die allein weitreichende Folgerungen aufzubauen man zögern würde, die jedoch im Verein mit der in Anm. 67 herangezogenen benutzt werden darf.
69 Durch eingewobenes Zitat von Rm 11, 25–26; vgl. oben Anm. 26.

zogen die Kreuzfahrer aus, *zelo fidei contra paganos pugnaturi*, und zwar, um damit zugleich etwas für den »Nutzen der Heiden« (*gencium prosperum*) durchzusetzen, was im Textzusammenhang nur auf diese Endzeitbekehrung gehen kann[70]. Hinzu kommt das zweite der lateinischen Kreuzzugslieder, die unmittelbar aus der Vorphase des Kreuzzugs erhalten sind: *Fides cum Ydolatria*. Unter den Carmina Burana bewahrt, ist es das wichtigste und umfassendste Zeugnis akuten – nicht bloß tradierten – Endkaiserglaubens neben dem sogenannten *Ludus de Antichristo* der Barbarossazeit; es verbindet schroff-kriegerische Gewaltsamkeit gegenüber »Babylon«, dem alten Symbolbegriff der »Heidenschaft«, mit warmherziger Einladung, den Unsinn des »Götzendienstes« endlich einzusehen und sich zum wahren Heil zu bekehren. Da erscheint wieder die bewußte Alternativforderung, nur erneut mit einem stärkeren Einschlag wirklich missionarischer Gesinnung. Das herausgestellte Marschziel aber ist wiederum – Jerusalem[71].

Aufschlußreich reiht sich an die erste Fortsetzung der *Gesta Treverorum*, wichtig nicht zuletzt als Zeugnis von einer Stadt, in der nur wenige Tage nach dem Frankfurter Märzaufenthalt Bernhard von Clairvaux persönlich gewirkt hat[72]. Was die ausziehenden Orientfahrer erstrebten, wird dort so umschrieben: Sie hätten danach gelechzt, »aus Liebe zu Gott und zum Christentum entweder den Tod auf sich zu nehmen oder die Nacken der Ungläubigen dem Christentum zu unterwerfen (*pro dei et fidei amore aut ipsi mortem suscipere aut incredulorum colla fidei subiugare*)«[73]. Das ist auch wieder eine Alternativformulierung – doch mit welcher Akzentverschiebung! Von wie immer gemeinter Ausrottung des Feindes ist gar nicht die Rede; er ist zu »bekehren« (d. h. wohl: zur Taufe zu zwingen[74]) – die andere Möglichkeit bleibt der eigene Tod der christlichen Glaubensstreiter. Gern wüßten wir, ob diese Variante auf Bernhards Trierer Predigt selbst zurückgeht oder aber diese aus anders orientiertem christlichem Gewissen kritisiert. Der Wille, bis zum äußersten für die Durchsetzung des Bekehrungsziels mit Waffengewalt zu kämpfen, kommt auch in dieser Fassung eindeutig zum Ausdruck, und mit ihm dieser Christianisierungserfolg als Kreuzzugsziel.

Ein Gegenstück dazu liefern die Annalen von Egmont (Diözese Utrecht). Die Orientfahrer, so heißt es dort, hätten sich gebrüstet, sie würden den »Untergang aller Heiden« herbeiführen (*ruinam omnium paganorum*). Der ungenannte Schreiber aber faßt dies als ungebührliche Überhebung auf; als solche gehört sie für ihn mit zu den Ursachen, die den Kreuzzug als Gott nicht wohlgefällig scheitern ließen[75]. Ob der Annalist prinzipiell ähnlich formuliert hätte, wäre seine Aufzeichnung noch vor dem Eintreffen der Nachrichten über die

---

70 Chronica S. Petri Erfodens. moderna, in: Monumenta Erphesfurtensia, ed. O. HOLDER-EGGER, MG SSRerGerm 1899, S. 176 f.; dazu KAHL (wie Anm. 10), 5. Abschnitt.
71 KAHL (wie Anm. 11), S. 291–307 (Text, Übersetzung und Kommentar).
72 Vgl. GRILL (wie Anm 19)
73 Gesta Trev., Cont. I, c. 17 (MG SS VIII, S. 190,2f); *fides* ist zu fassen im Sinn von »katholisches Christentum«, vgl. KAHL (wie Anm. 11), S. 296 m. Anm. 11.
74 H.-D. KAHL, Zum Ergebnis des Wendenkreuzzugs von 1147, zuletzt bei BEUMANN (wie Anm. 6), bes. S. 280–283, 285–291; ergänzend DERS., Vom Wendenkreuzzug nach Siebenbürgen? Versuch einer Stellungnahme zu überraschenden Hypothesen, in: Siebenbürgisches Archiv, III. Folge, Bd. 8 (Köln-Wien 1971), S. 185–188.
75 Ann. Egmundan., a. 1146 (MG SS XVI, S. 456,18f): die Kreuzfahrer werden zunichte, *quia ... non in Domino sed suis viribus confidebant, et ruinam omnium paganorum se viam facturam iactitabant ...* Vorher, Zl. 11, ist Bernhard von Clairvaux als Hauptwerber für den Kreuzzug genannt, sogar vor Erwähnung Papst Eugens III., *quondam discipuli eius* (was die Bedeutung des Abtes noch betont), doch

Katastrophe des Kreuzheeres zu Pergament gekommen? Jedenfalls scheint hier wieder einmal eine Zielvorstellung hindurchzuschimmern, die im Vollsinn des Wortes universale Ausmaße annahm.

Welch beachtliche Zahl von Stimmen insgesamt – ein ganzer Chor! Durchweg sind sie als vertrauenswürdig zu bezeichnen, teilweise sogar als unüberbietbar kompetent: kamen doch dabei, direkt oder indirekt, der Papst selbst zu Wort, sein bevollmächtigter Legat für die Kreuzzugspropaganda, die beiden beteiligten Könige oder doch deren nächste Umgebung, dazu ein weiterer führender Kreuzzugsteilnehmer vom geistlichen, geistigen und weltlichen Rang eines Otto von Freising. Durchweg weisen sie in die gleiche Richtung, bezeugen gemeinsam einen zusammengehörigen Komplex von Aufgaben, die den Kreuzfahrern von 1147 auch im Hinblick auf den Orient gestellt waren. Es gibt unterschiedliche Nuancierung im einzelnen: bald ist ausdrücklich nur von Vernichtung die Rede, bald allein von Bekehrung; bald erscheint Christianisierung als sekundäre Möglichkeit, die weniger in Betracht gezogen wird als die Ausrottung der »Ungläubigen«, bald regt sich echt missionarischer Geist, der sich nun im Kreuzzugsfieber auch militärische Mittel zunutze zu machen versucht; einmal ist die Spitze primär gegen die »Heiden« als solche gerichtet, ein andermal mehr gegen ihr »Heidentum« und darüber hinaus allen »Unglauben« auf dieser Erde überhaupt. Daß solche Zielsetzung auf die gesamte *orbis area*, auf *omnes pagani* bezogen wird, ist nicht immer ausdrücklich gesagt, doch immerhin so oft formuliert oder wenigstens angedeutet, daß die Aussage vertretbar scheint, diese Auffassung müsse am Vorabend des Kreuzzugs und bei seinem Ausmarsch weiter verbreitet gewesen sein, sowohl in Frankreich wie in Deutschland. Mit einiger Deutlichkeit ausgeschlossen ist eine solche kompromißlos universale Zielsetzung einzig beim Papst[76].

Lassen wir für dieses Detail offen, wie weit es damals ungleich gesehen und beurteilt wurde: im übrigen fügen sämtliche vorgeführten Zeugnisse in ihrer beachtlichen Zahl sich zu einem durchaus geschlossenen Bilde zusammen – ein Fächer, dessen Geschlossenheit nicht beeinträchtigt wird, wenn die einzelnen Blätter in der Farbgebung leicht differieren. Es weckt schon Erstaunen, daß die Forschung diesen Befund bisher so gar nicht rezipierte.

Besondere Bedeutung scheint in diesem Rahmen Odo von Deuil zuzukommen, und zwar deshalb, weil er fast allein sich mehrfach äußert, nebeneinander in teils ausführlicherer, teils kürzerer Form[77]. Dadurch läßt er etwas erkennen, was methodisch Beachtung verdient. Er hilft uns zu Maßstäben, wie mit Kurzfassungen umzugehen ist, die allein für sich stehen.

Brächte der Kaplan lediglich die eine oder andere Einzelbemerkung über den Kreuzzugsgeist seines Herrschers, niemand könnte auf den Gedanken verfallen, neben einem Bekehrungseifer – für den dabei nicht einmal angedeutet würde, bis zu welchem Grad er verfolgt werden sollte[78] – könne die Vorstellung gestanden haben, mangelnde Bekehrungsbereitschaft sei nur mit Blut zu sühnen; erst der ausführlichere Bericht über die Auseinandersetzungen vor Konstantinopel schafft hier Klarheit, in dem die vollere Formulierung erscheint: *nostra*

---

wird keiner der beiden ausdrücklich mit einer der anschließend aufgeführten Parolen in Verbindung gebracht.
76 Oben bei Anm. 51–53.
77 Oben Anm. 13, 16, 17.
78 S. Anm. 16.

*crimina ... paganorum sanguine vel conversione delere*⁷⁹. Dies aber bedeutet: wo nichts als eine missionarische Absicht herausgekehrt wird, ist das kein Beleg, daß für den betreffenden Autor (oder seine Gewährsleute) damals die Vernichtungsalternative ausschied. In solchen Fällen ist voreilige Festlegung nach jeder der beiden Richtungen hin zu vermeiden, die eine wie die andere Möglichkeit offenzuhalten.

Läßt die Folgerung sich umkehren? Ist dort, wo lediglich eine Vernichtungsabsicht, die *ruina omnium paganorum* ausgesprochen wird, doch die Bekehrungsalternative stillschweigend als Möglichkeit mitzudenken? Konnte dann mit Schonung rechnen, wer sich zur Taufe bereit fand? Bestimmte Vorgänge auf dem ersten Kreuzzug könnten dafür sprechen⁸⁰, ebenso bestimmte Traditionen biblischer Exegese, nach denen die Tötung und Vernichtung von Heiden auch mit ihrer Bekehrung erfüllt war; im Kreuzzugszeitalter, das die lange rein spirituell gefaßte *militia Christi* wieder auch wörtlich als blutiges Waffenhandwerk nehmen wollte, haben diese Traditionen offenbar beigetragen, daß diese relativ mildere und doch wohl »christlichere« Lösung jedenfalls als Alternative zur Blutarbeit aufrechterhalten blieb⁸¹. Auch in solchen Fällen hat man sich also zu hüten, daß man nicht eine potentielle *pars* unversehens für ein *totum* nimmt und auf dem fehlenden Zweitglied ein *argumentum ex silentio* aufbaut, dem Tragkraft fehlt.

Zweifellos ist in Kreuzzugsstimmung mit Menschen zu rechnen, die auf »Heidenschlächterei« aus waren, sei es, weil sie nicht weiter dachten, sei es, weil Bekehrungserfolge an den noch immer verbliebenen »Heidenresten«⁸² nach so langer Zeit ihnen unwahrscheinlich vorkamen⁸³. Das Abschlachten von »Ungläubigen« *more pecudum* ist mindestens seit den entsetzlichen Vorgängen in Jerusalem 1099 ein geläufiger Topos christlicher Historiographie und sonstiger Literatur⁸⁴. Andere werden stets stärker missionarisch gedacht und es gern gesehen haben, wenn begleitende Blutbäder möglichst eingeschränkt wurden: vorzeitiger Tod nahm ja den Unbekehrten die letzte Heilsmöglichkeit, die ein längeres Leben ihnen noch hätte offenhalten können – die vorsichtigeren Weisungen Eugens III. zur Behandlung Bekehrungsunwilliger⁸⁵ könnten hier einen Grund finden. So bleiben bei unvollständiger Äußerung immer wieder beide Möglichkeiten offen. An Odo lernen wir lediglich, daß solchen Aussagungen niemals mehr entnommen werden darf, als sie tatsächlich enthalten, ohne vorschnelle Ergänzung nach dieser oder jener Richtung hin.

---

79 S. Anm. 13, dazu 17. – Beachte das Beispiel aus Chron.Reg. Col., unten Anm. 97.
80 Vgl. C. ERDMANN, Die Entstehung des Kreuzzugsgedankens, Stuttgart 1935 – Darmstadt 1955, S. 321 f.; in der erweiterten englischen Ausgabe: DERS., The Origin of the Idea of Crusade, von M. W. BALDWIN – W. GOFFART, Princeton, N. J. 1977, S. 349 f.
81 Dazu ausführlich KAHL (wie Anm. 2), 3. Abschnitt.
82 Vgl. Gerhoch von Reichersberg, oben Anm. 58.
83 Beispiele bei KAHL, Slawenmission (wie Anm. 7), S. 174 f.; ergänzend DERS., Compellere (wie Anm. 6), S. 225 m. Anm. 165 sowie S. 233 m. Anm. 187, 188.
84 Vgl. H.-D. KAHL, Die völkerrechtliche Lösung der Heidenfrage bei Paulus Vladimiri von Krakau usw., in: Zschr. f. Ostforsch. 7 (1958), bes. S. 199, dazu die Entwicklungslinie bei SCHWINGES (wie Anm. 5), S. 105–108 samt Einzelbeispielen im weiteren Text.
85 Oben Anm. 52, vgl. Text bei Anm. 76.

3. Heidenkampfpraxis kontinentalabendländischer Orientfahrer 1147 vor Lissabon

Daß solche Überlegungen nicht abwegig sind, bestätigen Quellen für den zweiten Kriegsschauplatz des großen Gesamtunternehmens von 1147, den hispanischen. Sie erlauben zugleich, den ausschließlich intentionalen Daten, die bisher abzuklopfen waren, ein Beispiel aus der Praxis hinzuzufügen. Dabei verdient Beachtung, daß die beteiligten Westeuropäer – vor allem vom Niederrhein, aus den Niederlanden und aus England – sich auf dem Weg ins Heilige Land befanden. Sie sind mithin gleichfalls von dem Geist erfüllt zu denken, den die Propaganda für den Orientkreuzzug geschürt hatte.

Ihre Kontingente hatten sich von den Heimathäfen aus auf den Seeweg begeben. Nach längerer Fahrt bestand Bedürfnis nach einer Zwischenlandung. Sie erfolgte in Portugal – einem aus der Mehrzahl hispanischer Teilkönigreiche nach dem Verständnis der Zeit, die sich alle um die Rückgewinnung vormals christlichen Bodens aus maurischer Hand bemühten, um das eigene Herrschaftsgebiet zu vergrößern[86]. König Alfons und seinen Beauftragten waren die Fremdlinge hochwillkommen: die Flottenkontingente sahen sich beschworen, ihre Kräfte zunächst dem dortigen Heidenkampf zur Verfügung zu stellen, der von uns sogenannten *Reconquista*. Dabei wurde ihnen, wenn wir der Berichterstattung glauben dürfen, der gleiche Appell entgegengehalten, den wir bereits aus dem Aufruf Bernhards von Clairvaux kennen, nämlich *vindictam in nationibus* auszuführen[87]. Die gekennzeichnete Doppeldeutigkeit, besser Zweigleisigkeit dieses Ausdrucks im zeitgenössischen Verständnis jedenfalls der Theologiekundigen[88] kommt dabei in den uns vorliegenden Aufzeichnungen nicht so zur Sprache, daß wir sie ohne weiteres aufnehmen könnten. Wir müssen offen lassen, was davon auf die angesprochenen Kreuzfahrer übersprang, was an Vorstellungen sie schon aus der heimischen Aufbruchsatmosphäre mitbrachten[89].

---

86 Dies geschah bis ins 13. Jh. hinein in bemerkenswerter Distanz zum kontinentalabendländischen Kreuzzugsgeist, der immer wieder nur von auswärts ins Land hereingetragen wurde, vgl. KAHL, Compellere (wie Anm. 6), S. 234 Anm. 190, dazu SCHWINGES, S. 92–97 mit weiterer Lit.
87 De Expugnatione Lyxbonensi, ed. CH. DAVID, New York 1936 = 1976, S. 78, angebliche Predigt des Bischofs von Oporto an die Kreuzfahrer: *mater ecclesia ... clamat, sanguinem filiorum et vindictam per manus vestras requirit. Clamat, certe clamat! Vindictam facite in nationibus ...* Dazu oben, bei Anm. 3–4.
88 S. Anm. 9.
89 Zu dieser Unternehmung die grundlegende Einleitung bei DAVID, wie Anm. 87; weitere Nachweise bei G. CONSTABLE, The Second Crusade as Seen by Contemporaries, in: Traditio 9 (1953), S. 221–225, bes. Anm. 37, sowie bei V. BERRY, The Second Crusade, in: A History of the Crusades I, hg. von K. M. SETTON (u. a.), Philadelphia 1958, S. 482 Anm. 19 (hervorzuheben: F. KURTH, Der Anteil niederdeutscher Kreuzfahrer an den Kämpfen der Portugiesen gegen die Mauren, MIÖG Erg. Bd. 8, Wien 1911, S. 141 ff.; H. A. R. GIBB, English Crusaders in Portugal, bei E. PRESTAGE u. a., Chapters in Anglo-Portuguese Relations, Watford 1935, S. 9–16); vgl. auch den Literaturbericht von M. COCHERIL, in: Cîteaux 10 (1959), S. 294f. Zu ergänzen: C. ERDMANN, Das Papsttum und Portugal im ersten Jahrhundert der portugiesischen Geschichte, in: Abh. d. Preuß. Akademie d. Wiss., phil.-hist. Kl. 1928/5, bes. S. 34f.; ferner die wichtigen Beiträge von C. ERDMANN, J. A. DE OLIVEIRA und A. H. HOIST in dem Sammelband: Congresso do mundo português II, Lisboa 1940, sowie D. RÜDEBUSCH, Der Anteil Niedersachsens an den Kreuzzügen und Heidenfahrten, Hildesheim 1972, S. 16f. Speziell zum Kreuzzugsgeist dieser Kontingente: H. ROSCHER, Papst Innocenz III. und die Kreuzzüge, Göttingen 1969, S. 175; zu den unter ihnen eingeführten Heerfriedensregelungen: H. CONRAD, Gottesfrieden und Heeresverfassung in der Zeit der Kreuzzüge, in: Zeitschr. d. Savigny-Stiftung für Rechtsgeschichte, Germ. Abt. 1941, S. 90f., 97f., 115f., vgl. 121f. (mit Betonung einwirkender bernhardinischer Gedankenelemente). – Vgl. noch GLASER (wie Anm. 93).

Folge des an diese Männer gerichteten Appells war ihre Teilnahme in der Streitmacht des portugiesischen Königs an der Belagerung des schwer befestigten Lissabon. Daß die Eroberung schließlich gelang, war der einzige durchschlagende Erfolg des gesamten Kreuzzugsunternehmens, alle drei Fronten zusammengenommen, auch wenn die Leistung des »Wendenkreuzzugs«, an zeitgenössischem Laienverständnis gemessen, nicht unterschätzt werden sollte[90]; der Sieg im entfernten Spanien fand daher Beachtung in der ganzen abendländischen Welt bis hin zur einsamen Pfarre Helmolds am Plöner See[91] und bis zur mittelelbischen Benediktinerabtei Berge bei Magdeburg[92], die beide sich damals als Grenz- oder gar Vorposten der Christenheit gegenüber einem Wendentum mindestens fragwürdigen Glaubensstandes fühlen konnten und schon deshalb Ergebnisse gleicher Art auch für ihr Vorfeld gewünscht hätten zur Entlastung der eigenen Position[93].

Verständlich, daß dieses Ereignis schon zeitgenössisch eingehende monographische Darstellung fand. Augenzeugen waren daran entscheidend beteiligt[94]. Die kürzere, doch hier wesentlichere dieser Darstellungen ist ein ausführlicher Brief, den der kölnische Priester Winand seinem Erzbischof schrieb[95]. Hat er sich als eine Art Flugschrift verbreitet? Jedenfalls kennen wir mehrere Ableitungen – eine davon hat trotz des Umfangs selbst der Annalist jenes magdeburgischen Berge in erstaunlicher Vollständigkeit seinem Jahresbericht zu 1147 inseriert, offenbar in besonderer Funktion, um nämlich den heimischen »Wendenkreuzfahrern« im Spiegel zu zeigen, wie man wahre »Kriege Gottes« zu führen habe[96]. Da die Übergabe der

---

90 Vgl. KAHL, Ergebnis (wie Anm. 74).
91 Helmold I, 61 (S. 118 SCHMEIDLER; S. 220 STOOB).
92 Ann. Magdeb., a. 1147 (MG SS XVI, 189f.); dazu KAHL, Slawen und Deutsche (wie Anm. 6), S. 234f. m. Anm. 277; ergänzend DERS., Wie kam es 1147 zum »Wendenkreuzzug«?, in: Europa Slavicalis – Europa Orientalis. Festschrift Herbert Ludat, hg. von K.-D. GROTHUSEN – K. ZERNACK, Berlin 1980, S. 288–290.
93 Beachte dazu die geistliche Stilisierung des Erfolges bei Heinrich von Huntingdon, Hist. Angl. VIII, 27 (Rolls Series 74), S. 180f., dazu H. GLASER, Das Scheitern des zweiten Kreuzzuges als heilsgeschichtliches Ereignis, in: Festschr. Max Spindler, München 1969, S. 115 Anm. 1 und S. 117.
94 Die bedeutendste: De expugnatione Lyxbonensi (früher fälschlich einem Osbern zugeschrieben), zu benutzen in der Ausgabe von DAVID (wie Anm. 87).
95 E. DÜMMLER, Ein Brief des kölnischen Priesters Winand über den Kreuzzug gegen Lissabon im Jahre 1147: Neujahrsgabe des Wiener Historischen Vereins (Privatdruck), Wien 1851, mit provisorischer Klärung des Textverhältnisses zu den damals bekannten unter den nachstehend in Anm. 96 zu nennenden Texten; seitdem merkwürdigerweise nicht neu gedruckt. Beachtlich das Fragment eines Briefes anderer Kölner Kreuzfahrer an denselben Bischof, ebd., S. 8, das unsere Kenntnis vom Aufbruch des Kölner Schiffskontingents ergänzt. DAVID, De expugn. Lyxb., S. 49, will Winands Schreiben mit weiteren Fassungen als »Teutonic Source« zusammenfassen. Ob es deren Grundlage ist oder mit ihnen auf gemeinsamer Quelle fußt, läßt sich nur mutmaßen, doch nennt DÜMMLER, S. 2, beachtliche Argumente für seine Ursprünglichkeit.
96 Ann. Magdeb., a. 1147 (MG SS XVI, S. 189f.), dazu B. SCHMEIDLER, Abt Arnold von Kloster Berge und Reichskloster Nienburg (1119–1166) und die Nienburg-Magdeburgische Geschichtsschreibung des 12. Jh., in: Sachsen und Anhalt 15 (1939), S. 141; dazu aber W. WATTENBACH – F.J. SCHMALE, Deutschlands Geschichtsquellen im Mittelalter vom Tode Kaiser Heinrichs V. bis zum Ende des Interregnum I, Darmstadt 1976, S. 390f.; zur Einordnung des Berichtes in die Gesamtkomposition des Annalisten: KAHL (wie Anm. 92). – Weitere Fassungen: Brief des Duodechin, Priesters von Lahnstein, an Kuno, Abt von Disibodenberg, inseriert in Ann. Disibod., im Anschluß an den Jahresbericht zu 1147, ohne Herstellung eines Zusammenhangs (MG SS XVII, S. 27f., dazu WATTENBACH-SCHMALE, S. 143). – Brief eines Arnulf an Milo, Bischof von Thérouanne (RGHF XIV, S. 325–327). – Eine Kölner Bearbeitung

Stadt am 24. Oktober 1147 erfolgte, sind alle diese Berichte noch ganz ungetrübt von dem Stimmungsumschwung, den die Nachrichten aus Anatolien erst im Frühjahr danach bewirkten. Wir dürfen auch sie als Zeugen ungebrochenen Kreuzfahrergeistes nehmen, wie er in der Propagandaphase geschürt worden war.

Was uns an dieser Stelle berührt, ist das Schicksal sarazenischer Überläufer, die sich nach und nach den Belagerern stellten. Ihr größter Teil fand sich, wie wir kommentarlos erfahren, bereit, die Taufe zu nehmen. Sie wurde also angeboten bzw. gefordert, denn daß Muslime in offenbar größerer Zahl, vielfach unabhängig voneinander, sich einheitlich bei den christlichen Vorposten gemeldet haben sollten mit dem spontanen Wunsch, dieses Sakrament zu empfangen, gehört zu den Unvorstellbarkeiten in der Auseinandersetzung zwischen diesen beiden Universalreligionen. Wer sich der Taufe unterzogen hatte, wurde, wie es heißt, in die *societas christianorum* aufgenommen; wie wir uns dies konkret vorzustellen haben, bleibt ungesagt. Von anderen, die sich ergeben wollten, heißt es, ebenso kommentarlos, sie seien teils niedergemacht, teils verstümmelt worden – ausdrücklich genannt werden abgehauene Hände – und so zurückgeschickt, dem traurigsten Schicksal entgegen, denn sie erlitten nunmehr von der Stadtmauer herab, also zwischen den Fronten, den Tod durch Steinigung seitens ihrer muslimischen Glaubensgenossen, die sich verständlicherweise verraten fühlten[97].

Warum so abweichende Verfahrensweisen? Gründe werden nicht angegeben – ein Zeichen, daß die Vorgänge den Zeitgenossen selbstverständlich und keiner Erklärung bedürftig waren. Bleibt ein anderer Schluß, als daß es sich bei den Abgewiesenen um Taufverweigerer handelte, die die Eingliederung in die *societas christianorum* verschmähten, die folglich keinerlei Gnade verdienten, wenn die Kreuzfahrer ihren Auftrag im Sinn der gekennzeichneten Alternative empfanden? Die Lothringer, von deren Frontabschnitt die besprochenen Nachrichten stammen, verhielten sich mithin im Sinn der konsequenten Gruppe in den

---

des Winand-Briefes (vorstehend Anm. 95), nur fragmentarisch erhalten, erwähnt bei K. Höhlbaum, Zur Kölner Geschichte aus Handschriften in Trier: Mitt. aus d. Stadtarchiv von Köln 15 (1888), S. 90–92 unter Hinweis auf den damaligen Cod. 1974 (Sammelhandschrift 15. Jh.) der dortigen Stadtbibliothek; eine Anfrage nach dem Verbleib dieser Handschrift und anderen einschlägigen Details wurde von dort leider nicht beantwortet. – Ein ausführliches Insert in beiden Rezensionen der Chron. Reg. Colon., a. 1147 (ed. G. Waitz, MG SSRerGerm 1880, S. 84ff.). – Die Zusammenstellungen bei David, S. 48–50, und bei Wattenbach-Schmale ebd., wo das Problem der »Deutschen Quelle« unangesprochen bleibt, sind entsprechend zu ergänzen.

97 Brief Winands, bei Dümmler (wie Anm. 95), S. 5: *Horum* (Sarracenorum) *pars plurima Christianis ultro se obtulit, et baptismi sacramentum suscepit. Quidam autem illorum* (wohl im Gegensatz zur *pars plurima* zu verstehen!) *truncatis manibus ad muros a nostris remissi a suis concivibus lapidati sunt*. Wörtlich gleichlautend Ann. Magd. (S. 189,38ff.); ähnlich Epistula Arnulfi (RHGF XIV, S. 326C). Ausführlicher Ann. Disibod. (S. 27,49ff.; auch bei Winand S. 5, Anm. 15): *Multi ... de civitate clam fugientes, christianis ultro se tradiderunt, quos partim baptizatos in societatem christianorum susceperunt, aliquos decollaverunt, aliquos mutilatis membris in civitatem remiserunt* (ohne Angabe ihres dortigen Schicksals); zu *decollare*: E. Rundnagel, Der Tag von Verden, zuletzt in: Die Eingliederung der Sachsen in das Frankenreich, hg. von W. Lammers, Darmstadt 1970, S. 226–238, mit dem Nachweis, daß der Ausdruck nicht nur auf Enthauptung, sondern auf verschiedene Formen des Tötens hindeuten kann. – Chron. Reg. Col., Rec. I u. II (S. 85) zeigt nur den positiven Bildausschnitt: *Horum pars plurima Christianis ultro se optulit et baptismi gratiam suscepit* – die negative Ergänzung fehlt (dazu oben bei Anm. 77–85). Das Köln-Trierer Fragment bricht nach Höhlbaum (wie Anm. 96) kurz vor dem hier angesprochenen Zusammenhang ab.

Auseinandersetzungen vor Konstantinopel, von der uns Odo von Deuil berichtet[98], oder auch im Sinn des strikten Verbotes, das Bernhard von Clairvaux von Frankfurt aus für den Kreuzzug über die Elbe formulierte: *ne qua ratione ineant foedus cum eis, ... donec ... aut ritus ipse, aut natio deleatur*[99].

Wir sehen: Parolen geschilderter Art wurden damals nicht nur gepredigt, sie wurden auch aufgenommen und, wo möglich, praktiziert; wohlgemerkt: praktiziert in der rigorosen Alternativform – so, daß eine Taufentscheidung offenbar unverzüglich gefordert und wenig Bedenkzeit gelassen wurde. Das Vorgehen im Verweigerungsfall ist ungeregelt, ohne erkennbare Zentralisierung der Entscheidungsgewalt über solche Fälle: offenbar handelten jeweils einzelne oder kleine Gruppen unter den Kreuzfahrern, auf verschiedene Kommandos verteilt, zu verschiedenen Zeiten während der mehrmonatigen Belagerung, unterschiedlich modifiziert und doch mit im Prinzip einheitlichem Ergebnis (denn die Überlebenschancen Abgewiesener, die den Belagerungsring nirgends durchbrechen konnten, mußten auch damals jedem klar sein, zumal, wenn man sie durch Verstümmelung noch besonders hilflos gemacht hatte).

Helmold von Bosau will wissen, aus der eroberten Stadt seien die »Barbaren« vertrieben worden; der König habe sich die entleerte Stadt (*civitatem vacuam*) von den Kreuzfahrern erbeten, nachdem sie die Beute unter sich aufgeteilt hätten, und es seien dort christliche Neusiedler angesetzt worden (*factaque est illic Christicolarum colonia*)[100]. Das ist eine Falschmeldung. In Wirklichkeit wurde Lissabon zwar geplündert; dabei ging es keineswegs zimperlich her – sogar der Bischof der dort seit der Westgotenzeit verbliebenen Christen, der sogenannten Mozaraber, wurde damals erschlagen[101]. Die Hauptmoschee wurde zur Kathedrale umgeweiht und dort ein katholischer Bischofssitz installiert. Im übrigen erhielten die dortigen Muslime, soweit sie nicht abwandern oder übertreten wollten, freie Religionsübung zugesichert[102], wenn auch für ihren Entschluß zum Übertritt gebetet wurde[103]. Dieses Verfahren entspricht ganz der bisherigen Tradition, in der die Könige der Iberischen Halbinsel bei der *Reconquista* vorzugehen pflegten, im ureigensten Interesse[104]: hier hatten die abendländischen Kreuzfahrer nicht den Ausschlag zu geben. Helmold hat offenbar nach ungenauen Nachrichten kombiniert unter Rückgriff auf Erfahrungen, die aus seinem engeren Gesichtskreis vorlagen[105]; zugleich mag er, der aus seiner Abneigung gegen erzwungene Taufen kein Hehl macht[106], damit angedeutet haben, wie er sich den Ausgang des »Wendenkreuzzugs« eigentlich gewünscht hätte[107].

Er hilft uns damit, neben den vorgeführten Erfüllungsmöglichkeiten jener grausamen Alternative eine weitere in den Blick zu bekommen: die militärische Eroberung eines Gebietes unter Austreibung bekehrungsunwilliger Vorbewohner und deren Ersatz durch christliche

---

98 Oben, vor Anm. 13.
99 S. Anm. 2.
100 Helmold I, 61 (S. 118 Schmeidler; S. 220 Stoob).
101 De expugn. Lyxb., S. 114 m. Anm. 2, S. 176 m. Anm. 1, S. 180 m. Anm. 3.
102 Ebd., S. 114, 116, 118, 132, 176, 178, 180.
103 Ebd., S. 184.
104 S. Anm. 86.
105 Vgl. z.B. Helmold I, 84 (S. 164, 5–13 Schmeidler; S. 296, 3–10 Stoob); I, 89 (S. 175, 17, vgl. 174, 23–175, 4 Schmeidler; S. 314, 2f. bzw. 312, 16–23 Stoob).
106 Kahl, Ergebnis (wie Anm. 74), S. 279–283.
107 Dazu unten bei Anm. 128ff.

Bevölkerung. Die Vorstellung, daß es möglich sei, die Christianisierung eines Landes auch auf diese Weise zu betreiben, ohne Gewinnung neuer Seelen, doch durch Ausbreitung des Gott allein wohlgefälligen Kultes auch in seinem Bereich – diese Vorstellung läßt sich im Hochmittelalter auch sonst belegen, so fremd sie uns sein mag[108]. Der blutige Taufzwang wird dann für den Augenblick zurückgestellt; dem altkirchlichen Grundsatz, Bekehrung müsse grundsätzlich freiwillig sein[109], wird ein stärkeres Gewicht belassen – beides zweifellos in der Hoffnung auf künftige weitere Expansion der Christenmacht, so oder so, die dann für die zunächst vertriebenen Heiden, soweit sie sie erreicht, die Chance zur Entscheidung für ihr ewiges Heil erneuern werde. Es versteht sich, daß diese Lösung frei ist von der Verbindung mit eschatologischer Naherwartung, von dem Gedanken an den allfälligen Vollzug der biblisch verheißenen Endzeitbekehrung, der nun, am Ende der Tage, nachzuhelfen sei, um dem Missionsbefehl des auferstandenen Christus (Mt. 28, 19–20) schließlich doch noch Genüge zu tun. Sie rechnet mit weiter verfügbarer Erdenzeit.

Im Mittelelbegebiet wurde ein solches Verfahren zwar nicht auf dem Kreuzzug praktiziert, den Bernhard von Clairvaux in Frankfurt ausgelöst hatte, doch bald danach in kleinerem Rahmen, etwa auf linkselbischen Besitzungen der Reichsabtei Nienburg an der Saale, von denen bekehrungsunwillige Slawen entfernt und durch christliche, also deutsche Bauern ersetzt wurden[110] – daß von den Neusiedlern zugleich höhere Einnahmen zu erwarten waren, gibt diesen Vorgängen einen besonders makabren Beigeschmack. Das zeitliche Zusammentreffen mit dem Frankfurter Aufruf des Abtlegaten wird dabei mehr als ein Zufall sein. Die Orientfahrer von 1147/48 erhielten nirgends Gelegenheit, zu zeigen, ob sie gewillt gewesen wären, wenigstens zum Teil auch diesen dritten Weg einzuschlagen, um die mitgenommene Alternativweisung – soweit sie sie sich zu eigen gemacht hatten – durchzuführen. So müssen wir uns begnügen, im Anschluß an den Priester von Bosau diese Möglichkeit theoretisch festzuhalten[111].

---

108 Vgl. H.-D. KAHL, Bausteine zur Grundlegung einer missionsgeschichtlichen Phänomenologie des Hochmittelalters, in: Miscellanea Historiae Ecclesiasticae (Bibliothèque de la Revue d'Histoire Ecclésiastique 38), Louvain 1961, S. 62–65.
109 Vgl. ebd., S. 56–61; DERS., Die ersten Jahrhunderte des missionsgeschichtlichen Mittelalters, in: Kirchengeschichte als Missionsgeschichte II/1, hg. von K. SCHÄFERDIEK, München 1978, S. 41–45.
110 KAHL, Slawenmission (wie Anm. 7), S. 171–173 (in Einzelheiten zu berichten gemäß oben, bei Anm. 3–8). – Nach dem im Beisein eines päpstlichen Legaten ausgehandelten Christburger Vertrag zwischen dem Deutschen Orden und den Altpreußen (1249), § 42, *bona illorum, qui adulti pertinaciter baptismum recipere noluerint requisiti, publicentur, ipsique extra christianorum fines nudi in tunica expellantur, ne boni aliorum mores ex eorum pravis colloquiis corrumpantur* (Quellen zur Geschichte des Deutschen Ordens, hg. von W. HUBATSCH, = Quellensammlung zur Kulturgeschichte, hg. von W. TREUE, Bd. 5; Göttingen 1954, S. 90). Ein entsprechendes Verfahren empfahl Hildegard von Bingen gegenüber hartnäckigen Häretikern (Hildeg., ep. 47; PL 197, 232D): *populum istum ab ecclesia, facultatibus suis privatum, expellendo, et non occidendo, effugate*, mit dem bemerkenswerten Zusatz (Begründung, warum sie nicht getötet werden sollten): *quoniam forma Dei sunt*. Sowohl die gekennzeichneten mittelelbischen Vorgänge als auch der Christburger Vertrag könnten möglicherweise an diese Auffassung zur Ketzerbehandlung anknüpfen, sofern es sich in beiden Fällen um Gebiet handelte, das als »christlich« beansprucht wurde, wo also fortdauerndes Heidentum mindestens in die Nähe von Apostasie (und also einer Sonderform von Ketzerei) rückte. Hier sind weitere Untersuchungen dringend erwünscht.
111 F. LOTTER bemüht sich seit Jahren, für Bernhards von Clairvaux ep. 457 (oben Anm. 2) die im Text enthaltenen Alternativen in ähnlichem Sinn zu entschärfen, besonders in: Die Konzeption des Wendenkreuzzugs. Vorträge und Forschungen, Sonderband 23, Sigmaringen 1977, dazu Rezensionen: J. HERR-

Ein Gegenstück zu den besprochenen Vorgängen der Belagerungsperiode vor Lissabon findet sich, soviel ich sehe, im Quellenmaterial zum Zweiten Kreuzzug nirgends; sie sind die einzigen, die uns Einblick in konkretes Kreuzfahrerverhalten in überlegener Position gegenüber Muslimen geben, unbeeinträchtigt durch Rückschläge oder auch Rücksichten, die ihnen von außen auferlegt waren. Der Zusammenklang mit den vorher ausgebreiteten Zielvorstellungen, die immer wieder aus berufenstem Munde kamen, ist offenkundig; er verbietet, hier einfach von vulgärer Entartung einer offiziellen Kreuzzugsidee zu sprechen – das kann gar nicht stark genug betont werden. In seinem Licht gewinnt es plötzlich Farbe, wenn Otto von Freising mitteilt, die Ostelbienfahrer hätten ihre Gegner »in gleicher Weise (*itidem*)« bekämpfen sollen wie diejenigen, die in den Orient zogen[112] (was sich ohne Schaden für den Sinn ja auch umkehren läßt): er sah Unterschiede zwischen beiden Unternehmungen also lediglich im Hinblick auf Marschrichtung und Gestaltung des Abzeichens, nicht aber in der prinzipiellen Aufgabenstellung und Verfahrensweise gegenüber der »Heidenwelt«[113]. Das haben wir bisher zu wenig beachtet.

Dabei verdient Hervorhebung, daß die Hauptmasse derer, die die Streitmacht des portugiesischen Königs verstärkten, aus den benannten kontinentalen Bereichen kam, nicht aus England[114]. Die Quellengruppe, die die besprochenen Vorgänge bloßlegt, entstammt allein diesen gleichen, vom Festland her aufgebrochenen Kontingenten[115]. Längst ist herausgearbei-

---

MANN, Deutsche Literaturzeitung 99 (1978), S. 866–868; J.A. BRUNDAGE, Speculum 54 (1979), S. 172f.; F. GRAUS, Blätter für deutsche Landesgeschichte 115 (1979), S. 439–441, vgl. DENS., Die Nationenbildung der Westslawen im Mittelalter, in: Nationes Bd. III, Sigmaringen 1980, S. 76 Anm. 272 u. S. 150; H.-D. KAHL, Jahrbuch für die Geschichte Mittel- und Ostdeutschlands 28 (1979), S. 322–324, vgl. DENS., wie Anm. 4, S. 82–87, sowie DENS., wie Anm. 92, passim; J. PETERSOHN, HZ 230 (1980), S. 407–409; D. JASPER, DA 36 (1980), S. 273f., vgl. auch SONNLEITNER, wie Anm. 122, S. 278f., dazu 266ff. Trotz dieses verhältnismäßig einhelligen negativen Echos erneuert LOTTER seine Thesen mehrfach, zuletzt: The Crusading Idea and the Conquest of the Region East of the Elbe, in: Medieval Frontier Societies, ed. R. BARTLETT – A. MACKAY, Oxford 1989, bes. S. 288–294. Ich finde dabei zu wenig die Gesamtheit von Bernhards Schriften berücksichtigt, die zum »Ungläubigenproblem«, vor allem zur Ketzer- und Judenfrage, m. E. ein wesentlich anderes Bild ergeben, als von Lotter nachgezeichnet, ferner zu wenig sonstiges zeitgenössisches Vergleichsmaterial, nicht zuletzt von der Art des in dieser Abhandlung vorgelegten.

112 Otto von Freising, Gesta (wie Anm. 44) I,42 (S. 61,2ff. WAITZ-V. SIMSON) bzw. I,43 (S. 212,1ff. SCHMALE) im Anschluß an intensive Werbetätigkeit Bernhards für den Orientzug, ohne erneutes Eingehen auf dessen Zielsetzungen: *Saxones vero, quia quasdam gentes spurcitiis idolorum deditas vicinas habent, ad orientem proficisci abnuentes, cruces itidem easdem gentes bello attemptaturi assumpserunt* (folgt Mitteilung ihres Sonderabzeichens, über das KAHL – wie Anm. 10 – bei Anm. 87). *Itidem* ist auf *attemptaturi* zu beziehen, nicht auf *assumpserunt*, da sonst ein Widerspruch zum alsbald folgenden *distantes* entstünde (in der Übersetzung von A. SCHMIDT zu SCHMALES Edition, S. 213, nicht berücksichtigt). Zur Rollenverteilung zwischen Bernhard und den Sachsen beim Zustandekommen des Plans für den Ostelbienzug vgl. KAHL (wie Anm. 92), S. 286–296; zur Aussage Ottos von Freising: ebd., S. 290f. – Vgl. nachstehend Anm. 113.

113 Das Bekehrungsziel, für die ostelbische Unternehmung von der Forschung längst erfaßt, hatte Otto für die Jerusalemfahrt schon vorher ausdrücklich herausgestellt: oben bei Anm. 44–45 sowie bei Anm. 49–50.

114 De expugn. Lyxb., S. 14, Anm. 1, vgl. auch S. 16, Anm. 2. Nach portugiesischen Quellen kamen die Kreuzfahrer vornehmlich *de partibus Galliarum*, was nach damaligem Sprachgebrauch das linksrheinische Deutschland einschloß. Die oben Anm. 95–97 zitierten Quellen sprechen vielfach von *Lotharingi*.

115 S. Anm. 95–97.

tet worden, daß für die Kreuzfahrer dieser Flotte eine deutliche Einwirkung von Gedankenelementen Bernhards von Clairvaux festgestellt werden kann, etwa, was die Fassung ihrer Eide und ihre besonderen Heerfriedensregelungen angeht[116]. Das ist nicht erstaunlich. In Flandern hatte der Abtlegat schon im Sommer 1146 persönlich für den Kreuzzug gewirkt[117]; das für die Überlieferung besonders wichtige Köln[118] hatte er im Januar 1147 besucht[119], zwischen dem Tag von Speyer, auf dem er König Konrad für seine Pläne gewann – vermutlich ein besonders wichtiger Markierungspunkt in der Entwicklung seiner Konzeptionen[120] –, und der Abfassung seines Frankfurter Märzaufrufs. Nach England hingegen hatte er nur brieflich hinübergewirkt[121]. Wird man ausschließen dürfen, daß auch die hier betrachteten Verhaltensweisen unter den Kreuzfahrern auf seine Einwirkung zurückgehen? Vielleicht haben wir hier ein Indiz, daß er auch vor dem März 1147 schon im gleichen Sinne gepredigt hat, noch bevor er die ostelbische Unternehmung konzipierte, mit Bezug auf jenen anderen Schauplatz im Umfeld von Jerusalem.

4. Der ostelbische Schauplatz als Gegenbild

Helmold von Bosau hat den Blick schon einmal über die Elbe hinübergezogen. Die Bekehrungsforderung und die Ausrottungsalternative als Kriegsziel ist für die dortige Teilunternehmung des Zweiten Kreuzzugs besonders gut bezeugt, eben durch den Aufruf des Abtes von Clairvaux, der dieses Unternehmen auslöste[122]. Was wurde dort aus dieser Zielsetzung?

---

116 CONRAD (wie Anm. 89). – Abzuweisen ist allerdings die in neuerer portugiesischer Literatur auftauchende Behauptung, Bernhard persönlich habe damals ein Kreuzfahrerkongingent zur Unterstützung des Königs von Portugal abgeordnet: COCHERIL (wie Anm. 89), S. 924f., unter Hinweis auf M. DE OLIVEIRA, S. Bernardo e la conquista de Lisboa, in: Revista Portuguesa de História 6 (1959), Sonderdruck S. 6 (mir nicht zugänglich).
117 GRILL (wie Anm. 19), S. 241 f., vgl. 238 Anm. 1.
118 S. Anm. 95.
119 J. GREVEN, Die Kölnfahrt Bernhards von Clairvaux, in: Annalen für die Geschichte des Niederrheins 120 (1932), passim, m. Lit. Auf die Erfolge dort nimmt ausdrücklich Bezug Vita prima VI, 6, 21 (PL 185, Sp. 385D): *multi quidem de populo, ad quod vocabantur, conversi sunt, et oblatam sibi a summo pontifice indulgentiam et indictam poenitentiam devotissime susceperunt.*
120 KAHL (wie Anm. 10), 1. Abschnitt und weiter.
121 P. RASSOW, Die Kanzlei Bernhards von Clairvaux, in: Studien und Mitteilungen zur Geschichte des Benediktinerordens 34 (1913), S. 269–272, vgl. 274 u. 284; GRILL, S. 241 u. 243.
122 Oben bei Anm. 14, 28–29 und bei Anm. 99; Textnachweis Anm. 2. – Literatur zum sog. »Wendenkreuzzug« fließt immer wieder reichlich. Eine Zusammenstellung 1971 bei KAHL, Siebenbürg. Archiv NF 8 (1971), S. 177f. Anm. 50ff.; dort nachzutragen: L. GRILL, Bernhard von Clairvaux und die Ostkirche, in: Anal. S. Ord. Cist. 19 (1963), S. 173, 174f., 179–185, bes. 182f.; ROSCHER (wie Anm. 69), bes. S. 194–197; B. FLOOD, St. Bernard's View of Crusade, in: The Australian Catholic Record 47 (1970), S. 134f.; B. ZIENTARA, Stosunki polityczne Pomorza Zachodniego z Polską w drugiej połowie XII wieku (Die politischen Beziehungen Pommerns zu Polen in der zweiten Hälfte des 12. Jh.), in: Przegląd Historyczny 61 (1970), S. 547–552, passim; K. MYŚLIŃSKI, Zachodniosłowiańskie księstwo Stodoran w xii wieku i jego stosunek do Polski (Das westslawische Fürstentum Stodor im 12. Jh. und seine Beziehung zu Polen), in: Europa, Słowiańsszczyzna, Polska. Studia ku uczczeniu Kazimierza Tymienieckiego, hg. Cz. Łuczak, Poznań 1970, bes. S. 250–252; W.H. FRITZE, Das Vordringen deutscher Herrschaft in Teltow und Barnim, in: Jahrb. f. Brandenburg. Landesgesch. 22 (1971), S. 103–107 und weiter, bes. S. 112–115. – Seitdem: RÜDEBUSCH (wie Anm. 89), S. 10–15, vgl. 118 u. 239f.; J. LECLERCQ, Bernard's Attitude towards War, in: Studies in Medieval Cistercian History II, hg. J.R. SOMMERFELD, S. 20–22 (wo ältere Ergebnisse

Die einfachen Massen unter den beteiligten Kreuzfahrern haben sie, wohl im Einklang mit ihrem Gelübde, einigermaßen unbeirrt festgehalten[123]. Sie haben wohl mit dafür gesorgt, daß es schließlich zu einem Übereinkommen kam, das den Anführern zumindest das Gesicht wahren half, auch wenn es im Grunde dabei um Scheintaufen unter den Bekriegten ging[124]. Andererseits aber zeigt dieser Schauplatz noch deutlicher als der hispanische[125], wie wenig die offiziellen Parolen rezipiert wurden, wo Eigeninteressen ihnen entgegenstanden.

Ursprünglich hatten die Anführer der Sachsen, denen dieses Unternehmen in erster Linie zufallen mußte, anscheinend überhaupt keinen Kreuzzug in ihrem Vorfeld gewollt, das sie als relativ gut gesichertes und ausbaufähiges Kolonialland empfanden; daß sie eine eigene Heidengrenze zu bewachen hatten, die sie nicht um der Jerusalemfahrt willen entblößen dürften, war wohl nichts als ein Vorwand, hinter dem sie sich gegenüber Bernhards Frankfurter Appell zu verschanzen suchten. Der große Eiferer aber hatte gerade daraus eine Waffe gegen sie zu ziehen gewußt und ihnen den gottesdienstlichen Kampf gegen die Ungläubigen nun an ihrer eigenen Front aufgedrängt, gegen die »Heiden jenseits der Elbe«[126]; sich seinem Anspruch zu entziehen, war schwierig, zumal die in Frankfurt entfesselte allgemeine Stim-

---

von mir merkwürdigerweise in ihr Gegenteil verkehrt erscheinen!); K. Myśliński, Sprawa udziału Polski w Niemieckiej wyprawie na Słowian połabskich (Die Frage des polnischen Anteils am deutschen Feldzug gegen die Elbslawen), in: Ars Historica. Uniwersytet im. A. Mickiewicza w Poznaniu, Ser. hist. 71, Poznań 1976, S. 357–376 (dazu Graus, Nationenbildung [wie Anm. 111], S. 76 Anm. 272); Lotter 1977 (wie Anm. 111); J. Petersohn, Der südliche Ostseeraum im kirchlich-politischen Kräftespiel des Reiches, Polens und Dänemarks vom 10.–13. Jh., Köln–Wien 1979, mit grundlegenden Hinweisen zum zeitgenössischen Hintergrund- und Folgegeschehen; O. Engels, Die Zeit der hl. Hildegard, in: Hildegard von Bingen. Festschrift zum 800. Todestag, hg. von A. Ph. Brück, Mainz 1979, S. 14–16 (mit geistreicher, doch m. E. abwegiger These, die schon mit der universalen Symbolik des bekannten Sonderabzeichens für den sog. »Wendenkreuzzug« schwer zu vereinbaren ist); K. Jordan, Heinrich der Löwe, München 1979, S. 36–38 u. 274; F. J. Jakobi, Wibald von Stablo und Corvey, Münster 1979, S. 96, 100, 200; E. Christiansen, The Northern Crusades, London–Basingstoke 1980, S. 48–57 u. 254f. (m. E. merkwürdige Mischung von guten Beobachtungen und unzutreffenden Details); F. Lotter, Die Vorstellungen von Heidenkrieg und Wendenmission bei Heinrich dem Löwen, in: Veröff. d. Niedersächs. Archivverwaltung 39 (1980), S. 11–43; Ders., 1989 (wie Anm. 111); Kahl (wie Anm. 92); K. Sonnleitner, Die Slawenpolitik Heinrichs des Löwen, in: Arch. f. Diplomatik 26, 1980, S. 259–280, passim; F. Escher, Slawische Kultplätze und christliche Wallfahrtsorte. Bemerkungen zum Problem der Christianisierung des Raumes zwischen Elbe und Oder, in: Germania Slavica II, hg. von W. H. Fritze, bes. S. 129f.; E. Engel, Der Wendenkreuzzug von 1147, in: Die Slawen in Deutschland. Neubearbeitung, hg. von J. Herrmann, Berlin(Ost) 1985, S. 388–390 m. Anm. 25–36 (S. 553f.); im Druck: Kahl (wie Anm. 7); Ders. (wie Anm. 10).

123 Hierauf deuten *Ann. Palidens.*, a. 1147 (MG SS XVI, S. 82, 36ff.) mit dem Hinweis auf unter den *milites* ausbrechenden Streit, wie neu eroberte Besitzungen abzugrenzen seien, *plebeio autem in id non conveniente*. Daß die einfachen Streiter, die auf dem Kreuzzug in erster Linie ihr Seelenheil fördern und Beute machen wollten, ohne Aussicht auf eigene Herrschaftsbildung, fester auf der Einhaltung der offiziellen Kreuzzugsziele beharrten als die großen Herren, ist wohl eine allgemeinere Erscheinung in der Geschichte der Kreuzzugsbewegung.

124 Kahl, Ergebnis (wie Anm. 74), bes. S. 286–291; Ders., Siebenbürg. Archiv, NF 8 (wie Anm. 74), S. 185–189. Diese Ergebnisse sind inzwischen ziemlich allgemein rezipiert mit höchstens leichten Einschränkungen.

125 S. Anm. 86.

126 Vgl. Kahl, (wie Anm. 2), 1. Abschnitt.

mung ihn stützte[127]. Man machte also gute Miene zum unwillkommenen Spiel und suchte die Möglichkeiten, die der Zuzug von auswärtigen Kreuzfahrern brachte, so gut es ging, für die eigenen Zwecke zu nutzen, ohne dabei gar zu viel Schaden anzurichten.

Einzelheiten sind hier nicht zu verfolgen, doch eins ist wichtig: so unverkennbar fürstlicher Eigennutz an diesem passiven Widerstand gegen Bernhards Parolen beteiligt war, Eigennutz, der sich die Einnahmen aus dem nun noch fester gesicherten Kolonialland nicht durch sinnloses Brennen und Morden schmälern zu lassen wünschte: er gab nicht allein den Ausschlag. Vielmehr scheint es, daß auch geistige Gegenströmungen gegen die brutale Alternative, gegen den Einsatz von Waffengewalt zu Glaubenszwecken überhaupt, ihr Gewicht mit in die Waagschale warfen. Vor allem prämonstratensische *mansuetudo* scheint hier bewußt gegen zisterziensischen Rigorismus eingetreten zu sein, *mansuetúdo*, verkörpert vor allem in der Person des Mannes, der alsbald vom Papst seine Einsetzung als Kreuzzugslegat für diese Sonderunternehmung erreichte, Bischof Anselm von Havelberg: seine Einwirkung ist vielleicht sogar in den Abweichungen zu spüren, die die Bestätigungsbulle Papst Eugens von dem Entwurf Bernhards abheben[128]. Rückblickende Kritik entwickelt merkwürdigste Spielarten: der benediktinische Annalist von Berge bei Magdeburg zeigt, daß er den Bekehrungskreuzzug bejaht, dabei aber heftig vom tatsächlichen Verhalten der Kreuzfahrer abrückt und im übrigen nichts mit Bernhard zu tun haben will, dem er wahrheitswidrig die Urheberschaft allein am Orientkreuzzug zuschiebt, als habe er mit der Auslösung der ostelbischen Unternehmung nicht das Geringste zu tun[129]. Der Prämonstratenser, der damals zu Pöhlde am Harz an den Annalen seines Stiftes schrieb, äußert in zeitgemäß verschlüsselter, nämlich typologisch gedachter Form sogar eine grundsätzliche Ablehnung des Einsatzes bewaffneter Gewalt im Missionswerk[130], ungeachtet ihrer soeben erfolgten rechtsförmigen Absegnung durch den Papst[131]; die historische Wirklichkeit, den Zeitgenossen nur zu gut bekannt, dient ihm dabei stillschweigend als Typus, dem er als Antitypus das entgegenstellt, was allenfalls hätte sein dürfen: eine wenig beachtete, daher um so bemerkenswertere Form mittelalterlicher Kritikmöglichkeiten[132]. Direkter äußert sich auf diesen Kreuzzug hin, um nur ihn hier noch zu nennen, der Prager Domherr Vincenz gegen einen derartigen Einsatz von Waffengewalt zu geistlichem Zweck[133]. Sie alle hatte der Fortgang der Ereignisse mittlerweile belehrt, daß die endzeitlichen Erwartungen, die 1146/47 so weit verbreitet gewesen zu sein scheinen, sich nicht verwirklicht hatten. Insofern liegt ihre Aussage schon jenseits unseres Themenbereichs. Was in seinem Rahmen bleibt, sind Verhalten und Auswirkung Anselms, der

---

127 Bezeichnend Helmold, I, c. 62 (S. 118, 22 ff.; S. 6 ff.); der Slawenfürst Niklot erinnert den Grafen Adolf von Holstein auf die Kunde von den Kreuzzugsvorbereitungen an das doch zwischen ihnen bestehende Freundschaftsbündnis und bittet um eine Unterredung; *cumque comes rennueret dicens hoc incautum sibi propter offensam principum* (d. h. der kreuzzugswilligen, von Bernhard beeinflußten Reichsfürsten) ...
128 KAHL, Slawen und Deutsche (wie Anm. 6), S. 225–233, bes. 231 f.
129 S. Anm. 92.
130 KAHL, Siebenbürg. Arch. NF 8 (wie Anm. 74), S. 186–188.
131 S. Anm. 43.
132 S. Anm. 130.
133 Vincent. Prag., Ann., a. 1147 (MG SS XVII, S. 633): *Si pro confirmanda fide christiana venerunt, non armis sed predicatione episcoporum hoc eos facere debuisse* ...

sich direkt für uns in der hier entscheidenden Phase leider nicht geäußert hat, und der anderen Kreuzzugsteilnehmer.

So zeigt dieser dritte Schauplatz mit besonderer Eindringlichkeit: die rigoristischen Parolen, die dem Ausmarsch voraufgingen, mögen zu ihrer Zeit Gewicht besessen haben, und das in beträchtlichem Ausmaß – alleinherrschend zu werden vermochten sie nicht; ebensowenig wie die sibyllinische Gegenwartsdeutung, die ihnen vielfach zugrunde lag. Menschliches Leben bietet immer wieder eine bunte Palette widerstrebender Auffassungen auch innerhalb gleicher Zeit. Das zwölfte Jahrhundert, wie »Mittelalter« überhaupt, macht davon keine prinzipielle Ausnahme[134].

---

134 *Korrekturnachtrag:* Die Auslieferung des oben Anm. 10 zitierten Sammelbandes hat sich verzögert. Während des Drucks der vorliegenden Arbeit erschien als ein Beitrag, der die dadurch vorerst bleibende Lücke provisorisch überbrücken kann: H.-D. KAHL, Crusade Eschatology as Seen by St. Bernard in the Years 1146 to 1148, in: The Second Crusade and the Cistercians, ed. by M. Gervers, New York 1992, S. 35–47. – Zum oben S. 77 erwähnten *Ludus de Antichristo* im Druck: DERS., Der sog. *Ludus de Antichristo (De finibus saeculorum)* als Zeugnis frühstauferzeitlicher Gegenwartskritik, in: Mediaevistik 4 (1991).

Das Mittelalter und die nationale Geschichtsschreibung der Schweiz

VON GUY P. MARCHAL

Als am 6. November 1848 die erste, frisch gewählte Bundesversammlung der modernen Schweiz zusammentrat, trat nach einer Übergangsphase von fünfzig Jahren ein schweizerisches Staatswesen ins Leben, das sich in tiefgreifender, auch im Leben des einzelnen Bürgers fühlbarer Weise von allem unterschied, was die Alte Eidgenossenschaft ausgemacht hatte, in der mittelalterliche Verfassungsformen bekanntlich Jahrhunderte überdauert hatten. Dennoch hat im Selbstverständnis dieses sich als ausgesprochen modern empfindenden Staates das »Mittelalter« eine dominante Rolle gespielt. So sehr, daß der Bruch von 1798 und 1848 im kollektiven Gedächtnis bis heute weitgehend ausgeblendet worden ist: Der Jahrhundertfeier des ersten Bundes von 1291 ist sowohl 1891 als auch 1941 eine viel populärere und festfreudigere Begehung zuteil geworden als jener der Verfassung von 1848[1]. Die außerordentliche Präsenz des Mittelalters im schweizerischen Selbstverständnis und in der schweizerischen Nationalgeschichtsschreibung – das ist die Frage, der hier in gebotener Kürze nachgegangen werden soll. Wer sie damit beantwortet, daß die Schweiz von 1848 eben objektiv mittelalterliche Wurzeln gehabt habe, macht es sich zu leicht. Denn Geschichte – und dies gilt für eine nationale Geschichte in besonderem Maße – ist nicht einfach eine vorgegebene Größe; sie ist vielmehr das

---

1 1891: Die Festtage von Schwyz und Bern, August 1891. Erinnerungsblätter in Wort und Bild, Bern 1891; STADLER, E., Das nationale Festspiel der Schweiz in Idee und Verwirklichung von 1758–1914. In: KREIS, G., ENGLER, B., (Hg.), Das Festspiel: Formen, Funktionen, Perspektiven. Willisau 1988. S. 73–122, bes. S. 98–104; OECHSLI, W., Die Anfänge der schweizerischen Eidgenossenschaft, zur 6. Säcularfeier des ersten ewigen Bundes vom 1. August 1291. Bern 1891; DERS., Les origines de la Confédération suisse (Übersetzung J.-C. Ducommun). Bern 1891; VAUCHER, P., Les commencements de la Confédération suisse, éd. révue et corrigée. Lausanne 1891; vgl. auch BARTH, H., Bibliographie der Schweizer Geschichte. l. Basel 1914, S. 41, (Historiographie). 3. Basel 1915, S. 478 (Gedenkfeiern); HILTY, C., Die Bundesverfassungen der schweizerischen Eidgenossenschaft. Zur 6. Säcularfeier des ersten ewigen Bundes vom 1. August 1291. Bern 1891. – 1941: CHARBON, R., Die Bundesfeier von 1941. In: KREIS, G. – ENGLER, B. (Hg.), Das Festspiel, a.a.O. S. 166–185; MEYER, K., Der Ursprung der Eidgenossenschaft. In: Zeitschrift für Schweizer Geschichte 21 (1941), S. 285–652; DERS., Der Freiheitskampf der eidgenössischen Bundesgründer. Frauenfeld 1941; Ewige Heimat. Eine Buchausgabe der bäuerlichen Welt. Zürich 1941; MAUJONNIER, A., 650 Jahre schweizerische Eidgenossenschaft. Ein vaterländisches Geschichtswerk. Zürich 1941; vgl. Bibliographie der Schweizergeschichte 1941/1942, Zürich 1947,4. – 1898: siehe 1891, HILTY, C.; GAVARD, A., Histoire de la Suisse au 19e siècle. La Chaux-de-Fonds 1898; BARTH, H., Bibliographie…, 3, Basel 1915, S. 478 (keine Gedenkfeier). – 1948: RAPPARD, W. E., La constitution fédéral de la Suisse 1848–1948. Boudry/Neuchâtel 1948; DERS., Die Bundesverfassung der schweizerischen Eidgenossenschaft 1848–1948 (Übersetzung A. Lätt). Zürich 1948; BONJOUR, E., Die Gründung des schweizerischen Bundesstaates. Basel 1948; SCHWENGELER, A. H. (Red.), Schweizerische Demokratie 1848–1948. Beiträge von prominenten Persönlichkeiten der Politik, Wirtschaft, Wissenschaft, Kunst und Armee. Murten 1948; vgl. Bibliographie der Schweizergeschichte 1948. Zürich 1949. S. 13 ff.

Resultat einer kontinuierlichen Deutung der Vergangenheit. Unsere Frage gilt diesen Deutungen und den Funktionen, die sie erfüllten.

Wenn diese Frage hier im historiographischen Bereich behandelt wird, so darf nicht vergessen werden, daß es daneben auch ein seit dem Ausgang des Mittelalters quellenmäßig als kohärentes Vorstellungssystem faßbares Geschichtsbewußtsein von einer beachtlichen Kontinuität und Intensität gegeben hat, das auch die Geschichtsschreibung beeinflußte[2]. Die Funktion solcher Vorstellungen sowohl im Geschichtsbewußtsein wie in der spätmittelalterlichen und frühneuzeitlichen Chronistik war, wie ja immer betont wird, die Rechtfertigung der eidgenössischen Entwicklung, wenngleich auf sehr unterschiedlichen intellektuellen Ebenen. Das Geschichtsbewußtsein ist gekennzeichnet durch eine faktologisch stark vereinfachte und ideologisch verkürzte Vorstellung vom Werden der Eidgenossenschaft. Es ist das Geschichtsbild von der erfolgreichen Ablösung des pflichtvergessenen Adels durch den Bauernstand, von der Gottesauserwähltheit dieses bäuerlich einfachen Gemeinwesens, die man in den als Gottesurteil gedeuteten Schlachtensiegen bestätigt fand. Um 1500 hat das Geschichtsbewußtsein bereits die Fähigkeit erlangt, die ganze Entwicklung als eine von einem in der Befreiungsgeschichte konkret erfaßten Ausgangspunkt auf die Aktualität hinlaufende Kausalitätenkette zu erkennen; ein entscheidender Schritt, welcher eine Finalität der Geschichte von einem Anfang her und hin auf die Gegenwartssituation begründet, die offensichtlich als gültig und dauerhaft empfunden wird[3]. Diese Teleologie an sich ist das Beachtliche, weniger die immer betonte Rechtfertigungstendenz, die ja, da sich der Rechtfertigende für frühere Taten verantwortlich fühlen muß, nur aufgrund einer in die Zeit zurückreichenden Kausalität Sinn macht. Und indem nun die Gegenwartssituation eben in einer staatlich verfestigten Eidgenossenschaft gegeben war, ist hier in der volkstümlichen Tradition der älteste und erste Ansatz zu dem gegeben, was dann später die nationale Geschichtsschreibung – nicht nur sie allein, aber sie in besonderem Maß – charakterisieren wird, nämlich die von nationaler Warte aus gesehene Teleologie der Geschichte.

Was nun die Historiographie anbelangt, so hat die erste eigentliche Schweizer Chronik, jene Heinrich Brennwalds, noch ganz in der mittelalterlichen Tradition stehend, die landläufigen Vorstellungen übernommen[4]. Die eigentliche Scharnierstelle zwischen der älteren Chronistik und der im 19. Jh. einsetzenden modernen Geschichtsschreibung bilden indessen das Chroni-

---

2 MARCHAL, Guy P., Die Antwort der Bauern. Elemente und Schichtungen des eidgenössischen Geschichtsbewußtseins am Ausgang des Mittelalters. In: PATZE, Hans (Hg.), Geschichtsschreibung und Geschichtsbewußtsein im späten Mittelalter. VuF 31. 1987. S. 757–790. DERS., Die »Alten Eidgenossen« im Wandel der Zeiten. Das Bild der frühen Eidgenossen im Traditionsbewußtsein und in den Identitätsvorstellungen der Schweizer vom 15. bis ins 20. Jh. In: Die Innerschweiz der frühen Eidgenossenschaft. 2. Olten 1990. WEISHAUPT, Matthias, Bauern, Hirten und »frume edle puren«. Bauern- und Bauernstaatsideologie in der spätmittelalterlichen Eidgenossenschaft und der nationalen Geschichtsschreibung der Schweiz. Zürich 1992.
3 MARCHAL, G.P., Nouvelles approches des mythes fondateurs suisses: l'imaginaire historique des confédérés à la fin du XVe siècle. In: COMINA, M., Histoire et belles histoires de la Suisse. Guillaume Tell, Nicolas de Flüe et les autres, des chroniques au cinéma. Itinera 9. Basel 1989, S. 1–24.
4 MARCHAL, Antwort. S. 778–781. Dagegen sind die sog. »Schweizer Chroniken« der Luzerner Petermann Etterlin und Diepold Schilling sehr stark auf die politische Situation in Luzern bezogen. Vgl. RÜCK, Peter, Diepold Schilling für des Kaisers Sache. Zur Konstruktion der Chronik 1507–1513. In: Die Schweizer Bilderchronik des Luzerners Diebold Schilling 1513. 1981. S. 559–584. DERS., Guillaume Tell face à Nicolas de Flüe aux XVe et XVIe s. In: COMINA, Marc (Hg.), Histoire, wie Anm. 3, S. 25–31.

con Helveticum des Aegidius Tschudi, abgeschlossen 1571, und 200 Jahre später, 1734–36, gedruckt[5], sowie die »Geschichten schweizerischer Eidgenossenschaft« des Johannes von Müller, die von 1786 bis 1805 erschienen[6]. Beide schrieben aus einer spezifischen Zeiterfahrung heraus ihre Deutung der schweizerischen Geschichte. Tschudi[7] stand unter dem Eindruck der konfessionellen Spaltung der Schweiz, die sich im Bereich des Geschichtsbewußtseins dahin auswirkte, daß Altgläubige wie Neugläubige sich gegenseitig beschuldigten, das Erbe der Väter verraten zu haben, eine Argumentation, die sich faktisch in der Weigerung, die Bünde zu erneuern, niederschlug. Ferner schrieb er in einer Schweiz, die eine eigene Souveränität beanspruchte, auch wenn sie de jure noch immer zum Reich gehörte; in einer Schweiz schließlich, die seit der Eroberung der Waadt (1536) auch französisch sprechende Gemeinwesen – in der Sprache der Zeit: solche, die der Lingua Gallica angehörten – zum Corpus Helveticum zählte. Zur Helvetier-These[8], mit der Tschudi die Freiheit der Eidgenossen unmittelbar auf die Helvetier zurückführte, ist er mindestens ebensosehr wie aus dem neu erwachten humanistischen Interesse, aus dieser Zeiterfahrung heraus, gelangt. Sie erlaubte es ihm, das eidgenössische Wesen weit hinter die Bundesgeschichte zurückzuführen, die ja eben für die Erfahrung einer eidgenössischen Gemeinsamkeit wirkungslos geworden war; sie ermöglichte, das Reich – das römische wie das deutsche – als ein Faktum zweiter, jüngerer Ordnung zu behandeln, und sie beinhaltete insbesondere auch eine teleologische Geschichtsdeutung, in der die Eidgenossenschaft gleichsam die Neuverwirklichung jenes helvetischen Urzustandes bildete. Folgerichtig fiel die Darstellung der eigentlichen Gründungsgeschichte – da sie ja dies nicht mehr so sehr war und die Rechtfertigung der Eidgenossenschaft nach Tschudis Geschichtsbild schon durch den Urzustand geboten wurde – ausgesprochen statisch aus, wie es bereits Bernhard Stettler aufgefallen ist[9]. Und ebenfalls aus dieser von den Helvetiern hergeleiteten Finalität heraus folgerichtig konnte Tschudi den zu seiner Zeit nach der Eroberung der Waadt erreichten Zustand als die Wiederherstellung des alten, freien Landes Helvetien würdigen: *Diser zite aber von gottes gnaden alle vierteil* (sc. Aargau, Uechtland, Thurgau und Waadt) *wider zesamen gefügt und den namen Helvetiae ernüwert*[10]. Indem nun Tschudi alle Ereignisse auf den angenommenen Urzustand und zugleich auf die eigene Gegenwartserfahrung bezog, hat er der schweizerischen Geschichte eine teleologische Systematik, eine Gezieltheit verliehen, deren wichtigste Funktion es war, die in Hinsicht auf die gesellschaftlichen[11] wie die konfessionellen[12] Gegebenheiten seiner Zeit nicht mehr tragfähige volkstümliche und chronikale Tradition abzulösen.

Die Wirkung von Tschudis Chronicon Helveticum ging in der Folge allerdings weniger von dieser Leitidee aus – auch wenn im 18. Jh. verschiedentlich die Eidgenossenschaft ebenfalls

---

5 STETTLER, B. (Hg.), Aegidius Tschudi. Chronicon Helveticum. Quellen zur Schweizer Geschichte NF Abt. I, Chroniken VII/1-9. Basel 1970–86 (noch nicht abgeschlossen).
6 MÜLLER, Johann von, Geschichten schweizerischer Eidgenossenschaft. Leipzig 1786–1805. Der erste Band zunächst erschienen in Boston (= Bern) 1778.
7 STADLER, Peter, Tschudi und seine Schweizer Chronik. In: STADLER, Peter, und STETTLER, Bernhard (Hg.), Aegidius Tschudi. Chronicon Helveticum. QSG NF Abt. I: Chroniken VII/1. 1968. S. 11*-42*.
8 STETTLER, Bernhard, Tschudis schweizergeschichtliche Gesamtkonzeption und deren Entstehung. In: ebd. S. 79*-109*.
9 l.c. S. 91*-93*.
10 l.c. S. 92*.
11 MARCHAL, Antwort. S. 783–787.
12 MARCHAL, Die »Alten Eidgenossen«, wie Anm. 2, S. 330–332.

unmittelbar mit den Helvetiern in Verbindung gebracht worden ist[13] –, sondern von ihrer Materialfülle. Insbesondere hat diese Johannes von Müller[14] in vielem kritiklos ausgebeutet und seine weitausgreifende Interpretation entworfen. Seine Perspektive war dadurch gekennzeichnet, daß – zumindest bei der Niederschrift der ersten Bände – die Alte Eidgenossenschaft noch bestand, wenn sie auch in einem stark verknöcherten Zustand erstarrt erschien, während im josefinischen Österreich und im friderizianischen Preußen unter einem aufgeklärten Absolutismus neue Bewegung in das Staatsleben kam und in Frankreich durch eine aufklärerische Staatskritik, ja Zivilisationskritik, ganz neue Auffassungen vom Staat entwickelt worden waren. Vor diesem Hintergrund entwarf von Müller das Bild der Eidgenossenschaft als eine seit jeher freie und eigentümliche Individualität, als »Nation« unter den europäischen Staaten, die auch in der Gegenwart nur in der Wahrung ihrer eigenen Identität vor Europa bestehen könne. Dem schwächlichen zeitgenössischen Geschlecht suchte er geradezu exhortativ – man lese nur das Vorwort zur Ausgabe von 1786 – ein sehr bewußt gestaltetes, idealisierendes Bild der mittelalterlichen Eidgenossenschaft vorzuhalten, als Vorbild, wie die Schweiz vor Europa zu sein hätte. Da er noch unter dem Ancien Régime schrieb, konnte er innerlich unangefochten die mittelalterliche Geschichte völlig ungebrochen in die Gegenwart wirken lassen. Entstanden war so die erste in sich geschlossene, auf europäische Zusammenhänge Bezug nehmende Nationalgeschichte der Schweiz.

Diese beiden Darstellungen des schweizerischen Mittelalters sind Ausgangspunkt für die nun im 19. Jh. einsetzende Geschichtswissenschaft gewesen. Die in diesem Jahrhundert beginnende Nationalgeschichtsschreibung hat also auf drei Vorgaben aufbauen können: Erstens gab es bereits im schweizerischen Selbstverständnis ein etabliertes Geschichtsbild, das im Kern auf das spätmittelalterliche Geschichtsbewußtsein zurückging. Zweitens gab es bereits eine unter schweizergeschichtlichem Aspekt erfolgte Aufbereitung des Materials, insbesondere in Tschudis Werk, und drittens gab es bereits Konzepte einer Nationalgeschichte avant la lettre[15]. Johannes von Müllers Geschichte erlangte dabei einen überwältigenden Einfluß, insbesondere deshalb, weil dieser das im Traditionsbewußtsein lebendige Bild interiorisiert hatte – wie es etwa bei der Behandlung der Tell-Geschichte leicht zu verfolgen ist. Nach einer anfänglich gläubigen Übernahme und Popularisierung des von Müller entworfenen Bildes, um die sich vor allem Heinrich Zschokke, aber auch ein Josef Etych Kopp bemüht haben[16], erfolgte

---

13 So nach SIEBER, Marc, Das Nachleben der Alemannen in der schweizerischen Geschichtsschreibung. BBGW 46. 1953. S. 54f. bei Charles-Guillaume de Loys de Bochat; S. 61 bei Johann Jakob Spreng; S. 66 bei Isak Gottlieb Walther.
14 Zu Müller: FELLER, Richard, und BONJOUR, Edgar, Geschichtsschreibung der Schweiz. 2. Basel ²1979. S. 545–569. JAMME, Christoph, PÖGGELER, Otto (Hg.), Johannes von Müller – Geschichtsschreiber der Goethezeit. 1986 (insbesondere der Beitrag von IM HOF, Ulrich). MARCHAL, Die »Alten Eidgenossen«, wie Anm. 2, S. 350 f.
15 In beiden Punkten ist im 18. Jh. von Johann Jakob Bodmer und den in der Helvetischen Gesellschaft vereinigten Spätaufklärern erhebliche Vorarbeit geleistet worden (zu der ja auch die erste Tschudiedition von Johann Rudolf ISELIN gehört). Vgl. hiezu IM HOF, Ulrich, CAPITANI François de, Die Helvetische Gesellschaft. Bern 1983. MARCHAL, Die »Alten Eidgenossen«, wie Anm. 2, S. 338–352.
16 ZSCHOKKE, Heinrich, Des Schweizerlands Geschichte für das Schweizervolk. Aarau 1822. KOPP, Joseph Eutych, Schweizer Geschichte für Schulen und Liebhaber. Luzern 1828. Zur Wirkung Müllers: FREI, Daniel, Die Förderung des schweizerischen Nationalbewußtseins nach dem Zusammenbruch der alten Eidgenossenschaft 1798. Zürich 1964.

in der – gerade durch letzteren begründeten – kritischen Schule eine heftige Reaktion, die von den zeitgenössischen urkundlichen Belegen ausgehend das vorgegebene Bild von den ursprünglich freien Eidgenossen, von der widerrechtlich usurpierten Herrschaft der Habsburger und infolgedessen die Befreiungstradition selbst grundsätzlich in Frage stellte und – wie es Kopp deutlich formuliert hat – als anachronistische petitio principii erkannte, die ja im Grunde schon in den Rechtfertigungsbemühungen der Chronisten und Staatsrechtler des 16. Jahrhunderts vorgelegen hatte[17]. Damit trat die junge Geschichtswissenschaft im modernen Sinn in heftige Auseinandersetzung mit dem vorgegebenen Traditionsbewußtsein. In unserem Zusammenhang ist beachtenswert, daß seit der Mitte der dreißiger Jahre, also in einer Zeit, wo die aktuelle politische Auseinandersetzung um den neuen schweizerischen Staat den Höhepunkt erreichte, wo 1848 der Bundesstaat eingerichtet wurde und dann durchgesetzt werden mußte, eine leidenschaftliche, ja geradezu gehässige Auseinandersetzung um die mittelalterliche Geschichte der Eidgenossenschaft geführt worden ist, die den Rahmen einer Fachdiskussion weit überschritt[18]. Dabei wurde in der Geschichtswissenschaft der bei Johannes von Müller angelegte übergreifende nationalgeschichtliche Deutungsansatz – von Kopp, der sich mit ihm auseinandergesetzt hat, abgesehen – in den Hintergrund gerückt zugunsten einer antiquarisch orientierten Faktenkritik.

Als in den achtziger Jahren eine neue Generation von Gesamtdarstellungen der Schweizer Geschichte entstand, war es nicht nur der neue Wissensstand, der die neue Geschichtsschau bestimmte. Es war vor allem die aktuelle Erfahrung der außen- und innenpolitischen Bewährung des neuen Bundesstaates, hatte dieser doch beim Neuenburger- und Savoyerhandel wie beim deutsch-französischen Krieg Haltung bewahrt und eine Verfassungsrevision erfolgreich hinter sich gebracht. Die Darstellungen waren geprägt von optimistischem Fortschrittsglauben und liberalem Gedankengut, dessen Kind ja auch der Bundesstaat war. Die großen Darstellungen eines Karl Dändliker[19] und Johannes Dierauer[20] wie die Arbeiten eines Wilhelm Oechsli[21] sind durch diesen »Zeitgeist« geprägt. Aber nicht diesen weit ins 20. Jh. hinein als Grundlage dienenden Werken wenden wir uns zu, sondern Carl Hilty[22], dem geschichtsphilosophischen Vordenker dieser Generation, weil er das, was ich eben »Prägung durch den Zeitgeist« nannte, am unmittelbarsten zum Ausdruck brachte.

---

17 KOPP, Joseph Eutych, Urkunden zur Geschichte der eidgenössischen Bünde. l. 1835. 2 (= Archiv für österreichische Geschichtsquellen 6). 1851. MARCHAL, Guy P., Geschichtsbild im Wandel, 1782–1982. Historische Betrachtung zum Geschichtsbewußtsein der Luzerner im Spiegel der Gedenkfeiern zu 1332 und 1386. Luzern 1982. S. 30–36. FELLER/BONJOUR, wie Anm. 14, bes. S. 675–682 et passim.
18 MARCHAL, »Alte Eidgenossen«, wie Anm. 2, S. 355–362.
19 Geschichte der Schweiz mit besonderer Rücksicht auf die Entwicklung des Verfassungs- und Kulturlebens von den ältesten Zeiten bis zur Gegenwart. 1 3. Zürich 1883–88, HUBER, H. C., Große Darstellungen der Schweizer Geschichte. Zürich 1960. S. 69–101.
20 Geschichte der schweizerischen Eidgenossenschaft. Allgemeine Staatengeschichte, 1.Abt.: Geschichte der europäischen Staaten 26. 1–5. Gotha 1887–1917; HUBER, wie Anm. 19, S. 103–111.
21 Orte und Zugewandte. Eine Studie zur Geschichte des schweizerischen Bundesrechtes. In: Jahrbuch für schweizerische Geschichte 13 (1888), S. 1–497; OECHSLI, wie Anm. 1; Die Benennungen der alten Eidgenossenschaft und ihrer Glieder. In: Jahrbuch für schweizerische Geschichte 41 (1916), S. 51–230; 42 (1917), S. 87–258; FELLER/BONJOUR, wie Anm. 14, S. 745–749.
22 Vgl. auch MATTMÜLLER, H., Carl Hilty 1833–1909. Basler Beiträge zur Geschichtswissenschaft 100. Basel 1966; FELLER/BONJOUR, wie Anm. 14, 734s.; v.GREYERZ, H., Nation und Geschichte im Bernischen Denken. Festschrift zur Feier Bern 600 Jahre im Bund der Eidgenossen. Bern 1953. S. 259–264.

Daß es sich bei ihm nicht um einen Historiker, sondern um einen Staatsrechtler handelt, ist symptomatisch für die schweizerischen Verhältnisse: durch die Bundesstaatsgründung erhielt nämlich die Geschichtswissenschaft ihren genau umrissenen Gegenstand, der sie auf die Verfassungsgeschichte hinführte. Doch Hilty bot mehr und holte unter dem Begriff der *praktischen Politik* zu einer eigentlichen nationalpolitischen Geschichtsphilosophie aus, die man auch schon seine »nationalpolitische Mystik«[23] genannt hat. Nirgends brachte er diese Staatsphilosophie so unumwunden und zusammenhängend zum Ausdruck wie in den »Vorlesungen über die Politik der Eidgenossen«, die 1875 in Buchform erschienen.

Hiltys Geschichtsverständnis war geprägt durch das Hegelsche, das in den geschichtlichen Epochen »Entfaltungen« des Weltgeistes erkannte. Das Kriterium für die Bewertung der Entwicklung fand er im Gefolge seines anderen geistigen Mentors, von Bunsen, darin, wie sehr sich jeweilen der »spezielle Volksgeist« den allgemeinen großen Gedanken der Menschheit annähere[24]. Es ist nun ein durchaus schweizerischer Zug, daß sich bei Hilty diese philosophische Geschichtsschau pragmatisch verdinglichte zu einer *Sittenlehre in nationalhistorischem Gewand* und schließlich zu einer *praktischen Politik*. Diese Politik aber war groß gedacht: Es waren die *leitenden Ideen*, die das Leben eines Staats bestimmten und seine geistige Individualität ausmachten, und *praktisch* war die Politik in dem Sinne, als sie nicht nur theoretisch begründet war, sondern sich auf die geschichtliche Erfahrung abstützen konnte. Der Geschichtsschreibung kam damit im Staate eine wichtige Funktion zu, sofern sie *aus richtiger innerer Anschauung eines großen ganzen Bildes* zu schöpfen vermochte und sich nicht mit *mechanischen Kenntnissen vieler Einzelheiten* begnügte. *Richtig aufgefaßt und in ihrem innern Wesen verstanden* war für Hilty die *Geschichte des Staats Staat, Staatsrecht und Staatsweisheit selber*[25]. Wenn Hilty in diesen Überlegungen von *richtiger innerer Anschauung* und *richtig aufgefaßter Geschichte* sprach, so definierte er nirgends, was diese Richtigkeit beinhalte. Vielmehr ging er von den aus seiner Zeiterfahrung gewonnenen Wertnormen aus, was ihm zumindest so weit, als er den konstruktiven Charakter des Geschichteschreibens erkannte und bejahte, durchaus bewußt war[26].

Die leitenden politischen Ideen, die er so in der Geschichte der Eidgenossenschaft von allem Anfang an wirken sah, zielten auf die *wahre Form des Bundesstaates* hin, die nach Hilty auch zu seiner Zeit noch nicht verwirklicht war: *Und doch hat*, schrieb er, *zu allen Zeiten wie heute, dunkler und bewußter, der Eine Gedanke stets in unserem Volk gelebt, (...) eine historische und deshalb volksthümliche, vielgestaltige Basis mit einer idealen Bundeseinheit zu verbinden*[27]. Auf diese feste Form strebe der *nationale Geist* hin, denn nur wo Staatskörper und Nationalgeist sich deckten, gedeihe eine kräftige Nationalität[28]. Unter dieser Gesamttendenz sah nun Hilty verschiedene *leitende politische Ideen* wirken, die sich dem jeweilgen Entwicklungsstand entsprechend eingestellt hätten. Zunächst *unbewußt* und *instinctiv* angestrebt, seien sie allmählich ins Bewußtsein eingetreten, um schließlich zu Maximen der *praktischen Politik* zu werden.

---

23 op.cit., S. 261.
24 Zu Hiltys Geschichtsphilosophie vgl. auch MATTMÜLLER, wie Anm. 22, S. 244–273.
25 HILTY, Carl, Vorlesungen über die Politik der Eidgenossen. Bern 1875. S. 14.
26 op.cit., S. 13f.
27 op.cit., S. 11f.
28 op.cit., S. 117–120.

Als erste Leitidee[29] erkannte Hilty die Wahrung *der althergebrachten und natürlichen Volksfreiheit* gegen die absolute Fürstengewalt. Realisiert worden sei sie durch die Behauptung der Freiheit und Reichsunmittelbarkeit, und ermöglicht worden sei dies durch eine *volksthümliche bündische Staatsgestaltung*. Diese Entwicklung war ihm zufolge zunächst durchaus konservativ und defensiv orientiert. Aus der Erkenntnis, daß der Staat als *nothwendige Basis* eines *gewissen Ländergebiets* bedürfe, sei die zweite politische Leitidee entstanden, jene von der *natürlichen Ausdehnung* des *Machtkreises*. Sie habe zur *natürlichen, nothwendigen Feindschaft* mit Österreich, der anderen in diesem Raum zur Landesherrschaft strebenden Macht, geführt, ein Kampf, der nicht allein um Länderbesitz, sondern um höchste Prinzipien geführt worden sei[30]. Mit dieser Idee sei der eigentümliche wehrhafte Geist der Schweiz verbunden[31]. Der Erfolg dieser Idee habe aber auch Negatives gezeitigt: Die Rechts- und Verfassungsunterschiede der souveränen Orte innerhalb der Eidgenossenschaft und die Schaffung von Untertanenverhältnissen hätten die *natürliche Weiterentwicklung* der ersten bundesstaatlichen Keime, die Hilty in den ersten Bünden von 1291 und 1315 angelegt sah, verunmöglicht[32]. Die immer wieder auflebende sonderbündische Politik, die jeweilen ein *anderes geistiges Zentrum schuf als die Nationalität*, habe bis in die jüngere Zeit verhindert, daß die Schweiz zu ihrer wahren Form habe finden können[33]. Die aktive Außenpolitik der Schweiz habe wegen dem Interessenkonflikt zwischen den einzelnen souveränen Orten über keine gesamtstaatliche politische Idee verfügt. Vielmehr sei sie durch das Söldnerwesen und die verschiedenen Soldverträge in eine Abhängigkeit von den Mächten geführt worden.

Diese aus der Geschichte gewonnenen politischen Leitideen sollten nach Hilty die *praktische Politik* auch in der Gegenwart bestimmen: Weder sei der Bundesstaat freier und gleicher *Bundesbürger* erreicht, wo noch immer die kantonalen Einschränkungen wirkten; noch die Frage nach der natürlichen territorialen Ausdehnung abgeschlossen. Bezüglich der von den Mächten garantierten Neutralität, der modernen institutionalisierten Form einer Abhängigkeit vom Ausland[34], sei die Frage zu stellen, *ob die Schweiz eine eigentliche äußere Politik haben solle oder nicht*[35]. Es waren weitreichende Forderungen; aber *praktische Politik*, die aus *wahrhaft historischem Geist* und nicht aus *geistloser Historik* schöpfe, fordere, daß der Geist nicht der Form geopfert werde. Darin, daß man im Ancien Régime den Geist unterdrückte, um die erstarrte Form zu retten, sah Hilty den Hauptgrund für die *verkommene Eidgenossenschaft* und dafür, daß 1798 schließlich brechen mußte, was sich nicht biegen ließ. Auch in der Gegenwart konstatierte er das Festhalten an solchen geistentleerten Formen, *die unter anderen Umständen einmal richtig waren*, im konservativen staatsrechtlichen Konzept des Antagonismus von Föderalismus und Zentralismus, diesen nach Hilty überholten *leeren Worten*[36]. Als eigentliche politische Leitidee der Gegenwart erschien ihm vielmehr die Nationalität: als entscheidendes Kriterium gegenüber der *theoretischen Politik* eines Kosmopolitismus und

29 op.cit., S. 30–44, bes. S. 35 ff.
30 op.cit., S. 45–59.
31 op.cit., S. 60–65.
32 op.cit., S. 117–140.
33 op.cit., S. 176.
34 op.cit., S. 78–116.
35 op.cit., S. 76, 113, 172 f.
36 op.cit., S. 122 f.

Sozialismus galt ihm, wie weit diese die *rein nationale Verbindung* anerkannten oder nicht[37]. So erschien bei Hilty die nationale Dimension wie die jüngste Entfaltung des »Weltgeistes«, die Forderung nach einer *starken Nationalität*, als die zeitgemäße schweizerische Entsprechung zum großen Weltgedanken.

Hiltys transparente Interpretation der Schweizer Geschichte wie die großen faktenreichen Gesamtdarstellungen der liberalen Geschichtsschreibung orientierten sich also an einer ganz bestimmten philosophisch begründeten Fortschrittsvorstellung, welche die Entwicklung von allem Anfang an kontinuierlich, wenn auch mit retardierenden Momenten und Einbrüchen, auf das eine durch den sich entfaltenden Weltgeist vorgegebene Ziel hinführte: die im wahren Bundesstaat verkörperte kräftige Nationalität. Von dieser Finalität der nationalen Geschichte ließen sich positive – bundesstaatliche – wie negative – föderalistische – Entwicklungen klar definieren und würdigen, und zwar schon und vor allem in der mittelalterlichen Geschichte.

Daß es sich nicht um eine disziplinimmanente, sondern zum vornherein ideologisch bestimmte Deutung handelt, zeigt nichts deutlicher als der Umstand, daß dieses historiographische Konstrukt verhältnismäßig zwanglos auch anderen Fortschrittsideologien unterlegt werden konnte. Nur als Probe in diesem Sinn sei hier die einzige konsequent marxistische Gesamtdarstellung der Schweizergeschichte beigezogen, die wiederum nicht von einem Historiker stammt. Als Robert Grimm, der Streikführer von 1918, während seiner Festungshaft die »Geschichte der Schweiz in ihren Klassenkämpfen« schrieb, stützte er sich eigentlich nur auf Karl Dändlikers Darstellung[38]. Aber sie genügte ihm vollauf, um die Eidgenossenschaft aus einer progressiven Entwicklung im marxistischen Sinn hervorgehen und die neueste Arbeiterbewegung in unmittelbarer Nachfolge des Klassenkampfs der Markgenossen und Bürger gegen den Adel erscheinen zu lassen. Als Grundidee der Schweiz arbeitete er den Klassenkampf – nicht den Freiheitskampf – heraus. Einen Beweis für die Richtigkeit dieser Ansicht sah er in den im 15. Jh. geschaffenen und ja auch von der liberalen Geschichtsschreibung verurteilten Untertanenverhältnissen: Gerade sie zeigten, daß es eben nicht um Freiheit, sondern im dialektischen Sinn um die Herrschaft der jeweils siegreichen Klasse gehe[39]. Diese Schau, beruhend auf einer der großen liberalen Darstellungen und nicht auf neuen Forschungsergebnissen, stellt gleichsam eine marxistische Paraphrase zum liberalen Geschichtsbild dar. Dabei waren – pointiert gesprochen – Hiltys leitende Ideen der praktischen Politik durch die Gesetzmäßigkeiten des dialektischen Marxismus abgelöst worden. Wie bei Hilty lief die Entwicklung von der Gründung über die Revolution bis zur Gegenwart in einer Zielrichtung, auf den Fortschritt hin, mochte das Ziel auch unterschiedlich gesehen werden, hier im bald erreichten nationalen Bundesstaat, dort in der bevorstehenden Klassenherrschaft des Proletariats. Je nach Zielvorstellung konnten die entsprechenden Entwicklungsphasen in einer gewissen Parallelität ideologisch gewürdigt werden: als retardierendes Moment erschien so der

---

37 op.cit., S. 139f., 22f.
38 GRIMM, R., Geschichte der Schweiz in ihren Klassenkämpfen. Bern 1920. Zürich ²1979. Zu Robert Grimm siehe auch: VOIGT, C., Robert Grimm: Kämpfer, Arbeiterführer, Parlamentarier: eine politische Biographie. Bern 1980; STADLER, P., Zwischen Klassenkampf, Ständestaat und Genossenschaft. Politische Ideologien im schweizerischen Geschichtsbild der Zwischenkriegszeit. In: Historische Zeitschrift 219 (1974), S. 293–299; v. GREYERZ, H., wie Anm. 22, S. 268–270; MCCARTHY, A., GRIMM, Robert: Der schweizerische Revolutionär. Bern 1989.
39 GRIMM, S. 52.

erstarrende Föderalismus mit seinen Begleiterscheinungen hier, als gesetzmäßige Entwicklung im dialektischen Geschichtsablauf, als Phase der Machtbehauptung der jeweils etablierten Klasse gegen die progressiven Kräfte dort. Das liberale und fortschrittsorientierte Geschichtsbild war also verfügbar für jede Ideologie, die auf einem Fortschrittsmodell fußte.

In unserem Zusammenhang von Bedeutung ist nun, daß diese Geschichtskonstruktion unmittelbar auf die mittelalterliche Geschichte zurückgreift und sie im Lichte der bundesstaatlichen oder gesellschaftlichen Gegenwartserfahrung deutet. Das Mittelalter stellt hier wie dort die hohe Zeit dar und ist aus dieser Konstruktion nicht wegzudenken. In der Gründungszeit bereits sind die Leitgedanken der schweizerischen Nation ausgebildet und reiner realisiert worden als im neuzeitlichen Ancien Régime, und sie standen nun im neuen Bundesstaat unmittelbar vor ihrer endgültigen Realisierung. Wenn die große liberale Schweizergeschichte von Dändliker und besonders Dierauer die Historizität der im Traditionsbewußtsein verankerten Befreiungsüberlieferung verwarfen, so ersetzten sie diese nun gleichsam durch einen wissenschaftlichen Mythos vom seit der ersten Gründung wirksamen schweizerischen Freiheits- und Staatsgedanken.

Gerade der dieser Deutung zugrunde liegende Fortschrittsglaube aber hatte von Anfang des 20. Jahrhunderts an vor allem unter dem Schock des Ersten Weltkriegs und der nachfolgenden Wirtschaftskrise seine Geltung verloren. Der Bundesstaat und sein Parlamentarismus schienen den neuen Zeitumständen nicht mehr zu genügen. Die damals aktuellen Bestrebungen zu einer Verfassungsrevision ließen vorübergehend grundsätzliche Alternativen zum bestehenden Bundesstaat ins Blickfeld rücken[40] – und dies äußerte sich auch im Bereich der Deutung der schweizerischen Geschichte.

Es waren wiederum nicht eigentliche Historiker, die sich bewußt und explizit mit dem liberalen Geschichtsbild auseinandersetzten: am deutlichsten der von der Literatur- und Kulturgeschichte herkommende katholisch-konservative Freiburger Patrizier Gonzague de Reynold in seiner Schrift »La Démocratie et la Suisse«[41]. Wie Hilty der *theoretischen Politik* die *praktische* oder *historische* gegenübergestellt hatte, so unterschied de Reynold eine historische und eine theoretische Konzeption der Demokratie. Auch er gab der historischen den Vorzug, da ein Volk sich nur aus seiner Geschichte definieren lasse[42]. Aber die historische Konstruktion wurde nun nicht vom erreichten Stand her unternommen, sondern von den Grundbedingungen her, wie sie nach de Reynold vorgegeben gewesen seien: dem *milieu naturel* zunächst und der Vorgeschichte der Eidgenossenschaft. Die politische Form der vielen eigenständigen Gemeinden und des Föderalismus sei aus der extrem kompartimentierten alpinen Umwelt hervorge-

---

40 RUFFIEUX, R., La Suisse de l'entre deux guerres. Lausanne 1974, Nouvelle histoire de la Suisse – et des Suisses, Lausanne ²1986 (Beitrag v. H.U. JOST).
41 DE REYNOLD, G., La Démocratie et la Suisse. Essai d'une philosophie de notre histoire nationale. Bern 1929; vgl. MATTIOLI, A., Gonzague de Reynold und die Rechte in der Schweiz. Ein Beitrag zur Entstehungs- und Wirkungsgeschichte des schweizerischen Neokonservativismus (1910–1935). Unveröffentlichte Lizentiatsarbeit Basel 1987. DERS., Die autoritäre Versuchung: Gonzague de Reynold und die rechtsgerichteten Diktaturen in der Zwischenkriegszeit (1925–1942). In: Geschichte und Gegenwart 9 (1990), S. 117–150; DERS., Zwischen Kulturkritik und Reichssehnsucht: die Europa-Vision Gonzague de Reynolds (1932–1935). In: L'idée d'Europe dans la culture des pays de langue allemande du XIXe au XXe siècle. Actes du 23e congrès de l'AGES. Straßburg 1991, S. 21–32.
42 La Démocratie ..., S. XVI.

wachsen[43] und gehe auf den römisch-imperialen Grundgedanken der *Confoederatio Helvetica* – nach de Reynold eine geniale Anpassung an die Umwelt, zu der nur Rom fähig gewesen sei[44] – sowie auf den partikularistischen Charakter des mittelalterlichen Reichs zurück. Nicht aus dem Aufstand freiheitsbewußter Hirten, die einen unabhängigen demokratischen Staat hätten bilden wollen, sei die Schweiz hervorgegangen; sie sei vielmehr Ausfluß des partikularistischen Prinzips[45]. Verfassungsmäßig habe nicht eine moderne, sondern im Sinne Thomas von Aquins eine gemischte Demokratie, eine Aristo-Demokratie, bestanden[46]. Hauptfaktor seien dabei stabile, stark hierarchisierte Familien in den einzelnen Orten gewesen[47]. Die Blütezeit habe dieses System im 15. Jh. erlebt, wo die führende Schicht noch nicht nach unten abgeschlossen gewesen sei. Zusätzlich gestützt worden sei das System durch den esprit de corps, den korporativen Geist, der keine Isolierung des Individuums in der Masse gekannt habe und die Tyrannei der Masse wie jene von oben, den etatistischen Zentralismus und monarchischen Absolutismus, verhindert habe. Familie, Korporation, Gemeinde und Föderation, das seien die Grundpfeiler der historischen Demokratie, und sie hätten die Zentralisation und den Egalitarismus der theoretischen Demokratie verunmöglicht[48]. Allerdings hätte de Reynold, der Wertung des Aquinaten folgend, der unvollkommen gemischten Demokratie die vollkommene, die Monarcho-Aristo-Demokratie vorgezogen und beklagte wiederholt das Fehlen eines Führers. Das vorzeitige Erlöschen der Zähringerdynastie erschien ihm als tragischer Schicksalsschlag für die staatliche Entwicklung der Schweiz[49], und nur wehmütig gedachte er Kardinal Schiners Scheitern: *was hätten die Schweizer nicht alles vollbracht unter Schiners Diktatur?*[50] So habe ihrer Großmachtpolitik eine große Idee gefehlt, was zusammen mit der konfessionellen Spaltung schließlich dazu geführt habe, *daß sich die Schweiz außenpolitisch mit einer viel tieferen Stellung als jener, die sie sich durch ihre Siege eröffnet hatte, zufrieden geben mußte*, jener der Neutralität[51].

Im Gegensatz zu Hilty erkennt de Reynolds die Grundkonstante der schweizerischen Geschichte gerade im mittelalterlichen Föderalismus, der nun positiv gewürdigt wird: Nicht nur entspreche er der schweizerischen Vielfalt, sondern auch der *Doktrin des Reiches, die in der Schweiz überdauert habe*. Föderalismus beinhalte ein bewundernswürdiges Maß an Souplesse und Widerstandskraft; er erlaube der Schweiz insbesondere Wesensgegensätze auszuhalten, und zwar nicht *bloß quantitativ-statistisch, sondern auch in qualitativer Beziehung auf der Ebene der Weltanschauung*[52].

Von dieser Sicht her konnte de Reynolds die Entwicklung seit der Revolution und insbesondere seit der Errichtung des Bundesstaates nur als Bruch mit der Tradition und als Fehlentwicklung erscheinen. Seine Interpretation der *historischen Demokratie* hielt er der

---

43 op.cit., S. 6–16.
44 op.cit., S. 32–54, bes. S. 34, 53.
45 op.cit., bes. S. 85, 98, 105.
46 op.cit., S. 140.
47 op.cit., S. 142.
48 op.cit., S. 144f.
49 op.cit., 140, 149, 150f.
50 DE REYNOLD, Gonzague, Mathieu Schiner. In: Kardinal Mathäus Schiner (1522–1922). Hg. v. den beiden Gesellschaften für Geschichte des Kantons Wallis. Genf 1923. III.
51 La Démocratie…, S. 147ff., 161, 162.
52 op.cit., S. 170–173.

theoretischen entgegen: Die Alte Eidgenossenschaft sei das im Volk eben immer noch lebendige *pays vivant*. Der Bundesstaat mit seinen zentralen Institutionen und den programmlosen Parteien sei hingegen bloß das *pays légal*, das durch eine Kluft vom *pays vivant* getrennt, veraltet und falsch sei. 1848/74 habe der Schweiz einen Körper gegeben, aber keine Seele eingehaucht, ein Bild, das jenes von Carl Hilty aufnahm und ins Negative kehrte[53].

Bemerkenswert ist in unserem Zusammenhang die Tatsache, daß ein neudurchdachter, vom liberalen Geschichtskonstrukt völlig unabhängiger Deutungsversuch der Schweizergeschichte vorgelegt wurde, der, indem er sich auf die vermeintlich authentischen mittelalterlichen Verhältnisse und Ideen abstützte, die liberale Entelechie bloßlegen wollte[54]. Wenn de Reynold durch eine sehr freie Deutung, deren Kriterien er aus recht persönlich gefärbten Vorstellungen von der römischen Geschichte und vom *römischen Reich deutscher Nation* zu schöpfen suchte, durch eine Deutung, die er auf eine eigenwillige, die Ergebnisse der historischen Forschung, wenn überhaupt, dann nur sehr selektiv berücksichtigende Kombinatorik abstützte[55], eine Geschichte entwarf, die sich weitgehend einer wissenschaftlichen Beurteilung entzieht, so ändert das nichts an der Feststellung dieses bewußt innovativen Zuges. Es war der Versuch, dem liberalen ein neokonservatives Geschichtsbild entgegenzustellen, der schon von daher eben auch ideologisch determiniert war. Die besondere Wertschätzung der mittelalterlichen Eidgenossenschaft, deren korporative, ja vermeintlich autoritäre Strukturen man gegenüber dem liberalen Demokratieverständnis anpries, gehörte denn auch zum festen Bestandteil der neokonservativen und frontistischen Ideologie der dreißiger Jahre[56]. Auf die Ebene der Historiographie wird man diese Elaborate, so gebildet und wissenschaftlich sie sich zum Teil auch gaben, nicht stellen wollen. Der kurze Hinweis soll lediglich verdeutlichen, daß de Reynold mit seiner politisch tendenziösen Geschichtsdeutung nicht allein stand. Seine Geschichtsschau war Ausdruck einer in jener Zeit durchaus erkennbaren Malaise an der aus der liberalen Tradition hervorgegangenen schweizerischen Demokratie.

Übrigens stand de Reynold auch vom historiographischen Standpunkt aus in der innovativen Loslösung vom vorgegebenen liberalen Geschichtsbild nicht ganz allein. Schon zwei Jahre zuvor hatte dies, allerdings unter ausdrücklicher Berufung auf de Reynold, eine andere Schweizergeschichte getan, die, ideologisch durchaus dem Liberalismus verpflichtet, brillant geschrieben und originell gedacht, vielgelesen und immer wieder neu aufgelegt wurde und wird:

---

53 op.cit., S. 179–365, bes. S. 319–336.
54 op.cit., bes. S. 3f., 80f., 107, 120, 170f.
55 op.cit., bes. S: 53 *voyons donc, en la Suisse, la survivance d'une idée impériale, conçue par Théodose: celle d'un fédéralisme germano-romain*, S. 170 *fédéralisme correspond… à la doctrine du Saint-Empire dont la Suisse est la survivance.*
56 LANG, P., Tote oder lebendige Schweiz? Versuch eines Systems politischer Morphologie, entwickelt an der Dynamik des eidgenössischen Staates, drei Vorträge. Schriften der Nationalen Front 20. Zürich 1932; WIRZ, Wolf, Die Träger der verwaltenden Staatsgewalt im Kanton Unterwalden ob dem Wald im Laufe der staatlichen Entwicklung, Diss. iur. Zürich 1938. S. 72f., 196f. (!). Vergleiche auch die Popularisierungen dieser alternativen Sicht auf die mittelalterliche Eidgenossenschaft. Etwa: AMBRUNNEN, Arnold (= ZANDER, Alfred), Der »Ewige Bunde«. Das Urbild der Schweiz. Zürich 1934. OEHLER, Hans, Der Sinn der Schweiz. In: Schweizer Nationale Hefte 4 (1937), S. 313–331 (unter Berufung auf den *heute zeitgemäßesten Johannes von Müller*). WIRZ, Wolf, Vom Ursprung der schweizerischen Volksstaatlichkeit. In: Schweizer Nationale Hefte 4 (1937), S. 254–264. Vgl. zu dieser Instrumentalisierung der mittelalterlichen Eidgenossenschaft: GLAUS, Beat, Die Nationale Front. Eine Schweizer faschistische Bewegung, 1930–1940. Zürich 1969. passim. Zum Ganzen auch: MARCHAL, »Alte Eidgenossen«, wie Anm. 2, S. 380–391.

William Martins Histoire de la Suisse[57]. So sehr dieser sich allerdings auf de Reynold bezog, seine Interpretation war doch eigenständig. Nicht vom *milieu naturel* ging er aus, sondern entwickelte die Geschichte in großen Zügen aus historischen Vorgaben, wie er sie sah, aus der burgundisch-alemannischen *Subdivision* und dem fränkischen Lehenswesen heraus, auf das die politische Organisation der Schweiz zurückgehe[58]. Die Gründung der Eidgenossenschaft führte er als ferne Folge auf die Kreuzzüge zurück, offenbar weil sie wegen der Verschuldung des Adels zu Raubrittertum und Tyrannei führten, wogegen sich die kommunale Bewegung gewendet hätte, im schweizerischen Fall in Loyalität zum Kaiser gegen die habsburgischen Feudalherren[59]. Nur diese einfache Idee oder – besser gesagt – die Tatsache, daß es nur diesen einen Feind gegeben habe, habe die Eidgenossenschaft zusammengeführt[60]. Durch ein Jahrhundert hindurch habe sich unbewußt und als solcher nicht beabsichtigt ein Staat geformt. Erst nach dem Sempacherkrieg sah Martin den Augenblick für gegeben, wo ein neuer Staat geboren worden sei[61]. Falsch sei es daher und ein aus der Rückschau sich ergebender Anachronismus, schon 1315 von einem Krieg zwischen Staaten zu sprechen[62]. So hatte auch Martin versucht, die Entwicklung unter Kriterien zu würdigen, die ihm als der damaligen Epoche angemessen schienen. Vom Augenblick an, wo der Staat geboren ist, kehrte er dann allerdings weitgehend zur liberalen Deutung zurück und beurteilte die Entwicklung aus der Perspektive des Einheitsstaates, was hier nicht mehr weiter ausgeführt werden soll.

Angesichts des weitausgreifenden Gegenentwurfs von de Reynold und dem vergleichsweise zurückhaltenden Versuch einer neuen Sicht von Martin stellt sich die Frage, ob sich ähnliche Deutungsmodelle auch bei den eigentlichen Historikern konservativ-katholischer Provenienz abzeichnen. Ihre Stellungnahme fiel recht unterschiedlich aus[63]. Keiner rang sich zu einer großen deutenden Gesamtdarstellung durch. Im allgemeinen folgten sie im faktologischen Bericht den großen liberalen Darstellungen. Das hatte seinen Grund, denn das liberale Geschichtsbild hatte nicht nur allgemein einen gleichsam wissenschaftlich fundierten »Mythos« von einer frühen und entschiedenen Staatswerdung entworfen, sondern auch Vorstellungen von diesem Anfang, die den Waldstätten eine zentrale Rolle zuteilten als Ursprungsstätte einer einzigartigen Entwicklung. Diese Sicht übernahm man gerne. Die mit ihr verbundene Polarisierung von Zentralismus und Föderalismus, Bundesstaat und Staatenbund blendete man aus oder glättete sie[64]. Nur dort, wo der katholischen Konfession die Verhinderung der *natürlichen* Entwicklung zum Bundesstaat angelastet wurde, reagiert man vehement und unter Betonung

---

57 Martin, William, Histoire de la Suisse. Paris 1928 (zit.), Lausanne [8]1980 (Martins Text wird jeweilen unverändert übernommen und durch zeitgeschichtliche Supplemente ergänzt).
58 l.c., S. 18.
59 l.c., S. 21–24.
60 l.c., S. 37 f.
61 l.c., S. 51.
62 l.c., S. 39 *aujourd'hui, avec le recul de l'histoire ... ce conflit nous apparaît comme une guerre d'Etat à Etat. Mais ce n'est pas ainsi que le voyait le duc...*, S. 43 *On eut bien surpris les Lucernois – comme les Zürichois et les Bernois (...) – si on leur avait dit, qu'ils feraient partie désormais d'un nouvel Etat.*
63 Hürbin, Joseph, Handbuch der Schweizer Geschichte. 1–2. 1900–1906 (bis 1515 nach Unterrichtsvorlage von Heinrich Reinhardt, der von Luzern als Prof. an die kathol. Universität Freiburg i. Ue. berufen worden war). Castella, Gaston, Histoire de la Suisse. 1928 (überarbeitet und ergänzt Suter, Ludwig, Schweizer Geschichte. 1924).
64 Hürbin, wie Anm. 63, 1. S. 172, 178. 2. S. 41, 585 (Erwähnung des Föderalismusproblems ohne Wertung).

des konfessionellen Aspekts[65]. Auf diese Weise wurde ein in sich geschlossenes alternatives Gesamtkonzept verunmöglicht. Die große nationale Geschichtsdeutung blieb – diese Feststellung drängt sich bei der Durchsicht der aus diesem Kreis stammenden »Schweizer Geschichten« auf – nicht nur weil die katholische Historiographie durch die etablierte Geschichtsschreibung marginalisiert worden wäre[66], sondern zu einem erheblichen Maße aus einer gewissen Resignation heraus gleichsam das Monopol der liberalen Geschichtsschreibung.

Offensichtlich gerieten die Alternativen zum liberalen Geschichtsbild jeweilen rasch in eine Aporie, wenn sie in ihrem eben doch nationalgeschichtlichen Diskurs das Werden der frühen Eidgenossenschaft ohne modern national orientierte Kriterien darstellen wollten. Nur vertiefte mediävistische Forschungen hätten einen interpretatorischen Neuansatz ermöglicht. So aber mündeten die Darstellungen, von einigen bemerkenswerten Einblicken abgesehen[67], in weitausgreifende Kombinationen vager Vorstellungen vom Mittelalter: Bei de Reynold äußert sich die Faszination durch ein idealisierend geschautes abendländisches Reich von ungebrochener Christlichkeit; Martin scheint mit seiner eigentümlichen Betonung der *Féodalité*, der *âge des Croisades* und der Epoche von *Saint Louis* vom herkömmlichen französischen Geschichtsbild geprägt gewesen zu sein.

Unter dem Eindruck der sich allenthalben ausbildenden Totalitarismen kam es zu einer radikalen, geradezu ins Mythische gesteigerten Rückbesinnung auf die alte Eidgenossenschaft[68]. Gegen die Diktaturen und im Unterschied zu den jungen und versagenden Demokratien suchte man das Besondere des schweizerischen Staatswesens herauszuarbeiten. Man fand dies in der Betonung des Genossenschaftsgedankens der Gründungszeit. 1937 hielt Richard Feller seine damals als hoch aktuell empfundene Rektoratsrede bezeichnenderweise über die *Alte Eidgenossenschaft*. Als Leitidee der Schweiz gestaltete er die mittelalterliche Genossenschaft heraus, die nicht bloß eine rechtliche Konstruktion gewesen sei, sondern eine den Menschen umfassende *lebensvolle Wirklichkeit*. Wenn sie auch in der säkularen Auseinandersetzung mit dem *übermenschlichen* Staat unterlegen sei, als *heilsame Kraft* wirke sie doch weiter. Die *Binnenethik* der Genossenschaft mit ihrer selbstregulierenden ausgleichenden Kraft habe die besondere Entwicklung, den *Sonderzug*, der Schweiz bestimmt und wirke über alle Modernisierungsprozesse noch weiter bis in die Gegenwart.

Noch dezidierter ließ Karl Meyer die Alte Eidgenossenschaft unmittelbar in die Gegenwart

---

65 Z.B. HÜRBIN, wie Anm. 63, 2. S. 87ff., bes. S. 149f., 168, 216, 277, 381 (Unterstützung der kathol. Waldstätte für Wettstein), S. 422 (Katastrophe für die schweizerische Einheit nach Hürbin nicht 1. Villmergerkrieg, 1653, Sieg der Katholiken, sondern 2. Villmergerkrieg, 1712, Sieg der Protestanten). Die ZSKG steht in ihrer Frühzeit bis in die Mitte dieses Jahrhunderts unter dem Zeichen des konfessionellen Abwehrkampfes gegen »irrige« Darstellungen, vgl. die Rezensionen.
66 Vgl. ALTERMATT, Urs, Katholizismus und Moderne. Zur Sozial und Mentalitätsgeschichte der Schweizer Katholiken im 19. und 20. Jh. Zürich 1989. S. 34–39.
67 Etwa REYNOLD, Démocratie. S. 3 (Ablehnung des als Produkt des 18. Jh. erkannten Mythos von den *bergers des alpes*), S. 80 (Ablehnung der traditionellen Vorstellungen vom Befreiungskampf der Hirten und der Staatsgründung von 1291). MARTIN, Histoire. S. 51 (Interpretation des Sempacher Briefs, die das Hauptgewicht auf die Einbindung Zürichs in das eidgenössische System legt).
68 FELLER, R., Von der Alten Eidgenossenschaft. In: STRICK, F. (Hg.), Schweizerische Akademiereden. Bern 1945. S. 447–474. Zu Richard Feller: FELLER/BONJOUR, wie Anm. 14, 2, S. 758–760; STADLER, wie Anm. 38, S. 345–348. Auf die genossenschaftliche Idee bezieht sich mehr oder weniger der Begriff des »Bündischen«, ein schillernder Begriff, der in den dreißiger Jahren von den Parteien aller Schattierungen verwendet wurde und vieldeutig ist. Eine semantische Analyse dieses Begriffs wäre aufschlußreich.

hineinwirken. Wie die alpinen Talschaften die kommunale Idee gegen die Territorialherrschaft durchgesetzt und auf Dauer bewahrt hätten, das stelle einen *einzigartigen Ausnahmefall in der Geschichte des Mittelalters und des abendländischen Bauerntums* dar. Die aktuelle Schweiz erschien nun als *lebendiges Denkmal einer stolzen Epoche der Menschheit, der kommunalen Freiheitsbewegung des christlichen Mittelalters*[69]. Hatte Feller in der Auseinandersetzung zwischen Genossenschaft und Staat immerhin noch eine von ihm kritisch betrachtete Entwicklung zur Moderne diagnostiziert, wobei aber alte Kräfte *heilsam* weiterwirkten, so ließ Karl Meyer die »Schweiz von 1291« einem eratischen Block gleich in die Gegenwart der totalitären Staaten und lebensuntüchtigen Demokratien hineinragen und begründete damit ihren Sonderfallcharakter in der Gegenwart. Es war übrigens diese Sicht der nationalen Geschichte, die während des Zweiten Weltkriegs zum integralen Bestandteil der sogenannten Geistigen Landesverteidigung wurde, jener Notstandskulturpolitik, mit der die Schweiz der nationalsozialistischen und faschistischen Propaganda entgegenzuwirken versuchte[70].

Meyers Bewertung des Sonderfalls Schweiz traf sich dabei mit der liberalen Geschichtsauffassung, allerdings gleichsam in entgegengesetzter Richtung. Schon Hilty hatte Meyers Idee vom historischen Sonderfall vorweggenommen, als er von der europäischen Bedeutung der schweizerischen Freiheitsbewegung sprach und – liberales Selbstverständnis in die vergangenen Jahrhunderte zurückprojizierend – ihre weit über die engen Grenzen hinausgehende moralische Autorität nun darin sah, *daß sie* – die Schweiz – *im 14. Jh. der letzte Hort und Kämpfer für die Freiheit war, das letzte Land der Welt, welches den Gedanken der Staatengründung auf Volksfreiheit und demokratische Einrichtungen ... unter der Menschheit wach erhielt*[71].

Wir haben bisher verfolgt, wie die schweizerische Nationalgeschichtsschreibung sich darum bemühte, aus der Geschichte Leitideen des schweizerischen Staatswesens herauszuarbeiten. Als entscheidende Erkenntnis für unsere Fragestellung hat sich ergeben, daß bei diesem deutenden Umgang mit der Geschichte immer das Mittelalter als die richtungweisende Epoche erscheint, in welcher die auch für den modernen Bundesstaat konstitutiven Grundgedanken ausgebildet worden wären. Diese Auffassung hat insbesondere bei Karl Meyer und im Geschichtsbild der geistigen Landesverteidigung zur völligen Identifikation der aktuellen Schweiz mit der Alten Eidgenossenschaft geführt. Auch die Kritik am liberalen Geschichtsbild und am Bundesstaat ging vom Mittelalter aus, wobei die mittelalterliche Eidgenossenschaft als Norm erschien, wie die Schweiz eigentlich sein sollte und es nicht mehr war. Die nachmittelalterliche Periode erschien bald mehr, bald weniger prononciert – aber durchgehend – als Zeit der Degeneration, der Erstarrung in einem übertriebenen Föderalismus und hierarchischen System, als Zeit, in welcher die Form über den Geist gestellt wurde. Ob nun Kontinuität des Fortschritts, wie es die liberale Geschichtsdeutung sah, oder Diskontinuität zwischen alter Eidgenossenschaft und moderner Schweiz, wie es deren Kritiker haben wollten, diagnostiziert wurde, so oder so war die grundlegende Voraussetzung dieser Diskussion die sinngebende Finalität, die sinnvolle Zielstrebigkeit der schweizerischen nationalen Geschichte von einem mittelalterlichen Anfang her und hin zur Gegenwart.

---

69 Zu Karl Meyer vgl: MEYER, Karl, Aufsätze und Reden. Mitteilungen der Antiquarischen Gesellschaft in Zürich 37. Zürich 1952, mit Biographie von S. Frey; STADLER, wie Anm. 38, S. 332–340; MARCHAL, wie Anm. 17, S. 53–58.
70 MARCHAL, »Alte Eidgenossen«, wie Anm. 2, S. 391–399.
71 HILTY, C., Vorlesungen, wie Anm. 25, S. 33.

Immerhin sind in den dreißiger Jahren auch zwei Schweizer Geschichten entstanden, die sich von der Vorgabe des liberalen Geschichtsbildes zu lösen vermochten[72]. Hans Nabholz hat sich in seiner klaren und nüchtern gehaltenen Darstellung, die von der Prähistorie bis zum Jahre 1515 führte und den kulturellen, wirtschaftlichen und sozialen Aspekten einen breiten Raum zumaß, im Hinblick auf eine übergreifende ideologische Deutung äußerste Zurückhaltung auferlegt. Die Entwicklung in den Waldstätten gehörte nach ihm *in jenen großen, allgemeinen Kampf des freien Elementes im Reiche um die Erhaltung seiner Selbstverwaltung gegenüber der neuen Regierungsgewalt der aufkommenden Landesherren*[73]. Und das *Fundament der Eidgenossenschaft* bildete nach ihm *ein eminent föderalistischer Gedanke, der auch bestimmend für deren weitere Gestaltung blieb* und den einzelnen Orten die Verfechtung ihrer eigenen Interessen offen ließ[74]. Gegenüber dem Reich erschien ihm die Stellung der eidgenössischen Orte nicht als Besonderheit, sondern sie habe dem *zunehmend partikularistischen Empfinden der Territorien und freien Städte* entsprochen[75]. Nabholz maß also dem mittelalterlichen Erscheinungsbild durchaus einen eigenständigen, von der Moderne abgehobenen Wert zu. Nur in der Bemerkung, daß nach den italienischen Kriegen eine *bessere Gestaltung der staatlichen Verhältnisse*[76] angestrebt worden sei, deutet sich noch die liberale Wertung an. Es war eine vergleichsweise unspektakuläre Geschichte, die da – der Umstand ist hervorzuheben – in den von Pathos erfüllten dreißiger Jahren entwickelt wurde, *weniger reich an sensationellen Zügen* und ohne *dramatische Geschlossenheit*, wie Nabholz im Hinblick auf das traditionelle Geschichtsbild selber zugestand[77].

Eine unkonventionelle Darstellung von großer synthetischer Kraft hat Emil Dürr vorgelegt, die ebenso eine durch profunde Detailkenntnisse ermöglichte Differenziertheit wie den großen interpretierenden Zugriff aufweist. Die Grundlinien der eidgenössischen Geschichte erkannte er im *zähringischen Gedanken* eines *auf dem deutsch-welschen Mittelland ruhenden Staatswesens* sowie im *demokratisch-republikanischen Gedanken der an den Gotthard gebundenen Waldstätte*[78], der in zwei binnenalpinen demokratischen Bewegungen, einer älteren – eben der eidgenössischen – und einer jüngeren – zu Beginn des 15. Jahrhunderts[79] –, sich durchgesetzt

---

72 Nicht eingegangen wird hier auf die monumentale – um nicht zu sagen monströse – Geschichte der Schweiz von Ernst GAGLIARDI (1920, 1934), die aus der Deutung der nationalen Geschichte immer wieder direkte politische Lehren für die Gegenwart zu ziehen sucht. Vgl. hiezu: MURALT, Alex von, Ernst Gagliardi als Praeceptor Helvetiae. Zu seinem Todestag, 21.1.1940. In: Neue Schweizer Rundschau NF8 (1940/41), S. 531–538; STADLER, Peter, wie Anm. 38, S. 341–345. FELLER/BONJOUR, wie Anm. 14, 2. S. 765–767. MARCHAL, »Alte Eidgenossen«, wie Anm. 2, S. 392.
73 NABHOLZ, Hans, MURALT, Leonhard von, FELLER, Richard, DÜRR, Emil, Geschichte der Schweiz. 1. Zürich 1932. S. 143. Diese sog. »Vier-Männer-Geschichte« hebt sich in der Sachlichkeit des Tons vollkommen von der Emphase eines Gagliardi und der schrillen Debattierweise der damaligen Historiker ab. Zu Nabholz: FELLER/BONJOUR, wie Anm. 14, 2. S. 771–773. STADLER, wie Anm. 38, S. 329–330.
74 NABHOLZ, l.c., S. 199f.
75 l.c., S. 206.
76 l.c., S. 312. Zur Stellungnahme von Nabholz zur Befreiungstradition vgl. MARCHAL, »Alte Eidgenossen«, wie Anm. 2, S. 391f.
77 NABHOLZ, l.c., S. 145.
78 DÜRR, Emil, Von Morgarten bis Marignano, 1315–1515. In: Schweizer Kriegsgeschichte. 2. Heft 4. Bern 1933. S. 20. Zu Dürrs Lösung von der Geschichtstradition vgl. sein Vorwort S. I: *Dieses traditionale geschichtliche Thema vermochte der Verfasser nicht einmal mehr zu formen*. Vgl. STADLER, wie Anm. 38, S. 323–329.
79 DÜRR, S. 202ff.

habe. Von der *Staatswerdung* der Eidgenossenschaft sprach er für seine Zeit vergleichsweise behutsam, ließ sie sich in einer facettenreichen Darstellung gegen außen bis gegen Ende des 15. Jahrhunderts in der säkularen Auseinandersetzung mit Österreich, gegen innen von immer wieder aufbrechenden Eigeninteressen bedroht, vollziehen. Im abschließenden Kapitel zog er das Fazit mit seltener Brillanz und entwarf ein schattenreiches Gesamtbild[80]: Während in Europa gegen Ende des 15. Jahrhunderts sich überall zentralistische Großmächte gebildet hätten und das habsburgisch-burgundisch-spanische Imperium sich abzuzeichnen begonnen habe, habe der eigenwillige, unkorrigierbare Föderalismus eine Konsolidierung der Eidgenossenschaft verhindert. Auch wenn die *ethnisch-sprachlich-kulturelle Zusammensetzung dieses wunderlichen Staatswesens* keine inneren Schwierigkeiten schuf – ja im Gegenteil die Berührung mit der romanischen Welt ein politisch und kulturell fundiertes Nationalitätsbewußtsein gegenüber dem Reich schärfte –, auch wenn ein eigenes *Gemeinschafts- und Solidaritäts-, ja Einheitsgefühl* sich entwickelt habe, so könne man noch kaum von einem *eidgenössischen Staatsgedanken* oder *eidgenössischen Geist* sprechen. Die Eidgenossen hätten lediglich weder auf ihre *mangelhafte, unbeherrschte Demokratie* noch auf ihren *eigenwillig-knorrigen, ja primitiven Föderalismus* verzichten wollen, in dem sie ihr ursprüngliches, *auf noch so unvollkommener Freiheit gegründetes Lebenselement* gesehen hätten. Damit hätten sie *das Dritte* preisgeben müssen: *eine aktive Außenpolitik, die Stellung einer Großmacht*.

So hatte zu einer Zeit, wo das Mittelalter als prägende und richtungsweisende Zeit für den aktuellen schweizerischen Staat hoch im Schwange stand, bei Nabholz und Dürr eine wissenschaftlich fundierte Relativierung in der Bewertung des Mittelalters eingesetzt, bei ersterem durch die nüchterne Faktenpräsentation, bei letzterem durch eine implizit geführte, auf breite Kenntnisse abgestützte Diskussion und Relativierung der Finalität des überkommenen Geschichtsbildes. Der Hinweis auf diese beiden Stimmen ist insofern angebracht, als sie bei aller Distanziertheit und Kritik noch durchaus dem Diskurs der nationalgeschichtlichen Historiographie folgen. Diese Sehweise ist bekanntlich in der Nachkriegszeit unter geänderten Fragestellungen und unter Einbezug der modernen mediävistischen Methoden und Forschungsprobleme weitgehend in den Hintergrund getreten[81], schon allein deshalb, weil man den grundsätzlichen Unterschied zwischen moderner Staatlichkeit und mittelalterlicher Herrschaft erkannt hat und eine Gleichsetzung der beiden tunlich vermeidet.

Suchen wir das Ergebnis abschließend zusammenzufassen: Es ist vor allem deutlich geworden, daß die nationale Historiographie ein Geschichtsbild aus modern-nationaler Perspektive konstruiert hat, ein Konstrukt, dessen Hauptmerkmal die Finalität der Geschichte

---

80 l.c., S. 678–692 (IX. Großmachtpolitik, Föderalismus und Demokratie).
81 Zum Stand der schweizergeschichtlichen mediävistischen Forschung: Neuere Gesamtdarstellungen: Handbuch der Schweizer Geschichte. l. Zürich 1972 (PEYER, Hans Conrad, SCHAUFELBERGER, Walter). Geschichte der Schweiz – und der Schweizer. Basel 1982, 1986, 1991 (MARCHAL, Guy P., MORARD, Nicolas). Zur Frühen Eidgenössischen Geschichte: Die Innerschweiz der frühen Eidgenossenschaft. 1. (BLICKLE, Peter, PFAFF, Carl, REINLE, Adolf), 2. (SABLONIER, Roger, MEYER, Werner, MARCHAL, Guy P.). Olten 1990. RÜCK, Peter (Hg.), Die Eidgenossen und ihre Nachbarn im deutschen Reich des Mittelalters. Marburg 1991. SZG 41 (1991): Forschungsberichte zu Verfassungsgeschichte, Wirtschafts- und Sozialgeschichte, Kirchengeschichte, Gründungsgeschichte der Eidgenossenschaft, Agrargeschichte, Institutionengeschichte und Mentalitätengeschichte.

auf den modernen Staat hin ist. Unter diesem Gesichtspunkt kommt in der Historiographie wie im Traditionsbewußtsein der mittelalterlichen Eidgenossenschaft eine entscheidende Funktion zu als Gründungsanlage, die Wesen und Sendung der Schweiz definierte. Diese national orientierte Konstruktion läßt sich durch eine historiographische Reflexion aufdecken. Die historiographische Methode ist wohl der adäquateste Weg, die Funktionen und ideologischen Hintergründe solcher Geschichtskonstruktionen zu erfassen[82]. Die Überprüfung der Geschichte durch die moderne Mediävistik ist in diesem Zusammenhang subsidiär und in ihrer Fragestellung ebenfalls zeitbedingt. Beide Ansätze, der historiographische wie der mediävistische, sollten sich dabei des konstruktiven Charakters auch der eigenen Arbeit bewußt bleiben, der sich schon daraus ergibt, daß sie auf das vorgegebene Bild zu reagieren haben.

Der hier an der schweizerischen Historiographie aufgezeigte konstruktive Charakter trifft nun für jede nationale Geschichtsschreibung zu. Jede Nation hat aus der Vergangenheit ihre Geschichte mit einer jeweils eigenen Entelechie konstruiert und je nach der aktuellen Entwicklung umkonstruiert, wie es für Österreich besonders deutlich zu belegen ist[83]. Dies trifft übrigens in auffallender Weise auch für moderne Kleinstaaten zu, die erst im 19. oder 20. Jh. entstanden sind und die mehr oder weniger ausgeprägt spezifische, auch ins Mittelalter zurückreichende Erinnerungen im kollektiven Gedächtnis pflegen[84].

Im Vergleich zu ihnen stellt der Kleinstaat Schweiz von 1848 insofern eine Besonderheit dar, als der moderne Staat etwa deckungsgleich mit dem alten Corpus Helveticum ist und nicht als Splitter aus einer größeren, geschichtlich gewachsenen staatlichen Einheit mit einer anderen geschichtlichen Tradition herausgebrochen worden ist. Vor allem konnte sich die nationale Geschichtsinterpretation auf ein Geschichtsbewußtsein, das bereits eine lange, bis ins Mittelalter zurückreichende Tradition aufwies, wie auf einzelne historiographische Schöpfungen, die der mittelalterlichen Eidgenossenschaft insgesamt galten, abstützen. Nicht zuletzt hierin liegt der Grund für die besondere Intensität, mit der geschichtliche, und zwar im besonderen Maße auf das Mittelalter bezogene Vorstellungen, die Identitätspräsentation der modernen Schweiz geprägt haben.

Zu Ende des 20. Jahrhunderts, in einer Zeit, wo die europäische Staatenwelt im Westen wie im Osten rapiden Wandlungen unterliegt, die nationalstaatlichen Strukturen Europas sich aufweichen und die Blockverhältnisse sich auflösen in einem Ausmaß, das noch 1989 als völlig undenkbar erschien, Wandlungen, deren Ergebnisse noch nicht abzusehen sind, dürfte die

---

82 Vgl. auch GUENÉE, Bernard, L'Occident aux XIVe et XVe siècles. Les Etats. Nouvelle Clio 22. Paris 19/1. S. 300f.
83 Vgl. künftig besonders: EVANS, Robert, Historians and the State in the Habsburg Lands, sowie WEBER, Wolfgang, The national Tradition in the Historiography of the State in Germany. In: National Traditions in the Historiography of the State. Bibliothèque de l'Ecole de Rome (in Druck).
84 TRAUSCH, G., Un créneau étroit entre l'Allemagne et la France: Le Luxembourg à la recherche d'une conscience nationale (1839–1945). In: DYSERINCK, H., SYNDRAM, K.U., (Hg.), Europa und das Nationale Selbstverständnis, Bonn 1988; BLOCKMANS, W., Die Schlacht von Worringen [1281] im Selbstverständnis der Niederländer und Belgier. In: Blätter für deutsche Landesgeschichte 124 (1988), S. 99–107; STENGERS, J., Le mythe des dominations étrangères dans l'historiographie belge. In: Revue Belge de Philologie et d'Histoire 59 (1981), S. 382–401; BLAAS, P.B.M., The Touchiness of a Small Nation with a Great Past: The Approach of Fruin and Blok to the writing of the History of the Netherlands. In: DUKE, A.C., TAMSE, C.A., (Hg.), Britain and the Netherlands VIII, Clio's Mirror. Zutphen 1985. S. 133–161.

kritische historiographische Reflexion über die nationalen Geschichtstraditionen ein Gebot der Stunde sein. Für die Funktion der Geschichtswissenschaft im Hinblick auf die innere Bewältigung dieses Wandels könnte sich in besonderem Maße das aufdrängen, was František Graus »als eine der großen Aufgaben und Chancen der Historie« bezeichnet hat: »aufmerksam zu machen, daß jede Zeit und jede Ideologie die Tendenz in sich birgt, sich als den Gipfelpunkt der Gesamtentwicklung zu sehen und doch oft sehr bald schon von nachfolgenden Generationen in Frage gestellt wird«[85].

---

85 GRAUS, František, Lebendige Vergangenheit. Überlieferung im Mittelalter und in den Vorstellungen vom Mittelalter. Köln, Wien 1975. S. IX.

Die Prager Universitäten des Mittelalters

Perspektiven von gestern und von heute

VON PETER MORAW

I

František Graus[1] hat an der Prager Karls-Universität studiert und gelehrt. Studiert hätte dort wohl auch der Schreiber dieser Zeilen, sein mährischer Landsmann, wenn die Zeitgeschichte nicht anders entschieden hätte. Graus hat die Schicksalsmacht des Bösen auf das härteste erfahren und reagierte dadurch, daß er zum unentwegten Verfechter nüchterner und skeptischer, ja mitleidlos sezierender Geschichtswissenschaft geworden ist, die bequeme Selbsttäuschung und zählebige Vorurteile entlarvt. Auf die Vergangenheit der eigenen Alma Mater hat er diesen Arbeitsstil nicht angewandt und wollte es vielleicht auch nicht. Schwerlich hätte er aber widerstrebt, wenn ein anderer darum bemüht gewesen wäre. Dieser versucht solches nun in der Gedenkschrift für František Graus, denn für diese war »Ideologiekritisches« erwünscht.

Auch dadurch, daß Graus in seiner Person die traditionelle Konzentration der heimischen Historiker auf die Nationalgeschichte[2] und damit das 19. Jahrhundert überwunden hat, blickte er in diejenige Richtung voraus, in die man auch beim Thema von heute schauen muß. Bisher haben am intensivsten, am dauerhaftesten und mit dem besten Gewissen – selbst in der Diktatur nicht sehr modifiziert – nationale Denktraditionen auch in der Wissenschaft dort ihre Wirkung getan, wo junge nationale Existenzen mit unsicherer Legitimation bestanden haben. Hier war auch der Bedarf an Denkmälern am größten, die im ungewissen Strom der Zeit Orientierung boten, an denen man sich gleichsam festhalten konnte. Diese Funktionen hatten und haben ihren politischen Sinn oder gar Wert und dürften ihn auf absehbare Zeit behalten; aber wenig hilfreich, ja geradezu erkenntnisfeindlich können sie für das Tun des Wissenschaftlers werden. Denn das wissenschaftliche Fragen ist bekanntlich seiner Natur nach bohrend und »zersetzend« und dürfte, wenn es auf das stetige Wiederholen derselben Ansichten stößt, darin weniger deren immer bessere Bestätigung als geradezu das Gegenteil davon erblicken. Jener »Denkmalspflege« wird allerdings auch vieles Positive verdankt, jedenfalls am Anfang einer Fachdiskussion – zum Beispiel die Erarbeitung von Editionen, die aus »negativen« Antrieben viel weniger leicht hervorgegangen wären. Zugewinn an historischer Einsicht wird eben zumeist dem Zusammenwirken von vielen verdankt, auch dem unfreiwilligen.

Das tschechische Volk und seine Geschichtswissenschaft sind nicht arm an Denkmälern, solchen, die dauerhafter scheinen als Erz wie der Hussitismus, und solchen, die zu bestimmten

1 Peter MORAW, Heimat und Methode. Zur Erinnerung an František Graus, in: HZ 251 (1990), S. 283–290.
2 Vgl. z. B. Jiří PEŠEK, Die Geschichtswissenschaft im Lichte der Dissertationen der Prager tschechischen Universität 1882–1939, in: Bildungsgeschichte, Bevölkerungsgeschichte, Gesellschaftsgeschichte in den böhmischen Ländern und in Europa. Festschrift für Jan Havránek, Wien-München 1986, S. 57–70.

Gelegenheiten errichtet oder renoviert wurden, wie das Großmährische Reich oder das Friedenskönigtum Georgs von Podiebrad. Die Frage, die man diesen gegenüber noch stellen könnte, ob es sich um Realitäten oder Phantome handele, scheint indessen dann gegenstandslos zu werden, wenn es um ein körperlich vorhandenes und dazu noch heute »lebendiges« Denkmal geht. Kein Denkmal solcher Art ist – vielleicht abgesehen von der Stadt Prag – so konkret wie die Karls-Universität. Sie kann noch dazu mit einer chronologischen Rekordmarke aufwarten, als die älteste Hohe Schule in Mitteleuropa (1348). Rekorde, ob wirkliche oder später produzierte, sind für die Wirkung von Denkmälern wichtig, und überhaupt möglichst viele und große Erfolge.

Probleme entstehen erst dann, jedenfalls für den außenstehenden Beobachter, wenn die Zahl der Denkmäler so groß und ihre Statur so eindrucksvoll sind, daß der Fluß der allgemeinen Geschichte des Landes womöglich im Zickzack von dem einen zum nächsten geführt werden muß und sie damit in ihrer immanenten Kontinuität Schaden nehmen kann. Bei der Frage, wofür man sich gegebenenfalls entscheiden solle, für die Denkmäler oder für Kontinuität und Konsequenz, hat man immer wieder die erstgenannte Alternative gewählt. So vermochte man Geschichte von Höhepunkt zu Höhepunkt, wenn auch mit eher dünnen Verbindungslinien, zu führen. So stellte sich auch die Situation ein, daß die offenkundig bedeutendste Leistung, die im mittelalterlichen Böhmen vollbracht worden ist, eher wenig galt: die langgestreckte Selbstbehauptung der přemyslidischen Dynastie und ihre Durchformung des Landes. Schon deshalb zeigte man sich hier eher skeptisch, weil diese Leistung jeweils »angepaßt«, das heißt mit wechselnden, vielfach auch nicht-»nationalen« Mitteln erbracht worden ist.

Wie dem aber auch sei, in der Tat dürfte das kompakteste Denkmal der tschechischen Geschichte, über welches ernsthaft Kritisches oder gar prinzipiell Bedenkliches u. W. noch nie geäußert worden ist, die Karls-Universität des Mittelalters sein[3]. Die meisten, die etwas von der Sache verstanden, sind aus der Carolina selbst hervorgegangen und mochten schon deshalb damit zögern. Wir aber hören darauf, was an einer anderen Universität, an der František Graus gelehrt hat, in der Stadt, in welcher Johannes Hus verbrannt worden ist, gesagt wurde: »Nur wenn sie« (die Wissenschaft) »radikal frei ist, in Frage zu stellen, was behauptet wird, kann Wissenschaft zuverlässiges Wissen gewinnen und vermitteln«[4]. Und man mag hinzufügen: Eine freie Gesellschaft kann radikal freie Wissenschaft ertragen.

II

In zwei Punkten läßt sich zusammenfassen, was schon an anderer Stelle[5] an Veränderndem oder gar »Destruktivem« über die mittelalterliche Karls-Universität gesagt worden ist und was den Ausgangspunkt für die hier fortzusetzenden Überlegungen bietet:

---

3 Miloslava MELANOVÁ, Michal SVATOŠ, Bibliografie k dějinám pražské univerzity do roku 1622 (1775–1975), Praha 1979. Ab 1976 vor allem die Zeitschrift »Acta universitatis Carolinae – Historia universitatis Carolinae Pragensis«, zum Wichtigsten auch MORAW, Universität Prag, wie Anm. 5.
4 Hubert MARKL, Das akademische Öko-System, Konstanz 1987, S. 7 (Konstanzer Universitätsreden 159).
5 Peter MORAW, Die Universität Prag im Mittelalter, in: Die Universität zu Prag, München 1986, S. 9–134 (Schriften der Sudetendeutschen Akademie der Wissenschaften und Künste 7). Vgl. DERS., Die Juristenuniversität in Prag (1372–1419), verfassungs- und sozialgeschichtlich betrachtet, in: Schulen und Studium im sozialen Wandel des hohen und späten Mittelalters, hg. v. Johannes FRIED, Sigmaringen 1986, S. 439–486 (Vorträge u. Forschungen 30).

1. Dem bei der Rückschau auf die frühen Jahrzehnte unbewußt oder bewußt gepflegten Harmoniebedürfnis ist der Tatbestand entgegenzustellen, daß es wahrscheinlich vom Anfang an, gewiß seit dem Beginn des wirklichen Funktionierens der Carolina (vor und um 1370) in Prag zwar ein »Studium« im Sinn der zeitgenössischen Privilegierung, aber zwei Universitäten gegeben hat. Es waren diejenige der Artisten-Theologen-Mediziner unter Führung der Artisten und Artisten-Theologen und diejenige der Juristen. Beide Universitäten haben sich im wesentlichen im Konflikt miteinander ausgeformt – so scheint das bisher undiskutiert »harmonisch« verstandene Universitätssiegel ein Kampfsignal der Juristen gewesen zu sein – und haben dann nach einiger Zeit nebeneinanderher gelebt. Dieser Konflikt konnte seine offene Phase hinter sich lassen, war aber prinzipiell, soweit man seinerzeit vorauszusehen vermochte, unüberwindbar; denn er ist zutiefst sozial, das heißt außerhalb des Studiums, begründet gewesen. Erst bei den Tochteruniversitäten[6], von Wien, Heidelberg, Köln und Erfurt an, hat sich in engeren Verhältnissen jenes Vierfakultäten-Modell ausgebildet, das fortan Vorbild für das frühneuzeitliche Mittel-, Ost- und Nordeuropa geworden ist und im 19. Jahrhundert zum wichtigsten Ausgangspunkt der modernen Universität wurde.

2. Dem unbewußt oder bewußt gepflegten Streben nach Erfolgserlebnissen abermals beim Rückblick auf die frühen Jahrzehnte der Carolina ist die Tatsache entgegenzuhalten, daß man nur dann imstande ist, das Fortbestehen des Studiums über die beiden ersten Generationen hinaus zu akzeptieren, wenn man die Urteilskriterien radikal wechselt. Dies ist ein gewiß »politisch« mögliches, nach wissenschaftlichen Maßstäben aber offensichtlich nicht zulässiges Verfahren. Richtig ist es hinzunehmen, daß die alte Carolina als papstkirchlich privilegiertes und dem europäischen Universitätssystem zugeordnetes, in den Augen der Zeitgenossen legitimes Gebilde im Jahr 1417, mit der Aufhebung der Privilegien, ihr Ende gefunden hat. Seitdem konnte man (von einigen Zwischenjahren und Sonderfällen abgesehen) als Normal-Europäer nicht mehr dort studieren. Eine hussitische Universität im Mittelalter ist ein Widerspruch in sich, da sich nun einmal das Hussitentum auf dem Kontinent nicht durchgesetzt hat, sondern eine regional-partikulare Angelegenheit im Gegensatz zu der (im Sinn der Zeit) universalen und nach wie vor kirchlichen Institution »Universität« geworden und geblieben ist.

Es sei hinzugefügt, daß man sich (mit einem ohnehin anachronistischen Vorgriff) nicht ersatzweise auf die Reformation berufen kann, denn wenigstens in Mitteleuropa sind auch die neuzeitlichen protestantischen Universitäten sämtlich legitim gewesen und konnten allgemein akzeptierte Grade erteilen; sie haben nämlich alle – auch noch Göttingen 1734/37 – ein Privileg vom katholischen Kaiser erbeten und erhalten. Sie wußten warum, denn es wäre sonst sinnlos gewesen, sie aufzusuchen, weil man nicht in allgemein anerkannter Weise hätte graduiert werden können. Hier und anderswo, etwa beim Verhalten des Fürstentums, blieb die Mitte Europas auch in der Neuzeit eine legitimistische und wurde keine revolutionäre Welt. Calvinistische Lehranstalten sind nicht Universitäten geworden und konnten nicht graduieren.

Die Carolina läßt sich nach 1417 als regionale Artistenschule verstehen[7]. Im Nahbereich

---

6 Rainer C. SCHWINGES, Le università nei territori dell' Impero, in: Le università (wie Anm. 9), S. 221–255. Beste jüngere Monographie: Erich MEUTHEN, Die alte Universität (Kölner Universitätsgeschichte I), Köln–Wien 1988.

7 František ŠMAHEL, L'Université de Prague de 1433 à 1622: recrutement géographique, carrières et mobilité sociale des étudiants gradués, in: Les universités européennes du XVIe au XVIIIe siècle, 1, Paris 1986, S. 65–88.

dieser unteren, auch sozial gesehen bescheidensten und zuletzt (seit 1409) im Einzugsbereich sehr eng gewordenen, aus diesen Gründen am leichtesten von Europa »abkoppelbaren« Fakultät gab es weiterhin innerböhmisch anerkannte neue Magister, wenn auch vergleichsweise wenige. Die höheren Fakultäten, die im 15., 16. und 17. Jahrhundert das sich modernisierende Europa in ansehnlichem Maß mittrugen und größer wurden, blieben in Prag nicht bestehen. Damit verschwand nicht nur ein weiteres entscheidendes Merkmal einer Universität; auch aus den weiträumigen Verflechtungen der mit den höheren Studien befaßten Führungsgruppen fiel Zentralböhmen, von »Privatinitiativen« abgesehen, heraus. Nur Absolventen einer auswärtigen Universität, die demgemäß wohl immer häufiger wurden, wenn auch anscheinend im nachbarlichen Vergleich nicht häufig genug waren, hatten daran Anteil; sie stammten vom Rand des Landes und aus Mähren.

Nur bei anachronistischer Umwertung der Universitätsgeschichte, nämlich als emanzipatorisch-fortschrittliche Veranstaltung, könnte man die Carolina nach 1417 noch als Universität akzeptieren, und so ist es öfter auch geschehen, wenn man von diesem Problem überhaupt gesprochen hat. Aber dieses Verhalten ist nicht nur wie gesagt unlogisch. Es widerspricht bei unbefangener Lektüre der Quellen, zumal des Dekansbuchs[8] der Artistenfakultät nach 1417, auch dem Befund der Überlieferung. Denn im Prag von damals war man sich im Gegensatz zur modernen Forschung der mißlichen Lage, in die man geraten war, voll bewußt. Keineswegs wollte man nach vorn in die unbekannte Zukunft der Moderne aufbrechen, man klammerte sich vielmehr nach Kräften an Reste alter Legitimität. Es gab interessante Notbrücken und Rettungsversuche, am Ende aber war alles vergeblich.

Auch das Festhalten an Positionen, die in der allgemeinen Universitätsgeschichte inzwischen als eher veraltet gelten, hat es vom nationalen Pathos abgesehen erleichtert, jene beiden unter Nr. 1 und 2 erwähnten Tatbestände zu negieren. Man sollte aber nicht nur das Modernste mutig akzeptieren, sondern dieses auch mit Hilfe des Themas »Carolina« voranzutreiben suchen. Das Interesse in Europa verschiebt sich hin zu übergreifender und vergleichender Universitätsgeschichte und zur Geschichte der Universitätsgebildeten[9]. Aus guten Gründen steht das Sonderdasein einzelner Hoher Schulen nicht mehr so sehr im Zentrum. Aus einer größeren Anzahl einschlägiger Punkte seien auch für jene Neuansätze zwei Aspekte hervorgehoben.

1. Gegenüber der weitverbreiteten, geradezu populären Vorstellung von einem internationalen mittelalterlichen Universitätssystem ist sehr genau zu differenzieren[10]. Privilegien und

---

8 Liber decanorum facultatis philosophicae universitatis Pragensis ab anno Christi 1367 usque ad annum 1585, Pragae 1830 (Monumenta historica universitatis Carolo-Ferdinandeae Pragensis 1).
9 Vgl. besonders das kommende Werk: A History of the University in Europe, vol. 1. The Middle Ages, ed. Hilde DE RIDDER-SYMOENS, Cambridge 1991. Ferner: Le università dell' Europa. La nascita delle università, a cura di Gian Paolo BRIZZI e Jacques VERGER, Milano 1990.
10 Außer wie in Anm. 6 Rainer C. SCHWINGES, Deutsche Universitätsbesucher im 14. und 15. Jahrhundert, Stuttgart 1986 (Beiträge zur Sozial- und Verfassungsgeschichte des Alten Reiches 6). Vgl. auch Hilde DE RIDDER-SYMOENS, Possibilités de carrière et de mobilité sociale des intellectuels-universitaires au Moyen Age, in: Medieval lives and the historian, Kalamazoo 1986, S. 343–357; Jacques VERGER, Géographie universitaire et mobilité étudiante au Moyen Age: quelques remarques, in: Ecoles et vie intellectuelle à Lausanne au Moyen Age, Lausanne 1987, S. 9–23; Rainer C. SCHWINGES, Migration und Austausch: Studentenwanderungen im Deutschen Reich des Späten Mittelalters, in: Migration in der Feudalgesellschaft, hg. v. Gerhard JARITZ u. Albert MÜLLER, Frankfurt–New York 1988, S. 141–155; Harald DICKERHOF, Europäische Traditionen und »deutscher Universitätsraum«, in: Die Bedeutung der Kommu-

das darin begründete anerkannte Graduierungsrecht, also die Unterscheidung von Universität und Nicht-Universität, dann die aus der Graduierung erwachsende, schon nicht mehr ganz unumstrittene licentia ubique docendi, auch Grundzüge des Lehrprogramms, der Ruf von Autoritäten und ihre Handschriften hielten in der Tat die Welt der Hohen Schulen zusammen. Dies geschah im Zusammenhang mit dem einzigen System, das dergleichen zu tragen vermochte, ja zu denken erlaubte, dem System der Papstkirche. Von daher ist aber der Gedankenschritt zu einem im wesentlichen gleichartigen oder gleichrangigen oder gar überall gleichermaßen erfolgreichen Universitätssystem, das man sich am liebsten netzartig vorstellen möchte, keineswegs gestattet. Vielmehr dürften sich hier eher Realitäten oder Wünsche der Wissenschaftler von heute in idealisierter Form Ausdruck verschafft haben als der Quellenbefund. An diesem Punkt bedarf es einer erbarmungslosen Revision anhand der Tatsachen. Viele heute schon bekannte Fakten weisen unseres Erachtens eindeutig darauf hin, daß man die Worte »Studien-Freiheit«, »Internationalität«, »Austausch«, »breites Angebot« und dergleichen, auch wegen ihrer modernen Assoziationen, für das Mittelalter streichen sollte.

Ersetzen wird man dieses Bild durch die nüchterne Beobachtung bestimmter, ganz weniger, eigentlich nur von zwei Zentren und von viel Peripherie und durch die Beobachtung von einer bestimmten, durchaus nicht beliebig großen Zahl von Straßen, die häufig oder gar zumeist Einbahnstraßen waren, gerade wenn sie Ländergrenzen überquerten; diese Straßen waren also keineswegs beliebig oder auch netzartig angeordnet. Mitnichten hat irgendeine geheimnisvolle Instanz ein großes Angebot für Bildungshungrige über Europa hinweg bereitgestellt, aus dem jeder hätte frei wählen können oder auch nur wählen wollen. Ziemlich klare Vorgaben und Lebensinteressen, viel eher »soziale« Motive als »wissenschaftliche«, entschieden statt dessen über den Weg von einem Punkt zum anderen. Daß man sich »vernünftig« verhalten hat, darf man schon wegen der vielfach hohen Kosten vermuten, abgesehen vielleicht von denen, die ohnehin nur die adelige Kavalierstour machten. Noch präziser sollte man sich sogar verschieden zu klassifizierende Straßen vorstellen, solche für die Feinen und für die Armen und für die Durchschnittlichen. Der Verkehr auf diesen Straßen verlief angesichts der Individualität so vieler Beteiligter erstaunlich regelhaft, die Zahl der Besonderheiten war eher klein. Gegen das allgemeine Zivilisationsgefälle oder bildlich gesprochen gegen den Wind, der beharrlich von Süden nach Norden und von Westen nach Osten blies, war seinerzeit für Universitäten Boden zu gewinnen schwer; daß man entgegen diesem Gefälle Quantitäten und Qualitäten auch für die Peripherie statt für die Zentren ohne Beweis einfach beansprucht, sollte immer weniger zulässig sein. »Demokratisierung« würde hier am falschen Platz stattfinden.

Andererseits sollte man mehr Mut haben: bei Italienern zum Beispiel, die sich an zentraleuropäische Universitäten »verirrt« haben, mag man die Möglichkeit ins Auge fassen, daß es sich statt um Kapazitäten, wie man immer denkt, um Gescheiterte oder Abenteurer handeln könnte, die zu Hause, wo sie eigentlich hingehörten, keinen Erfolg gehabt hatten. Andernfalls bliebe das Mittelalter die einzige Phase der Universitätsgeschichte, in welcher es dergleichen nicht gegeben haben würde.

2. Der Begriff des mittelalterlichen »Studenten« ist am besten aufzugeben[11]. Denn er faßt in

nikation für Wirtschaft und Gesellschaft, hg. v. Hans POHL, Stuttgart 1989, S. 173–198 (VSWG Beiheft 87), und Jürgen MIETHKE, Die mittelalterlichen Universitäten und das gesprochene Wort, München 1990 (Schriften des Historischen Kollegs, Vorträge 23).
11 SCHWINGES, Universitätsbesucher, wie Anm. 10.

irreführender Weise Personen zusammen, die in mehrfacher Hinsicht grundverschieden beschaffen waren und sich grundverschieden verhalten haben. Der Terminus »Universitätsbesucher« könnte, sofern ein umfassender Ausdruck notwendig scheint, an diese Stelle treten. Das gleiche Problem besteht bei den Lehrern und damit zum dritten, was bisher am deutlichsten wahrgenommen worden ist, bei der gegenseitigen Abgrenzung von »Studenten« und »Lehrern«. Die alte Carolina, die zwei sehr verschiedenartige Modelle mittelalterlichen Studien- und Lehrverhaltens zusammenzuführen genötigt war (und deshalb nicht zur Einheit finden konnte), ist nur verständlich, wenn man mit allen Konsequenzen voneinander trennt den Studierenden einerseits, der sich nur bei den Artisten (und danach vielleicht bei den Theologen oder Medizinern) aufhielt, und den Juristen andererseits, der zuvor bei den Artisten (oft ohne Graduierung) geweilt haben mag oder auch nicht. Diese beiden Gruppen hatten nach Alter, Herkunft, Besitz usw., das heißt zusammengefaßt nach ihrem Status, wenig miteinander zu tun. Es war so wenig, daß man für Prager Verhältnisse den Lehrer und Inhaber des höchsten Grades der Artisten, den Magister, in Parallele zu setzen hat mit dem »einfachen« Scholaren der Juristen und im Zweifelsfall sogar diesem den höheren Rang gegenüber jenem zubilligen sollte. Andere Typen kann man für den Zweck dieser Abhandlung zurücktreten lassen.

Auch unter solchen, zuletzt sozialen Aspekten sollte man mit der Vorstellung von einer Mannigfaltigkeit beim mittelalterlichen Universitätsbesuch sehr zurückhaltend sein, wenn dabei stillschweigend Durchlässigkeit und Mobilität mitgedacht werden. Am häufigsten dürfte es sich – jedenfalls solange die alte Carolina bestand – so verhalten haben, daß schon vor Studienbeginn feststand, in welche der beiden Hauptgruppen der Adept gehörte. Im und durch das Studium dürfte sich an der Gruppenzugehörigkeit zumeist nichts geändert haben. Durch solche Erwägungen gewinnt auch der vordergründig »politisch« oder »national« erscheinende spätere Kampf »fortschrittlicher« Prager Magister gegen das »konservative Establishment«, das sich bei den Juristen konzentrierte, eine neue Dimension. Wesentlicher Teil des sozialen Besitzstandes war die unterschiedliche Legitimierungsbeziehung, die auf der einen Seite nach Paris, auf der anderen nach Bologna wies. Vor allem die Richtung nach Süden war etwas Fundamentales und blieb als maßgebliche Orientierung und eben auch Legitimierung bestehen, selbst wenn die Juristen in Oberitalien und in Böhmen gänzlich verschiedenen Lebenswelten angehörten.

Auch die allgemeinhistorische »Relevanz« jener beiden Gruppen war grundverschieden. Bei den Artisten fragt man am fruchtbarsten wohl nach ihrem Wirken als Ferment der Alphabetisierung und Verschriftlichung zumal im städtischen Milieu, also nach einem langsam und grundlegend verändernden »Basisprozeß«. Bei den Juristen ging es um Führungspositionen in »Staat« und Kirchen im zweiten Rang, hinter den nach wie vor besonders durch Geburt und zusätzlich unter Umständen auch durch Besitz ausgewählten Führungskräften ersten Ranges. Angesichts der Modernisierung der Welt, die freilich in Mitteleuropa eigentlich erst im 15. Jahrhundert in der Breite einsetzte, wurden Juristen unentbehrliche Experten, die die führenden Adeligen nach und nach partiell zu Dilettanten machten[12]. Ein Land fast ohne gelehrte Juristen klassischen Stils, wie das hussitische Zentralböhmen nicht lange nach dem Ende der alten Carolina bis in die habsburgische Zeit hinein, war ein merkwürdiges, nicht mehr

---

12 Vgl. den Sammelband: Die Rolle der Juristen bei der Entstehung des modernen Staates, hg. v. Roman SCHNUR, Berlin 1986.

ganz zeitgemäßes Gebilde. Gewaltige Unterschiede in der europäischen Juristendichte waren allerdings der Normalfall, etwa zwischen Frankreich und Deutschland. Es handelte sich hierbei faktisch um ein Stück Zivilisationsgefälle. Denn solche Unterschiede dürften ziemlich direkt proportional zum Grad der Urbanisierung, Schriftlichkeit und Differenzierung der höheren und mittleren Gesellschaftsschichten gewesen sein.

III

Die vier angeführten Punkte können zusammengenommen als Ausgangssituation für zwei weitere Schritte dienen, mit deren Hilfe im folgenden das neue Bild von der alten Carolina weiter ausgestaltet werden soll.

1. Gern klammert man sich im europäischen oder gegebenenfalls auch inneren Wettbewerb der Länder mit alten Universitäten an ein absolut gesetztes Anfangsdatum, ohne genauer die Frage nach den Realitäten dieses Anfangs zu stellen. Nationaler und lokaler Ehrgeiz waren und sind stärker als wissenschaftliche Neugier und können zu krassen Verzerrungen führen. In etwas paradoxer Weise waren solche Verzerrungen auch Folge der »Demokratisierung« des europäischen Wissenschaftsbetriebs nach dem Zweiten Weltkrieg, als die Kongreßteilnahme möglichst vieler Länder wichtiger schien als die Frage, was sie denn wirklich beizutragen hätten. So ist auch das ältere europäische Städtewesen viel »gleicher« geworden, als es im Mittelalter war, was in der nächsten oder übernächsten Generation wieder mühsam rückgängig zu machen sein wird. Zur historischen Wirklichkeit gehören eben auch Quantitäten und Proportionen und damit Ungleichheiten, und zwar an maßgeblicher Stelle: Florenz hat es nur einmal gegeben. Ganz ähnlich wie bei den Städten ist die Lage bei den Universitäten.

Das Prager Datum von 1348 wird für seinen Zusammenhang, das heißt für die päpstliche Privilegienpolitik und den dynastischen Ehrgeiz der Luxemburger, bestehen bleiben; aber daneben stellt sich die Frage nach dem wirklichen Beginn. Es kommt dabei nicht auf irgendwelche Anfänge, sondern auf solche mit jenem Niveau an, das man bei italienischen und französischen oder auch englischen Universitäten als selbstverständlich voraussetzt. Sonst mißt man wieder einmal nicht mit dem gleichen Maßstab. Dieses Niveau faßt man am besten bei der Graduierung, und zwar in erster Linie bei der Graduierung in den höheren Fakultäten[13]. Sie bezeugt gleichzeitig mehreres auf eindeutige Weise: das allgemeine Anerkanntsein der Universität, die Anwesenheit von genügend formal qualifizierten Lehrern (Doktorenkollegium) und die Anwesenheit einer gewissen Zahl von Scholaren (es gab stets mehr Ungraduierte als Graduierte). Zu unterscheiden sind bei diesen solche Studierende, für die die Graduierung erstrebenswert schien, weil sie aus der Nähe kamen und sich nur dieses Nahstudium leisten konnten, und solche, die bereit waren, sich am entsprechenden Ort graduieren zu lassen und nicht anderswo, obwohl sie unter verschiedenen Plätzen hätten wählen können. Diese Gruppe sagt mehr aus als jene. Schließlich ist auch noch an solche zu denken, die eigentlich (zumal aus geographischen Gründen) hätten kommen müssen und doch nicht kamen.

Durch die beiden letztgenannten Gruppen erst wurde der Ort einer Universität im europäischen System bestimmt, Zulauf aus der Nähe (auf öfter bescheidenem Niveau) gab es überall. Unter diesen Aspekten zeigt sich nun, daß – wie nach vernünftiger Überlegung zu

---

13 Näheres dazu unten in Teil IV.

erwarten – auch die Carolina nicht wie ein strahlender Stern rasch aus dem Dunkeln emporgestiegen ist, sondern eine langwährende und offenbar mühsame Anfangszeit hinter sich gebracht hat. Auch an dieser Stelle sollte man von der gut begründeten Annahme sprechen, daß eines der beiden Hauptmotive[14] für die extreme Großzügigkeit der päpstlichen Privilegierung des kommenden Studiums wohl die Vermutung war, es würde ohnehin nicht zustande kommen. Auch wenn man keine Statistik geführt hat, war doch wohl an der Kurie in den Grundzügen bekannt, daß in den letzten Generationen die große Mehrzahl der Anläufe gescheitert war, und zwar nicht selten an günstigeren Standorten als in Prag[15].

So ist es in der Tat realistisch, fast zwei Jahrzehnte verstreichen zu lassen, bis man mit dem Dekansbuch der Artisten (1367) zunächst auf dieser untersten »Ebene« einen gut dokumentierten Anfang setzt[16]. Knapp vorausgegangen war der von der Hofkanzlei angestellte Vergleich mit der Noch-Nicht-Universität Erfurt, der für die Prager Artisten nicht sehr schmeichelhaft ausfiel (1366)[17]. Hierher gehört auch die Gründung des Allerheiligenstifts und des Karlskollegs (1366), angeregt wohl durch die (noch längere Zeit wenig erfolgreiche) Konkurrenz in Wien (1365), so daß man insgesamt gesehen die Konsolidierung des Prager Artistenstudiums in die zweite Hälfte der sechziger Jahre setzen wird.

Ein Hauptargument gegen eine solche »Spätdatierung« war bisher das am Anfang der Prager Juristenmatrikel[18], der ersten vollständig erhaltenen Universitätsmatrikel, niedergeschriebene (wenn auch später nachgetragene) Datum von 1361 für die ersten Bakkalarspromotionen. So war man gezwungen, eine wenn auch sehr schwach belegte Vorgeschichte bei den Artisten bis in die späten fünfziger Jahre hinein zu postulieren. Das Datum von 1361 hält jedoch der prosopographischen Nachprüfung nicht stand. Soweit personengeschichtliche Daten der ersten Bakkalare der Juristen bekannt sind, weisen sie ausnahmslos darauf hin, daß man diesen Anfang etwa ein Jahrzehnt später datieren muß, wohl 1371, vielleicht 1370 (aber nicht früher), vielleicht auch erst (jedoch ist dies unwahrscheinlich) 1372[19].

---

14 Das andere war der dynastische Ehrgeiz der Luxemburger.
15 Vgl. auch Jacques VERGER, Nuove fondazioni universitarie tra XIII e XV secolo, in: Le università, wie Anm. 9, S. 193–219.
16 Liber decanorum, wie Anm. 8, S. 13, vgl. S. 18. Vgl. Hana VÁCLAVU, Počet graduovaných a negraduovaných studentů na pražské artistické fakultě v letech 1367–1398 a jejich rozdělení podle původu do univerzitních národů, in: Acta universitatis Carolinae – Historia universitatis Carolinae Pragensis 17,1 (1977), S. 7–32.
17 MORAW, Universität Prag, S. 85; vgl. Sönke LORENZ, Studium Generale Erfordense, Stuttgart 1989.
18 Album seu matricula facultatis juridicae universitatis Pragensis ab anno Christi 1372 usque ad annum 1418, Pragae 1834 (Monumenta historica universitatis Carolo-Ferdinandeae Pragensis II). Zur Juristenuniversität MORAW, wie Anm. 5; seitdem auch Jiří KEJŘ, Sbírka projevů z doby rozkvětu pražské právnické univerzity, in: Acta universitatis Carolinae – Historia universitatis Carolinae Pragensis 29,2 (1989), S. 15–69; im allgemeinen: Helmut COING, Die juristische Fakultät und ihr Lehrprogramm, in: Handbuch der Quellen und Literatur der neueren europäischen Privatrechtsgeschichte, hg. v. DEMS., Bd. 1, München 1973, S. 39–128, sowie Dietmar WILLOWEIT, Das juristische Studium in Heidelberg und die Lizentiaten der Juristenfakultät von 1386 bis 1436, in: Semper apertus, Bd. 1, Berlin usw. 1985, S. 85–135.
19 Album, wie Anm. 18, S. 9 (das Jahr 1361 ist zweimal genannt). Einen Teil der Bakkalare, die angeblich 1361 und danach dazu geworden sind, kann man personengeschichtlich verfolgen: Thordo/Turdo aus Schweden, ausdrücklich als »primus« der Bakkalare bezeichnet, ist erst 1367 magister artium geworden (Liber decanorum S. 134, 138–140, 144–146, 155, 158); Jacobus »Aristoteles«, der an fünfter Stelle genannte, wurde im gleichen Jahr erst Bakkalar der Artes (ebd. S. 135), zu Magister Nikolas von Heiligenbeil vgl. ebd. S. 140, 156, usw. Fest steht, daß allermindestens sechzehn Personen vor 1376 oder spätestens 1376 zu

Die Konsequenzen dieser Neudatierung sind nicht unerheblich. Man kann zunächst erstmals die Geschichte der Juristen-Scholaren ohne Schwierigkeiten mit der schon erarbeiteten Geschichte ihrer Lehrer[20] zur Deckung bringen; bisher bestand eine Diskrepanz. Am Anfang gab es hier eine Phase mit zwei wohl nur kurzzeitig tätigen italienischen Doktoren und mit zwei wohl dauernd lehrenden Einheimischen. Diese wiesen aber nur den artistischen Magistergrad auf und galten darüber hinaus, wie häufig in der noch so wenig entwickelten ersten Jahrhunderthälfte bei uns üblich, als »iuris periti«. Das Datum der Wende war 1369 mit dem Auftreten des ersten deutschen Doktors des Kirchenrechts, Wilhelm Horborchs aus einer Hamburger Großbürgerfamilie. Es handelte sich wohl um ein Teilstück der Bemühungen Karls IV., dem Studium endlich aufzuhelfen, und ist vermutlich im Zusammenhang mit dem bald kommenden offiziellen Beginn der Juristenuniversität von 1372 und der Schaffung eines Juristenkollegs zu sehen; denn Wilhelm war als einziger der Prager Rechtslehrer nachweislich herrschernah. Er hätte wohl sonst kaum sein einträgliches Zusammenwirken mit der Kurie und mit deren Steuererhebung allein für eine noch ziemlich zweifelhafte Planung aufgegeben; zum Papst kehrte er auch 1375 wieder zurück. Paul von Janowitz, 1369 als Lizentiat bezeugt und 1371/72 als Doktor, etwa gleichzeitig Matthias von Muttersdorf und der 1372 als erster in Prag promovierte Doktor, Kunso von Třebovel, passen mit dem neuen Datum von wohl 1371 für den Beginn der Bakkalarspromotionen gut zusammen.

Bedeutsamer sind die Folgerungen für die europäische und die gesamtdeutsche Universitätsgeschichte.

Am geringsten wiegt noch der dadurch erbrachte zusätzliche mittelbare Hinweis auf die Realitätsferne und Gegenstandslosigkeit des Krakauer Anfangs von 1364[21]. Er kann nur Gedankenspiel weniger Leute gewesen sein, insofern und gerade weil er die exzentrische Akzentuierung auf die Legistik aufwies, da doch selbst die Prager bloße Kanonistik in den sechziger Jahren, unter viel günstigeren Bedingungen als an der Weichsel, so wenig Erfolg hatte. Die knappen und kurzzeitigen Belege für Krakauer artistische Aktivitäten nach dem Ausbruch des Schismas genügen, wie in Prag nach 1417, ohne eine arbeitsfähige höhere Fakultät nicht für den Nachweis einer Universität. Erst die Gründung von 1400 nach Prager Vorbild wirkte sich aus.

Von größerer Wichtigkeit ist die Einsicht, daß die wirklich funktionierende und europäisch vergleichbare, nicht zum Teil als Wunschbild behandelte deutsche Universitätsgeschichte, was ihre Anfänge betrifft, nun enger zusammenrückt als bisher: mit den Daten Prag vor und um 1370, Wien 1384/85 (nicht schon 1365), Heidelberg 1386, Köln 1388 und Erfurt 1392. Sie ist also deutlich später anzusetzen, als Optimisten glauben, so daß die Verzögerung im »Jüngeren Europa« gegenüber dem Süden und Westen des Kontinents noch besser zur Geltung kommt.

Bakkalaren promoviert worden sind. Denn die Liste mit den sicheren Daten beginnt 1377 (S. 9) mit dem siebzehnten Namen. Das Bakkalariat des Kirchenrechts setzte normalerweise vier Jahre juristischen Studiums voraus. Nach drei weiteren Jahren war der Rang eines Lizentiaten erreichbar. Dieser Grad oder gar die Doktorpromotion kommt (vgl. Album S. 1 f.) für die Datierung der Anfänge ohnehin nicht in Frage. So wird übrigens auch klar, weshalb in der Hofkanzlei Karls IV. nur ein einziges Mal ein Notar mit Prager Studium nachweisbar ist (MORAW, Juristenuniversität, wie Anm. 5, S. 482), der freilich auch in Bologna war (vgl. dazu unten Teil IV), während allein von 1381 bis 1385 mindestens sieben Kanzleibeamte König Wenzels in Prag studiert haben.

20 MORAW, Juristenuniversität, wie Anm. 5, S. 462 ff., auch zum Folgenden.
21 Dzieje universitetu Jagiellonskiego w latach 1364–1764, tom 1, red. Kasimiercz LEPSZY, Kraków 1964.

Das Schisma von 1378 gewinnt als Zäsur der Universitätsgeschichte diejenige fundamentale Bedeutung, die der Rolle der Kirche und des Papstes in unserem ganzen Zusammenhang (wenigstens nördlich der Alpen) in der Tat entspricht. Waren die ersten Prager Anfänge abgesehen vom Privilegienbereich mit dem Herrschertum wenig verbunden, so hat Karl IV. für den realen Beginn um 1370 offenbar am meisten bewirkt. Davon zeugt bei unbefangener Betrachtung auch die gesamte Verteilung der urkundlichen Belege vor 1378. Nach diesem Datum waren für die Breite der Universitätsgeschichte Mitteleuropas nicht mehr der König, sondern die fürstlich-städtischen Kräfte in der gänzlich gewandelten Situation des erpreßbar gewordenen gespaltenen Papsttums zuständig. Manche weiteren Details, wie die Idee von der Verlegung der Pariser Universität aus dem schismatisch gewordenen Frankreich nach Frankfurt am Main (1384)[22], gehören in den gleichen Zusammenhang. Dies geschah genau zur gleichen Zeit, als die Carolina in die erste Krise stürzte, als auch bei ihr nämlich der Eintritt in das regional-territoriale Zeitalter der Universitätsgeschichte nach der kurzen Stunde vorfiel, die man vom universalen Zeitalter der Universitätsgeschichte vor 1378 hatte miterleben dürfen. Die Blüte in Prag war erschreckend kurz, die Gipfelzeit währte nach Besucherzahlen gemessen gerade zehn Jahre, mit einem Umfeld von je einem weiteren Jahrzehnt nach vorn und nach hinten[23]. Dann kam ein steiler Abfall bis zur Katastrophe, so wie der erste Anfang seit der Gründung mühselig gewesen war.

Berücksichtigt man zuletzt noch die Quantitäten und die Dauer des Erfolgs, so treten Wien und in mancher Hinsicht noch vor ihm Köln viel deutlicher als bisher hervor. Der Anfang von Köln allein mit zwanzig Magistern der ersten Stunde, von denen siebzehn schon zuvor an Kölner Kirchen bepfründet worden waren, spricht ganz klar davon[24], und die großen Zahlen der Folgezeit bezeugen nicht minder, daß Urbanität und Prosperität von Stadt und Umland auf lange Sicht entscheidende Faktoren der Universitätsgeschichte waren, damals wie heute. Zum breiten Kölner Angebot in der Legistik vom Beginn an gab es im übrigen Deutschland und in Osteuropa mit Ausnahme von Löwen, das der gleichen Landschaft wie Köln angehörte, nicht die mindeste Parallele, jedoch in Orléans. Das im 14. Jahrhundert offenbar beträchtliche ökonomische Übergewicht des Niederrheins gegenüber den anderen deutschen Landschaften – wohl nicht sehr durch die große Wirtschaftskrise verringert – dokumentiert sich auch hier. Köln lag westlich des Rheins, wie Wien südlich der Donau. Beide Plätze weisen die fortdauernde Überlegenheit des »Älteren Europa« mit seiner zuletzt antik verwurzelten, vielfältig kumulierten Vergangenheit gegenüber dem »Jüngeren Europa« nach. Das besondere dynastische Experiment in Prag war so lange erfolgreich, als die große Dynastie nachdrücklich mittat. Danach waren die »Anomalie« des Voraneilens erledigt und die mitteleuropäische Normalchronologie gleichsam wiederhergestellt.

---

22 Konrad BUND, 1436–1986. 550 Jahre Stadtarchiv Frankfurt am Main, Frankfurt a. M. 1986, S. 86 (Mitteilungen aus dem Frankfurter Stadtarchiv 3).
23 František ŠMAHEL, Pražské univerzitní studentstvo v předrevolučním období 1399–1419, Praha 1967 (Rozpravy Československé Akademie věd, Řada společenských věd, R. 77, S. 3); DERS., The Kuttenberg Decree and the withdrawal of the German students from Prague in 1409: A discussion, in: History of universities 4 (1984), S. 153–166; MORAW, Universität Prag, wie Anm. 5, S. 107 ff.
24 MEUTHEN, wie Anm. 6, S. 58 f. (In Prag sind 1362 insgesamt sechs, 1365 fünf und 1366 acht Magister bezeugt, vgl. MORAW, Universität Prag, S. 84).

IV

2. Als von den Eigenschaften des mittelalterlichen Universitätsbesuchers die Rede war, ist der Tatbestand angeklungen, daß die Hohen Schulen zur gleichen Zeit für verschiedene Gruppen verschiedene Funktionen auszuüben vermochten. Dies galt auch oder gar besonders für die Carolina des 14. Jahrhunderts. Hier interessiert nicht ihre spezifische Rolle für den Nahbereich, zumal für Böhmen. Vielmehr geht es um die Frage, ob die weit verbreitete Vorstellung zutrifft, daß die Breitenwirkung einer Universität verhältnismäßig gleichmäßig und abgerundet beschaffen gewesen sei und daß daher im abendländischen Europa solche Anstalten nebeneinander gleichsam flächendeckend gewirkt hätten, daher auch ungefähr gleich bedeutsam gewesen seien. Wir werden sehen, daß diese Auffassung ebensowenig zutrifft wie andere hier schon diskutierte Annahmen.

Am besten ist es, sich für die Klärung dieser Frage auf den Extremfall der feinsten »Kunden« des Prager Studiums zu konzentrieren, auf die graduierten Juristen, also auf die »Crème« der oberen der beiden Hauptstufen, von denen gesprochen worden ist. Schon bei den Juristen insgesamt handelte es sich um Scholaren, die vielfach bereits vor Studienbeginn bepfründet gewesen waren und sich noch mehr nach dem Studium gute Chancen für günstige oder gar führende Positionen erhoffen durften. Es handelte sich auch um verhältnismäßig wohlhabende Leute. Die an und für sich nicht geringe Zahl der Prager juristischen »pauperes«, etwa zwanzig Prozent, ist dergestalt der sozialen Auslese unterzogen worden, daß nur ein einziger Pauper einen akademischen Grad erlangt hat. So war es in der Tat nach zeitgenössischen Maßstäben die Elite der Universitätsbesucher, 309 Personen, die mit ihren Examensdaten wohl zwischen 1371 (siehe oben) und 1416 klar abgrenzbar ist[25].

Im Unterschied zur älteren Forschung sollte man noch eine zweite Zuspitzung oder diesmal besser Richtigstellung vornehmen. Für unser Fragen ist nicht zweckmäßig, was für die »Innenpolitik« der Universität voll ausreicht: das Schlußergebnis der Scholarenstatistik schon nach dem Abzählen der einzelnen »Nationen« und nach deren geographischer Fixierung zu formulieren. Vielmehr scheint es nötig, den Entwicklungsstand der jeweils angesprochenen Regionen, das heißt vor allem deren Bevölkerungszahl und -dichte und Urbanität, deren »historisches Alter« und allgemeine Durchgestaltung aller Lebensumstände, als Bezugsbasis maßgeblich zu berücksichtigen. Man darf sich dabei nicht dadurch beirren lassen, daß solche Feststellungen schwierig sind und bisher nur in ganz grober Annäherung getroffen werden können[26]. In der Zukunft, die auch für diesen Fall nicht vorweggenommen werden kann, wird man dies eben lernen. Viel schlimmer, eigentlich unverzeihlich wäre es, mit Universitätsbesucherzahlen aus Brabant und aus Ungarn so umzugehen, als ob sie einem gleichartigen »Hintergrund« entstammten und nicht vielmehr solchen Landschaften, die sich in vieler Hinsicht vielleicht eher um den Faktor zehn unterschieden haben. Dabei fließt eine Voraussetzung ein, die vorerst nur punktuell plausibel gemacht werden kann und noch nicht im strengen Sinn beweisbar ist: Man ging abgesehen von den Nahzonen der Universitäten zum Studieren – und zwar gerade in den anspruchsvollen Fächern – ungefähr proportional zur Bevölkerungsdichte und zum Entwicklungsstand der entsprechenden Region.

---

25 Vgl. dazu die Gießener Magisterarbeit (1990) von Heike Pietsch, Die graduierten Juristen an der mittelalterlichen Universität zu Prag. Demnach sind 8,7 % der Immatrikulierten graduiert worden.
26 Vgl. Peter Moraw, Über Entwicklungsunterschiede und Entwicklungsausgleich im deutschen und europäischen Mittelalter. Ein Versuch, in: Hochfinanz. Wirtschaftsräume. Innovationen. Festschrift für Wolfgang von Stromer, Trier 1987, Bd. 2, S. 583–622.

Wo man am wohlhabendsten war, vermochten mehr Väter als anderswo auch jüngere Söhne aufwendig zu versorgen und war man auch am besten informiert. Dies ist eine Annahme, die sich zum Beispiel durch den Vergleich der Juristenzahlen aus Frankreich und Deutschland im späteren 14. Jahrhundert und um 1400 wahrscheinlich machen läßt; die krasse Überlegenheit Frankreichs dürfte niemanden überraschen[27].

Betrachtet man unter solchen Voraussetzungen die Graduierten der Prager Juristenuniversität geographisch, so zeigt sich ein auf den ersten Blick erstaunliches Bild: Die Situation außerhalb der Nahzone stellt geradezu ein Negativbild dessen dar, was man bei proportionaler Verteilung von Graduiertenzahl und vermutetem Entwicklungsstand für die einzelnen Regionen erwarten mochte. Erwarten sollte man, vor allem bevor wirkliche Konkurrenz in Deutschland wirksam wurde, ein deutliches Übergewicht der Zahlen aus dem Westen, vom Rhein, besonders vom Niederrhein, sodann aus Südwestdeutschland, dann aus bestimmten Gegenden Mitteldeutschlands und Österreichs. Aber so verhielt es sich nicht. Die meisten Graduierten kamen aus dem Küstenbereich von Nord- und Ostsee, der eine von Westen nach Osten deutlich abnehmende, sehr rasch unterdurchschnittlich werdende Bevölkerungs- und Städtedichte aufgewiesen haben dürfte. Extrem wenige Graduierte kamen vom Rhein und noch weniger aus dem Südwesten. Von jenen Scholaren stammten noch die relativ meisten vom Niederrhein, dessen durchschnittliche Bevölkerungsdichte und Urbanität die deutlich höchste in Deutschland gewesen sein wird. Von diesem Vorsprung aus geurteilt, waren es auf jeden Fall viel zu wenige, die zur Graduierung an die Moldau kamen[28].

An zwei Punkten kann man – in ganz knapper Form – hilfreiche parallele Feststellungen machen:

1. Immer ist man, beginnend mit der zeitgenössischen Historiographie und endend in der jüngsten Forschung, auf den Zulauf von Ausländern nach Prag stolz gewesen. Von diesen sind auch einige bei den Juristen graduiert worden, mit einem Anteil von etwa fünf Prozent. Ordnet man indessen diese Ausländer entwicklungsgeschichtlich, so stellt sich mit nahezu mathematischer Exaktheit heraus, daß von jenseits der Grenzen des nordalpinen Reiches nur Leute aus dem »Jüngeren Europa« gekommen sind: aus Skandinavien, Polen und Ungarn, womöglich bei den Nichtgraduierten und den Artisten auch Schotten. Praktisch kein Franzose im politischen Sinn, kein Engländer oder gar Südeuropäer war darunter[29]. Denn diese hätten sich sozial verschlechtert, Studien und Graduierungen an höherrangigen Universitäten lagen ihnen in jeder Hinsicht viel näher. Ein Übergangsgebiet zu diesem »Älteren Europa« gab es allein am Niederrhein, der – als eine besonders hochentwickelte Landschaft – im Juristenmilieu an und für

---

27 Vgl. zu solchen Unterschieden DERS., Careers of Graduates, in: A History, wie oben Anm. 9, S. 244–279.
28 Graduiertendaten nach PIETSCH: 36,2 % Sächsische Nation, 26,1 % Böhmische Nation, 21,6 % (schlesisch-)Polnische Nation und nur 16 % (rheinisch-)Bayerische Nation. Der Anteil des Bistums Kammin war beispielsweise ebensogroß wie derjenige des Erzbistums Mainz. – Die Herkunft der Neubürger der Prager Altstadt 1324–1393 war gänzlich anders beschaffen, nämlich mit den größten Zahlen aus Wien, Regensburg und Nürnberg, auch aus Salzburg, Passau, Augsburg und Zittau, jedenfalls vor allem (von Prag aus gesehen) aus dem Süden, dem Westen und aus dem nahen »Norden«, d. h. von der mittleren Elbe bis in die Höhe von Halberstadt, während der eigentliche Norden praktisch leer blieb. Vgl. František GRAUS, Die Handelsbeziehungen Böhmens zu Deutschland und Österreich im 14. und zu Beginn des 15. Jahrhunderts, in: Historica 2 (1960), S. 77ff. (mit Karte).
29 Für die graduierten Juristen nach PIETSCH, sonst Beobachtungen des Verfassers.

sich nach Westen orientiert war. Er gehörte aber eben doch großenteils dem Reich an und zeigte daher – sowie wohl aus sprachlichen Gründen – ein gewisses Interesse, solange die Carolina blühte. Aber wie schon erwähnt, handelte es sich beim Prager Anteil offenbar um einen sehr bescheidenen Ausschnitt aus der Gesamtzahl der Juristen dieser Region.

2. Sieht man zur Analyse des Wandels im Zeitablauf auf graduierte und auf nichtgraduierte Prager Juristen im Vergleich der vier »Nationen«, so zeigt sich, daß jene Attraktion der Carolina nach dem Jahrzehnt der Blüte gerade für den Westen des Reiches am raschesten dahinschwand. Trotz des dadurch eintretenden relativen Zuwachses für die weiter östlich und nördlich gelegenen Herkunftsbereiche verringerte sich darüber hinaus nicht viel später auch die Anziehungskraft der Universität gegenüber Adeligen und Wohlhabenden im allgemeinen. Dies geschah, obwohl die altertümlichere Sozialstruktur des Ostens und Nordens im Vergleich zum urbanen Westen einen deutlich höheren Anteil an vornehmen Studenten mit sich gebracht hatte. Parallel hierzu vollzog sich der soziale Abstieg des Rektorats der Juristen[30].

Aber ist dies alles wirklich eine Überraschung? Hat man sich nicht nur gegenüber vernünftigen Erwartungen vom lokalen Ehrgeiz ablenken lassen? Die einheimische Forschung hat festgestellt, daß aus den modernsten Landschaften des spätmittelalterlichen England, aus dem Süden und Südosten der Insel (mit London), deutlich weniger Studierende nach Oxford und Cambridge zogen, als dies die Bevölkerungsverhältnisse hätten erwarten lassen[31]. Auch hier hat man wohl vorerst nicht oder viel weniger mit Studienabstinenz zu rechnen, die erst eingehend zu begründen wäre, als mit einem anderen Phänomen: Man ging eben anderswohin, und zwar vermutlich deshalb, weil man sich dieses leisten konnte und weil man über Alternativen besser informiert war als anderswo. Beim Weiterdenken dieser Tatbestände stößt man auf die verhängnisvolle Schwierigkeit, daß die Überlieferung aus den vermutlich attraktivsten Studienorten, aus Bologna, Pavia und Padua einerseits und den ersten französischen Universitäten andererseits, sehr problematisch ist. Gleichwohl scheint es zweckmäßiger, auch schlechtes Material heranzuziehen als sich weiterhin der Gefahr von grundsätzlichen Fehlschlüssen auszusetzen.

Begnügt man sich mit der Analyse nur der deutschen Studierenden, so gestaltet sich die Lage für Italien und Frankreich nicht weniger schwierig. Aber wenigstens Tendenzen anzugeben ist möglich. Zu diesem Zweck sind Stichproben aus den »Acta« der Deutschen Nation an der Juristenuniversität von Bologna in den Phasen von 1289 (Anfang der Überlieferung) bis 1348 und von 1349 bis 1416 sowie für die Universität Paris seit 1333 (hier hilfsweise aus dem Prokuratorenbuch der Englisch-Deutschen Nation der Artisten) und Belege für Orléans (Juristen) aus zufälliger Überlieferung herangezogen worden[32]. Die Universitäten des Midi

---

30 MORAW, Juristenuniversität, S. 460f.
31 T. H. ASTON, G. D. DUNCAN, T. A. R. EVANS, The Medieval Alumni of the University of Cambridge, in: Past and Present 86 (Feb. 1980), S. 9–86, bes. 34.
32 Gustav C. KNOD, Deutsche Studenten in Bologna (1289–1562), Berlin 1899; Liber procuratorum nationis Anglicanae (Alemanniae) in universitate Parisiensi, edd. Henricus DENIFLE, Aemilius CHATELAIN, t.1, Paris 1894 (Auctarium chartularii universitatis Parisiensis 1); Detlev ILLMER, Die Statuten der Deutschen Nation an der alten Universität Orléans von 1378 bis 1596, in: Ius commune 6 (1977), S. 10–107, bes. S. 17. – Helmut COING, Römisches Recht in Deutschland, Mailand 1964, S. 46ff. (Ius Romanum Medii Aevi V 6); Raoul C. VAN CAENEGEM, Le droit romain en Belgique, Mailand 1966, S. 22ff. (Ius Romanum Medii Aevi V 5b); B. H. D. HERMESDORF, Römisches Recht in den Niederlanden, Mailand 1968 (Ius Romanum Medii Aevi V 5a); Winfried DOTZAUER, Deutsches Studium und deutsche Studenten an

wurden durch das Schisma der – recht geringen – Chance beraubt, wichtige Studienorte für deutsche Juristen zu werden; bis dahin gab es ein solches Verhalten von nicht sehr großem Umfang für ungefähr eine Generation[33]. In Oxford und Cambridge war der Anteil der Ausländer, zumal der Deutschen, extrem gering[34]. Daher bietet das erwähnte Material – abgesehen von hier nicht vorgenommenen Paralleluntersuchungen für die Wiener Rudolfina und andere deutsche Universitäten – wohl beinahe die einzige Möglichkeit, sich zu orientieren.

Ungeachtet aller Schwierigkeiten scheint das Ergebnis verhältnismäßig eindeutig auszufallen. An beiden Juristenstandorten und in beiden Phasen ergibt sich ein klares oder eher noch erdrückendes Übergewicht desjenigen – wie wir wissen höchstentwickelten – Herkunftsgebiets, das der Prager Bayerischen (eigentlich rheinisch-bayerischen) Nation entspricht, mit einem »gewogenen« Anteil von nahezu 70 Prozent an der Gesamtzahl der herangezogenen Personen. Die Einzugsbereiche der Prager Sächsischen und Polnischen (eigentlich schlesisch-polnischen) Nation teilten sich bei knappem Vorsprung der erstgenannten den Rest fast gänzlich. Die Pariser Zahlen, die sich nur auf die Namen der führenden Artisten stützen können, ergeben kein wesentlich anderes Bild. Hinzu könnten noch qualitative Argumente etwa dergestalt treten, daß der Anteil der bepfründeten Scholaren in Bologna deutlich höher lag als in Prag.

Etwas verallgemeinert führt dieses Ergebnis dazu, den Begriff des Marktwerts einer Universität oder Fakultät einzuführen, gerade auch für die juristischen Graduierungen. Die Anbieter auf diesem Markt waren die verschiedenen Universitäten oder Fakultäten, die Kunden waren diejenigen bemittelten Scholaren, die im Rahmen ihrer sozialen Voraussetzungen zu wählen vermochten. Bei dieser Wahl hat man selbstverständlich Voraussetzungen und Angebot in der jeweils günstigsten Weise zur Deckung zu bringen gesucht. Vor und um 1400 stellte gewiß ein Doktorgrad beider Rechte aus Bologna oder Padua den höchsten Wert dar, das Bakkalariat des Kirchenrechts an der gerade noch legitimen jüngsten und entlegensten Universität den geringsten. Dazwischen gab es eine ganze Anzahl von Abstufungen, und es gab den Wandel im Zeitablauf – durch den Hinzutritt neuer Universitäten, durch Krisen in alten Hohen Schulen oder auch infolge von heute kaum mehr greifbaren »modischen« Motiven und Unwägbarkeiten.

Eine weitere Hilfe zur Orientierung über die Prager Situation ergibt sich aus der abermals naheliegenden Vermutung, daß die mitteleuropäischen Studienverhältnisse der Zeit vor 1348 durch die Gründung der Carolina bei weitem nicht schlagartig verändert worden seien. Vielmehr sprechen die schon erwähnten mühsamen Anfänge dafür, daß jene Verhältnisse andauerten und erst nach und nach und nur zu einem Teil durch das neue Angebot modifiziert worden sind. Die ältere Studiensituation kann man wie schon erwähnt im groben als zweistufig

---

europäischen Hochschulen (Frankreich, Italien) und die nachfolgende Tätigkeit in Stadt, Kirche und Territorium in Deutschland, in: Stadt und Universität im Mittelalter und in der früheren Neuzeit, Sigmaringen 1977, S. 112–141; Otto Gerhard OEXLE, Alteuropäische Voraussetzungen des Bildungsbürgertums – Universitäten, Gelehrte und Studenten, in: Bildungsbürgertum im 19. Jahrhundert, Bd. 1, Stuttgart 1985, S. 29–78.

33 André GOURON, Juristes imaginaires des Pays-Bas à l'université de Montpellier au Moyen Age, in: Tijdschrift voor rechtsgeschiedenis 37 (1969), S. 515–528.

34 R. B. DOBSON, Recent prosopographical research in late medieval English history, in: Medieval lives and the historian, Kalamazoo 1986, S. 181–200, bes. S. 185 ff. (75 Deutsche unter etwa 22 000 Personen, davon die meisten aus den zentralistischen Bettelorden); William J. COURTENAY, Schools and scholars in fourteenth-century England, Princeton 1987, S. 157 ff.

betrachten und das Studium der Vornehmen und Wohlhabenden, immer wieder mit juristischer Graduierung, von demjenigen der vorerst öfter nur schattenhaft bekannten Nur-Artisten oder Artisten-Theologen unterscheiden. Beide Stufen blieben vom Anfang bis zum Ende des Universitätsbesuchs, davor und danach ziemlich klar getrennt. Vermutlich versteht man die Carolina in der Tat am besten, wenn man das Fortführen dieses Zustands als ein Grundgesetz ihrer Existenz auffaßt.

Läßt man diese Erwägungen auf dem Satz aufruhen, daß kaum jemand seinem sozialen Abstieg zuliebe studiert und auch nicht gelehrt haben wird – denn auch die Lehre der Prager Juristen war zugeordnet, und zwar dem Gefüge der hohen Kirchenämter –, dann ist es anscheinend möglich, die Position der Prager Juristenuniversität im Europa der Hohen Schulen einigermaßen zutreffend zu bestimmen. Es war eine verhältnismäßig bescheidene Position, die der »Jugend« der Carolina ziemlich genau entsprach. Man sollte indessen sogleich hinzufügen, daß ein solcher Abstand zu Lasten des Spätkommenden kaum weniger deutlich oder gar noch deutlicher dann hervortritt, wenn man die Gesamtzahlen der Graduierten im Rahmen des von den Quellen Erlaubten in ganz Deutschland und in ganz Frankreich zu vergleichen sucht.

V

Die von dem einheitlich verstandenen, wenn auch nicht gleichmäßigen, vielmehr gegliederten und differenzierten Prozeß der europäischen Universitätsgeschichte aus betrachtete mittelalterliche Carolina bietet nun ein nicht unerheblich verändertes Bild gegenüber lokalen und von nationaler Denkmalspflege gekennzeichneten Deutungen. Eingeordnet ist jene europäische Universitätsgeschichte in die ähnlich beschaffene europäische Sozialgeschichte der Führenden; diesmal waren es führende Juristen. Der hier bezogene Standpunkt soll in dem vermutlich endlosen Kampf des Historikers gegen Anachronismen und andere von seiner jeweiligen Gegenwart produzierte Fehldeutungen eine neue Station bilden. Diesmal bringt das Ergebnis eine gewisse Minderung bisherigen Glanzes mit sich, beim nächsten Mal mag es sich anders verhalten.

Aber auch in etwas reduzierter Form war die alte Carolina für Europa wichtig, ja ihr Rang sollte nun eher schärfer hervortreten als im üblichen Wettstreit des Selbsterhebens Hoher Schulen. Sie bleibt das Scharnier zwischen den zwei Großräumen des Kontinents, zwischen dem »Älteren« und dem »Jüngeren Europa«, und bleibt ein maßgebliches Bindeglied zwischen den zwei Hauptphasen, dem universalen und dem regional-nationalen Zeitalter der älteren Universitätsgeschichte. Auch ist die Prager Hohe Schule bemerkenswert als Schauplatz wesentlicher ungelöst gebliebener oder wohl besser seinerzeit unlösbarer Probleme der mittelalterlichen Universität und schließlich als maßgeblicher Vorbote des dritten Haupttypus europäischer Universitäten, der regionalen Vierfakultäten-Universität der Zukunft.

Ein distanzierter Standpunkt ist auch deshalb vorteilhaft, weil er den Weg für neue Fragen und Antworten öffnet, auch im Rückblick auf die Phase vor 1348 und für die Folgezeit nach 1417. So tritt zum Beispiel die noch nicht genug gewürdigte Verspätung der Mitte, des Ostens und des Nordens Europas gegenüber dem Süden und dem Westen noch schärfer als bisher hervor. Während man anderswo das 13. Jahrhundert als ein besonders bemerkenswertes und spannendes Zeitalter der Universitätsgeschichte auffaßt, kann solches in Mitteleuropa und noch mehr an der Peripherie erst für das spätere 14. Jahrhundert gelten und galt für wesentliche weitere Momente sogar erst für das 15. Jahrhundert.

Das Mittelalter und das Unbehagen an der Moderne

Mittelalterbeschwörungen in der Weimarer Republik und danach

VON OTTO GERHARD OEXLE

Die dominanten Theorien historischer Erkenntnis im 19. Jahrhundert versprachen – auf metaphysischer und idealistischer, auf positivistischer oder materialistischer Grundlage – objektive Erkenntnis. Sie gingen aus von der Annahme einer steten Gleichartigkeit des Erkenntnisgegenstandes, den der Historiker immer besser, immer genauer erfasse[1]. Die um 1900 im Rahmen einer epochalen Neudefinition der Kulturwissenschaften sich durchsetzende neue Theorie der wissenschaftlichen und der historischen Erkenntnis[2] machte demgegenüber deutlich, daß der Gegenstand der historischen Erkenntnis dieser keineswegs vorangeht, sondern daß er vielmehr durch sie konstituiert wird[3]. Dies gründete auf der Einsicht, daß der Strom des geschichtlichen Geschehens für den Betrachter »endlos« und »unermeßlich« ist, so daß nur die Auswahl des erkennenden Historikers einen Gegenstand schaffen kann und daß deshalb zugleich die Betrachtungsweisen dieses Geschehens sich unaufhörlich wandeln. Denn »immer neu und anders gefärbt bilden sich die Kulturprobleme, welche die Menschen bewegen«. Deshalb »wechseln die Gedankenzusammenhänge«, unter denen das historische Geschehen »betrachtet und wissenschaftlich erfaßt wird«, in unendlicher Vielfalt. »Die Ausgangspunkte der Kulturwissenschaften bleiben damit wandelbar in die grenzenlose Zukunft hinein«[4]. Dies bedeutet zugleich, daß auch diese sich ständig wandelnden Fragestellungen, daß die Denkformen und Wahrnehmungsweisen der historischen Wissenschaften ihrerseits historische Gegenstände sind, ja, Gegenstände historischer Forschung sein müssen.

---

1 Dazu die Formulierung dieses Erkenntnisideals bei TROELTSCH, E., Der Historismus und seine Probleme (Gesammelte Schriften 3), 1922. Neudruck 1977. S. 43: *Der historische Gegenstand ... bleibt immer derselbe, und man kann nur glauben, tiefer oder von anderen Seiten her in ihn einzudringen.* Ebenso die Bemerkung über die *Praxis der Historiker..., die im Verkehr mit dem Objekt und unter dem Zwang des Objektes die Anschmiegung der Erkenntnis und der Darstellungsform an den Fluß des Geschehens leichter findet als die logische Theorie* (S. 669). Diese Auffassungen von der Art der historischen Erkenntnis sind noch weit verbreitet.
2 Vgl. DAHME, H.-J. – RAMMSTEDT, O., Die zeitlose Modernität der soziologischen Klassiker. Überlegungen zur Theoriekonstruktion von Emile Durkheim, Ferdinand Tönnies, Max Weber und besonders Georg Simmel. In: DIES. (Hg.), Georg Simmel und die Moderne, 1984, S. 449–478, S. 456 ff.
3 Dies kam zuerst in den transzendentalphilosophischen Orientierungen der Theorie der historischen Erkenntnis bei G. Simmel zum Ausdruck, vgl. DAHME – RAMMSTEDT, wie Anm. 2, S. 458.
4 WEBER, Max, Die ›Objektivität‹ sozialwissenschaftlicher und sozialpolitischer Erkenntnis. In: DERS., Gesammelte Aufsätze zur Wissenschaftslehre. ⁵1982. S. 146–214, S. 184.

Mit entschieden antipositivistischer Ausrichtung hat auch František Graus in seinem Buch ›Lebendige Vergangenheit. Überlieferung im Mittelalter und in den Vorstellungen vom Mittelalter‹ (1975) darauf aufmerksam gemacht, daß »die Vergangenheit selbst zwar abgeschlossen, das Vergangenheitsbild dagegen nie endgültig und eindeutig sein kann, schon deswegen nicht, weil der Betrachter mit seiner Sehweise für sein Entstehen unabdingbar ist«[5]. Und er erinnerte daran, »wie verhängnisvoll mitschuldig die Geschichtswissenschaft an den kulturellen ›Sündenfällen‹ der letzten zwei Jahrhunderte wurde – bis hin zu dem abstrusen Geschichtsbild des Nationalsozialismus«. Was die Geschichtswissenschaft heute benötige, sei deshalb »die Ausarbeitung einer eigenen Ideologiekritik, die – der Lage der Dinge nach – nicht anders als historisch ausgerichtet sein kann. Dadurch rücken nicht nur die Rekonstruktion der Ereignisse, sondern auch die zeitlich unterschiedlichen Betrachtungsweisen von Geschehnissen in das Blickfeld des Historikers«. Es muß uns also nicht nur interessieren, »wie die einzelnen Ereignisse geschehen sind, sondern auch wie sie jeweils gesehen wurden«. Die Erforschung der verschiedenen Betrachtungsweisen von Geschichte müsse deshalb »zu einem integralen Bestandteil der historischen Forschung werden, weil die Vergangenheit die Folgezeiten nicht nur durch geschaffene konkrete Bedingungen mitbestimmt..., sondern auch durch überlieferte Vorstellungen, die außer bewußten Traditionen, in überlieferten Stereotypen, sogar im emotional verfärbten Wortschatz der gesprochenen Sprache zum Ausdruck kommen und Denkweisen bestimmen«. Solche Sichtweisen haben oft eine weit über die Situation ihrer Genese hinausreichende Wirkung, die, je länger sie andauert, desto weniger durchschaut wird, wie Graus selbst am Beispiel der deutschen Mediävistik gezeigt hat[6]. Die Problematisierung und Auflösung solcher Wahrnehmungsweisen wird bewirkt durch ihre Historisierung.

Ein Beitrag zur Geschichte von Vergangenheitsbildern sind auch die folgenden Überlegungen. Sie sind dem Gedenken an František Graus gewidmet und der dankbaren Aneignung seines Oeuvres, eines Oeuvres von emotionsloser und strenger Sachlichkeit – hervorgebracht in einem Leben, das weitgehend von Mißhandlung, Verfolgung und Vertreibung geprägt war.

Es geht um die Deutungen des Mittelalters, um die Bilder vom Mittelalter in der Moderne, um den konstitutiven Zusammenhang, der seit dem Beginn des 19. Jahrhunderts zwischen der Wahrnehmung der Moderne und der Deutung des Mittelalters besteht[7]. Seit den achtziger Jahren des 19. Jahrhunderts fand dieser Zusammenhang seinen Ausdruck in eigentümlichen Zuspitzungen[8], und dies in besonderem Maß in Deutschland.

---

5 GRAUS, František, Lebendige Vergangenheit. Überlieferung im Mittelalter und in den Vorstellungen vom Mittelalter. 1975. S. VIII f.
6 GRAUS, František, Verfassungsgeschichte des Mittelalters. In: Historische Zeitschrift 243 (1986), S. 529–589.
7 Dazu OEXLE, O. G., Das entzweite Mittelalter (im Druck).
8 Dazu OEXLE, O. G., Kulturgeschichtliche Reflexionen über soziale Gruppen in der mittelalterlichen Gesellschaft: Tönnies, Simmel, Durkheim – und Max Weber (im Druck).

I.

›Die Welt des Mittelalters und wir‹, so lautete der Titel eines Buches, das Paul Ludwig Landsberg, ein Schüler Max Schelers, im Jahr 1922 veröffentlichte[9], dem Untertitel zufolge »ein geschichtsphilosophischer Versuch über den Sinn eines Zeitalters«. Der Verfasser des Buches war damals gerade einundzwanzig Jahre alt[10]. In kurzer Zeit erlebte das Buch mehrere Auflagen und fand vielfache Zustimmung[11]. Mit Emphase wird gleich in den ersten Sätzen das Hauptthema angeschlagen: es geht um eine *neue Liebe zum Mittelalter, die als ungestümer Sturm durch unsere Herzen geht, Bedingung und Forderung einer historischen Wesensschau, einer Synopsis all der Tatsachen, einer Deutung all der Lebensäußerungen, die mit dem*

---

9 LANDSBERG, Paul Ludwig, Die Welt des Mittelalters und wir. Ein geschichtsphilosophischer Versuch über den Sinn eines Zeitalters. 1922. Eine zweite Auflage erschien 1923. Zitiert wird im Folgenden nach der 3. Auflage von 1925. Das Buch ist gewidmet *Meinem Lehrer Max Scheler*.

10 Über P. L. Landsberg (1901–1944), Sohn des Rechtshistorikers und Historikers der deutschen Rechtswissenschaft Ernst Landsberg, vgl. die ›Gedächtnisschrift für Prof. Dr. Ernst Landsberg (1860–1927), Frau Anna Landsberg geb. Silverberg (1878–1938), Dr. Paul Ludwig Landsberg (1901–1944)‹, welche die Rechts- und Staatswissenschaftliche Fakultät der Universität Bonn herausgab (Bonn 1953), S. 6 ff. und 10 f. Landsberg habilitierte sich 1928 in Bonn für Philosophie. Als Jude und entschiedener Gegner des Nationalsozialismus mußte er 1933 Deutschland verlassen. Er lebte zuerst in Paris, dann in Barcelona, bis er 1937 durch den spanischen Bürgerkrieg erneut vertrieben wurde. In Südfrankreich überlebte er unter einem Pseudonym die deutsche Okkupation, bis er 1943 von der Gestapo verhaftet wurde. Landsberg starb am 2. April 1944 im Konzentrationslager Sachsenhausen (Oranienburg). Über seine Zeit in Frankreich, seine Verbindungen und Freundschaften der bewegende Nachruf von Emmanuel MOUNIER in der Zeitschrift ›Esprit‹, für die Landsberg gearbeitet hatte (14ᵉ année, N° 118, 1946, S. 155 f.) (*il est sans doute une des plus lourdes pertes qui affectent l'espoir d'une Allemagne nouvelle et de nouvelles relations franco-allemandes. ... il portait le meilleur de son pays*). Vgl. auch die denkwürdige Widmung, die MOUNIER dem Heft 134 (1947) der Zeitschrift voranstellte: *A Paul-Louis Landsberg, mort en déportation à Oranienburg le dimanche des Rameaux 1944, pour l'Allemagne et pour la France, pour les lois non-écrites et pour les lois écrites.* – Von den späteren Veröffentlichungen seien genannt die Bücher ›Pascals Berufung‹ (1929), ›Einführung in die philosophische Anthropologie‹ (1934) und (als wichtigstes Werk) ›Die Erfahrung des Todes‹ (Luzern 1937). Dazu die umfassende Würdigung des Oeuvres und der Spiritualität Landsbergs durch OESTERREICHER, J. M., Paul Landsberg, Defender of Hope. In: DERS., Walls are Crumbling. Seven Jewish philosophers discover Christ. 1953. S. 176–231. Vgl. ALBERT, K., Die philosophische Anthropologie bei P. L. Landsberg. In: Zs. f. philos. Forsch. 27 (1973), S. 582–594.

11 Zur Wirkung des Buches, die sich auch an den Rezensionen erkennen läßt (u. a. von Alfred VON MARTIN, vgl. unten Anm. 85, und von Hermann HESSE, s. unten Anm. 75) vgl. OESTERREICHER (wie Anm. 10), S. 192 und 347. – Es ist daran zu erinnern, daß zur gleichen Zeit das Schlagwort vom ›neuen Mittelalter‹ durch ein Buch des russischen Philosophen BERDJAJEW, Nikolai A., Das neue Mittelalter. 1924, propagiert wurde. Berdjajew (1874–1948) lebte von 1922 bis 1924 in Berlin und war, wie Landsberg, von Max Scheler beeinflußt, vor allem von dessen ›Personalismus‹ (s. unten Anm. 76). Berdjajew erklärte die Neuzeit für beendet und sah das *Anbrechen des neuen Mittelalters* als den *Übergang vom neugeschichtlichen Rationalismus zum Irrationalismus oder Überrationalismus des Mittelalters* (a. a. O. S. 18). Die Wirkung des Buches bezeugt DENNERT, E., Die Krisis der Gegenwart und die kommende Kultur, 1928. Außerdem ist darauf hinzuweisen, daß bereits den Mittelalter-Aneignungen der Romantik die Idee eines ›neuen Mittelalters‹ zugrunde liegt, so bei NOVALIS (›Die Christenheit oder Europa‹, 1799), wo der Rückblick auf das durch die Reformation zerstörte Mittelalter einmündet in die *mit voller Gewißheit* geäußerte Wahrnehmung der *Spuren einer neuen Welt*, einer Epoche von *Europas Auferstehung* mit einer *neuen Kirche: Nur Geduld, sie wird, sie muß kommen die heilige Zeit des ewigen Friedens, wo das neue Jerusalem die Hauptstadt der Welt sein wird;* ... (Novalis, Werke, Bd. 2, hg. von H.-J. MÄHL, 1978, S. 732 ff., die Zitate S. 744 und 750). Landsbergs Mittelalter-Buch seinerseits ist vielfältig durch Novalis' Schrift von 1799 inspiriert (vgl. ebd. S. 114 ff.).

Liebeswort Mittelalter in geahnter Verbindung stehen[12]. Das Wort ›Mittelalter‹ sollte dabei *weniger einen bestimmten Zeitraum bezeichnen ..., als eine menschliche Grund- und Wesensmöglichkeit, die in einem bestimmten Zeitraum am sichtbarsten in Erscheinung trat und in einem bestimmten Sinne die vorherrschende, die vorbildhaft organisierende war, irgendwie aber immer und nie verwirklicht ist.* Damit sei auch schon ausgedrückt, *daß nicht als unverbindliches Fernsein, sondern als verwirklichbare Maßgestalt uns das Mittelalter erscheinen darf und kann*[13].

Den Sinn von geschichtlichen Zeitaltern bestimmte Landsberg aus dem Verhältnis zwischen Positionen und Antipositionen, *welch letztere eben als Antipositionen mit den Positionen inhaltlich zusammenhängen*[14]. Das Mittelalter ist dadurch *mitbestimmt, daß einer im höchsten Grade festen, in sich gefügten und durch eine allgemein anerkannte Autorität gesicherten Stellung zur Welt eine Reihe von anderen feindlich aber völlig machtlos gegenüberstand*. Es geht um den Gegensatz zwischen der Kirche und den Häresien, der das Mittelalter prägte, als *Gegensatz zweier formaler Grundtypen geistiger Bewegung*, nämlich eines Bewegungstypus des ›Ja‹ und eines Bewegungstypus des ›Nein‹. In ihrem Verhältnis wird für Landsberg der Gegensatz von Mittelalter und Neuzeit deutlich. Denn im Mittelalter gab es außerhalb der Kirche nur solche Häresien, *die gegen das gewaltige, positive Gefüge der Weltkirche vergeblich anrannten* und nur eine *untergeordnete Rolle spielten*. Die Neuzeit aber *beginnt durch den Sieg einiger Häresien*, und deshalb steht sie *überhaupt im Zeichen der Negativität*. Die Neuzeit hat das *Gepräge der Negativität*. Diese *Negativität* der Neuzeit begann mit dem Protestantismus, fand ihre Fortsetzung in der Gegenreformation, in der Aufklärung, in der Romantik und im Sozialismus und Liberalismus. Mit seinem Buch wollte Landsberg die »positiven« Kräfte des Mittelalters den »negativen« Kräften der Neuzeit gegenüberstellen – freilich nicht im Sinne des Vorschlags einer unmöglichen und unerfreulichen ›Rückkehr‹ zum Mittelalter, sondern damit wir *von einem anderen Zeitalter lernen, wo es mehr ist als es selbst, wo es in das Ewige ragt*. Denn die Mächte der Neuzeit und der Moderne seien von Grund auf negativ, ja, *was an Positivem sich im Lebensgefüge, in der Weltanschauung und im Denken der Neuzeit findet*, sei nichts als ein *mittelalterlicher Rest ..., der durch das Gesetz der Trägheit in der Kulturgeschichte und die ewigen Bedürfnisse geistigen, seelischen und gesellschaftlichen Lebens noch als vereinzelte Säule eines zerstörten Tempels stehenblieb*[15]. Was aber ist es, was die Gegenwart Landsbergs vom Mittelalter lernen soll? Es ist die Auffassung der Welt als eines Kosmos, die Überzeugung, daß *die Welt ein sinnvoll und ziervoll geordnetes Ganzes sei, das sich ruhig bewege nach ewigen Gesetzen und Ordnungen, die, aus Gott ersten Anfanges entsprungen, auch auf Gott letzten*

---

12 Sehr deutlich tritt in solchen Äußerungen die Anziehungskraft zutage, die der Katholizismus (vor allem durch die Spiritualität des Klosters Maria Laach) und das Denken des Kreises um Stefan George auf den jungen Landsberg ausübten. Vgl. OESTERREICHER (wie Anm. 10), S. 178. Über gleichartige Denkformen im deutschen Protestantismus (bei den sog. konservativen Kulturlutheranern) um 1900 s. unten Anm. 41. Über ›Mittelalter und Moderne‹ bei S. George vgl. BOLZ (wie unten Anm. 27), S. 150ff. Die Auffassungen des George-Kreises über ›Ganzheit‹, ›Gemeinschaft‹ und zur Überwindung der *sogenannten ›objektiven‹ Wissenschaft*, wie sie sogar Max Weber vertreten habe, hat dargestellt WOLTERS, F., Stefan George und die Blätter für die Kunst. Deutsche Geistesgeschichte seit 1890. 1930. Dazu auch LEPENIES (wie unten Anm. 82), S. 311ff.
13 Ebd., S. 7.
14 Dieses Zitat und die folgenden ebd. S. 7ff.
15 S. 22.

Endes Beziehung hätten. Die *teleologische Ordnung der Welt ist es, der darauf gründende großartige metaphysische Optimismus, das apriorische Vertrauen, daß in der allseits begrenzten Welt die gute Ordnung herrsche,* die Landsberg das Mittelalter als die exemplarische *Maßgestalt* der Moderne erscheinen lassen. Es geht also darum, der Gegenwart das *mittelalterliche Ordnungsvertrauen* mit seinen metaphysischen Voraussetzungen entgegenzustellen[16]. ›Ordnung‹ ist dabei in einem zweifachen Sinn zu verstehen: als geistige und als soziale Ordnung. Die geistige Ordnung ist der Grund der sozialen, diese ist die großartigste Verwirklichung jener: *Nirgends hat sich die Idee der Ordnung ... so sehr verwirklicht, als in der Gesellschaft des Mittelalters, nirgends war sie so selbstverständlich, als in seinen sozialen Ideen*[17]. Die ständische Ordnung der Gesellschaft, so wie sie dem Mittelalter eignete, ihre *Statik,* sei der Grund gewesen einer *gesellschaftlichen Zufriedenheit, die wir nur sehnsüchtig ahnen können.* Im Mittelalter war *die beste Gesellschaftsordnung erreicht.* Sie habe dem mittelalterlichen Menschen *eine ihm ganz sichere Ansicht über den Sinn des Lebens* vermittelt. Und ist es nicht, fragt Landsberg, *die eigentliche Qual des modernen Menschen, daß er sich von diesem Lebenssinn keine Vorstellung mehr machen kann, daß dieser Lebenssinn eigentlich gar nicht mehr in den Kreis seines Denkens gerückt ist?* Es sei der Verlust dieser Bindungen, der die geistige und soziale Unordnung der nach-mittelalterlichen Welt bis zur Gegenwart kennzeichne, die *geordnete Unordnung,* der *verfestigte Umsturz, der mit dem Alter keine Sanktion empfangen hat.* Daraus ergibt sich Landsbergs Forderung nach dem *Tod* der neuzeitlichen und der modernen Gesellschaft: *Erst wenn neuer Glaube an die alten Wahrheiten und kraftvolle Aktivität in der Beseitigung der feste Form gewordenen Unordnung zusammenwirkend den Tod der neuzeitlichen europäischen Gesellschaft herbeigeführt haben, können wir wieder auf eine soziale Gesundheit hoffen.*

Den Höhepunkt mittelalterlicher Ordnung bezeichnet für Landsberg das Werk Dantes und vor allem das Werk des Thomas von Aquin[18]. Nach Thomas aber habe eingesetzt, was Landsberg den *Selbstmord der Scholastik* nennt, die *Zersetzung der mittelalterlichen Gedankengefüge, die, wie wohl stets, der Zersetzung der Lebensgefüge selbst vorangeht*[19]. Diese *Zersetzung* vollzog sich im Nominalismus, der *Quelle aller Übel.* Gegenstand dieser zersetzenden Wirkungen des Nominalismus sei eben *die Idee der Ordnung.* Sie wurde in doppelter Hinsicht aufgelöst: denn das Universalienproblem (d. h. die Frage, ob den Allgemeinbegriffen Realität eignet oder ob sie nur willkürliche Setzungen des Verstandes sind) ist nicht nur ein erkenntnistheoretisches, sondern auch ein metaphysisches Problem. Die erkenntnistheoretische Frage implizierte das *in seinen Besonderungen eine ganze Welt umfassende Problem der Ordnung. In ihm stellte der mittelalterliche Mensch sich selbst als mittelalterlichen Menschen in Frage.* Der *mittelalterlichen Ordnungswelt* mußte somit der Realismus entsprechen. Ebenso zerstörerisch habe die nominalistische Theologie gewirkt, indem sie Gott als den Schöpfer eines guten und erkennbaren Kosmos ersetzte durch einen Gott, der *bei seinem Handeln an keinerlei in sich ruhende Ordnung der Ideen und der Werte gebunden sei.* Diese *Überspannung der Autorität und Allmacht des göttlichen Willens* aber *war der langsame Tod des Theismus.* Nicht die Reformation, sondern der Nominalismus habe deshalb das Ende des Mittelalters bewirkt:

16 S. 12, 15.
17 S. 23. Die folgenden Zitate S. 24f. und 27.
18 S. 60ff.
19 S. 76. Die folgenden Zitate S. 77, 79 und 80.

Scotus und Occam, nicht Luther und Calvin, sind die in der Tiefe entscheidungsvollen, wirksamen Zerstörer des mittelalterlichen Religionssystems. Und es war deshalb auch der Nominalismus und nicht der Aufstieg der modernen Naturwissenschaft, welcher den *Umsturz in der abendländischen Weltanschauung* bewirkte[20]. Nicht Kopernikus, sondern wiederum Ockham ist es, in dessen Denken sich *der Sieg des der sogenannten ›Realität‹ zugewandten Geistes* ausdrückt, *lange bevor er sich in dieser Realität selbst ausdrückte*. Mit Ockham begann jener *Abwärtsweg*, der bei der *ganz entgötterten und entordneten Welt des Positivismus* endete[21]. Eine Hervorbringung des nominalistischen Umsturzes ist aber auch die Historisierung der Welt, ein besonderes Kennzeichen des modernen Denkens, jener *allgemeine moderne Fehler*, primär *nach Geschichte statt nach Sein* zu fragen. *Modernes Denken ist historisch, mittelalterliches Denken ist metaphysisch*. Eben deshalb fehle dem modernen Denken jene *glühende Kettung an das Ewige, die dem mittelalterlichen Menschen eigen war und uns so bitter nottut*[22].

So ist also seit Jahrhunderten die *geordnete Unordnung* Zustand der Welt und der Gesellschaft, ja, dieser Zustand ist längst in *Anarchie* übergegangen. Gerade deshalb stehe jetzt unmittelbar ein neuer Umsturz bevor. Denn *die Geschichte des Abendlandes verwirklicht klar eine Abfolge von menschlichen Wesensmöglichkeiten überhaupt, indem sie von der Ordnung zur Gewohnheit und von der Gewohnheit zur Anarchie hinabsteigt, um dann von der Anarchie wieder zur Ordnung zu gelangen*. Diese *Bewegungsgestalt* habe sich in der Geschichte des Abendlandes zweimal wiederholt: *Von der Ordnung der Hochantike führt der Weg zur Gewohnheit der Spätantike und der Anarchie der Übergangszeit. Aus dieser Anarchie dann wieder zur Ordnung des Mittelalters. Von der Ordnung des Mittelalters führt er zur bürgerlichen Gewohnheit und zu jener Anarchie, die sich in den Gegenbewegungen gegen sie anmeldet, um in der heutigen Jugendbewegung, das Wort in ganz wörtlichem und doch weitem Sinne genommen, siegreich zu werden. Es ist die Zukunft, daß aus dieser Anarchie eine neue Ordnung geboren werden wird*[23]. Und darin manifestiert sich der tiefere Sinn des Titels, den Landsberg seinem Buch gegeben hat: ›Die Welt des Mittelalters und wir‹. Denn wenn das Mittelalter in der Idee der Ordnung der Gegenwart die *Maßgestalt* ihres eigenen Seins vorhalte (*wahre Ordnung ist da, wo ein Teil der objektiven, göttlichen Weltordnung zum Denkbild und zur Lebensform von Menschen geworden ist, wo der Mensch Gott gehorsam ist*), so bezeichne das ›Wir‹ jene, die diese Neuordnung herbeiführen, die *echten, jungen und schöpferischen Menschen*, die in der heute herrschenden *Gewohnheit* alles vermissen: *Sinn, Richtigkeit und Leben*, und aus deren Not *in der Tiefe ein Umsturz* kommt. *Sie zerbrechen die Gewohnheit und werfen sich als kühne Schwimmer in das stürmische Meer der Anarchie*. In der Erfahrung der *hohen und heilenden Freude eines neuen ›Wir‹* sind sie zugleich von dem Glauben durchdrungen, *daß in diesem ›Wir‹ die Gewähr des Vorstoßes zur ewigen Ordnung, die Gewähr der guten Zukunft liegt*. Der bürgerliche Gebrauch des Begriffs der Ordnung sei ein *lächerlicher und schmählicher Mißbrauch*. Der Ordnungsbegriff sei vielmehr der *revolutionärste* aller Begriffe.

---

20 S. 82 ff.
21 S. 78 und 89.
22 S. 14 und 16.
23 S. 114. Die folgenden Zitate ebd. und S. 115.

Der Umsturz, die Revolution ist, so Landsberg, das *Werdende und schon Seiende der gegenwärtigen Stunde*, und diese Revolution ist eine *konservative Revolution*, ja, sie ist *die Revolution des Ewigen*[24].

II.

Die hochgestimmten Darlegungen Landsbergs in ihrer eigentümlichen Mischung von Mittelalter-Begeisterung und revolutionärer Attitüde sind trotz oder gerade wegen des noch jugendlichen Alters ihres Urhebers repräsentativ. Sie repräsentieren jenen *Hunger nach Ganzheit*, der in Deutschland vor allem nach dem Zusammenbruch von 1918 aus dem Leiden an der Moderne und an ihren Zumutungen resultierte, aus dem *verzweifelten Verlangen nach Verwurzelung und Gemeinschaft*. Dies war eine *mächtige Regression, die einer großen Angst entsprang: der Angst vor Modernität*[25]. Es war die Suche nach der *Erlösung von den Übeln der Modernisierung*[26], der »Auszug« aus der (im Sinne Max Webers) »entzauberten Welt«[27], es war die Flucht aus der rationalen und technisierten Welt, die sich hier manifestierten, die Ablehnung von Rationalismus und Individualismus, von Demokratie und Parlamentarismus, von kapitalistischer Wirtschaft und industrieller Klassengesellschaft, der Haß auf bürokratische Staatsorganisation und auf die anonyme Disziplinierung aller Lebensbereiche[28]. Die Verknüpfung dieser Haltungen mit der Reflexion über das Mittelalter ist dabei grundlegend. Sie geht weit über das Aufkommen von Mittelalter-Topik im antidemokratischen Denken der Weimarer Republik hinaus, so wie sie sich in den antiliberalen ständestaatlichen Wendungen nach rückwärts, im neuen Korporatismus oder in den Schwärmereien vom ›Reich‹ zeigte[29]. Der Gegensatz von Mittelalter und Moderne, wie er bei dem jungen Landsberg zutage tritt, war – weit über die eben genannten Phänomene hinaus – einerseits grundsätzlicher angelegt und war andererseits mehr als ein bloßes Element journalistischer oder publizistischer Arbeit: er war ein konstitutives Moment des wissenschaftlichen Denkens, wie noch zu zeigen sein wird. Am treffendsten hat das Thomas Mann erfaßt, der in seinem ›Doktor Faustus‹ (1947)[30] – durch den Berichterstatter

24 S. 112f. Zu Inhalt und Geschichte des Begriffs der ›konservativen Revolution‹ GREIFFENHAGEN, M., Das Dilemma des Konservatismus in Deutschland. 1986. S. 241 ff. Als ein Kompendium der Leitmotive liest sich heute Hans FREYERS Schrift ›Revolution von rechts‹ (1931).
25 GAY, P., Die Republik der Außenseiter. Geist und Kultur in der Weimarer Zeit 1918–1933. 1987. S. 130. Über die anti-modernen Strömungen in der Wissenschaft und ihre Topik seit 1890 und vor allem nach 1918 vgl. RINGER, F. K., The Decline of the German Mandarins. The German Academic Community 1890–1933. 1969, sowie die Beiträge des Sammelwerks H. RENZ – F. W. GRAF (Hg.), Umstrittene Moderne. Die Zukunft der Neuzeit im Urteil der Epoche Ernst Troeltschs. Troeltsch-Studien 4. 1987; darin bes. der Beitrag von NOWAK, K., Die ›antihistoristische Revolution‹. Symptome und Folgen der Krise historischer Weltorientierung nach dem Ersten Weltkrieg in Deutschland, S. 133–171.
26 BRACHER, K. D., Zeit der Ideologien. Eine Geschichte des politischen Denkens im 20. Jahrhundert. 1982. S. 145.
27 Vgl. BOLZ, N., Auszug aus der entzauberten Welt. Philosophischer Extremismus zwischen den Weltkriegen. 1989.
28 Vgl. PEUKERT, D. J. K., Max Webers Diagnose der Moderne. 1989.
29 Über Stände-Ideologie, ›organische‹ Staatsauffassung, Korporatismus und ›Reichs‹-Gedanken in der Zeit der Weimarer Republik SONTHEIMER, K., Antidemokratisches Denken in der Weimarer Republik. 1978. S. 192 ff., 222 ff., und GREIFFENHAGEN, wie Anm. 24, passim.
30 MANN, Thomas, Doktor Faustus. Das Leben des deutschen Tonsetzers Adrian Leverkühn, erzählt von einem Freunde. 1947. Kap. XXXIV (Fortsetzung).

Serenus Zeitblom – an solche Mittelalterbeschwörungen bei Vertretern der Bildung und des Unterrichts, bei Wissenschaftlern, Gelehrten und Hochschullehrern erinnert. Ihnen lag zugrunde *die Erschütterung und Zerstörung scheinbar gefestigter Lebenswerte durch den Krieg*, die Auffassung vom Wertverlust des Individuums, auch die Verachtung für die *durch die Niederlage zuteilgewordene Staatsform, die uns in den Schoß gefallene Freiheit, mit einem Wort: die demokratische Republik*, die *auch nicht einen Augenblick als ernstzunehmender Rahmen für das visierte Neue anerkannt, sondern mit einmütiger Selbstverständlichkeit als ephemer und für den Sachverhalt von vornherein bedeutungslos, ja als ein schlechter Spaß über die Achsel geworfen wurde*. Es war ein Denken, das nicht die Wahrheit, sondern die Gemeinschaft zum Ziele hatte, den *gemeinschaftsbildenden Glauben*, und dabei die Vision einer *kommenden, unterderhand schon in der Entstehung begriffenen Welt* entwarf. Die Rolle des Mittelalters dabei hat Thomas Mann prägnant gekennzeichnet und damit gewissermaßen auf das Buch des jungen Landsberg hingewiesen[31]: *Es war eine alt-neue, eine revolutionär rückschlägige Welt, in welcher die an die Idee des Individuums gebundenen Werte, sagen wir also: Wahrheit, Freiheit, Recht, Vernunft, völlig entkräftet und verworfen waren oder doch einen von dem der letzten Jahrhunderte ganz verschiedenen Sinn angenommen hatten, indem sie nämlich der bleichen Theorie entrissen und blutvoll relativiert, auf die weit höhere Instanz der Gewalt, der Autorität, der Glaubensdiktatur bezogen waren, – nicht etwa auf eine reaktionäre, gestrige oder vorgestrige Weise, sondern so, daß es der neuigkeitsvollen Rückversetzung der Menschheit in theokratisch-mittelalterliche Zustände und Bedingungen gleichkam. Das war sowenig reaktionär, wie man den Weg um eine Kugel, der natürlich herum-, das heißt zurückführt, als rückschrittlich bezeichnen kann. Da hatte man es: Rückschritt und Fortschritt, das Alte und Neue, Vergangenheit und Zukunft wurden eins, und das politische Rechts fiel mehr und mehr mit dem Links zusammen*[32].

Es sind, wie bereits erwähnt, zwei Hauptmotive, mit denen Landsberg den *Vorstoß zur ewigen Ordnung*, die *Revolution des Ewigen* mit dem *Tod der neuzeitlichen europäischen Gesellschaft* forderte: das Problem der geistigen und sozialen Bindungen des Individuums (1) und das Problem der alles in ihren Sog ziehenden Historisierung der Welt (2).

(1) Das Problem der Bindungen des Individuums wurde im Blick auf den Gegensatz von Mittelalter und Moderne schon in der zweiten Hälfte des 19. Jahrhunderts in zwei unterschiedli-

---

31 Eine Erinnerung an das Buch von Landsberg wird von Th. Mann jedoch nicht mitgeteilt, vgl. ›Die Entstehung des Doktor Faustus. Roman eines Romans‹ (1949). Th. Mann machte übrigens deutlich, daß die Wirklichkeit des Mittelalters eine andere war, als diese *lachend geistesfrohe Erkenntnis des Seienden oder Kommenden* annahm: ... *gerade weil das geistig Uniforme und Geschlossene dem mittelalterlichen Menschen durch die Kirche von vornherein als absolut selbstverständlich gegeben gewesen, war er weit mehr Phantasiemensch gewesen als der Bürger des individualistischen Zeitalters, hatte er sich der persönlichen Einbildungskraft im einzelnen desto sicherer und sorgloser überlassen können* (ebd.).
32 Dazu Th. Manns treffendes Urteil über diese Richtung in den Kulturwissenschaften in Deutschland vor und nach 1933: *Die Forschung hatte allerdings Voraussetzungen, – und ob sie welche hatte! Es waren die Gewalt, die Autorität der Gemeinschaft, und zwar waren sie es mit solcher Selbstverständlichkeit, daß die Wissenschaft gar nicht auf den Gedanken kam, etwa nicht frei zu sein. Sie war es subjektiv durchaus – innerhalb einer objektiven Gebundenheit, so eingefleischt und naturhaft, daß sie in keiner Weise als Fessel empfunden wurde*. – Dasselbe Thema in Frankreich bereits 1927 bei Julien BENDA in seinem berühmten Buch ›La trahison des clercs‹ (Neudruck Paris 1981) über den *Verrat der Intellektuellen* an den universalen Werten (Gerechtigkeit, Wahrheit, Freiheit, Vernunft) zugunsten des ›Engagements‹ für politische Ideen und Strömungen.

chen, entgegengesetzten Haltungen erörtert, die in zwei Schlüsselwerken der Kulturwissenschaften ihren Ausdruck fanden, auf die sich auch Landsberg ausdrücklich bezog. Es sind dies: Jacob Burckhardts Buch über ›Die Kultur der Renaissance in Italien‹ von 1860 und Ferdinand Tönnies' erstes Werk, das 1887 unter dem Titel ›Gemeinschaft und Gesellschaft‹ erschien.

Burckhardt hatte 1860 die *Ausbildung* des *modernen Menschen* mit der Zertrümmerung der mittelalterlichen Bindungen des Individuums an Gruppen und Gemeinschaften (*Rasse, Volk, Partei, Korporation, Familie*) und an geistige und geistliche Autoritäten, an *Glauben, Kindesbefangenheit und Wahn* begründet[33]. Burckhardts These von der Befreiung des Individuums aus geistigen und sozialen Bindungen als Beginn der Moderne und als deren Grundtatsache hat in der Folge eine große Wirkung entfaltet[34]. Landsberg mußte diese These deshalb eingehend widerlegen. Er bestritt die Legitimität von Burckhardts Bild der europäischen Geschichte, weil darin jede Kenntnis der religiösen Eigenart und der Philosophie des Mittelalters fehle und weil Burckhardt die mittelalterlichen Elemente in der Renaissance *sehr stark* unterschätzt habe: Der *eigentliche Adel der Renaissance* sei nicht die Absage an das Mittelalter, sondern *das quellerfrischte Mittelalter in der Renaissance*[35].

Den Thesen Burckhardts von 1860 über Individualismus, Mittelalter und Moderne diametral entgegengesetzt waren die Auffassungen von Ferdinand Tönnies über ›Gemeinschaft und Gesellschaft‹, die in Deutschland vor allem nach dem Zusammenbruch von 1918 zu einer kaum zu überschätzenden Breitenwirkung gelangten[36]. Tönnies unterschied ›Gemeinschaft‹ als *organische* Bindung des Menschen im *vertrauten Zusammenleben*, in Familie und Verwandtschaft, in Nachbarschaft und Freundschaft, in Dorf und Stadt, von ›Gesellschaft‹ als dem Inbegriff von *mechanischen* Beziehungen unter den Menschen im Zeichen von Interessenkonflikten und Kontraktverhältnissen, von mechanischer Produktion und ökonomischem Tausch, von Individualismus und Rationalismus bei Verlust aller Bindungen, Solidaritäten und Werte[37]. Tönnies' Buch von 1887 hatte seine Voraussetzungen im Zusammenbruch des Fortschrittsglaubens um 1880[38], und es hat in den folgenden Jahrzehnten seinerseits dem Fortschrittspessimismus nachdrückliche Argumente geliefert. Die *gesamte Kultur*, so Tönnies schon 1887, sei *in gesellschaftliche und staatliche Zivilisation umgeschlagen*, und so gehe *in dieser ihrer verwandelten Gestalt die Kultur selber zu Ende*. Es gebe somit *in den großen Kulturentwicklungen* der Geschichte zwei *Zeitalter, die einander gegenüberstehen: ein Zeitalter der Gesellschaft folgt*

---

33 BURCKHARDT, Jacob, Die Kultur der Renaissance in Italien. Ein Versuch. Gesammelte Werke 3. 1955. S. 89.
34 Vgl. OEXLE, wie Anm. 7.
35 LANDSBERG, wie Anm. 9, S. 89 ff. Die Zitate S. 97.
36 Dazu schon früh die Kritik von Th. GEIGER, Art. ›Gemeinschaft‹. In: A. VIERKANDT (Hg.), Handwörterbuch der Soziologie. 1931. S. 173–180, bes. S. 175. Kritik und Gegenpositionen auch bei PLESSNER, H., Grenzen der Gemeinschaft. 1924. Vgl. KRAMME, R., Helmuth Plessner und Carl Schmitt. Eine historische Fallstudie zum Verhältnis von Anthropologie und Politik in der deutschen Philosophie der zwanziger Jahre. 1989. S. 37 ff.
37 TÖNNIES, F., Gemeinschaft und Gesellschaft. Abhandlung des Kommunismus und des Sozialismus als empirischer Kulturformen. 1887.
38 Dazu DAHME, H.-J., Der Verlust des Fortschrittsglaubens und die Verwissenschaftlichung der Soziologie. Ein Vergleich von Georg Simmel, Ferdinand Tönnies und Max Weber. In: O. RAMMSTEDT (Hg.), Simmel und die frühen Soziologen. Nähe und Distanz zu Durkheim, Tönnies und Max Weber. 1988. S. 222–274, bes. S. 234 ff.; vgl. auch MITZMAN, A., Sociology and Estrangement. Three Sociologists of Imperial Germany. 1987. S. 63 ff.

*einem Zeitalter der Gemeinschaft*³⁹, die Moderne folge dem Mittelalter, dieses aber sei das höherwertigere Zeitalter. Denn ›Gesellschaft‹ ist für Tönnies das *gesetzmäßige Ergebnis des Verfalls aller ›Gemeinschaft‹*⁴⁰. Eignet nach Tönnies dem Mittelalter eine *positive und organische Ordnung*, so eignet der Neuzeit, und das heißt: der Moderne, ein *wesentlich negativer und revolutionärer Charakter*⁴¹. Die Moderne ist *Revolution* in jeglicher Hinsicht; deshalb *tragen alle Gebilde der Neuzeit* nach Tönnies *mehr oder minder und, je neuer desto mehr ... die Züge des Unlebendigen in und an sich. Es sind mechanische Gebilde: sie haben keinen Wert, außer in Bezug auf ihren Zweck, den äußeren Vorteil, den sie gewähren; sie entspringen der kalten kalkulierenden Vernunft ... Eben darin liegt auch die überwältigende Größe dieser Gebilde; sie stellen in der Tat Triumphe des menschlichen Geistes dar. Nicht ohne Grund sind wir stolz auf diese mächtige europäische Zivilisation des 19. und 20. Jahrhunderts, unter der wir doch leiden und seufzen* – so Tönnies 1913 und wieder 1926, mit dem abschließenden Urteil: *Die moderne Kultur ist in einem unaufhaltsamen Zersetzungsprozeß begriffen. Ihr Fortschritt ist ihr Untergang*⁴².

Deshalb forderte Tönnies schon in seinem Plädoyer für ›Gemeinschaft‹ von 1887 die *Vernichtung* der modernen Gesellschaft⁴³, eine Parole, die auch Landsberg mit denselben Motiven in seiner Forderung nach dem *Tod der neuzeitlichen europäischen Gesellschaft* wieder aufgriff.

---

39 TÖNNIES, wie Anm. 37, S. 288 f.
40 TÖNNIES, F., Zur Einleitung in die Soziologie. In: DERS., Soziologische Studien und Kritiken. Erste Sammlung. 1925. S. 65 ff., hier S. 71.
41 So Tönnies in seinem Vorwort zur 2. Aufl. des Buches von 1912: TÖNNIES, F., Gemeinschaft und Gesellschaft. Grundbegriffe der reinen Soziologie. 1912. Nachdruck 1972. S. XXX f. Diese Motive wurden im Streit um die Moderne um 1900 sehr energisch auch von den konservativen ›Kulturlutheranern‹ vorgetragen: die Verurteilung von Individualismus und Rationalismus, die Forderung nach ›Gemeinschaft‹ und nach einer *neuen religiösen Einheitskultur zur Überwindung der sozialen und kulturellen Desintegration in der Moderne* mit *vielfältigen strukturellen Affinitäten zur römisch-katholischen Ekklesiologie*. Dazu GRAF, F. W., Konservatives Kulturluthertum. Ein ideologiegeschichtlicher Prospekt. In: Zeitschrift für Theologie und Kirche 85 (1988), S. 31–76, und DERS., Rettung der Persönlichkeit. Protestantische Theologie als Kulturwissenschaft des Christentums. In: R. VOM BRUCH u. a. (Hg.), Kultur und Kulturwissenschaften um 1900. Krise der Moderne und Glaube an die Wissenschaft. 1989. S. 103–131, S. 113 ff. (die Zitate ebd. S. 114). In der Wissenschaft wird das ›Gemeinschafts‹-Denken und die Sehnsucht nach ›Ganzheit‹ im Blick auf das Mittelalter um 1900 auch durch Werner Sombart (1863–1941) ausgesprochen, s. MITZMAN, wie Anm. 38, S. 175 ff. und 194 ff. Gleichzeitig verlieren nach 1900 der Renaissanceästhetizimus und sein Persönlichkeitskult in der Literatur ihre Anziehungskraft; dazu REHM, W., Der Renaissancekult um 1900 und seine Überwindung (1929). Wieder abgedruckt in: DERS., Der Dichter und die neue Einsamkeit. Aufsätze zur Literatur um 1900. 1969. S. 34–77.
42 TÖNNIES, F., Individuum und Welt in der Neuzeit. In: Weltwirtschaftliches Archiv 1 (1913), S. 37–66, S. 66; wieder abgedruckt in: DERS., Fortschritt und soziale Entwicklung. Geschichtsphilosophische Ansichten. 1926. S. 5–35, S. 34 f. Vgl. auch die Aussagen in: TÖNNIES, F., Geist der Neuzeit. 1935. S. 21 ff. (über den *Individualismus*) und S. 85 ff. (über *Die Neuzeit als Revolution*).
43 TÖNNIES 1887, wie Anm. 37, S. 287: *... er (sc. der Staat) wird endlich wohl zur Einsicht gelangen, daß nicht irgendwelche vermehrte Erkenntnis und Bildung die Menschen freundlicher, unegoistischer, genügsamer mache; daß ebenso aber auch abgestorbene Sitte und Religion nicht durch irgendwelchen Zwang oder Unterricht ins Leben zurückgerufen werden könne; sondern daß er, um sittliche Mächte und sittliche Menschen zu machen oder wachsen zu lassen, die Bedingungen oder den Boden dafür schaffen, oder zum Wenigsten die entgegengesetzten Kräfte aufheben müsse. Der Staat, als die Vernunft der Gesellschaft, müßte sich entschließen, die Gesellschaft zu vernichten*. In der 2. Aufl. von 1912 (TÖNNIES, wie Anm. 41, S. 249) ist die Aussage abgemildert und zugleich verschärft (*... müßte sich entschließen, die Gesellschaft zu vernichten, oder doch umgestaltend zu erneuern. Das Gelingen solcher Versuche ist außerordentlich unwahrscheinlich*).

(2) Das zweite Problem der Moderne, das in Landsbergs Buch von 1922 eine zentrale Position einnimmt, ist – wie bereits angedeutet – der *moderne Fehler*, primär *nach Geschichte statt nach Sein* zu fragen, ist die Tatsache, daß modernes Denken *historisch* ist und nicht *metaphysisch*, wie es das Denken des Mittelalters war[44]. Hier geht es um das Leiden am Wertverlust durch die Historisierung aller Werte, um das Leiden an der Orientierungslosigkeit der Erkenntnis, gerade auch der wissenschaftlichen. Es geht um den modernen ›Historismus‹ als die *grundsätzliche Historisierung alles unseres Denkens über den Menschen, seine Kultur und seine Werte* (E. Troeltsch)[45].

Diesen durch die historische Wissenschaft und die historische Bildung ständig weiter ausgreifenden ›Historismus‹ hat Friedrich Nietzsche 1874 wohl als erster einer grundsätzlichen Kritik unterzogen und als zerstörerisches Element der modernen Kultur bezeichnet[46]. Die *Übersättigung* mit Historie sei mit schuld an der *Not*, an dem *inneren Elend* des modernen Menschen, an der *Schwäche der modernen Persönlichkeit* und ihrer *Lebenskräfte*, weil die historische Bildung den Menschen *zaghaft und unsicher* mache: *Das Individuum darf sich nicht mehr glauben*. Denn die Geschichtswissenschaft ist die *Wissenschaft des universalen Werdens*, *die alle Sicherheit zerstöre, weil sie überall ein Gewordenes, ein Historisches und nirgends ein Seiendes, Ewiges sehe und deshalb alles in seinem Werden und also auch in seinem Vergehen zeige. Das rasend-unbedachte Zersplittern und Zerfasern aller Fundamente, ihre Auflösung in ein immer fließendes und zerfließendes Werden, das unermüdliche Zerspinnen und Historisieren alles Gewordenen* – das ist nach Nietzsche der Habitus des *modernen Menschen*[47]. Wilhelm Dilthey sprach vom *Messer des historischen Relativismus, welches alle Metaphysik und Religion gleichsam zerschnitten hat*, vom *Schmerz der Leere*, vom *Bewußtsein der Anarchie in allen tieferen Überzeugungen* und von der *Unsicherheit über die Werte und Ziele des Lebens* als Folge der Ausbildung des geschichtlichen Bewußtseins; denn: *die Relativität jeder Art von menschlicher Auffassung des Zusammenhanges der Dinge ist das letzte Wort der historischen Weltanschauung, alles im Prozeß fließend, nichts bleibend*[48]. In seinem Essay über die ›Krisis der Kultur‹ (1917) beschrieb Georg Simmel seinerseits die *quantitative Unbeschränktheit, mit der sich Buch an Buch, Erfindung an Erfindung, Kunstwerk an Kunstwerk reiht – eine sozusagen formlose Unendlichkeit, die mit dem Anspruch, aufgenommen zu werden, an den Einzelnen herantritt*, was die *typische und problematische Lage des modernen Menschen* erzeugt, nämlich *das Gefühl, von dieser Unzahl von Kulturelementen wie erdrückt zu sein*[49]. Die umfassendste Analyse des Historismus als eines konstitutiven Kennzeichens der Moderne hat Ernst Troeltsch

---

44 S. oben S. 130.
45 TROELTSCH, wie Anm. 1, S. 102. Dazu OEXLE, O. G., ›Historismus‹ Überlegungen zur Geschichte des Phanomens und des Begriffs. In: Braunschweigische Wissenschaftliche Gesellschaft. Jahrbuch 1986. S. 119–155, bes. S. 119ff. und 132ff.
46 Dazu OEXLE, wie Anm. 45, S. 129ff.; DERS., Von Nietzsche zu Max Weber: Wertproblem und Objektivitätsforderung der Wissenschaft im Zeichen des Historismus. In: C. PETERSON (Hg.), Rechtsgeschichte und theoretische Dimension. Rättshistoriska Studier 15. 1990. S. 96–121.
47 NIETZSCHE, F., Von Nutzen und Nachteil der Historie für das Leben. In: Kritische Studienausgabe, hg. von G. COLLI und M. MONTINARI. 1. 1988. S. 272, 279ff., 313, 330.
48 DILTHEY, W., Weltanschauungslehre. Abhandlungen zur Philosophie der Philosophie. Gesammelte Schriften 8. 1931. S. 121, 198 und 232; DERS., Rede zum 70. Geburtstag (1903). In: DERS., Die geistige Welt. Einleitung in die Philosophie des Lebens. Gesammelte Schriften 5. 1924. S. 9.
49 SIMMEL, G., Die Krisis der Kultur (1917). Wieder abgedruckt in: DERS., Das individuelle Gesetz. Philosophische Exkurse. 1987. S. 232ff., hier S. 233.

1922 in seinem umfangreichen Buch ›Der Historismus und seine Probleme‹ vorgelegt[50]. In der Literatur klingt das Thema am eindrucksvollsten an bei Robert Musil in seinem 1920 begonnenen und 1930 erschienenen Roman ›Der Mann ohne Eigenschaften‹, einem Schlüsselwerk der Moderne in Deutschland, – hier in ironischer Brechung: es gehe um eine *Bestandaufnahme des mitteleuropäischen Ideenvorrats, der aus lauter Gegensätzen bestehe,* freilich so, *daß diese Gegensätze bei genauerer Beschäftigung mit ihnen ineinander überzugehen anfangen;* und: *es gibt so viele Gedanken, und einer muß schließlich der erlösende sein!*[51]

Landsbergs Buch mit seiner Forderung nach dem *Tod* der Moderne und mit seiner Verheißung einer *Revolution des Ewigen* sieht diese Erlösung als eine bereits werdende. Rationalismus und Individualismus sind darin überwunden, ein neuer ›Realismus‹ bindet den Menschen in seinen Ordnungen und begründet zugleich neue Werte und eine neue Erkenntnis, die der Korrosion durch den Historismus und den ihm folgenden Relativismus nicht mehr ausgesetzt sind. Landsbergs Verheißung und Programm, die erlösende Überwindung von Individualismus, Rationalismus, Kantianismus, Positivismus und Historismus, wurzelt in seiner Gegenüberstellung von Nominalismus und Realismus. Es war sein Lehrer Max Scheler, dem Landsberg diese Gegenüberstellung verdankte.

III.

Max Scheler arbeitete seit 1919 an dem damals neugegründeten Institut für Sozialwissenschaften in Köln und war zugleich Professor für Soziologie und Philosophie an der ebenfalls neugegründeten Universität Köln[52]. Seine Arbeiten richteten sich damals darauf, im Gegensatz zum Positivismus und Marxismus die Existenz einer von historischen und sozialen Bedingungen unabhängigen Wert-Sphäre zu erweisen[53], das heißt: Religion, Metaphysik und Wissenschaft als jeweils eigene, *völlig verschiedene Gruppen von Akten des erkennenden Geistes* mit jeweils eigenen, *wesenverschiedenen, historischen Bewegungsformen* darzustellen[54]. Diesem Ziel diente die von Scheler mitbegründete ›Soziologie der Erkenntnis‹ oder ›Soziologie des Wissens‹[55], die der Frage nach dem Ursprung und der Geschichte der drei Wissensformen sowie ihrem Zusammenhang mit gesellschaftlichen Gegebenheiten nachging[56].

50 TROELTSCH, wie Anm. 1. Vgl. auch die knappen Darlegungen der Problematik und ihrer Auswirkungen in der Wissenschaft: DERS., Die Krisis des Historismus. In: Die Neue Rundschau 1 (1922), S. 572–590, und DERS., Die Revolution in der Wissenschaft (1921). Wieder abgedruckt in: DERS., Aufsätze zur Geistesgeschichte und Religionssoziologie. Gesammelte Schriften 4. Nachdruck 1981. S. 653–677. Dazu OEXLE, wie Anm. 45, S. 132 ff.; DERS., Von Nietzsche zu Max Weber, wie Anm. 46, S. 101 ff. und 110 ff.
51 MUSIL, R., Der Mann ohne Eigenschaften, Erstes Buch, Kap. 85 (*General Stumms Bemühung, Ordnung in den Zivilverstand zu bringen*).
52 Vgl. MADER, W., Max Scheler in Selbstzeugnissen und Bilddokumenten. 1980. S. 67 ff., 92 ff.; HEIMBÜCHEL, B. In: Kölner Universitätsgeschichte. 2: Das 19. und 20. Jahrhundert. 1988. S. 302 ff., 534 ff. u. ö.
53 Vgl. LIEBER, H.-J., Ideologie. Eine historisch-systematische Einführung. 1985. S. 76 ff.
54 SCHELER, M., Die positivistische Geschichtsphilosophie des Wissens und die Aufgaben einer Soziologie der Erkenntnis (1921). Wieder abgedruckt in: V. MEJA – N. STEHR (Hg.), Der Streit um die Wissenssoziologie. 1. 1982. S. 57–67, S. 61.
55 SCHELER, M., Wissenschaft und soziale Struktur (1925). In: MEJA – STEHR, wie Anm. 54, S. 68–127.
56 M. SCHELER (Hg.), Versuche zu einer Soziologie des Wissens. Schriften des Forschungsinstituts für Sozialwissenschaften in Köln 2. 1924; DERS., Die Wissenformen und die Gesellschaft, 1926.

In dem von Scheler herausgegebenen Band ›Versuche zu einer Soziologie des Wissens‹ (1924) hat der Soziologe und Philosoph Paul Honigsheim eine Schelers Grundgedanken vom Gegensatz zwischen ›Realismus‹ und ›Nominalismus‹ aufgreifende und weiterführende Soziologie der Scholastik und des realistischen und nominalistischen Denkens dargelegt[57]. Es kam dem Verfasser darauf an, zu zeigen, welche gesellschaftlichen Verhältnisse jeweils mit einem ›Scholastik‹ genannten (und nicht auf das okzidentale Mittelalter beschränkten) Denksystem des Realismus verbunden sind[58], vor allem aber: wie die okzidentale Scholastik und deren *Dekomposition*, der Nominalismus, mit bestimmten gesellschaftlichen Zuständen verknüpft waren und zugleich die Ausgestaltung spezifischer *Gesellschaftsformen* bewirkt haben. Denn mit dem ›Realismus‹ wie mit dem ›Nominalismus‹ seien jeweils *sehr verschiedene Einstellungen gesellschaftlicher Natur* und verschiedene Auffassungen der Welt verbunden. Dem ›Realismus‹ liege nämlich die Auffassung zugrunde, daß *das Ganze ... im Vergleich zu den einzelnen Teilen in stärkerem Maße seiend (ist) als diese*, also mehr Realität habe als die Teile, die ihm in vielfältigen Gradabstufungen angehören, daß also das Einzelne nur sei durch Teilhabe am Ganzen. Dies gelte auch im Blick auf die Gesellschaft: die *gesellschaftliche Ganzheit* ist *das eigentlich Realitäthabende*; sie entstehe nicht durch den Zusammentritt der Individuen, weil diese *als isolierte Wesen außerhalb ihrer und vor ihr gar nicht bestehen*. Dieses *Gefühl* sei, so Honigsheim, der *Ausdruck jener Form von Verbundenheit, die man in der Sprache von Ferdinand Tönnies als ›Gemeinschaft‹ bezeichnet. Realismus ist dementsprechend der Beweis dafür, daß die ihn vertretenden Menschen in einer Gemeinschaft leben, und daß Gemeinschaftsgeist bei ihnen wirksam ist*. Daraus ergibt sich die Frage, ob dann der Nominalismus *auch der Ausdruck der dem Gemeinschaftsdasein entgegengesetzten Form menschlicher Verbundenheit* sei, also *Ausdruck des Gesellschaftsdaseins*. Honigsheim bejaht dies. ›Nominalistisch‹ ist demnach die Auffassung, daß Menschen wesentlich als Einzelwesen existieren, die nur aus *Praktischkeitsgründen* zu *zweckrationalen Verbänden* sich zusammenfinden, in Bindungen, *die gar keine Realität mehr haben, wenn es jenen Individuen passen sollte, wieder aus ihnen*

---

57 HONIGSHEIM, P., Soziologie der Scholastik. In: SCHELER, wie Anm. 56, S. 302–307; DERS., Soziologie des realistischen und des nominalistischen Denkens, ebd. S. 308–322. Zur Anregung des Ansatzes durch M. Scheler: ebd. S. 313. Derselbe Gedankenstoff zuvor bereits in: DERS., Zur Soziologie der mittelalterlichen Scholastik. Die soziologische Bedeutung der nominalistischen Philosophie. In: M. PALYI (Hg.), Hauptprobleme der Soziologie. Erinnerungsgabe für Max Weber. 2. 1923. S. 173–218, mit erheblich anderen Urteilen in der Bewertung von *Nominalismus*, mittelalterlicher *Einheitskultur* und *geistiger Krise der Gegenwart* (s. unten Anm. 61) als 1924. – Paul Honigsheim (1885–1963) promovierte als Schüler von G. Jellinek und E. Troeltsch in Heidelberg zum Dr. phil. und gehörte dort auch zum Kreis um Max Weber. Seit 1919 war er Assistent und Bibliothekar am Forschungsinstitut für Sozialwissenschaften in Köln, habilitierte sich 1920 für Philosophie und Soziologie, leitete von 1921 bis 1933 die Volkshochschule Köln und war seit 1927 a. o. Professor an der dortigen Universität. 1933 emigrierte er nach Paris und war dort als Leiter der Zweigstelle des ›Institut de Recherches Sociales‹ (Genf) tätig. Seit 1936 lehrte er als Professor für Philosophie, Soziologie und Ethnologie an der Universität Panama, seit 1938 als Professor an der Abteilung für Soziologie und Anthropologie der Michigan State University (diese Angaben nach K. G. SPECHT. In: Neue deutsche Biographie 9. 1972. S. 600f.). Vgl. auch den Artikel von MAIER, J. In: W. BERNSDORF – H. KNOSPE (Hg.), Internationales Soziologenlexikon. 1. ²1980. S. 186.

58 HONIGSHEIM, Soziologie des realistischen und des nominalistischen Denkens, wie Anm. 57, S. 311: *Realismus ist Scholastik, Nominalismus das Gegenteil davon. Der Nominalismus, die Dekomposition der Scholastik, wirkt mit bei der Auflösung derjenigen Gesellschaftsstruktur und der mit ihr verbundenen Einheitskultur, die nicht zuletzt von der offiziellen, das heißt von der eigentlichen Scholastik gestützt wurde* (310f.).

auszutreten. Honigsheim zeigt, wie seit dem Hochmittelalter in einer Reihe von sozialen Bewegungen (Pataria, Sekten, franziskanische Bewegung) die Idee der universalistischen Kirche zugunsten *selbstherrlicher Individuen* unterging und wie gleichzeitig die Naturwissenschaft und die empirische Betrachtung der Welt, die sich dem Einzelnen widmet, aufkamen. So könne *wohl nicht bezweifelt werden, daß der Nominalismus genau so sehr ein Ausdruck der ›Gesellschaft‹ im engeren Sinne des Wortes ist, wie der Realismus es in bezug auf die Gemeinschaft ist*[59]. Konsequent ordnete Honigsheim alle gegen die universale Kirche und gegen die gemeinschaftliche Einheit gerichteten Strömungen den soziologischen Auswirkungen des Nominalismus zu: die Reformation und die Gegenreformation, die Aufklärung und die kantische Philosophie, den Liberalismus und den Sozialismus. Dem Nominalismus eigne also in der Tat ein *revolutionäres Moment*[60].

Damit sah Honigsheim gleichzeitig die Frage aufgeworfen nach der *Gegenwartsbedeutung des Nominalismus*, nach dem Zusammenhang von Realismus, Nominalismus und *Gegenwartskrise*. Zwar sei wegen des ihm innewohnenden *revolutionären Moments* der Nominalismus ein *immer wieder notwendig werdendes Gegenstück* zum Realismus: *insbesondere auch unsere Zeit bedarf solchen Geistes dringend. Andererseits aber sei der Nominalismus allein und seine gesellschaftliche Einstellung insbesondere nicht das Heilmittel … . Fehlt doch den von ihm erfaßten Menschen die Ganzheitsbezogenheit ihres Tuns. Diese aber sei unabdingbar. Denn wenn das Werk des Tages nicht durch die zweckrationale Bezogenheit entweiht* werden soll, *so muß neben einer Umgestaltung dessen, was jene Mechanisierung der Welt immer wieder verursacht, nämlich der Wirtschaft, auch wiederum Weltanschauung werden, Weltanschauung, vielleicht inhaltlich jenem Realismus des Mittelalters sternenfern; dadurch aber ihm kongenial, daß sie alle Handlungen eines jeden Einzelnen und einer jeden Gemeinschaft durch Eingliederung in einen sinnbehafteten Zusammenhang heiligt und aus den Niederungen des Zufälligen und des Alltäglichen emporhebt in die reine Luft der Ganzheitsbezogenheit.* Honigsheim plädierte also wie Landsberg für *Gemeinschaft* und für *Ganzheitsbezogenheit*, auch wenn er die Notwendigkeit ›nominalistischen‹ Denkens und des *Gesellschaftsdaseins* anerkannte[61].

Auch der Philosoph und Soziologe Herman Schmalenbach stellte sich in seinem Buch ›Das Mittelalter. Sein Begriff und Wesen‹ von 1926 die Aufgabe einer *philosophischen Konstruktion des Mittelalters* – und löste sie mit denselben Formeln[62]. Die Grundannahme, von der aus das

---

59 Ebd. S. 313 ff.
60 S. 321. Vgl. damit auch die Thesen von LANDSBERG, oben S. 129 f.
61 HONIGSHEIM, ebd. S. 321 f. Interessant ist, daß Honigsheim in seiner dasselbe Thema erörternden Abhandlung in der ›Erinnerungsgabe für Max Weber‹ von 1923 (s. oben Anm. 57) noch ganz andere Wertungen vortrug. Hier wird am Schluß (ebd. S. 213) eine Verurteilung der Mittelalter-Reflexionen der Zeit als *Neu-Romantik* und als Flucht in eine *erträumte Welt der Vergangenheit* ausgesprochen, *am meisten aber in den mittelalterlichen Katholizismus, was wir andauernd erleben*. Der Nominalismus habe zwar an der Auflösung der *mittelalterlichen Einheitskultur* mitgewirkt, aber auch an der *Genesis der modernen Welt mit all ihrer Tragik*, freilich auch *mit ihrer unermeßlichen Vielfarbigkeit und den tausendfältigen Gestaltungen einer individualistischen Geisteskultur. Ihr Verlust würde eine völlige Verarmung bedeuten. Und nur Autosuggestion kann uns glauben machen, daß wir auf die Errungenschaften der europäischen Neuzeit verzichten und auch nur einen Tag in einer Einheitskultur atmen könnten, die derjenigen gleicht, an deren geistiger und gesellschaftlicher Auflösung nicht zuletzt der Nominalismus mitgearbeitet hat.*
62 SCHMALENBACH, H., Das Mittelalter. Sein Begriff und Wesen. Wissenschaft und Bildung. Einzeldarstellungen aus allen Gebieten des Wissens 226. 1926. Das Zitat hier S. 5. – Herman Schmalenbach (1885–1950), ein Bruder von Eugen Schmalenbach, dem Begründer der Betriebswirtschaftslehre (vgl.

Mittelalter (wiederum in einem ebensowohl universalen Sinne wie im Sinne einer Epoche der Geschichte des Okzidents) begriffen werden müsse, sei das ›Organische‹ und das ›Vorhergehen des Ganzen vor den Teilen‹. Das Mittelalter ist für Schmalenbach das ›organische Zeitalter‹ schlechthin: *Die Menschen sind hier nicht – auch nicht ihrem Bewußtsein nach – zunächst einzelne und getrennte, ›substanzial‹ erst ›nachträglich‹ zu nur ›äußeren‹ und ›äußerlichen‹ Gesamteinheiten verbundene. Sondern sie gehören ›von vornherein‹ und ›wesenhaft‹ einer durchaus ›wirklichen‹ ›feudalistischen‹ und ›föderalistischen‹ oder ›ständischen‹ Ordnung an; ›organisch‹ ist die gesamte mittelalterliche Sozialität*[63] . Dies erfordert auch bei Schmalenbach eine längere Auseinandersetzung mit Jacob Burckhardts anders gerichteten Thesen[64] und mit der aus ihnen resultierenden negativen Bewertung des mittelalterlichen Gemeinschaftsdenkens. Der Gegensatz zu Burckhardt wird aufgehoben in der Annahme *eines besonderen Reichtums qualitativer Differenziertheit*, die dem Mittelalter eigne, einer *enormen Qualitativität des Mittelalters*, im Gegensatz zum *ent-qualifizierenden, uniformierenden, quantifizierenden Geiste der Neuzeit: Qualitativität und Anti-Individualismus* seien in gleicher Weise *Wesensbestimmungen des Mittelalters*. Sie seien vermittelt in dem Prinzip der *Immanenz des Geistes*, das bedeute: *daß der ›Geist‹ der Ganzheit und Einheit allen Gliedern immanent gegenwärtig ist,* – im Gegensatz zum *Mechanistisch-Rationalistischen der Neuzeit und Moderne, wo die Teile sich gegenseitig und ihrer Ganzheit und Einheit so distanziert gegenüber (stehen) wie die ... doch immer auseinandernehmbaren und wieder zusammensetzbaren, ja auswechselbaren Stücke einer Maschine, denen der ›Geist‹ von außen, durch den Erbauer, auferlegt ist*[65]. Gegenüber einer aus der Romantik oder aus romantischem Empfinden resultierenden *Gefahr einer Verweichlichung des Mittelalters* will Schmalenbach zeigen, wie das *›organische‹, lebensartige, vitale, biomorphe In- und Durcheinander von Geist und Sein* im Mittelalter seinen Grund hat im Universalien-Realismus: Universalien-Realismus und ›Vorhergehen der Verbände‹ oder ›Vorgehen des Ganzen‹ gehören ebenso wie auf der anderen Seite Individualismus und Nominalismus zusammen, ja, sie sind *identisch*[66]. Ausdruck dieses Universalien-Realismus ist der mittelalterliche ›Gradualismus‹, die Auffassung der Stände, die *pyramidische Struktur des*

HEIMBÜCHEL, wie Anm. 52, S. 158 ff., 262 ff., 414 ff.), habilitierte sich 1920 in Göttingen für Philosophie und übernahm als nichtbeamteter a. o. Prof. für Philosophie 1930 die Verwaltung des Soziologischen Apparats . 1931 folgte er einem Ruf auf einen Lehrstuhl für Philosophie an der Universität Basel. Vgl. BERNSDORF – KNOSPE, wie Anm. 57, S. 377 f.; NEUMANN, M., Über den Versuch, ein Fach zu verhindern: Soziologie in Göttingen 1920–1950. In: H. BECKER u. a. (Hg.), Die Universität Göttingen unter dem Nationalsozialismus. 1987. S. 298–312, S. 304 f.; und vor allem der Nachruf von BRINKMANN, C. In: Jahrbuch für Sozialwissenschaft 2 (1951), S. 92 f. In der Soziologie blieb Schmalenbach bis heute bekannt durch seine Abhandlung über ›Die soziologische Kategorie des Bundes‹. In: Die Dioskuren. Jahrbuch für Geisteswissenschaften 1, 1922, S. 35–105. »Sie ist das wissenschaftliche Sublimat der deutschen Jugendbewegung und insoweit eine der wissenssoziologisch repräsentativsten deutschen Arbeiten zur Gesellschaftsforschung uberhaupt« (BRINKMANN, ebd.). Hier versuchte Schmalenbach, Tönnies' Dichotomie von ›Gemeinschaft‹ und ›Gesellschaft‹ durch eine dritte Art von sozialen Beziehungen, den ›Bund‹, zu erweitern, und prognostizierte ein neues, kommendes Zeitalter des ›Bundes‹. Darauf und auf die Verknüpfung mit Schmalenbachs Mittelalter-Reflexion kann hier nicht eingegangen werden. Zu den zeitgenössischen Kontexten SEE, K. von, Politische Männerbund-Ideologie von der wilhelminischen Zeit bis zum Nationalsozialismus. In: G. VÖLGER u. a. (Hg.), Männerbande, Männerbünde. 1. 1990. S. 93–102.
63 SCHMALENBACH, wie Anm. 62, S. 19 und 21.
64 Ebd. S. 25 ff.
65 S. 45, 47, 49 f.
66 S. 53 ff. Die folgenden Zitate S. 61, 63 f., 149.

europäischen Mittelalters, die jedem Stand seinen Rang und seine Ehre zuweist. Dieser *Stufengedanke sei es, der zentral als das Wesen des Mittelalters in Anspruch genommen werden muß.*

Schmalenbachs *philosophische Konstruktion* des Mittelalters ist eine eigentümliche Mischung von Philosophie und Soziologie, von Historie, Gegenwartskritik und heimlicher Zukunftserwartung. Der rückblickenden Beurteilung erscheint sie ebenso obsolet wie die gleichartigen Reflexionen von P. L. Landsberg oder von P. Honigsheim. Denn hier wird die Gesellschaft der Moderne *nicht als das betrachtet, was sie ist, sondern ihr Dasein wird durch Begriffe verdrängt*, wie René König einmal treffend feststellte: diese Reflexion war »ohne adäquates Bewußtsein« der »tatsächlichen gesellschaftlichen Lage«, sie hat die Wirklichkeit durch »Begriffsdestillate« ersetzt, »an deren negativem Sinn sich die Kritik entzündet«; das wirkliche Geschehen wurde durch Konzepte und Begriffe »theoretisch verschüttet«[67]. Eigentümlicherweise war es in der Auffassung jener Zeit von den Aufgaben der Soziologie gerade dies, was die Soziologie als *Wirklichkeitswissenschaft* begründete: *die philosophische Grundlage*. Denn, so Hans Freyer in seinem Buch ›Soziologie als Wirklichkeitswissenschaft‹ (1930): die Soziologie müsse *das wissenschaftliche Selbstbewußtsein einer gesellschaftlichen Wirklichkeit* sein und *auf die Wirklichkeit einer bestimmten Gesellschaftsordnung* zielen, deren *Werden* und Entwicklungstendenzen sie darzustellen habe[68]. Die Soziologie sei deshalb *unweigerlich auf den Willensgehalt der Gegenwart* verwiesen: *nur wer gesellschaftlich etwas will, sieht soziologisch etwas*; und: *Wahres Wollen fundiert wahre Erkenntnis.*

Im Dienst solcher *Willensgehalte* stand auch die *philosophische Konstruktion* des Mittelalters. Der Protest vor allem gegen Individualismus und Rationalismus und die Entschlossenheit, diese Grundlagen der Kultur der Moderne zu überwinden, äußerte sich hier als Vergangenheitsideologie, die sich zugleich zu einer fragwürdigen und »nebulosen Zukunftsprophetie umstülpte«[69]: in die Erwartung nämlich einer neuen Epoche der ›Ganzheit‹, der ›Gemeinschaft‹, des ›Realismus‹, der Gewißheit fraglos gültiger Werte und wahrer Erkenntnis. Überlegungen solcher Art begegnen bei prominenten Vertretern der Kulturwissenschaften in den zwanziger Jahren allerorten. Hans Freyer definierte damals die *ständische Gesellschaft* (des Mittelalters) als *das Urbild einer positiven Epoche*, als die *objektivste, gestalthafteste Epoche der gesellschaftlichen Wirklichkeit, ihre wahre Mitte, ihre Akme und zugleich ihre Peripetie*[70]. Zur gleichen Zeit formulierte Othmar Spann das Dogma des Anti-Individualismus: *Das Geistige im Menschen ist nur in Gemeinschaft.* Er sah in dieser Sentenz das Leitwort für den *Umsturz*, für die *weltgeschichtliche Wendezeit, in der wir leben*, die eine Krise des ganzen Zeitgeistes enthalte. Ihr Sinn sei, daß der Individualismus absterbe *und von innen her eine neue Denkweise anhebt, ein neuer, anderer Weg des Lebens gesucht wird*. So wie Renaissance und Humanismus eine *Abkehr vom christlichen Mittelalter* bedeuteten, eine Abkehr *von der Philosophie und*

---

67 KÖNIG, R., Zur Soziologie der zwanziger Jahre oder Ein Epilog zu zwei Revolutionen, die niemals stattgefunden haben, und was daraus für unsere Gegenwart resultiert. In: L. REINISCH (Hg.), Die Zeit ohne Eigenschaften. 1961. S. 82–118, S. 97f., 100; erneut in: KÖNIG, R., Soziologie in Deutschland. Begründer, Verfechter, Verächter. 1987. S. 230ff., hier S. 242 und 244.
68 FREYER, Hans, Soziologie als Wirklichkeitswissenschaft. 1930. S. 5f., 9, 304f., 307. Über H. Freyer: MULLER, J. Z., Enttäuschung und Zweideutigkeit. Zur Geschichte rechter Sozialwissenschaftler im ›Dritten Reich‹. In: Geschichte und Gesellschaft 12 (1986), S. 289–316.
69 KÖNIG, wie Anm. 67, S. 98 bzw. S. 242.
70 FREYER, wie Anm. 68, S. 272.

Lebensauffassung der Scholastik, von den ständisch-zünftigen Bindungen und eine Hinwendung zum Individualismus auf der Grundlage der klassischen Bildung, so sei *die heutige Krise ... die Gegenrenaissance, die auf eine Abwendung vom Individualismus hinzielt, auf eine Umwendung des Weltgeistes* ...[71].

Wer eine anschauliche literarische Darstellung aller dieser Mittelalterbeschwörungen gegen die Moderne wünscht, findet sie in Hermann Hesses Roman ›Das Glasperlenspiel‹, der 1931 begonnen und 1943 veröffentlicht wurde. Im Gegensatz zu Franz Kafka, dessen große, ebenfalls in den zwanziger Jahren erschienene Romane (›Der Prozeß‹, 1925; ›Das Schloß‹, 1926; ›Amerika‹, 1927) deutbar sind als Auseinandersetzungen mit den Zumutungen der modernen Welt[72], hat Hesse zur selben Zeit die innere Flucht aus der Moderne literarisch ausgedrückt[73]. Sein Hauptwerk beschreibt, als eine inzwischen eingetretene geschichtliche Wirklichkeit, eben jenes ›neue Mittelalter‹, von dem aus auf die Moderne der ersten Hälfte des zwanzigsten Jahrhunderts zurückgeblickt wird. In diesem neuen Mittelalter ist, realisiert in einem ›Orden‹, die Einheit der Wissenschaft und der Deutung der Welt wiederhergestellt. Sie hat ihr Symbol im ›Glasperlenspiel‹, einem *Spiel mit sämtlichen Inhalten und Werten unserer Kultur,* das mit einer *kaum auszudenkenden Vollkommenheit ... den ganzen geistigen Kosmos* erfaßt[74], in einer Art des Umgangs mit diesem Kosmos also, die Gedanken und Werte nicht in ihrer Gegensätzlichkeit isoliert und dadurch wechselseitig vernichtet, sondern vielmehr allem seinen Ort im Ganzen zuweist. Die Mitglieder dieses neuen Ordens bilden eine Hierarchie. Sie ist keine *Maschinerie* aus toten Teilen, sondern ein *lebendiger Körper, aus Teilen gebildet und von Organen belebt, deren jedes seine Art und seine Freiheit besitzt,* eine Hierarchie also, die dem Einzelnen seinen Platz im Ganzen zuweist und dadurch zugleich seine Individualität wahrt. Die Anfänge dieses neuen Mittelalters vollzogen sich, so will es der Autor des ›Glasperlenspiels‹, in einer Epoche, die hier *das feuilletonistische Zeitalter* heißt, weil es *genau wie im Feuilleton der Zeitungen* den Menschen *durch eine Sintflut von vereinzelten, ihres Sinnes beraubten Bildungswerten und Wissensbruchstücken* überwältigt. Dies war die Hoch-Zeit des *neuzeitlichen Individualismus.* Sie stand als Epoche zwischen dem Mittelalter und dem (inzwischen eingetretenen) neuen Mittelalter und war gekennzeichnet von einer *Befreiung des Denkens und Glaubens von jeglicher autoritativen Beeinflussung* und von dem gleichzeitigen *leidenschaftlichen Suchen nach einer Legitimierung dieser seiner Freiheit, nach einer neuen, aus ihm selbst kommenden, ihm adäquaten Autorität,* das freilich vergeblich blieb. Eben deshalb hätten sich die Anfänge des neuen Mittelalters *schon bald nach 1900, noch mitten in der Hochblüte des Feuilletons* gezeigt. Es sei angemerkt, daß Hermann Hesse 1923 P.L. Landsbergs Mittelalterbuch rezensierte[75] und es *allen jungen Menschen* empfahl, *welchen der heutige Zustand einer hinsterbenden Epoche*

---

71 SPANN, O., Der wahre Staat. Vorlesungen über Abbruch und Neuaufbau der Gesellschaft. ³1931. S. 3 und 26.
72 Vgl. L. DITTMANN – W. FALK, Auflösung aller Vertrautheit. Kandinsky, Klee und Kafka. In: A. NITSCHKE u.a. (Hg.), Jahrhundertwende. Der Aufbruch in die Moderne 1880–1930. 2. 1990. S. 170–194.
73 Vgl. den Roman ›Siddhartha‹ (1922) und die Mittelalter-Erzählung ›Narziß und Goldmund‹ (1929/30).
74 Dieses Zitat und die folgenden finden sich im ersten Teil des Buches, ›Einleitung: Das Glasperlenspiel‹.
75 In: Vivos voco. Zeitschrift für neues Deutschtum 3 (1922/23), S. 65 f.

unerträglich ist, und welche ja zum größten Teil sich mit flammender Ablehnung und dem Willen zur völligen Zertrümmerung des Absterbenden begnügen; dieses Buch sei *die stärkste Leistung..., welche die heutige deutsche Jugend zu zeigen hat*, und es werde *in Bälde als Fahne über einer großen Anhängerschar stehen*.

Die Beschwörungen des kommenden, im Werden begriffen ›neuen Mittelalters‹ im Zeichen von ›Ganzheit‹ und ›Gemeinschaft‹ blieben freilich nicht ohne Widerspruch. Zugleich aber wurden sie in fataler Weise inhaltlich gefüllt und in andere Zusammenhänge überführt.

Widerspruch wurde einerseits – mit religiöser wie mit profaner Begründung – auf der Grundlage des europäischen Humanismus geäußert. Man stellte sich der Deutung des Mittelalter als einer Epoche der ›Gemeinschaft‹ entgegen mit der These, daß sich gerade im Humanismus, in der Beachtung von Würde und Wert des einzelnen Menschen das Wesen des Mittelalters erfüllt habe. So hat der Theologe und Philosoph Theodor Steinbüchel, ebenfalls stark (obwohl in anderer Weise als Landsberg) von Max Scheler beeinflußt[76], in seinem Buch ›Christliches Mittelalter‹ von 1935 zwar ebenfalls den Umbruch vom Realismus zum Nominalismus eingehend beschrieben. Er hat zugleich aber deutlich ausgesprochen, daß diese Auflösung der *mittelalterlichen Bindung und Einung* und des Denkens in der ›Gemeinschaft‹ und im ›Ganzen‹ nicht nur einen *Partikularismus und Individualismus* hervorgebracht habe, sondern daß dies auch *eine neue und andere Selbständigkeit des geistigen Lebens der abendländischen Menschheit, eine neue Persönlichkeitswertung* und die führende Stellung des *neuen, demokratischen Stadtbürgertums* im wirtschaftlichen und geistigen Leben bedeutete: *Das konservative Moment des Bewahrens schwindet vor dem fortschrittlichen und revolutionären des Selbstverfügens und -gestaltens*[77]. Im Gegensatz zu Landsberg, Honigsheim und Schmalenbach betonte Steinbüchel, daß die Entdeckung der mittelalterlichen ›Einheit‹, der *mittelalterlichen Gemeinschaftsidee*, des *Organischen* der mittelalterlichen Welt vor allem eine Sichtweise der Romantik war[78]; er versuchte also, diese Mittelalterdeutung zu historisieren und damit in ihrer Tragweite einzuschränken[79]. Außerdem machte er auf die Widersprüche und Brüche des Mittelalters aufmerksam. Mit alledem ist für Steinbüchel die Erklärungskraft der *modernen Bestimmung des mittelalterlichen Gemeinschaftslebens* im Sinne von Einheit und Ganzheit deutlich begrenzt[80]. Statt dessen plädierte er für eine Wahrnehmung des Mittelalters, die den mittelalterlichen *Humanismus* akzentuiert, nämlich die christliche Prägung und Bewahrung der humanistischen Idee als dem *Traggrund der geistigen Einheit ›Abendland‹ von den Griechen bis zu Nietzsche*[81]. Eben dieses Bild des Mittelalters hat zur gleichen Zeit – nicht in christlicher, sondern in profaner

---

76 Zum Einfluß von M. Schelers ›Personalismus‹ (d. h. der Auffassung vom personalen Sein des Einzelnen als höchster Form des Seins, vgl. MADER, wie Anm. 52, S. 55 ff.) auf Steinbüchel vgl. Th. STEINBÜCHEL, Von Wesen und Grenze menschlicher Personalität. In: Akademische Bonifatius-Korrespondenz 47 (1932/33), S. 177–196. – Theodor Steinbüchel (1888–1949) war u. a. seit 1926 Professor für Philosophie in Gießen, seit 1935 für Moraltheologie in München und ebenso seit 1941 in Tübingen, vgl. HADROSSEK, P. In: Lexikon für Theologie und Kirche 9. 1964. S. 1031.
77 STEINBÜCHEL, Th., Christliches Mittelalter. 1935. S. 193 ff.
78 Ebd. S. 47 ff.
79 Umgekehrt hatten sich Landsberg und Schmalenbach dagegen zu wehren, daß ihre Deutung des Mittelalters eine bloß ›romantische‹ sei: LANDSBERG, wie Anm. 9, S. 57; SCHMALENBACH, wie Anm. 62, S. 53 ff.
80 STEINBÜCHEL, wie Anm. 77, S. 63.
81 Ebd. S. 24.

Auffassung – der Romanist Ernst Robert Curtius in seiner Streitschrift ›Deutscher Geist in Gefahr‹ (1932) vertreten, und zwar in ausdrücklicher Distanz zu allen Verherrlichungen eines ›neuen Mittelalters‹. Curtius bedauerte es, daß im Gegensatz zu Frankreich, England und Italien in der deutschen Bildungstradition *die nationale und die humanistische Idee* nicht zu einer Verschmelzung gelangt sind: *Bei uns ist das leider ganz anders. Weit verbreitet ist bei uns heute noch eine romantische Auffassung vom deutschen Volkstum und vom deutschen Mittelalter, die sich gegen die humanistische Prägung unserer Geschichte wendet.* Gerade deshalb bedürfe der Humanismus einer *totalen Erneuerung*, und diese könne sich *sinnvoll nur in einer Wiederbegegnung mit dem Mittelalter* vollziehen, einem Mittelalter freilich, das nicht von der Idee der ›Gemeinschaft‹, sondern von der des Individuums bestimmt war[82]. Aus solchen Intentionen hat Curtius dann in der Zeit des Nationalsozialismus sein berühmtes Buch über ›Europäische Literatur und lateinisches Mittelalter‹ niedergeschrieben und nach 1945 veröffentlicht[83].

Eine andere Art des Widerspruchs gegen die von Landsberg, Schmalenbach und anderen propagierte *Gegenrenaissance* der Gegenwart und ihre *Abwendung vom Individualismus* (O. Spann)[84] repräsentieren die beiden großen Abhandlungen über die Kultursoziologie des Mittelalters und der Renaissance, die der Philosoph und Soziologe Alfred von Martin 1931 in A. Vierkandts ›Handwörterbuch der Soziologie‹ veröffentlichte[85]. Dieser Widerspruch gegen ›Gemeinschaft‹ und ›Ganzheit‹ im Namen von Humanismus, Individualismus und Rationalismus beruft sich auf J. Burckhardts Deutungen von Mittelalter und Renaissance von 1860 und bringt sie erneut zur Geltung. Natürlich habe sich der *mittelalterliche Mensch ... noch auf jener Stufe eines (vorindividualistischen) Gemeinschaftbewußtseins* befunden, *auf der die Gemeinschaft, die Gruppe – aufsteigend von der nächsten und kleinsten zu immer größeren und höheren Kreisen der Gesamtordnung – Trägerin des realen und geistigen Lebens ist und der Einzelne sich in dieses eingebettet fühlt ....* Aber dennoch unterscheide sich das christlich-europäische Mittelalter von der Ungebrochenheit anderer ›Mittelalter‹ durch eine schon von Anfang an gegebene *Gespaltenheit seiner Kultur*: sie sei darin begründet, *daß jene Gemeinschaft, welche*

---

82 CURTIUS, E. R., Deutscher Geist in Gefahr. 1932. S. 30 f. Zum Kontext der Schrift: LEPENIES, W., Die drei Kulturen. Soziologie zwischen Literatur und Wissenschaft. 1985. S. 377 ff.
83 CURTIUS, E. R., Europäische Literatur und lateinisches Mittelalter. ²1954. Über Curtius: W. BERSCHIN – A. ROTHE (Hg.), Ernst Robert Curtius. Werk, Wirkung, Zukunftsperspektiven. 1989.
84 S. oben S. 140 f.
85 MARTIN, A. von, Art. ›Kultursoziologie des Mittelalters‹. In: VIERKANDT, wie Anm. 36, S. 370–390; DERS., Art. ›Kultursoziologie der Renaissance‹, ebd. S. 495–510. Auch zu einer Monographie umgeformt: DERS., Soziologie der Renaissance. 1932. ³1974. – Alfred von Martin (1882–1979) (über ihn vor allem der Nachruf von LEPSIUS, M. R., in: Kölner Zeitschrift für Soziologie und Sozialpsychologie 31, 1979, S. 826–828) war promovierter Jurist und promovierter Historiker, habilitierte sich 1915 für Mittlere und Neuere Geschichte, vertrat seit 1924 als a. o. Professor das Fach Geschichte an der Universität München und wurde 1931, nach dem Weggang von H. Schmalenbach (s. oben Anm. 62), als Honorarprofessor für Soziologie an die Universität Göttingen berufen. Aus Gegnerschaft zum Nationalsozialismus verließ v. Martin Göttingen zu Ostern 1933 (NEUMANN, wie Anm. 62, S. 305 ff.) und lebte seitdem als Privatgelehrter in München. Seine Bücher über ›Nietzsche und Burckhardt‹ (1940) und ›Die Religion Jacob Burckhardts‹ (1943) sind Zeugnisse eines »literarischen Widerstands« (LEPSIUS, S. 827), der von den Adressaten sehr wohl bemerkt und auch geahndet wurde. Seit 1948 hatte v. Martin eine apl. Professur für Soziologie an der Universität München inne. Das in den Veröffentlichungen von 1931/32 angeschlagene Thema hat v. Martin sein ganzes Leben begleitet und auch seine politische Haltung geprägt: die Entstehung des Bürgertums aus der mittelalterlichen Ständegesellschaft und die damit gesetzte Begründung der Moderne durch Humanismus, Individualismus und Rationalismus (vgl. LEPSIUS, S. 827 f.).

dem Mittelalter seine Religion brachte, die Kirche, nicht mit dieser Zeit geboren, sondern das Ergebnis und Erbe der Endstufe der vorausgegangenen, der antiken Kultur war. Dieses Produkt einer kulturellen Spätzeit ragt also in die Frühzeit einer neuen Kultur herein und wird nun zu ihrem eigentlichen Träger und Mittelpunkt. Die Renaissance aber sei der Beginn der *ersten bürgerlichen Kulturepoche der Neuzeit: Gegen die bisher privilegierten Stände des Klerus und der Feudalität erhebt sich, auf die neuen Mächte des Geldes und des Intellekts gestützt, das aus den traditionellen Bindungen heraustretende, von ihnen sich emanzipierende Bürgertum ›liberalen‹ Gepräges.* In der Auflehnung gegen die alten Herrschaftsformen, in der Lösung von den Gemeinschafts-Bindungen habe sich der *städtisch-demokratische Gedanke* gezeigt, sei an die Stelle einer *objektiv gegebenen und als gegeben hinzunehmenden, ›natürlichen‹, ›göttlichen‹ Ordnung* die Aufgabe getreten, *vom Menschen, vom Individuum her selbst diese Welt zu ordnen, sie zu gestalten gleich einem ›Kunstwerk‹: gemäß den freien Zwecken, die der konstruktive Sinn des bürgerlichen Menschen sich setzt. So entsteht, statt ›Gemeinschaft‹, ›Gesellschaft‹* [86]. Der Widerspruch des Soziologen A. von Martin gegen das Gemeinschaftsdenken im Zeichen eines ›neuen Mittelalters‹ fand deshalb nach 1933 seine Entsprechung in einer kompromißlosen Ablehnung des Nationalsozialismus [87].

In einem fatalen Gegensatz zu solchem Widerspruch gegen das ›Gemeinschafts‹-Denken standen schon vor 1933 alle Versuche, die ›Gemeinschaft‹ und ›Ganzheit‹ des kommenden neuen Mittelalters im Sinne einer völkischen Ideologie zu interpretieren. Den Schritt zu dieser Umdeutung vollzog 1930 auch der Mediävist Hans Hirsch mit einem Essay über ›Das Mittelalter und wir‹[88]. Schon in der Titelformulierung verweist er auf P. L. Landsberg, dessen Gedanken doch zugleich in einem entscheidenden Punkt verändert werden. *Niemandem von denen*, so Hirsch, *die den Kulturwerten des Mittelalters einen Platz in unserer Geistigkeit und im Bildungsideal unserer Zeit sichern wollen, fällt es ein, die geistige Gebundenheit als einen solchen Wert hinstellen zu wollen. Die geistige und persönliche, die Glaubens- und Gewissensfreiheit ist von den Völkern Europas zu teuer erkauft worden, als daß die Bedeutung dieser Errungenschaften je wieder auch nur vorübergehend verdunkelt werden könnte. Dies sei ... deutlich gesagt! Freilich gibt es heute Gebundenheiten, die wir gerne auf uns nehmen und sogar freudig anerkennen, nämlich die an das eigene Volk und an den völkischen Staat. Diese Gebundenheit gleicht in vielem der religiösen, die das Mittelalter gekannt hat.* Die in diesen Sätzen zutage tretende, umstandslose Mischung von aufklärerischem Pathos und völkischer Ideologie ist bemerkenswert. Hier manifestiert sich jene verhängnisvolle Umdeutung der ›Gemeinschafts‹-Ideologie, mit der im Nationalsozialismus die ›Gemeinschafts‹-Bildung nach innen »hochgradig ›emotional‹« gesteuert wurde, nach außen aber zugleich »tödliche Grenzen der ›Gemeinschaft‹« gezogen wurden [89].

---

86 VON MARTIN, Mittelalter, wie Anm. 85, S. 371 f. und 374; DERS., Renaissance, S. 495 und 510.
87 S. oben Anm. 85 und dazu das Urteil von R. KÖNIG: »Alfred von Martin gehörte damals zu den Wenigen, die einem dazu helfen konnten, den Glauben an den deutschen Wissenschaftler nicht vollends zu verlieren« (in: Kölner Zeitschrift für Soziologie und Sozialpsychologie 9, 1957, S. 354 f.). Vgl. DERS., wie Anm. 67, S. 382.
88 HIRSCH, H., Das Mittelalter und wir. In: Das Mittelalter in Einzeldarstellungen (Wissenschaft und Kultur 3), 1930, S. 1–12. Das Zitat hier S. 11.
89 GEPHART, W., Mythen, Klischees und differenzierte Wirklichkeiten der Gesellschaft im Nationalsozialismus. In: Soziologische Revue 13 (1990), S. 279–287, S. 286, der eine »größere soziologische Aufmerksamkeit« für die »nazistische Art der Gemeinschaftstechnik« fordert.

IV.

Viele und gerade prominente Vertreter der Kulturwissenschaften sahen sich von den Ereignissen des Jahres 1933 zu positiven, ja begeisterten Stellungnahmen veranlaßt. Dabei konnten sie jene Gedanken-Elaborate nutzen, die in der Weimarer Republik mit der Idee des werdenden ›neuen Mittelalters‹ vorgebracht worden waren. Der Nationalsozialismus schien die neue ›Gemeinschaft‹ herbeizuführen und damit die Erlösung vom Unbehagen an der Moderne, von den Leiden des Individualismus, Rationalismus und Historismus. Freilich blieb es nun nicht mehr beim bloßen Denken und Deuten. Vielmehr wandelte sich jetzt – nach einem treffenden Diktum Thomas Manns – die *Autorität* der ›Gemeinschaft‹ über das Denken um in eine wirkliche *Gewalt der Gemeinschaft*[90].

Der Theologe Friedrich Gogarten begrüßte den Nationalsozialismus, weil dieser den Humanismus – von Gogarten verstanden als Autonomie der menschlichen Vernunft – und sein Endstadium, den modernen Historismus, das heißt die unendliche Vielfalt absolut gesetzter Subjektivität, weil er den Individualismus und den Liberalismus im Zeichen einer neuen Gemeinschaft überwunden habe[91]. Der Philosoph Martin Heidegger definierte in seiner Freiburger Rektoratsrede vom Mai 1933 den *Willen zum Wesen der deutschen Universität* als *Willen zum geschichtlichen geistigen Auftrag des deutschen Volkes*, und er *verstieß* deshalb die *vielbesungene ›akademische Freiheit‹* ausdrücklich aus der deutschen Universität: *denn diese Freiheit war unecht, weil nur verneinend*. Statt dessen solle der Begriff der Freiheit *zurückgebracht* werden zu seiner *Wahrheit*, nämlich zu *Bindung und Dienst*, als *Arbeitsdienst*, *Wehrdienst* und *Wissendienst*, als *Bindung in die Volksgemeinschaft*, als *Bindung an die Ehre und das Geschick der Nation* und *an den geistigen Auftrag des deutschen Volkes*[92]. Mit Genugtuung nutzte der Historiker Rudolf Stadelmann die *Wucht der Ereignisse* in der deutschen *Revolution* von 1933, um die Geschichtswissenschaft gegenüber den Angriffen Nietzsches zu verteidigen[93], mit dem Nachweis nämlich, daß die Wissenschaft jetzt wieder dem Leben und der Gemeinschaft diene und also ihre *Notwendigkeit* wieder nachweisen könne: sie diene dem *völkischen Selbstbewußtsein* und damit der Erkenntnis der *Normen der Deutschheit*[94]. In seiner Rede über ›Die bildende Kunst im neuen deutschen Staat‹ konstatierte der Kunsthistoriker Wilhelm Pinder im August 1933 ein Ende der *Krisis der heutigen Kunst*, dadurch nämlich, daß nunmehr Kunst und Volk ihrer *unlöslichen und unaufhebbaren*

---

90 S. oben Anm. 32 das Zitat aus ›Doktor Faustus‹.
91 Schwan, A., Geschichtstheologische Konstitution und Destruktion der Politik. Friedrich Gogarten und Rudolf Bultmann. 1976. S. 12ff. und 198ff.
92 Heidegger, M., Die Selbstbehauptung der deutschen Universität. Rede, gehalten bei der feierlichen Übernahme des Rektorats der Universität Freiburg i. Br. am 27. 5. 1933 (1933), S. 7, 15ff. Zum Kontext: Ott, H., Martin Heidegger. Unterwegs zu seiner Biographie. 1988. S. 146ff. (»Die eigentümliche Sehnsucht nach Härte und Schwere«). Ähnlich über Heideggers »Idealism of nostalgia« und seine Auffassung von der *Krise* der Moderne: Megill, A., Prophets of Extremity. Nietzsche, Heidegger, Foucault, Derrida. 1985. S. 103ff.
93 S. oben S. 135.
94 Stadelmann, Rudolf, Das geschichtliche Selbstbewußtsein der Nation. Philosophie und Geschichte 47. 1934 (= »Rede, gehalten am 9. November 1933 vor Rektor, Dozenten und Studenten der Universität Freiburg i. Br.«, im Rahmen der Vorlesungsreihe ›Aufgaben des geistigen Lebens im nationalsozialistischen Staat‹), die Zitate hier S. 4 und 9ff. Zum Kontext: Ott, wie Anm. 92, S. 19ff. und 218ff.

Zusammengehörigkeit innegeworden seien[95]. In scharfer Wendung gegen den Historismus, den Pinder als *ungesund* und *nicht normal* verwarf und den er kennzeichnete als die *Wahlfreiheit gegenüber Stilen* und als die *Vogelfreiheit der Stile gegenüber politischen Weltanschauungen*, forderte Pinder die Überwindung dieses *Erbes des stilunsicheren 19. Jahrhunderts* in einer neuen Kunst, die *gesund und normal* sei, weil sie wieder gemeinschaftsgebunden sei, so wie die Kunst vor Beginn der Moderne: *Bis vor fast noch 100 Jahren, bis an das Ende des 18. Jahrhunderts, ja noch bis in die Frühzeit des 19. Jahrhunderts hinein gab es zwar, wie immer, ein Nebeneinander von alternden und aufkommenden Stilen, aber jeder dieser Stile vertrat eine eindeutige Richtung des Lebens. Die Gemeinschaft prägte diese Stile! Wir aber sind erst auf dem Wege zu einer neuen Gemeinschaft. Sie wird, sie wird sicher! Aber sie wird erst!* Dann werde es statt *Stilproblemen* wieder einen *Stil* geben; denn *Stil ist Glaube und Gemeinschaft und gemeinschaftlicher Glaube.* Diese neue Kunst sei als Ausdruck einer neuen ›Gemeinschaft‹ auch Manifestation eines neuen *Ganzheitsgefühls* und bedeute ein ›neues Mittelalter‹: *Das wird einst der geschichtliche Ruhm des neuen Deutschland und seines Führers sein: einen vielhundertjährigen Ablauf, der mit schweren Verlusten sehr Großes erkauft hat, in einer gesunden Weise so reguliert zu haben, daß ein neues Mittelalter kommen wird!*

Vielleicht ist nach 1933 die Überwindung der Krisen der Moderne im Zeichen eines ›neuen Mittelalters‹ in keiner anderen Wissenschaft so emphatisch begrüßt worden wie in der Kunstgeschichte. Und gewiß wurde die vermeintliche Überwindung der Moderne in keiner anderen Wissenschaft in so verhängnisvoller Weise betrieben wie in der Rechtswissenschaft. Das mag seinen Grund darin haben, daß gerade in diesen beiden Wissenschaften das Wertproblem und die Frage nach dem Verhältnis von Wissenschaft und ›Leben‹, und das heißt: nach dem Sinn der Wissenschaft, mit besonderer Deutlichkeit und Schärfe empfunden wurde[96]. Hinter den

---

95 PINDER, W., Die bildende Kunst im neuen deutschen Staat. In: DERS., Reden aus der Zeit. 1934. S. 26–69. Die Zitate hier S. 33, 43, 50f., sowie aus dem Vortrag ›Zur Rettung der deutschen Altstadt‹ vom Oktober 1933, ebd. S. 70–93, hier S. 80. Vgl. ebd. S. 77: ›Ganzheit‹ *aber ist nicht umsonst ein philosophischer Grundbegriff innerhalb der Selbstbesinnung unserer Tage – Ganzheit und Gestalt. Ganzheitsphilosophie steht hinter den Gedanken unseres großen Führers – Ganzheits- und Gestaltphilosophie. Das zerfetzte Bild der Neustädte ist das unwillkürliche Selbstporträt der liberalistischen Haltung. ... Eine Zeit, die vom Volke aus für das Volk denkt, kann nur Ganzheit wollen. Ganzheitlicher Stil gehört zum ganzheitlichen Wollen.* In demselben Ton die Rede Pinders auf der ›Kundgebung der deutschen Wissenschaft‹ am 11. November 1933 an der Universität Leipzig, in: Bekenntnis der Professoren an den deutschen Universitäten und Hochschulen zu Adolf Hitler und dem nationalsozialistischen Staat (o. O., o. J.), S. 18–20, hier S. 19: *Gerade die Zeit, von der das liberalistische Weltalter gesagt hat, daß sie finster gewesen sei, das sogenannte Mittelalter, ist eine noch gänzlich gesunde Epoche europäischer Kultur gewesen. Das, was heraufkommt, das will im edelsten Sinne wieder ein neues Mittelalter werden, und es wird ein Ehrentitel sein, wenn es uns gelingen wird, uns diesen Titel zu verdienen, denn das Mittelalter hatte die letzte ganz große Sicherheit, die wir Stil nennen. Stil ist das, was wir verloren haben; Stil aber regt sich in keinem Lande der Welt so stark, wie in Deutschland. ... Stil scheint Form, Stil ist Gemeinschaft und Glaube.* Über W. Pinder: HALBERTSMA, M., Wilhelm Pinder (1878–1947). In: H. DILLY (Hg.), Altmeister moderner Kunstgeschichte. 1990. S. 235–248.
96 Über die Bedeutung des Leidens am Historismus als einer Ursache der Wendung zum Nationalsozialismus bei W. Pinder sehr treffend BELTING, H., Stil als Erlösung. Das Erbe Wilhelm Pinders in der deutschen Kunstgeschichte. In: Frankfurter Allgemeine Zeitung Nr. 202 vom 2. Sept. 1987, S. 35 (über die Hoffnung »auf den volksgebundenen Stil als Erlösung aus den Verwirrungen der Moderne« und über das »Symbol der Volksgemeinschaft, in der man eine deutsche Erneuerung aus den Verstrickungen der Moderne suchte«, sowie über den »Zweifel an der modernen Rolle der Wissenschaft, mit deren Relativismus er [sc. Pinder] sich ebensowenig abfand wie Heidegger«). – Zur Geschichte des Wertproblems in der modernen Rechtswissenschaft R. DREIER (Hg.), Rechtspositivismus und Wertbezug des Rechts. Archiv für Rechts-

vermeintlichen Lösungen dieses Problems nach 1933 stehen unverkennbar jene Orientierungen des kommenden ›neuen Mittelalters‹, in denen schon während der Weimarer Republik das Unbehagen an der Moderne seine Zuflucht gesucht hatte.

In der Kunstgeschichte ging es jetzt um die Begründung einer *notwendigen* Kunst und einer ihr gemäßen Kunstgeschichte, welche in gleicher Weise die *Krise* der Moderne beenden. Die *Notwendigkeit* der Kunst, so erklärte der Kunsthistoriker H. Schrade, beruhe jedoch keineswegs in ihrer Freiheit oder Schönheit, sie resultiere vielmehr aus ihrer Bindung an *Rasse, Volk und Staat*. Diese neue *Notwendigkeit* habe die Krise der Kunst beendet, die mit dem Ende des Mittelalters begann und mit dem Beginn der Moderne um 1800 in Historismus und *potenziertem Individualismus* auf ihren Höhepunkt gelangte, und sie habe auch der herrschenden Kunstgeschichte mit ihrer *ganzen positivistisch-objektivistischen Wertefeindlichkeit* ein Ende gesetzt[97]. In der Orientierung an *völkisch-politischen Werten* erreiche die neue Kunst wieder den Rang der Kunst des Mittelalters, weil sie, wie diese, *Kennzeichen einer echten Gemeinschaft* sei. Schrade sah diese neue Kunst mit den Bauten der NS-Partei in Nürnberg verwirklicht, in der alten Reichsstadt, in der einst die Insignien des mittelalterlichen Kaisertums aufbewahrt wurden[98]. Was die mittelalterliche Kunst, die wesentlich deutsche Kunst sei, für die Gegenwart bedeute, hat dann wiederum der hochangesehene W. Pinder in seinem dreibändigen Werk über ›Wesen und Werden deutscher Formen‹ demonstrieren wollen. Die *Wesenszüge der deutschen Kunst* hätten sich vor allem in der Kunst des Mittelalters und der *Dürerzeit* gezeigt. Diese Kunst sei *besonders wenig museumsmäßig*, sie sei *keine Museumskunst* gewesen, vielmehr ein Ausdruck des ›Lebens‹ und des ›Ganzen‹: *Es sind die Dörfer, es sind die alten Städte als Ganzes, die Kirchen mit ihrer Plastik und ihren Wandgemälden*[99]. Und so bestimmte Pinder seinerseits jene mittelalterlichen Kunstwerke, die auch dadurch zu Kunst-Ikonen des Nationalsozialismus erniedrigt wurden[100]: der Braunschweiger Löwe, *Wahrzeichen und Verkünder deutscher Größe und Besonderheit*; der ›Bamberger Reiter‹ (*das heldische Wunschbild*); die Stifterfiguren von Naumburg (*eine deutsche Kühnheit, eine deutsche Ungewöhnlichkeit,* die *erste Selbstdarstellung eines Volkes*)[101], denen dann noch Dürers Kupferstich ›Ritter, Tod und Teufel‹ an die Seite zu treten hatte[102]. Der ›ganzheitliche‹ Charakter der deutschen Kunst des Mittelalters liege

und Sozialphilosophie, Beiheft 37. 1990. – Zum Thema auch OEXLE, O. G., ›Wissenschaft‹ und ›Leben‹. Historische Reflexionen über Tragweite und Grenzen der modernen Wissenschaft. In: Geschichte in Wissenschaft und Unterricht 41 (1990), S. 145–161.
97 SCHRADE, H., Schicksal und Notwendigkeit der Kunst. Weltanschauung und Wissenschaft 4. 1936, S. 10, 78 ff., bes., S. 85 und 104 (Zitate). Über H. Schrade: K.-L. HOFMANN – Ch. W. PRÄGER, *Volk, Rasse, Staat und deutscher Geist*. Zum Universitätsjubiläum 1936 und zur Kunstgeschichte in Heidelberg im Dritten Reich. In: K. BUSELMEIER u. a. (Hg.), Auch eine Geschichte der Universität Heidelberg. 1985. S. 337–345, S. 340 ff.
98 SCHRADE, wie Anm. 97, S. 149 ff.
99 PINDER, W., Die Kunst der deutschen Kaiserzeit bis zum Ende der staufischen Klassik. Geschichtliche Betrachtungen über Wesen und Werden deutscher Formen. 1935. S. 28 ff. (*Die Wesenszüge der deutschen Kunst*); die Zitate ebd. S. 39. Mit diesen Wertungen auch JANTZEN, H., Geist und Schicksal der deutschen Kunst. 1935.
100 Vgl. DILLY, H., Deutsche Kunsthistoriker 1933–1945. 1988. S. 74 ff.
101 PINDER, wie Anm. 99, S. 268, 361, 392, 396.
102 Zur nationalsozialistischen Aneignung dieser Kunstwerke vgl. HINZ, B., Der ›Bamberger Reiter‹. In: M. WARNKE, (Hg.), Das Kunstwerk zwischen Wissenschaft und Weltanschauung. 1970. S. 26–47; SAUERLÄNDER, W., Die Naumburger Stifterfiguren. Rückblick und Fragen. In: Die Zeit der Staufer. 5. 1979.

darin, daß sie nicht frei sein, sondern dienen wolle, und darin sei auch ihre Zukunft begründet: Der *mittelalterliche Charakter* der deutschen Kunst sei *genau der, den die Zukunft braucht. Denn im Mittelalter diente die Kunst, wie sie einst wieder wird dienen müssen*[103]. So wie die Wissenschaft nach Heidegger ihre wahre Freiheit nur in der *Bindung* und im *Dienst* an der *Volksgemeinschaft* erfährt[104], so erweist sich wahre, nämlich *gesunde und normale* Kunst nach Pinder durch ihren *Dienst* an der ›Gemeinschaft‹. Diese Definition *gesunder und normaler* Kunst eröffnete ihrerseits den Weg zur Ausgrenzung und Vernichtung jener Kunstwerke der Moderne, die einer solchen Definition nicht zu entsprechen schienen. Konsequent folgte denn auch dem sogenannten *Tag der Deutschen Kunst*, der am 18. Juli 1937 in München unter anderem mit einem Festzug ›Zweitausend Jahre Deutsche Kultur‹ gefeiert wurde, am 19. Juli, ebenfalls in München, die Eröffnung der Ausstellung ›Entartete Kunst‹[105].

In der Rechtswissenschaft setzte man darauf, für das nationalsozialistische Deutschland mit einem neuen ›Gemeinschafts‹-Bewußtsein neue Rechtsnormen zu entwickeln. Eine fundamentale und wahrhaft vernichtende Kritik galt dabei vor allem dem Begriff des Individuums und dem daraus abgeleiteten Begriff der subjektiven Rechte, also der Freiheitsrechte und der Gleichheit des Individuums. Sie sollten überwunden werden zugunsten der Rechtsnormen *konkreter* und *echter geführter Gemeinschaften*[106], deren Gehalt *völkisch* und *rassisch* definiert wurde[107]. Als entscheidend für die Rechtsstellung des Einzelnen galt nun nicht mehr sein *Personsein überhaupt, sondern sein konkretes Gliedsein* (K. Larenz), denn *an die Stelle der bloßen Koexistenz der Individuen* setze *die deutsche Rechtsidee ... die Gemeinschaft und an die Stelle der abstrakten Gleichheit die Gliedhaftigkeit des Einzelnen in der Gemeinschaft*. Nicht die Person als Träger von Rechten und Pflichten sei deshalb *der Grundbegriff der künftigen Privatrechtsordnung*, sondern der *Rechtsgenosse ..., der als Glied der Gemeinschaft eine ganz bestimmte Rechts- und Pflichtenstellung hat*[108]. Die *Idee des Menschen als sittlich freier Person* müsse als Grundlage des Rechts somit aufgegeben werden. Die rechtliche Stellung des Einzelnen wurzele nicht in seiner Individualität, sondern darin, daß er *Glied der Gemeinschaft*

S. 169–245, bes. S. 174 ff.; SCHWERTE, H., Faust und das Faustische. Ein Kapitel deutscher Ideologie. 1962. S. 243 ff. (über »Dürers ›Ritter, Tod und Teufel‹. Eine ideologische Parallele zum ›Faustischen‹«); DILLY, wie Anm. 100, S. 74 ff.
103 PINDER, wie Anm. 99, S. 39.
104 S. oben S. 145.
105 DILLY, wie Anm. 100, S. 43 ff.
106 So F. WIEACKER in seinem Bericht über ›Das Kitzeberger Lager junger Rechtslehrer‹. In: Deutsche Rechtswissenschaft 1 (1936), S. 74–80, hier S. 75 f. Dazu die in demselben Band abgedruckten Beiträge dieses »Lagers« vom Mai/Juni 1935. Es ging hier vor allem um die *Preisgabe des subjektiven öffentlichen Rechts* als einem *Recht der individualistisch zersetzten Gemeinschaften ... als Summe subjektiver Normbeziehungen zwischen diesen abstrakten Personen* (ebd., S. 75).
107 Dazu vor allem RÜTHERS, B., Entartetes Recht. Rechtslehren und Kronjuristen im Dritten Reich. ²1989, auch mit der Darstellung der Konsequenzen in der rechtswissenschaftlichen Methodik und Begriffsbildung im Hinblick auf das sog. *konkrete Ordnungsdenken* (Carl Schmitt) und die sog. *konkret-allgemeinen Begriffe* (Karl Larenz). Vgl. auch DERS., Die unbegrenzte Auslegung. Zum Wandel der Privatrechtsordnung im Nationalsozialismus. 1973.
108 LARENZ, K., Deutsche Rechtserneuerung und Rechtsphilosophie. Recht und Staat in Geschichte und Gegenwart 109. 1934. S. 39 f., mit dem Zusatz: *Für den Aufbau der Gemeinschaft ist im nationalsozialistischen Staat vor allem der Rassengedanke, die Einsicht in die blutsmäßige Bedingtheit des Volkstums, bestimmend.*

und damit art- und gemeinschaftsbedingte Persönlichkeit sei[109], wie jetzt immer wieder dargelegt wurde[110]. *Als Glied der Gemeinschaft hat er in ihr seine bestimmte Stellung, die einerseits seinen Dienst für das Ganze, ... ebenso aber auch seine persönliche Ehre, seinen Wert in der Gemeinschaft bezeichnet*[111]. Als entscheidend wurde dabei angesehen, daß die ›gemeinschaftliche‹ Rechtsordnung nicht eine rationale Hervorbringung der ›Gemeinschaft‹, sondern mit dieser selbst gesetzt sei: *Die Lebensverhältnisse sind ..., sofern sie Gemeinschaftscharakter tragen, schon mehr als ›bloße Faktizität‹, sie enthalten vielmehr unmittelbar einen Maßstab für das Verhalten des Einzelnen, der sich in diesen Lebensverhältnissen befindet*[112]; *jede konkrete Gemeinschaft habe also schon vor jeder Normierung oder abstrakten Gemeinsamkeit der Vorstellungen ... ihr Recht*[113]. Als Recht galt also die *wirklich seiende Lebensform der Gemeinschaft, die dieser nicht nur von außen her gewissermaßen übergeworfen wird, sondern die von ihr gelebt wird und in der sie sich selbst immer erneut manifestiert*[114]. Und so wie der Definition der ›gemeinschaftsbezogenen‹ Kunst des *neuen Mittelalters* als der *gesunden und normalen* Kunst (W. Pinder) die Eliminierung *entarteter* Kunst folgte, so eröffneten diese Begründung der Rechte des Menschen allein aus seiner Zugehörigkeit zur ›Gemeinschaft‹ und zum ›Ganzen‹ (im Sinne des *Volksganzen*) und diese Definition der *art- und gemeinschaftsbedingten Persönlichkeit* (K. Larenz) schließlich ihrerseits den Weg zur Ausgrenzung von Menschen, die damit der Verfolgung und Mißhandlung und schließlich der Vernichtung preisgegeben waren.

V.

Man sollte annehmen, daß die Ideen vom ›neuen Mittelalter‹ im Zeichen von ›Ganzheit‹ und ›Gemeinschaft‹ nach 1945 in Deutschland restlos diskreditiert waren. Dies ist indessen nicht der Fall. Nach wie vor artikulierte sich das Unbehagen an der Moderne in den Kulturwissenschaften mithilfe der wenigen und immer gleichen Ideen aus jenem Fundus, den F. Tönnies 1887 durch seine Reflexionen über ›Gemeinschaft‹ und ›Gesellschaft‹ mit begründet hatte.

Der Kunsthistoriker Hans Sedlmayr, der schon in den dreißiger Jahren seine Auffassungen von der ›Ganzheit‹ mittelalterlicher Kunst im Gegensatz zur Entfremdung und Zerrissenheit der nach-mittelalterlichen, insbesondere der modernen Kunst zum Ausdruck brachte[115], veröffentlichte 1948 ein damals wie auch später vielzitiertes und vieldiskutiertes Buch über den ›Verlust der Mitte‹ und 1950, als ein geradezu notwendiges Pendant dazu, ein Buch über ›Die

---

109 LARENZ, K., Gemeinschaft und Rechtsstellung. In: Deutsche Rechtswissenschaft 1 (1936), S. 31–39, S. 32.
110 Vgl. die Beiträge in: K. LARENZ (Hg.), Grundfragen der neuen Rechtswissenschaft. 1935, WULF, E., Das Rechtsideal des nationalsozialistischen Staates. In: Archiv für Rechts- und Wirtschaftsphilosophie 28 (1934/35), S. 348–363: *Das neue Rechtsideal ist nicht mehr das herkömmliche Ideal formaler Gleichheit der abstrakten Rechtssubjekte, es ist der Gedanke ständisch gestufter Ehre der völkischen Rechtsgenossen* usw. Weitere Beispiele bei RÜTHERS, Entartetes Recht, wie Anm. 107, S. 41 ff. und 64 ff.
111 LARENZ, wie Anm. 109, S. 32.
112 LARENZ, K., Über Gegenstand und Methode völkischen Rechtsdenkens. 1938. S. 28.
113 WIEACKER, wie Anm. 106, S. 76.
114 LARENZ, wie Anm. 108, S. 19.
115 Dazu SCHNEIDER, N., Hans Sedlmayr (1896–1984). In: DILLY (Hg.), wie Anm. 100, S. 267–288, S. 271 ff.

Entstehung der Kathedrale‹[116]. Grundfigur aller Interpretationen und Deutungen ist hier erneut der zum ontischen Gegensatz stilisierte Kontrast von Moderne und Mittelalter in den noch immer gleichen, auch hier ständig wiederholten Behauptungen über die geistige und soziale Bindungslosigkeit des Individuums als dem grundlegenden Defekt der Moderne. Mit dem Beginn der Moderne, seit 1770, *diesem tiefsten Einschnitt nach dem Übergang von der Alt- zur Jungsteinzeit*, sei *das Zeitalter der Hochkulturen* definitiv zu Ende gegangen: jetzt zum ersten Mal *setzt sich die Kunst ganz autonom, sieht sich als Höchstes an keine Seins- und Wertordnung gebunden (Ästhetizismus) ... Die antik-christliche Tradition des Menschen- und Kreaturbildes wird abgebrochen. Der Ästhetizismus erfindet die Kunst als Geistspiel des autonomen Künstlers mit nur von ihm selbst gesetzten Spielregeln, ohne Rücksicht auf moralische und soziale Bindungen, ohne Kreatur und ohne ›Du‹ im hermetischen ästhetischen Raum und stellt seinen ›elfenbeinernen Turm‹ neben den ›Babelturm‹ des wissenschaftlichen Technizismus*[117]. Die Kritik der modernen Kunst wird bei Sedlmayr zum Kompendium unablässig repetierter negativer Urteile über die Moderne vor dem Hintergrund eines Mittelalters, das noch immer als *verwirklichbare Maßgestalt* (P. L. Landsberg) ausgegeben wird. Die Kennzeichen der modernen Kunst, die zugleich *analoge Zustände und Tendenzen in Bereichen außerhalb der Kunst* verdeutlichen, sind noch immer die Negationen des ›Ganzheitlichen‹ und ›Organischen‹, nämlich: *Neigung zum Anorganischen, Zug zum Unteren, Herabsetzung des Menschen, Aufhebung des Unterschieds von ›Oben‹ und ›Unten‹, Antihumanismus, Verlust des Menschenbildes, Deshumanisierung, Anorganisierung, Chaotisierung* und so weiter. Als Hauptursache *dieses gestörten Zustandes* habe der *autonome Mensch* zu gelten[118], die Ursprünge der *Krankheit* aber seien nicht in der deutschen Kunst zu suchen, sondern in der anderer Länder, in der *Spätromanik* zum Beispiel, *vor allem der Frankreichs*, im Werk Hieronymus Boschs und bei Pieter Brueghel d.Ä., im Manierismus und in der *englischen Kunst* der Vormoderne[119]. Der Destruktivität der gesamten Moderne in der Kunst stellte Sedlmayr dann abermals die mittelalterliche Kathedrale als Gesamtkunstwerk gegenüber, als *Inbegriff und Quellpunkt aller Künste*[120]. Gewiß zeigt sich bei alledem auch die nach 1945 in Deutschland vielfach anzutreffende *restaurative Abendlandsideologie*[121], noch mehr aber ein seiner selbst wohl nicht bewußtes Zurückgreifen auf die älteren Denkfiguren von der ›Gemeinschaft‹ und vom ›neuen Mittelalter‹, die in der Weimarer Republik so dominant waren und deren bedenkenlose Nutzung in der Zeit des Nationalsozialismus die erneute Aneignung und Propagierung nach 1945 offensichtlich nicht verhindert hat.

Solche Kontinuitäten zeigen sich auch in einer anderen Schrift, die im selben Jahr wie Sedlmayrs Kathedralen-Buch erschien, nämlich in einem Buch des Philosophen und Theologen Romano Guardini. Schon in seinem Titel, ›Das Ende der Neuzeit‹, signalisiert es die Anknüpfung an Landsbergs These vom *Tod der neuzeitlichen europäischen Gesellschaft*, womit

---

116 SEDLMAYR, H., Verlust der Mitte. Die bildende Kunst des 19. und 20. Jahrhunderts als Symptom und Symbol der Zeit. 1948. Nachdruck 1988; DERS., Die Entstehung der Kathedrale. 1950. Nachdruck ²1988.
117 SEDLMAYR, H., Weltepochen der Kunst. In: DERS., Epochen und Werke. Gesammelte Schriften zur Kunstgeschichte. 2. 1960, S. 353–360, hier S. 359.
118 SEDLMAYR, Verlust der Mitte, wie Anm. 116, S. 143 ff. und 166 ff.
119 Ebd. S. 180 ff.
120 SEDLMAYR, Die Entstehung der Kathedrale, wie Anm. 116, S. 45.
121 Vgl. SCHNEIDER, wie Anm. 115, S. 274 ff.

auch Guardini einen *Versuch zur Orientierung* zu leisten hoffte [122]. Abermals wird das *Daseinsgefühl und Weltbild des Mittelalters* der Neuzeit und insbesondere der Moderne gegenübergestellt. Erneut wird der *mittelalterliche Wille*, nämlich *die Welt als Ganzes durchzukonstruieren und darin dem einzelnen einen irgendwie notwendigen Ort anzuweisen*, als die exemplarische Norm für die Moderne propagiert. Wiederum geht es um die Vereinheitlichung *irdischer Gemeinschafts- bzw. Ganzheitsordnungen* nach mittelalterlichem Vorbild, und abermals beginnt die Destruktivität der Neuzeit im 14. Jahrhundert, mit dem Nominalismus. Und auch Guardini findet, das neuzeitliche Weltbild sei nunmehr in Auflösung begriffen und es zeige sich etwas Neues: *die Neuzeit geht zu Ende*, es rege sich ein *Kommendes, eine kommende, von der Historie noch nicht benannte Epoche* beginne zu *werden*. Das manifestiere sich im Heraufkommen einer neuen Beurteilung der Autonomie des Individuums, in dem Ende der *Persönlichkeitskultur* [123]. Und das zeige sich auch in der Notwendigkeit eines *Umdenkens der so viel beredeten demokratischen Werte, weil diese ihre geschichtliche Prägung in der Atmosphäre der Persönlichkeitskultur empfangen haben* [124]. Guardini hatte die Absicht, mit seinem Buch einer geistigen Neuorientierung gerade nach dem Ende des Nationalsozialismus zu dienen [125]. Peinigend ist deshalb, daß die Motive und Elemente seiner Reflexion dieselben sind, die schon in der Weimarer Republik zur Kritik an der Moderne verwendet wurden und die deshalb auch dazu verwendet werden konnten, um Wissenschaft, Kunst und Recht dem Nationalsozialismus dienstbar zu machen.

Guardinis *kommende, von der Historie noch nicht benannte Epoche* von 1950 hat inzwischen einen Namen erhalten. Sie heißt: die ›Postmoderne‹. Was in Deutschland im Jahr 1989 als Reflexion über diese ›Postmoderne‹ zutage tritt, entspricht im wesentlichen dem, was genau hundert Jahre zuvor F. Tönnies als die mittelalterliche ›Gemeinschaft‹ der modernen ›Gesellschaft‹ gegenüberstellte und was P. L. Landsberg 1922 als ein ›neues Mittelalter‹ im Zeichen der *Revolution des Ewigen* propagierte. ›Die Moderne‹, so heißt es jetzt erneut, *als philosophisches, künstlerisches und wissenschaftliches Leitbild und der Modernismus als Weltanschauung besitzen nicht mehr selbstverständliche Gültigkeit*. Denn: *Die postmoderne Philosophie stellt die Modernität und Zeitgemäßheit des Denkens der Moderne* in Frage, jenes Denkens nämlich, *das auf der Autonomie des denkenden Subjekts und der Zerstörung der Metaphysik beruht*. Und: *In der Kritik der Moderne und des Modernismus, in den Prüfungen der Neuzeit, werden die Umrisse einer neuen Einstellung zum Absoluten, zur Natur und zum Personzentrum des menschlichen Selbst, das nicht im Subjekt aufgeht, erkennbar*. Dies ist die

---

122 GUARDINI, R., Das Ende der Neuzeit. Ein Versuch zur Orientierung. 1950. Die folgenden Zitate hier S. 13, 15, 26 und 61. Zur Beurteilung und Kritik WATZAL, L., Das Politische bei Romano Guardini. 1987. R. Guardini (1885–1968) hat P. L. Landsberg (s. oben Anm. 10) 1920/23 in Bonn als die herausragende Persönlichkeit des sog. ›Schelerkreises‹ kennengelernt und sein Mittelalter-Buch noch viele Jahre später außerordentlich geschätzt: GERL, H.-B., Romano Guardini. Leben und Werk. ²1985. S. 130ff. und 142.
123 GUARDINI, wie Anm. 122, S. 66ff.
124 Ebd. S. 75. Dazu WATZAL, wie Anm. 122, S. 141 ff. Zur Herkunft dieser Orientierung aus dem ›Ganzheits‹- und ›Gemeinschafts‹-Denken der 1920er Jahre ebd. S. 175ff. und GERL, wie Anm. 122, S. 267 ff. und 338 ff.
125 Für Guardini ist die *Autonomie* des Individuums, der *Empörungsglaube des Autonomismus* (ebd. S. 91) verantwortlich für die Entstehung des Nationalsozialismus, vgl. WATZAL, wie Anm. 122, S. 120ff.

Hauptthese eines jüngst erschienenen und sich repräsentativ verstehenden Buches[126], das übrigens schon in seinem Titel (›Die Prüfungen der Neuzeit‹) Überlegungen ankündigt, die in historischer Perspektive kaum als neu erscheinen können, obwohl auch dieser Autor von der eigentümlichen Herkunft und von der zum Teil fatalen Geschichte seines Gedankens nichts zu wissen scheint[127]. *Postmodernität* sei *das neue Selbst- und Weltverhältnis des Menschen nach der Vorherrschaft der Moderne*[128]. Ausdrücklich wird auch diese Postmoderne und die Reflexion darüber als *Flucht aus dem stählernen Gehäuse der Moderne*[129] bezeichnet, womit der Autor an die gleichartigen Unternehmungen der zwanziger und der frühen dreißiger Jahre anknüpft. Und wiederum wird ein neues Zeitalter angekündigt: was in den zwanziger und dreißiger Jahren als ›neues Mittelalter‹ galt, soll auch jetzt, unter der Bezeichnung ›Postmoderne‹, ein *viertes Zeitalter* sein[130], wobei Unklarheit offensichtlich nur noch darüber besteht, *ob die Postmoderne eine Epoche vom Rang der Neuzeit sein wird oder nur eine Übergangsphase*[131].

In solchen Erörterungen über ›Postmoderne‹ am Ende der achtziger Jahre des 20. Jahrhunderts manifestiert sich erneut eine Grundfigur des Nachdenkens über die Moderne[132], die spezifisch deutsch erscheint, als eine deutsche ›Mentalität‹ also, als ein »gemeinsamer Tonus längerfristiger Verhaltensformen und Meinungen von Individuen innerhalb von Gruppen« (F. Graus)[133], – eine Mentalität, die das Unbehagen an der Moderne zum Ausdruck bringt. Nach ersten Andeutungen in der deutschen Romantik um 1800[134] tritt sie während der achtziger Jahre des 19. Jahrhunderts, nach dem Verlust des Fortschrittsglaubens, mit dem Theorem von ›Gemeinschaft‹ und ›Gesellschaft‹ deutlicher zutage und erfährt nach dem Zusammenbruch von 1918, in der Zeit der Weimarer Republik, eine umfassende Pointierung in der Idee des kommenden ›neuen Mittelalters‹, das im Zeichen von ›Gemeinschaft‹ und ›Ganzheit‹ die Erlösung bringt vom Leiden am Individualismus, Rationalismus und Historis-

---

126 KOSLOWSKI, P., Die Prüfungen der Neuzeit. Über Postmodernität, Philosophie der Geschichte, Metaphysik, Gnosis. Edition Passagen 26. 1989. S. 11. Vgl. auch DERS., Die postmoderne Kultur. Gesellschaftlich-kulturelle Konsequenzen der technischen Entwicklung. Perspektiven und Orientierungen. Schriftenreihe des Bundeskanzleramtes 2. 1987. Über den Zusammenhang der Reflexion über ›Postmoderne‹ und ›Posthistoire‹ mit dem Leiden am Historismus und über die Genese dieser Ideen im Umfeld der Propagierung einer ›konservativen Revolution‹ vor und nach 1933 (A. Gehlen) vgl. NIETHAMMER, L., Posthistoire. Ist die Geschichte zu Ende? 1989.
127 Koslowski hält das Aufkommen der Idee der ›Postmoderne‹ für eine Folge der Ölkrise von 1973: *Die Postmoderne als Erfahrung und Weltverständnis beginnt mit dem neuen Bewußtsein für die Endlichkeit der Welt und die Begrenztheit ihrer Ressourcen, das um 1973 vor allem durch den Schock der Ölpreisverteuerung allgemeinbestimmend wurde* (ebd. S. 12). – Die Vermittlung der Grundgedanken erfolgte offenbar durch das Buch von GUARDINI über ›Das Ende der Neuzeit‹ (s. Anm. 122), s. KOSLOWSKI ebd. S. 47 und 50.
128 KOSLOWSKI, S. 11.
129 Ebd. S. 76. Vgl. dazu oben Anm. 27.
130 Ebd. S. 12 und 14.
131 Ebd. S. 12.
132 Über neue Deutungen der Moderne im Zusammenhang mit den seit der Jahrhundertwende vorgebrachten: FALK, W., Die Ordnungen in der Geschichte. Eine alternative Deutung des Fortschritts. 1985.
133 So die Definition des Mentalitätsbegriffs durch GRAUS, F., Mentalität – Versuch einer Begriffsbestimmung und Methoden der Untersuchung. In: DERS. (Hg.), Mentalitäten im Mittelalter. Methodische und inhaltliche Probleme. Vorträge und Forschungen 35. 1987. S. 9–48, S. 17.
134 S. oben Anm. 11 über Novalis und dessen Aneignung bei P. L. Landsberg.

mus der modernen Kultur. Streit um die Deutung der Moderne gab es freilich nicht nur in Deutschland[135]. Es ist deshalb von Interesse, die Motive und die Formen solcher Gegenüberstellungen von Mittelalter und Moderne, solcher Aktualisierungen des Mittelalters in der Moderne vergleichend zu untersuchen[136]. Erst dann ist das Spezifische und das Singuläre jener Mittelalterbeschwörungen in der Weimarer Republik genauer zu bestimmen, die Faszination durch ›Ganzheit‹ und ›Gemeinschaft‹. Sie erweist sich freilich gerade auch dadurch als singulär, daß sie den Schritt von der bloßen Autorität einer gedachten ›Gemeinschaft‹ zur Gewalt der ›Gemeinschaft‹ und ihrer Anwendung ermöglichte[137]. Dieser Schritt und seine Folgen bedeuten eine singuläre, immer gegenwärtige und nicht aufzuhebende Last der deutschen Geschichte[138].

---

135 Vgl. dazu RENDTORFF, T., Die umstrittene Moderne in der Theologie. Ein transkultureller Vergleich zwischen der deutschen und der nordamerikanischen Theologie. In: Umstrittene Moderne, wie Anm. 25, S. 374–389.
136 Dazu sind weitere Arbeiten in Vorbereitung.
137 S. oben S. 145 ff.
138 Dazu MEIER, Ch., Vierzig Jahre nach Auschwitz. Deutsche Geschichtserinnerung heute. 1987.

Wilhelm von Tyrus: Vom Umgang mit Feindbildern im 12. Jahrhundert

VON RAINER CHRISTOPH SCHWINGES

Vom Umgang mit Feindbildern im Zusammenhang mit Wilhelm von Tyrus zu handeln, bedeutet letzten Endes, das politische, religiöse und rechtliche Dilemma des Heiligen Landes der Kreuzfahrerzeit zum Thema zu machen, die Ausweglosigkeit des Interessenkonfliktes zwischen kreuzfahrenden Christen aus dem Westen und den sich wehrenden Muslimen. Wilhelm von Tyrus (gest. 1186), der Hofpolitiker und Chronist, Diplomat und Kirchenfürst, den man getrost noch immer – trotz vieler nachweisbarer Mängel – für einen bedeutenden Historiographen des Mittelalters halten kann, hatte sich sehr bewußt in diesen Konflikt hineingestellt, obwohl er keine Chance hatte, ihn mit den Mitteln der politischen und sozialen Kultur seiner Zeit, der zweiten Hälfte des 12. Jahrhunderts, zu lösen[1]. Es war ihm klar, daß auf dem Boden Syrien-Palästinas zwei machtvolle religiöse und politische Traditionen miteinander rangen und danach trachteten, die jeweils andere von der Herrschaft auszuschließen. Auch Wilhelm von Tyrus, Erzbischof und Kanzler im »Kreuzfahrer-Königreich« Jerusalem, reklamierte diesen Boden als Erbe Christi für die Christenheit, insbesondere die seiner Jerusalemer Heimat, doch tat er dies, ohne zugleich den Anspruch der muslimischen Gegner auf eben den gleichen Boden, der auch für sie ein heiliger war, zu negieren. Der endliche Sieg der Christen lag in Gottes Hand; doch der Chronist schien sich angesichts der fortwährenden Erfolge des Sultans Saladin von Ägypten, Herrschers bald auch von Aleppo und Damaskus, nicht mehr ganz sicher zu sein, ob Gott letztlich zugunsten der christlichen Herrschaft in muslimischer Umwelt entscheiden würde. Konsequenterweise wollte er aufhören, die Geschichte des Jerusalemer Reiches zu schreiben, die ihm nur noch als eine endlose Kalamitätengeschichte

---

1 Willelmi Tyrensis Archiepiscopi Chronicon, ed. R. B. C. HUYGENS (Corpus Christianorum, Continuatio Mediaevalis LXIII, LXIII A), Turnhout 1986 (zit. WTyr). – H. E. MAYER, Zum Tode Wilhelms von Tyrus, in: Archiv für Diplomatik 5/6, 1959/60, S. 182–201; D. W. T. C. VESSEY, William of Tyre and the Art of Historiography, in: Medieval Studies 35, 1973, S. 433–455; R. H. C. DAVIS, William of Tyre, in: Relations between East and West in the Middle Ages, ed. by D. BAKER, Edinburgh 1973, S. 64–76; R. C. SCHWINGES, Kreuzzugsideologie und Toleranz. Studien zu Wilhelm von Tyrus, Stuttgart 1977, R. HIESTAND, Zum Leben und zur Laufbahn Wilhelms von Tyrus, in: DA 34, 1978, S. 345–380; W. GIESE, Stadt- und Herrscherbeschreibungen bei Wilhelm von Tyrus, in: DA 34, 1978, S. 381–410; R. B. C. HUYGENS, Editing William of Tyre, in: Sacris Erudiri 27, 1984, S. 461–473; DERS. in der Edition von 1986, S. 1–95; P. W. EDBURY and J. G. ROWE, William of Tyre: Historian of the Latin East (Cambridge Studies in Medieval Life and Thought, 4th series 8), Cambridge 1988; P. W. EDBURY, Chronicles of the Crusades – William of Tyre, in: History Today 38, 1988, S. 24–28; Th. RÖDIG, Zur politischen Ideenwelt Wilhelms von Tyrus (Europäische Hochschulschriften III/429), Frankfurt-Bern-New York 1990. Dies ist eine mit hohem Anspruch vorgetragene, äußerlich wie innerlich aber dünne Münchner Dissertation, die Wilhelm von Tyrus und die ganze Forschung dazu demontieren zu müssen glaubt und dabei viele offene Türen einrennt; wie man es besser und seriöser gemacht hätte, zeigt die Studie von EDBURY und ROWE.

erschien; er sah keinen Sinn mehr in der Abfolge negativen Geschehens, will heißen, sie nicht mehr im Rahmen der Heilsgeschichte, des einzig zulässigen Geschichtsbildes seiner Zeit, erklären zu können². Zuflucht gewährte nicht einmal mehr das stereotype, im Kern aber tröstliche Argument, wonach christliches Unglück nur eine zeitlich befristete Strafe Gottes sei – *peccatis nostris exigentibus (merentibus)*, unserer Sünden halber. Mehrfach hatte es Wilhelm abgelehnt, sich mit dieser gängigen Formel christlicher Kollektivschuld zu identifizieren, gerade in den letzten Büchern seiner Chronik, die die selbsterlebte Zeit schilderten. Mehrfach hatte er sie abgewandelt und auf die Sünden anderer verwiesen, seiner politischen Gegner am Hofe und im Adel, der *newcomer* aus dem Westen und der jüngeren Generation, auf die in seinen Augen wahren Ursachen der Schwäche des Reiches³. Zu genau glaubte er zu wissen, wo die eigentlichen Sünder saßen, die ohne Not den auch unter seiner Mitverantwortung erreichten *modus vivendi* mit dem Feind aufs Spiel setzten. Die Revision seines Entschlusses, nicht mehr Geschichte zu schreiben, folgte denn auch profanen Argumenten, zunächst wohl einmal hilfsweise, unter Rückgriff auf die nichtchristliche Geschichtskonzeption eines Livius: Es sei Chronistenpflicht, nicht nur die leuchtenden Seiten der eigenen Geschichte hervorzuheben, sondern auch die dunklen; und im übrigen könne das Unglück ebenso unbeständig sein wie das Glück⁴.

Das Zugeständnis an den Feind, ähnliche Interessen wie man selbst zu haben, ein Zugeständnis an den Feind des eigenen Glaubens und der eigenen Heimat Jerusalem, war unter den zeitgenössischen Bedingungen eine politische und intellektuelle Leistung von Format. Eine solche Leistung konnte nur erbringen, wer in der Lage war, das unpersönliche und starre Heiden-Feindbild der westlichen Kreuzzugsidee, das Bild des grundsätzlich bösen, dämonischen Glaubensfeindes zurückzuweisen. Das geschah zwar mehr oder minder an allen Fronten der kreuzfahrenden Christenheit, wie in Spanien oder im Ostseeraum, wo im Zuge von Kolonisierung und Territorialisierung das traditionelle, gewachsene Bild des Gegners entscheidender gewesen ist als der abstrakte Standpunkt der Dogmatiker. Ohne solche Front- oder Grenzland-Erfahrungen mußte man schon über die »identifikatorische Phantasie« eines Dichters wie Wolfram von Eschenbach verfügen, um in ähnlicher Weise ethnische und religiöse Schranken überschreiten und Heiden als *gotes handgetat*, als Gottes Geschöpfe und damit menschlich Verwandte anerkennen zu können⁵.

Nirgendwo aber hat man dem religiösen Antagonismus der Kreuzzugsbewegung radikaler den Boden entzogen als gerade im Heiligen Land. Die von Bernhard von Clairvaux, dem führenden Kopf der Papstkirche der ersten Hälfte des 12. Jahrhunderts, an den Orden der

---

2 WTyr XXIII, S. 1061 f.; EDBURY/ROWE, S. 61 ff.
3 Zum Beispiel WTyr XVIII, 28 S. 852, XXI, 7 S. 969; SCHWINGES, S. 195 f., 225 f.; EDBURY/ROWE, S. 154 ff.
4 WTyr XXIII, S. 1062.
5 So K. BERTAU, Das Recht des Andern. Über den Ursprung der Vorstellung von einer Schonung der Irrgläubigen bei Wolfram von Eschenbach, in: Das Heilige Land im Mittelalter. Begegnungsraum zwischen Orient und Okzident, hg. v. W. FISCHER und J. SCHNEIDER, Neustadt a. d. Aisch 1982, S. 127–143. Zur Veränderung des Heidenbildes im Bereich der Geschichtsschreibung immer noch wichtig: Marianne PLOCHER, Studien zum Kreuzzugsgedanken im 12. und 13. Jahrhundert, Diss. phil. masch. Freiburg i. Br. 1950. Vgl. noch N. DANIEL, Islam and the West. The Making of an Image, Edinburgh 1960; R. W. SOUTHERN, Western Views of Islam in the Middle Ages, Cambridge Mass. 1962; P. SÉNAC, L'image de l'autre. L'occident médiéval face à l'Islam, Paris 1983.

Tempelritter ausgegebene Parole für den Heidenkampf: Ihr tötet nicht Menschen, sondern das Böse (*non homicida sed malicida*), griff nicht in der gewünschten Weise[6]. Die Kreuzzugsidee, die geistige Grundlage der lateinchristlichen Herrschaft im Orient und der Garant des Nachstroms von Pilgern, Kämpfern und Siedlern, fiel auch hier der Anpassung und der Kolonisation zum Opfer. Schon bald nach der Eroberung Jerusalems und der Errichtung der sogenannten Kreuzfahrerstaaten gliederten sich die fränkischen Herren aus dem Westen ziemlich problemlos in das Gefüge der syrisch-palästinensischen Politik ein und fanden den *modus vivendi* mit den islamischen Nachbarn. Der Normannenführer Tankred zum Beispiel, der in seiner Heimat Süditalien-Sizilien das Zusammenleben griechischer, lateinischer und arabischer Kultur kennengelernt hatte, ließ als Fürst von Antiochien Münzen nach einheimischem, griechisch-arabischem Muster prägen. Auf ihnen präsentierte er sich bereits in der Landestracht mit dem Turban auf dem Kopfe[7]. Christliche und muslimische Herren schlossen Verträge und Bündnisse miteinander und hielten sie in der Regel. Nicht immer waren klare Fronten zwischen Christen und Muslimen auszumachen; man kämpfte Schulter an Schulter gegen gemeinsame Feinde, christliche oder nichtchristliche. Dabei mußte sich das überkommene Feindbild ändern, beginnend – schon bei den Chronisten des ersten Kreuzzuges – mit der Anerkennung, bisweilen gar Bewunderung militärischer Leistung. Das zwiespältige und mißtrauische Verhältnis zwischen den alteingesessenen, geborenen Orientfranken und den Neuankömmlingen aus dem Westen, die solche Veränderungen kaum verstanden, hatte nicht zuletzt hierin seine Ursache[8].

Eindrücklicher als eine lateinische mag eine arabische Quelle die Situation beleuchten, die Autobiographie des Emirs Usama von Shaizar aus dem Hause der Banu Munqidh; er war älterer Zeitgenosse Wilhelms von Tyrus, der ihn als Jüngling durchaus in diplomatischer Mission am Königshof von Jerusalem gesehen haben könnte. »Es gibt unter den Franken einige«, schreibt Usama, »die sich im Lande angesiedelt und begonnen haben, auf vertrautem Fuße mit den Muslimen zu leben. Sie sind besser als die anderen, die gerade neu aus ihren Heimatländern gekommen sind«. Dies belegte der Emir durch zum Teil selbst erlebte Geschichten wie zum Beispiel der folgenden[9]: »Als ich mich in Jerusalem aufhielt, ging ich gewöhnlich in die Moschee al-Aqsa. An ihrer Seite liegt ein kleiner Betraum, den die Franken in eine Kirche umgewandelt haben. Wenn ich in die Moschee kam, wo sich die Tempelritter, meine Freunde, eingerichtet

---

6 Bernhard von Clairvaux, Liber ad milites Templi de laude novae militiae III,4, ed. J. LECLERCQ und H. M. ROCHAIS, S. Bernardi Opera III, Rom 1963, S. 217.
7 D. M. METCALF, Coinage of the Crusades and the Latin East in the Ashmolcan Muscum Oxford, London 1983, S. 7f. Zur Annahme von orientalischen Kleidern und Sitten auch R. C. SMAIL, Crusading Warfare (1097-1193). A Contribution to Medieval Military History, Cambridge ²1967, S. 40ff.; N. ZBINDEN, Abendländische Ritter, Griechen und Türken im ersten Kreuzzug (Texte und Forschungen zur byzantinisch-neugriechischen Philologie 48), Athen 1975, S. 68ff.
8 PLOCHER (1950); ZBINDEN, S. 23ff.; SCHWINGES, S. 158ff. u. ö.; J. RILEY-SMITH, Peace Never Established: The Case of the Kingdom of Jerusalem, in: Transactions of the Royal Historical Society 5th series 28, 1978, S. 87-102; R. HIESTAND, Der Kreuzfahrer und sein islamisches Gegenüber, in: Das Ritterbild in Mittelalter und Renaissance (Studia humaniora 1), Düsseldorf 1985, S. 51-68; M. BENNETT, First Crusaders' Images of Muslims: The Influence of Vernacular Poetry?, in: Forum for Modern Language Studies 22, 1986, S. 101-122. Zum Mißtrauen im Westen besonders St. RUNCIMAN, The Families of Outremer. The Feudal Nobility of the Crusader Kingdom of Jerusalem, 1099-1291, London 1960, S. 22ff.; ZBINDEN, S. 78f.
9 Die Kreuzzüge aus arabischer Sicht, hg. v. F. GABRIELI, München 1975, S. 121f. G. ROTTER, Usama Ibn Munqidh. Ein Leben im Kampf gegen Kreuzritterheere, Tübingen 1978.

hatten, stellten sie mir immer den kleinen Betraum zur Verfügung, damit ich dort meine Gebete verrichten konnte. Eines Tages trat ich dort ein, sagte *Allahu akbar* und stand, um mit dem Gebet zu beginnen. Da stürzte ein Franke herbei, ergriff mich, drehte mich mit dem Gesicht nach Osten und sagte: ›So betet man!‹ Sofort schritten einige Templer ein, griffen und entfernten ihn, während ich mein Gebet wieder aufnahm. Er wartete aber einen Augenblick ab, in dem sie nicht achtgaben, stürzte sich wieder auf mich, drehte mich mit dem Gesicht nach Osten und sagte: ›So betet man!‹ Wieder griffen die Templer ein, entfernten ihn und entschuldigten sich mit den Worten bei mir: ›Er ist ein Fremder, der erst in diesen Tagen aus dem Frankenland gekommen ist und noch nie jemanden gesehen hat, der sich beim Gebet nicht nach Osten gewandt hätte‹. ›Ich habe genug gebetet‹, antwortete ich und ging hinaus, verwundert über diesen Teufel, dessen Gesicht sich verzerrte, der sich erregt und gebebt hatte beim Anblick eines Mannes, der zur Qibla hin betet.«

Wilhelm von Tyrus war einer dieser einheimischen, alteingesessenen Franken; er war nicht nur Zeuge orientfränkischer Anpassung, sondern auch ihr entschiedener Verfechter, außerordentlich stolz darauf, ein Orientfranke oder Orientlateiner und darüber hinaus in Jerusalem selbst geboren zu sein. Hineingeboren war er um 1130 in das neue Landesgefühl der Siedler, dem der Chronist Fulcher von Chartres, der nach dem ersten Kreuzzug im Hl. Lande geblieben war, eine treffende Formulierung gegeben hatte: »Die wir Abendländer waren, sind jetzt zu Orientalen geworden; wer Römer war oder Franzose, ist in diesem Land zum Galiläer oder Palästinenser geworden; wer aus Reims oder Chartres stammte, wurde zum Tyrer oder Antiochener. Schon haben wir die Orte unserer Geburt vergessen, schon sind sie den meisten von uns unbekannte und nie gehörte Namen ... Wer ein Fremdling war, ist jetzt gleichsam ein Eingeborener«. Neben dem Auftrag seines Königs habe ihn, so sagte Wilhelm von Tyrus, vor allem der *amor patriae* zur Geschichtsschreibung geführt[10].

Wilhelm war ein westlich gebildeter Mann, konnte sich aber auch im orientalischen Kulturraum bewegen. Er hatte die offenbar bedeutende Schule der Grabeskirche in Jerusalem besucht[11], hatte dann in Paris, Orléans und Bologna die Artes, Theologie, geistliches und weltliches Recht studiert und war auch in der Lage, Schriften des Ostens, seien sie christlicher oder nichtchristlicher Herkunft, zu verstehen[12]. Neben Latein und Französisch sprach oder las er Griechisch und vielleicht auch Arabisch und Hebräisch; jedenfalls war er in der Lage, verschiedene chronikalische wie dogmatische Quellen aus diesen Sprachen zu verarbeiten, ganz abgesehen von den Möglichkeiten der mündlichen Kommunikation zu beiden Seiten des Mittelmeers. Wenn von *litterati* und mehr noch von Intellektuellen des 12. Jahrhunderts die Rede ist, so muß Wilhelm von Tyrus mitgenannt werden. Auf seine Weise war auch er der Typ eines Petrus Abaelard, John of Salisbury oder Giraldus Cambrensis, ein »unbequemer Experte«,

---

10 Fulcher von Chartres, Historia Hierosolymitana III, 37, 3 ff., ed. H. HAGENMEYER, Heidelberg 1913; dazu H. E. MAYER, Geschichte der Kreuzzüge, Stuttgart ⁶1985, S. 90; Verena EPP, Das Entstehen eines »Nationalbewußtseins« in den Kreuzfahrerstaaten im 12. Jahrhundert, in: Bericht über die 37. Versammlung deutscher Historiker in Bamberg 1988, Stuttgart 1990, S. 96 f. (auch DIES., in: DA 45, 1989, S. 596–604). Zu Wilhelms *amor* VESSEY, S. 439 f.; SCHWINGES, S. 20 ff.; EDBURY/ROWE, S. 65.
11 Dazu die bemerkenswerten Darlegungen von H. E. MAYER, Guillaume de Tyr á l'Ecole, in: Mémoires de l'Académie des sciences, arts et belles-lettres de Dijon 127, 1985/86, S. 257–265.
12 WTyr XIX, 12 S. 879 ff.; R. B. C. HUYGENS, Guillaume de Tyr étudiant, in: Latomus 21, 1962, S. 811–829; SCHWINGES, S. 19–45; EDBURY/ROWE, S. 13 ff., 44 ff.

der sich ein individuelles Denken und Verhalten leistete. Fast 20 Jahre lang, von 1146 bis 1165, hatte er sich in jenem westeuropäischen Schulmilieu bewegt, das durchaus Stolz förderte auf geistiges Können und Arbeiten und auf die eigene »Bildungs-Biographie«. In diesem Milieu gebildeter Personen im Vorfeld der neuen Gemeinschaft Universität war viel dynamisches Potential vorhanden, selbstbewußtes und selbständiges Denken, Fragen und Disputieren, auch über brisante politische, philosophische oder theologische Themen, was natürlicherweise Kritik und manchmal Anklage hervorrief. Wirkliche und literarische Glaubensgespräche mit Andersgläubigen waren an der Tagesordnung. Vieles von dem, was sich aus christlicher wie nichtchristlicher Tradition erst sehr viel später im Zuge der Institutionalisierung der Universität zu einem kontrollierten, fast kanonischen und auch methodisch formalisierten Lehrgebäude verfestigen sollte, war noch offen und im besten Sinne »fragwürdig«[13]. So mögen in Wilhelm von Tyrus die ihm zugänglichen geistigen Traditionen des Ostens, die eigenen Erfahrungen in seinem Geburtsland und das besondere, »scholastisch-rationale« Klima der Schulen des Westens eine fruchtbare Symbiose bewirkt haben, durch die es möglich war, das Feindbild der westlichen Ideologen, vor allem vom Schlage des Bernhard von Clairvaux, zu ersetzen. In ihrem bedeutendsten geistigen Repräsentanten gelangten die Orientlateiner zu einer spezifisch landesbewußten, orientalischen Einstellung, die weit über politischen und ökonomischen Pragmatismus, weit über »Realpolitik« hinausging. Die Konflikte mit den islamischen Nachbarn wurden aus der universalen Sphäre der Dogmatiker herausgelöst und territorialisiert.

An dieser Stelle ist eine methodische Zwischenbemerkung angebracht: Der Hofpolitiker und Geschichtsschreiber Jerusalems hat sich nicht geschlossen zum christlich-islamischen Verhältnis geäußert. So etwas wie eine Abhandlung zum Feindbild, ein Programm für das Verhalten gegenüber dem Gegner, existiert nicht. Erst die vielen in Wilhelms Chronik verstreuten Einzelbemerkungen ergeben zusammengefügt »seine Sicht« der Dinge. Dieses Vorgehen birgt allerdings eine methodische Gefahr. Man hat es nämlich mit einem künstlich herbeigeführten Aggregatzustand zu tun, der die eigentlichen Positionen überspitzen oder gar verfälschen könnte. Diesen Zustand habe ich in meinem Buch von 1977 gesamthaft die »informelle Toleranz« des Wilhelm von Tyrus genannt, um auf den persönlichen Gegenentwurf zur herrschenden Ideologie aufmerksam zu machen. Dabei hat der Begriff der informellen Toleranz, der zudem immer an den der »inhaltlichen Intoleranz« derselben Person gebunden war, seine Funktion erfüllt – nicht zuletzt auch im Sinne begriffsgeschichtlicher Verfahren[14]. Im übrigen begegnet Toleranz begrifflich tatsächlich in der offenen, intellektuellen Situation des voruniversitären 12. Jahrhunderts. Der gelehrte und weltgewandte »Abaelardist« Anselm von Havelberg († 1158) kennt die *tolerantia* als Aushalten von Pluralität und hat vielleicht auch von daher auf die unerbittliche Wendenkreuzzugskonzeption Bernhards von Clairvaux: Vernichtung oder Bekehrung, beschwichtigend einwirken können[15].

---

13 Hier sei nur hingewiesen auf J. LE GOFF, Die Intellektuellen im Mittelalter, Stuttgart 1986 (frz. Original 1957); Die Renaissance der Wissenschaften im 12. Jahrhundert, hg. v. P. WEIMAR, Zürich 1981; Renaissance and Renewal in the Twelfth Century, ed. by R. L. BENSON and G. CONSTABLE, Oxford 1982; A History of the University in Europe I: The Universities in the Middle Ages, ed. by Hilde DE RIDDER-SYMOENS, Cambridge 1992.
14 SCHWINGES, S. 64–67, 328 (Register).
15 W. EBERHARD, Ansätze zur Bewältigung ideologischer Pluralität im 12. Jahrhundert: Pierre Abélard und Anselm von Havelberg, in: Historisches Jahrbuch 105, 1985, S. 353–387; K. SCHREINER, Toleranz, in: Geschichtliche Grundbegriffe. Historisches Lexikon zur politisch-sozialen Sprache in Deutschland 6, hg. v.

In der kritischen Rezeption meiner Thesen hat man nun wiederholt auf den rein politisch-pragmatischen Charakter der Aussagen und Urteile Wilhelms hingewiesen, vollkommen abhängig von der jeweiligen Lage Jerusalems im Spiel der Kräfte, vollkommen ausgerichtet nach Gesichtspunkten der Nützlichkeit. Dagegen ist gar nichts einzuwenden. Ohne Zweifel spielte die politische Pragmatik eine große Rolle; sie war eine Basis der Geschichtsschreibung des Tyrers, ein Großteil seiner Konzeption, die in einem durchweg parteilichen Geschichtsbild gipfelte, das einzig dem Wohle seiner Heimat und deren Weiterexistenz im Orient zu dienen hatte. So mußten sich auch die handelnden Personen einordnen lassen, gleichgültig, ob Muslim oder Christ. So weit, so gut; und sicher ließen sich viele Parallelen bei anderen zeitgenössischen Historiographen finden. Aber der Primat der Politik kann nicht alles erklären oder auch nur plausibel machen[16].

Um der Funktion seiner Chronistik gerecht zu werden, hätte sich Wilhelm von Tyrus über Glaubensfeinde nicht so äußern müssen, wie er es getan hat. Ohne Not hätte er seine Quellen wiederholen und im weitverbreiteten westlichen Feindbild bleiben können. Daß er das nicht tat und damit offenbar den Rahmen des politisch Notwendigen und Verständlichen sprengte, zeigte sich nicht zuletzt an der Reaktion.

Wilhelms Aussagen lassen sich in ihrer ganzen Dichte anderswo überprüfen. Verfolgt man nämlich in der gleichen aggregierenden Weise die altfranzösische Übersetzung des lateinischen Originals, die in der ersten Hälfte des 13. Jahrhunderts entstandene sogenannte *Estoire de Eracles*, so kann man aus den Gegenbildern und Widersprüchen die Position des Tyrers bestens beleuchten. Denn der Übersetzer, ein Kleriker nordfranzösischer Herkunft, hat seiner Vorlage oft vehement die Gefolgschaft versagt, Wilhelms Ansichten verändert und sie – konform mit dem Feindbild der westlichen Kreuzzugsideologie – umgedeutet, abgeschwächt, verfälscht, unterschlagen oder einfach mißverstanden[17]. Die Franken des Orients galten ihm als unzuverlässig und verkommen, und Wilhelms literarisch-historiographischer Umgang mit Ungläubigen, als Abbild tatsächlichen Verhaltens, schien ihm zutiefst suspekt gewesen zu sein. Um so plastischer können des Tyrers Positionen und damit auch die unterschiedlichen Akzente zwischen Feindbildern in Orient und Okzident hervortreten.

Wilhelms Umgang mit dem Feindbild Islam/Muslim und darin eingeschlossen sein Abweichen von westlichen Bildern, wie es in der Kritik des Altfranzosen zum Vorschein kommt, kann auf drei verschiedenen, gleichwohl funktional ineinandergreifenden Ebenen beobachtet werden; sie seien auf der Grundlage meiner Äußerungen von 1977 noch einmal präzise beschrieben: erstens, die Ebene der Einordnung des Islam als »feindliche Welt«; zweitens, die Ebene sozial-kulturellen Verhaltens gegenüber dem einzelnen Muslim; und drittens, die Ebene der beiderseitigen rechtlichen Beziehungen.

O. Brunner, W. Conze, R. Koselleck, Stuttgart 1990, S. 445–494, 455 ff. Zu Anselms Rolle H.-D. Kahl in diesem Band.
16 Die Kritik von H. E. Mayer (DA 34, 1978, S. 254 f.) und seiner Schule, die nächst H. Möhring (unten Anm. 32) nun Th. Rödig (1990) wieder aufgegriffen hat, gegen die aber eine breite, internationale Zustimmung steht, kann ich auch heute noch immer nicht nachvollziehen; was heißt schon »realpolitisch«?
17 Dies wird in der Auseinandersetzung mit Wilhelms Chronik und seinen Ideen nicht genügend berücksichtigt, bei Rödig (1990) überhaupt nicht; L'Estoire de Eracles Empereur et la Conqueste de la Terre d'Outremer, in: Recueil des Historiens des Croisades, Historiens occidentaux I, 1–2, Paris 1844 (Reprint Farnborough 1967). Vgl. F. Ost, Die altfranzösische Übersetzung der Geschichte der Kreuzzüge Wilhelms von Tyrus, Diss. phil. Halle 1899; Schwinges, S. 44 ff. u. ö.

1. DER ISLAM. Der gelehrte Kanzler und Chronist hat es nicht versäumt, sich auch mit der Religion, der Geschichte, Kultur und Politik der islamischen Nachbarn zu beschäftigen. Neben seiner »Frankenchronik« schrieb er eine Geschichte der orientalischen Fürsten – *De gestis orientalium principum* – von Mohammed bis in die Gegenwart, zuletzt des Jahres 1184. Dieses Werk, das im Orient noch der Bischof von Akkon, Jacques de Vitry († 1254), und gegen Ende des 13. Jahrhunderts der Dominikaner-Missionar Wilhelm von Tripolis gekannt und benutzt haben, ist leider verloren gegangen[18]. Wie aufschlußreich wäre ein solches Werk gewesen, um aus erster Hand eine Beurteilung des Islam und der Muslime zu gewinnen. So ist man angewiesen auf die in Wilhelms »Frankenchronik« verstreuten Bemerkungen, und wie üblich kann man über die »richtige« (mir reicht eine plausible) Exegese streiten.

Außerordentlich bemerkenswert ist jedoch überhaupt die Tatsache, daß einmal ein solches Werk, eine Geschichte der islamischen Welt des Orients, existiert hat. Kanzler Wilhelm von Tyrus, der Erzbischof von Toledo, Rodrigo Jiménez de Rada († 1247), sowie der kleine Priester in Holstein, Helmold von Bosau († 1177), schrieben – soweit ich sehe – als einzige Lateiner zur Zeit der Kreuzzüge eine selbständige oder im Falle Helmolds wenigstens teilweise selbständige Geschichte nichtchristlicher Völker, der Araber und Türken, der spanischen Mauren und der heidnischen Slawen im Siedlungsraum östlich der Elbe. Alle drei warfen damit den alten Grundsatz über Bord, den sich selbst noch der gelehrte Bischof Otto von Freising († 1158), der ältere Zeitgenosse Wilhelms und Helmolds, zu eigen machte: Die *civitas perfida* der ungläubigen Juden und Heiden weise kaum irgendwelche Taten auf, die der Erwähnung wert und der Nachwelt zu überliefern wären; und in ähnlicher Weise hatte schon Adam von Bremen († um 1081), Chronist der Hamburgischen Kirche und ihrer Skandinavienmissionen, kurz und bündig formuliert, es sei unnütz, die Taten derer aufzuzeichnen, die nicht im Glauben gestanden haben[19].

Auch Wilhelm von Tyrus trat also mit seiner Arbeit dieser angeblichen Bedeutungslosigkeit der nichtchristlichen Welt entgegen, allerdings mit nur geringem Erfolg. Daß entgegen der »Frankenchronik«, die in andere Sprachen übersetzt, vielfach abgeschrieben und gelesen wurde, die »Orientalenchronik« nach 1300 offenbar in Vergessenheit geraten ist, zeigt nur allzu deutlich, wie stark die genannten Vorurteile und Verdikte die Köpfe im Westen beherrschten. »Crusades were interesting, but Muslims were not«[20]. Wilhelms historisches Interesse für die Orientalen hinderte ihn allerdings nicht daran, dem Islam und seinem Propheten jene Abfuhr zu erteilen, die man zunächst einmal von einem christlichen Erzbischof erwarten mußte. Der Islam galt ihm als eine *doctrina pestilens* und der Prophet Mohammed als *subversor* und *primogenitus Sathanae*[21]. Damit war die dogmatische Position in »inhaltlicher Intoleranz« gegenüber der fremden Doktrin klar; aber sie war nicht alles.

---

18 Was man dazu weiß und darüber hinaus vermuten kann, hat zusammengestellt H. MÖHRING, Zu der Geschichte der orientalischen Herrscher des Wilhelm von Tyrus, in: Mittellateinisches Jahrbuch 19, 1984, S. 170–183; EDBURY/ROWE, S. 23 f.
19 SCHWINGES, S. 118 f., 146 ff. Otto von Freising, Chronica V, Prolog, ed. W. LAMMERS, Darmstadt 1972, S. 374; Adam von Bremen, Gesta Hammaburgensis ecclesiae pontificum I, 61, ed. W. TRILLMICH, Darmstadt 1961, S. 230.
20 So völlig zu Recht DAVIS, William of Tyre, S. 71.
21 WTyr I, 1 S. 105 f. SCHWINGES, S. 116 f.

Die christliche Welt kannte drei prinzipiell verschiedene Typen der Einordnung des Islam[22]: Der erste Typ kennzeichnet ihn als eine autonome Weltreligion, die dem Juden- und Christentum durch Monotheismus und den identischen Gott der Väter verwandt ist, wenngleich sie auf einer Stufe minderer religiöser Vollkommenheit verharrt. »Da ihr (Muslime) nicht stark genug seid zum (christlichen) Glauben, hat Gott euch den Islam befohlen«, hieß es um die Mitte des 9. Jahrhunderts im Religionsgespräch von Jerusalem des Melkiten Abraham von Tiberias. Dieser Typ war der verbreitetste unter den orientalischen Christen der Ostkirche aller Konfessionen. Er war präsent, als Kreuzfahrer und Siedler ins Heilige Land strömten, und folglich war er prinzipiell zugänglich. Der zweite Typ kennzeichnet den Islam als eine vom Christentum und/oder Judentum ausgehende Sekte oder Häresie, die zwar ebenfalls Monotheismus und Gottesidentität beobachtet, aber doch Irrlehren verbreitet, vor allem was die Göttlichkeit Christi und das Dogma der Trinität betrifft. Auch diesen Typus findet man vornehmlich in räumlicher, sozialer und geistiger Nähe des Islam, in den orientalischen Kirchen Syriens und Palästinas, im Milieu und in Nachfolge der »Sarakänophronen« um den orthodoxen Kirchenvater Johannes von Damaskus und den Jerusalemer Sabas-Kloster-Mönch Theodor Abu Qurra mit Ausstrahlungen ins offizielle, kaiserliche Byzanz; man findet ihn ferner verbreitet unter den Mozarabern, den islamisch beherrschten Christen auf der iberischen Halbinsel. Um nach beiden Typen den Islam einordnen zu können, bedurfte es einer Reihe von Kenntnissen und vor allem der Grundstimmung, nicht Trennendes, sondern Gemeinsames betonen zu wollen. Die westliche Welt im Bereich der lateinischen Papstkirche fand erst sehr spät Anschluß an diese Interpretation, nicht vor dem ausgehenden 11. Jahrhundert und dann auch zunächst nur vereinzelt. Der erste Typ blieb dem westlichen Mittelalter dagegen weitgehend fremd. Der dritte Typ kennzeichnet den Islam als Heidentum, und zwar überwiegend in der widergöttlich organisierten Form des Paganismus. Vorhandene Kenntnisse wurden als vermeintliche Beweise gegen eine antichristliche, götzendienerische Religion eingesetzt, Monotheismus und Gottesidentität geleugnet. Die Absicht war fast immer eine ideologische. Es ging nicht um Verständnis, um das Herausarbeiten einer gemeinsamen Basis, sondern um kämpferische Widerlegung und Verwerfung, um das Ziehen eines Grabens, nicht zuletzt auch darum, die eigenen Leute durch die Abqualifizierung des Gegners zu immunisieren. Man findet diesen Typus nur vereinzelt und früh im Orient, dann jedoch seit dem 9. Jahrhundert in Byzanz, wo er die »Reichspolemik« gegen den Islam, gegen Araber wie Türken absolut beherrschte, wie man dies insbesondere am Werk des Niketas Byzantios und seiner Rezeption bis ins späte Mittelalter bemerken kann. Der gleiche Heidentypus trat auch in Spanien auf, in der aggressiven Situation der Märtyrerbewegung von Cordova sowie in der Reconquista, zumindest in ihrer historiographischen Begleitung in den leonesischen Quellen; und man findet ihn schließlich auch im Westen, in Italien und nördlich der Alpen, wo er am Vorabend der Kreuzzugsbewegung so gut wie ausschließlich als Interpretationsrahmen des Feindbildes oder als Leitfaden für die kommende Auseinandersetzung mit den Muslimen bereit stand.

---

22 SCHWINGES, S. 68–104, mit der einschlägigen Literatur. Einen Überblick über die Positionen aus der missionarischen Perspektive gibt B. Z. KEDAR, Crusade and Mission. European Approaches toward the Muslims, Princeton 1984 (Paperback 1988).

Von diesen drei Positionen hatte Wilhelm von Tyrus auf orientalischem Boden auch die orientalische Position übernommen. In dieser Auffassung erschien der Islam nicht als Häresie oder pures Heidentum, sondern als eine dem Heidentum überlegene und dem Christentum verwandte Religion. Wilhelm von Tyrus scheint dies akzeptiert zu haben. Er vermied in seinem monumentalen Werk, das in der neuen Edition von Robert Huygens fast 1000 Seiten füllt, strikt den Begriff paganus, der in der traditionellen Diktion der Lateiner, vor allem auch seiner Quellen, eine polemische Bezeichnung für die Anhänger eines hartnäckigen, widergöttlichen Kultes darstellte. Zwar werden durchaus verwandte Begriffe dieser polemischen Sphäre benutzt, wie *hostes crucis* zum Beispiel, man trifft sie aber vor allem in konstruierten Reden anderer, in den ersten 13 Büchern, dann indessen mit abnehmender Tendenz, was als Moment von Veränderung oder gar Entwicklung besonders hervorgehoben zu werden verdient. Wilhelm bevorzugte dagegen den Begriff infidelis, der analog zur Infidelität des Judentums die bloß andere, vom Christentum abweichende Stellung zu Gott beschrieb[23]. Darüber hinaus war er von einem grundsätzlichen Konsens zwischen Islam und Christentum überzeugt, sogar von einem *magis consentire* in bezug auf den Schi'ismus[24]. Er verwarf zwar den Islam als solchen und distanzierte sich nachdrücklich von dessen »abergläubischer Tradition«, die nach dem Sprachgebrauch Wilhelms von *traditio* auch den Koran bedeuten könnte, anerkannte aber doch in ihm eine Lehre, die ebenfalls, wenn auch nur innerhalb der eigenen Grenzen, zu Gottesfurcht und Frömmigkeit anleiten konnte. Mit solchen Ideen stellte sich der gelehrte Orientfranke in der Tat in eine orientchristliche Tradition hinein, die nicht lange nach der Ausbreitung des Islam im 7. Jahrhundert begann und erst einmal das Verbindende zwischen beiden Religionen suchte. Konsequenterweise duldete der Erzbischof von Tyrus auch in seinem Amtsbereich eine funktionstüchtige Moschee, deren Existenz sogar von muslimischen Reisenden gelobt wurde, wie überhaupt die Lebensverhältnisse für Muslime in Tyrus im Vergleich zu anderen Orten[25].

Dies alles zusammengenommen ging über bloße Pragmatik hinaus, zumal man weiterhin feststellen kann, daß Wilhelm so gut wie kein Interesse an der Mission in seinem Lande aufbrachte, weder an gewaltsamer noch friedfertiger Mission, obwohl seine Quellen von Konversionen berichteten und diese in der Tat so selten nicht waren[26]. Kultfreiheit war lebensnotwendig im Heiligen Land, aber konzeptionelle und sprachliche Distanz in der Historiographie, die wohl kein Muslim je zu lesen bekommen hätte, wäre es nicht gewesen.

Im Westen scheint niemand, bei allem Wandel des Heidenbildes und der Zunahme der Kenntnisse, in der Einordnung des Islam so weit gegangen zu sein. Es sei nur auf zwei Beispiele für die gleichwohl erstaunlichen Versuche, das Richtige zu sagen, aufmerksam gemacht; sie hängen nicht so sehr von einer historischen, politischen, geistes- oder religionsgeschichtlichen Entwicklung ab, das sei eigens betont, sondern eher von der persönlichen Entscheidung des

---

23 SCHWINGES, S. 90ff., 121–129. Den Versuch von RÖDIG, S. 72ff., meine Begriffsuntersuchungen ohne jede Rückversicherung in der Fachliteratur zu *paganus*, *infidelis* etc. als statistische Argumentation zu bagatellisieren, weise ich zurück.
24 WTyr I, 4 S. 110; SCHWINGES, S. 111f.
25 SCHWINGES, S. 264f., 274f., 279. Zur Lage der Muslime instruktiv H. E. MAYER, Latins, Muslims and Greeks in the Latin Kingdom of Jerusalem, in: History 63, 1978, S. 175–192, und J. M. POWELL (ed.), Muslims under Latin Rule, 1100–1300, Princeton 1990.
26 KEDAR, S. 74–85; SCHWINGES, S. 268–281.

einzelnen, Ottos von Freising und Petrus' Venerabilis[27]. Der berühmte Bischof Otto, Onkel Kaiser Friedrichs Barbarossa, hatte selbst in Begleitung König Konrads III. am zweiten Kreuzzug teilgenommen und war einer der wenigen, die dabei gelernt hatten, daß es entgegen der verbreiteten Meinung im Islam keine Vielgötterei gab. Otto kommentierte in seiner Weltchronik die Legende vom Martyrium des Erzbischofs Thiemo von Salzburg, der auf dem Kreuzzug von 1101 umgekommen war, folgendermaßen: Daß er dies um seines christlichen Glaubens willen erlitt, sei völlig zuverlässige Überlieferung; daß er aber zuvor noch Götzenbilder zertrümmert habe, sei schon deshalb schwer zu glauben, weil ja bekanntlich alle Sarazenen nur einen Gott verehrten (*quia constat universitatem Sarracenorum unius Dei cultricem esse*) sowie das Gesetz (Mosis) und die Beschneidung übernommen hätten; auch würden sie Christus und seine Apostel anerkennen, nur seien sie insofern weit vom Heil entfernt, als sie bestritten, daß Jesus Christus Gott und Gottes Sohn sei, und den Verführer Mohammed als großen Propheten des höchsten Gottes verehrten. Aber für Otto waren die Sarazenen trotz dieses Wissens weiterhin Heiden, sogar ausdrücklich pagane Heiden, zwar Monotheisten, aber offenbar nicht bezüglich desselben Gottes. Abt Petrus Venerabilis von Cluny dagegen, vertieft in Koran und Streitschriften, konnte sich nicht entscheiden. In der langen Einführung zu seiner Koranwiderlegung – zwei Kapitel allein sind diesem Problem gewidmet – äußerte er freimütig, es sei ihm nicht klar, ob die Irrlehre der Mohammedaner eine Häresie und ihre Anhänger Häretiker oder vielmehr Heiden genannt werden sollten; dies, obgleich er vorher kirchenrechtlich richtig festgestellt hatte, daß der Islam nicht von der Kirche ausgegangen sei, insofern also keine Häresie im strengen Sinne sein könne. Petrus verstand es, Argumente für beide Möglichkeiten anzuführen. Für Ketzerei sprachen trotz der Anerkennung Christi als Geist und Wort Gottes, seiner Geburt von der Jungfrau Maria und der Wahrheit seines Evangeliums die Leugnung der Gottheit Christi und seiner Passion; für Heidentum dagegen die Verwerfung der Taufe, der Eucharistie sowie der übrigen Sakramente. Petrus drückte sich aber um eine Entscheidung herum und überließ sie dem Leser, das heißt, er zog nicht die Konsequenzen seiner eigenen Überlegungen, die auf die orientalische Version einer weiteren Religion neben Christentum, Judentum und Heidentum hätten hinauslaufen können. Analog dazu wand sich Petrus auch um die Gottesidentität herum. Zwar erkannte er *unum Deum*, mit den Muslimen teilen mochte er ihn aber doch nicht: Die Sarazenen würden Gott zwar mit dem Munde bekennen, aber er bliebe ihnen völlig unbekannt.

2. DER MUSLIM. Wilhelm von Tyrus sah in den Muslimen keine Heiden, sondern Gottgläubige, wenn auch auf andere Weise, und dies blieb wahrscheinlich nicht ohne Einfluß auf die Zeichnung der handelnden Personen. Zwar waren die Muslime stets auch für ihn die Feinde seines Landes und Glaubens, aber er ließ sich dennoch darauf ein, die in seinen Augen personalen Besonderheiten zu schildern. Ihn interessierte nicht mehr allein der tapfere Krieger, was noch für seine Quellenautoren aus der frühen Kreuzzugszeit der Gipfel an Zugeständnissen gegenüber dem Feind gewesen wäre, sondern die ganze Person – freilich des politischen Standesgenossen – mit ihren Tugenden und Untugenden, ihren Fähigkeiten und Leistungen,

---

27 Otto von Freising, Chronica VII, 7 S. 510; Petrus Venerabilis, Liber contra sectam sive haeresim Saracenorum, Prolog c. 13-14, ed. J. P. MIGNE, Patrologia Latina 189, S. 669D-671B. Kommentare dazu von J. KRITZECK, Peter the Venerable and Islam, Princeton 1964, S. 141-149; SCHWINGES, S. 119 ff., 135 ff. mit weiteren Beispielen und Literatur. PLOCHER (1950) und KEDAR, bes. S. 85-96.

selbst wenn diese zum Nachteil des heimatlichen Jerusalem verwendet wurden. Bemerkenswert ist in diesen Zusammenhängen, daß Beurteilungen, die noch den nichtchristlichen Charakter der Muslime betonten, fast allesamt in den ersten fünfzehn der 23 Bücher umfassenden Chronik zu finden sind. Ab dem 16. Buch, das keiner erkennbaren Vorlage mehr folgte, verlor sich jedoch dieser Aspekt bis zum völligen Verschwinden. Selbst ein so allgemeiner Begriff wie *infidelis* fehlte dann bei Persönlichkeitsbeschreibungen. Ähnliche Veränderungen fanden sich, wie erwähnt, in den Bedeutungsfeldern des Paganen[28]. An Schirkuh zum Beispiel, dem Onkel Saladins, mit dem zusammen er zum Leidwesen der Franken Ägypten eroberte, schätzte Wilhelm insbesondere dessen Selbstvertrauen, Eloquenz und urbane Bildung. Vom langjährigen Bündnispartner der Franken Jerusalems, dem Atabeg Unur von Damaskus, sprach er mit solcher Achtung, daß er ihm sogar die gesellschaftliche Anredeform *dominus* zuerkannte, mit der er unter christlichen Adeligen und Kirchenmännern recht wählerisch umging[29].

Besonders eindrucksvoll gelang die Zeichnung Nur ad-Dins, des Herrschers von Aleppo und Damaskus. Wilhelm attestierte ihm Weitsicht und Umsichtigkeit, die Fähigkeit zu weiser, zurückhaltender Beurteilung und zur Besonnenheit. Er hielt ihn für einen gottesfürchtigen und glückhaften, gerechten und religiösen Fürsten (*timens Deum, felix, justus, religiosus*). Solche Eigenschaften, denen sich noch Klugheit, Ideenreichtum und Tatkraft hinzugesellten, qualifizierten Nur ad-Din in gleicher Weise als hervorragenden Führer der Muslime, aber auch gefährlichen Gegner der Christen. Der Kanzler Jerusalems war sich dieser Diskrepanz sehr bewußt. Aber er stellte beide Seiten nicht getrennt nebeneinander, sondern faßte sie vielmehr zu einer qualitativen Bildeinheit zusammen. So notierte er gleichsam als Nachruf zum Tode des Fürsten: Gestorben ist Nur ad-Din, der größte Verfolger des christlichen Namens und Glaubens, ein Fürst, der *trotzdem* gerecht, weitblickend und im Rahmen seines Glaubens religiös war – *Noradinus maximus nominis et fidei christianae persecutor, princeps* tamen *justus, vafer et providus, et secundum gentis suae traditiones religiosus*. Damit hatte der Chronist aus Tyrus, so scheint mir, den persönlich frommen Muslim anerkannt. Nicht einmal die islamischen Traditionen wurden in dieser Aussage, anders als noch bei der Schilderung des Regierungsantritts Nur ad-Dins, als Unglaube oder Aberglaube bezeichnet. Hier ging es in erster Linie um die Person des Herrschers, gänzlich unabhängig davon, das ist das eigentlich Bemerkenswerte, ob dieser im christlichen Sinne gut war oder nicht, ob seine Lebensleistungen Jerusalem nützten oder nicht[30]. Es ist etwas völlig anderes, wenn, wie in einem Beispiel aus dem slawischdeutschen Raum, ein Mensch, eine Heidin, gerühmt wird, weil sie – *quamvis pagana* – Christen Gutes angetan hat, oder aber jemand ein mächtiger Christenverfolger ist und dennoch eine so positive Beurteilung erfährt[31]. Man fühlt sich an ein Wort des Apostels Petrus im Haus des

---

28 Vgl. Anm. 23.
29 Zu diesen und den folgenden Personenbeschreibungen SCHWINGES, S. 170–214. RÖDIG, S. 74–77, sucht hier ebenfalls zu bagatellisieren und die Personenschilderungen ausschließlich auf die politischen Vorteile für Jerusalem und die Erfordernisse des Herrscherlobs zu reduzieren. Ich habe den Eindruck, daß vergessen wird, daß Sprache nicht nur Stil ist, sondern mitunter auch Gedanken transportiert.
30 Die entscheidenden Stellen: WTyr XVI, 7 S. 723 und XX, 31 S. 956. Eine Parallele findet sich in der Beurteilung Sultan Alp Arslans, des Siegers von Mantzikert (1071) über die Byzantiner, WTyr I, 9 S. 120f.: *vir infidelis, sed magnificus*; SCHWINGES, S. 129ff., 157, 187–199.
31 Nach einer Stelle in Herbords Vita des Bischofs Otto von Bamberg (III, 5) erörtert bei E. DEMM, Reformmönchtum und Slawenmission im 12. Jahrhundert, Lübeck 1970, S. 60. Ähnliches kann man in Helmold von Bosaus Slawenchronik (c. 1) bemerken; SCHWINGES, S. 131 mit Anm. 113, S. 149.

Hauptmanns Cornelius von Caesarea erinnert, eines heidnischen Römers, den aber die Apostelgeschichte (10,2,22,35) einen *vir religiosus, timens deum* und *justus* nennt. Dieses Wort, *in jedem Volk ist Ihm angenehm, wer Ihn fürchtet und Gerechtigkeit übt*, hat die Außenbeziehungen der Christenheit nicht gerade häufig befruchtet. Um so bemerkenswerter ist es, seinen Tenor mitsamt biblischem Sprachgebrauch auf dem Schauplatz von Kreuzzügen zu finden[32].

Mit der Zeichnung Saladins, des im Westen bald berühmten Sultans von Ägypten, hatte Wilhelm allerdings Schwierigkeiten. Er rühmte zwar des Sultans Freigebigkeit, Intelligenz und politischen Weitblick, geißelte zugleich aber mit traditionellen Kampfbegriffen, die man in der konzeptionellen Entwicklung der Chronik nicht mehr erwartet hätte, dessen Tyrannei und Hochmut, was nichts anderes heißen konnte, als daß sich Wilhelm der außerordentlichen Gefährlichkeit Saladins für den Bestand der christlichen Herrschaft über Jerusalem vollkommen bewußt war[33]. Dem Kanzler blieb der Sultan eigentümlich fremd, was insbesondere auffällt im Vergleich zu den Personendarstellungen anderer Muslime, vor allem Nur ad-Dins. Dieser Fürst, aber auch »Herr« Unur von Damaskus zum Beispiel, repräsentierten gewissermaßen das Modell eines orientalischen, halbwegs gleichgewichtigen Zusammenlebens auf seiten der Muslime, ein zweifellos über die Tagespolitik hinausgehendes Wunschbild des gebürtigen Orientlateiners. Dieses Modell vom Umgang mit dem Feind war natürlich auch ein Teil des Wilhelmschen Geschichtsbildes; allen Objektivitäts- und Ausgewogenheitsforderungen zum Trotz tat der Chronist das, was mehr oder weniger alle Geschichtsschreiber bis heute tun: Geschichte machen, Geschichtsbilder entwerfen, über deren Tendenzen man dann streiten kann. Was Saladin betraf, den unmittelbaren Zeitgenossen der achtziger Jahre, in denen Wilhelm über ihn schrieb, so ließ sich das »Modell der Vergangenheit« nicht fortschreiben; er selbst war zu nahe, die Bedrohung zu gegenwärtig, und Wilhelms eigene höfische, politische Umgebung in der Krise. Saladins Einbruch in die orientalische Welt störte das von Wilhelm historisch gewünschte Gleichgewicht; sein Verhalten, nun als *tyrannisch* bezeichnet, gewissermaßen als Antithese zur Gerechtigkeit Nur ad-Dins, war nicht einzuordnen. Doch trotz dieses altvertrauten ideologischen Elements fiel der Tyrer, anders als in seinem Urteil über die ihn historisch enttäuschenden Griechen[34], nicht in die Sprache der Ressentiments zurück; nicht einmal die bloße Infidelität Saladins war ihm noch einer Notiz wert.

3. RECHTLICHE BEZIEHUNGEN. Wilhelms Haltung hatte in seinem Modell auch von Rechts wegen Gültigkeit. Entgegen den herrschenden Vorstellungen der lateinischen Papstkirche, in denen Ungläubigen entweder gar keine oder nur mindere Rechte zugebilligt wurden, machte der Kanzler keinerlei Unterschiede. Er anerkannte die Gleichstellung der Muslime in einer gemeinsamen Rechts- und Weltordnung. Wilhelm zögerte nämlich nicht, den feindlichen Nachbarn gerade auch dann das Recht auf Heimat, Freiheit, Eigentum und Familie zuzugeste-

---

32 So sehr ich dies unterstreiche, so würde ich heute jedoch nicht mehr annehmen, Wilhelm von Tyrus habe in Nur ad-Din einen Bürger des augustinischen Gottesstaates gesehen, SCHWINGES, Exkurse II und III, S. 290–294; H. MÖHRING, Heiliger Krieg und politische Pragmatik: Salahadinus Tyrannus, in: DA 39, 1983, S. 417–466, DERS., Orientalische Herrscher (1984), hat in diesem Punkte Recht.
33 SCHWINGES, S. 199–209; zur Kritik an meiner Position MÖHRING, Heiliger Krieg, S. 457 ff., und RÖDIG, S. 77 ff. Dessen Herrscherbildkritik fällt jedoch zusammen, da Wilhelm Saladin sehr wohl als *princeps* bezeichnet hat (S. 201); dagegen kann Saladins *liberalitas supra modum* auch Verschwendung bedeuten.
34 Allerdings bei einer durchgehend negativen Grundstimmung; vgl. R. J. LILIE, Byzanz und die Kreuzfahrerstaaten. Studien zur Politik des byzantinischen Reiches gegenüber den Staaten der Kreuzfahrer in Syrien und Palästina bis zum vierten Kreuzzug (1096–1204), München 1981, S. 295 ff.; RÖDIG, S. 86–104.

hen, wenn die territoriale oder städtische Hoheit des muslimischen Gemeinwesens durch ein christliches Heer bedrängt und verletzt wurde, ein Heer, das seinerseits mit dem Anspruch der Verteidigung der *hereditas Christi* im Heiligen Land operierte. Darüber hinaus besaßen die Muslime in den Augen des Tyrers das Recht, sich nicht nur gegen christliches Unrecht (*injuria*) zur Wehr zu setzen, sondern auch selbst aktiv zur Rache für ein erlittenes Unrecht ein *bellum justum*, einen gerechten Krieg, zu führen. Dieses Recht war absolut, es galt auch dann, wenn die christliche Seite ein gleiches geltend machte. Und folgerichtig fügte sich allem Recht der Muslime die *lex pactorum*, das Vertragsrecht, als formelle Grundlage (völker-)rechtlicher Gleichstellung mit Christen hinzu. Wilhelm von Tyrus war überzeugt, selbstverständlich schon aus politischer Notwendigkeit, daß Verträge gehalten werden müssen, und zwar uneingeschränkt *etiam infidelibus*, was für den gelernten Juristen nicht nur im römischen Recht (*pacta sunt servanda*), sondern auch in der Gerechtigkeit Gottes (des *justus retributor*) begründet war. Ein Vertragsbruch von seiten der Christen legitimierte damit ohne weiteres die *justa causa* des Krieges auch gegen Christen auf dem Boden des Heiligen Landes, das doch Gott näher sein sollte als andere Länder[35].

Aus der Fülle der einschlägigen Beobachtungen sei ein relativ frühes Beispiel gewählt, um anzuzeigen, daß Wilhelms Modell, ein auch rechtlich definiertes Modell gemeinsamer Existenz im Orient, selbst in jene Zeit »zurückkonstruiert« ist, die ihm durch Quellen auch anders zugänglich gewesen wäre. Im Jahre 1126 kam es zu einer heftigen Schlacht zwischen den Franken unter König Balduin II. und den Damaszenern unter ihrem Atabeg Tugtakin; Wilhelm kommentierte folgendermaßen: »In ihrem Eifer, angefeuert durch den König, trachteten die Franken danach, das zugleich Gott und ihnen selbst zugefügte Unrecht zu rächen. Aber auch Tugtakin ermutigte und entzündete die Seinigen und erklärte ihnen, sie würden einen *gerechten Krieg* führen für ihre Frauen und Kinder, sie würden gegen Räuber für ihre Freiheit kämpfen, was noch viel mehr bedeute, und für den Boden ihrer Väter – *justum bellum gerere pro uxoribus et liberis, et pro libertate, quod majus est, proque solo patrio cum praedonibus decertare*«[36].

Der Kanzler Jerusalems hat in diesem Beispiel Recht gegen Recht gestellt und ist damit zur Erkenntnis der Subjektivität im Recht gekommen. Daß er diese einem Muslim in den Mund legte, tut nichts zur Sache; so zu verfahren, in Form zum Beispiel der *sermocinatio*, war gängige rhetorische Technik, gerade auch um eigene gedankliche Reflexionen zu transportieren[37]. Es war dies freilich eine Erkenntnis, die dem traditionellen christlichen Kriegsrecht fremd gewesen ist, weil es eine *justa causa sub utraque parte* einfach nicht geben konnte. Das Recht des einen mußte auf dem Unrecht des anderen basieren. Mit einer solchen Anerkennung des gegnerischen Anspruchs, einen gerechten Krieg am gleichen Ort und bei gleicher Gelegenheit zu führen, muß man dem Chronisten wohl einen besonderen Platz in der Geschichte des Völkerrechts zuweisen. Selbstredend lassen auch andere Kreuzzugsgeschichtsschreiber Muslime für Frauen und Kinder und Freiheit streiten, sogar im Falle Antiochias auf die *terra nostri iuris ab antiquo* hinweisen (Balderich von Dol, ein Quellenautor Wilhelms)[38], aber nirgendwo war von einem *bellum justum* die Rede oder vom Recht auf Rache für durch Christen erlittenes Unrecht, getreu

---

35 SCHWINGES, S. 214–267. Zur schwierigen Situation zwischen Theorie und Praxis J. RILEY-SMITH, Peace never established, S. 87 ff.
36 WTyr XIII, 18 S. 609; SCHWINGES, 219 ff.
37 H. LAUSBERG, Handbuch der literarischen Rhetorik, München 1960, §§ 820 ff., S. 407 ff.
38 Beispiele bei RÖDIG, S. 80 f.

der auf Augustinus fußenden Kriegsrechtsdefinition Gratians, die Wilhelm in Bologna gelernt haben wird: *Justa autem bella solent diffiniri, que ulciscuntur injurias*[39].

Mit dieser Art, die Muslime auch rechtlich in sein Modell historischer orientalischer Existenz einzubauen, stürzte sich der Tyrer, wie eingangs schon gesagt, in einen mit den Mitteln seiner Zeit nicht mehr zu lösenden Interessenkonflikt. Denn Ansprüche auf das Heilige Land wurden nunmehr von Christen und Muslimen mit historischen Rechten formuliert, von den einen unter Hinweis auf das Erbe Christi, von den anderen unter Hinweis auf das Erbe der Väter. Da lag in der Tat die Entscheidung zwischen Christenrecht und Muslimrecht in Gottes Hand, und Gott – davon muß Wilhelm überzeugt gewesen sein – schien den Konflikt nicht allein auf Kosten der Muslime lösen zu wollen. Wilhelm ließ nämlich nächst Gott den Apostel Paulus in der genannten Schlacht von 1126, in der beide Parteien das Recht auf ihrer Seite zu haben meinten und der Entscheid darüber lange nicht fallen wollte, so eingreifen, daß die Christen endlich siegten, die Muslime aber vor der völligen Niederlage bewahrt blieben[40].

Auch solch eine »kuriose Geschichte« paßte in den Rahmen des Modells: Sollte doch die von Wilhelm symbolträchtig ausgemalte Schlacht dort stattgefunden haben, wo sich nach der Überlieferung der wilde Christenverfolger Saulus zum Paulus bekehrte und zum *doctor gentium* wurde. So ist kein Zufall, daß gerade der »Lehrer der Heidenvölker« nun auch als deren Fürsprecher in einer offenbar gerechten Sache auf den Plan gerufen wurde.

Jetzt zeigt sich abschließend wohl deutlich, daß Wilhelm von Tyrus in seiner Konzeption der gemeinsamen Geschichte die Feindschaften auf dem Boden seines Vaterlandes aus den ideologischen Zusammenhängen weitgehend herausgenommen und statt dessen versucht hatte, ihnen den Charakter von lokal und regional begrenzten Herrschaftskonflikten zu geben. Auf seiten der Muslime wie auf seiten der Christen kämpfte man in Angriff und Verteidigung um den territorialen Bestand. Es ging um die je eigene Sicherheit. Die Belange der Heimat: Freiheit, Familie, vererbbares Eigentum auf väterlichem Boden, gewannen Priorität und wurden als wertvolle Rechtsgüter an sich empfunden, »moderne« Rechtsgüter zudem, die im stadtbürgerlichen Denken und in den herrschaftlichen Privilegien für die Städte gerade des 12. Jahrhunderts höchsten Stellenwert besaßen. Zu deren Verteidigung war ein Kreuzfahrergeist mit entsprechendem Feindbild nicht mehr vonnöten. Ein Angriff auf den Besitzstand oder ein Vertragsbruch reichte als *justa causa* des Krieges vollkommen aus. Es waren die gleichen materiellen, legitimen Motive, die Wilhelm auch den muslimischen Nachbarn zugestand, gleichgültig, ob sie gerade Bundesgenossen oder Feinde waren.

Schließlich verband Muslime und Christen der gemeinsame Lebensraum, und Wilhelm war als Orientlateiner sehr wohl darauf bedacht, den anderen, den islamischen Orient nicht zu verdrängen. Er wollte vielmehr Anteil haben an Politik, Kultur und Geschichte des Landes, in dem er geboren worden war. So schrieb er, wie gesagt, nicht nur die Geschichte der Lateiner, sondern auch die Geschichte der Muslime, mit dem gemeinsamen Nenner in der Landesgeschichte. Solch ein Zeugnis historischer Anpassung war zwar in nichtchristlicher Umgebung

---

39 Corpus Juris Canonici I, ed. Ae. FRIEDBERG, Leipzig 1879, S. 894. Zur Problematik zuletzt F. H. RUSSELL, The Just War in the Middle Ages, London 1976; E. D. HEHL, Kirche und Krieg im 12. Jahrhundert. Studien zu kanonischem Recht und politischer Wirklichkeit, Stuttgart 1980; J. GILCHRIST, The Papacy and War against the »Saracens«, 795–1216, in: The International History Review 10, 1988, S. 174–197.
40 WTyr XIII, 18 S. 610: .. *opitulante divina clementia et intercedente pro eis doctore gentium egregio* ...; SCHWINGES, S. 244 f.

alles andere als gewöhnlich, ansonsten jedoch sehr typisch für Einwanderer und Siedler in fremden kulturellen und ethnischen Konkträumen, wo man nicht zuletzt über die Geschichte ein sich einschließendes Landesbewußtsein erstrebte[41].

In Wilhelms Modell konnte also das aggressive Feindbild des reinen Glaubenskrieges, den er als solchen auch verurteilte[42], kaum noch Platz finden – sehr zum Mißvergnügen des altfranzösischen Übersetzers aus der ersten Hälfte des 13. Jahrhunderts, der in der sogenannten *Estoire de Eracles* seiner lateinischen Vorlage in gar keiner Weise von der Deutung des Islam über Personenbeschreibungen bis zur gemeinsamen Rechtsordnung und Regionalisierung der Konflikte gerecht geworden ist. Aber erst durch diese beinahe ständige Verweigerung des angemessenen Umgangs mit dem Text wird man darauf gestoßen, daß die Ansichten des Jerusalemer Kanzlers nicht alltäglich gewesen sein können. Anders als Wilhelm sah der Übersetzer in den Muslimen weiterhin nur Heiden. Nach seiner Ansicht handelten sie nicht im Recht, sondern nur *en bonne foi*; sie führten keinen gerechten Krieg, schon gar nicht für Freiheit und Vaterland, hatten höchstens eine *droite reson* zur Verteidigung ihres Lebens, ihrer Frauen und Kinder; und die Eigenschaften des Fürsten Nur ad-Din (*droituriers, religieus et sages et entreprenanz*) sollten allesamt nur auf der Stufe des Islam gewertet sein – *selonc sa loi*, während Wilhelm lediglich die Religiosität als eine islamgemäße betrachtete[43]. Und schließlich wurden auch die Christen des Ostens in die kritisierende Übertragung einbezogen. Als Repräsentant der westlichen Ideologie verbog der Franzose das Original einmal sehr nachdrücklich, um die ihm notwendig erscheinende Reihenfolge eines christlichen Abwehrkampfes zu demonstrieren: Gekämpft hätten die Christen *por la foi premierement, apres por leur vies, por leur fames et por leur emfanz*[44]. Dem Westler wurde also, wie es scheint, das Verhalten der Orientlateiner, vielleicht gerade nach der Lektüre der Chronik Wilhelms von Tyrus, so suspekt, daß er sich daran machte, wenigstens wieder Christenpflicht und Feindbilder in die Tradition einzurücken.

---

41 F. GRAUS, Die Nationenbildung der Westslawen im Mittelalter, Sigmaringen 1980, S. 111 ff.; R. C. SCHWINGES, »Primäre« und »sekundäre« Nation. Nationalbewußtsein und sozialer Wandel im mittelalterlichen Böhmen, in: Europa Slavica – Europa Orientalis. Festschrift für Herbert Ludat, Berlin 1980, S. 490–532.
42 Ohne aber vom Heilskonzept des Kreuzzugs abzugehen, vgl. WTyr XIII, 16 S. 606, dazu SCHWINGES, S. 237 f.; EDBURY/ROWE, S. 151 ff., 173.
43 Estoire XX, 31 S. 1000, WTyr XX, 31 ebenda oder ed. HUYGENS, S. 956. Zu weiteren Belegen SCHWINGES, S. 322 (Register).
44 Estoire XI, 24 S. 494; SCHWINGES, S. 234 f.

III.
SOZIALE UNRAST UND RANDGRUPPEN

Das Motiv der bäuerlichen Verschuldung in den Bauernunruhen an der Wende zur Neuzeit

VON HANS-JÖRG GILOMEN

Im Jahr 1430 ließ der Prior des Basler Dominikanerklosters Johannes Nider den Heidelberger Gelehrten Job Vener um ein Gutachten über die Bulle *Regimini universalis* Papst Martins V. vom 2. Juli 1425 ersuchen[1]. In dieser Bulle hatte der Papst in Beantwortung einer Anfrage aus der Diözese Breslau festgestellt, auf Immobilien fundierte Renten zum üblichen Kaufpreis mit freiem Wiederkaufsrecht des Verkäufers seien nicht wucherisch. Diese Entscheidung gilt als die entscheidende päpstliche Äußerung in der seit dem endenden 14. Jahrhundert oft heftig geführten Diskussion um den wucherischen Charakter wiederkäufiger Renten[2].

In seinem Gutachten ging Vener einerseits auf die präzisen Fragen ein, welche Nider gestellt hatte, fügte aber auch allgemeine Erwägungen bei[3]. So führte er aus: *Nun aber, wenn denn der apostolische Stuhl in diesem Sinne entschieden hat, sollte dies jedem Christen genügen, die Gewissensskrupel zu beseitigen. Aber gesetzt, die Renten und Zinse, auch die in neu abgeschlossenen Verträgen konstituierten mit Wiederkaufsrecht seien des Wuchers nicht verdächtig, sondern rechtlich erlaubt, so scheint mir doch, immer vorbehalten die ergangene oder zukünftige Entscheidung und Erklärung des apostolischen Stuhles, es würde der Gemeinschaft (rei publice) nützlicher sein, die Errichtung solcher Renten zwar nicht insgesamt, d. h. unterschiedslos, aber doch in gewisser Weise zurückzubinden und sie wenigstens den einfachen, niederen und bäuerlichen Laien (simplicibus laycis plebanis et rusticanis), wenn kein besonderer Grund vorliegt, generell zu verbieten, weil durch die gewaltige Zahl solcher Verträge der Handel stockt, die Landwirtschaft verlassen wird (agricultura deseritur) und sich Gelegenheit zu Nachlässigkeit, Müßiggang und Trägheit bietet, ja sogar, wenn nichts dagegen unternommen wird, viele Unzuträglichkeiten daraus folgen könnten, wie wir bereits in Mainz und an einigen anderen Orten erfahren haben. Und es steht zu befürchten, daß in Kürze daraus Totschlag und Aufruhr sich in den Völkern erheben werden, da Grund und Boden nicht mehr vermögen, so viele Zins- und Rentenlasten zu tragen*[4].

---

1 HEIMPEL, Hermann, Die Vener von Gmünd und Straßburg 1162–1447, 1–3, Göttingen 1982 (Veröffentlichungen des Max-Planck-Instituts für Geschichte 52), S. 1367f. Nr. 34/I. Die Bulle ist ins Corpus Iuris Canonici unter die Extravagantes communes, lib. 3, tit. 5 De emptione et venditione, c. 1 aufgenommen worden. Ebd. c. 2 Wiederholung der Bulle durch Papst Calixt III. mit anderer Adresse.
2 Zu dieser Diskussion s. GILOMEN, Hans-Jörg, Kirchliche Theorie und Wirtschaftspraxis. Der Streit um die Basler Wucherpredigt des Johannes Mulberg. In: Itinera 4 (1986), S. 34–62, mit weiterer Literatur.
3 HEIMPEL, wie Anm. 1, S. 1368–1371 Nr. 34/II.
4 Ebd., S. 1370: *Et timendum est, quod in brevi ex hoc strages et commociones in populis orientur, quia territoria non sufficiunt ammodo tot gravamina censuum et reddituum supportare.*

Bemerkenswert ist an diesem Text, daß Vener das Problem der Rentenverschuldung nicht als auf Adel und Städte[5] beschränkt darstellt, sondern daß er auch auf die Belastung der Bauern und der Landwirtschaft hinweist.

In der modernen Forschung ist dieses Problem der bäuerlichen Verschuldung, das hier von einem wachen und kenntnisreichen Zeitgenossen als derart drohender sozialer Zündstoff empfunden wurde, bisher nur am Rande behandelt worden[6]. In den neueren Arbeiten zum mittelalterlichen Rentenkauf stehen die Städte völlig im Vordergrund[7]. Die Chronologie der bäuerlichen Verschuldung in einem bestimmten Gebiet quantitativ zu erfassen, hat einzig Christiane Geissert aufgrund von Quellen des Oeuvre Saint-Georges in Hagenau versucht. Sie kam zu dem Ergebnis, daß die Rentenverschuldung des Landes im Elsaß in der zweiten Hälfte des 15. Jahrhunderts alarmierende Ausmaße annahm[8].

In den Handbüchern zur Wirtschafts- und Agrargeschichte wie in regionalgeschichtlichen Monographien wird der Kredit im Agrarsektor zumeist eher beiläufig gestreift[9]. Wenig ergiebig sind auch die neueren Arbeiten über Stadt-Land-Beziehungen[10]. Darin wird zwar regelmäßig auch die Anlage bürgerlichen Kapitals auf dem Land behandelt. Aufgrund der städtisch bestimmten Optik liegt das Interesse aber beim Erwerb von Gütern, Herrschaftsrechten, am

---

5 Darauf weist immerhin die Erwähnung des damals bereits bankrotten Mainz hin. Hier war es 1428/29, ausgelöst durch die Finanzkrise, zu einem Umsturz gekommen. S. FISCHER, Joachim, Frankfurt und die Bürgerunruhen in Mainz (1332–1462), Mainz 1958 (Beiträge zur Geschichte der Stadt Mainz 15), insbesondere S. 18–30.

6 Nur vereinzelt sind Arbeiten, die nicht die rechtlichen Aspekte der Kreditinstrumente, sondern die wirtschaftliche Bedeutung des Kredits im Agrarsektor behandeln. S. z. B. PINTO, Giuliano, Aspetti dell'indebitamento e della crisi della proprietà contadina. In: DERS., La Tosacana nel tardo medioevo, Firenze 1982, S. 207–223. Für das 16. Jh. ist die Forschungslage etwas besser. Für das Gebiet der Schweiz weise ich hin auf KÖRNER, Martin, Endettement paysan, placements bourgeois et finances urbaines en Suisse au XVIe siècle. In: Villes et campagnes XVe – XXe siècle, No. 9, Centre d'histoire économique et sociale de la région lyonnaise, Lyon 1977, S. 75–89.

7 Die wichtigen Arbeiten genannt bei GILOMEN, Hans-Jörg, Die städtische Schuld Berns und der Basler Rentenmarkt im 15. Jahrhundert. In: Basler Zeitschrift für Geschichte und Altertumskunde 82 (1982), S. 5–64, 5f. Anm. 1.

8 GEISSERT, Christiane, Les rentes constituées de l'œuvre Saint-Georges Haguenau (XIVe – XVIIe siècle). In: Archives de l'Eglise d'Alsace 41 (1982), S. 1–43, 32f.: »L'endettement des campagnes prend, dans la seconde moitié du XVe s., des proportions alarmantes.« Für das Spätmittelalter unbefriedigend ist die Arbeit von BOELCKE, Willi Alfred, Zur Entwicklung des bäuerlichen Kreditwesens in Württemberg vom späten Mittelalter bis Anfang des 17. Jahrhunderts. In: Jahrbücher für Nationalökonomie und Statistik 176 (1964), S. 319–358.

9 S. z. B. DUBY, Georges, L'économie rurale et la vie des campagnes dans l'Occident médiéval, Paris 1962, S. 491–500. Er thematisiert in einem eigenen Abschnitt von allerdings nur wenigen Seiten »L'endettement paysan et ses effets.« Den Beginn bäuerlichen Kreditbedarfs setzt er mit dem beginnenden 13. Jahrhundert an.

10 Von den zahlreichen neueren Arbeiten zu den Stadt-Land-Beziehungen nenne ich nur KIESSLING, Rolf, Die Stadt und ihr Land. Umlandpolitik, Bürgerbesitz und Wirtschaftsgefüge in Ostschwaben vom 14. bis ins 16. Jahrhundert, Köln–Wien 1989 (Städteforschung A 29), sowie RIPPMANN, Dorothee, Bauern und Städter: Stadt-Land-Beziehungen im 15. Jahrhundert. Das Beispiel Basel, unter besonderer Berücksichtigung der Nahmarktbeziehungen und der sozialen Verhältnisse im Umland, Basel 1990 (Basler Beiträge zur Geschichtswissenschaft 159), jeweils mit weiterer Literatur. In beiden Arbeiten werden die Renten nicht behandelt; Kiessling klammert sie mit dem Hinweis auf »die Notwendigkeit der Beschränkung aus arbeitsökonomischen Gründen« aus (S. 20).

Rand auch von Renten durch die Bürger, nicht bei der Verschuldung der Bauern[11]. Selbst im Zusammenhang mit der Erforschung der Ursachen des Bauernkriegs findet sich von der immer noch maßgebenden Darstellung von Günther Franz[12] bis hin zu den neueren Arbeiten von Peter Blickle – wenn ich recht sehe – kaum mehr als ein gelegentlicher Hinweis. Dabei hatte doch Eberhard Gothein schon 1885 über die Lage des Bauernstandes am Ende des Mittelalters geschrieben: »Die Verschuldung durch den Rentkauf war an vielen Stellen sehr bedenklich geworden ... In den aufreizenden Schriften aus der Bauernkriegszeit spielt der Rentkauf eine weit größere Rolle als die Frohnden«[13].

Neben dem Verkauf von Renten unter Belastung von Grund und Boden standen dem bäuerlichen Kreditbedürfnis auch andere Kreditinstrumente zur Verfügung. Für kurzfristige Kleinkredite gegen Faustpfänder konnten sie sich an Lombarden und Juden wenden, unter deren Kunden die Bauern im Spätmittelalter wohl überall die Mehrheit stellten[14]. Gegen jüdische Kredite an Handwerker und Bauern hatte sich bereits 1218 der französische König Philipp August gewandt: *Kein Jude soll ... künftig einem Christen, der mit eigenen Händen arbeitet, ein Zinsdarlehen gewähren; wie z.B. ein Bauer, ein Schneider, ein Zimmermann und dergleichen, die keine Erbgüter oder Mobilien besitzen, von denen sie leben können, wenn sie nicht mit eigenen Händen arbeiten*[15]. Im Spätmittelalter wurde in der antijüdischen Hetze der Wuchervorwurf überall zunehmend schärfer. In der Gegend von Worms brach 1431 sogar ein Aufstand der bei den Juden verschuldeten Bauern aus, als König Sigmund den zuvor gewährten Erlaß der Judenschulden widerrief[16]. Für eigentliche Investitionen waren diese überall verbreiteten hochverzinslichen Kredite indessen besonders im landwirtschaftlichen Sektor mit seiner geringen Produktivität und entsprechend geringen Nettoerträgen ökonomisch völlig ungeeig-

---

11 Z.B. FRITZE, Konrad, Bürger und Bauern zur Hansezeit. Studien zu den Stadt-Land-Beziehungen an der südwestlichen Ostseeküste vom 13. bis zum 16. Jahrhundert, Weimar 1976 (Abhandlungen zur Handels- und Sozialgeschichte 16), behandelt S. 57ff. »Funktionen des städtischen und einzelbürgerlichen Besitzes auf dem Lande«, erwähnt dabei S. 61 auch Rentenverkäufe der Bauern; diese seien aber bis zum Ende des 15. Jahrhunderts selten. Das könnte aber ein Problem der Überlieferung sein, da nicht mehr gültige Rentenverträge kaum eine Überlieferungschance hatten.
12 FRANZ, Günther, Der deutsche Bauernkrieg, 12. Aufl. Darmstadt 1984; KRISTEK, Elfride, eine Schülerin von Günther Franz, widmete der Rentenverschuldung der Bauern z.B. ganze zwei Seiten in ihrer Dissertation Bauernlage und Bauernnot in der Grafschaft Leiningen 1400–1525, Kaiserslautern 1941, S. 53f. Zur besonderen Frage des jüdischen Kredits s. Anm. 16.
13 GOTHEIN, Eberhard, Die Lage des Bauernstandes am Ende des Mittelalters, vornehmlich in Südwestdeutschland. In: Westdeutsche Zeitschrift für Geschichte und Kunst 4 (1885), S. 1–22, 6.
14 S. GILOMEN, Hans-Jörg, Wucher und Wirtschaft im Mittelalter. In: Historische Zeitschrift 250 (1990), S. 265–301, insbesondere 291, mit Hinweisen auf weitere Literatur.
15 Ordonnances des roys de France de la troisième race, 22 Bde, Paris 1723–1849, Bd. 1, S. 35ff.: *Nullus Judaeus, ab octavis Purificationis Mariae inantea, mutuo tradet alicui Christiano, qui propriis manibus laborat, sicuti agricola, sutor, carpentarius, et huiusmodi, qui non habent hereditates, vel mobilia, unde possint sustentari, nisi laborant propriis manibus.*
16 ECKHARDT, Albrecht, Die Bechtheimer Dorfordnung aus dem Jahr 1432 und der Bauernaufstand 1431/32. In: Archiv für hessische Geschichte und Altertumskunde, Neue Folge 33 (1975), S. 55–85. S. auch die Quellenstücke bei FRANZ, Günther, Neue Akten zur Geschichte des Bauernaufstandes um Worms i.J. 1431/32. In: Zeitschrift für die Geschichte des Oberrheins 83 (1931), S. 47–54, insbesondere 50. Der Meinung von Günther Franz, daß abgesehen von Aktionen gegen einzelne Juden und abgesehen vom Elsaß im Bauernkrieg »die Judenfrage nirgends eine entscheidende Rolle spielte«, ist widersprochen worden von KELTER, Ernst, Die wirtschaftlichen Ursachen des Bauernkrieges. In: Schmollers Jahrbuch für Gesetzgebung, Verwaltung und Volkswirtschaft im Deutschen Reiche 65 (1941), S. 641–682, hier 653f.

net. Gleichfalls nur der Überbrückung von Notzeiten konnte der seit der Karolingerzeit immer wieder erfolglos verbotene Lieferungskauf (*emtio rei speratae*) dienen[17]. Er ermöglichte es, die künftige Ernte schon auf dem Halm zu verkaufen, was im Spätmittelalter durch die Städte zur Verhinderung der Hortung und Spekulation im Interesse einer genügenden und preisgünstigen Nahrungsmittelzufuhr heftig bekämpft wurde[18]. Gleichfalls ein sehr altes Instrument des landwirtschaftlichen Kredits war die weit verbreitete Viehverstellung, bei der in unterschiedlichen Formen die Erträge von beliehenem Vieh zwischen dem Bauern und seinem Kreditor geteilt wurden[19]. Das bedeutendste Kreditinstrument – nicht nur im ländlichen Bereich – war jedoch der Rentenkauf; es ist deshalb nicht zufällig, daß gerade diese Kreditform im Bewußtsein der Zeitgenossen im Zentrum der Verschuldungsproblematik stand.

Beim Rentenkauf erwarb der Käufer um einen bestimmten Kaufpreis, welcher in den deutschen Quellen Hauptgut, in den lateinischen in genauer Übersetzung capitale genannt wird, wovon sich übrigens unser modernes Wort Kapital herleitet, das Recht zum Bezug einer regelmäßig in fixierter Höhe zu bezahlenden Rente, die als dingliche Last auf Immobilien gelegt wurde. Der Rentenkäufer zahlte also beispielsweise einem Bauern 20 Gulden und erhielt dafür das Recht zum Bezug einer jährlichen Rente von 1 Gulden. Der Bauer belastete in diesem Umfang bestimmte Grundstücke seines Hofes. Für den modernen Betrachter läßt sich dieses Geschäft als ein mit 5 % verzinsliches grundpfandgesichertes Darlehen analysieren. Wenn es indessen auch innerhalb der mittelalterlichen Rechtslehre als Darlehen eingestuft worden wäre, dann wäre es unter das kirchliche Wucherverbot gefallen, welches jegliche Darlehensverzinsung untersagte. Aber innerhalb des kanonistischen gelehrten Rechtssystems gehört der Rentenkauf eben nicht wie das im Mittelalter durchaus bekannte Darlehen zum *titulus mutui*, zur Rubrik Darlehen, sondern zum *titulus emptionis et venditionis*, d. h. zu den Kauf- und Verkaufgeschäften. Nach der sich gegen immer wieder geäußerte Wucherbedenken durchsetzenden Lehre der mittelalterlichen Kanonisten handelte es sich dabei um ein erlaubtes Kaufgeschäft. Der Rentenkäufer gab nicht etwa eine Summe als Darlehen und ließ sie sich durch die Rente verzinsen, sondern er kaufte um eine bestimmte Summe ein in seiner Höhe bestimmtes Rentenbezugsrecht. Einleuchtend wird diese Analyse durch das Fehlen eines Rückzahlungsversprechens des Rentenschuldners bzw. eines Rückforderungsrechtes des Rentenkäufers für die

---

17 MG LL Capit. 1, S. 147–149 Nr. 61 Capitulare Aquisgranense, 809, c. 12.
18 S. z. B. RUNDSTEDT, Hans Gerd von, Die Regelung des Getreidehandels in den Städten Südwestdeutschlands und der deutschen Schweiz im späteren Mittelalter und im Beginn der Neuzeit, Stuttgart 1930 (Vierteljahrschrift für Sozial- und Wirtschaftsgeschichte, Beiheft 19).
19 WACKERNAGEL, Jacob, Die Viehverstellung, Weimar 1923. Hervorragend ist der Aufsatz von MASSON, Pierre, Le bail à cheptel d'après les actes notariés bourguignons du XIVe siècle jusqu'à la première moitié du XVe siècle. In: Mémoires de la Société pour l'histoire du droit et des institutions des anciens pays bourguignons, comtois et romands 2 (1935), S. 77–140. In Burgund und in der Franche Comté war die Viehverstellung am Ende des Mittelalters und zu Beginn der Neuzeit nach dem Urteil Massons »un important moyen de crédit et un excellant procédé pour déposséder les paysans.« Über die Bedeutung der Viehverstellung im ländlichen Kreditwesen Südwestdeutschlands und der Schweiz wissen wir noch zu wenig. Zu den Viehverstellungen des Basler Kaufmanns Ludmann Meltinger s. RIPPMANN, wie Anm. 10, S. 204–230. Zur Ausgestaltung der Viehverstellung als verschleiertes Wucherdarlehen (sog. eisernes Vieh) s. z. B. Philippe DE BEAUMANOIR, Coutumes de Beauvaisis, éd. A. SALMON, Bd. 2, 2. Aufl. Paris 1970, S. 476 f. Art. 1938. Viehverstellung und eisernes Vieh kommen bereits in den ersten Jahrhunderten n. Chr. in der Mischnah vor, s. The Mishnah, translated from the Hebrew by Herbert DANBY, 17. Auflage Oxford 1989, S. 356: Baba Metzia 5, 5 und 6.

bezahlte Kaufsumme. Das Schuldverhältnis war also vom Gläubiger unkündbar: Er konnte die ausgelegte Summe vom Schuldner nicht zurückfordern. Deshalb war sie auch nicht dargeliehen. Hingegen konnte der Gläubiger seine Forderung an einen Dritten verkaufen und so das angelegte Kapital zurückerhalten. Dem Rentenverkäufer stand im Spätmittelalter in der Regel der Rückkauf der Rente offen, der sogenannte Wiederkauf[20]. Dieses schon früh in den einzelnen Verträgen geregelte Wiederkaufsrecht wurde im Verlauf des Spätmittelalters durch Ablösungsgesetze auf alle Renten ausgeweitet, auch auf ursprünglich unablösliche Ewigrenten. Dank diesem Wiederkaufsrecht eignete sich der Rentenkauf als Kreditinstrument: Der Schuldner konnte das Kreditverhältnis durch Rückzahlung beenden.

Im Gegensatz zum bloß durch Faustpfänder gesicherten kleinen Lombarden- und Judendarlehen stand die Option einer Kreditaufnahme durch Rentenverkauf nur demjenigen offen, der über belastbare Immobilien verfügte[21]. Da Renten als dingliche Last an Immobilien bestellt wurden, war eine entsprechende Verfügungsgewalt der Bauern über ihren Grund und Boden rechtliche Voraussetzung für bäuerliche Rentenverkäufe. Diese Gewalt stand ihnen an Eigengütern ohne weiteres zu, an Erbleihegütern erwarben sie dieses Recht im Spätmittelalter. Infolge der Entwicklung der Erbleihe war der Bauer »Eigentümer des von ihm bebauten Bodens geworden, und sein Recht am Boden schloß auch alle Grundelemente des freien Eigentums in sich; es war lediglich beschränkt durch die zu Grundlasten gewordenen sogenannten Feudal-

---

20 Über den Wiederkauf gibt es keine moderne monographische Untersuchung. Veraltet ist die Arbeit von PLATNER, Der Wiederkauf. In: Zeitschrift der Savigny-Stiftung für Rechtsgeschichte 4 (1864), S. 123–167. Nur einen Teilaspekt behandeln die französischen Arbeiten über die »vente a réméré«. Siehe dazu die vorzügliche Arbeit von BART, J., La vente à réméré en Mâconnais (1450–1560 env.). In: Mémoires de la société pour l'histoire du droit et des institutions des anciens pays bourguignons, comtois et romands 23 (1962), S. 137–161.

21 Der Rentenkauf kann deshalb nicht ohne weiteres anstelle des Lombarden- und Judendarlehens getreten sein (ebensowenig wie heute die Hypothek auf Immobilien die Funktionen des Kleinkredits übernehmen könnte). Auch die im allgemeinen wesentlich größere Stückelung der Renten, die längeren Laufzeiten und die vielenorts erforderlichen komplizierteren Rechtsformen (Eintragspflicht in städtische Register) sprechen m. E. gegen eine solche Vertretbarkeit der völlig unterschiedlich strukturierten Kreditformen, die gelegentlich in der Literatur postuliert worden ist: S. z.B. JENKS, Stuart, Judenverschuldung und Verfolgung von Juden im 14. Jahrhundert: Franken bis 1349. In: Vierteljahrschrift für Sozial- und Wirtschaftsgeschichte 65 (1978), S. 309–356. Zu den wirtschaftlichen Ursachen für die Vertreibung von Juden (und Lombarden) s. WENNINGER, Markus J., Man bedarf keiner Juden mehr. Ursachen und Hintergründe ihrer Vertreibung aus den deutschen Reichsstädten im 15. Jahrhundert, Wien, Köln, Graz 1981, insbesondere S. 214–247. Wenninger weist sicher zu Recht darauf hin, daß die Verarmung der Juden v. a. aufgrund der wiederholten Judenschuldentilgungen Wenzels und Sigmunds eine entscheidende Rolle spielte. Die große Zeit des jüdischen Kredits war allerdings wohl nicht erst seit Beginn des 15. Jahrhunderts, sondern bereits seit der Mitte des 14. Jahrhunderts vorbei; die Juden hielten sich noch im faustpfandgesicherten Kleinkredit, zu dem die Renten keine Konkurrenz darstellten. In der Höhe der Verzinsung (im 15. Jh. für Renten auf 5 % und darunter absinkend) waren Rentenkredite gegenüber Darlehen (oft 45 % und mehr) konkurrenzlos günstig. Ein Zusammenhang kann durchaus schon bestehen, wenn in Köln 1412 eine städtische Pfandleihe eingerichtet wurde und 1424 die Juden diese Stadt verließen. S. VON DEN BRINCKEN, Anna-Dorothee, Das Rechtfertigungsschreiben der Stadt Köln wegen Ausweisung der Juden im Jahre 1424. In: Mitteilungen aus dem Stadtarchiv Köln 60 (1971), S. 305–339. Florenz hat umgekehrt 1437 eine jüdische Bank angesiedelt und zugleich die zuvor einigen christlichen Wucherern erteilten Wucherlizenzen zurückgezogen. Auch hier ging es um gleichartige Kreditgeschäfte, nicht um die Ersetzung von kleinen Gelddarlehen durch immobiliargesicherte Rentenkredite.

rechte...«[22]. Zu diesem Recht gehörten nicht nur Vererbung und Veräußerung, sondern auch Belastung des Bodens mit Renten. Spätestens seit der Mitte des 13. Jahrhunderts hatten in Frankreich die Inhaber zinspflichtiger Güter das Recht erlangt, die Güter mit Renten zu belasten[23]. In deutschen Dinghofweistümern des Spätmittelalters wird das Recht der Verpfändung des Bodens genannt, worunter nichts anderes zu verstehen ist als die Verhaftung der Güter bei Rentenverkäufen[24].

Andererseits ist es unverkennbar, daß im 15. Jahrhundert im Zusammenhang mit einer ausgeprägten Verhärtung gegenüber den Bauern, die sich in vielen Bereichen fassen läßt, die Grund- und Leiheherren, zuweilen unterstützt durch die städtischen Obrigkeiten, auch die Freiheit der bäuerlichen Rentenbestellung zu beschneiden versuchten[25].

Wirtschaftliche Voraussetzung der bäuerlichen Rentenverkäufe bildeten steigende Preise

---

22 LIVER, Peter, Zur Entstehung des freien bäuerlichen Grundeigentums, Separatdruck aus Zeitschrift für Schweizerisches Recht, NF 65, Basel 1946, S. 3.
23 DUBY, wie Anm. 9, S. 494.
24 GILOMEN, Hans-Jörg, Die Grundherrschaft des Basler Cluniazenser-Priorates St. Alban im Mittelalter. Ein Beitrag zur Wirtschaftsgeschichte am Oberrhein, Basel 1977 (Quellen und Forschungen zur Basler Geschichte 9), S. 211. Es handelt sich dabei nicht etwa um die Erlaubnis der Zinssatzung. Als typisches Beispiel aus Österreich wäre etwa anzuführen das Banntaiding von Metzleinsdorf, wo es heißt: ... *daz ein jeglich man mag sin erbgut verseczen oder verchaufen, wann in das not geschicht, daran sol in die herschaft än erlich sach nicht irren, ausgenomen daz behauszt gut den juden nicht versetzet werde.* Siehe SCHALK, Karl, Die niederösterreichischen weltlichen Stände des 15. Jahrhunderts nach ihren spezifischen Eigentumsformen. In: MIÖG, 2. Ergänzungsband (1888), S. 421–454, 438.
25 In Solothurn beklagte sich Peter Harnesch, daß Hentzman Bisen auf das Leihegut eine Naturalrente ohne sein Wissen geschlagen habe. Am 22. Nov. 1416 erkannte der Rat daraufhin: *Welher in allen der Statt von Solotern landen und gebietten dhein guott von jemant zu leachen heatti und das der dhein zinse daruf oder dhein guott davon verkoufte und entpfroemdetti oder uberzins daruf schluegi, aune des lechenherren wuissen und willen, das denn der ze stund umb sine rechtung der lenschaft komen und das guott dem lechenherren lidigevallen soellte sin, an alle gnad. Doch die by dem berg, als die ein sundrig recht meynent ze haben, nuzemal har inn usgenomen.* Eine spätere Hand fügte erklärend bei: *Das war den Bewohnern der Herrschaft Altreu im Jahre 1405 erlaubt worden: von Schuld und Noth wegen, als das vorgenante Amt beladen war.* Die Begründung *want das großen gebreasten bringen und erber luitten ir eigen damit entragen werden möchte,* zeigt die Besorgnis vor Überlastung der Güter. Sammlung Schweizerischer Rechtsquellen, Solothurn, Band 1, Aarau 1949, S. 326 Nr. 331. Aus dem Zusatz ergibt sich, daß die Leute von Altreu sich hier bereits erfogreich auf wohlerworbene Rechte beriefen. Ganz ähnlich hat der Rat von Bern am 7. Jan. 1492 den Vogt zu Lenzburg von der Klage des Caspar Efinger in Kenntnis gesetzt, *wie das ettlich, so vff sinen eignen guetern sitzen, dieselben mit viberzinsen, selgrethen vnd anderm an sin wuissen vnd willen also beschwaeren vnd beladen, das die zuo letst den rechten Bodenzins nit wol mogen ertragen...* Von Interesse ist auch hier, welche Lösung für bereits bestehende Belastung gesucht wird: *Vnd so nu unser will vnd meynung ist, das niemands dem andern sin eygenthumb mit solichen viberzinsen soelle beladen oder beschwaeren, by verlierung eins jeden lechens gewerd vnd gerechtikeit solicher gueter, vnd darzuo wo solich viberzins also gemacht vnd vorhanden weren, das die eigenschaft die zuo sinen handen mog beziuchen vnd abloesen...,* Sammlung Schweizerischer Rechtsquellen, XVI. Abteilung: Aargau, 2. Teil: Rechte der Landschaft 1: Amt Aarburg und Grafschaft Lenzburg, Aarau 1923, S. 678 Nr. 289. Daß den Maßnahmen kein Erfolg beschieden war, zeigt sich gerade im Falle von Bern, das 1530 ausdrücklich zuließ, *das man ablösig pfenning zinß möge kouffen, wie das bißhar gebrucht ist...* Sammlung Schweizerischer Rechtsquellen, II. Abteilung: Bern, 1. Teil: Stadtrechte, 7. Bd./1: Das Stadtrecht von Bern, Zivil-, Straf- und Prozeßrecht, Aarau 1963, S. 274 Nr. 25. In der Grundherrschaft des Klosters Heiligkreuz in Niederösterreich wurde in der Mitte des 15. Jahrhunderts die weitere Belastung der Güter ohne grundherrliche Einwilligung verboten: *Mer ist verpoten, das niemants des gotzhaus grunt sullen versetzen und verkumern auch keinen uberzins oder seelgerät än wissen und willen der herschaft darauf pringen noch stiften lassen bei*

für Agrarprodukte und Produktivitätsfortschritte auf niedrigem Produktivitätsniveau bei stark schwankenden Produktionsmengen. Bäuerliche Rentenverkäufe kapitalisierten den dank Produktivitätssteigerung über die Bewirtschaftungs- und Subsistenzkosten hinaus erwirtschafteten Mehrwert, soweit dieser nicht von Inhabern herrschaftlicher Rechte und von der Kirche appropriiert wurde. Für Frankreich sind Produktivitätszunahmen vom 11. bis ins frühe 14. Jahrhundert mit hoher Wahrscheinlichkeit belegt worden. Dann dürfte ein katastrophaler Einbruch erfolgt sein, auf den erst in der Mitte des 15. Jahrhunderts eine Erholung eintrat[26]. In England hat man die Zeit von 1250 bis zum Beginn des 14. Jahrhunderts als für den Agrarsektor besonders günstig, als »period of high farming« eingeschätzt, auf die eine Stagnation gefolgt sei[27]. In anderen Gebieten wurden noch bis 1350, allerdings schwächer als zuvor, ansteigende Erträge festgestellt, wobei in der zweiten Hälfte des 14. Jahrhunderts eine deutliche Stagnation eintrat[28]. Für den Sundgau konnte ich eine relativ rasche Erholung der Produktion schon im letzten Viertel des 14. Jahrhunderts durch die Auswertung der Zehnterträge wahrscheinlich machen[29]. Demnach ist im 14. Jahrhundert allgemein mit unterschiedlich starken Produktionsrückgängen zu rechnen.

Der Bedarf an bäuerlicher Kreditaufnahme ergab sich wohl weniger aufgrund von Investitionsvorhaben als vielmehr vor allem wegen der von Jahr zu Jahr stark schwankenden Ernteerträge zur Überbrückung von Fehljahren. Da geradezu gesetzmäßig bei niedriger Produktivität die laufende Produktion vom laufenden Verbrauch praktisch absorbiert wird[30], mußte die Störung dieses prekären Gleichgewichts durch die häufigen Fehljahre des Spätmittelalters[31] auch einen Bedarf an bäuerlichem Konsumkredit schaffen, dessen Verzinsung dann ihrerseits die Mehrerträge aus den bescheidenen Produktivitätsfortschritten der Landwirtschaft abschöpfte und in die Taschen der vorwiegend städtischen Rentgläubiger fließen ließ[32].

Die Verschuldung der Bauern zunächst vor allem durch ewige Naturalrenten und Überzinse, dann auch durch Geldrenten, die schon im 13. Jahrhundert einsetzte[33], zeigte ihre

vermeidung der swärn straff, aber er mag es umb das gelt verkaufen und daßelbig gelt zu kirchen, zu gotzheusern oder geben wo er hin wil, ist nicht verpoten. Siehe SCHALK, wie Anm. 24.
26 J. GOY und Emmanuel LE ROY LADURIE, Les fluctuations de la produit de la dîme, Paris-Den Haag 1972.
27 HILTON, Rodney Howard, Rent and Capital Formation in Feudal Society. In: Deuxième Conférence internationale d'histoire économique, Aix-en-Provence 1962, Bd. 2, Paris-La Haye 1965 (Ecole Pratique des Hautes Etudes, Sixième Section, Congrès et Colloques 8), S. 35–68, 41 ff. und 47, mit Kritik einer allzu optimistischen Sicht.
28 In Flandern, Artois, Hainaut, Brabant, Holland, Seeland und im Moselgebiet, siehe Productivity of Land and Agricultural Innovation in the Low Countries (1250–1800), hg. von Hermann VAN DER WEE und Eddy VAN CAUWENBERGHE, Leuven 1978, S. 2–4.
29 GILOMEN, Hans Jörg, wie Anm. 21, S. 229–261.
30 ROMANO, Ruggiero, Versuch einer ökonomischen Typologie. In: Die Gleichzeitigkeit des Ungleichzeitigen, Frankfurt 1980 (Edition Suhrkamp 991 = Übersetzung aus Storia d'Italia Einaudi), S. 22–75, 59.
31 Siehe z. B. die Zusammenstellung von BUSZELLO, Horst, »Wohlfeile« und »Teuerung« am Oberrhein 1340–1525 im Spiegel zeitgenössischer erzählender Quellen. In: Bauer, Reich und Reformation, Festschrift für Günther Franz, Stuttgart 1982, S. 18–42. NEVEUX, Hugues, Bonnes et mauvaises récoltes du XIVe au XIXe siècle. In: Revue d'histoire économique et sociale 53 (1975), S. 177–192.
32 Ich habe diesen Übergang für die Grundherrschaft des Cluniazenserklosters St. Alban in Basel beschrieben, GILOMEN, wie Anm. 24, insbesondere S. 194–212.
33 PETOT, Pierre, La constitution de rente aux XIIe et XIIIe siècles dans les pays coutumiers. In: Publications de l'Université de Dijon 1, Dijon-Paris 1928, S. 59–81, hier S. 74.

gefährlichen Folgen solange nicht, als die wohl meist geringe verbleibende Verkaufsquote der bäuerlichen Produktion dank steigenden Preisen für Agrarprodukte am Markt einen Ausgleich für die Minderung der Ertragskraft schuf. In vielen ausgesprochen ländlichen Gebieten blieben Naturalzahlungen im Spätmittelalter zahlreich, und zwar in einem Ausmaß, das selbst über die erhaltenen Quellen nicht mehr ganz erkennbar wird, da sie vielfach statt vereinbarter Geldleistungen erfolgten. Dies hängt mit der noch geringen Marktverflochtenheit der Landwirtschaft und dem entsprechenden Bargeldmangel der Bauern zusammen. Im Béarn war es zum Beispiel im 14. und 15. Jahrhundert durch die Coutume erlaubt, geschuldete Beträge in Naturalien anstelle von Geld zu zahlen[34]. Die zum Bezug solcher Naturallieferungen Berechtigten konnten sich unabhängig vom Markt und seinen schwankenden Preisen mit Agrarprodukten eindecken.

Die Folgen der Verschuldung wurden erst durch die Umkehr der wirtschaftlichen Trends gravierend. Die Preisstagnation nach dem Bevölkerungseinbruch im Gefolge der Hungerjahre und der Pestepidemien des 14. Jahrhunderts bei gleichzeitig steigenden Kosten für Löhne und Gewerbeprodukte bildete ein Hauptelement in einer sehr ungünstigen Entwicklung des Agrarsektors, die man seit Wilhelm Abel mit dem Schlagwort der Krise des 14. Jahrhunderts bezeichnet hat[35]. Die langfristige Preisstagnation wurde zwar durch kurzfristig heftige

---

[34] Luc, Pierre, Vie rurale et pratique juridique en Béarn aux XIVᵉ et XVᵉ siècles, Toulouse 1943, S. 196–200. Seit dem 15. Jh. ist in verschiedenen Gegenden dann aber das Umgekehrte zu beobachten.
[35] Abel, Wilhelm, Agrarkrisen und Agrarkonjunktur in Mitteleuropa vom 13. bis zum 19. Jahrhundert, Berlin 1935 und spätere Auflagen. Überholt ist die einseitige Fixierung der Sicht durch Abel auf Krisenerscheinungen nur im demographischen Bereich und im Agrarsektor. Abel hat seine These immer wieder vertreten. S. auch seinen Artikel Agrarkrise. In: Lexikon des Mittelalters, Bd. 1, München – Zürich 1980, Spalte 218f. In stark modifizierter Form bestimmt seine These in ihren Grundzügen heute noch die Forschung. Einen marxistischen Ansatz vertritt Guy Bois in einer regionalgeschichtlichen Studie, die aber methodisch und theoretisch von allgemeiner Bedeutung ist: Bois, Guy, Crise du féodalisme. Economie rurale et démographie en Normandie orientale du début du 14e siècle au milieu du 16e siècle, Paris 1976 (Cahiers de la fondation nationale des sciences politiques 202). Siehe zu diesen grundsätzlichen Positionen auch Kriedte, Peter, Spätmittelalterliche Agrarkrise oder Krise des Feudalismus? In: Geschichte und Gesellschaft 7 (1981), S. 42–68. Die Literatur zur Agrarkrise ist inzwischen zahllos. Einen guten Überblick bis in die 1960er Jahre bietet Graus, František, Das Spätmittelalter als Krisenzeit. Ein Literaturbericht als Zwischenbilanz, Praha 1969 (Mediaevalie bohemica I – Supplementum). Ders., Pest – Geissler – Judenmorde. Das 14. Jahrhundert als Krisenzeit, Göttingen 1987 (Veröffentlichungen des Max-Planck-Instituts für Geschichte 86), hat gezeigt, daß ein rein wirtschaftlicher Krisenbegriff den Verhältnissen des Spätmittelalters nicht angemessen ist. Zu den wirtschaftlichen Aspekten s. auch Rösener, Werner, Krisen und Konjunkturen der Wirtschaft im spätmittelalterlichen Deutschland. In: Europa um 1400. Die Krise des Spätmittelalters, hg. von Ferdinand Seibt und W. Eberhard, Stuttgart 1984, S. 24–38. Über die Entwicklung der Preise und Löhne siehe d'Avenel, Georges, Histoire économique de la propriété, des salaires, des denrées et de tous les prix en général depuis 1200 jusqu'à l'an 1800, 7 vol., Paris 1894–1932. Steffen, G. F., Studien zur Geschichte der englischen Lohnarbeiter, Bd. 1, Stuttgart 1901, hat als erster Quellenmaterial mitgeteilt, durch das ein starker Reallohnanstieg seit 1300 gemessen am Preis für Getreide und Fleisch nachgewiesen wurde. Seine allzu optimistische Sicht des Spätmittelalters als goldene Zeit der Lohnarbeit wurde allerdings später relativiert. S. z. B. jetzt Sosson, Jean-Pierre, Les XIVᵉ et XVᵉ siècles: Un »âge d'or de la main-d'œuvre«? Quelques réflexions à propos des anciens Pays-Bas méridionaux. In: Publication du Centre européen d'études bourguignonnes (XIVᵉ–XVIᵉ s.) 27 (1987), S. 17–38. Zu Preisen und Löhnen siehe auch Elsas, M. J., Umriß einer Geschichte der Preise und Löhne in Deutschland vom ausgehenden Mittelalter bis zum Beginn des 19. Jahrhunderts, 3 Bde., Leiden 1936–1951; Perroy, Edouard, Revisions in Economic History 14: Wage Labour in France in the Later Middle Ages. In: The Economic History Review, 2nd series 8 (1955), S. 232–239; E. J. Phelps Brown und Sheila V. Hopkins, Seven

Schwankungen in einem Ausmaß überdeckt, daß der Trend den Zeitgenossen kaum bewußt wurde[36]. Wenn jedoch die Jahre mit Tiefstpreisen anhielten, wurde man sich des Zusammenhangs durchaus klar. Ein anonymer Basler Chronist merkte zum Beispiel zu den niedrigen Agrarpreisen des Jahres 1421 an: *Diese wolfeily weret 8 jar an einanderen, das der rebman und burszman unwillig zuo buwen wurden*[37].

Die Rentenverschuldung der Bauern nahm im ganzen im Spätmittelalter laufend zu. Im Elsaß ist, allerdings aufgrund einer sehr schmalen Quellenbasis, ein sprunghafter Anstieg seit 1370, dann eine stetige Zunahme im 15. Jahrhundert beobachtet worden[38]. In Stade betrug der Anteil neuer Landrenten am gesamten Umsatz des Rentenmarktes in den Jahren 1360 bis 1379 zwischen 41,5 und 51 %, von 1380 bis 1399 immerhin noch zwischen 34 und 41 %[39].

Die Belastung wurde zum Teil derart unerträglich, daß die Bauern die Bewirtschaftung der unrentabel gewordenen Güter aufgaben[40]. Ein Teil der im Spätmittelalter zu beobachtenden Wüstungsvorgänge ist auf diesen Mechanismus zurückzuführen. Die Wüstung der Güter beeinträchtigte aber auch die Einnahmen der Grundherren. Diese sahen sich deshalb oft gezwungen, Überzinse selbst abzukaufen, Abgaben zu ermäßigen oder zumindest die Ablösung von Ewigrenten zu gestatten. So hat zum Beispiel das Kloster St. Alban in Basel, als es die Ablösung einer ewigen Rente zuließ, die es selbst von den Inhabern seiner Eigengüter in

Centuries of Building Wages. In: Economica, New series 23 (1956), S. 296–314; MISKIMIN, Harry A., Money, Prices and Foreign Exchange in XIVth Century France, New Haven 1963 (Yale Studies in Economics 15); GEREMEK, Bronislaw, I salari e il salariato nelle città del basso medio evo. In: Il problema storico dei salari, Rivista storica italiana 78, Fasc. 2 (1966), S. 368–386; DERS., Le salariat dans l'artisanat parisien aux XIIIe – XVe siècles. Etude sur le marché de la main-d'œuvre au moyen âge, Paris–La Haye 1968 (Ecole Pratique des Hautes Etudes, VIe section: Sciences économiques et sociales. Industrie et artisanat 5); SCHMITZ, H.-J., Faktoren der Preisbildung für Getreide und Wein in der Zeit von 800 bis 1350, Stuttgart 1968 (Quellen und Forschungen zur Agrargeschichte 20); FREIBURG, Hubert, Agrarkonjunktur und Agrarstruktur in vorindustrieller Zeit. Die Aussagekraft der säkularen Wellen der Preise und Löhne im Hinblick auf die Entwicklung der bäuerlichen Einkommen. In: VSWG 64 (1977), 289–327; DIRLMEIER, Ulf, Untersuchungen zu Einkommensverhältnissen und Lebenshaltungskosten in oberdeutschen Städten des Spätmittelalters (Mitte 14. bis Anfang 16. Jahrhundert), Heidelberg 1978 (Abhandlungen der Heidelberger Akademie der Wissenschaften, Phil.-hist. Klasse, Jahrgang 1978, Abhandlung 1); VAN DER WEE, Herman, Prices and Wages as Development Variables. A Comparison between England and the Southern Netherlands, 1400–1700. In: Acta Historiae Neerlandicae 10 (1978), S. 58–78.

36 Diese Meinung vertritt DUBY, Georges, wie Anm. 9, S. 584–586.
37 Basler Chroniken 6, Leipzig 1902, S. 227.
38 GEISSERT, wie Anm. 8, S. 32 f.: »L'endettement des campagnes prend, dans la seconde moitié du XVe s., des proportions alarmantes.«
39 ELLERMEYER, Jurgen, Stade 1300–1399 – Liegenschaften und Renten in Stadt und Land. Untersuchungen zur Wirtschafts- und Sozialstruktur einer Hansischen Landstadt im Spätmittelalter, Stade 1975 (Einzelschriften des Stader Geschichts- und Heimatvereins 25), S. 132. Es handelt sich um 5-Jahresdurchschnitte.
40 Besonders natürlich dann, wenn die Produktion zusätzlich durch Kriege gestört oder verunmöglicht wurde. In einem ausführlichen Zinsmoratorium für die Zürcher Landschaft im Gefolge der St.-Jakober Kriege wurde 1446 bestimmt, Zinsen und Renten müßten erst wieder bezahlt werden, wenn die wüsten Güter wieder bebaut würden. *Were ouch das jeman soliche Güter ze werben und ze buwen gefarlichen verzichten wolte, und damit meinen, dem so dann Zins oder Lipding daruf hat, nützit zu geben...*, so soll ein besonderer Dreierausschuß hierüber befinden. Kurz vor dieser Bestimmung ist die Rede davon, daß auf den Gütern *zwen, drig, vier ald merer Zins und Gült* stehen. OTT, Friedrich, Rechtsquellen des Cantons Zürich. In: Zeitschrift für schweizerisches Recht 3 (1854), S. 61–130, und 4 (1855), S. 1–198, hier 4, S. 40–43, besonders 42.

Gundeldingen gekauft hatte, diese Maßnahme ausdrücklich damit begründet, man habe *den lûten die losung zuo gelassen, vmb das die guotter nit ungebuwen beliben*[41].

Daß die Rentenverkäufe durch die Bauern im Spätmittelalter einen bedeutenden Umfang erreicht hatten, zeigen auch prohibitive Maßnahmen der sich herausbildenden Obrigkeiten. Vor allem im Interesse der Erhaltung der Steuerkraft verboten sie vielfach weitere Rentenverkäufe, insbesondere an Landesfremde. Im Stande Zug ist das Verbot von Rentenverkäufen von Landgütern an Fremde schon 1412 belegt[42]. In Nidwalden beschloß die Landsgemeinde 1432, alle Renten und Zinse, auch jene, die auf ewig vereinbart worden seien, müßten innert acht Jahren abgelöst werden. Ausgenommen wurden nur alte Rentenbezugsrechte der Kirchen und Klöster. Neue Renten auf die Güter zu legen, wurde verboten. Nur für die Ausstattung von Verwandten beim Klostereintritt sollte noch die Bestellung von Leibrenten erlaubt sein. In Schwyz wurde 1454 Verkauf und Verpfändung von Gütern an Auswärtige, 1502 die Bestellung von Ewigrenten untersagt[43]. Der Rat von Bern befahl 1488 dem Tschachtlan im Obersimmental, dafür besorgt zu sein, daß die Landleute die Renten, mit denen sie ihre Güter belastet hätten, bei den Gläubigern in Luzern und anderswo ablösten[44]. Eine straffe obrigkeitliche Kontrolle sämtlicher Rentengeschäfte seiner Untertanen suchte dann beispielsweise Herzog Eberhard I. von Württemberg in einer Ordnung von 1495 durchzusetzen. Danach waren Rentenverkäufe bewilligungspflichtig durch die Gerichte, die auch eine Ablösungsfrist zu setzen hatten und über deren Einhaltung Buch führen sollten. Alle Gerichte und Gemeinden, aber auch alle Privatpersonen sollten die vor der Neuordnung verkauften Renten innert fünf Jahren ablösen[45].

Während in den Städten Ablösungsgesetze schon seit der ersten Hälfte des 13. Jahrhunderts begegnen[46], ist bezeichnenderweise von seiten der Bauern die Ablösbarkeit der Ewigrenten erst gefordert wurde, als sich ihre wirtschaftliche Lage dank der Preisentwicklung wieder zu

---

41 StA Basel-Stadt, Klosterarchiv, St. Alban J, p. 472ff.
42 Sammlung Schweizerischer Rechtsquellen, Zug 1, Aarau 1971, S. 230, 12. März 1412: Ammann, Rat und Bürger der Stadt Zug, die Talleute von Aegeri, die Gemeinde am Berg und die Gemeinde Baar vereinbaren, *das nieman under uns kein ligend guot, erb noch eygen, holtz noch veld, matten wisen oder weide, phenninggelt, korngelt, kernengelt, habergult oder guldin geltz, noch kein gult, kein guot, wie daz genant, geheißen ist, huser, hofstette, daz in unserm ampt Zug gelegen und begriffen ist, nit verkoffen, versetzen, verphenden sol in kein leyg wis und das nieman geben sol, der nit in unserm ampt Zug gesessen ist...*
43 BLUMER, J. J., Staats- und Rechtsgeschichte der schweizerischen Demokratien oder der Kantone Uri, Schwyz, Unterwalden, Glarus, Zug und Appenzell, Bd. 1: Das Mittelalter, St. Gallen 1850, S. 457f.
44 StA Bern, Missiven E, f. 324r: *Lieber getruwer, wiewol wir dir vormolen ernstlich beuolchen vnnd gantzen gewalt habenn geben, mitt den vnnsern bi dir, so merclich summen gelts zü Lutzern vnd anderswo vff järlige verzinsung genommen haben, zu verschaffenn, die selben zü ledigen, so verstan wir doch, wie seligs nitt beschechen vnd das sich etlich dem widerwertig erzöugen, das vnns vast missvallet. Vnd also vß grund des, so beuelchend wir dir ernstlichen, nochmalen mitt allen denen, so vssertab vnnsern landenn vnd gebiete gelt vff gebrochen vnd dadurch ihre güter beladen haben, zueerschaffenn vnd si an die heiligen tün schweren, solig zinß vnd houbtgüt zü den zilen vnd tagen, wie die an dem bescheiden sind, abzülösenn, ir güter zü ledigen und darinn dehein verzug noch widerred zübruchen.*
45 SATTLER, Christian Friderich, Geschichte des Herzogthums Würtenberg unter der Regierung der Graven, Bd. 5, Ulm 1768, Urkundbeilage S. 59–69 Nr. 16, insbesondere S. 65. Daß selbst Bauerngemeinden Renten verkauften, ist im Gebiet der Schweiz für 1492 auch für das Dorf Wülflingen belegt. StadtA Winterthur, Urkunde Nr. 1717.
46 In unterschiedlicher Reichweite wurde die Ablösung der Renten gesetzlich geregelt 1240 in Lübeck, 1270 in Hamburg, 1283 in Goslar, 1293 in Lille. Im 14. Jahrhundert folgten dann viele weitere Städte.

verbessern begann und das notwendige Geld für Rückkäufe vorhanden war. Im Bundschuh und im Bauernkrieg gehörte das Ablösungsrecht zu den wichtigen Forderungen[47].

In den frühneuzeitlichen Bauernunruhen tauchen wiederholt Forderungen auf, die auf eine Entlastung von Abgabenzahlungen abzielen. Im Schlettstadter Bundschuh von 1493, der allgemein eine ausgeprägt antiklerikale Tendenz aufwies, dabei aber zum Teil Mißstände aufgriff, die auch in der innerkirchlichen Diskussion seit langem auch durch Geistliche angeprangert wurden, soll nach der 1493 im Prozeß zu Oberehnheim gegen einige der Beteiligten vorgebrachten Anklage eines der Ziele gewesen sein, *allen priestern und der priesterschaft zu nemen ir zins und gulte bicze an ein moße und zale, die geoffenet ist Ulman und dem Ziegeler, und das uberige, das geordnet ist an die cristeliche kirchen, under sich zu teilen*[48].

In dieser Forderung wird eine Folgerung der Bauern aus der seit längerem durch die Theologen betriebenen Aufwertung der Arbeit und der Bekämpfung des Müßiggangs erkennbar. Der Scholastik ist ja verschiedentlich das Verdienst zugeschrieben worden, die Arbeit als einzige Quelle rechtmäßigen Gewinnes erkannt zu haben[49]. Wenn die Kleriker es als heilsnotwendig darstellten, daß der Mensch seit der Vertreibung aus dem Paradies im Schweiße seines Angesichts sein Brot essen müsse[50], so hat diese Verurteilung arbeitslosen Einkommens auch zu einer seit dem 14. Jahrhundert gelegentlich faßbaren Aggressivität der Bauern gegen den Müßiggang der Geistlichkeit beigetragen. Schon zum Armlederaufstand von 1336–1338 berichtet der Zeitgenosse Konrad Derrer, die Bauern hätten alle umbringen wollen, welche müßiges Brot ässen, wie Bischöfe, Kleriker, Mönche, Nonnen und Scholaren[51].

Wenn die Anklage von Oberehnheim die Ziele der Bauern im Schlettstadter Bundschuh richtig wiedergibt, so wurden damals nur jene Renten und Grundzinse angegriffen, welche an die Geistlichkeit zu zahlen waren. Radikalere Ziele schrieb Johannes Trithemius dann schon dem Bundschuh von Untergrombach 1502 zu: die Bauern hätten die gesamte Geistlichkeit ihrer Güter und Herrschaftsrechte berauben, Zins und Zehnten künftig weder dem Klerus noch den Fürsten und dem Adel leisten wollen, ja sie hätten überhaupt aller Abgaben ledig sein wollen[52]. Bei den Auflehnungen des Bundschuh zu Lehen 1513 und des Armen Konrad zu Bühl 1514

---

47 S. STEMPELL, Benedictus von, Die ewigen Renten und ihre Ablösung, Leipzig 1910, S. 73, mit Belegen.
48 ROSENKRANZ, Albert, Der Bundschuh. Die Erhebungen des südwestdeutschen Bauernstandes in den Jahren 1493–1517, 2 Bde., Heidelberg 1927 (Schriften des Wissenschaftlichen Instituts der Elsass-Lothringer im Reich), 2: Quellen, S. 32–45 Nr. 31, hier S. 36. Vgl. ebd., S. 1–2 Nr. 1, wo in einer Straßburger Chronik lakonisch mitgeteilt wird, die Bauern hätten *niemant nicht umb ir schulden geben* wollen.
49 HAGENAUER, Selma, Das »justum pretium« bei Thomas von Aquino. Ein Beitrag zur Geschichte der objektiven Werttheorie, Stuttgart 1931 (Vierteljahrschrift für Sozial- und Wirtschaftsgeschichte, Beiheft 24).
50 S. dazu CILOMEN, wie Anm. 2, mit weiterer Literatur, zum Thema des arbeitslosen Einkommens insbesondere S. 55, Anm. 33.
51 LEIDINGER, Georg, Aus dem Geschichtbuch des Magisters Konrad Derrer von Augsburg. In: Zeitschrift des Historischen Vereins für Schwaben 31 (1904), S. 24 f.: ... *quod circa Renum in Alsacia coniurabant 1500 rusticorum, quod vellent occidere omnes comedentes panem otiosum ut episcopos, clericos, monachos, moniales, scolares* ...
52 ROSENKRANZ, Albert, wie Anm. 48, S. 89–92 Nr. 1, besonders 91: *Decimo confessi sunt, quod principalis intentio eorum fuerit contra monasteria, ecclesias cathedrales et collegiatas* [diese detaillierte Aufzählung – wie der ganze Bericht – tönt nicht gerade nach der Sprache der Bauern!] *omnemque clerum, quos et bonis omnibus spoliare decreverant et dominium eorum supprimere, censusque et decimas dare de caetero neque clero neque principibus, sed neque nobilibus intenderant. Undecimo sunt confessi, quod concluserint inter se bello et armis libertatem sibi vendicare omnimodam, et deinceps nullius pati dominium: non dare censum*

tauchte dann ein neuer Gedanke auf, der über den Bereich grundherrlicher und herrschaftlicher Abgaben überhaupt hinausgriff. Es wurde jetzt von den Bauern die Forderung aufgestellt, alle jene Rentenverträge, aus denen die Gläubiger bereits Renten in Höhe des ursprünglichen Rentenkaufpreises bezogen hätten, sollten ohne weiteres aufgehoben sein und die Urkunden den Schuldnern zurückgegeben werden[53]. Auch jene Rentenschulden, die bisher zu einem höheren Satz als zu 5 % jährlich verzinst worden waren, sollten für erloschen erklärt werden.

An diese Beobachtungen lassen sich nun mehrere Folgerungen knüpfen:

1. Die Bauern haben implizit die oben skizzierte gelehrte Analyse des Rentenkaufs zurückgewiesen durch ihre Forderung, die bezogenen Renten müßten im Sinne von Abzahlungen an das Kapital angerechnet werden.

2. Die Bauern haben aber das Geschäft des Rentenkaufs nicht grundsätzlich – etwa als wucherisch und damit verboten – abgelehnt. Dies ist ohne weiteres verständlich aufgrund der Überlegung, daß es sich für sie um die wichtigste und günstigste Möglichkeit zur Kreditaufnahme handelte.

3. Aber die Bauern haben auch die ökonomischen Mechanismen verleugnet, denn die Verwirklichung ihrer Forderung, daß die Verzinsung am Kapital angerechnet werden müsse, hätte dieser Kreditform die wirtschaftliche Grundlage entzogen: Es wäre kaum mehr jemand bereit gewesen, sein Geld in Renten anzulegen, wenn der Anreiz einer Verzinsung weggefallen wäre.

Die Ablehnung des herrschenden Systems des gelehrten Rechts und der ökonomischen Mechanismen beruhte auf einem alternativen Empfinden für die Gerechtigkeit. Die Bauern stellten nämlich dieses ihr Anliegen in einen ganzen Forderungskatalog hinein, durch den sie ihre Vorstellungen von Gerechtigkeit realisieren wollten[54].

Daß die stark verschuldeten Bauern, die infolge der schwankenden Ernteerträge immer wieder gezwungen waren, zur Überbrückung von Notzeiten ihre Güter durch die Aufnahme von Rentenkrediten zu belasten, die Fortzahlung der Renten nach einer gewissen Zeit nicht

alicui, non decimas, non precarias principibus, non vectigal, nec alium quicquam, sed velint ab omni tributorum gravamine penitus esse liberati.

53 Bundschuh zu Lehen, ROSENKRANZ, wie Anm. 48, 2, S. 125–128 Nr. 1 (Freiburger Aufzeichnungen nach dem Geständnis von Beteiligten): *zum dritten alle zins, die solange genossen weren, das es sich dem hoptgut verglichen mochte, die solten ab sin und die briefe herusgäben werden.* Ebd., 186–188 Nr. 66 (Simon Strüblins Geständnis): *Und an welchem zins das hoptgut einest oder mer verzinst wer, der selbig zins sölt tod und absin und nit mer geben werden ...* Ebd., 190–197 Nr. 69 (Geständnisse des Jakob Huser und des Kilian Meiger): *Zum fünften daz all zins, die so lang werent geben, daz die sich dem houptgut hetten verglicht, so wolltent si gemacht und geordnet haben, daz die personen, so solich zins geben hetten, darnach fri gewesen und furer von solichen houptgut ze zinsen dheins wegs schuldig noch pflichtig. ... Zum dritten, das alle zins, die so lang genossen weren, das si sich dem houptgut verglichen möchten, solltent absin und die brief harusgegeben werden.* Zur selben Forderung im Bühler Armen Konrad ebd., S. 243–246 Nr. 10: *Zum siebenden: die gultbrief beruren wer ir meinung: so ein brief so lang gestanden, das hauptgut abgenutzt, solt derselb brief tot und absin.*

54 MOORE, Barrington, Soziale Ursprünge von Diktatur und Demokratie. Die Rolle der Grundbesitzer und Bauern bei der Entstehung der modernen Welt, Frankfurt 1974 (ursprünglich englisch 1966), und andere haben darauf hingewiesen, wie sehr sich die Manifestationen der sogenannte Volkskultur um die Auffassung der Gerechtigkeit konzentrieren, wie sehr das Moment der Kontestation im Namen eines spezifischen, die herrschenden Regeln und Normen durchbrechenden Gerechtigkeitsempfindens konstitutiv für Formen und Inhalte der Volkskultur sind. Auf die umfangreiche Diskussion um die Rolle des Alten bzw. des Göttlichen Rechts in der Argumentation der Bauern kann ich nur hinweisen.

mehr bloß als lästig, sondern auch als ungerecht empfanden, ist leicht verständlich. Es bleibt indessen die Frage, wie sie auf ihren rechtlich und ökonomisch systemsprengenden Verbesserungsvorschlag gekommen sind.

Mir scheint, daß die zugrunde liegende Vorstellung von den Bauern keineswegs selbständig entwickelt wurde, sondern daß diese ökonomisch widersinnige Forderung auf Umwegen aus dem gelehrten Recht geschöpft ist. Der kanonistische Ursprung des Gedankens, das Kapital müsse durch die jährlichen Erträge getilgt oder abgenossen werden, ist im 12. Jahrhundert zu suchen[55]. In der Dekretale *Quoniam non solum viris* hatte Papst Alexander III. die Anordnung einer 1163 in Tours zusammengetretenen Synode für Kleriker auch auf Laien ausgedehnt, wonach bei der Überlassung eines Pfandgutes durch den Schuldner an einen Gläubiger dieser die aus dem Pfand gezogenen Erträge an der Schuld abziehen müsse[56]. Die Dekretale sprach also ein Verbot der sogenannten Zinssatzung aus, bei der die Erträge des Pfandes an die Schuld nicht angerechnet wurden, sondern eine Verzinsung des gegen das Pfand dargeliehenen Kapitals darstellten. Erlaubt blieb nur die sogenannte Totsatzung, bei der die Pfanderträge die dargeliehene Summe allmählich abzahlen[57]. Es handelte sich bei der genannten Dekretale um die erste päpstliche Verurteilung einer ganz bestimmten Vertragsart[58], in konkreter Anwendung des grundsätzlichen Wucherverbotes, wie es prägnant von Ambrosius formuliert worden ist: *Quodcumque sorti accidit, usura est*[59].

Das Verbot dürfte schon damals recht populär gewesen sein. In monastischen Kreisen der Normandie, wo die Zinssatzung bei Klöstern sehr verbreitet war, wurde auch schon früh deren wucherischer Charakter angeprangert. Ordericus Vitalis, Mönch des Klosters Saint-Evroul, berichtet in einer in den 1130er Jahren verfaßten Erzählung, 1091 sei ein Priester aus Saint-Aubin de Bonneval auf dem nächtlichen Weg zu einem Kranken einer Gruppe verdammter Seelen begegnet, darunter einem Guillelmus de Glotis. Dieser habe als Grund seiner Verdammung vor allem den Wucher genannt: *Ceterum super omnia me cruciat usura. Nam indigenti cuidam pecuniam meam erogavi et quoddam molendinum eius pro pignore recepi ipsoque censum reddere non valente tota vita mea pignus retinui et, legitimo herede exheredato, heredibus meis reliqui*. Er bat darum, daß seine Witwe und sein Sohn Restitution leisten sollten – *et vadimonium unde multo plus receperunt quam dedi velociter heredi restituant*, um sein

---

55 Man könnte darüber hinaus natürlich auch noch auf spätantike Vorläufer hinweisen, an die man im 12. Jahrhundert angeknüpft hat. Nach Nov. 121, c. 2, an. 535, und Nov. 138 entschied schon Justinian, daß ein Kapital keine Zinsen mehr trage, sobald der bereits bezahlte Betrag die Kapitalsumme erreiche. BERNARD, A., Artikel Usure I. In: Dictionnaire de théologie catholique 15/2, Paris 1950, coll. 2316–2336, hier 2323.
56 Corpus Iuris Canonici X, 5, 19, 2. Auch bei MANSI 21, col. 1176, § 2.
57 Es ist darauf hinzuweisen, daß die unterschiedliche Terminologie der französischen und der deutschen Forschung Anlaß zu Verwirrung bieten kann. In Frankreich wird die Zinssatzung (auch ältere Satzung, ewige Satzung) entsprechend den Quellenbegriffen als mort-gage (mortum vadium) bezeichnet, die deutsche Totsatzung als vif-gage. In englischen Quellen läßt sich der Bedeutungswandel, der zur Umkehrung der Begriffe geführt hat, näher verfolgen. Die deutsche Forschung hat die bereits gewandelte Bedeutung zur Grundlage der Terminologie gemacht, die französische sich an die vorher übliche Bedeutung gehalten.
58 Siehe LE BRAS, Gabriel, Artikel Usure II. In: Dictionnaire de théologie catholique 15/2, Paris 1950, coll. 2326–2372, 2356.
59 AMBROSIUS prägte diese Formel in seinem Traktat De Tobia, Patrologia Latina 14, col. 778; BERNARD, wie Anm. 55, coll. 2327.

jenseitiges Los zu verbessern[60]. Das Generalkapitel der Zisterzienser wandte sich schon 1157 gegen das im Orden verbreitete Geschäft der Zinssatzung[61]. Auch wird wohl kaum schon aufgrund der Dekretale im gleichen Jahr in einer Urkunde Kaiser Friedrichs I. inhaltlich dasselbe zur praktischen Anwendung gelangt sein, was bisher in der Forschung übersehen worden ist. Vom 7. Juni 1163 datiert nämlich eine Urkunde des Staufers, mit der er die Kirche von Como, welche unter dem verstorbenen Bischof Ardicio[62] in drückende Schulden geraten war, von allen Wucherzinsen befreite und bestimmte, die Gläubiger müßten die Pfanderträge unter Verzicht auf weitere Zinsen vollumfänglich an die ursprüngliche Schuld anrechnen[63].

Im sogenannten abniessenden Pfand der beschriebenen Zinssatzung, dessen Erträge an der Pfandsumme angerechnet werden mußten, haben wir die Grundform des Gedankens vor uns, den die Bauern von Lehen und Bühl auf den Rentenkauf übertragen haben, ohne zu beachten, daß er innerhalb des gelehrten Rechtssystems, aus dem er stammt, auf ein Kaufgeschäft gar keine Anwendung finden konnte.

Selbstverständlich haben die Bauern das Exemplum des Ordericus Vitalis ebensowenig direkt gekannt wie den Rechtsentscheid des Papstes von 1163. Wir müssen auch keineswegs zu dem Notbehelf der Annahme greifen, ihr Inhalt sei ihnen durch die Predigt vermittelt worden. Denn die Zinssatzung gehörte, trotz des Verbotes im 12. Jh., auch noch in der frühen Neuzeit zur Lebenswelt der Bauern, gerade auch zur Lebenswelt der aufständischen Bauern im

---

60 The Ecclesiastical History of Orderic Vitalis, Books VII and VIII, ed. Marjorie CHIBNALL, Oxford 1973 (Oxford Medieval Texts), Liber VIII, cap. 17, S. 244.

61 Statuta Capitulorum Generalium Ordinis Cisterciensis ab anno 1116 ad annum 1786, ed. Josephus Maria CANIVEZ, 8 vol., Louvain 1933–1941 (Bibliothèque de la Revue d'Histoire ecclésiastique, fasc. 9–14B), t. 1 (1116–1220), Louvain 1933, S. 60 Nr. 6, 1157: *Vadimonia sive gageriae ulterius non accipiantur, exceptis decimis propriis, feodis et pasturis.* S. 88 Nr. 12, 1180: *Qui guagerias receperunt, si sciunt sortem suam recepisse, deductis expensis, usque ad Pascha eas resignent, nisi sit possessio quae ad ius monasterii pertineat. Qui aliter retinuerint, ex tunc abbas et prior et cellerarius a divino officio sint suspensi, nec census impositione pallient huiusmodi pignorationes.* S. 96 Nr. 8, 1184: *De gageriis sicut annis praeteritis statutum est, sic teneatur, quod non licet alicui censum, vel terragium, vel aliquem fructum terrae in gageria recipere, quin computetur in sortem, nisi decimas de propriis laboribus et usum nemoris, et usus pascuorum.* S. 225 Nr. 11, 1198: *Gagerias reddant qui de eis sortem receperunt.* S. 377 Nr. 41, 1210: *De abbate de Matha plana* (= Matallana, in Castella, dioc. Palentina) *qui ratum dicitur habuisse contractum vitiosum factum super quadam guageria, committitur abbatibus de Orta* (= Huerta, dioc. Seguntina) *et de Valle Bona* (Valbuena, dioc. Palentina) *qui rem diligenter inquisitam referant ad sequens Capitulum generale.* SCHICH, Winfried, Die Wirtschaftstätigkeit der Zisterzienser im Mittelalter: Handel und Gewerbe. In: Die Zisterzienser. Ordensleben zwischen Ideal und Wirklichkeit, Bonn 1980 (Schriften des Rheinischen Museumsamtes 10), S. 217–236, 234, geht nur mit einem Satz auf solche Geschäfte ein und verwechselt dabei offenbar die Zinssatzung mit der Pfandleihe.

62 Zu Ardicio (Ardizzone I) s. LIENHARD, Heinz. In: Helvetia Sacra I/6: La diocesi di Como, l'arcidiocesi di Gorizia, l'amministrazione apostolica ticinese, poi diocesi di Lugano, l'arcidiocesi di Milano, Redazione Patrick BRAUN e Hans-Jörg GILOMEN, Basilea – Francoforte sul Meno 1989, S. 114–117.

63 MGH DD Friedrich I., 2, S. 219f. Nr. 366, Pavia, 7. Juni 1163: *... quod nos ipsam ecclesiam et possessiones eius pignoribus graviter obligatas ab omni usura hac nostra imperialis auctoritate firmiter precipientes, ut omnes illi qui debita sua exigunt et repetunt, fructus quoque inde recipiunt, non pro usuris, sed pro sola certa sorte computent omni penitus usure exactione remota.* Friedrich Barbarossa hat indessen selbst Kredite aufgrund von Zinssatzungsverträgen aufgenommen. So verpfändete er 1174, also nach der Dekretale, dem Bischof [!] von Lüttich die Reichsgüter jenseits der Maas gegen 1000 Mark: *... et sive brevi sive longo tempore modicum vel multum inde provenerit, nichil tamen de tota summa mille marcarum in die redemptionis nisi consensu episcopi vel ecclesie cadat.* Zitiert nach VAN WERVEKE, Hans, Le mort-gage et son rôle économique en Flandre et en Lotharingie. In: Revue belge de philologie et d'histoire 8 (1929), S. 53–91, 67.

Oberrheingebiet. Ich erinnere etwa an das Recht von Freiburg im Breisgau in der gedruckten Fassung von 1520, das wörtlich in die Rheinfelder Gerichtsordnung von 1530 aufgenommen worden ist, wo es heißt: *Welcher ligende verpfendte güter nutzet, der soll die nutzung an der houptsum abziehen. Item, wer ouch das einer dem andern ligende güter zu pfand insatzte vnd im die zu handen stallte mit zulaß die zu nutzen biß die gelöst wurden, setzen vnd wöllen wir, alle die nutz vnd frucht, so der schuldher dauon nach abgerechnetem costen empfangen hett, die soll er dem schuldner an die houptsum rechnen vnd im souil dagegen an der houptsum abziehen, souil sich dieselben nutz vnd frucht betreffen*[64].

Hier geht es um dasselbe wie schon in der Dekretale Alexanders III.: Die Zinssatzung, die 350 Jahre nach dem päpstlichen Verbot weiterhin praktiziert wurde, wurde auch weiterhin bekämpft. Die Bauern haben nichts anderes getan, als diesen aus dem gelehrten Wucherrecht stammenden Gedanken auf ein anderes Geschäft, den Rentenkauf, zu übertragen, das sich nach ihrem Rechtsempfinden von der Zinssatzung nicht wesentlich unterschied. Sie setzten damit common sense, gesunden Menschenverstand, gegen die Verkehrtheit der Gelehrten[65], die, in ihrem System gefangen, die Analogien der beiden Geschäftsformen, die auch uns schlagend erscheinen, nicht erkennen konnten oder wollten.

Hier wurden – wie dies auch in anderen Zusammenhängen oft geschehen ist – Argumente der kanonistischen Wucherlehre gegen die Interessen auch und gerade der Kirche gewendet. Die zeitgenössischen Kanonisten, die vor lauter Distinktionen Verbindendes nicht mehr zu erkennen vermochten, mögen diese ungebildete, den Kaufcharakter des Rentengeschäfts verkennende Übertragung der Abniessung des Kapitals von der einen Vertragsart auf eine andere als unzulässig eingestuft haben. Völlig singulär und rein bäuerlich war sie jedoch keineswegs[66]. Mit derselben Begründung hatte z. B. der Rat von Lüneburg 1389 die Einstellung der Sülzrentenzahlungen angedroht[67], hatte Mainz 1447 die Anrechnung der Zinsen ans Kapital

---

64 Sammlung Schweizerischer Rechtsquellen, XVI. Abteilung, 1. Teil. Stadtrechte, Bd. 7: Das Stadtrecht von Rheinfelden, hg. von Friedrich Emil WELTI, Aarau 1917, S. 243.

65 S. GILLY, Carlos, Das Sprichwort »Die Gelehrten, die Verkehrten« in der Toleranzliteratur des 16. Jahrhunderts. In: Bibliotheca Dissidentium, Scripta et studia 3, Baden-Baden und Bouxwiller 1987, S. 159–172.

66 In den verschiedensten Zusammenhängen taucht der Gedanke, daß die Verzinsung eigentlich aufhören müßte, wenn die ausbezahlten Zinsen den Betrag des Kapitals erreicht haben, immer wieder auf. Papst Urban IV., dem der Abt von Cluny geklagt hatte, daß die cluniazensischen Klöster und Priorate vieler Orte durch Wucher bedrückt würden, verfügte 1263, eine Zahlungspflicht bestehe nicht. Vielmehr müßten die bereits geleisteten Zahlungen an die Kreditsumme angerechnet werden, ja sie könnten zurückgefordert werden, auch wenn von den Schuldnern gegenteilig lautende Urkunden ausgestellt worden seien. Bullarium sacri ordinis Cluniacensis, ed. Petrus SIMON, Lugduni 1680, S. 132, 22.4.1263. Erneuert durch Clemens IV. (1265–1268), ebd., S. 135. In bezug auf Judendarlehen ist z. B. hinzuweisen auf die Urkunde vom 3. April 1327 des Bischofs von Regensburg Nikolaus II. von Strachowitz (1313–1340) an verschiedene Pfarrherren, wo es heißt: *Dudum vobis mandavimus, quatenus universis Christi fidelibus inhiberetis expresse, ne cum Isserlino iudeo de Ratispona suisque complicibus, qui manus violentas in Ch. clericum de Constancia, sicut per inquisicionem factam inventum fuit, ausu nefando presumpserunt inicere, commercium aliquod habere presumerent aut usura exsolverent, sed satisfacto de principali debito ab usuris essent simpliciter absoluti, contra hac venientes excommunicacionis sentencia innodantes.* Regensburger Urkundenbuch 1, München 1912 (Monumenta Boica 53, NF 7), S. 293 Nr. 525. S. auch die folgenden Anmerkungen.

67 In bezug auf die Sülzrenten, d. h. Anteilen an den Gewinnen aus der Salzproduktion, argumentierte der Lüneburger Rat 1389 im Hinblick auf eine Schuldentilgung in dieser Weise: *Wenne wy desse stuecke endrachtlich weren, se wolden wy mit juwer huelpe dat mit vruentschop, alse wy hopet bearbeyden, dat een iewelle schuldener syne summen to redeliken jaren neeme ane tyns, wente des gheldes vile is, dar wy des*

von den Rentgläubigern gefordert[68]. Auch in Zürich gibt es Spuren dieser Auffassung, wenn sich ein Leibrentner der Stadt 1386 urkundlich versichern ließ, sie werde niemals vor seinem Tode die Rentenzahlung einstellen, *das hoptguot, das wir herumb empfangen haben, were lang abgenossen und vil mer darzuo und solte darumb ledig und verfallen sin*[69]. Dieselbe Zusicherung enthielt auch ein Vertrag über eine Wiederkaufsrente der Stadt Winterthur von 1416[70].

Selbst kirchlichen Kreisen scheint der Gedanke keineswegs völlig fremd gewesen zu sein. Im Rechnungsjahr 1425/1426 legte Rudolf Graf, Provinzial der Augustinereremiten, beim Basler Rat 100 Gulden an, von denen jährlich 10 Gulden zurückbezahlt werden sollten bis zur Erfüllung der Hauptsumme[71]. Im Rechnungsjahr 1428/1429 zahlte er unter gleichen Bedingungen nochmals 50 Gulden ein[72]. Einen vergleichbaren, allerdings stärker vom Vorbild der Leibrenten geprägten Vertrag schloß der Priester Hans Wibel 1489 mit der Stadt Winterthur ab[73]. Die beiden unter den Basler Stadtrenten völlig einzigartigen Geschäfte wie auch der Winterthurer Vertrag können nur als praktische Anwendung der Abniessung auf den Rentenkauf erklärt werden.

An ein Verbot des Rentenkaufs scheinen die Bauern indessen nicht gedacht zu haben. Eine weitere Forderung ging dahin, daß alle Renten, die zu einem höheren Satz als 5% verzinst worden waren, als erloschen erklärt werden sollten[74]. Daraus darf wohl auch geschlossen werden, daß die Bauern Rentenkäufe zu günstigeren Bedingungen nicht grundsätzlich bekämpften, schon deshalb nicht, weil sie sich damit jeder Möglichkeit der Kreditaufnahme beraubt hätten[75]. Ist diese Annahme richtig, so zeigt sich darin deutlich die ökonomische

---

tynses meer uppe gheren hebbet, wen de hovetsumme is. Wor wy des mit vruendschop nicht vortbringen konden, dar wolde we unse aventuere overstan und wolden nenen tyns meer gheven. FRANKE, Gerhard, Lübeck als Geldgeber Lüneburgs. Ein Beitrag zur Geschichte des städtischen Schuldenwesens im 14. und 15. Jahrhundert, Neumünster i.H. 1935 (Abhandlungen zur Handels- und Seegeschichte 4), S. 65f.

68 Auf dem Höhepunkt der Mainzer Finanzkrise schrieb der Rat am 26. Okt. 1447 an Frankfurt, die dortigen Gläubiger sollten künftige Zinszahlungen an der Hauptsumme in Abschlag bringen. Es ist belegt, daß die Frankfurter Dominikaner auf dieses Ansinnen eintraten, FISCHER, wie Anm. 5, S. 54.

69 FREY, Walter, Beiträge zur Finanzgeschichte Zürichs im Mittelalter, Zürich 1910, S. 162.

70 StadtA Winterthur, Urk. Nr. 512, 1. Juni 1416, Rentenurkunde für Verena von Eptingen: *Wir söllen öch nit sprechen noch fuirziechen an geistlichen noch weltlichen gerichten, dz sich dz hoptguot mit dem zins abgnossen hab oder dz vins von vnserm heiligen vatter dem bapst, dem römschen keyser oder kuning erlopt sye, den zins fuir hoptguot ze haben…*

71 Der Stadthaushalt Basels im ausgehenden Mittelalter. Quellen und Studien zur Basler Finanzgeschichte, hg. von Bernhard HARMS, 3 Bde., Tübingen 1909–1913, 1, S. 111 Zeile 66.

72 Ebd., S. 121 Zeile 97: *…sol man im alle jar fuinf guldin widergeben uncz das er der bezalt wird.*

73 Er zahlte 750 lb Basler Währung an die Stadt, die sich verpflichtete, ihm oder nach seinem Tode der Margareta Studer während 20 Jahren jährlich 37½ lb derselben Währung zu zahlen. Der erste Zins sollte 1489, der letzte 1508 ausgerichtet werden. Beim Tode beider Berechtigten fiel jede Verpflichtung der Stadt dahin. Es handelte sich hier also um eine Leibrente, die durch die Rentenzahlung abgenossen wurde. Der Vertrag wurde indessen 1494 abgeändert. StadtA Winterthur B 2, 2, Ratsprotokoll 1460–1533, 37^v–39^v.

74 ROSENKRANZ, Albert, wie Anm. 48, S. 186–188 Nr. 66 (Geständnis des Simon Strüblin): *Und was zins weren, do nit zwainzig umb ein weren, sölten och nit mer geben werden, sunder absin.* Ebd., S. 190–197 Nr. 69 (Geständnisse des Jakob Huser und des Kilian Meiger), insbesondere S. 194: *Zum vierden was zinses erkouft, da ein gulden gelts under zwenzig guldin houptguts gestanden were, darin wolltent sie gehandlet haben, was das gotlich recht anzoigt und sie underwisen hett.*

75 In diesem Zusammenhang wäre z.B. darauf hinzuweisen, daß die Berner Bauern sich gegen ein am 27.2.1530 vom Berner Rat erlassenes Verbot von Naturalrenten wandten. Der Rat hatte diese Rentenform

Inkonsistenz in den Forderungen der Bauern, denn die Verwirklichung des Gedankens, daß das Kapital durch die Verzinsung abgenossen werden müsse, hätte dem Rentenkauf die wirtschaftliche Grundlage entzogen.

Erst im Bundschuh von 1517 ist in der Rentenfrage eine radikalere Haltung der Bauern erkennbar, wenn sie die Aufhebung sämtlicher Renten und Zinse forderten: *Item das renten, zins und gulten tod und abe sein solten*[76].

Auch im Bauernkrieg ist dann vereinzelt die Ablösbarkeit der Renten verlangt worden[77]. Nicht nur die Renten sind gemeint, wenn es in der Basler Fassung der Schrift *Handlung und Articlel so fürgenommen worden auff Afftermentag nach Invocavit von allen retten und heüffen*, dem nebst den berühmten Zwölf Artikeln einzigen zeitgenössisch gedruckten Programm der Bauern, heißt: *Es sollen auch hinfur keyn zinß mer ewig oder unablosig sin*[78]. Die Radikalität dieser Forderung lag darin, daß ein Ablösungsrecht hier auch für Grundzinsen verlangt wurde[79]. Radikal erscheint dies vor allem angesichts der langen Zeit, die bis zur Ablösung der Grundlasten noch verstreichen sollte. Aber vielleicht täuscht diese Perspektive. Vergleichbare Ansätze hat es bezeichnenderweise zur selben Zeit auch im städtischen Bereich gegeben. So versuchte der Basler Rat im Jahr 1514 via interpretationis die Geltung eines allein für Renten erteilten Ablösungsprivilegs Friedrichs III. von 1488[80] auch auf Grundzinsen auszudehnen[81], was indessen am Widerstand der Geistlichkeit scheiterte[82].

---

deshalb für ungerecht gehalten, da sie die Bauern angesichts der schwankenden Produktepreise über die Maßen belasten könnten. Die Bauern verwiesen dagegen darauf, wenn ihnen der Verkauf von Naturalrenten verboten werde, so sei es ihnen überhaupt nicht mehr möglich, auf dem Wege des Rentenverkaufs Kredite aufzunehmen. Sammlung Schweizerischer Rechtsquellen, II. Abteilung: Die Rechtsquellen des Kantons Bern, Bd. 7/1: Das Stadtrecht von Bern VII: Zivil-, Straf- und Prozeßrecht, hg. von Hermann RENNEFAHRT, Aarau 1967, S. 273–284 Nr. 24.

76 ROSENKRANZ, wie Anm. 48, S. 308 f. Nr. 48 (Geständnis des Klaus Fleckenstein).
77 So in den Artikeln der Rapperswiler Bauern, siehe STOLZE, Wilhelm, Zur Vorgeschichte des Bauernkrieges, Leipzig 1900 (Staats- und sozialwissenschaftliche Forschungen 18, Heft 4), S. 50, Anm. 1: *Daß hinfüro kain zins mer gegeben werden soll anderst dann von zwaintzigen ain, auch darmit ablösen*. Daneben wurde auch wieder das Begehren laut, Renten müßten durch die jährlichen Zahlungen abgenossen werden, so etwa in den Beschwerden der Bauern an der Etsch. BRUDER, Adolf, Studien über die Finanzpolitik Herzog Rudolfs IV. von Oesterreich, Innsbruck 1886, S. 100.
78 S. BLICKLE, Peter, Nochmals zur Entstehung der Zwölf Artikel im Bauernkrieg. In: Bauer, Reich und Reformation, Festschrift Günther Franz, Stuttgart 1982, S. 286–308, insbesondere 291.
79 Damit weiche ich von der Interpretation von BLICKLE, wie Anm 78, ab. Er meint: »unablösig zinsen oder Ewigzinsen nannte man Abgaben, die aufgrund hypothekarischer Belastung auf den Gütern lagen und gewissermaßen als Wucherzinsen [sic!] schon in der Vorbauernkriegszeit vielfach Anlaß zu Beschwerden gaben.« Da das Ablösungsrecht von Renten in dieser Zeitpunkt völlig üblich, echte Ewigrenten oft explizit verboten waren, zielt diese Forderung m. E. sicher auf die Ablösung von Grundzinsen, welche in dieser Zeit durchaus diskutiert wurde. Dieselbe Forderung enthielt der Heilbronner Verfassungsentwurf für das Reich von Wendelin Hipler, der die Ablösung aller Bodenzinse zum zwanzigfachen Jahreszins forderte. OECHSLE, Ferdinand Friedrich, Beiträge zur Geschichte Deutschlands, Beiträge zur Geschichte des Bauernkrieges in den schwäbisch-fränkischen Grenzländern, Heilbronn 1830, S. 285: *Jtem das alle boden zins mit XX pfenning I pfenning moge abgelost werden*.
80 Urkundenbuch der Stadt Basel, Bd. 9, Basel 1905, S. 58–62 Nr. 73, Antwerpen 19. August 1488.
81 StA Basel-Stadt, Ratsbücher B 2 und 3, Erkanntnisbücher 2 und 3 (zusammengebunden), f. 114r.
82 Ebd., f. 116r: Zinse von Gütern, die in *erblehens wise verlihen* sind, unterstehen in Abänderung des früheren Ratsbeschlusses der Ablösung nicht.

Die sozialen Randgruppen in den böhmischen Städten in der Jagellonenepoche 1471–1526

VON JOSEF MACEK

Seit der Herausgabe der Monographie über die städtische Armut in der vorhussitischen Zeit bezeichnet man in der tschechoslowakischen Historiographie die Randgruppen in den mittelalterlichen Städten mit der Benennung »die Stadtarmut«, die František Graus im Jahre 1949 formulierte[1]. Dadurch charakterisierte er nicht nur die Gruppen der Tagelöhner, der Mägde, der Dienstknechte, der Bettler und Vagabunden, sondern auch die pauperisierten Handwerker und Gewerbetreibenden, welche an dem Stadtrecht aktiv partizipierten. Und eben diese pauperisierten Sozialschichten wurden allgemein im 15. Jahrhundert als »Arme«, als »armes Volk« verstanden. Die Armut erschien den mittelalterlichen Behörden und den Intellektuellen als eine Art Eigenschaft, die allen Mitgliedern der Gesellschaft eigen sein könnte[2].

Für den Ärmsten, ja Elendesten wurde im 15. Jahrhundert von den Predigern und Stadtpolitikern der reiche oder wohlhabende Bürger gehalten, welcher durch die Grausamkeit des Schicksals oder durch die Ungunst der »Fortuna« sein ganzes Vermögen und Eigentum verloren hatte. Die niedrigsten Sozialgruppen, die wir heute in erster Reihe zu den Randgruppen zählen, die Lohnarbeiter, die Tagelöhner, das Gesinde, die Dienstknechte und Dienstmägde, die Bettler und die Vagabunden – solche Leute wurden von den Predigern und anderen Intellektuellen nicht einmal als *Arme, armes Volk* verstanden – oder wenn, dann nur begrenzt. Infolgedessen daß sie alle außerhalb der Dreiständelehre standen, wurde ihr Elend als etwas Normales, was gänzlich in die Himmelsordnung und alle weltliche Ordnungen gehört, verstanden. Und dann – alle diese Leute wurden für ihre Arbeit bezahlt, und auch darum schien es ganz normal, daß diese Sozialgruppen tief unter dem Lebensniveau der wohlhabenden Schichten der Bevölkerung leben mußten. Deswegen wurde auch allen Mitgliedern der sozialen Randgruppen in den Städten das Bürgerrecht verweigert. Unser Begriff der Stadtarmut als einer sozialen Gruppe, die in den untersten Schichten der Stadtgemeinde liegt, gehört also zur modernen Terminologie, die den Historikern zur Rekonstruktion der komplizierten sozialen Struktur der mittelalterlichen Städte dienen soll[3]. Die Stadtarmut, die Kehrseite der Bürgerschaft, wird durch ihre Armut, durch Elend und Unkenntnis wie durch eine hohe Barriere von bürgerlichem Reichtum, Macht und Kenntnissen abgetrennt[4]. Das Lebensinteresse der Tagelöhner, Dienstknechte und anderer Mitglieder der städtischen sozialen Randgruppen war

---

1 GRAUS, František, Městská chudina v době předhusitské. Praha 1949.
2 MOLLAT, Michel, Les pauvres au Moyen Age. Étude sociale. Paris 1978. S. 9.
3 TÖPFER, Bernhard (Hg.), Städte und Ständestaat. Zur Rolle der Städte bei der Entwicklung der Ständeverfassung in europäischen Staaten vom 13. bis zum 16. Jahrhundert. Forschungen zur mittelalterlichen Geschichte 26. 1980. S. 437.
4 LE GOFF, Jacques. In: Ordres et classe. Colloque d'histoire sociale. Paris/Le Haye 1973. S. 118.

immer auf den Kampf um den einfachen Lebensunterhalt ausgerichtet; für sie alle lagen die politischen Machtkämpfe um das Rathaus weit hinter ihren Horizonten, die Welt der Hütten und der Elendsquartiere lebte in ganz anderen Sorgen als die Welt der Bürger.

Die sozialen Randgruppen wohnten größtenteils wirklich am Rande der Städte, im Schatten der Stadtmauer, und auch dort waren sie nicht willkommen, wie zum Beispiel ein städtischer Dienstbote im Prager Hradschin im Jahre 1494. Der König und das Domkapitel waren nicht zufrieden, daß solche eine *ungelegene Person* im Stadtinnern überhaupt wohnte, und der Dienstknecht mußte sein Häuschen verlassen[5]. Auch in den böhmischen Städten fanden die Randgruppen in den zentralen Stadtgebieten keine Wohnmöglichkeiten und mußten wie die Juden, die Bettler oder Prostituierten und sogenannten unreinen Handwerker oder Tagelöhner in den Ghettos wohnen[6].

Zur Frage der »unreinen Handwerker« möchte ich nur darauf aufmerksam machen, daß im böhmischen Königreich die Fleischer, die manchmal auch als »unreines Handwerk« in den westeuropäischen Städten erscheinen, zu den hochgeschätzten, wohlhabendsten und mächtigsten Bürgern zählen[7].

Die Stadtarmut komplettiert die Konturen der mittelalterlichen Stadt, und insgesamt bildete sie eine ungewöhnlich starke Sozialgruppe. Ähnlich wie in den westeuropäischen Städten wuchs auch in Böhmen im 15. Jahrhundert durch den Zufluß der ländlichen Untertanen die Zahl der Mitglieder der sozialen Randgruppen. Selbstverständlich darf man die Situation in den böhmischen Städten mit den westeuropäischen Großstädten wie zum Beispiel Paris, wo man nur die Bettler auf Tausende zählte und wo in einigen Großstädten die Bettler fast 10% aller Bevölkerung bildeten, nicht vergleichen[8]. Was die Mägde und Dienstknechte betrifft – quantitativ darf man die Situation in Böhmen mit der in süddeutschen oder schweizerischen Städten vergleichen. Während in der Mitte des 15. Jahrhunderts die Zahl der Dienstknechte und der Mägde in Nürnberg 18,6% der gesamten Bevölkerung bildete und diese soziale Gruppe fast 17% der Bevölkerung erreichte, gehörten in der westböhmischen Stadt Plzen (Pilsen) am Beginn des 16. Jahrhunderts 15% der Gesamtbevölkerung zu den Knechten und Mägden – und in der südböhmischen Stadt Budějovice (Budweis) war es ganz ähnlich[9]. In Prag und in Kutná Hora (Kuttenberg) war der Anteil dieser Gruppen im Spektrum der ganzen Stadtbevölkerung noch höher. Es gehörte zum normalen alltäglichen Brauch, daß in den reicheren böhmischen Bürgerhäusern die Hausfrau in der Küche und für ihren Haushalt mehrere Dienstmädchen und Dienstknechte zur Verfügung hatte. Auch in einer kleinen südböhmischen Stadt geht die Hausfrau zum Stadtmarkt, begleitet von einer Dienstmagd, die dann die gekaufte Ware im Korb nach Hause trägt[10].

---

5 Archiv des Metropolitankapitels Praha: der Urkundenkatalog. Ed. J. Eršil und J. Pražák. 1986, Nr. 413, S. 145.
6 Dazu Geremek, Bronislaw, Les marginaux parisiens aux XIVe – XVe siècles. Paris 1976, und Graus, František, Randgruppen der städtischen Gesellschaft im Spätmittelalter. Zt. für histor. Forschung 8/4 (1981), S. 385–437.
7 Über die Fleischer als »unreines Handwerk« Le Goff, Jacques, im Sammelband: Les marginaux et les exclus dans l'histoire. Cahiers Jussieux 5. Paris 1979. S. 22.
8 Mollat, wie Anm. 2., S. 282, S. 297.
9 Handbuch der deutschen Wirtschafts- und Sozialgeschichte 1, Stuttgart (1971), S. 377. Dějiny Plzně 1, Plzeň (1965), S. 114.
10 Archiv český 13, Praha (1895), S. 339.

Die Dienstknechte arbeiteten selbstverständlich nicht nur in den katholischen und utraquistischen Bürgerfamilien, sondern waren auch in den Haushalten der Mitglieder der radikalen Unität der böhmischen Brüder tätig. Diese radikale Reformation formulierte manchmal sehr scharfe kritische Bemerkungen gegen die Unterdrückung der Armen. Im Jahre 1510 kümmert sich aber der Rat der Ältesten der Brüderunität um die religiöse Erziehung des Gesindes in den Familien der Anhänger der Brüderunität[11]. Auch in einer anderen kleinen südböhmischen Stadt (Strakonice) arbeiten bei einem Bürger einige Dienstmägde, und die Hausfrau beschimpft sie, spricht über sie mit der Verachtung als über »die Huren«[12].

Im ökonomischen Leben der Städte gehörte dieser sozialen Gruppe ein sehr bedeutender Platz. Die Höhe ihres Arbeitslohnes wurde vom Markte der Arbeitskräfte abhängig, die Lohnarbeiter waren ein relativ freies Element, gebunden an das Gesetz von Angebot und Nachfrage[13]. Sollte der Markt der Arbeitskräfte funktionieren, mußte die hohe Mobilität nicht nur der Wandergesellen, sondern auch der geflohenen Untertanen, die in die Städte gekommen waren, garantiert werden[14]. Im Unterschied zu den älteren Konzeptionen, welche die Familien der Zunfthandwerker als einzigen Schwerpunkt der industriellen Produktion verstanden, betont man jetzt die Bedeutung der Lohnarbeit als eine der wichtigsten Grundformen der mittelalterlichen Industrietätigkeit[15].

Was das Lebensniveau der Stadtarmut betrifft, so ist vor allgemeinen Urteilen über die Lebensbedingungen dieser nicht homogenen Sozialgruppe, der Tagelöhner und Lohnarbeiter, des Gesindes, der Dienstknechte, Vagabunden und Bettler zu warnen. Wenn wir unter sie auch die »ewigen Gesellen« und Hilfsarbeiter bei den Zunfthandwerkern einreihen, begreifen wir die Unmöglichkeit, ein allgemein geltendes Resultat über das Lebensniveau aller dieser Sozialgruppen auszusprechen. Auch in Böhmen und Mähren darf man die schnelle Entwicklung der Marktwirtschaft und daraus entstandenen Hunger nach den neuen Arbeitskräften seit der zweiten Hälfte des 15. Jahrhunderts feststellen[16]. Daraus ist es begreiflich, daß die Löhne der Tagelöhner und der Lohnarbeiter gestiegen sind. Im Vergleich mit der Situation am Beginn des 15. Jahrhunderts lebten diese Arbeiter im relativen Wohlstand. Dasselbe darf man auch über das Lebensniveau der Tagelöhner sagen, die beim Bau der großen Teichsysteme in Böhmen und Mähren tätig waren. Die Fischzucht, auf die Exporte der Karpfen nach Mittel- und Westeuropa orientiert, ermöglichte den Erbauern der Teichdämme und der Kanäle, ein höheres Lebensniveau zu erzielen. Anders war es mit den Mägden und Dienstknechten, die ganz individuell von den ökonomischen Verhältnissen in einzelnen Bürgerfamilien abhängig waren.

In der Geschichte der böhmischen Zünfte des 15. Jahrhunderts lesen wir über die Angst der Zunftmeister vor dem Wachstum der Zahl der Zunftgesellen und verschiedener Hilfskräfte. Wir

---

11 MOLNÁR, Amedeo, Českobratrská výchova před Komenským. Praha 1956. S. 65.
12 Archiv český 13, Praha (1895), S. 339.
13 SCHRÖDER, Rainer, Zur Arbeitsverfassung des Spätmittelalters. Eine Darstellung mittelalterlichen Arbeitsrechts aus der Zeit der großen Pest. 1984. S. 43.
14 BOSL, Karl, Über soziale Mobilität in der mittelalterlichen »Gesellschaft«. Dienst, Freiheit, Freizügigkeit als Motive sozialen Aufstiegs. In: VSWG 67 (1980), S. 306–332.
15 CIPOLLA, Carlo M. – BORCHARD, Knut, Europäische Wirtschaftsgeschichte 1. Mittelalter. 1978. S. 141–176.
16 Mehr darüber in meiner noch nicht veröffentlichten Synthese (20 Jahre wurde mir nicht ermöglicht, in der Tschechoslowakei zu publizieren): Über die böhmische Geschichte (1471–1526), worauf sich auch dieser Beitrag stützt.

wissen auch, wie sich die Zunftmeister gegen die Versuche der Handwerker, einzelne Arbeitskräfte von einem Meister zum anderen hinüberzuziehen, wehrten. In den Prager Zunftstatuten am Beginn des 16. Jahrhunderts finden wir ein Verzeichnis der Strafen gegen diejenigen, die sich bemühten, *einen Knecht dem Meister aus seiner Werkstatt zu entlocken*[17]. Dabei gab es einen Unterschied zwischen dem Lohn der Meister und der Hilfskräfte, die tschechisch genannt *robenec, mládek* oder *pachole vyučené* immer niedrigeren Lohn bekommen hatten[18]. Die Zunftlehrlinge blieben 2–3 Jahre in der Lehre, im Sommer waren sie verpflichtet, 14–17 Stunden täglich in der Werkstatt zu bleiben – eine Stunde wird für das Mittagessen und eine andere Stunde für das Frühstück und das Abendessen bestimmt. Obwohl seit der Mitte des 15. Jahrhunderts die Löhne stiegen und sich die Lebensbedingungen der Gesellen, der Lehrlinge und der Hilfskräfte verbesserten, sprach doch der beste Kenner der Zunftgeschichte, als er die Situation dieser Sozialgruppe präzis analysiert hatte, über sie als die Proletarier ihrer Zeit«[19]. Seine Bewertung der sozialen Situation darf man nicht unterschätzen.

Täglich warteten auf den Plätzen vor den Rathäusern der größeren Städte die Häuflein der Tagelöhner, die ihre Arbeitskraft zu verschiedensten Zwecken verkaufen wollten. Sie arbeiteten gemeinsam mit den Untertanen in den Weinbergen, trugen die Ware in der Stadt aus, halfen bei den Bauern, den Geschäftsleuten luden sie die Wagen auf, den anderen Kaufleuten halfen sie beim Anschütten des Getreides usw. Obwohl wir sie in den kirchlichen Prozessionen z. B. in Prag im Jahre 1524 neben den Handwerkern beobachten und obwohl sie selbständig auf die Konfessionsartikel schwörten, war es ihnen nicht gelungen, eine selbständige Zunft zu bilden. In Prag wurden die Tagelöhner nur äußerlich der Zunft der Zimmerleute zugeordnet, und nirgendwo in den böhmischen und mährischen Städten war es anders[20]. Auch im böhmischen Königreich darf man sagen, was in den süddeutschen Städten präzis festgestellt worden ist, nämlich daß die Tagelöhner zwei Drittel ihrer Löhne für die Nahrungsmittel brauchten und daß insgesamt diese sozialen Gruppen nur einen bescheidenen Lebensunterhalt führen konnten – ein höherer Verbrauch von Fleisch, Gewürzen und Wein war für sie ausgeschlossen[21].

Wir verfügen leider nicht über größere Quellenreihen, wie das zum Beispiel in den Archiven der oberdeutschen Städte der Fall ist, aber auch die Bruchstücke der städtischen Ausgabebücher ermöglichen uns, zu konstatieren, daß das Lebensniveau der Tagelöhner und der städtischen Armut in Böhmen und Mähren im ganzen sehr bescheiden war. Analog zu der Situation in den benachbarten deutschen Städten darf man sagen, daß der Lohn der Mägde zweimal niedriger war als der der Dienstknechte[22]. Zerstreute Informationen, die wir zur Verfügung haben, darf man nicht verallgemeinern, da manchmal die Gefahr droht, irrigen Vorstellungen zu unterliegen und entweder die Armut oder den Wohlstand der sozialen Randgruppen zu überschätzen.

---

17 So z. B. im Pardubice im Jahre 1518. Archiv český 17, S. 259, oder in demselben Jahr in Rychnov. SEDLÁČEK, A., Dějiny města Rychnova n. Kn. (1871), S. 52–53.
18 In Prag im Jahre 1482 bei den Steinmetzen um zwei Groschen weniger. TOMEK, Wácslaw Wladiwoj, Dějiny města Prahy 8 (1891), S. 398.
19 WINTER, Z., Dějiny řemesel a obchodu v Čechách v XIV. a XV. století (1906), S. 732, auch S. 727–729, 745.
20 TOMEK, wie Anm. 18, S. 362.
21 DIRLMEIER, Ulf, Untersuchungen zu Einkommensverhältnissen und Lebenshaltungskosten in oberdeutschen Städten des Spätmittelalters. Abh. der Heidelberger Akademie der Wissenschaften, Phil.-Hist. Kl. 1978. S. 461–462.
22 DIRLMEIER, S. 90–98.

So befindet sich zum Beispiel in Prag unter den Häuslern im Jahre 1495 ein Wucherer, der den Dorfuntertanen in der Prager Umgebung Anleihen in der Höhe von sechs Schock Groschen bietet, und die Gesamtsumme seiner Anleihen reicht bis zu 15 Schocken Groschen[23]! Dieser Häusler-Wucherer besitzt kein eigenes Haus, wohnt als Mieter im kleinen Häuschen eines Webers – man darf ihn also in die Gruppe der Stadtarmut und nicht in die der Bürger-Handwerker einreihen. Man weiß nicht, wo und wie er das Bargeld gewonnen hatte, man fragt sich, ob seine Tätigkeit mit dem höheren Lebensniveau einzelner Gruppen der Stadtarmut zusammenhängt oder ob es sich hier um einen ganz außerordentlichen, individuellen Fall handelt. Der Wohlstand eines anderen Häuslers spiegelt sich in der Tatsache, daß er fähig ist, einem Prager Bürger, den er in einer Schlägerei verletzt hatte, die Entschädigung in der Höhe von vier Schock Groschen zu bezahlen. Ebenso darf man einen höheren Wohlstand bei einem Tagelöhner voraussetzen, der seinen Kindern das Bargeld in der Höhe von sechs Schock Groschen vermacht hatte, oder bei einem anderen Dienstknecht, der einen Weingarten gekauft und sofort bezahlt hatte[24].

Höheren Wohlstand darf man auch bei einem Tagelöhner in der Stadt Jindřichův Hradec (Neuhaus) vermuten, weil in seinem Häuschen im Jahre 1505 im Kasten Zinngeschirr steht[25]. Aber in derselben Zeit finden wir in dem Nachlaß eines anderen Prager Häuslers nur ein einziges kleines Oberbett, *das sehr mager ist*[26]. Man weiß, daß um das Jahr 1500 viele Bürger in ihrem Haushalt Dutzende Federbetten, Polster und Kopfkissen besaßen, ja im Jahre 1487 beobachtet man im Nachlaß eines wohlhabenden Prager Bürgers sogar 222 Federbetten. Im Vergleich mit diesen reichen Bürgern steht der arme Häusler mit einem kleinen Oberbett an der untersten Stufe der sozialen Pyramide. Ich erwähne diese Einzelheiten nur, um zu zeigen, wie schwierig es wäre, aus diesen zersplitterten Informationen über die allgemeine soziale Lage der Häusler und der Tagelöhner zu diskutieren. Man findet nicht genug Daten, um ein Mosaik ihres durchschnittlichen Lebensniveaus auszufüllen. Allgemeine Thesen über diese Fragen darf man bisher nicht konstruieren.

Was die literarischen, narrativen Quellen betrifft, da hören wir fast immer die Stimmen des Mitleides mit der Not der untersten Schichten der Stadtbevölkerung. Es überrascht, daß in dieser Zeit noch keine Apotheose des ungebildeten Laien in der tschechischen Literatur erklingt. Der Topos des *Idioten*, des armen Laien, der durch angeborene Tugenden und kluge Intelligenz die gebildeten Gelehrten übertrifft, diesen Typus, der am Beginn des 16. Jahrhunderts in der westeuropäischen Literatur häufig war, kennt die tschechische Literatur nicht[27]. In der tschechischen Literatur wird die Stadtarmut immer als Objekt der christlichen Barmherzigkeit behandelt. So auch im Dialog Charons mit Palinur (1511), wo man mit Mitleid *den Armen, Elenden, Kranken, Verachteten, im Mist und in den Abfällen auf den Straßen Liegenden* hervorhebt[28]

Aber auch solches allgemeines, rhetorisches Jammern über die Not der Stadtarmut darf man nicht als einziges Zeugnis der objektiven Situation verstehen. Man muß diese Quellen z. B. mit

---

23 Archiv český 26, S. 137.
24 Archiv český 28, S. 252–253; Archiv český 28, S. 266; Archiv český 28, S. 392.
25 TEPLÝ, F., Dějiny Jindřichova Hradce I, 2 (1926), S. 129–130.
26 WINTER, Z., Dějiny řemesel, l.c., S. 870.
27 SCHUSTER, P. K., Idioten um 1500. In: Unter der Maske der Narren. 1981. S. 184–190.
28 Rozmlúvánie Charóna s Palinurem, Praha (1511), f. A II[v].

den chronikalischen Informationen vergleichen, in welchen wir z.B. im Jahre 1513 die Nachricht über den Hunger und die Teuerung, die besonders die *Stadtarmut quält*[29], lesen. Schon früher machte der Universitätsprofessor Žídek den König Georg darauf aufmerksam, *daß es in Prag viele Arme gibt, die kein Brot zum Essen haben*[30]. Diese Informationen bestätigen die schwierige soziale Situation vieler armen Leute, der Angehörigen der niedrigsten Schichten der Stadtbevölkerung. Daraus kann man auch die Altprager Stadtrechte[31] mit den Strafen gegen die Bürger, die willkürlich ihr Gesinde zu Hause gefangen halten oder den Mägden und Knechten ihr Kleid abnehmen, verstehen. Man droht mit Strafen auch solchen Bürgern, die den Dienstknechten in die Ehe einzutreten verbieten. Vor dem Stadtgericht war aber der Tagelöhner im Vergleich mit dem Bürger immer minderwertig. Während die Geldbuße für den getöteten Bürger zehn Schock Groschen hoch war, mußte man für den getöteten Dienstknecht oder Tagelöhner nur die Hälfte bezahlen[32]. Die Stadtarmut und die sogenannten »unreinen Handwerker« wurden um die Möglichkeit, die Anklagen bei den Stadtgerichten einzureichen, gebracht. Dabei spricht man in einem Atemzug über die Trommler, die Pfeifer, die Schergen, die Henker und die Vagabunden[33]. Plastisch beobachtet man das alltägliche Leben der armen Waisenkinder in einem amtlichen Bericht der Stadt Žatec (Saaz) im Jahre 1521. Der Sohn eines verstorbenen Tagelöhners *lebt Tag und Nacht in den Straßen, hat keine Wohnung und bleibt ohne Nahrung, ohne Bett, hat kein Kleid, und manchmal liegt er die ganze Nacht auf der Straße*[34]. Im Zusammenhang mit anderen Berichten darf man diesen Waisen nicht als einen außerordentlichen Einzelfall beiseite lassen. Vielmehr scheint es ein typisches Bild des Alltagslebens vieler armen Kinder zu sein.

Solche Interpretation wird zum Beispiel auch durch die Gründungsurkunde eines Spitals in der Stadt Chotěboř (1510) bestätigt. Der Stadtherr Nikolaus Trčka von Lípa läßt am Anfang dieses Pergaments das Leben der armen Leute in diesem Städtchen so beschreiben: Das Spital soll vor allem den arbeitenden Leuten dienen, die *viel Not und Armut leiden und nicht im Stande sind, sich selbst durch ihre Arbeit zu ernähren*[35]. Der Kalixtiner Trčka gehörte zum Typus der adligen Unternehmer, und die Stilisierung der Gründungsurkunde spiegelt seine realistische Einschätzung der sozialen Lage der städtischen Unterschichten, die besonders im höheren Alter und von Krankheiten geplagt auf die Barmherzigkeit der Reichen angewiesen waren.

Weitere Zeugnisse der schwierigen Situation einiger Gruppen der Stadtarmut bringen die Nachrichten über die Anwesenheit der böhmischen Söldner in den benachbarten Ländern. Das Söldnerheer bietet den armen abenteuerlichen Charakteren eine Hoffnung auf bessere Verdienstmöglichkeiten, für die böhmischen Tagelöhner und Lohnarbeiter wird das Heer zum starken Magnet, der sie nach Westeuropa zieht. Im Jahre 1476 findet in der Stadt Třeboň (Wittingau) eine erfolgreiche Werbung statt[36], man weiß aber nicht, ob die neuen Söldner nach Österreich oder nach Bayern ziehen werden. Auch in der Stadt Plzeň (Pilsen) gibt es viele

29 Staré letopisy. Ed. J. CHARVÁT. Praha (1940), Nr. 907, Handschrift K, O.
30 ŽÍDEK, P., Správovna. Ed. Z. TOBOLKA. Praha (1908), S. 30.
31 SCHRANIL, R., Die sogenannten Sobieslawschen-Rechte. Ein Prager Stadtrechtsbuch aus dem 15. Jahrhundert. 1916. S. 86–87.
32 TOMEK, wie Anm. 18, S. 319.
33 MALÝ, K., Trestní právo v Čechách v 15. a 16. století. Praha 1979. S. 25.
34 Archiv český 28, S. 407.
35 Codex iuris municipalis regni Bohemiae 4, 2, ed. Antonín HAAS. Praha 1960. S. 166–168.
36 Archiv český 9, S. 171.

Tagelöhner, die sehr gern in den Söldnerhaufen in Bayern dienen möchten. Nur in einem Jahr (1502) besorgt der Pilsner Stadtrat aus den Reihen der städtischen Armut für Nürnberg 150 Söldner[37]. Nürnberg steht im Kriege gegen den Markgrafen Friedrich von Brandenburg und weiß gut, wo es die Läufer, die Schützen und die Schildträger mühelos werben kann. Die Stadtarmut in den böhmischen Städten ist am Ende des 15. Jahrhunderts zur Vorratskammer für Söldnerhaufen im zentralen Europa geworden. In einem einzigen Tag im Jahre 1504 verließen 700 neu angeworbene Söldner die Tore Prags in Richtung Westeuropa. Bald darauf wurden in Prag 500 Söldner angeworben, und die Rottmeister zogen mit ihnen über die Landesgrenze[38]. Diese Informationen belehren uns einerseits über die große Zahl der Tagelöhner und Lohnarbeiter in den böhmischen Städten, und andererseits machen sie uns wieder auf die schwierige soziale Lage dieser sozialen Gruppen aufmerksam.

Langsam und schwierig entwickelt sich seit der Mitte des 15. Jahrhunderts die Zunftindustrie, und es gab ungenügende Arbeitsmöglichkeiten für die Hilfsarbeiter und Tagelöhner. Man darf die gesellschaftliche Funktion der Stadtarmut nicht so naiv in dem Sinne definieren, daß sie nur den Reichen eine Möglichkeit der Barmherzigkeit bot[39]. Man kann aber nicht den starken Strom der frommen Vermächtnisse und Nachlässe zugunsten der niedrigsten Stufen der Stadtbevölkerung übersehen. An die hungrigen Armen denken die Bürger, die ihnen in den Vermächtnissen Leinwand und Tuch zuteilen, das Geld für die Heizung der Bäder für die Armen zahlen oder den Hungrigen Essen und Trinken beschaffen[40]. Die Stadtbäder öffnen einmal wöchentlich kostenlos ihre Tür für die Armen. In der Stadt Jindřichův Hradec (Neuhaus) gründete der Herr Adam von Hradec eine Bank für die Armen, die hier unter vorteilhaften Bedingungen kleine Geldsummen für sich beschaffen konnten[41]. Diese und andere Taten der christlichen Barmherzigkeit waren vor allem für die verarmten Bürger bestimmt, dienten aber gleichzeitig auch den Tagelöhnern, den Lohnarbeitern und dem Gesinde. Auch die Spitäler wurden vor allem für die notdürftigen Mitbürger gebaut, weil in der damaligen Mentalität auch in Böhmen der verarmte Handwerker zum vorteilhafteren und verdienstvolleren Objekt der Barmherzigkeit als ein armseliger Tagelöhner oder Knecht wurde[42]. Dabei aber wurde auch den niedrigsten Kreisen der Stadtarmut geholfen.

Ähnlich entwickelte sich die Haltung der wohlhabenden Sozialgruppen den Bettlern gegenüber. Die größte Sorge wurde den verarmten Handwerkern und Bürgern, die zum Betteln durch Unglück oder Krankheit verurteilt waren, zugewandt. Auch in den böhmischen Ländern hört man bis zur Mitte des 15. Jahrhunderts keine feindliche Stimme gegen die Haufen der Bettler[43].

Mit dem Anwachsen der Zahl der Bettler in den böhmischen Städten erwachte die Bemühung der Stadtämter, die Bettler zu evidieren und ihre Tätigkeit zu kontrollieren. Übrigens – wie in den westeuropäischen Städten wurde die Bewilligung zum Betteln auch im

---

37 STRNAD, J., Listář královského města Plzně a druhdy poddaných osad 2, Plzeň (1905), S. 435–436.
38 TOMEK, wie Anm. 18, S. 359.
39 So ENNEN, Edith, Die europäische Stadt des Mittelalters. 1972. S. 211.
40 Viele Dokumente dazu in STRNAD, J., Listář m. Plzně 2, S. 180, 244, 273, 276, 280, 284, 350, 354 usw. oder Archiv český 8, S. 484; Archiv český 26, S. 321.
41 WINTER, Z., Kulturní obraz českých měst. Život veřejný v XV. a XVI. věku II, Praha (1892), S. 116–117.
42 VAUCHEZ, André, Religion et société dans l'Occident médiéval, Torino (1980), S. 62.
43 GRAUS, František, Randgruppen der städtischen Gesellschaft im Spätmittelalter. In: Zt. für histor. Forschung 8 (1981), S. 410–411.

böhmischen Königreich nur denen gegeben, die entweder von Krankheit oder von Naturkatastrophen betroffen waren. Selbstverständlich durften auch die Waisen und die betagten Leute betteln. Alle anderen Bettler wurden als Faulenzer und Vagabunden von den Stadtämtern verfolgt.

Im Vergleich zu den westeuropäischen Großstädten wie zum Beispiel Paris gab es in den böhmischen Städten nicht so große Mengen von Bettlern, obwohl insgesamt ihre Zahl Tausende gewesen sein könnte. Der hussitische Philosoph Peter Chelčický sprach – gestützt auf seine Erfahrungen – seine feste Überzeugung aus, daß *man bettelte; man bettelt und wird ewig betteln*[44]. Die wachsende Zahl der Bettler in den böhmischen Städten wurde durch speziell dazu bestimmte Beamte dirigiert und kontrolliert. Über die Tätigkeit solcher Beamten werden wir im 15. Jahrhundert z. B. in den Städten Jindřichův Hradec (Neuhaus) und Kutná Hora (Kuttenberg) informiert[45], aber man darf nicht daran zweifeln, daß auch in anderen Städten die Tätigkeit der Bettler kontrolliert und begrenzt wurde. Ganze Serien der städtischen Ordnungen in Cheb (Eger) 1490, 1504, 1512 verbieten nicht nur den Eintritt der fremden Bettler in die Stadt, sondern geben ihnen keine Bewilligung zum Aufenthalt in den städtischen Vororten und rufen sogar die Bürger auf, den Bettlern keine Nahrung zu bieten[46]. In der Stadt Jindřichův Hradec (Neuhaus) fungiert ein sogenannter Bettlerrichter, der Vertreter der Bettler. Im Jahre 1498 wurde er aber in den Block gespannt, weil er am Kirchhofe an die Mauer Spottverse gegen die Ratsherrn anheftete[47]. In den böhmischen Städten beobachtet man seit der Mitte des 15. Jahrhunderts das Anwachsen des Widerstandes der wohlhabenden Bürger gegen die Bettler, und die Edikte der Stadtherren gegen diese unruhigen sozialen Gruppen verschärfen sich.

Bisher sprach ich vorwiegend über die Verfolgung der Bettler in den katholischen Städten Eger und Neuhaus. Aber auch die Kalixtiner und Utraquisten – im Sinne der Predigten ihres Erzbischofs Jan Rokycana – kontrollierten und dirigierten in den Städten *die sündigen Bettler*. In diese Kritik mischte sich der Widerstand der böhmischen Reformation gegen die Mönche. Diese Mönche, *die rasierten, naseweisen Vögel*, welche aus ihren reichen Klöstern die Bettler in die Städte schicken, um für sich noch mehr Leckerbissen und Wein zu sammeln, wurden in einem kalixtinischen Traktat scharf kritisiert[48]. Daraus kann man ersehen, daß alle Bettler, die in den kalixtinischen Städten erschienen, verdächtig waren, für die Klöster zu betteln. Auch das Thema *der guten und der sündigen Bettler* wurde sehr oft in den Traktaten und in den Predigten diskutiert. *Die bösen Bettler* wollen sich nur bereichern, diesen Leuten sollen die Gläubigen kein Almosen schenken. *Die bösen Bettler* nehmen von den Bürgern die Nahrungsmittel, die sie dann den Mönchen übergeben, oder, wenn sie Geld von den barmherzigen Bürgern bekommen, behalten sie es manchmal und versuchen, mit ihm zu wuchern[49]. Auch die anderen kalixtinischen Prediger, in den Spuren von J. Rokycana, kritisierten die *bösen Bettler*, welche nur faulenzen und das Geld *von den Frommen herauslocken*. Direkt von Kanzel herab lautete der

---

44 Chelčický, Peter, Síť víry, Handschrift Prager Kapitel D 82, fol. 168b.
45 Winter, Z., Kulturní obraz 2, S. 118; Teplý, F., Dějiny Jindřichova Hradce I, 2 (1927), S. 179–180.
46 Siegl, K., Alt-Eger, Cheb (1927), S. 193.
47 Teplý, F., Dějiny Jindřichova Hradce I, 2, S. 180.
48 Praha, Nationalbibl. XVII F 2, fol. 37b–39b.
49 Praha, Nationalbibl. XVII D 21, fol. 333b = Rokycana. Šimek, F., Postilla Jana Rokycany 1, Praha (1928), S. 91, 455. Vgl. auch Urbánek, R., České dějiny III, 3, Praha (1930), S. 797.

Aufruf: *Liebe Mitbürger, solchen Sündern gebt kein Almosen*[50]! Obwohl Peter Chelcicky den Armen gegenüber immer Mitleid ausdrückte, beobachtet auch er mit Unmut, wie in den Haufen der Bettler Faulenzer erscheinen, die nicht arbeiten wollen, und deswegen sollte ihnen *kein Almosen geschenkt werden*[51].

In den böhmischen Städten verstärkt sich allmählich der Widerstand gegen die ausländischen Bettler. In Hradec Králové (Königgrätz) wurden im Jahre 1511 zwei Bettler, Tataren, ins Gefängnis geworfen. Bald aber hatten die Ratsherren erfahren, daß diese Bettler früher als Hofgesinde bei der Familie der Herren von Rosenberg und Schwannberg Dienst leisteten und dann geflohen waren. Beide Bettler wurden zum Tode verurteilt, später aber bat Herr Johann von Rosenberg um ihre Befreiung, und die Tataren kehrten aus dem Gefängnis wieder auf den Rosenberger Hof zurück[52]. Anders war es mit solchen Exoten in der Stadt Louny. Hier erschienen im Jahre 1520 zwei Bettler aus Indien. Die Bürger belohnten sie und stellten ihnen auch eine Pferdekutsche in Richtung Prag zur Verfügung.

Es gab also große Unterschiede zwischen den *guten und bösen Bettlern*, und selbstverständlich war auch das Almosen von der offiziellen Unterscheidung der Bettler abhängig. Wie könnten aber vier Groschen, die der neue König Wladislaw in Prag im Jahre 1471 allen Prager Bettlern auszahlen ließ[53], die Hungrigen zufriedenstellen? Übrigens – über die soziale Lage der Bettler werden wir nur einseitig von den Brotgebern informiert. Findet man die Stimme eines Bettlers, eines Vaganten, weiß man nicht, ob da rhetorische Topoi erklingen oder ob man dem Bettler glauben darf, der sich über schimmeliges Brot, verdorbenes Fleisch und verfaultes Gemüse, über solche *schwindelhaften Geschenke* ereifert[54]. Wenn wir diese Klagen mit der Situation in den Spitälern vergleichen, muß man zugeben, daß manchmal die Bettler wirklich nur von Abfällen leben sollten. Etwas anderes als das Almosen des bettelnden Mönchs war das Almosen einer alten Frau. In der Stadt Kutná Hora war *das heilige Almosen* zweimal so hoch wie das Beschenken einer Bettlerin. Peter Chelčický beobachtete mit Unzufriedenheit die Praxis der Stadtherren, die nur *den blinden alten Weibern und den Lahmen, welche vor der Kirche betteln, das Almosen bewilligen*[55].

In der Atmosphäre des Widerstandes gegen die Bettler war es begreiflich, daß es einige Verarmte nicht wagten, um das Almosen zu bitten, und in der Zurückgezogenheit, in *der stillen Not* starben. Die Kirchenväter und die Theologen entwickelten schon im frühen Mittelalter die Lehre über sogenannte *schändliche Armut*[56]. Schon seit dem 13. Jahrhundert gruppierten sich in den norditalienischen Städten die Brüderschaften, welche solche Arme, die sich des Bettelns

---

50 ŠIMEK, F., Ukázky kazatelské činnosti neznámého husitského kněze. Časopis českého muzea 107 (1933), S. 196.
51 CHELČICKÝ, Petr, Síť víry pravé, ed. SMETÁNKA, E., Praha (1929), S. 281.
52 WINTER, Z., Kulturní obraz českých měst 2, S. 119, 130, 136.
53 Rachunki królewskie z lat 1471–1472 i 1476–1478, ed. Z. PERZANOWSKI i A. STRZELECKA, Wrocław/Kraków (1960), S. 75.
54 RUDOLF, K., Realienkunde und spätmittelalterliche Brief- und Formularsammlungen. Sitzungsberichte der österreichischen Akademie der Wissenschaften, Historisch-Philosophische Klasse, Band 374, Wien (1980), S. 126.
55 CHELČICKÝ, P., Sít víry, ed. SMETÁNKA, E., S. 281, 33.
56 RICCI, G., Povertà, vergogna e povertà vergognosa. Società e storia 2 (1979), S. 305–337. RICCI, G., Naissance du pauvre honteux: entre l'histoire des idées et l'histoire sociale. Annales ESC 38 (1983), S. 158–177.

schämten, unterstützten. An solche Arme dachte auch im Jahre 1496 in der böhmischen Stadt Plzeň (Pilsen) eine Adelige – Margareth von Rožmitál. Diese Dame schickte Geld ins Spital und befahl, Tuch anzukaufen und *es denen, welche sich zu betteln schämten, zu schenken*[57]. Auch in Prag wurde ein Nachlaß im Jahre 1529 den armen Mädchen bestimmt, *die sich zu betteln schämten*[58].

Der prinzipielle Unterschied zwischen den wohlhabenden Bürgern und der Stadtarmut wurde durch alle diese Aktionen unterstrichen. Die Stadtherren betrachteten die Tagelöhner, die Lohnarbeiter, das Gesinde, die Bettler und die Vagabunden, alle diese armen, elenden Geschöpfe, als Kreaturen einer anderen Welt. In der bürgerlichen Mentalität standen alle solche Leute weit hinter ihren eigenen Horizonten. Eine Szene aus der südböhmischen Stadt Český Krumlov scheint dies zu bestätigen. Ein toter Tagelöhner liegt dort auf der Bahre, die auf einmal zu brennen beginnt. Der offizielle Bericht, in dem wir über diesen Unfall Informationen bekommen, ist voller peinlicher Witze, der Stadtbeamte vergleicht scherzhaft den von allen verlassenen, verbrannten Tagelöhner mit *den Protomartyrern*[59]. Normalerweise werden die Berichte über die Bürgerbegräbnisse im traurigen Ton redigiert. Den verstorbenen Tagelöhner gibt aber der städtische Schreiber nur dem Spott preis. Andererseits verhehlte die Stadtarmut ihren Haß gegen den Herrn, gegen den Wohlhabenden nicht. Eine Dienstmagd, für einen Diebstahl zum Tode verurteilt, bezeichnete ihren Herrn als Mittäter. Sie gestand aber im Gefängnis: *Wenn mich die Stadtherrn zum Tode verurteilen, werde ich meinen Herrn in die Hölle mitnehmen. Ich werde alles tun, daß er auch bestraft wird*[60]. Das Stadtgericht hatte dabei festgestellt, daß der Handwerker keinen Diebstahl begehen konnte, daß in diesem Falle der Haß und die Rache des verurteilten Dienstmädchens ihre Aussage motivierten.

Es ist nicht ausgeschlossen, daß auch dieser Haß der Stadtarmut gegenüber den Handwerkern und den Stadtherrn in der Vorbereitung der großen sozialen Kämpfe, die die böhmischen Städte am Ende des 15. und am Beginn des 16. Jahrhunderts erschütterten, eine wichtige Rolle spielen[61]. Die Stadtherrn waren sich der Stärke der unzufriedenen Stadtarmut bewußt und beobachteten mit Sorge ihre tobende Explosionskraft. Deswegen wurden zum Beispiel die Stadttore vor den Haufen der Teicharbeiter, die in die Stadtkneipen eindringen wollten, geschlossen[62]. Der mährische Landtag sorgte für die Ruhe in den Städten und hatte dort im Jahre 1516 den Vagabunden und den Faulenzern den Aufenthalt verboten[63]. Aber alle diese Anordnungen konnten nicht die aufrührerische Tätigkeit der niedrigsten sozialen Gruppen in den Städten unterbinden. In allen großen sozialen Kämpfen in den böhmischen und mährischen Städten seit dem großen revolutionären Aufstand im Jahre 1483 kann man die Aktivität der Stadtarmut beobachten. Dasselbe gilt auch für die sozialen Unruhen in den Städten in den Jahren 1509, 1512, 1519 und 1524.

Mit der schwierigen sozialen Lage der Stadtarmut hängt zweifellos auch die wachsende

---

57 Listinář města Plzně 2, S. 366.
58 WINTER, Z., Kulturní obraz českých měst 2, S. 118.
59 Archiv český 12, S. 39.
60 WINTER, Z., Kulturní obraz 2, 1. c., S. 761–762.
61 Darüber meine noch nicht veröffentlichte Monographie über die Städte in der Jagellonenzeit in Böhmen und Mähren, 1471–1526, die in Druck kommt.
62 TEPLÝ, F., Dějiny Jindřichova Hradce I, 2 (1927), S. 136.
63 Archiv český 11, S. 293.

Kriminalität in den Städten und in ihrer Umgebung zusammen. Auch hier ist die Situation in Böhmen und Mähren der Situation in Westeuropa ähnlich[64]. Die Zahl der Diebstähle und Raubüberfälle wuchs, manche demoralisierten Vagabunden und Faulenzer hielten kriminelle Taten für die einzige verläßliche Quelle der Ernährung. In dieser Zeit wurde auch das tschechische Argot, die Sprache der am Rande der Gesellschaft stehenden Personen, durch viele neue Ausdrücke bereichert[65]. Obwohl einzelne Argotwörter im Alt-Tschechischen schon seit dem 14. Jahrhundert belegt sind, wächst im 15. und im 16. Jahrhundert ihre Zahl schnell. Es wäre falsch, diese kriminellen Gruppen nur für Absager oder Rebellen zu halten. Solche Räuber überfielen z. B. im Jahre 1490 in den mittelböhmischen Wäldern eine Dienstmagd und beraubten sie des Weiberrocks, oder unweit von der Stadt Tábor beraubten und ermordeten sie einen Studenten-Vaganten. In diesen Fällen handelt es sich um Kriminelle, die sich auch nicht schämten, einen Dudelsackpfeifer zu überfallen und ihn des Dudelsacks zu berauben[66].

Die steigende Kurve der Kriminalität zeigt sich auch in der Tätigkeit einiger Räubergruppen. Ähnlich wie z. B. am Anfang des 15. Jahrhunderts schlossen sich um das Jahr 1500 Dutzende Diebe und Räuber zu sogenannten »Bruderschaften« zusammen und fanden in den tiefen Wäldern in der Umgebung der Städte Zuflucht. Einige »arbeiteten« sogar im Dienste der Feudalherren. In der Mehrheit waren es die städtischen Plebejer und demoralisierte Tagelöhner und Lohnarbeiter, welche in gut organisierten Gruppen die Pilger und Kaufleute überfielen. Um das Jahr 1500 wütete eine solche Räubergruppe in den Wäldern in der Nähe der Stadt Rakovník, und aus den Gerichtsprotokollen weiß man, daß sich unter ihren Mitgliedern auch die verarmten Schuster aus den Städten Žatec (Saaz) und Most (Brüx) befanden. Andere ähnliche »Bruderschaften« überfielen die Bürger an den Straßen zum Jahrmarkt oder raubten in naheliegenden Dörfern den Bauern den Wagen, den Pflug usw. Möglicherweise könnte man in einigen dieser Überfälle auch zersplitterte Informationen über den Kampf der Rebellen finden, aber im großen und ganzen handelt es sich hier vor allem um die Tätigkeit von Verbrechern.

Mit dem Anwachsen der Zahl der Stadtarmut in den böhmischen Städten um das Jahr 1500 mehrten sich die Beispiele der kriminellen Tätigkeit; die Zahl der Raubüberfälle und der Raubbruderschaften stieg. Ihre blutigen Spuren kann man nicht mit der sozialökonomischen Krise in Verbindung bringen. Wir wissen, daß in derselben Zeit in den Städten die Suche nach den Arbeitskräften andauerte und sich steigerte und daß relativ günstige Verdienstmöglichkeiten für die Stadtarmut existierten. Die höhere Stufe der Kriminalität dieser »marginaux« hängt zweifellos mit ihrer intensiveren Mobilität zusammen. Sie beharrten früher lange im dörflichen Milieu in relativer Ruhe. In dem Moment, als die Tagelöhner, die Mägde und Knechte und das Gesinde vom Lande den Schutz der Familiengemeinschaft und der Gemeinde verloren hatten und völlig in den Strom der städtischen Marktwirtschaft mit so vielen Verführungen und Lockmitteln eingezogen wurden, bemühten sie sich, immer mehr Geld zu gewinnen, um reich zu werden. Diejenigen, die ganz entwurzelt und moralisch schwächer waren, sind zum Reichtum und Behagen auch auf dem Wege des Verbrechens aufgebrochen.

64 GRAUS, František, Randgruppen, 1. c., S. 421. GEREMEK, Bronislaw, Criminalité, vagabondage, pauperisme. Revue moderne et contemporaine 21 (1974), S. 337–375.
65 OBERPFALCER, F., Z minulosti českého argotu. Sborník filologický 10 (1934–1935), S. 174.
66 Alle solche und ähnliche Beispiele der Kriminalität bei WINTER, Z., Kulturní obraz 2, 1. c., S. 141, 157–158, 159, 163–164. In diesen Stadtgerichtsprotokollen findet man auch weitere Beispiele, die ich erwähne.

Randgruppen, Bürgerschaft und Obrigkeit
Der Basler Kohlenberg, 14.–16. Jahrhundert

VON KATHARINA SIMON-MUSCHEID

I.

Zwischen der ärmlichen, hauptsächlich von Angehörigen der Weberzunft und ihren Hilfsgewerben bewohnten Steinenvorstadt und der Spalenvorstadt, der Hauptverkehrsachse der Stadt Basel ins benachbarte Elsaß, liegt – seit dem Ende des 14. Jahrhunderts innerhalb des Mauergürtels, der auch alle Vorstädte umschließt – der Kohlenberg, das Refugium verschiedener Randgruppen: Seßhafte und Fahrende, Unehrliche, soziale Absteiger, Blinde und Lahme, »professionell« Bettelnde und städtische Arme[1]. Randgruppen wurden von F. Graus definiert als »Personen oder Gruppen, die Normen der Gesellschaft, in der sie leben, nicht anerkennen bzw. nicht einhalten oder nicht einhalten können und aufgrund dieser Ablehnung bzw. Unfähigkeit (infolge sog. nichtkonformen Verhaltens) von der Majorität als nicht gleichwertig akzeptiert werden ... Marginalität ist immer das Ergebnis eines Andersseins und der Reaktion der Majorität (Stigmatisierung)«, wobei für einen Marginalisierungsprozeß die jeweilige Toleranzgrenze einer Gesellschaft gegenüber solchen Normverstößen ausschlaggebend ist[2]. Gegenstand unserer Untersuchung sind einerseits die Randständigen auf dem Kohlenberg selbst, ihre Beziehungen und Konflikte untereinander und mit der Gesellschaft (d. h. ihrer Majorität)[3] sowie das, was uns Schuld- und Nachlaßinventare über ihre materielle Situation

---

1 Zur Kohlenbergbevölkerung FECHTER, Daniel A., Topographie von Basel mit Berücksichtigung der Cultur- und Sittengeschichte. In: Basel im 14. Jahrhundert. Geschichtliche Darstellung zur 5. Säkularfeier des Erdbebens 1356, hg. von der Historischen Gesellschaft, Basel (1856), S. 1–46. Im 13. Jahrhundert wurde er in Urkunden neben den Vorstädten gesondert aufgeführt, bis zum Erdbeben von 1356 war er nicht in den Mauerring einbezogen; zur Kohlenbergbevölkerung WACKERNAGEL, Rudolf, Geschichte der Stadt Basel, II, 1, Basel (1911), S. 377–379; BURCKHARDT, August L., Die Freistätte der Gilen und Lahmen auf dem Kohlenberg. In: Basler Taschenbuch (1851), S. 1–22.
2 GRAUS, František, Randgruppen in der städtischen Gesellschaft im Spätmittelalter. In: Zeitschrift für historische Forschung 8, H. 4 (1981), S. 385–437, S. 396; DERS., Die Randständigen. In: Unterwegssein im Spätmittelalter. (= Zeitschrift für historische Forschung, Beiheft 1 (1985)), S. 93–104; DERS. Organisationsformen der Randständigen. Das sogenannte Königreich der Bettler. In: Rechtshistorisches Journal 8 (1989), S. 236–255.
3 Zum Problem der »bases idéologiques de la marginalité« LE GOFF, Jacques, Les marginaux dans l'occident médiéval. In: Les marginaux et les exclus dans l'histoire (= Cahiers Jussieu 5), Paris (1979), S. 19–28; zu Randgruppen allgemein ALLARD, Guy (Hg.), Aspects de la marginalité au Moyen Age, Montréal (1975); Exclus et systèmes d'exclusion dans la littérature et la civilisation médiévale, Paris (1978); Minorités et marginaux en Espagne et dans le midi de la France (VIIe–XVIIIe siècles), Pessac (1986); HARTUNG, Wolfgang, Gesellschaftliche Randgruppen im Spätmittelalter. Phänomen und Begriff. In: Städtische Randgruppen und Minderheiten (= Die Stadt in der Geschichte 13), hg. v. KIRCHGÄSSNER, Bernhard, und REUTER, Fritz, Sigmaringen (1986), S. 49–114; Les marginaux et les autres (= Mentalités. Histoire des Cultures et des Sociétés 2), présenté par AGULHON, Maurice, Paris (1990); zum Verhältnis

erschließen. Eine zweite Untersuchungsebene bildet ihre Wahrnehmung durch die städtische Obrigkeit. Für sie stellt der Kohlenberg im Zusammenhang mit der reformatorischen Neuordnung des Almosen- und Fürsorgewesens nicht nur ein verwaltungstechnisches Problem dar – die Hartnäckigkeit, mit der sich das »Kohlenbergvölklein« den geforderten bürgerlichen Tugenden wie Arbeitsamkeit, Fleiß und Mäßigkeit und der neuen Sexualmoral verweigert, wird zum ständigen Ärgernis für die reformierte Obrigkeit[4].

Der Kohlenberg ist kein von der übrigen Stadt völlig isoliertes Ghetto. Neben den Randständigen leben hier auch ärmere Frauen und Männer aus dem Handwerkerstand und Nichtzünftige; auf der nur dünn besiedelten, in den Mauerring einbezogenen Anhöhe besitzen Bürgerinnen und Bürger Äcker, Gärten und Scheunen, größter Grundbesitzer ist das benachbarte Chorherrenstift St. Leonhard. Tagsüber bietet der weite Raum auf dem Kohlenberg eine Freifläche für Kegelspiel, Kugel- und Steinewerfen, nachts wird er zum Schauplatz von gewalttätigen Auseinandersetzungen zwischen Rivalen beim Bordellbesuch, nächtlichem »Unfug« der männlichen Jugend und Auseinandersetzungen zwischen den Angehörigen der einzelnen Randgruppen selbst[5].

Als »Freistätte für fahrende und unehrliche Leute« bot der Kohlenberg auch fremden Randständigen Unterschlupf[6]. Die »Kohlenbergleute« hatten das Recht, fremde Bettlerinnen

---

zwischen Realität und literarischer Fiktion: Truands et misérables dans l'Europe moderne (1350–1600), présenté par GEREMEK, Bronislaw, Paris (1980); Il libro dei vagabondi, a cura di CAMPORESI, Piero, Torino (1980); Figures de la gueuserie. Textes présentés par CHARTIER, Roger, Paris (1982); JÜTTE, Robert, Abbild und soziale Wirklichkeit des Bettler- und Gaunertums zu Beginn der frühen Neuzeit (= Beihefte zum Archiv für Kulturgeschichte 27), Köln/Wien (1988).

4 Zu Fürsorge und Sozialdisziplinierung FISCHER, Thomas, Städtische Armut und Armenfürsorge im 15. und 16. Jahrhundert. Sozialgeschichtliche Untersuchungen am Beispiel der Städte Basel, Freiburg i. B. und Straßburg, Göttingen (1979); OEXLE, Otto G., Armut, Armutsbegriff und Armenfürsorge im Mittelalter. In: Soziale Sicherheit und soziale Disziplinierung, hg. v. SACHSSE, Christoph, und TENNSTEDT, Florian, Frankfurt (1986), S. 73–100; JÜTTE, Robert, Disziplinierungsmechanismen in der städtischen Armenfürsorge der Frühneuzeit, ebd. S. 101–118.

5 Staatsarchiv Basel (STABS) Historisches Grundbuch »Kohlenberg«; hier steht auch im 17. Jahrhundert das »Schellenwerk« und im 19. Jahrhundert der Pulverturm; entsprechende Quartiere der Perlachberg in Augsburg vgl. BUFF (Archivar), Verbrechen und Verbrecher zu Augsburg in der zweiten Hälfte des 14. Jahrhunderts. In: Zeitschrift des historischen Vereins für Schwaben und Neuburg 4 (1878), S. 160–231, bes. S. 205 f.; der »Kratz« in Zürich, RUOFF, Wilhelm H., Von ehrlichen und unehrlichen Berufen, besonders vom Scharfrichter und Wasenmeister im alten Zürich. In: Zürcher Taschenbuch (1934), S. 15–60, bes. S. 25; »Gilergasse« in Trier vgl. LAUFNER, Richard, Die »Elendenbruderschaften« in Trier im 15. und 16. Jahrhundert. Ein Beitrag zur Sozialgeschichte der untersten Unterschichten im ausgehenden Mittelalter und in der frühen Neuzeit. In: Jahrbuch für westdeutsche Landesgeschichte 4 (1978), S. 221–237, bes. 226 f. Nach IRSIGLER, Franz, und LASSOTTA, Arnold, Bettler und Gauner, Dirnen und Henker. Randgruppen und Außenseiter in Köln 1300–1600, Köln (1984), existiert in Köln keine geschlossene Bettlerkolonie. Zur Sozialtopographie der Marginaux in Paris GEREMEK, Bronislaw, Les marginaux parisiens aux XIXe et XVe siècles, Paris (1976), S. 79–100.

6 BURCKHARDT (wie Anm. 1); KRAPF VON REDING, I., Zur Geschichte des Gaunertums in der Schweiz. In: Basler Taschenbuch (1864), S. 3–97; HAMPE, Theodor, Die fahrenden Leute in der deutschen Vergangenheit, Leipzig (1902); nach GEREMEK, Bronislaw, La lutte contre le vagabondage à Paris aux XIVe et XVe siècles. In: Ricerche storiche e economiche in memoria di Corrado Barbagallo, hg. v. DE ROSA, L., Bd. 2, Neapel (1970), S. 213–236, zählen nicht nur die »vagabonds« im engen Wortsinn zu dieser Gruppe: »Nombreux sont ceux qui passent la majeure partie de leur temps à l'intérieur des murs urbains et ne reprennent le bâton d'errant que pour aller visiter une foire, prendre leur part d'une distribution d'aumônes ou bien s'engager dans des travaux agricoles temporaires... Mais ces hommes constituent tous les éléments

und Bettler, Landstreicher und Fahrende drei Tage lang zu beherbergen; mit einer Erlaubnis des Reichsvogts war es den Fremden gestattet, drei Tage in der Stadt zu betteln. Der Versuch, dieses Recht auf nur eine Nacht zu beschränken, ließ sich nicht durchsetzen, ebenso scheiterte die Verordnung 1527, den Totengräbern und andern »Wirten« das Recht auf Beherbergung gänzlich abzusprechen und die fremden Bettlerinnen, Bettler etc. an die Elendenherberge zu verweisen. Weder tägliche Kontrollen noch Razzien – erst recht nicht der Versuch, die Fremden und Fahrenden »abzufangen« und statt auf den Kohlenberg zur leichter kontrollierbaren Elendenherberge zu schicken – konnten der Attraktivität und der Bekanntheit des Kohlenbergs Abbruch tun. Ebensowenig hielten sich Private außerhalb des Kohlenbergs an das wiederholte Verbot, Fremden und Fahrenden eine Unterkunft zu vermieten[7].

Als weitere Besonderheit des Kohlenbergs ist das Bettlergericht der *blinden, lammen, giller, stirnstôsser* zu erwähnen, von dem ein zeitgenössischer Chronist behauptet hatte, daß außerhalb Basels im Reich nur noch drei weitere existierten. Das Gericht, an dem die sog. »Freiheiten«[8] als Urteilssprecher teilnahmen, tagte unter Einhaltung bestimmter, für die ethnologisch interessierten Humanisten des 16. Jahrhunderts unverständlicher, altertümlicher Regeln; sein Kompetenzbereich umfaßte Frevel und Unzuchten (Schelt- und Schlaghändel). Bei der uns überlieferten Form handelt es sich um eine Delegation der städtischen Gerichtsbarkeit, keine eigenständige Schöpfung der Randständigen. Zwar fungierten Randständige als Richter in einem für die städtische Zuschauerschaft fremden Ritual, es fand statt unter Leitung des Vogts im Beisein von Amtleuten und dem Schreiber des Stadtgerichts[9]. Ein umfassender Begriff für die unterschiedlichen Randgruppen existiert nicht, eine Regelung von 1469 betreffend Kompetenzverteilung zwischen dem Unzüchter- und dem Vogtsgericht auf dem Kohlenberg nennt die *lichten, schnoden lúten alß farenden dochtern und fröwenwirten und wirtynnen ... blinden, lammen, giler und stirnenstosser, ouch nachrichter, totengreber und ir knechte* als Zuständigkeitsbereich des letzteren[10]. Die Anwohnerschaft des Kohlenberg bildet

d'une population flottante vivant en marge de la société, sans attaches sociales, sans demeures fixes ...«, S. 214; vgl. MISRAKI, Jacqueline, Criminalité et pauvreté en France à l'époque de la guerre de cent ans. In: Etudes sur l'histoire de la pauvreté sous la direction de MOLLAT, Michel, Paris (1974), S. 535–546. COHEN, Esther, Le vagabondage à Paris à la fin du XIVe siècle. In: Le Moyen Age 88 (1982), S. 293–313, v.a. S. 300; SCHUBERT, Ernst, Mobilität ohne Chance: Die Ausgrenzung des fahrenden Volkes. In: Ständische Gesellschaft und soziale Mobilität, hg. v. SCHULZE, Winfried, München (1988), S. 113–163, verweist auf die Notwendigkeit für Fahrende, sich mit verschiedenen Gewerben durchzuschlagen; SCRIBNER, Robert, Mobility: Voluntary or enforced? Vagrants in Württemberg in the Sixteenth Century. In: JARITZ, Gerhard und MÜLLER, Albert (Hg.), Migration in der Feudalgesellschaft, Frankfurt a. M. (1988), S. 65–88.
7 FISCHER (wie Anm. 4), S. 218–260; IRSIGLER/LASSOTTA (wie Anm. 5), Bettler als Untermieter und Schlafgänger S. 32–43.
8 Die »Freiheiten« oder »Freiheitsknaben« sind als städtische Sackträger vom Wachtdienst befreit und können wegen Geldschulden nicht vor Gericht gezogen werden; RYFF, Andreas, Aus der Stadt Basel Regiment und Ordnung 1597, in: Beiträge zur vaterländischen Geschichte NF 3 (1893), S. 6–30, bes. S. 27. Als Kloakenreiniger und Gehilfen des Nachrichters verrichten sie niedrige Arbeiten. Außerdem sind sie für Private tätig (Holzhacken und Transportieren), vgl. ZEHNDER, Leo, Volkskundliches in der älteren Schweizer Chronistik (= Schriften der Schweizerischen Volkskunde 60), Basel (1976), S. 370f.
9 Zum Kohlenberggericht und ähnlichen Bettlergerichten GRAUS, Organisationsformen, S. 240–242 (wie Anm. 2); Beschreibungen der Gerichtssitzung duch Felix Platter 1573 und Andreas Ryff 1597, abgedruckt bei ZEHNDER S. 387f. (wie Anm. 8); nach 1597 keine Erwähnung mehr.
10 Rechtsquellen von Stadt und Landschaft Basel, hg. v. SCHNELL, Johannes, I, Basel (1856), Nr. 160, S. 199; Kompetenzen des Vogtsgerichts auf dem Kohlenberg 1465 ebd. Nr. 157, S. 188–190. Alle *Löderer,*

somit keineswegs eine homogene »Randgruppe«, sondern zerfällt in einzelne Gruppen, die sich stark voneinander unterscheiden, was ihre Arbeit, Lebensweise, Status und Akzeptanz durch die Obrigkeit und die übrige Bevölkerung betrifft. Eine jüdische »Randgruppe« existiert in Basel nach 1400 nicht mehr; als Gründe für den Wegzug der zweiten jüdischen Gemeinde führt Graus Steuerdruck, Konkurrenz der Einheimischen oder Furcht vor einem zweiten Pogrom an[11]. Außerhalb der Stadt – in weiter Distanz zum Kohlenberg – liegt das Siechenhaus zu Sankt Jakob an der Birs, von dem aus die Leprösen an bestimmten Tagen die Stadt zum Betteln aufsuchen[12] und deren Bruderschaft sich am Ende des 15. Jahrhunderts mit einer neugegründeten Sankt Jakobsbruderschaft auf dem Kohlenberg konfrontiert sieht, wie im folgenden Abschnitt zu zeigen sein wird.

II.

Kontakte zwischen Randständigen und der übrigen Bevölkerung fanden auf verschiedene Arten bei unterschiedlichen Gelegenheiten statt, zu bestimmten Anlässen sogar auf dem Kohlenberg selbst. 1481 übernahm die neu gegründete Elendenbruderschaft auf dem Kohlenberg (eine Bruderschaft der Leprösen von Sankt Jakob an der Birs existierte bereits) die Sorge für das Seelenheil ihrer männlichen und weiblichen Mitglieder. 1486 wurde zwischen dem Prior des an den Kohlenberg angrenzenden Chorherrenstifts Sankt Leonhard und den Meistern der neuen Elendenbruderschaft auf deren Wunsch ein Vertrag abgeschlossen, der die religiösen Verpflichtungen des Klosters und die materiellen der Bruderschaft regelte. Er sicherte den Mitgliedern der Bruderschaft auf ewig eine Messe täglich, an Sankt Jakobstag und den Fronfasten besondere Seelenmessen für die verstorbenen Brüder und Schwestern am Altar der Brüderschaft gegen die jährliche Summe von fünf Gulden 25 Schilling zahlbar an Sankt Jakobstag, die durch eine Kollekte aufzubringen war. Sollte die Bruderschaft ihren finanziellen Verpflichtungen nicht nachkommen, so würde der Vertrag hinfällig[13]. Ein »Unterstützungsparagraph« in der Gründungsurkunde von 1480 – mit Zustimmung des Bischofs – schreibt allen männlichen und weiblichen Mitgliedern der Bruderschaft vor, den Brüdern und Schwestern, die unterwegs von *ellender kranckheit* ergriffen werden oder gänzlich verarmen, acht Tage lang *wartung zu tůn* oder sie mit einem Betrag von zwei Schilling zu unterstützen, der im Genesungsfall zurückzuzahlen ist. Wie in Trier wird verlangt, daß Brüder und Schwestern, die sich im Umkreis zehn Meilen von der Stadt Basel bzw. Trier aufhalten, sich auf Sankt Jakobstag bzw. Sankt Peter in

spiler, rippelreiger und riffion, die sich tage und nahts nit anders begont denne spilendes, lüderndes und rippelreigendes, sollen nach einem Straßburger Ratsbeschluß von 1411 vom Müßiggang ferngehalten und zur Arbeit verpflichtet werden, Chroniken der oberrheinischen Städte, Straßburg, 2 (Chroniken der deutschen Städte 9), Leipzig (1871), S. 1029.
11 Vgl. GRAUS, František, Pest-Geissler-Judenmorde, Göttingen (1986), S. 168–171.
12 Dazu STRAUB, Bernhard, Wirtschaftliche und soziale Lebensbedingungen der Leprosen im spätmittelalterlichen Basel (Lizentiatsarbeit, Ms.) Basel (1988); allg. BÉRIAC, Françoise, Histoire des Lépreux au Moyen Age, une société d'exclus, Paris (1988).
13 STABS, Klosterarchiv C, Bruderschaften, Sankt Jakobsbruderschaft 1486–1518. Gemäß dem Vertrag stellt die Bruderschaft Grab, Sarg und Wachskerzen; nach WACKERNAGEL, Rudolf, Bruderschaften und Zünfte zu Basel im Mittelalter. In: Basler Jahrbuch (1883), S. 220–249, besitzt die Jakobsbruderschaft in der St. Leonhardskirche 1481 einen dem hl. Thomas, 1500 zusätzlichen einen Sankt Jakob geweihten Altar und ein Gemälde desselben Heiligen, S. 245; vgl. für Trier LAUFNER (wie Anm. 5); allg. MOELLER, Ernst v., Die Elendenbrüderschaften, Leipzig (1906).

der Stadt einzufinden haben unter Androhung einer Buße[14]. Ein Kompetenzstreit *(irrungen und spen)* innerhalb des Vorstands der neuen Bruderschaft (Fahrende – städtische Fördermitglieder?) auf dem Kohlenberg liefert uns Aufschlüsse über ihre Struktur und die Probleme, die sie zu lösen hatte: Am Tag ihres Patrons Sankt Jakob wählte die Bruderschaft die beiden Meister für ein Jahr, der eine wurde *uf dem berg erwelt von ußlendigen brüdern*. Gemeinsam waren sie für Geld, Silber und Gold der Bruderschaft verantwortlich. Das Problem der zahlreichen fremden Währungen wurde gelöst, indem der *Meister auf Berg* die fremden Münzen in *gute müntz* umwechselte und seinen Kollegen darüber Rechenschaft ablegte[15]. Die jährliche Zusammenkunft diente nicht nur dazu, Streitigkeiten zu schlichten, die neuen Meister zu wählen und den Vertrag mit den Herren von Sankt Leonhard zu erneuern. Am Tage ihres Patrons fand auch ein Bettlerfest mit einer Armenspeisung und anschließendem Tanz auf dem Kohlenberg statt – zur Stärkung des Zusammengehörigkeitsgefühls und der Kommunikation. Es ist keiner der einheimischen Humanisten, der dieses Fest in seinem Tagebuch erwähnt, sondern ein Auswärtiger. Johannes Rütiner aus St. Gallen, der in Basel studiert hatte, berichtet: *Basilea in vigilia Sancti Jacobi omnibus mendicantibus datur cena, die prandium, verspero fit chorea claudorum, cecorum et cuiuscunque mechi quisque tenatur Bacchi remedio convalescit, altero mane 3 vel 4 paria sepe connubia contraxere*[16].

Außerhalb dieses speziellen Datums wird der Kohlenberg zum Schauplatz verschiedenster Aktivitäten, in die Randständige, aber auch Bürgerinnen und Bürger involviert sind. Das Spektrum reicht – wie schon angedeutet – von Spiel über mehr oder minder harmlosen nächtlichen Unfug durch Gesellen und andere männliche Jugendliche, gemeinsame Bordellbesuche mit anschließender Schlägerei bis hin zu eigentlich kriminellen Taten und blutigen Abrechnungen, die sich normalerweise nachts abspielen[17]. Auch auf dem Kohlenberg herrscht die übliche nachbarliche Sozialkontrolle wie in den übrigen Teilen der Stadt, ob im Zentrum, an der Peripherie oder im Unterschichtquartier. Wie die Zeugenaussagen in den Gerichtsbüchern beweisen, beobachten »ehrbare« und randständige Männer und Frauen genau, was sich in und

14 STABS Klosterarchiv, Bruderschaften Urk. no. 3, 1480 Juli 25 und no. 4, 1481 April 1; weitere Verpflichtungen: vorgeschriebene Anzahl individueller Gebete bei Tod eines Bruders/einer Schwester und Androhung von Bußen für Schmähungen und *leichtfertige* Worte bzw. Tilgung aus der Bruderschaftsliste für nicht *frommes* Verhalten. Ebd. Nr. 6., 1487 Juli 30 Ordnung für ein *volkumen kamerrecht*, das ewige Gültigkeit haben soll. Eine eigenes Bruderschaftshaus angrenzend an das Haus des Henkers ist 1508 belegt, ebd. Nr. 10.
15 Ebd. Urk. Nr. 8, 1497; zu den Problemen zwischen den unterschiedlichen Gruppen innerhalb der Bruderschaft (Blinde, Lahme, Krüppel, Sieche, Aussätzige, Gerade, Fördermitglieder aus der Bürgerschaft) bei der Besetzung des Vorstands LAUFNER, S. 229 ff. Für Basel existiert keine Mitgliederliste mehr, aus der sich der Einzugsbereich ablesen ließe, für Trier nennt LAUFNER, S. 263, im Norden Essen und Soest, im Süden Luzern, im Westen Paris und im Osten Merseburg und Frankfurt/Oder als äußerste Punkte.
16 LIEBENAU, Theodor v., Aus dem Diarium des Johannes Rütiner von St. Gallen aus den Jahren 1529–1539. In: Basler Zeitschrift für Geschichte und Altertumskunde 4 (1905), S. 45–53, S. 47; Rütiner vergleicht das Fest mit dem Nürnberger Fest der Leprösen am Grünen Donnerstag. Der zweite Hinweis findet sich in der Datierung eines Nachlaßinventars eines Bettlers *Zinstag post Jacobi dem pettlertanz*, STABS Gerichtsarchiv Beschreibbüchlein K 3a, 1507, S. 195. Zur Teilnahme von Randständigen am Pfingst- und Herbstmarkt in Zürich, die in der achttägigen *fryheit* explizit eingeschlossen sind, *hürendantz* an den Zurzachermessen, eigenes Gaunerfest (Gauner- oder Feckerkilbi) im schweizerischen Gersau, Bettlertänze und -Hochzeiten siehe GRAUS, Organisation S. 246f. (wie Anm. 2).
17 SIMON-MUSCHEID, Katharina, Gewalt und Ehre im spätmittelalterlichen Handwerk am Beispiel Basels. In: Zeitschrift für historische Forschung 18, H. 1 (1991), S. 1–31.

vor den Häusern auf dem Kohlenberg abspielt, wer mit wem spricht und wer wen besucht. Dies gilt nicht nur tagsüber, sondern auch für die Nacht, in der der Kohlenberg besonders »lebendig« wird. Als Bordell, Hehlernest und Spielhöhle gilt das Wirtshaus auf dem Kohlenberg, das für die einheimischen »Marginaux« wie für die fremden eine große Anziehungskraft besitzt als Refugium, Treffpunkt, Umschlagplatz für Nachrichten und Waren sowie als Ausgangspunkt für Bettelgänge.

Wie schon erwähnt, existiert im Spätmittelalter zwischen den Randständigen – mit Ausnahme des Henkers[18] – und der übrigen Bevölkerung noch kein absolutes »Berührungsverbot«, Wirtshauskontakte zwischen Zünftigen, Totengräbern und »Freiheiten« z.B. sind möglich, allerdings läßt sich gerade an einem solchen Fall zeigen, wie stark das Gefühl der sozialen Überlegenheit ausgespielt wird: Zwei Meister hindern einen *armen fryheit* nicht daran, sich in ihrer Gegenwart im Wirtshaus zu Tode zu trinken[19]. Wirtshaus- und vor allem Kirchweihenbesuche außerhalb des Wohnortes, Reisen über Land etc. bieten Gelegenheit zu mehr oder minder friedlichen »geschäftlichen« Kontakten.

Die »friedlichen« Kontakte können jedoch nicht darüber hinwegtäuschen, daß zwischen »Marginaux« und der »Majorität« eine tiefe soziale Kluft besteht, die auf Angst, Ablehnung und Verachtung basiert und beiderseits Abwehrreaktionen provoziert, die sich in Form von »Feindbildern« – genährt von der verbreiteten Literatur über den betrügerischen Bettel – und Verschwörungsängsten konkretisieren[20]. Diese Feindbilder bewirken, daß ein bestimmtes Verhalten den Randständigen a priori zugeschrieben wird, z.B. die Gleichsetzung von Bettler mit Betrüger oder von Bettlerin mit Kupplerin. Die literarischen »Fiktionen« vom Bettelbetrug beeinflussen direkt die obrigkeitliche Sozialpolitik und das Verhalten der einzelnen.

Besonders dort, wo Randständige in direkter Nachbarschaft mit der »ehrbaren« Bevölkerung leben, brechen leicht Konflikte auf. Es handelt sich im Grund um die üblichen Nachbarschaftskonflikte, wie sie auch zwischen Kontrahenten mit gleichem Sozialstatus ausgetragen werden. Die soziale Ungleichheit verleiht ihnen jedoch eine andere Qualität. Ob der eigentliche Grund für solche Konflikte in der unterschiedlichen Lebensweise der »Majorität« und der Randständigen liegt oder ob schon die Tatsache ihrer unmittelbaren Nachbarschaft für latente Animositäten ausreicht, die beim geringsten Anlaß in offene Feindschaft umschlagen, läßt sich meist nur vermuten.

Die Zeugen, die Randständige des Kohlenbergs in Konfliktfällen aufbieten, stammen nicht notwendigerweise aus ihrem »Milieu«. Für den folgenden Fall aus dem Jahr 1453 müssen wir

---

18 ANGSTMANN, Else, Der Henker in der Volksmeinung. Seine Namen und sein Vorkommen in der mündlichen Volksüberlieferung (Theutonista, Beiheft 1), Bonn (1928); DANCKERT, Werner, Unehrliche Leute. Die verfemten Berufe, Bern/München (1963); Bsp. bei ZEHNDER S. 403–406 (wie Anm. 8); WISSELL, Rudolf, Des alten Handwerks Recht und Gewohnheit (2. erweiterte und bearbeitete Ausgabe), hg. v. SCHRÄPLER, Ernst, Berlin (1971), Bd. 1, S. 188–205.
19 STABS Ratsbücher A 3, Leistungsbuch II, fol. 82r, 1417; eine Gruppe von Gesellen, Freiheiten, Söldnern und »fahrenden Töchtern« kommentiert mit *bösen Worten* und *übelm Handeln* aus einem Wirtshaus heraus eine vorüberziehende Prozession, ebd. fol. 73v, 1413.
20 Zu den Verschwörungsängsten GRAUS, Pest, Brunnenvergiftung durch Juden und Aussätzige S. 299–334 (wie Anm. 11); Mordbrenner im 16. Jahrhundert SCRIBNER, Robert, The Mordbrenner Fear in Sixteenth Century Germany. In: The German Underworld, ed. by EVANS, Richard, London (1988); allg. DELUMEAU, Jean, La peur en Occident XIVe-XVIIIe siècles. Une cité assiégée, Paris (1978), zu Bettlern und Vaganten S. 190–194 und S. 410–413.

uns in Erinnerung rufen, daß der Kohlenberg nicht von der übrigen Stadt isoliert ist, sondern daß die Nachbarschaft auch von Angehörigen verschiedener Zünfte, darunter sogar der zünftigen Oberschicht und dem städtischen Patriziat, gebildet wird. Es handelt sich hier um eine besonders interessante Konstellation, nicht nur, weil sich als Gegner ein Totengräber und ein Angehöriger der Kaufleutezunft gegenüberstehen, sondern weil das Verhältnis zwischen dem Chorherrenstift Sankt Leonhard und den Randgruppen auf dem Kohlenberg beleuchtet wird[21]. Alle Beteiligten, die Protagonisten sowie die Zeuginnen und Zeugen, leben entweder auf dem Kohlenberg selbst oder in den angrenzenden Straßen, an denen sich »kleine« Leute, je nach Abschnitt aber auch Angehörige der zünftigen Oberschicht und des Patriziats niedergelassen haben. Anlaß für die gerichtliche Kundschaft ist eine Schlägerei am Ostermorgen zwischen einem Totengräber und einem »herrenzünftigen« Kaufmann wegen angeblicher nächtlicher Ruhestörung im Haus des Totengräbers, wobei die Zeugenaussagen stark voneinander abweichen, was Verlauf, Gebrauch von Waffen und Bruch des gebotenen Stadtfriedens betrifft. Der Totengräber fährt fünf Zeuginnen und Zeugen auf, darunter je einen Gartner, Weber und Kornmesser, d.h. Zünftige und keine Kohlenbergleute, denen die Schlägerei kaum entgangen sein dürfte. Es scheint, als wähle er bewußt Zeugen, deren Glaubwürdigkeit nicht schon durch ihren Status als Randständige geschmälert wird. Der Kaufleutezünftige erscheint seinerseits nur mit drei Zeugen, einer Frau aus der Nachbarschaft, dem Leutpriester von St. Leonhard und (als »Standesgenossen«) einem Junker, der vom Fenster seines Hofes aus die Schlägerei beobachtet hat. Aus den Zeugenaussagen lassen sich keinerlei Berührungsängste mit Randständigen (außer dem Henker) herauslesen. Aufschlußreich ist die Aussage des Leutpriesters in mehrfacher Hinsicht. Er informiert zunächst darüber, daß er über einen der Totengräber den Kirchenbann verhängt und danach auch kontrolliert habe, ob der Gebannte nicht trotzdem unter den arbeitenden Totengräbern im Kreuzgang von Sankt Leonhard war. Am Ostertag habe er zudem erfahren, daß die Totengräber den armen Feldsiechen ihr Geld, ihre Flaschen und anderes genommen und *verzehrt* hätten. Daraufhin habe er, um die Sache zu klären, sich zu besagtem Totengräber begeben und dort gehört, *daz ein groß geschrey und ein wild leben in des totengrebers huß were*. Auf seine Zurechtweisung hin ... *gebe im der totengreber böse üppige wort und spreche: die herren von Sant Lienhart hiltent ein üppig leben und ein hurhüslin in irem kloster.*

Aufschlußreich sind die Indizien für das gespannte Verhältnis zwischen Randständigen und Sankt Leonhard. Gründe für die Animositäten sind durchaus vorhanden: Der Leutpriester des benachbarten Chorherrenstifts setzt nicht nur geistliche Machtmittel, d.h. den Kirchenbann ein, die enge Nachbarschaft und die eingeholten Informationen erlauben eine direkte Kontrolle der Sanktionen. In diesem Fall bedeuten sie zudem einen Verdienstausfall, da der Gebannte den Kreuzgang, wo das Grab ausgehoben wird, nicht betreten darf. Als Nachbar der unterschiedlichen Randgruppen und der übrigen Anwohnerschaft erhält der Leutpriester verschiedene Informationen und Einblicke in die Lebensweise der Randständigen, die gegenseitigen Abneigungen, Ängste und Projektionen. Dem Chorherrenstift, das über großen Grundbesitz auf dem Kohlenberg verfügt, sind außerdem viele Bewohnerinnen und Bewohner der kleinen umliegenden Häuser zinspflichtig. Die übliche Kritik an der Lebensführung des Klerus verbindet sich in

---

21 STABS Gerichtsarchiv D 5, fol. 12r-13r, 1453. Laut Zeugenaussage wirft der Kaufleutezünftige dem Totengräber vor, er mache nachts ein solches Geschrei, daß niemand mehr schlafen könne, deshalb wolle er ihn vom Kohlenberg vertreiben.

den Äußerungen des Totengräbers mit der Erbitterung der »Minderprivilegierten« über die materielle und spirituelle Abhängigkeit, die nachbarliche Sozialkontrolle und die direkten Eingriffe in die eigene Lebensweise. Zwei Zeugen berichten von »Nachtlärm« bei den Totengräbern in der Nacht vor dem Ostertag. Es wäre wichtig zu wissen, ob es sich um »normalen«, nicht termingebundenen »Lärm« handelt oder ob wir hier nochmals einen Ausdruck einer »Randgruppenkultur« zu fassen bekommen wie beim oben erwähnten Bettlertanz, z.B. ein eigenes Fest in der Nacht auf den Ostertag, was als *grosses geschrei* und *wildes leben* vom Leutpriester wahrgenommen werden könnte[22].

Das zweite Problem stellt die Anschuldigung des Leutpriesters, die Totengräber hätten die Feldsiechen bestohlen. Wie dieser Diebstahl konkret vor sich gegangen sein soll und was die Folgen dieser Anschuldigung sind, bleibt im Dunkeln. Laut Aussage sind es auch nicht einzelne Individuen, sondern »die Totengräber« und »die Feldsiechen«, die einander als Täter und Opfer gegenübergestellt werden. Aufschlußreich scheint mir die Vorstellung bzw. Erfahrung, daß die Randständigen als heterogene Gruppe wahrgenommen werden, zwischen denen nicht unbedingt Solidarität vorausgesetzt wird. Verläuft der angenommene oder bestehende Graben innerhalb der Randgruppen zwischen den Seßhaften und den Fahrenden, zwischen Gesunden und Kranken, zwischen der alten und der neuen Sankt Jakobsbruderschaft? Handelt es sich um tatsächlich existierende Spannung zwischen diesen beiden Gruppen von Randständigen, um Projektionen der »Majorität« oder bloß um den Ausdruck einer besonders verwerflichen Gesinnung, die der Leutpriester den Totengräbern zutraut[23]?

Innerhalb der äußerst heterogenen Kohlenberggesellschaft sowie zwischen Marginaux und der übrigen Bevölkerung herrschen tatsächlich Spannungen, die sich in Beschimpfungen und Gewalttätigkeiten entladen. Diese Art, Konflikte auszutragen, ist unter den Randständigen genauso üblich wie im bürgerlich-handwerklichen Milieu[24]. Die rechtlich privilegierten »Freiheiten«, deren Arbeitgeber je nach Funktion die Stadt oder Private sein können[25], werden häufig Opfer von Bürgern, schlagen sich untereinander oder mit Bettlern, Bettler und Krüppel geraten aneinander, Prostituierte schlagen und beschimpfen sich gegenseitig, werden von »ehrbaren« Frauen beschimpft und denunziert und von ihren Zuhältern oder Wirtinnen mißhandelt[26].

---

22 Zur Vorstellung einer »Gegenkultur« BURKE, Peter, The Historical Anthropology of Early Modern Italy, Cambridge 1987.
23 Nach GRAUS, Organisationsformen S. 235f. (wie Anm. 2), wirken sich Spezialisierung und Hierarchisierung innerhalb der Randständigen auf das Zusammengehörigkeitsgefühl hemmend aus, Solidarität hingegen erwächst aus den Diskriminierungsmaßnahmen der Majorität, die sie als Mitglieder einer Gruppe treffen, die ihrerseits die Basis für ein gewisses Wir-Gefühl bildet.
24 SIMON-MUSCHEID (wie Anm. 17).
25 Gegen »Müßiggang« der »Freiheiten« richtet sich eine Ratsverordnung: *Es spilent ouch die friheiten zit für zit und wellent nit werken, weder sniden, holz tragen noch ander arbeit tůn, hant ùnser herren rat und meister erkent, welher zů einem friheit kommet, es sie frŏw oder man, und den ervordert im ze werkende ... wideret er sich das ze tůnde, der mag das eim ratsherren oder eim ratsknecht sagen, der sol ze stund den heissen in ein kefyen legen,* abgedruckt bei SCHNELL I, Nr. 103, S. 103f. (wie Anm. 10).
26 Alle Beispiele aus STABS Gerichtsbücher A 2 und 3 (Leistungsbücher I und II, (1357–1473), zit. LB): Ein Bürger erschlägt auf dem Kohlenberg einen Blinden; ein *Behem* ersticht einen Fahrenden; eine Frau zwingt eine arme taube Begine und andere Töchter mit Gewalt in ihrem Haus zur Prostitution; ein Blinder verwundet einen *armen Knecht* aus Ulm mit dem Messer; ein Hinkender schlägt eine Frau im Frauenhaus; Ruphan der *Friheit* verwundet Lienhard den Vogler und ist sonst ein *übelbeleumundeter, unnützer* Mensch.

Nicht erstaunlich ist die Konzentration von Bettelbetrug, Kleinkriminalität und »sittenwidrigem Verhalten« im geschilderten Milieu als literarische Fiktion, als Projektion der »Majorität«, aber auch als Delikte, die von den städtischen Gerichten geahndet werden: Professionelles Spiel mit gezinkten Karten und falschen Würfeln um ebenso falsches Geld, Betteln als falsche Aussätzige, betrügerischer Verkauf von vergoldeten Ringen und Paternostern, die zuerst fallen gelassen, dann »mit Gottes Hilfe« wieder gefunden und anschließend als wundertätig teuer verkauft werden, sind Delikte, die auch Kohlenbergleute begehen[27]. *Unreine* Scheltworte, gotteslästerliche Flüche und Verwünschungen, Prahlen mit begangenen Delikten und sogar Drohungen gegen die Stadt sind die Mittel, mit denen sich Frauen und Männer unter den Randständigen verbal zu Wehr setzen, wofür sie bedeutend härter als »bürgerliche« Delinquentinnen und Delinquenten bestraft werden; im Unterschied zu diesen werden an ihnen die vorgesehenen Ehren- und Verstümmelungsstrafen meist auch vollzogen. Zusätzlich pflegen die Gerichtsschreiber ihre Namen mit den Attributen *übelbeleumundet, unnütz, schädlich, liederlich* etc. zu versehen[28].

III.

Die Serie der Basler Nachlaß- und Beschlagnahmeinventare[29] vom 15. bis 17. Jahrhundert enthält erstaunlich viele Inventare von Randständigen, Fremden und Angehörigen der Stadtarmut[30]. Die Hinterlassenschaft der fremden Bettlerinnen und Bettler, Pilger, Pilgerinnen und Fahrenden etc., die in Basel auf dem Kohlenberg oder anderswo für kürzere oder längere Zeit Unterschlupf gefunden haben und die hier gestorben sind, wurde – wie die der städtischen

---

27 Seit etwa 1400 werden regelmäßig (professionelle) Falschspieler aufgegriffen: *Item Peter Vallenmacher und bösz Peter von Wissenburg hant mit der brömen gspilt und einvaltige lüte damitte betrogen und inen das ire unredlich abgewunnen, dazû sint bi inen funden vil valscher wurffel mit zweyn sehsen, zwein quatern, zwein thusen, item zwein zincken, zwein drien und zwein essen.* Sie werden geblendet und verbannt, LB II, fol. 81ʳ, 1416, zitiert bei HAGEMANN, Hans-Rudolf, Basler Rechtsleben im Mittelalter I, Basel/Frankfurt (1981), S. 313. Beispiele aus LB: Ein *töchterlin vom Kolenberg* steht im Verdacht, Seckel von Gürteln geschnitten zu haben; ein Pfeifferssohn aus dem elsässischen Rufach raubt den Opferstock von Sankt Theodor aus; Kuntz von Libitz bettelt als falscher Lepröser mit einer Klapper. Ein Bettler aus dem Elsaß *ist gangen bettlen und sich angenommen, er hab die fallende kranckheit, das doch erlogen gewesen ... ist,* STABS Gerichtsarchiv Urfehden III, S. 46, 1525; vgl. BUFF S. 223 (wie Anm. 5), Verzeichnis der *schädlichen Leute* von 1349.
28 Für seine prahlerischen Worte, er habe schon in Straßburg zwei erstochen und wolle nicht ruhen, bis er auch hier einen hingerichtet habe, wird ein Freiheit lebenslänglich verbannt, LB II, fol. 87r, 1419; Bsp. für gotteslästerliche Flüche und *unreine* Scheltworte von Frauen und Männern ebd.
29 Inventare ließ die Basler Obrigkeit in folgenden vier Fällen erstellen: (a) Wenn keine oder minderjährige Erben vorhanden waren oder die Erben im Ausland lebten; (b) bei Flucht vor Strafverfolgung. (c) Auf »Anrutung« der Gläubiger wurden Hab und Gut der Schuldnerinnen und Schuldner gerichtlich inventarisiert als Sicherstellung für die Gläubiger. (d) Anstelle eines Testaments setzten sich wohlhabende Ehepaare gegenseitig als Erben ein. Die oberrheinischen Nachlaß- und Schuldnerinventare werden zur Zeit im Rahmen eines Forschungsprojekts von der Autorin ausgewertet.
30 Grundsätzlich zu methodischen und inhaltlichen Problemen der Inventarforschung: Les actes notariés. Sources de l'histoire sociale XVIᵉ-XIXᵉ siècles, Strasbourg (1979); VAN DER WOUDE, Ad., und SCHUURMAN, Anton (Hg.), Probate Inventories. A New Source for the Historical Study of Wealth, Material Culture and Agricultural Development, Wageningen (1980); BAULANT, M., SCHUURMAN, A. und SERVAIS, P. (Hg.), Inventaires après décès et ventes de meubles. Apports à une histoire de la vie économique et quotidienne (XIVᵉ-XIXᵉ siècle), Louvain-la-Neuve (1988).

Armen – von den obrigkeitlichen Beamten detailliert aufgenommen, denn es galt, auch aus den ärmlichsten Habseligkeiten noch ein paar Münzen zu lösen, um das Begräbnis zu bezahlen oder Schulden des/der Verstorbenen zu begleichen. Nicht selten gerieten einheimische ärmere und wohlhabende Randständige – wie übrigens auch die zünftigen Männer und Frauen – in Schulden. In diesen Fällen diente das detaillierte Inventar ihrer Habe als Sicherstellung für ihre Gläubiger. Diese Kategorie von Inventaren erlaubt Rückschlüsse auf die materielle Kultur der finanziell besser gestellten Randständigen, vor allem die der »Marginaleliten«[31]. Hier wird das Spannungsfeld zwischen obrigkeitlichen Luxus- und Kleidervorschriften, »objektivem« Sozialstatus, finanziellen Möglichkeiten und dem Wunsch nach Selbstdarstellung im Zentrum der Betrachtungen zu stehen haben. Zudem liefern Arbeitsgeräte und Rohmaterial in den Inventaren der Randständigen wichtige Hinweise auf ihre Tätigkeiten außerhalb ihrer »berufsspezifischen« Arbeit. Zusammen mit dem, was zu ihrem Selbstverständnis bzw. ihrer Selbstdarstellung gehört, erschließen sie einen weiteren Teil der »Lebensrealität« der männlichen und weiblichen »Marginaux«.

Als erstes liefern uns die Inventare Angaben über die Wohnsituation der Randständigen. Außer dem Kohlenberg kommen hauptsächlich die Steinenvorstadt sowie zwei weitere für Durchgangsverkehr und Gewerbe unattraktive Vorstädte (vor allem die Neue Vorstadt) und die Peripherie für Angehörige der Randgruppen einschließlich der weiblichen und männlichen Angehörigen der Stadtarmut in Frage[32]. Wie schon erwähnt, ist ein großer Teil der Häuser auf dem Kohlenberg, die von Randständigen und ihren Nachbarn bewohnt werden, dem Chorherrenstift Sankt Leonhard zinspflichtig. Für die Inventarisierung gehen die Beamten üblicherweise von Raum zu Raum, wobei sie sämtliche Gegenstände, die sich in einem Raum befinden, aufnehmen, bevor sie zum nächsten weitergehen. Auf diese Weise erhalten wir auch für die Haushalte der »Marginaux« einen Gesamteindruck eines Raumes und der Struktur der ganzen Behausung, wobei Hab und Gut detailliert am Ort aufgelistet werden[33]. Außer dem Kohlenbergwirtshaus und dem Bordell auf der Lyß bestehen die erwähnten Häuser im besten Fall aus drei Räumen, häufig Kammer, Stube und Küche sowie eventuell Keller und Estrich, wobei auch Korridore, die Räume unter der Treppe, der Hof und die Toreinfahrt als Abstellplatz oder Schlafräume genutzt werden[34].

Anders präsentiert sich die Situation bei all denen, die kein Haus bewohnen. Hier handelt es

---

31 Einer »aristocratie du milieu« gehören nach GEREMEK, Marginaux S. 241 ff. (wie Anm. 5), beispielsweise die Prostituierten an, die sich ein eigenes Haus kaufen oder mieten können.

32 Zu Sozialtopographie und Untermiete SIMON-MUSCHEID, Katharina, Basler Handwerkszünfte im Spätmittelalter. Zunftinterne Strukturen und innerstädtische Konflikte, Bern/Frankfurt a.M./New York (1988), S. 197–229.

33 Selbstverständlich erfassen auch Inventare nicht den gesamten Besitz einer verstorbenen bzw. verschuldeten Person. Im Unterschied zu Testamenten, in die hauptsächlich für »vergabungswürdig« befundene Objekte Eingang finden, vermitteln die Nachlaß- und Beschlagnahmeinventare jedoch eher den Eindruck eines »ensemble«, da sie auch »wertlose« Gegenstände erwähnen. Sie liefern in ihrer Gesamtheit Aufschlüsse über Wohnsituation, materielle Lage, berufliche Tätigkeiten, Sozialstatus und Sozialbeziehungen.

34 Dies entspricht nicht nur den Häusern der Armen an der Peripherie und in bestimmten Vorstädten – auch zahlreiche wenig bemittelte Handwerkersmeister und Witwen leben in solchen Häusern, sofern sie nicht zur Untermiete wohnen. Zur Unterschichtsforschung MASCHKE, Erich, und SYDOW, Jürgen (Hg.), Gesellschaftliche Unterschichten in den südwestdeutschen Städten (= Veröff. der Kommission für geschichtliche Landeskunde in Baden-Württemberg, Reihe B, 41), Stuttgart (1967); vgl. für Bordeaux

sich um Untermieterinnen und Untermieter, »Gäste«, die – laut Ordnung höchstens drei Nächte – von den Totengräbern auf dem Kohlenberg beherbergt werden dürfen, oder um Prostituierte aus den bekannten Frauenhäusern (viele Prostituierte wohnen auch anderswo zur Miete). In einigen Fällen sind in einem Haus oder in einer Kammer die Habseligkeiten von Fremden/Fahrenden/Hausierern deponiert während der Abwesenheit ihrer Besitzerinnen und Besitzer. Nicht immer können die inventarisierenden Beamten den Namen in Erfahrung bringen: schwierig ist dies besonders bei Fremden und Fahrenden, die auf dem Kohlenberg oder als kurzzeitige Untermieter unbekannt bleiben. Bei der einheimischen Bevölkerung ist es möglich, mit Hilfe von Nachbarn, Nachbarinnen und Mägden die genauen Besitzverhältnisse abzuklären und festzustellen, welcher Gegenstand bei wem versetzt oder ausgeliehen ist, ob Schulden bezahlt oder eingetrieben werden müssen. Wenn diese Voraussetzung gegeben ist, erlauben es auch die Inventare der Randständigen, den Kreis der Sozialbeziehungen festzustellen, innerhalb dessen Hausgerät und Kleider verliehen oder verpfändet und geschäftliche Beziehungen eingegangen werden, wie an einigen Beispielen zu zeigen sein wird.

So unterschiedlich wie die einzelnen Randgruppen und innerhalb dieser die einzelnen Individuen präsentieren sich auch ihre Inventare. In ihnen lassen sich große quantitative wie qualitative Unterschiede feststellen, was wiederum das erstaunlich breite Spektrum der Handlungsräume und wirtschaftlichen Möglichkeiten der verschiedenen Randgruppen dokumentiert.

Im folgenden soll der Versuch unternommen werden, anhand ausgewählter Beispiele aus dem Basler Material die materielle Lage von Randständigen, wie sie sich in den Nachlaß- und Schuldinventaren präsentiert, vorzustellen und in Bezug zu den oben skizzierten Problemkreisen zu setzen. Ich beginne mit den Fremden, anschließend sollen die unterschiedlichen Gruppen der hiesigen »Marginaux« untersucht werden, »Freiheiten«, Totengräber und Nachrichter, Prostituierte, Frauenwirte und Zuhälter sowie Bettlerinnen und Bettler.

Anno LXXX (1480) uff mendag nach Martini ist ein alter bettler von Rufach in dem huß ze Sitkust abgangen und hinder im funden worden: 1 flesch, 1 aser (= Bettelsack), *12 schilling pfennig, 1 bös underhemd, zwen alt schuch*[35].

Ebenso armselig ist der Nachlaß eines namenlosen Walchen, der im Hause eines Totengräbers auf dem Kohlenberg gestorben ist, wo sich auch seine Habseligkeiten befinden. Es handelt sich um einen Mantel, ein paar weiße Hosen, ein schwarzes *böses* Barett, einen Leibpelz, viele alte Lumpen und zwei Schilling[36]. *Niemand weiss, woher er kommt und wie er heisst*, notierte der Schreiber, als er Hab und Gut eines fremden Krämers auflistete, der wiederum bei einem Totengräber seine Unterkunft gefunden hatte. Der unbekannte Hausierer hatte die folgenden Waren mitgeführt: sieben Strangen Seidenbändel, zwei Strangen Seiden-

---

Dinges, Martin, Materielle Kultur und Alltag. Die Unterschichten in Bordeaux im 16./17. Jahrhundert. In: Francia 15 (1987), S. 257–279; für Basel Simon-Muscheid (wie Anm. 32).

35 STABS Gerichtsarchiv Beschreibbüchlein K 3, S. 171, 1480; zur Kleidung von Bettlern Jütte, Robert, Windfang und Wetterhahn. Die Kleidung der Bettler und Vaganten im Spiegel der älteren Gaunersprache. In: Terminologie und Typologie mittelalterlicher Sachgüter: das Beispiel der Kleidung (= Veröff. d. Inst. für mittelalterliche Realienkunde Österreichs 10), Wien (1988), S. 177–204.

36 STABS Gerichtsarchiv, Beschreibbüchlein K 7, S. 164, 1519. Seit den Burgunderkriegen häufen sich auch innerhalb der Eidgenossenschaft die Klagen über die welschen Bettler und Hausierer, wobei die Hugenottenkriege das Problem verschärfen.

schnüre, einen breiten welschen Seidenbändel, zwei weiße Seckel, 21 Paternoster, zehn Büschel Nadeln, diverse Büchsen (u. a. mit Theriak) sowie eine Waage mit Gewichten und *Wildwurzeln*[37].

Die beiden ersten Inventare entsprechen dem Bild des vagierenden Bettlers, wie es uns von zahlreichen Abbildungen bekannt ist[38], im dritten Fall handelt es sich um einen Hausierer, der nicht nur Theriak und Wurzeln zu medizinischen bzw. magischen Zwecken mit sich führt, sondern auch eine Auswahl »modischer Artikel«. Solche Hausierer pflegen an keiner Kirchweih und keinem Jahrmarkt zu fehlen. Auch der »Theriakskrämer« ist eine beliebte Figur in der Literatur über betrügerischen Bettel, wo er unter den Quacksalbern figuriert.

Nicht nur Bettlerinnen, Bettler und Hausierer und Landstreicher verschlägt es auf den Kohlenberg. Er ist auch der Ort, wo die fremden sozialen Absteiger Zuflucht suchen. Mundus, der Druckergeselle von Ymbs (?), ist ein solches Beispiel. Abgebrannt und zerlumpt stirbt auch er auf dem Kohlenberg. Gesellen pflegen nach Möglichkeit in ihre Kleidung zu investieren; sie soll nicht nur die Zugehörigkeit zu einem ehrbaren Stand signalisieren, sondern darüber hinaus bemühen sich gerade Gesellen um bunte, modische Kleidung zur Selbstdarstellung. Außerdem muß sie im Notfall versetzt werden oder in Zahlung gegeben werden können. Die Kleidung des Druckergesellen genügt im Zustand, in dem sie auf dem Kohlenberg inventarisiert wird, diesen Anforderungen bei weitem nicht mehr: Ein schwarzer Rock, ein Paar *böse* rote Hosen, zweites Paar derselben Qualität, zwei *böse* Wämser und ein Paar alte Schuhe. Diese Kleider, die er sich in »guten Zeiten« wohl selbst angeschafft hatte, entsprachen neu durchaus dem üblichen Standard. Waffen führt er im Unterschied zu andern Gesellen keine mit sich, dafür zwei Bücher als Nachweis seines Berufes bei einer eventuellen Stellensuche[39].

Schlechte Kleidung bewirkt zweierlei Reaktionen: Sie signalisiert die Zugehörigkeit zur einer bestimmten sozialen Gruppe, d. h. sie grenzt einerseits aus der »ehrbaren« Gesellschaft aus und appelliert gleichzeitig ans Mitleid der Mitmenschen und an ihre Verpflichtung als Christen. Darüber hinaus bietet sie die Möglichkeit, das Aussehen zu verändern – ein bekanntes Problem bei Steckbriefen – oder sich notfalls zum Schutz gegen Überfälle als »Armer« oder »Arme« zu tarnen, wie es eine wohlhabende fremde Pilgerin durch einen *bösen* Mantel tut; sie steigt nicht auf dem Kohlenberg ab, sondern in einem Gasthof[40].

---

37 STABS Gerichtsarchiv, Beschreibbüchlein K 6, S. 156, 1518; unter den Quacksalbern, die sich in der schweizerischen Stadt Baden versammeln, werden *Wurtzengraber, Landstreicher, Zanbrecher, Triackskrämer, alte Weiber, Juden und Henker* genannt, ZEHNDER S. 553 f. (wie Anm. 8).
38 SUDECK, Elisabeth, Bettlerdarstellungen am Ende des XV. Jahrhunderts bis zu Rembrand (= Studien zur deutschen Kunstgeschichte 279, Straßburg (1931); vgl. die Abbildungen bei HAMPE und GEREMEK Truands (beide wie Anm. 3); SACHSSE, Christoph und TENNSTEDT, Florian (Hg.), Bettler, Gauner und Proleten. Armut und Armenfürsorge in der deutschen Geschichte. Ein Bild-Lesebuch, Reinbek (1983), und die Steckbriefe von Bettlern und Mordbrennern bei KLUGE, Friedrich, Quellen und Wortschatz der Gaunersprache und der verwandten Geheimsprachen, Bd. 1: Rotwelsches Quellenbuch, Straßburg (1901), bes. S. 81–83 und 103 f.
39 STABS Gerichtsarchiv, Beschreibbüchlein K 7, S. 60, 1519; BRÄUER, Helmut, Gesellen im sächsischen Zunfthandwerk des 15. und 16. Jahrhunderts, Weimar (1989) S. 81 f., findet in Leipziger Gesellennachlässen »nicht unerhebliche Kleiderhinterlassenschaft«, was der Vorstellung entspricht, wonach Kleider »krankenkreditfähig« machen; die Basler Nachlaßinventare bestätigen dieses Bild; zur Beschränkung des »Kleiderluxus« für Gesellen MASCHKE S. 10 f. (wie Anm. 34).
40 STABS Gerichtsarchiv, Beschreibbüchlein K 3a, S. 133, 1506. An der Eidgenössischen Tagsatzung in Baden 1511 wird das Signalement eines Verbrechers bekannt gemacht: An der linken Hand fehlen vier Finger, er trägt zur Tarnung schlechte Oberkleidung, darunter jedoch gute Hosen und ein gutes Wams,

Es wäre jedoch falsch anzunehmen, schlechte Kleidung sei für den Kohlenberg typisch gewesen. Die »Marginalelite« kompensierte ihren minderen sozialen Status durch äußeren Prunk und ließ sich dabei keineswegs von den wiederholten obrigkeitlichen Kleidermandaten beeindrucken: *Gegen offen verrůcht riffian* und ihre Lebensweise hatte die Obrigkeit um 1418 eine Ordnung erlassen, die ihnen vorschrieb, *daz der yeglicher in disen nechsten vierzehen tagen einen gelwen kugelhůt ane zipfel und daruff drye swarz groß wurfel mit großen wissen ougen geneyet tragen sol.* Durch dieses Infamiezeichen sollten sich die *Riffiane* von Patriziern und reichen Bürgern unterscheiden, denn ihre prächtige Kleidung verwischte nicht nur die Standesunterschiede, sondern auch die soziale Grenze zwischen Zuhälter und »ehrbarem« Bürger. *Daz schier nyemand weiß, ob es jungherrn oder welherleye lůte si sint, und tragent sich weidenlicher und cóstlicher denn ettliche tůnd, die zwey hundert guldin gelts oder me habent*[41]. Die Habe eines solchen Zuhälters namens Jörg von Biberach wird 1479 im Frauenhaus auf dem Kohlenberg nach seinem Tod wegen Schuldforderungen inventarisiert. Einmal mehr zeigt sich gerade im Bereich der Kleidermandate die Wirkungslosigkeit der obrigkeitlichen Bestimmungen. Der besagte *Riffian* hat ein Vermögen in überaus reiche und modische Kleidung, silberne Knöpfe und Verzierungen, Schmuck und Waffen investiert, die durchaus eines wohlhabenden, sozial hochstehenden Bürgers würdig wären. Nichts in diesem Inventar deutet darauf hin, daß es sich beim Besitzer der Gegenstände um einen Angehörigen der Randgruppen handelt; die soziale Kluft zwischen Ehrbarkeit und »Unehrlichkeit« ist aufgehoben. Aufgrund seines Reichtums, den ihm seine »verwerfliche« Existenz auf Kosten der *armen varenden tóchter* einbringt, usurpiert der *Riffian* einen sozialen Status, der ihm nicht zusteht – es geschieht genau das, was die Obrigkeit im erwähnten Erlaß beklagt hatte. Als Gegenpol zum Inventar des alten Bettlers aus Rufach soll auch dasjenige des Zuhälters vorgeführt werden, weil sich im Vergleich damit auf eindrückliche Weise Unterschiede und Hierarchie innerhalb der Randgruppen aufzeigen lassen[42]:

Item 1 wamesch, 2 underhemden, Item 2 pirett, Item 1 wamesch mit XVIII silbrin hafften, Item 1 schwartz sydin wamesch mit XXIIII silbrin hafften, an den ermelen XXII ringlin mit silberin brißlin, Item 1 grůne kappen mit v silberin knópffen, Item 1 grůn linsch par hosen, Item 1 grůn rok mit XIII silbrin knópffen, Item 1 sydin schnůr mit silbrin nadlen, Item 1 blawe und rote kappen, Item 1 teilt par hosen graw rot und wyß, Item 1 rot schurlitz wames mit XII silberin hafften, Item 1 rot linsch mantel, Item 1 geteilter rok rot grůn und graw, Item 1 filtz huttlin, Item 1 rot linsch par hosen, Item 1 graw und rot

---

Amtliche Sammlung der älteren Eidgenössischen Abschiede, III,2, (1500–1520), bearb. v. SEGESSER, Philipp A., Luzern 1869, S. 553. Zur Funktion der Kleider im Bettler- und Gaunermilieu JÜTTE, Windfang S. 186f. (wie Anm. 35).

41 SCHNELL (wie Anm. 10) Nr. 103, S. 103f.; Marginalisierung von Randständigen durch bestimmte Kleidung bzw. Infamiezeichen GRAUS, Randgruppen S. 409ff. (wie Anm. 2). Siehe auch EISENBART, Liselotte C., Kleiderordnungen der deutschen Städte zwischen 1350 und 1700. Ein Beitrag zur Kulturgeschichte des deutschen Bürgertums (= Göttinger Bausteine zur Geschichtswissenschaft 32), Göttingen 1962; BULST, Neidhart, Zur Funktion städtischer und territorialer Kleider-, Aufwands- und Luxusgesetzgebung in Deutschland (13. – Mitte 16. Jahrhundert). In: Renaissance du pouvoir législatif et genèse de l'Etat, sous la direction d'A. GOURON et A. RIGAUDIÈRE (= Publications de la Société d'histoire du droit et des institutions des anciens pays de droit écrit, III), Montpellier (1988), S. 29–57.

42 STABS Gerichtsarchiv, Beschreibbüchlein K 3, S. 49, 1479.

mentelin, Item 1 swert, 2 sporen, Item 1 tegelin und spießysin, 1 gurtelin und 2 stiffel, hat verlassen 1 silbernen ketten wigt 12½ lott, 1 schwartz wamesch und 2 hefen.

Es handelt sich bei diesem Inventar um einen Einzelfall, der aber dennoch klar vor Augen führt, wie groß die Diskrepanz zwischen obrigkeitlicher Norm und Realität im Bereich der Kleidermandate ist und daß Reichtum es bis zu einem gewissen Grad ermöglicht, sich der äußerlich sichtbaren Marginalisierung zu entziehen.

Kleider und Kopfputz nehmen in den fünf Inventaren von Prostituierten eine zentrale Rolle ein. In allen fünf Fällen handelt es sich um Inventare, die auf Betreiben von Gläubigern erstellt worden sind. Modische und gepflegte Kleidung bilden einen wesentlichen Teil des »Betriebskapitals«, von dem Status und Erfolg abhängen. Ihre Anschaffung ist jedoch teuer. Das übliche ist deshalb die Verschuldung bei Wirt oder Wirtin, der/die sie mit Kleidern, Kopfputz und Schmuck ausstatten, eine finanzielle Abhängigkeit, aus der sie nur schwer wieder freikommen. Mit dem Problem der Verschuldung ausstiegswilliger Frauen hatte sich die Obrigkeit 1474 zu beschäftigen gehabt: Damals hatten gleichzeitig sieben Prostituierte aus dem Frauenhaus auf dem Kohlenberg den Wunsch geäußert, ihr Gewerbe aufzugeben und *fromm* zu werden. Da alle sieben bei ihrem Wirt gemeinsam mit rund 300 Gulden verschuldet waren, mußten Verhandlungen zwischen Vertretern der Obrigkeit, dem Hurenwirt und den Frauen geführt werden. Die Frauen baten um Schuldenerlaß *und um ir bestes gewand, rogk, tůchlin, hemdlin und anders darzů gehǒrig*. Die Schiedsspruch sah einen Schuldenerlaß vor, der jedoch von ihrer künftigen Lebensführung abhängig gemacht wurde, im Übertretungsfall sollte der Wirt seine Ansprüche auf Geld und Kleider geltend machen können[43].

Ausführliche Kleidermandate für Prostituierte existieren in Basel nicht, die einzige öfters wiederholte Vorschrift bezieht sich auf einen Kurzmantel, der von den Stadtknechten konfisziert werden soll, falls er die vorgeschriebene Länge, nämlich einen *Span* unterhalb des Gürtels, überschreitet. Vorschriften, deutlich sichtbar rote, grüne oder gelbe Zeichen bzw. Kleidungsstücke zu tragen sowie Verbote bestimmter Stoffarten etc., wie sie andere Städte kennen, lassen sich hingegen nicht auffinden[44].

Alle Indizien in den fünf Inventaren von Prostituierten deuten auf Untermiete hin, wobei nur eine Frau im Frauenhaus auf dem Kohlenberg lebt. Obwohl sie alle fünf erkennen lassen, daß ihre Besitzerinnen großen Wert auf gepflegte Kleidung legen, spiegeln sich in ihnen doch unterschiedliche ökonomische Verhältnisse. Die inventarisierten Habseligkeiten der Margreth, die in einem Wirtshaus gearbeitet hatte, finden in einer einzigen Kiste Platz. Diese enthält verschiedene Hauben, Schleier, Tücher und Handschuhe, Frauen- und Männerhemden und

---

43 Ebd. Kundschaften D 10, fol. 78v, 1474. Eine Ratserkantnis von 1486, Ratsbücher B 1 (Erkantnisbuch I, fol. 66ᵛ–67ʳ, 1486), legt die genauen Modalitäten für austrittswillige Frauen fest, denen *durch die bank* ein Drittel bis die Hälfte ihrer Schulden erlassen wird. Bei kollektivem Austritt hat ihr Wirt/ihre Wirtin überhaupt keinen Anspruch auf Rückzahlung der Schulden. Vgl. RATH, Brigitte, Prostitution und spätmittelalterliche Gesellschaft im österreichisch-süddeutschen Raum. In: Frau und spätmittelalterlicher Alltag (= Veröff. des Inst. für mittelalterliche Realienkunde Österreichs 9), Wien (1986), S. 553–571; OTIS, Leah Lydia, Prostitution and Repetance in Late Medieval Perpignan. In: KIRSTNER, Julius, und WEMPLE, Susanne F. (Hg.), Women of the Medieval World, 1985, S. 137–160.

44 STABS Ratsbücher B 1 (Erkantnisbuch I), fol. 6v, 1482, die Länge des Mantels wird auf eine Spanne unterhalb des Gürtels festgesetzt; üblich sind Vorschriften, deutlich sichtbar rote, grüne oder gelbe Zeichen bzw. Kleidungsstücke sowie Verbote, bestimmte Stoffsorten oder z.B. Paternoster aus Korallen zu tragen (vgl. Anm. 45); vgl. auch RATH (wie Anm. 43), S. 562f., und ZEHNDER (wie Anm. 8) S. 372, Anm. 5 und 11.

böse Unterröcke und einen krötenförmigen Seckel mit Holzschuhen drin, dazu noch drei Gulden Bargeld in einer Lade und ein *Hafen* mit Butter. Die zwei Gebetsbücher und das Schreibzeug in ihrem Besitz bieten Anlaß für Spekulationen über ihren Status und Bildungsstand. Weder Mobiliar noch Hausgerät figurieren auf der Liste[45].

Margeret Merlins, einer dirnen gůt an der Steinen von anruffung wegen Hanns Brunnberg von Colmar in Meiger hüßlins huß an den Steinen beschrieben hingegen enthält Frauen- und Männerkleider, an Schmuck ein Korallenpaternoster und einen vergoldeten Ring, eine Handbüchse und ein Horn mit Büchsenpulver, Küchengerät, Geschirr und Bettzubehör. Wie in zahlreichen Inventaren finden sich auch in ihrem Besitz Werkzeug und Rohmaterial für textile Hilfsarbeiten, Wollgarn und eine Haspel. Ob der wertvolle Vorrat von über dreißig Ellen Leinwand von ihr selbst produziert ist, läßt sich nicht feststellen, da Webstuhl und Rohmaterial sehr oft vom Auftraggeber oder der Auftraggeberin gestellt werden[46].

Im Vergleich zu den beiden Vorgenannten enthält das Inventar der Anna von Weingarten im Frauenhaus *zer Lyß* besonders kostbare Kleidung, u.a. einen schwarzen Speirer Rock mit Eichhornfutter, einen langen Tappart Schürlitz, einen langen gerippelten Schürlitz, zwei rote Frauenhemden und wie das der Margret Merlin einen schwarzen Kurzmantel, der mit der vorgeschriebenen Dirnentracht nicht übereinstimmen muß[47]. Auch das – leider unvollständige – Inventar der Regula von Zürich in der Sankt Johannsvorstadt bestätigt die Vermutung, daß sich Prostituierte für modische Kleidung verschulden müssen, wenn sie ihren Status halten wollen. Dieses Inventar vom Anfang des 16. Jahrhunderts ist deshalb besonders interessant, weil tatsächlich »Neumodisches« darin erscheint[48]: Zum ersten handelt es sich um die neue Kleiderfarbe gelb, die bis anhin mit dem Odium der Unehrlichkeit behaftet gewesen war als Infamiezeichen für Prostituierte und Juden, Narrenkleidung, jetzt aber von besonders modebewußten Kreisen von Jugendlichen (Reisläufern, Gesellen, z.T. auch von ehrbaren Frauen) so auffällig »lanciert« wird, daß der Berner Chronist Valerius Anshelm um 1503 mit moralischer Entrüstung von *diser jaren nůwen sitten, wisen und brůchen* berichten kann: *So hat die gel farb, so vor Judas hieß, angfangen und die gmeinest worden, der eine Swytzer-gel gnemt.* Für die neuen Verhaltensweisen und Kleidermoden, die – wie er beklagt – innerhalb von zehn Jahren bereits die Dörfer und Höfe erfaßt und die alten Tugenden der Eidgenossen korrumpiert hätten, macht er die Rückkehrer aus den Kriegszügen, Landsknechte und Huren, verantwortlich[49]. Zu dieser Zeit tauchen auch spezielle sogenannte *dantzjuppen* neu in den Basler Inventaren auf, ebenso die vom Italienischen abgeleiteten *fatzenledtli* (ital. fazzoletto); die beiden modischen

---

45 STABS Gerichtsarchiv, Beschreibbüchlein K 1c, S. 273, 1439.
46 STABS Gerichtsarchiv, Beschreibbüchlein K 2, S. 21, 1476; für die Anwohnerschaft der Steinenvorstadt siehe die Einleitung. Zum gleitenden Übergang von temporärer Lohnarbeit (v.a. im Textilgewerbe), Kleinkriminalität und Prostitution exemplarisch der Lebenslauf der *Marion de la Cour, lingère, fille de joie*, GEREMEK, Marginaux S. 280 (wie Anm. 5).
47 STABS Gerichtsarchiv, Beschreibbüchlein K 1d, S. 298f., 1464; zur Leibwäsche PIPONNIER, Françoise, Linge de maison et linge de corps au Moyen Age. In: Ethnologie française, 16, no. 3 (1986), S. 239–248.
48 Siehe dazu HUNDSBICHLER, Helmut, »Innovation« und »Kontinuität« als Determinanten von Alltag und Fortschritt. In: Alltag und Fortschritt im Mittelalter, Wien 1986, S. 65–81, und JARITZ, Gerhard, Das »Neue« im »Alltag« des Spätmittelalters. Annahme-Zurückweisung-Förderung, ebd. S. 83–93.
49 Die Berner Chroniken des Valerius ANSHELM, 6 Bde., hg. v. Historischen Verein des Kantons Bern, Bern (1884–1901), 2, S. 389–391; vgl. auch 4, S. 462f. zum Jahr 1521; dies entspricht den wiederholten Klagen in den Eidgenössischen Abschieden über kostspielige, unstandesgemäße bzw. »schamlose« Kleidung seit den Burgunderkriegen.

und sprachlichen »Neuerungen« finden sich im Besitz der Prostituierten Regula von Zürich, die u. a. einen braunen Unterrock mit gelbem Schleier und einen gelben Schürlitz mit einer roten *blagen*, d. h. einem roten Flick besitzt; das ebenfalls teils zerstörte Inventar der Ursel von Schwäbisch Gmünd, *einer armen dirnen*, weist auch eine *dantzgyppen* auf[50].

Nur in einem einzigen Fall ist eine ganzes Bordell inventarisiert worden, es bleibt unklar, ob es sich dabei um das Frauenhaus *zer Lyß* auf dem Kohlenberg oder ein anderes handelt. Das Haus besteht aus vier Kammern, wovon der Frauenwirt eine bewohnt, einem Gaden, einer Stube und der Küche. Wie der Wirt auf dem Kohlenberg gehört dieser Frauenwirt zu den Wohlhabenden unter den Randständigen. Die eigene Schlafkammer dient als Waffenarsenal – vorhanden sind Schwert, Langmesser, Hellebarde, Axt und drei Degen –, als diebstahlsicherer Aufbewahrungsort für das wertvolle Zinngeschirr und Vorratsraum für Schürlitz und Garnknäuel. In der offenbar gemeinsam genutzten Stube finden sich keine wertvolleren oder persönlichen Gegenstände, sondern nur ein Spielbrett. Die übrigen Kammern, die nur Betten mit und ohne Zubehör enthalten, werden offensichtlich in dieser Form an die Frauen vermietet[51]. Zu den Privilegierteren innerhalb der« Marginaux« gehört der Wirt des Kohlenbergwirtshauses. Das Inventar, in dem der Besitz des Kohlenbergwirts Adrian und derjenige seiner verstorbenen Frau Anna von Offenburg aufgelistet sind, bestätigt die Vorstellung von einem Connubium innerhalb der »Kohlenbergleute«: Bereits der erste Ehemann Annas stammte aus diesem Milieu, zusammen hatten sie ein Haus in unmittelbarer Nachbarschaft des Henkerhauses gekauft. Im Wirtshaus selbst weisen eine Kiste mit geschnitztem *Kramwerk* und Schnitzwerkzeug auf das Handwerk hin, das der Wirt zusätzlich betreibt. Auf die eigentliche Funktion als Wirtshaus verweisen fünf Spannbetten und 17 *guten* und *bösen* Strohsäcke, Spiegel, zwei lange Tische mit Stühlen in der Stube und eine gut ausgerüstete Küche, in der jedoch nur hölzernes und irdenes Geschirr vorhanden ist. Münzen in verschiedenen Währungen, verpfändete Wertgegenstände, Bruchsilber sowie eine Goldwaage sind in einem Wirteinventar üblich, allerdings steht das Kohlenbergwirtshaus in besonders schlechtem Ruf als Spieler- und Hehlernest[52].

Zu den Seßhaften zählen die schon erwähnten »Freiheiten«; sie genießen innerhalb der Randständigen gewisse Privilegien, denn sie verrichten nicht nur Arbeiten für die Obrigkeit als Sackträger, Kloakenreiniger, Folterknechte und Leichenträger, sondern können für bestimmte Tätigkeiten von Privaten angeheuert werden[53]. Zu Reichtum gelangen sie auf diese Weise allerdings nicht. Was jedoch zu relativem Wohlstand führen kann, ist die Teilnahme an einem der zahlreichen Kriegszüge am Ende des 15. und zu Beginn des 16. Jahrhunderts, denen sie sich – wie Handwerker, Gesellen, Untertanen mit oder gegen den Willen der Obrigkeit – anschließen. Allerdings ist die Chance, beutebeladen als »sozialer Aufsteiger« zurückzukehren, gering. Zunehmend werden seit den Burgunderkriegen die arbeitslosen Landsknechte auch in der

---

50 STABS Gerichtsarchiv, Beschreibbüchlein K 5, f. 24v, 1516, außerdem ein ganzes Dutzend *umbwinderli*, mehrere seidene Brusttücher, grüne Brustärmel, Pelzgöller, ein Paternoster mit kupfernem Agnus Dei, eine schwarze *gyppen* sowie Geschirr und Küchengerät; ebd. K 5, fol. 16r, 1515.
51 Ebd. K 1c, S. 184–186, 1435.
52 Ebd. K 6, f.121v-123v, 1518; vgl. dazu Gastfreundschaft, Taverne und Gasthaus im Mittelalter (= Schriften des Historischen Kollegs, Kolloquien 3), hg. v. PEYER, Hans C., München/Wien (1983), zu Berufstätigkeiten des Wirts und Innenausstattung passim.
53 Zu den »Freiheiten« siehe Anm. 8 und 25.

Eidgenossenschaft mit Bettlern und Landstreichern gleichgesetzt, wie die immer wiederkehrenden Klagen der eidgenössischen Gesandten zeigen[54]. Die meisten »Freiheiten«, die in den Gerichtsquellen auftauchen, sind entweder arm oder werden ihre Beute gleich wieder los; der Kohlenberg ist ein Ort, an dem sie schnell verspielt und vertrunken wird. Das folgende Inventar muß deshalb in mehrfacher Hinsicht als Ausnahme betrachtet werden. Hier ist es einem »Freiheit« tatsächlich gelungen, seine wirtschaftliche Lage zu verbessern. Es macht den Anschein, als habe er sich gleich im Hause seines Schuldners, eines Basler Schneiders, für seinen Lebensabend einquartiert. Bemerkenswert ist der inventarisierte Schuldbrief, wonach er seinem Gastgeber bzw. Vermieter die Summe von fünfzig Pfund in barem Geld geliehen hat. Außerdem hinterläßt er 27 Goldgulden, eine Goldkrone und vier Pfund, weitere Münzen befinden sich in einer ledernen Tasche, die zusammen mit einem alten, kurzen Degen an seinem Gürtel hängt. In Widerspruch dazu stehen seine Kleider, die mit Ausnahme einer gefütterten *gyppe* als alt, aber nicht als *bös* beschrieben werden und (soweit angegeben) von schwarzer Farbe sind. Der charakteristische Schweizerdegen vervollständigt seine Ausrüstung[55].

Henker und Totengräber gehören im allgemeinen wie die »Freiheiten« zur ärmeren Kohlenbergbevölkerung[56]. Stellvertretend für diesen Teil der Randständigen, deren materielle Situation auch derjenigen von seßhaften Tagelöhnern sowie armen Frauen in den agrarisch geprägten Vorstädten entspricht, soll hier das Inventar eines verschuldeten Totengräbers vorgestellt werden[57]. Sein Haus besteht aus zwei Stockwerken und einem Estrich, auf dem außer dem üblichen Plunder Waffen und Gerät für landwirtschaftliche Arbeiten untergebracht sind. Der obere Gaden dient ihm als Schlafkammer und als Aufbewahrungsort für seine Kleider, einen Teil des Arbeitsgeräts sowie seine wertvollen Besitztümer, nämlich sein Zinngeschirr, während er hölzerne Becher und Kannen unten im Haus aufbewahrt, wo Kollegen, Besucher, Auftraggeber etc. leichten Zugang haben. Das Werkzeug zur Ausübung seines Berufs und für landwirtschaftliche Arbeiten verteilt sich über alle Räume. Besonders aufschlußreich für andere, vielleicht früher ausgeübte Tätigkeiten sind Pilgerstab, Tragkorb für Krämerware und eine Laute auf seinem Estrich. Ist die Vermutung zulässig, daß der nun seßhafte Totengräber in

---

54 Klagen an der Eidgenössischen Tagsatzung über die aus Frankreich zurückgekehrten Kriegsknechte, die ein »müßiges und lasterhaftes Leben führen«; »laufende Landstreicher und Kriegsknechte«; »arme Kriegsleute und Bettler«, »Kriegsbuben, Bettler und fremde Kessler« etc. seit den 1480er Jahren in den Eidgenössischen Abschieden; nach DIRLMEIER, Ulf, Untersuchungen zu Einkommensverhältnissen und Lebenshaltungskosten in oberdeutschen Städten des Spätmittelalters, Mitte 14. Jahrhundert bis Anfang 16. Jahrhundert, Heidelberg (1978), S. 86f. und Tabb. 70–73 erhalten die Schweizer Söldner mit 4½ fl. pro Monat mehr als die deutschen mit 4 fl., deren Einkommen im 15. Jahrhundert (1 fl. pro Woche) annähernd doppelt so viel beträgt wie das eines Knechts; zum Drohbettel der »gartenden« Landsknechte SCHUBERT, Ernst, Die Randgruppen in der Schwankliteratur. In: Städtische Randgruppen und Minderheiten (= Die Stadt in der Geschichte 13), hg. v. KIRCHGÄSSNER, Bernhard und REUTER, Fritz, Sigmaringen (1986), S. 153–156.
55 STABS Gerichtsarchiv, Beschreibbüchlein K 3a, S. 266, 1508.
56 Ein Nachrichterinventar, aufgenommen in seiner »Amtswohnung« auf dem Kohlenberg, zeichnet sich durch besonders bescheidenen Hausrat in schlechtem Zustand, *hudeln* und *gerümpel* aus, Tragbütten, Körbe und Arbeitsgerät (Rechen, Sichel, Leiter) sind Indizien für seine »nebenamtliche« Tätigkeit, auf weibliche Textil(hilfs)arbeit lassen auch hier Haspel und Spindelkörbe schließen, STABS, Straf- und Polizeiacten C 22, Friedbüchlein des Vogts, f.22r-23r, 1466.
57 STABS Gerichtsarchiv, Beschreibbüchlein K 1d, S. 44f., 1458, an Kleidern und Werkzeug werden aufgelistet: 2 Kugelhüte, 2 Wämser, 2 paar *böse* Hosen, je ein *böser* weißer und ein grauer Rock, 4 Karste, Beil, viele *böse* Rebmesser, Haue, Pickel, Axt, 2 *sechslin*, beschlagene Schaufel.

seiner Jugend zu den vagierenden Randständigen gehört hat, die je nachdem als fahrende Musikanten[58] oder Hausierer über Land gezogen sind? Dies könnte bedeuten, daß die unterschiedliche Lebensweise von fahrenden und seßhaften Randständigen nicht unbedingt auf einer unwiderruflichen Entscheidung beruht, sondern daß sie auch altersbedingt ist, sofern sich die Gelegenheit bietet, seßhaft zu werden[59]. Diese Frage für das Verhältnis zwischen Fahrenden und Seßhaften scheinen mir auch für die Hierarchie innerhalb der Randgruppen wesentlich.

IV.

Die Inventare der in Basel ansässigen Bettlerinnen und Bettler schließlich vermitteln indirekte Informationen über die Sozialpolitik der Obrigkeit. Spätestens die neue Almosen- und Fürsorgepolitik der Reformation zementiert die Unterscheidung in »würdige Arme« und »schlechte« Bettlerinnen und Bettler, die als arbeitsscheu gelten und ihre Lebensweise nur unter obrigkeitlichem Druck bis hin zur Zwangsarbeit ändern[60]. Diese schließt die Obrigkeit konsequent von Almosen und jeglicher Unterstützung aus, währenddem die »würdigen« und »verschämten« Armen öffentlich oder – um ihre Ehre zu wahren – im geheimen unterstützt werden[61]. Daß die wenigsten der Unterstützungswürdigen auf dem Kohlenberg zu finden sind, paßt zum Bild, das die reformierte Obrigkeit während des 16. Jahrhunderts zunehmend von diesem Quartier vermittelt.

Bei den Almosen, die sich in den Inventaren finden lassen, handelt es sich um Tuch und Schuhe, die alljährlich am Sankt Lukastag als *Luxtuch* bzw. *Luxschuhe* an »würdige« Arme ausgegeben werden[62]. Unter den ärmlichen Habseligkeiten der würdigen und der nicht

---

58 Während ein Teil der Spielleute in die städtische Gesellschaft integriert und damit seßhaft wird, sind die fahrenden Spielleute Außenseiter. Das Inventar eines verstorbenen Stadtpfeifers *(Meister Hans des Pfeifers)* enthält z.B. je einen Rock in den Zürcher und den Berner Standesfarben, 2 Schalmeien, 4 Hörner, 1 *bumpharten* in einem ausgesprochen »bürgerlichen« Haushalt, ebd. K 7, S. 56 f., 1521; vgl. HARTUNG, Wolfgang, Die Spielleute. Eine Randgruppe in der Gesellschaft des Mittelalters, VSWG Beiheft 72 (1982).
59 COHEN, Vagabondage S. 301 (wie Anm. 6), unterscheidet zwischen »vagabondage temporaire« und »permanent«; vgl. auch die Lebensläufe in den Untersuchungen Geremeks.
60 GRAUS, Randgruppen S. 436 f. (wie Anm. 2), weist darauf hin, daß zwar das 16. Jahrhundert – in katholischen wie in reformierten Gebieten – für die Geschichte der Randgruppen eine Zäsur darstellt, daß jedoch alle Phänomene des 16. Jahrhunderts (»öffentliche Armenfürsorge«, Verfolgung »arbeitsscheuer Bettler«) ihre Vorläufer in den vorausgegangenen Jahrhunderten hatten (Organisation der Bettelpolizei im 15., Bettelordnungen seit dem 14., bewußte Stigmatisierungsmaßnahmen bereits im 13. Jahrhundert). »Es scheint, daß das 16. Jahrhundert auf dem Gebiet der ›Ordnungen‹ der Randgruppen nur Tendenzen der vorausgegangenen Zeiten gestrafft und großräumig organisiert hat; wirklich neue Formen tauchen kaum auf«.
61 Daß die obrigkeitlichen Bettlerzeichen von ihren Trägerinnen und Trägern als Infamiezeichen wahrgenommen wurden, die sie auch bei potentiellen Arbeitgebern um ihre Vertrauenswürdigkeit als Arbeitnehmer brachten, formuliert Alexander Berner 1531, abgedruckt bei WINCKELMANN, Otto, Das Fürsorgewesen der Stadt Strassburg, Leipzig 1922, Nr. 204, S. 266–283. Zur Neuordnung von Fürsorge- und Almosenpolitik FISCHER (wie Anm. 4).
62 Zu den Almosen WACKERNAGEL 2, II, S. 778–280; der Entwurf einer neuen Armen- und Bettelordnung vom 13. Juni 1526 sieht keine Änderung für das *Grosz almůsen enent Ryn* vor, d.h. Kleider und Schuhe werden weiterhin jährlich an die Armen abgegeben, Aktensammlung zur Geschichte der Basler Reformation in den Jahren 1519 bis Anfang 1534, hg. v. DÜRR, Emil und ROTH, Paul, 6, Basel (1921-1950), Bd. 2,

unterstützungswürdigen Bettlerinnen und Bettler sind somit Kleider aus *Luxtuch* bzw. *Luxschuhe* das einzige Unterscheidungsmerkmal, das die Inventare der »guten« auszeichnet. Männer und Frauen werden auf diese Weise unterstützt. Zwei Beispiele für unterstützte Kohlenbergleute sollen zur Illustration genügen: Im Trog mit der armseligen Hinterlassenschaft des Jacob Geißelmachers, aufgenommen am Dienstag *nach Jacobi dem Bettlertanz* (1507), wird unter seinen schäbigen Kleidern und sonstigen gesammelten Habseligkeiten ein *lux röcklin* und nicht näher bezeichnete *Kolenberger dings* aufgelistet[63]. Auch die Habe der 1505 im *pettelhus uff dem Kolenberg* verstorbenen Gertrud Geiß wird in einem alten Trog aufbewahrt. Neben Bettwäsche und wenigen abgenützten Kleidungsstücken enthält er einen *Luxmantel*, eine *Luxschaube* und ein hölzernes Paternoster[64]. Während 1519 im Inventar der *plind Elsen, so nach dem Almusen gangen und hinter der Kertzenmacherin zu sant Martin gestorben* die Almosenspende nicht fehlt, ist *Mecheli, eins pettler meitli* vom Kohlenberg, leer ausgegangen. Voraussetzung für einen Almosenbezug ist immer eine »ehrbare« Lebensweise nach den Vorstellungen der Obrigkeit verbunden mit Arbeitsunfähigkeit wegen Invalidität bzw. Alter. Nach diesen Kriterien muß die junge Bettlerin als durchaus arbeitsfähig eingestuft worden sein[65]. Mit der neuen Form der Fürsorge und der obrigkeitlichen Einteilung in fremde, einheimische, *starke*, unterstützungswürdige und schlechte Arme und Bettler, mit dem neuen Konzept der Sozialdisziplinierung und – nicht zu vergessen – der allpräsenten Furcht, Formen des betrügerischen Bettels aufzusitzen, ändert sich auch die Einstellung gegenüber den »Kohlenbergleuten«.

Während sich die Obrigkeit im 15. Jahrhundert darauf beschränkte, die Gerichtskompetenzen auf dem Kohlenberg zu regeln und die in spätmittelalterlichen Städte üblichen Bettelordnungen zu erlassen[66], wird der Kohlenberg für die reformierte christliche Obrigkeit zur verwaltungstechnischen Herausforderung und zum ständigen Ärgernis. Gleichzeitig erwacht jedoch auch das Interesse der gelehrten Humanisten, die sich aus ethnologischer Neugierde mit dem Kohlenberg zu beschäftigen beginnen. Es ist vor allem das Bettlergericht, das sie fasziniert und dessen altertümlich und fremd anmutendes Ritual sie beschreiben. Als einziger interessiert sich – wie wir oben gesehen haben – der Fremde aus Sankt Gallen für das Bettlerfest am Sankt

---

Nr. 264, S. 203–208; auch die Aufhebung der *Kohlenbergwirtschaft* und die Aufhebung des Gassenbettels werden darin gefordert.
63 STABS Gerichtsarchiv, Beschreibbüchlein K 3a, S. 195, 1507; s.o. zum Bettlerfest auf dem Kohlenberg. Das Inventar enthält außerdem zwei Kindsdecken, ein kleines Kissen, den Stumpf einer Wachskerze, eine *böse* Decke, alte Hosen, ein Stück Leinentuch, leinene Brustärmel, einen Sack mit alten Lumpen und etlichen Löffeln, Pfanne, Hängeisen, je ein *böses kindsröckli* und eine ebensolche Pelzdecke, einen Sack mit 16 Strangen Garn, ein Fechtuch, einen Sack mit Federn, ein *böses* Badhemd, ein Wamshemd, eine Haspel, ein Beil, eine Schere und sunst allerlei lumpen sowie Garn, das ein Weber behandigt hat.
64 Ebd. K 3a, S. 44, 1505. Der Trog enthält *gute* und *böse* Leintücher, wenige alte schäbige Kleidungsstücke, einen Strohsack, einen Seckel mit Geldstücken und ein hölzernes Paternoster, ein besonders wohlfeiles Exemplar im Vergleich mit den Paternostern der Prostituierten. Zu den verschiedenen testierten Paternostertypen BAUR, Paul, Testament und Bürgerschaft. Alltagsleben und Sachkultur im spätmittelalterlichen Konstanz, Sigmaringen (1989) S. 243–245.
65 STABS Gerichtsarchiv Beschreibbüchlein K 7, S. 41, 1519 bzw. ebd. K 5, f. 80ᵛ–81ʳ, 1516.
66 Vgl. die Almosen- und Bettelordnungen des 15. Jahrhunderts in Straßburg, BRUCKER, Johann K., Strassburger Zunft- und Polizei-Verordnungen des 14. und 15. Jahrhunderts, Straßburg (1889), S. 3–13 und S. 133–137; BAADER, Joseph (Hg.), Nürnberger Polizeiordnungen aus dem 13.-15. Jahrhundert (= Bibliothek des Literarischen Vereins in Stuttgart 63), Stuttgart (1861), S. 316–319.

Jakobstag, das von den Basler Gelehrten wohl für zu wenig »exotisch« und damit nicht der Überlieferung für würdig befunden wird[67]. Während diese Kreise der Faszination des Kohlenbergs und seiner Exotik erliegen, so daß sie als Augenzeugen am Bettlergericht teilnehmen, vertieft sich die Kluft zwischen Handwerkern und »Kohlenbergleuten«. Zunehmend verbietet die Handwerksehre jegliche Formen von direktem und indirektem Kontakt mit Randständigen und besonders mit den »Unehrlichen«; ein Normverstoß muß mit »Reinigungszeremonien« und Geldbußen gesühnt werden.

Für die Obrigkeit, die versucht, das Problem der Armen und Bettler durch Einteilung in verschiedene Kategorien (einheimische, fremde, unterstützungswürdige, *starke* Bettler etc.) in den Griff zu bekommen, bilden die einheimischen und fremden Bettlerinnen und Bettler, Landstreicher, Landstreicherinnen, Hausiererinnen und Hausierer auf dem Kohlenberg ein unlösbares Problem. Der Kohlenberg scheint unter den Fahrenden in sehr weitem Umkreis bekannt und beliebt gewesen zu sein, wie die entfernten Herkunftorte der fremden »Kohlenbergleute« im 16. Jahrhundert zeigen. Anderseits waren die einheimischen Randständigen nicht gewillt, ihre alten Rechte betreffend Beherbergung der Fremden und Fahrenden preiszugeben. 1527 versuchte die Obrigkeit in reformatorischem Eifer durch Aufhebung der *Kohlenbergwirtschaft* das »Kohlenbergproblem« zu lösen: ... *das hinfür niemands, weder totengreber nach andere, dhein wirtschaft uff dem Koleberg halten, kheinen bettler noch landstricher von mannen noch fröwen weder husen, herbergen, etzen, trenken noch underschleif geben sollen*[68]. In der Almosenordnung von 1530 versuchte sie, die durchziehenden fremden Bettler vom Kohlenberg und vom Gassenbettel fernzuhalten, indem sie sie an die Elendenherberge verwies, wo sie Essen und Unterkunft für eine Nacht erhalten sollten. Nach dem Scheitern des Versuchs, der die Aufhebung des Beherbergungsrechts und die »Umleitung« aller Fremden, Fahrenden, Pilgerinnen und Pilger auf die Elendenherberge vorsah, setzte sich wieder die alte Ordnung durch, wenn auch die normativen Bestimmungen rigoros verschärft wurden und Bettelvogt und Stadtknechte auf ihre strikte Durchführung verpflichtet wurden; die Wochenausgabebücher bestätigen die vermehrte Ausschaffung von Fahrenden und fremden Bettlerinnen und Bettlern[69]. Besonders aufschlußreich für die veränderte Haltung im Laufe von rund hundert Jahren sind die Ordnungen von 1542 und 1561. Hier zeigt sich, daß die Obrigkeit zwar gewillt war, fremde Bettlerinnen und Bettler auf dem Kohlenberg zu dulden, daß sie jedoch Bettelbetrug systematisch bestrafen wollte. Während die älteste Kölner Bettelordnung von 1435 allen Bettlerinnen und Bettlern, die vor den Kirchen um Almosen bettelten, vorgeschrieben hatte, ihre *widerlichen Wunden und Gebrechen* nicht offen zur Schau zu stellen, sondern zu verdecken, damit die Bürger nicht durch deren Anblick und Geruch belästigt würden[70], gingen die Basler Ordnungen von 1542 und 1561 von vornherein davon aus, daß der größte Teil der Krankheiten und Gebrechen nur simuliert sei, und wies Knechte und Bettelvögte an, täglich jeden Morgen auf

---

67 Siehe Anm. 9 (Platter und Ryff bei ZEHNDER) und Anm. 16 (Diarium Rütiner).
68 SCHNELL Nr. 249, S. 257f. (wie Anm. 8).
69 HAGEMANN S. 163 (wie Anm. 27); zu den von der Tagsatzung beschlossenen Betteljagden DENZLER, Alice, Geschichte des Armenwesens im Kanton Zürich im 16. und 17. Jahrhundert, Diss. Zürich (1920), S. 187–204. Seit etwa 1500 Beratungen und Absprachen gegen die *ausländischen Bettler, Stirnstössel, Zigeuner, Reisläufer, Landstreicher* innerhalb der Eidgenossenschaft, zahlreiche Bsp. in den Eidgenössischen Abschieden.
70 Für Köln IRSIGLER/LASSOTTA S. 26 (wie Anm. 5); für Nürnberg BAADER S. 318 (wie Anm. 66).

dem Kohlenberg die Bedürftigen von den *Starken* abzusondern: *Und was sy under sollichen armen blatterhafft, kranck, schadt oder presthafft befunden, also das derselben scheden vor inen uffbunden, geöffnet, besichtiget* ...[71]. Erst wenn bewiesen war, daß die Krankheiten »echt« seien, erhielten die Betreffenden für einen Tag eine Bettelerlaubnis.

V.

Wer sind diese fremden Bettlerinnen und Bettler des 16. Jahrhunderts, und woher kommen sie? Die Urfehden geben uns interessante Aufschlüsse über Herkunft und Stand dieser Personen, deren Benehmen von der Obrigkeit als unmoralisch, unchristlich und unanständig bewertet wird und die sie gerne möglichst rasch los wird. Landfahrer, Landstreicher, Kriegsknechte (auch *Kriegsvögel*), Kuhhirten, Kesselflicker, Schäfer, Trommelschläger, Bettelstudenten, ehemalige Mönche, bettelnde Handwerksgesellen, Hausierer, Tagelöhner und Freiheiten, Leierspielerinnen und Bänkelsänger sind die Berufsbezeichnungen, die diese Fahrenden angeben. Bis zu vierzig Bettler und *Kohlenbergknaben* leisten 1513 gleichzeitig Urfehde, bevor sie die Stadt verlassen müssen; zwischen 1509 und 1523 werden ebensoviele Bettler und eine Bettlerin aufgegriffen; in der Periode von 1523 bis 1529 sind es acht Bettler, eine Bettlerin, drei Bettlerpaare, dreiunddreißig männliche und zwei weibliche Kohlenbergleute sowie zwei Kohlenbergpaare[72]. Zumeist eidgenössische und deutsche Städte und Landschaften in weitem Umkreis werden als Herkunftsorte angegeben; aus dem Elsaß stammen zur Hauptsache die sog. *Panditer*, nicht die Bettler und Kohlenberger, während sich nur wenige als Welsche bezeichnen[73].

Was sind nun aber die typischen Verhaltensweisen bzw. Delikte der »Kohlenbergleute«? Veit Ehinger von Memmingen der *lirer* und seine Frau Elsin Bymennin, Jacob von Laufen in Württembergerland und Anna Rosenmennin, seine Frau, *liederliches Volk*, haben – vielleicht im Rausch, wie ihnen der Schreiber zubilligt – *unreine und schmähliche Lieder gegen die Eidgenossenschaft* (zu der Basel seit 1501 gehörte) gesungen[74]. Michel Schneberg von Zürich

---

71 STABS Gedruckte Mandate Bf1 Bd XI, Nr. 25, Mandat vom Nov. 1561; ähnlich bereits in der Bettlerordnung vom 8. April 1542, f. 140r; vgl. FISCHER S. 236 (wie Anm. 4). 1573 konstatiert der Basler Chronist WURSTISEN, Christian, schließlich: *Den Kolenberg verwiedmet man armen Mengen/Lumpentragern und Dorffkremern zur Herberg, welche in offne Gasthäuser einzükehren nicht vermöchten*, Basler Chronick; Basel 1580, Neudruck Genève (1978), S. 611.
72 STABS Ratsbücher O II–III (Urfehdebücher II, 1509–1523 und III, 1523–1529); BUFF 223–226 (wie Anm. 5) im Verzeichnis der schädlichen Leute von 1349 mit über 90 Einträgen: 71 Männer, 13 Paare, 11 Frauen. Bei den Paaren arbeiten Mann und Frau als Dieb und Diebin oder Hehler zusammen oder als *Rufian* und Diebin. In den Basler Urfehdebüchern ließen sich 1397–1529 nur vier solche Paare, die auch gemeinsam verurteilt werden, finden.
73 Angegebene Herkunftsorte: Appenzell, Augsburg, Baden, Bayern, Bern, Biberach, Bozen, Breslau, Chur, Eglisau, *Fawan* (?), Freiburg i. B., Freiburg i. Ü., Genf, Hall, Hagnau, Helprunn (Elsaß), *Insula* (?), Klingnau, Köln, Konstanz, Memmingen, Nürnberg, Oberwinterthur, Offenburg, Paris, Rotenfels, Rottwil, St. Ursanne, Schaffhausen, Schussenried, *Saley* (?), Solothurn, Stein, Stuttgart, Waldkirch, Würzburg, Württemberg, Unterseen, Zürich.
74 STABS Ratsbücher O III (Urfehdebuch III), S. 3, 1523; nach JÜTTE, Abbild S. 135 (wie Anm. 3), geht als einziges Musikinstrument die Leier ins Rotwelsch ein; vgl. GEREMEK, Marginaux S. 220 (wie Anm. 5); unter den 1447 gehängten *caymans* ein Paar: *l'autre homme, qui estoit joueur de vielle, et avecques luy laditte femme*, GEREMEK, Truands S. 138f. (wie Anm. 3).

und Margreth Moserin von Oberwinterthur leisten Urfehde und werden mit der obrigkeitlichen Warnung aus der Stadt geschickt, würde der Mann wiederum auf Basler Territorium ergriffen, so würde er weiter examiniert, seine Vergangenheit und bis anhin unentdeckte Delikte kämen dann ans Licht. Die beiden können als typisches Kohlenbergpaar gelten: Michel war vom obersten Stadtknecht aufgefordert worden, den Kohlenberg zu verlassen, hatte sich aber keinen Deut um den Befehl geschert, sondern war *in aller füllery mit spil do pliben*. Seine Begleiterin hatte verbotenerweise in der Stadt gebettelt und ihm den Erlös davon gebracht, den er sogleich verspielte. In Verdacht (Diebstahl, Hehlerei) war Michel zudem geraten durch das Geld, das bei ihm gefunden worden war[75]. Gegen Urfehde aus dem Gefängnis entlassen werden auch Hans Meder von Waltkirch und Barbel von Augsburg *daz Kolenberger völcklin*. Barbel hatte durch »unzüchtiges Benehmen« in der Öffentlichkeit – sie hatte ihre Scham entblößt – Ärgernis erregt, außerdem hatten sie *Hurerei* getrieben[76].

Häufiger als Paare sind es jedoch Männer, die in größeren und kleineren Gruppen das Geld, das sie in der Stadt erbettelt haben, auf dem Kohlenberg unter ihresgleichen vertrinken und verspielen und im Rausch – wie in den vorhergehenden Beispielen – gegen sämtliche göttlichen und obrigkeitlichen Gebote verstoßen.

Aus den geschilderten Beispielen lassen sich Verhaltensformen ableiten, die die Obrigkeit zunehmend mit den »Kohlenbergleuten« assoziiert. Ist es Zufall, daß der Gerichtsschreiber die Delikte der Kohlenbergleute besonders ausführlich und drastisch schildert und sie als moralisch verwerflich darstellt, oder unterscheiden sich ihre Verhaltensweisen tatsächlich so stark von dem, was in der »ehrbaren« Gesellschaft üblich ist[77]? Eindeutig scheint mir jedenfalls, daß die den Kohlenbergleuten zur Last gelegten Verhaltensweisen den von der (reformatorischen) Obrigkeit geforderten Werten diametral entgegenstehen und daß sie deshalb ausgemerzt werden sollen[78]. Es handelt sich um die Wahrnehmung der Bereiche (betrügerischer) Bettel, Verhalten gegen die Obrigkeit und ihre Beamten, Sexualität:

1.) Durch den verbotenen Gassenbettel oder falsche Angaben würden Geldbeträge oder sogar Almosen erschlichen. Aufgeklärt – durch die Literatur – über die verschiedenen Arten des Betrugsbettels hält die Obrigkeit ein wachsames Auge auf das *Bubenwerk*, das laut Sebastian Brant auf dem Kohlenberg begangen werde, sieht sich jedoch oft von den Kohlenbergleuten übers Ohr gehauen.

2.) Dieses angeblich unrechtmäßig erbettelte Geld oder – noch schlimmer – Geld vom Almosen werde von professionellen Bettlern auf dem Kohlenberg gleich wieder vertrunken und verspielt, wobei der Rausch weitere Laster zutage fördere.

3.) Die Kohlenbergerleute machten sich über eidgenössische oder städtische Autoritäten lustig.

---

75 STABS Ratsbücher O III (Urfehdebuch III) S. 9, 1524: *ŏuch sust etlich falschheit doby obzenemen, daz er ein schalck hinder den oren hatt*. Allgemein werden die Delinquentinnen und Delinquenten erst zum Ausnüchtern ins *toubhüslin* gesteckt.
76 Ebd. S. 72, falls sie sich in der Herrschaft Basel wieder blicken lassen, sollen sie ertränkt werden. Ähnlich die *Lyrerin* Küngolt Schmidin von Würzburg auf der Hüninger Kirchweih, die für ihre *gantz schentliche bossen*, die sie zusammen mit zwei Männern aus dem benachbarten Dorf treibt, aus der Herrschaft Basel verbannt wird, ebd. S. 139, 1527.
77 Zur Diskrepanz zwischen obrigkeitlichen Normansprüchen und Verhalten SIMON, Christian, Untertanenverhalten und obrigkeitliche Moralpolitik. Studien zum Verhältnis zwischen Stadt und Land im ausgehenden 18. Jahrhundert am Beispiel Basels, Basel/Frankfurt a.M. (1981).
78 ROPER, Lyndal, The Holy Household. Women and Morals in Reformation Augsburg, Oxford (1989).

Dies sei um so gefährlicher, als es in Form von Liedern geschehe, die Fahrende an jedem Ort, an dem sie durchziehen, zum Besten gäben.

4.) »Unzüchtige Handlungen« in der Öffentlichkeit beleidigen das sittliche Empfinden – zumindest das der Obrigkeit, die versucht, neue, reformatorisch modifizierte, gottgefällige Verhaltensweisen einzuführen und die »Schamschwelle« im Umgang der Geschlechter miteinander heraufzusetzen.

5.) Auf dem Kohlenberg herrsche Unmoral in jeder Hinsicht, Verstöße gegen die göttlichen und obrigkeitlichen Gebote seien an der Tagesordnung. Spiel, Trunkenheit – als *voll truncken zappfen* bezeichnet der Schreiber die Delinquierenden, die zum Ausnüchtern ins *Toubhüslin* eingeliefert werden.

Gotteslästerliche Flüche, Müßiggang und Hurerei sind die Laster, denen die reformierte Obrigkeit den Kampf angesagt hat und von denen sie annimmt, daß sie sich unausrottbar auf dem Kohlenberg festgesetzt hätten. Ihrem Ziel, diese auszurotten und auch auf dem Kohlenberg die bürgerlichen Tugenden Sparsamkeit, Fleiß und *frummheit* »einzupflanzen«, widersetzen sich die Kohlenbergleute aufs entschiedenste – zumindest bis zum Ende des 16. Jahrhunderts.

VI.

Abschließend bleibt festzuhalten, daß mit dem Konzept der Sozialdisziplinierung allein dem Problem »Kohlenberg« nicht beizukommen ist. Zwar besteht ein wesentlicher Teil der neuen – in unserm Fall reformatorischen – obrigkeitlichen Sozialpolitik darin, durch Zwangsarbeit, Almosenentzug und die Einteilung der bettelnden Männer und Frauen in »gute« und »böse« Arme ein neues Modell »guter Armer« zu schaffen mit spezifischen männlichen bzw. weiblichen Tugenden. Die »Kohlenbergleute« verweigern sich diesem Disziplinierungsprozeß jedoch, was von der Obrigkeit wieder als besondere Provokation empfunden werden muß.

Einen nicht zu unterschätzenden Einfluß auf Wahrnehmung und auf den Umgang mit Randständigen muß der verbreiteten Bettelliteratur zugeschrieben werden, die grundsätzlich Bettel mit Betrug gleichsetzt. Die diffusen Verschwörungsängste und die Furcht vor Bettelscharen, Fremden und Kranken trägt außerdem dazu bei, ein Negativstereotyp des Bettlers/der Bettlerin, der Armen, Kranken etc. zu prägen, das wiederum die Sozialpolitik und die privaten Kontakte beeinflußt.

Die Randständigen sind jedoch keineswegs nur als Objekt der Disziplinierung zu betrachten. Was die Obrigkeit in negativen Wertungen zur Kenntnis nimmt, kann auch als Ausdruck einer eigenen »Kultur« verstanden werden, die die unterschiedlichen, in sich hierarchisch gegliederten, verschiedenen Randgruppen verbindet. Dies nicht im Sinne einer »Volkskultur«, sondern als eine spezifische Kultur von Randständigen, die sich damit auch gegen »außen« abgrenzen: Rotwelsch als eigene Sprache, ein leistungsfähiges und weitgespanntes Informationsnetz, eine gemeinsam mit Bürgern organisierte und finanzierte Bruderschaft, die über Häuser auf dem Kohlenberg verfügt, ein gemeinsames Fest, an dem städtische und fahrende Randständige zusammenkommen, sind Indizien für Existenz und Wirkung dieser eigenen Kultur.

IV.
GESCHICHTE DER JUDEN

Juden – eine Minderheit vor Gericht
(Zürich 1378–1436)

VON SUSANNA BURGHARTZ

1422 schrie David von Winterthur bei einem Streit in der Zürcher Synagoge *immer wieder ohne Not Mord, Mord, obwohl ihn niemand ermordete. Als er sich so ungebührlich verhielt, fürchtete Josef große Bedrängnis und auch einen Angriff durch die Christen*[1]. Schlaglichtartig werden hier Ängste sichtbar, die die innerjüdischen Konflikte in der Synagoge prägten. Die im folgenden untersuchten Fälle vor dem Zürcher Ratsgericht geben Einblick sowohl in christlich-jüdische Beziehungen und Konfliktkonstellationen als auch in innerjüdische Auseinandersetzungen; sie zeigen auch, wie stark das Funktionieren der jüdischen Gemeindeorganisation vom Verhältnis zwischen Majorität und Minorität abhing. Das Auftreten der Juden vor dem Ratsgericht ist unabhängig von diesem Verhältnis nicht zu begreifen. Die Geschichte der Zürcher Juden[2] erscheint besonders interessant, weil hier die Gerichtsquellen nicht nur über christlich-jüdische, sondern auch über innerjüdische Konflikte berichten und damit Aussagen über Differenzierungen und Konfliktkonstellationen innerhalb der jüdischen Gemeinde erlauben. Dabei wird immer wieder deutlich, daß die jüdischen Streitigkeiten, Parteiungen und Gegnerschaften durch die prekäre Situation der jüdischen Gemeinde und den wachsenden Druck der Christen auf die Juden genährt wurden[3].

---

1 StaZH B VI 205, fol. 502ᵛ (Rats- und Richtbücher). Die Quellenzitate sind in modernes Deutsch übersetzt, um die Lesbarkeit und Verständlichkeit zu erhöhen.
2 Literatur zu den Juden in Zürich und in der Schweiz: ULRICH, Johan Caspar, Sammlung jüdischer Geschichten in der Schweiz. Basel 1768; BÄR, Emil, Die Juden Zürichs im Mittelalter. In: Zürcher Taschenbuch 1896, S. 119–150; STEINBERG, Augusta, Studien zur Geschichte der Juden in der Schweiz während des Mittelalters. Zürich 1902; WELDLER-STEINBERG, Augusta, Intérieurs aus dem Leben der Zürcher Juden im 14. und 15. Jahrhundert. Zürich 1959; GUGGENHEIM-GRÜNBERG, Florence, Judenschicksale und »Judenschuol« im mittelalterlichen Zürich. Zürich 1967; CHONE, Heymann, Zur Geschichte der Juden in Zurich im 15. Jahrhundert. In: Zeitschrift für die Geschichte der Juden in Deutschland 6 (1936), S. 198–209; BAUMANN, Walter, Der gute Smaria. Aus Zürichs Judengasse im 14. Jahrhundert. In: Turicum 7/3 (1976), S. 18–24; BURGHARTZ, Susanna, Leib, Ehre und Gut. Delinquenz in Zürich Ende des 14. Jahrhunderts. Zürich 1990, bes. Kap.15; BARON, Salo Wittmayer, A Social and Religious History of the Jews. 1–18. New York ²1952–1983, bes. 8, S. 4–16. Zum Ratsgericht vgl. BURGHARTZ, Susanna, Disziplinierung oder Konfliktregelung? Zur Funktion städtischer Gerichte im Spätmittelalter: Das Zürcher Ratsgericht. In: ZHF 16/4 (1989), S. 385–407.
3 Zum Verhältnis zwischen jüdischer Minderheit und christlicher Majorität vgl. GRAUS, František, Juden und andere Randgruppen in den Städten des Mittelalters. In: Ludwig SCHRADER (Hg.), Alternative Welten in Mittelalter und Renaissance. Studia humaniora 10. 1988. S. 87–110; zu den Randgruppen allgemein GRAUS, František, Randgruppen der städtischen Gesellschaft im Spätmittelalter. In: ZHF 8 (1981), S. 385–437.

Die erste jüdische Gemeinde Zürichs wurde in der Pogromwelle 1348/49 fast vollständig vernichtet[4]. Der Zürcher Rat stellte zwar 1354 einen allgemeinen Freiheitsbrief für Juden aus, in dem die früheren Privilegien bestätigt wurden[5], die Zuwanderung scheint in den nächsten Jahren aber nur langsam vor sich gegangen zu sein, denn noch 1357 wurden Juden für vier Jahre von der Steuer befreit[6]. Um 1400 lebten in Zürich maximal 12 bis 15 Familien[7]. Die Gemeinde verfügte über eine Synagoge und vermutlich auch über eine Mikwe, die sich in der kleinen Brunngasse befanden[8]. Während vor 1349 in Zürich eine Talmudhochschule bestand[9], werden für die zweite Gemeinde mehrfach Schulmeister, also Hauslehrer, bei verschiedenen Familien erwähnt. Mit den seit 1377 erhaltenen Schutzbriefen für einzelne Haushaltungen, in denen die Geltungsdauer, der jährliche Steuerbetrag und Rechte und Bedingungen für das jüdische Geld- und Pfandleihgeschäft geregelt wurden, ging Zürich zur individuellen Besteuerung der Haushaltsvorstände über[10]. Noch 1433/34 zahlten die Zürcher Juden 500 Gulden an die kaiserliche Kammer[11]. Nach verschiedenen Inhaftierungen und vorübergehenden Vertreibungen wies die Stadt 1436 die Juden endgültig aus[12].

Ihre rechtliche Situation war einerseits durch die christlichen Rechtsvorschriften, andererseits durch ihre eigene jüdische Gesetzgebung bestimmt. Schon das kanonische Recht und das Landrecht, der Schwabenspiegel, enthielten rechtliche Sonderbestimmungen für die Juden. Daneben erließ der Zürcher Rat eigene Bestimmungen: Bereits Mitte des 13. Jahrhunderts regelte er das Schächten und den Fleischverkauf und bestimmte, daß Juden nicht auf Kirchenschatz leihen durften[13]. 1304 wurden zusätzlich Regelungen über das Zinsnehmen und den Leihezwang von Juden und Kawertschen in den Richtebrief aufgenommen[14]. Zu Beginn des 14. Jahrhunderts wurde festgesetzt, daß Juden sich in der Karwoche *von der krumben mittewochen nach imbitz untz an den hohen samstag* bei Buße nicht zeigen und kein *Geschrei*

---

4 Germania Judaica II/2, S. 947.
5 Quellen zur Zürcher Wirtschaftsgeschichte. Von den Anfängen bis 1500. Bearbeitet von Werner SCHNYDER. 1. Zürich und Leipzig 1937. S. 118 (zitiert als SCHNYDER, QZWG).
6 BÄR, wie Anm. 2, S. 129.
7 GUGGENHEIM-GRÜNBERG, wie Anm. 2, S. 7. SCHNYDER, Werner, Die Bevölkerung der Stadt und Landschaft Zürich vom 14. bis 17. Jahrhundert. Eine methodologische Studie. Diss. Zürich 1925, S. 70, geht für die gleiche Zeit von 25 bis 50 Personen aus; während CHONE, wie Anm. 2, S. 203, die Zahl der jüdischen Haushaltungen in den Jahren 1430–1435 auf höchstens 25 schätzt.
8 GUGGENHEIM-GRÜNBERG, wie Anm. 2, S. 39ff.
9 Ebd. S. 8.
10 Eine Aufstellung über die erhaltenen Burgrechtsbriefe in: SCHNYDER QZWG, wie Anm. 5, S. 167–170; sie sind vollständig abgedruckt bei ULRICH, wie Anm. 2, S. 384–433. Die Auswirkungen einer solchen individuellen Besteuerung auf die jüdische Gemeindestruktur hat František GRAUS, Pest – Geißler – Judenmorde. Das 14. Jahrhundert als Krisenzeit. VeröffMPIG 86. 1987. S. 251 ff. vor allem S. 253 beschrieben.
11 CHONE, wie Anm. 2, S. 203, vermutet aus diesem Grund, daß der Höhepunkt in der Entwicklung der zweiten jüdischen Gemeinde Zürichs in die Jahre 1430 bis 1435 fiel.
12 BÄR, wie Anm. 2, S. 149.
13 Der Richtebrief der Burger von Zürich. In: Helvetische Bibliothek, 2. Stück. Zürich 1735. S. 65 und S. 81.
14 OTT, Friedrich, Der Richtebrief der Burger von Zürich. In: Archiv für Schweizerische Geschichte 5. Zürich 1847, S. 149–291, hier S. 263.

machen durften[15]. In den 1380er Jahren regelte der Rat verschiedene Fragen, die die Gemeinde und ihre Organisation betrafen: 1382 die Friedhofsbenützung[16], 1383 die innerjüdische Gerichtsbarkeit[17]. Gleichzeitig bestimmte der Rat auch, daß alle Juden in dieselbe Synagoge gehen sollten und sich nicht aufspalten durften[18]. Einige Juden behielten sich daraufhin in ihren neuen oder erneuerten Burgrechtsbriefen *ir judenrecht* ausdrücklich vor[19]. Diese innerjüdische Gerichtsbarkeit schilderte Smaria 1380 vor dem Ratsgericht: Die Juden seien aufgrund zahlreicher Streitfälle übereingekommen, daß sie Auseinandersetzungen bis 5 Pfund unter sich in der Synagoge richten wollten[20]. Aus weiteren Fällen wird klar, daß einzelne Juden in innerjüdischen Konflikten immer wieder *Hochmeister* in anderen Städten[21] anriefen, ein Vorgehen, das auch gemeindeintern umstritten war. Es bestand demnach keine allgemein anerkannte Appellationsinstanz für Urteile des jüdischen Gerichts in Zürich. Neben der innerjüdischen Bußengerichtsbarkeit und dem Zug vor andere Gerichte bzw. »Instanzen« wurde in der jüdischen Gemeinde der Bann als »Kampfmittel« eingesetzt, verschärfend konnte dieser Bann auch an anderen Orten, zu denen die Zürcher Gemeinde Beziehungen unterhielt, bekannt gemacht werden[22]. Die rechtliche Situation der jüdischen Gemeinde in Zürich entsprach damit durchaus derjenigen anderer nord- und mitteleuropäischer Gemeinden[23]. Leider erlaubt die Forschungslage zur Geschichte von Zürich und den Zürcher Juden kaum einen Einblick in die wirtschaftlichen Verflechtungen und die Beziehungsnetze der Juden sowohl in Zürich als auch über Zürich hinaus; beide Fragen wären aber für das Verständnis der Konfliktfelder und -formen wesentlich.

Die Konfliktintensität und die Präsenz der Juden vor dem Ratsgericht verlief in Konjunkturen. So waren sie etwa in den 1380er Jahren verglichen mit ihrem Bevölkerungsanteil vor Gericht übervertreten, während sie in anderen Jahren überhaupt nicht vor Gericht auftraten. Nach der Ritualmordanschuldigung des Jahres 1401 erschienen Juden definitv sehr viel seltener vor Gericht, allerdings kam es 1422 nochmals zu heftigen internen Auseinandersetzungen, die sich auch vor dem Ratsgericht niederschlugen. An der Spitze der Deliktstruktur standen Beleidigungen und Verleumdungen, gefolgt von Gewaltanwendung, wobei Juden im Unterschied zu christlichen Männern sehr viel seltener zu Waffen (Messern oder Schwertern) griffen.

---

15 Die Zürcher Stadtbücher des 14. und 15. Jahrhunderts. Hg. von H. ZELLER-WERDMÜLLER. 1–3, Leipzig 1899, 1901, 1906. (Im folgenden zitiert als Stadtbuch); hier Stadtbuch 1, S. 19. Das Verbot des Schwabenspiegels wurde also um einen Tag ausgedehnt und eine zusätzliche zürcherische Strafe angedroht.
16 Stadtbuch 1, S. 269.
17 Ebd. S. 270.
18 Ebd. S. 270f. Ausdrücklich heißt es: *Welcher das dar über tâte, den sol ein rat dar umb herteklich straffen.*
19 BÄR, wie Anm. 2, S. 131f.
20 StaZH B VI 191, fol. 23, 23ᵛ. Wer hinausging, wenn man richtete, sollte jedesmal 5 sh bezahlen.
21 Z. B. in Basel, Rothenburg und Worms.
22 Vgl. z. B. StaZH B VI 191, fol. 185ᵛ (1381).
23 BEN-SASSON, Haim Hillel, Geschichte des jüdischen Volkes 2: Vom 7.–17. Jahrhundert. Das Mittelalter. 1979. S. 146f.; SCHWARZFUCHS, Simon, Kahal, la communauté juive de l'europe médiévale. Paris 1986. ZIMMER, Eric, Harmony and Discord. An analysis of the Decline of Jewish Self-Government in 15th Century Central Europe. New York 1970, beschreibt S. 85–89 die Tatsache, daß zunehmend christliche Gerichte in innerjüdischen Konflikten angerufen wurden, als typisches Phänomen für die Desintegration der jüdischen Selbstverwaltung in Deutschland im 15. Jahrhundert Vgl. ebd. S. 169. Für einzelne jüdische Gemeinden, etwa Konstanz, Basel oder Frankfurt, vgl. Germania Judaica III/1.

Wie weit dies mit dem christlichen Waffenverbot für Juden zusammenhing und wie weit hier eigene jüdische Traditionen der Konfliktaustragung eine Rolle spielten, ist schwierig zu entscheiden. Jedenfalls trugen auch jüdische Männer durchaus Waffen, gleichzeitig gab es offensichtlich spezifische Konfliktformen, die sich hauptsächlich in der Synagoge abspielten. Im Vergleich zu den Christen spielten bei den Juden Eigentums- und Wirtschaftsvergehen nur eine untergeordnete Rolle[24]. Dies erstaunt angesichts ihrer prekären wirtschaftlichen Stellung Ende des 14. Jahrhunderts. Im folgenden will ich aber nicht die spezifische Deliktstruktur von Juden diskutieren oder jüdische und christliche Delinquenz vergleichen; vielmehr geht es darum, durch die Gerichtsfälle Aufschluß zu erhalten über Strukturen und Besonderheiten in den Beziehungen zwischen Christen und Juden und zugleich über die Auswirkungen, die das Verhalten und die Einstellung der Majorität zur Minorität auf deren innere Verhältnisse hatte. In einem ersten Schritt sollen zwei spezifische Beziehungsformen zwischen Christen und Juden thematisiert werden. Zunächst gehe ich der Frage nach dem Konfliktpotential der klassischen Beziehung von Juden und Christen – der Geldleihe – nach. Die Anklagen wegen sexueller Beziehungen von Juden zu Christinnen stehen in einem gewissen Zusammenhang mit den ökonomischen Beziehungen, sie dienten aber vor allem der Definition und Aufrechterhaltung der Gruppengrenzen. Darüber hinaus verweisen diese Beziehungen aber in einzelnen Fällen zugleich auch auf eine ganz alltägliche Ebene christlich-jüdischer Kontakte. In einem zweiten Schritt untersuche ich innerjüdische Auseinandersetzungen daraufhin, was sie über die Situation der jüdischen Gemeinde und das Verhältnis zwischen jüdischer Minorität und christlicher Majorität aussagen. Schließlich erhellt die Analyse der Konjunkturen antijüdischer Stereotype die Rahmenbedingungen, unter denen Juden Ende des 14. und zu Beginn des 15. Jahrhunderts in Zürich lebten und vor Gericht agierten.

(Tausch-)Beziehungen zwischen Christen und Juden: Geld und Sexualität

Verschiedentlich mußten Juden mit Christen wegen Konflikten vor Gericht, die aus Schuldforderungen resultierten. So klagte Stukis Frau – allerdings erfolglos –, die Frau des jungen Fifli habe sie als *bôß wib* beschimpft, als sie ihre Pfänder bei ihr auslösen wollte[25]. Gewalttätig wurde Jo Chůntz; er stach den langen Smaria blutig, als dieser sein Geld zurückverlangte. Smaria bat den Rat: *Darum vertraue ich Euren Gnaden wohl, Ihr beschützt mich besser als einen Christen, weil ich keinen Beschützer habe außer Gott und Euch. Denn wenn er mich erstochen hätte, hätte er sich vor meinen Verwandten nicht fürchten müssen wie vor Christen*[26]. Smaria kannte also seine besondere rechtliche Situation – der Schwabenspiegel sprach den Juden das Waffenrecht und damit die Fehdefähigkeit ab – und berief sich auf die Schutzfunktion des Rates; allerdings war auch für Christen Ende des 14. Jahrhunderts an die Stelle des Fehderechts der städtische Rat mit seinen Nachgängen getreten. Welches Potential für Gefühle der Demütigung und des Ehrverlustes in Leihebeziehungen angelegt war, zeigt die Klage der Gügalagügin: Sie wollte bei Moses und seiner Schwägerin, der Isackin, Geld leihen. Als sie das Haus der Juden verließ, liefen diese ihr nach und verleumdeten und demütigten sie, indem sie behaupteten, sie hätten ein Tuch

---

24 Für einen quantitativ genaueren Vergleich in den Jahren 1376–1385 vgl. BURGHARTZ, Leib, Ehre und Gut, wie Anm 2, S. 80 ff.
25 StaZH B VI 193, fol. 99ᵛ (1386).
26 StaZH B VI 191, fol. 186ᵛ (1381).

verloren; die Isackin forderte die Gügalagügin sogar auf, den Mantel und dann auch noch den Rock auszuziehen. Obwohl nach Aussage der Jüdin die Gügalagügin der Aufforderung nicht ungern nachgekommen war, verurteilte das Gericht doch die Isackin zu je einer halben Mark Buße an die Stadt und an die Klägerin und bestätigte damit den ehrverletzenden Charakter des Vorfalls[27]. Im allgemeinen traten die Christen als Schuldner der Juden auf; aber Leihebeziehungen konnten auch umgekehrte Abhängigkeitsverhältnisse konstituieren, wie ein Nachgang aus dem Jahr 1412 zeigt. Sechs Christen wurden zu Strafen zwischen einer und zwanzig Mark Silber verurteilt, weil sie Juden und Jüdinnen Geld gegen Zinsen geliehen und durch jüdische Vermittler und Vermittlerinnen Wucherzinsen und Pfänder von Christen genommen hatten. Als Zeugen sagten auffallend viele Frauen aus, allen voran die Witwe des langen Smaria; hier wird nebenbei die aktive Rolle, die Jüdinnen im Geldleihgeschäft – und damit in ökonomischen Beziehungen zu Christinnen – spielten, sichtbar. Interessanterweise wurden die beteiligten Juden und Jüdinnen nicht verurteilt, anscheinend machten sich bei dieser Art von Geschäften nur die Christen strafbar[28]. Finanzielle Auseinandersetzungen wegen Leihebeziehungen kamen auch deswegen so selten vor das städtische Ratsgericht, weil derartige Konflikte vor anderen Gerichten – vor allem wohl vor dem Schultheißengericht – behandelt wurden[29]. Die Leihebeziehungen, die ein hohes Konfliktpotential, genährt von Gefühlen der Abhängigkeit, Minderwertigkeit und Demütigung, erwarten ließen, erwiesen sich vor dem Ratsgericht als erstaunlich wenig konfliktträchtig[30].

Auffallend regelmäßig beschäftigten das Ratsgericht sexuelle Beziehungen von jüdischen Männern zu christlichen Frauen. Entsprechende Verdächtigungen wurden auch in Jahren vor das Ratsgericht gebracht, als Juden wegen anderer Delikte nur noch selten vor Gericht erschienen. Geschlechtsverkehr zwischen Juden und Christinnen war ein wichtiges, vielschichtiges, wenn auch quantitativ keineswegs dominierendes Thema: es konnte um den Tausch von Schulden(nachlaß) gegen Sexualität, um den Kauf von Sexualität bei Prostituierten gegen Geld, aber auch um die Verbindung von Emotionen und materiellen Interessen in längerfristigen Beziehungen gehen. Im Natalhalbjahr 1381 klagte Elli Bollers den langen Smaria an, er habe ihr einen Schuldennachlaß in Aussicht gestellt, wenn er mit einem Messer einen kleinen Schnitt in ihre linke Brust machen könne[31]. Der Rat behandelte den Fall »ex officio« in einem Nachgang, verhängte aber kein Urteil[32]. Neun Jahre später wurde der lange Smaria zusammen mit den Christen Hans Rordorf, Welti Ôchen und Heintzman zer Zuben angeklagt, weil die Christen ihn um Gut erpreßt hatten und *sagten, der Jude wäre gefährlich bei der Frau gewesen, Hans*

---

27 StaZH B VI 194, fol. 104 (1389).
28 StaZH B VI 201, fol. 172ᵛ–178ᵛ. Verurteilt wurden Johan Zåg von Glarus, Jost Kiel, Jo Keller ze dem Swert, Cůntz von Koboltz, Swartzmurer und Růtschman Meyer Gerwer. Wieweit es sich hier um einen Ausnahmefall handelte, ist auf Grund der Richtebücher allein nicht zu entscheiden. Vgl. allgemein GILOMEN, Hans-Jörg, Wucher und Wirtschaft im Mittelalter. In: HZ 250 (1990), S. 265–301.
29 Aus einer Klage des langen Smaria gegen Jo Zůssi wegen eines umstrittenen Schuldbriefs geht hervor, daß die beiden den Fall bereits vor ein anderes Gericht gebracht hatten und daß dieses Gericht sogar im Haus des Smaria tagte, weil der Jude krank war. StaZH B VI 194, fol. 262ᵛ.
30 Damit entsteht hier ein ähnliches Bild wie für Eigentumsdelikte unter Christen. Auch sie führten vor dem Ratsgericht eher zu Beleidigungsklagen, während dieses Gericht nur selten der Ort für eigentliche wirtschaftliche Auseinandersetzungen von Einzelpersonen war; vgl. BURGHARTZ, Leib, Ehre und Gut, wie Anm. 2, Kap. 12.
31 StaZH B VI 191, fol. 150.
32 Ebd. fol. 134ᵛ.

Rordorfs Weib[33]. Alle Beteiligten wurden mit schweren Verbannungsstrafen belegt, Smaria mußte zusätzlich 300 Gulden Strafe bezahlen. Im gleichen Zusammenhang wurde auch der Fall von Elli Bollers erneut vor Gericht zur Sprache gebracht; diesmal hieß es bereits, *daß da der Smaria derselben Frau zumutete, daß sie die eine Brust in die Hand nehme und ihm drei Blutstropfen aus der anderen Brust gebe, so wolle er ihr die Schulden nachlassen und dazu 5 sh geben*[34]. Wieder endete der Fall ohne Verurteilung. Die Geschichten vom langen Smaria und seinem Verhältnis zu Christinnen verweisen auf die Angst der christlichen Männer vor der Erpreßbarkeit und Käuflichkeit christlicher Frauen durch Schuld- und Leihebeziehungen, die sie selbst oder ihre Männer zu Juden unterhielten. Auffallend ist, daß in den meisten Fällen vor Gericht die sexuellen Beziehungen eines wohlhabenden oder reichen Juden zu einer ärmeren Christin verhandelt wurden. Die Wiederaufnahme des Falles Bollers zeigt darüber hinaus, daß einschlägige Verdächtigungen und Beschuldigungen auch nach langer Zeit reaktiviert werden konnten, hier im nachhinein angereichert durch die spezielle Blutsymbolik, die möglicherweise unterschwellig auf Vorstellungen von besonderen magischen Fähigkeiten von Juden abzielten[35].

Sehr viel direkter thematisiert wurde der Tausch Geschlechtsverkehr gegen Schuldennachlaß in einem Nachgang gegen Gretli, die Untermieterin von Ursul Michlin, und gegen den Juden Isach, den Knecht von Salomon[36]. Nach Aussage von Gretli hatte sie bei Salomon einen Rock versetzt, den Isach auszulösen versprach, wenn er sie einmal *minnen* könne, was nach seiner Aussage in der Kammer seines Meisters geschah. Ein Urteil ist nicht überliefert. Einer weiteren Form gekaufter sexueller Beziehungen zu christlichen Frauen ging der Rat 1412 nach, als es hieß, Juden hätten im Hurenhaus mit Christinnen zu schaffen gehabt. Verschiedene Prostituierte bestätigten Kontakte mit Juden und berichteten davon, daß die *knaben* oder *gesellen* sie verjagt hätten. Während die jungen Männer also die »eigenen« Frauen überwachten und unberechtigten Männern, hier den Juden, den Zutritt zu den Prostituierten verwehren wollten, ließ der Rat die Fälle ohne Urteil streichen[37]. Anders sah es bei längerfristigen Verhältnissen zwischen Juden und Christinnen aus. 1388 wurde Mőssli, ein wohlhabender Zürcher Jude, der auch in der Gemeinde eine Rolle spielte und vor Gericht einer der Hauptkontrahenten in innerjüdischen Konflikten war, verdächtigt, eine Frau in Männerkleidern in Aklis Haus geführt zu haben und daß er *dort mit ihr lebte, wie es ihm paßte*[38]. Kurz darauf wehrte sich der gleiche Akli vor Gericht gegen die Verleumdung des Juden Matis, er habe Vifli geholfen, ein neugeborenes, noch ungetauftes Kind zu *vertruken*[39]. Sechs Jahre später wurde Mőssli verhaftet, weil er mit der Ringgerin, einer verheirateten Frau, eine sexuelle Beziehung unterhielt, aus der mehrere Kinder stammten. Mőssli behauptete im Gefängnis, Ringger habe

---

33 StaZH B VI 194, fol. 127ᵛ (1390).
34 Ebd. fol. 128.
35 1391 wurde Fifli angeklagt, weil er aufgrund von Harnuntersuchungen bei Frauen Schwangerschaften diagnostiziert hatte und ihnen anbot, für 20 Gulden *wölt er dz kind von dien fröwen bringen und vertriben, dz do kein kint wurde*. Fifli wurde mit 5 Mark gebüßt. Der Fall verweist auf besondere Fähigkeiten von Fifli als Heiler, die Assoziationen zu Ritualmordbeschuldigungen erlaubten. Vgl. HSIA, R. Po-Chia, The Myth of Ritual Morder. Jews and Magic in Reformation Germany. New Haven and London 1988. S. 7–9.
36 StaZH B VI 204, fol. 280 aus dem Jahr 1428.
37 StaZH B VI 201, fol. 162–163ᵛ, 193ᵛ, fol. 332 (1413).
38 StaZH B VI 193, fol. 292.
39 Ebd. fol. 304.

seine Ehefrau an ihn verkauft[40]. Der Jude mußte 600 Gulden Buße bezahlen und wurde auf ewig über Reuß und Aare verbannt; allerdings wurde ihm die Aufhebung der Verbannungsstrafe in Aussicht gestellt, wenn er zum Christentum übertrete[41]. Die Ringgerin wurde auf einen Karren gesetzt und mit einem *juden hůtli* auf dem Kopf durch die Stadt geführt, vor ihr wurde auf zwei Scharwachthörnern geblasen; schließlich wurde sie auf ewig zwei Meilen aus der Stadt verbannt[42]. Das Blasen auf Hörnern hatte sowohl Signalwirkung als auch symbolischen Charakter. Schließlich waren die rechtmäßigen Anwärter auf die Frau, die christlichen Männer, in gewissem Sinn die Gehörnten. Daß gegen die Frauen eine Schandstrafe und damit eine Strafform, die zu dieser Zeit vor dem Ratsgericht noch sehr unüblich war, verhängt wurde, zeigt, daß die Rechtsgemeinschaft ihre Ehre wiederherstellen mußte, daß es also bei sexuellen Verhältnissen zwischen Juden und Christinnen auch um Fragen der Befleckung und der Integrität der Gruppe ging[43].

Indem längerfristige sexuelle Beziehungen zwischen Juden und Christinnen vom christlichen Gericht scharf bestraft wurden[44], reservierte die Majorität »ihre« Frauen für sich. Eine Bestrafung christlicher Männer wegen sexueller Beziehungen zu Jüdinnen ist – trotz des kanonischen Verbots – nicht festzustellen. Entsprechende Anschuldigungen richteten sich immer gegen die jüdische Frau und wurden von dieser als Beleidigung bzw. Verleumdung vor Gericht gebracht; sie schadeten allenfalls den Jüdinnen in ihrer eigenen Gruppe[45]. Ebenso scheinen sexuelle Beziehungen zu Prostituierten oder Frauen mit vergleichbarem Status lange Zeit geduldet worden zu sein. Aber auch hier änderten sich die Verhältnisse in den letzten Jahren vor der endgültigen Vertreibung der Juden aus Zürich: 1431 wurde der Sohn des Juden Löw von Konstanz nach seiner Inhaftierung zu einer Buße von 40 Mark verurteilt, weil er in einer Scheune eine bestellte Prostituierte *geminnt* hatte. Sein Helfer, Hans Humikon, wurde immerhin noch mit fünf Mark bestraft; der gleiche Humikon mußte sich am Sonntag vor allen Leuten in der Wasserkirche entschuldigen, weil er zu Unrecht behauptet hatte, der Jude habe Holtzers Tochter *geminnt* und Langenörly habe ihm dabei geholfen – ein Angriff auf ehrbare Bürger, der abgewehrt werden konnte[46].

---

40 StaZH B VI 195, fol. 329 (1394).
41 Das Urteil gegen Mössli sollte geheimgehalten werden.
42 StaZH B VI 195, fol. 313ᵛ, 314ᵛ (1394). Ebenso wurde ihre Mutter, die Blasenküchlin, verbannt, die als Mitwisserin verurteilt wurde, während Ringger ohne Strafe blieb. Zu den Kindern des Paares bestimmte das Urteil: *man soll ôch die kristenen kind, so der jud hat, usser dien sechshundert guldin besorgen, dz si erzogen werden, untz dz si brot durch got mugen heischen.*
43 Als Schandzeichen akzeptierten auch Juden dieses Blasen, klagte doch Elsbetha Weberin, der Jude Josef von Wil beschuldige sie zu Unrecht, bei David zu liegen, er habe auch gesagt, *er gelobe den tag, dz man st uff einem karren durch die statt füre und er vor anhyn blase.* StaZH B VI 205, fol. 506ᵛ (1422).
44 Die Rats- und Richtbücher enthalten keine Informationen über die Be- bzw. Verurteilung solcher sexuellen Beziehungen durch jüdische Gerichte; BARON, wie Anm. 2, 11, S. 80 ff., weist allerdings auf die große Toleranz italienischer Juden gegenüber Beziehungen zu Christinnen hin.
45 Vgl. StaZH B VI 217, fol. 320ᵛ, 321. Hånli, die Frau des langen Smaria, klagte gegen Elsi von Wissenburg, die Magd von Merlin Schônmannin: Sie habe ihre Schwägerin, die Schônmannin, verleumdet, *dz si all nacht juden und cristan durch den stall us und in lad. Solicher hůrheit enpfligt si,* und anschließend zu Hånli gesagt: *Swig, du bist ôch ein hůr und hast die hůry ze Ôgspurg und ze Lantsperg getriben und ich han dir selb vierzehen man zů geschaffet.* Vgl. SCHWARZFUCHS, wie Anm. 23, S. 101.
46 StaZH B VI 209, fol. 202–203ᵛ; ausdrücklich hieß es im Urteil: *an einem suntag, so der lůten meist ist.*

Mit der Verfolgung sexueller Beziehungen zwischen Juden und Christinnen vor dem Ratsgericht ging es darum, Übergriffe und Besitzanmaßungen jüdischer Männer zu thematisieren und zu sanktionieren und damit in einem exemplarischen Bereich die Trennung der beiden sozialen Gruppen Christen/Juden im Alltag der Geschlechterbeziehungen konsequent aufrechtzuerhalten[47]. Die weitgehende Tolerierung sexueller Kontakte zu Prostituierten zeigt allerdings, daß auch diese Trennung ihre Grenzen hatte. Geschützt wurden nicht so sehr die »gemeinen« Frauen, sondern vor allem diejenigen, die eindeutig einem bestimmten Mann zuzurechnen waren.

Innerjüdische Konflikte

Daß die im folgenden analysierten innerjüdischen Streitigkeiten überhaupt vor den christlichen Rat kamen, ist ein Ausnahmefall, der auf die bedrängte Lage der jüdischen Gemeinde in Zürich und das schwierige Verhältnis von Minderheit und Majorität verweist. Wie sich zeigen wird, brach die Autonomie der Gemeinde in Gerichtsfragen nicht in Zeiten extremen äußeren Drucks zusammen, dieser Zusammenbruch hatte vielmehr neben den sich verschlechternden strukturellen Bedingungen, die Zürich »seinen« Juden bot, auch innerjüdische Kämpfe und Parteiungen als Voraussetzung, die über die jüdische Gemeinde in Zürich hinausweisen und daher hier weitgehend ungeklärt bleiben müssen. Bereits 1380 wurde der lange Smaria zu einer Mark Stadtbuße verurteilt, weil er Mathis, den Sohn von Eberhart, schlug, der ihn daran gehindert hatte, in der Synagoge die Bußen aufzuschreiben und einzuziehen, eine Aufgabe, die in diesem Monat von Smaria und dem alten Vifli zu erfüllen war. Smaria schilderte bei dieser Gelegenheit die innerjüdische Gerichtsbarkeit ausführlich und wies auf die vielen Streitigkeiten hin, die sie gehabt hatten[48]. Die häufigen und zum Teil heftigen internen Auseinandersetzungen erreichten 1383 in der Osterzeit einen Höhepunkt. Vor dem nächsten hohen Feiertag wurden alle Streitigkeiten unter den Juden geschlichtet[49]; unklar ist, ob es sich dabei um ein innerjüdisches Rechtsverfahren handelte oder um den Eid, den sie dem städtischen Rat am 10. Mai 1383 leisten mußten,[50] bei einer Strafe von 200 Mark ohne Ratserlaubnis Juden nicht mehr vor fremde, jüdische Gerichte zu bringen. Trotz dieser Einigung kam es *an irem pfingstag*[51] in der Synagoge zu einem erbitterten Streit zwischen dem langen Smaria und Môssli. Michel, der Vorsinger und Schulrufer, hatte Smaria angefragt, ob er vorsingen wolle; darüber kam es zu einer scharfen Auseinandersetzung zwischen Smaria und Môssli. Als Konfliktparteien schälten sich der lange und der kurze Smaria einerseits und Môssli, Eberhart, der alte und der junge Fifli andererseits heraus. Der lange Smaria wurde schließlich in einer rein innerjüdischen, rituell-

---

47 Zur Frage der Aufrechterhaltung der Integrität von Gruppenabgrenzungen durch das Verbot sexueller Beziehungen vgl. in Anlehnung an Douglas POMATA, Gianna, La storia delle donne: una questione di confine. In: Gli strumenti della ricerca. Il mondo contemporaneo 10/2. Firenze 1983. S. 1434–1469, hier S. 1456
48 StaZH B VI 191, fol. 23, 23ᵛ. Mathis mußte für sein Vergehen je 1 Pfund Stadtbuße und Wiedergutmachung zahlen. Da die Bußen jeweils an eine Wand geschrieben und später ausgewischt wurden, ist diese Form der jüdischen Gerichtsbarkeit in Zürich nur noch in Fällen wie dem hier geschilderten (über den Umweg über das Ratsgericht) quellenmäßig faßbar.
49 StaZH B VI 192, fol. 52.
50 Stadtbuch 1, S. 270.
51 Gemeint ist Schawuot.

religiösen Angelegenheit zu einer Stadtbuße von zehn Mark verurteilt[52]. In der Folge wurde er in einem Nachgang beschuldigt, Môssli vor den Hochmeister in Rothenburg, also ein auswärtiges jüdisches Gericht, geladen zu haben. Daraufhin bestrafte das Ratsgericht den langen Smaria mit der angedrohten, absolut außerordentlichen Stadtbuße von 200 Mark[53]. Für jüdische Männer war die Synagoge als religiöses und soziales Zentrum der Gemeinde der wichtigste Ort, um Ehrverletzungen zu inszenieren und auszutragen. Vor allem der Streit ums Vorsingen und das Verlassen der Synagoge, um den Gottesdienst zu verhindern, waren entscheidende Mittel, um den andern anzugreifen und bloßzustellen[54]. So wurde beispielsweise der Sohn von Merlin Schönmann am Totengebet für seinen Vater gehindert[55]. Der junge Fifli mißachtete das Friedensgebot, das der Rat für die folgenden Festtage in der Synagoge erlassen hatte, und *tat einen Bann in der Schule an ihrem Ostertag, was nie ihre Sitte oder Gewohnheit gewesen ist und was sie für einen großen Frevel halten und daß es keiner von ihnen je gesehen hat, daß einer an einem Feiertag den Bann tat*[56].

Daß alle diese rein innerjüdischen, religiös-rituellen Angelegenheiten vor den christlichen Rat gebracht wurden, läßt sich nur mit den Auseinandersetzungen innerhalb der jüdischen Gemeinde um die Akzeptanz und Autorität der jüdischen Gerichtsbarkeit (und damit auch um die Autonomie der Gemeindeverwaltung in internen Angelegenheiten) erklären. Mit dem Eid, den der Rat 1383 von allen Juden verlangte, schuf er in dieser Frage eine eindeutige rechtliche Lage zu seinen Gunsten, indem er die Appellation an auswärtige jüdische Gerichte unter Strafe stellte. Im Anschluß daran zeigte sich, daß einzelne Juden nicht nur das christliche Gericht einem jüdischen vorzogen, sondern daß sie auch Gegner, die sie vor jüdische Gerichte bringen wollten, beim Rat anzeigten. Der Nachweis, der andere habe widerrechtlich ein jüdisches Gericht angerufen, konnte so zu einem neuen Mittel im Kampf werden, das bei Erfolg eine enorme Buße für den Gegner nach sich zog. Umgekehrt wurde vor dem Rat auf Wortbruch geklagt, wenn ein Jude sich nicht wie abgemacht an ein jüdisches Gericht wandte[57]. Der Rat anerkannte also die jüdische Rechtsprechung in Zürich – darauf weisen auch die Vorbehalte des *Judenrechts* in den Burgrechtsbriefen hin –, die Appellation an auswärtige, jüdische Gerichte dagegen stellte er unter Strafe und machte sich damit zur obersten Instanz für die Zürcher Juden.

Um dem christlichen Gericht die eigenen Konflikte und Wertmaßstäbe verständlich zu machen, unternahmen Juden verschiedentlich »Übersetzungsanstrengungen«. Immer wieder bezogen sich Juden explizit auf das Wertsystem der Richter, das an Ehre und Schande orientiert war. Sie nahmen Bezug auf ihre eigenen Gewohnheiten und Gesetze[58] und erklärten sich den christlichen Richtern; so etwa in der Klage des jungen Fifli, daß Môssli die Synagoge verließ, *um Fifli zu schmähen, denn sie können rechtens nicht singen, wenn sie nicht zehn oder mehr sind, und das ist die größte Schmach, die ein Jude dem andern zufügen kann*[59]. Auf diese Weise gelang

---

52 StaZH B VI 192, fol. 51ᵛ–53.
53 Ebd. fol. 53ᵛ.
54 Zur »Unterbrechung des Gebets als Mittel sozialen Protests« vgl. BEN-SASSON, wie Anm. 23, S. 149. Interessanterweise wurden religiös-rituelle Probleme im Zusammenhang mit den Reinheitsgesetzen nie vor das Ratsgericht gebracht.
55 StaZH B VI 217, fol. 310 (1384).
56 Ebd. fol. 323. Der Fall wurde gestrichen.
57 StaZH B VI 192, fol. 288ᵛ (1385).
58 Vgl. etwa StaZH B VI 217, fol. 310, 316, 323 (1384); B VI 192, fol. 289 (1385).
59 StaZH B VI 192 fol. 315ᵛ (1385).

es Juden in erstaunlichem Ausmaß, ihre eigenen Konfliktmuster und -strategien vor dem christlichen Gericht zu thematisieren und ihre Konflikte den christlichen Räten ein Stück weit einsichtig zu machen.

Die Juden bemühten sich jedoch nicht nur darum, ihre Konflikte so darzustellen, daß sie für ein christliches Gericht nachvollziehbar und beurteilbar wurden, sie äußerten sich an einzelnen Stellen auch dazu, wie sie ihre internen Auseinandersetzungen wahrnahmen. 1383 behauptete der lange Smaria, Eberhart sei *verantwortlich für all den Streit, der unter ihnen entstanden ist*[60]. Damit legte er eine Art Drahtziehertheorie vor. Im gleichen Jahr schilderte Smaria auch die Auseinandersetzungen zwischen ihm und Môssli; beide Kontrahenten behaupteten, der andere wolle sie vertreiben, Smaria stellte diese Kämpfe als Frage der Geldmittel dar und stellte sich ausdrücklich unter den Schutz der Räte, *denn er hat nicht einen solchen Haufen Gulden wie der Môssli*[61]. Nachdem Fifli sich mit Môssli verfeindet hatte, klagte auch er, daß Môssli in der Synagoge sagte, *er wolle dafür sorgen, daß man ihn aus der Judenheit vertreiben müsse*[62]. Die Hauptkontrahenten der internen jüdischen Auseinandersetzungen sahen ihre Konflikte also als Teil eines langwierigen Streites oder *Krieges*[63], der existenzgefährdend sein konnte, wenn dem Gegner die Vertreibung gelang. Hier wurde nicht zwischen Christen und jüdischer Gemeinde, sondern vielmehr innerhalb der Gemeinde zwischen Einzelnen bzw. Haushalten ein Vernichtungskampf geführt, der mit der Vertreibung enden sollte. Damit verlagerten sich die Antagonismen zwischen Christen und Juden für eine gewisse Zeit in die jüdische Gemeinde selbst.

Diese Gemeinde war demnach keineswegs eine geschlossene Gruppe mit einheitlichen Interessen. Vielmehr führten interne Differenzierungen, soziale und ökonomische Unterschiede und Konkurrenzen und persönliche Gegnerschaften zu Parteiungen, die die Auseinandersetzungen vor dem Ratsgericht dominierten. Protagonisten der innerjüdischen Auseinandersetzungen, wie auch derjenigen mit Christen, waren der junge Fifli, der kurze und der lange Smaria, Môssli und schließlich noch Mathis, Eberhards Sohn[64]. Die zahlreichen Konflikte in der zweiten jüdischen Gemeinde wurden von einem relativ kleinen, auf jeden Fall aber beschränkten Personenkreis getragen; die übrigen Juden waren vor allem als Zeugen involviert oder erschienen vereinzelt als Partei in Gerichtsfällen. Inwieweit diese Konflikte auch wirtschaftliche Ursachen hatten, ist angesichts der Quellen- und Forschungslage schwierig zu entscheiden; auch wenn Môssli, der lange Smaria und der junge Fifli sehr wohl wirtschaftliche Kontrahenten gewesen sein könnten, scheinen krasse sozio-ökonomische Unterschiede zwischen ihnen nicht bestanden zu haben[65]. Bemerkenswert ist immerhin, daß sich die Hauptkonfliktlinien verschoben, als Môssli, der vorher mit Fifli zusammengearbeitet hatte, von diesem sein Geld

---

60 Ebd. fol. 77.
61 Ebd. fol. 76ᵛ.
62 Ebd. fol. 316 (1385). Im Original heißt es *jütschheit*.
63 Vgl. Ebd. fol. 288 (1385).
64 Fifli wurde 1400 außerhalb von Zürich von Götz von Hünaberg ermordet; der lange Smaria mußte 1390 wegen Unzucht mit Hans Rordorfs Frau 1000 Gulden Buße bezahlen, er wurde zudem auf ewig verbannt, erscheint aber schon 1391 wieder vor dem Ratsgericht; Môssli wurde 1394 wegen Unzucht mit der Ringgerin zu 600 Gulden Buße und ewiger Verbannung verurteilt.
65 Nadia GUTH, Zur Stellung der jüdischen Frau im Spätmittelalter. Eine Auswertung von Responsen des Rabbi Meir aus Rothenburg und von Quellen aus Basel und Zürich. Unveröffentlichte Lizentiatsarbeit Basel 1983, S. 79, hat die durchschnittlich verliehenen Kreditsummen für das Ende des 14. Jahrhunderts

zurückverlangte. Diese Konfliktkonstellationen scheinen auch in anderen jüdischen Gemeinden bekannt gewesen zu sein. Die internen Streitigkeiten der Zürcher Juden hatten nämlich Auswirkungen auf die Abmachungen der einzelnen jüdischen Haushalte mit der christlichen Obrigkeit. Als Kalman, Salomon, Enslin und Hester 1381 nach Zürich zogen, behielten sie sich in ihren Burgrechtsbriefen vor, den kurzen und langen Smaria und den jungen Fifli als Zeugen gegen sie selbst auszuschließen[66]. 1384 schloß Eberhart von Gebwiler in einem erneuerten Burgrechtsbrief für sich und sein Gesinde den kurzen und langen Smaria und Gottlieb sowie deren Gesinde von der Zeugenschaft aus (und umgekehrt), und 1385 verwahrte sich der kurze Smaria in seinem ebenfalls erneuerten Burgrechtsbrief gegen das Zeugnis des jungen Fifli. Außerdem ließ er sich seine Rechte und Pflichten in der Synagoge und auf dem Friedhof verbriefen[67].

In allen Fällen behielt sich der Rat allerdings vor, auf die ausgeschlossenen Personen nach Gutdünken als Zeugen zurückzugreifen, die Juden ihrerseits behielten sich in innerjüdischen Angelegenheiten ihr Judenrecht vor. Die Burgrechtsbriefe mit ihrer unterschiedlich hohen, individuellen Besteuerung der einzelnen jüdischen Haushalte und in Einzelfällen sogar mit rechtlichen Sonderbestimmungen auf Wunsch betroffener Juden machen deutlich, daß der Rat für die verschiedenen Juden unterschiedliche Bedingungen schuf, nicht mehr in jedem Fall die Gemeinde als Einheit (und einheitliches Gegenüber) behandelte und damit wohl erheblich dazu beitrug, daß sich die innerjüdischen Konflikte verschärften und daß vor allem die innerjüdische Selbstverwaltung nicht mehr von allen anerkannt funktionieren konnte, was wiederum zu neuen Sonderregelungen zwischen einzelnen Juden und dem Rat führte. Mit der Zerstörung der jüdischen Gemeindeautonomie wurde es zunehmend möglich, daß der Rat innerjüdische Fragen regelte: die Gerichtskompetenz, Benutzungsrechte für den jüdischen Friedhof und schließlich sogar die Rolle Einzelner im jüdischen Gottesdienst. Die folgenden Jahre zeigten jedoch, daß das massive Eingreifen des Zürcher Rates in die internen Angelegenheiten der jüdischen Gemeinde wieder rückgängig gemacht werden konnte. Offensichtlich konsolidierte sich die Gemeinde und ihre Gerichtsbarkeit nach einer Zeit großer innerer Spannungen so weit, daß Juden in innerjüdischen Angelegenheiten wieder ihre eigene Gerichtsbarkeit akzeptierten und darum in diesen Fragen nicht mehr vor das Ratsgericht gingen. Konkrete innere Spannungen und zunehmender struktureller Druck von außen führten also dazu, daß der christliche Rat für eine gewisse Zeit seine Kompetenzen auch auf innerjüdisch-rituelle Konflikte ausdehnen konnte; immerhin schuf er damit aber keine bleibende neue Rechtslage; nach der Überwindung der internen Spaltungen konnte die jüdische Gemeindeorganisation wieder autonom funktionieren.

---

berechnet. Danach verliehen Môssli 388 Gulden jährlich, der lange Smaria 266 Gulden, der junge Fifli 209 Gulden und der kurze Smaria 195 Gulden. Zur Problematik der Berechnungen vgl. ebd., S. 85.
66 StaZH C I 292 Urkunden Stadt und Land, S. 25; vgl. BÄR, wie Anm. 2, S. 131.
67 ULRICH, wie Anm. 2, S. 410. Die besondere Zusicherung von Rechten und Pflichten in der Synagoge hängt wohl damit zusammen, daß 1384 Fifli ein totes Kind in die Synagoge und damit in das Haus legte, in dem der kurze Smaria wohnte, vgl. unten S. 240.

Antijüdische Eskalationen

In Zürich waren Ende des 14. und zu Beginn des 15. Jahrhunderts alle wichtigen antijüdischen Stereotype – Brunnenvergiftung, Ritualmord, Hostienfrevel – präsent; sie scheinen aber eine recht unterschiedliche Rolle gespielt zu haben. Im Baptistalhalbjahr 1379 wurden Juden verleumdet, Gift in den Brunnen zu *Sant Lienhart* gelegt zu haben[68]; der Nachgang endete ohne Verurteilung oder sonstige Konsequenzen, er zeigt aber, daß in Zürich das Anklagestereotyp aus den Pogromen von 1348/49 immer noch bekannt war, auch wenn in der Folge Juden in Zürich nicht mehr gerichtlich wegen Brunnenvergiftung belangt wurden[69]. Sehr viel präsenter war dagegen die Beschuldigung wegen Ritualmord, die in Zürich ebenfalls im Pogrom von 1349 vorgebracht worden war[70]. 1384 wurde das Thema wieder aktuell. Die Streitigkeiten zwischen dem jungen Fifli und dem kurzen Smaria erreichten einen absoluten Höhepunkt; im Verlauf dieser Auseinandersetzungen ging der Rat der Anschuldigung des kurzen Smaria nach, Fifli habe ihm nachts ohne sein Wissen und gegen seinen Willen ein totes Kind ins Haus gelegt[71]. Ausführlich schilderte Smaria die Entdeckung der Leiche und die Angst, die dieser Fund auslöste: *Da fanden sie ein totes Kind in der Schule. Darüber erschraken sie sehr und kamen hinauf zu Tisch und sagten, daß sie ein totes Kind in der Schule gefunden hätten. Da erschraken alle, die am Tisch saßen und im Haus waren, so daß sie schrien. ... Nach langem und vielem Nachfragen wurde dem Smaria gesagt, daß der obengenannte Fifli das tote Kind in die Schule tragen ließ. ... Der obengenannte Fifli hat auch vor den im folgenden Aufgeführten gestanden, daß er das tote Kind in die Schule schaffte*[72]. Der Fall, der durchaus auch Gelegenheit zu einer Ritualmordanschuldigung geboten hätte, scheint für einiges Aufsehen gesorgt zu haben; unter den Zeugen wurden fünf Zunftmeister, unter ihnen drei amtierende, und ein amtierender Consul aufgeführt. Fifli wurde zu einer Stadt- und einer Klägerbuße von je 1 Mark verurteilt. Da es sich nicht um ein christliches Kind handelte, war damit der Fall erledigt; dennoch klagte der kurze Smaria nochmals gegen Fifli, *daß er die Schulfreiheit dadurch gebrochen habe, daß er ein totes Kind in die Schule hat schaffen lassen, obwohl es nicht Gesetz und Recht der Juden ist*[73]. Fifli beschuldigte seinerseits Smaria, die Sache nicht auf sich beruhen zu lassen, vielmehr *habe er auch vor dem neuen Rat gesagt, er habe, als das tote Kind gefunden wurde, geglaubt, Fifli habe ihm ein Christenkind hingelegt. Das bedrücke aber den Fifli sehr, denn er müßte es ermordet haben, was er aber ungern getan hätte*[74]. Offensichtlich spielte bei der Formulierung der Klagen die Angst, wegen Ritualmord behaftet zu werden, eine wichtige Rolle; dadurch daß Smaria vor dem Rat klagte, der dann »ex officio« der Sache nachging, konnte offiziell festgehalten werden, daß es sich hier nicht um einen Ritualmordfall handelte. Dennoch fällt auf, daß nach Aussage von Fifli Smaria selbst diesen Verdacht, der für die ganze jüdische Gemeinde existenzbedrohend werden konnte, schürte, indem er von einem Christenkind sprach; beide Kontrahenten

---

68 StaZH B VI 190, fol. 228ᵛ.
69 ULRICH, wie Anm. 2, S. 106 berichtet dagegen, 1420 sei das Wasserrad an der unteren Brücke gebaut worden, weil die Juden angeblich die Brunnen vergiftet hätten.
70 ULRICH, wie Anm. 2, S. 98; allerdings ist die Quellenlage unklar: Ulrich zitiert die Chronik von Brennwald.
71 StaZH B VI 217, fol. 275
72 Ebd. fol. 295ᵛ.
73 Ebd. fol. 304.
74 Ebd. fol. 305.

bewegten sich also auf äußerst gefährlichem Gelände. Der Rat allerdings scheint diese Geschichte eher dem Bereich der Rügebräuche zugeordnet zu haben. Jedenfalls war 1382, also zwei Jahre vorher, der junge Grebel gebüßt worden, weil er ein totes Kind von Merkli Fry, das dieser ordnungsgemäß begraben hatte, ausgegraben und in den Keller des Kirchhofes gestellt und damit Merkli Fry geschmäht hatte[75].

Möglicherweise wurde Fifli sogar durch diesen Vorfall inspiriert; für einen Juden aber war ein solches Vorgehen wegen der Präsenz des Ritualmordstereotyps sehr riskant. Acht Jahre später, 1392, leitete der Natalrat eine Untersuchung ein, nachdem ein zehnjähriger Knabe im Bach unter dem Rechen der Barfüsser gefunden worden war[76]. Die beigezogenen Sachverständigen, drei Scherer, kamen zum Schluß, daß es sich um einen Unfall handle, was auch von anderen Zeugen bestätigt wurde. Trotz der kursierenden Gerüchte[77] machte sich der Rat die Unfallversion zu eigen. Fifli spielte auch in diesem Fall eine ambivalente Rolle, er ging nämlich zum Bürgermeister und zu anderen Räten und behauptete, *daß Franz Kloter gesagt habe, wenn die Räte in der Sache wegen des Kindes nicht richten wollten, so wolle aber doch die Gemeinde deswegen richten*[78]. Fifli wies so darauf hin, daß die städtische Gemeinde möglicherweise die judenfreundliche Haltung der Räte nicht tolerieren werde, und beschuldigte Franz Kloter entsprechender aufrührerischer Reden[79], dafür wurde er zur hohen Buße von 20 Mark verurteilt. Hier kommt also das Thema der zu großen »Judenfreundschaft« der Räte auf, das im folgenden alle Aktualisierungen der antijüdischen Stereotype begleitete. Fiflis Vorgehen verweist auf den Zusammenhang, der zwischen der jeweils aktuellen Machkonstellation der Majorität, hier konkret dem Einfluß, den die städtische Gemeinde auf die Politik nehmen konnte, und der Lage der jüdischen Gemeinde bestand[80]. Immerhin setzte bereits ein Jahr später die städtische Gemeinde im sog. Schönohandel mit dem dritten Geschworenen-Brief eine Verfassungsrevision durch, die die Macht des Kleinen zugunsten des Großen Rates einschränkte[81]. 1401 wurden die Machtkonflikte zwischen Rat und städtischer Gemeinde für die Juden sehr viel gefährlicher. Nachdem im gleichen Jahr die Juden in Schaffhausen nach einer Ritualmordbeschuldigung hingerichtet worden waren, schickte Schaffhausen entsprechende Informationen nach Zürich, der Rat stützte sich aber bei seinem Vorgehen nicht auf diese Briefe, sondern vor allem auf Berichte von Augenzeugen, wonach die gefolterten Juden noch auf dem Weg zur Hinrichtungsstätte ihre Unschuld beteuert hatten. Dies brachte ihm in der Folge den Vorwurf zu großer Judenfreundschaft ein[82].

Während noch am 6. Juli 1401 der Schutz der Juden vom Großen Rat bestätigt und die Zünfte entsprechend ermahnt wurden[83], wurden schon am 6. August Smaria und Israhel in den Turm gelegt und auch die anderen Juden in Haftung genommen, *in der Art und Weise, daß die*

---

75 StaZI I D VI 191, fol. 225ᵛ.
76 StaZH B VI 195, fol. 51ᵛ–52ᵛ.
77 Ebd. fol. 52, fol. 60.
78 Ebd. fol. 56.
79 Kloter war schon in früheren Jahren durch Reden gegen den Rat aufgefallen, vgl. BURGHARTZ, Leib, Ehre und Gut, wie Anm. 2, S. 167, 169.
80 Zum Zusammenhang von Aufständen und Pogromen allgemein vgl. GRAUS, wie Anm. 10, S. 371 ff.
81 LARGIADÈR, Anton, Geschichte der Stadt und Landschaft Zürich. 1. Erlenbach – Zürich 1945, S. 164 ff.
82 StaZH B VI 197, fol. 148ᵛ–149ᵛ, 151ᵛ.
83 Stadtbuch 1, S. 341.

Bürger sicher seien, daß ihnen weder Leib noch Gut der Juden entzogen würden[84]. Am 9. August beschloß der Rat, in Zukunft die städtische Gemeinde nur noch bei Angelegenheiten, die das Reich, Bündnisse und Krieg betreffen, anzufragen, weil *jetzt ein großer Auflauf und eine Gegnerschaft in unserer Stadt Zürich sich erhob von etlichen Leuten, die in den Zünften sind*[85]. Die Juden waren also zwischen Räte und städtische Gemeinde geraten; de facto ließ sich der Rat die Aufgabe seiner judenfreundlichen Haltung mit einer Verfassungsrevision honorieren, die die städtische Gemeinde »innenpolitisch« ausschaltete. Auch als 1421 ein Dominikaner in der Predigerkirche gegen die Juden predigte, weil sie die Hostie und die Mutter Gottes beschimpft hätten, beschuldigte er die Zürcher wegen ihrer judenfreundlichen Haltung und hielt ihnen die Berner vor, die nach einem entsprechenden Vorfall ihre Juden ausgewiesen hätten[86]. Die dominikanische antijüdische Propaganda scheint das Klima nachhaltig beeinflußt zu haben, zwei Jahre später, 1423, nämlich wies Zürich die jüdische Gemeinde aus[87]. Zu einer neuen Ritualmordanschuldigung kam es eine Generation nach den Ereignissen von 1401. Am 24. Dezember 1429 berichteten Konstanzer Boten in Zürich über den Ravensburger Ritualmordfall und baten die Zürcher, »ihre« Juden wie die anderen Bodenseestädte auch zu inhaftieren. Zürich legte daraufhin alle mannbaren Juden in Haft; am 30. Januar 1430 wurden sie wieder entlassen, weil sich keinerlei Verbindungen zum Ravensburger Fall nachweisen ließen[88]. Wieder wurde die judenfreundliche Haltung der Herren kritisiert. Noch im zweiten Halbjahr 1430 verwarnte der Rat Heini Polit und Andres und Diethelm Lůbegger wegen ihrer judenfeindlichen Reden. Eindeutig äußerte sich Andres Lůbegger: *hinge es von mir ab, ich würde sie nie verbrennen lassen, ich wollte wohl, daß man sie hieße aus der Stadt ziehen und daß keiner mehr je in unsere Stadt käme und wer riete, daß man sie wieder aufnähme, daß man dem seinen Kopf von seinen Achseln schlage; und das scheint mir unserer Stadt zu Nutz und Ehre, Glück und Heil*[89]. Eine Ansicht, die sich bald in Zürich durchgesetzt hatte: 1436 wies die Stadt »ihre« Juden endgültig aus.[90]

Spannungen und Widersprüche

Wie ambivalent die Situation der Juden war und wie massiv sich der Druck der christlichen Umgebung in innerjüdischen Spannungen manifestierte, soll abschließend nochmals an den Ereignissen der Jahre 1421 bis 1424 gezeigt werden: 1421 hatte ein Dominikaner gegen jüdischen Hostienfrevel gepredigt, im nächsten Halbjahr (Baptistalrat 1421) wurde vor Gericht das Gerücht verhandelt, die Zürcher wollten ihre Juden vertreiben und mit Salomon von Rheinfelden einen Sondervertrag schließen, so daß er als einziger zu Vorzugszinsen weiterhin leihen dürfe[91]. Unter dem Natalrat 1422 erschienen Juden auffallend häufig vor dem Ratsge-

---

84 Ebd. S. 343. Laut ULRICH, wie Anm. 2, S. 105, wurden die Juden schließlich gegen die Bezahlung von 1500 Gulden freigelassen und aus der Stadt gewiesen.
85 Stadtbuch 1, S. 400.
86 StaZH, B VI 205, fol. 134–135.
87 Stadtbuch 2, S. 166f. (16. August 1423). Allerdings nahm Zürich bereits am 24. Juni 1424 einige Juden zu Sonderbedingungen wieder auf; vgl. unten S. 243.
88 Stadtbuch 3, S. 22.
89 StaZH B VI 209, fol. 10–11.
90 Stadtbuch 3, S. 76.
91 StaZH B VI 205, fol. 327.

richt. Offensichtlich hatten sich die Auseinandersetzungen innerhalb der jüdischen Gemeinde wieder – ähnlich wie in den 1380er Jahren – zugespitzt: es kam zu verschiedenen gewalttätigen Auseinandersetzungen in der Synagoge, schließlich führte der Streit zwischen David und Josef wegen angeblicher Unzucht von David mit seiner christlichen Magd zu der in der Einleitung erwähnten, gefährlichen Situation in der Schule, in der einige Juden einen christlichen Überfall auf die Gemeinde befürchteten. Im nächsten Jahr, am 16. August 1423, wurde die jüdische Gemeinde ausgewiesen[92], lediglich der Arzt Joseph erhielt am 11.12.1423 eine Aufenthaltsbewilligung, die ihm allerdings die Geldleihe untersagte[93]. Tatsächlich nahm Zürich bereits am 24. Juni 1424 Salomon von Rheinfelden, seinen Sohn Löw, den reichen Konstanzer Juden Löw und dessen Schwager gegen die Zahlung von 2000 Gulden und die Gewährung eines Vorzugsdarlehens von 250 Gulden und eines Vorzugszinses von einem Pfennig pro Pfund und Woche für 12 Jahre auf[94]. Löw war zuvor aus Konstanz nach St. Gallen geflohen, ohne Sigismund den 3. Pfennig gezahlt zu haben, damit hatte er seinen Eid gebrochen. Daher gebot der König am 28. Mai der Stadt St. Gallen, den Juden festzunehmen[95]. Vor diesem Hintergrund wird die Erklärung im Burgrechtsbrief für die Juden verständlich, Zürich wolle sich auch beim König dafür einsetzen, die Zürcher Juden vor weiteren Sonderabgaben außer dem Goldenen Pfennig zu schützen; die Stadt gab aber diesbezüglich ausdrücklich keine Garantien ab[96]. Damit hatte sich also das Gerücht des Jahres 1421 bestätigt, Zürich von der dominikanischen Propaganda und der Vertreibung der Juden finanziell enorm profitiert, immerhin riskierte die Stadt dafür Auseinandersetzungen mit Konstanz und sogar mit dem König. Es gehört wohl zu den Paradoxien einer Randgruppenexistenz, daß Löw vor dem Steuerdruck in Konstanz floh und wenig später seinerseits von der Vertreibung der Zürcher Juden profitierte, indem er sich an der Sonderabmachung zwischen Zürich und Salomon von Rheinfelden beteiligte. Im Rückblick läßt die Chronologie der Ereignisse vermuten, daß die Sonderstellung, die Salomon von Rheinfelden anstrebte, die Beziehungen innerhalb der jüdischen Gemeinde stark belastete und entsprechende Konflikte provozierte. So erstaunt es nicht mehr, daß trotz der durch die geistliche Propaganda angeheizten anti-jüdischen Stimmung Juden ihre internen Streitigkeiten vor das christliche Gericht brachten, daß zwischen den Juden zahlreiche Beschuldigungen und Verdächtigungen kursierten und sie sich nicht mehr darauf einigen konnten, in innerjüdischen Auseinandersetzungen das jüdische Gericht gegenseitig zu akzeptieren. In dieser Situation erscheint die Angst von Josef von Wil vor einem christlichen Übergriff auf die Synagoge keineswegs als rein rhetorische Ausrede vor Gericht, sondern eher als Warnung vor der drohenden Gefahr, deren Aussprechen zugleich auch ein Versuch der Bannung war.

Die Lage der Zürcher Juden war grundsätzlich während der ganzen Zeit der zweiten Gemeinde geprägt durch die Präsenz antijüdischer Stereotype, durch rechtliche und ökonomische Sonderregelungen und durch Sondervereinbarungen mit einzelnen Juden, die zu einer

---

92 Stadtbuch 2, S. 166.
93 Ebd. S. 175.
94 Ebd. S. 192f. Zuvor betrug der vertraglich festgelegte Zinsfuß 2 Pfennig pro Woche. Wegen dieses Vertrags mit Löw kam es in der Folge zu Auseinandersetzungen mit Konstanz, vgl. ebd. S. 205ff. und CHONE, wie Anm. 2, S. 206.
95 Reg. Imp. 11, Nr. 5868.
96 Stadtbuch 2, S. 192: *Mag aber dz nit gesin, so mugent si bi uns dz vorgenant zil us beliben, also dz wir si vor unserm herren dem küng nit schirmen wellen, als vor stat.* Am 23. 12. 1425 beschlossen die Räte, weitere Juden in die Stadt aufzunehmen, ebd. S. 220.

Schlechterstellung führten und zunehmend die Autonomie der jüdischen Gemeinde in Frage stellten.[97]. Vor diesem Hintergrund ist festzuhalten, daß ein Großteil der Fälle, derentwegen Juden vor dem Ratsgericht erschienen, sich kaum von den Konflikten unterschied, an denen Christen beteiligt waren[98]. In gewissen Fällen, die vor Gericht verhandelt wurden, wird zudem deutlich, daß es durchaus funktionierende Alltagsbeziehungen zwischen Juden und Christen gab; die Gerichtsfälle zeigen aber auch, daß ein erhebliches Abgrenzungsbedürfnis der Majorität gegenüber der jüdischen Minderheit bestand. Die Rats- und Richtbücher geben jedoch nicht nur über Beziehungen und Konflikte zwischen Christen und Juden Auskunft, sie machen vielmehr immer wieder deutlich, wie sehr die prekäre Situation der jüdischen Minorität die innerjüdischen Auseinandersetzungen prägte. Die Aufrechterhaltung und Anerkennung der Gemeindeautonomie und mit ihr der jüdischen Gerichtsbarkeit durch die Juden selbst war wesentlich für das Ausmaß, in dem Juden vor dem Ratsgericht präsent waren; eine Präsenz, die ohne die wechselnden Konstellationen zwischen Interessen des Rates, der städtischen Gemeinde und den (verschiedenen) Juden nicht verstanden werden kann. Eindimensionale Erklärungsansätze und Schuldzuschreibungen reichen nicht aus, um die komplexen Zusammenhänge zwischen den verschiedenen Interessen zu erklären. Erstaunlich bleibt, in welchem Umfang es Juden in bestimmten Krisenmomenten gelang, ihre eigenen Konflikte vor dem christlichen Rat zu thematisieren. Sie waren vor diesem Gericht keineswegs einfach wehrlose Opfer (etwa einer zunehmenden Kriminalisierung von seiten der christlichen Mehrheit), sondern durchaus auch Akteure, die ihre eigenen, zum Teil sehr unterschiedlichen Interessen verfolgten. Allerdings taten sie dies in einem hochgradig aufgeladenen Feld. Mehrfach bewegten sie sich dabei entlang existenzgefährdender Grenzlinien, wie verschiedene Aktionen vor allem von Fifli sichtbar machen, die einen bemerkenswert ambivalenten und gefährlichen Umgang mit Bildern und Vorfällen zeigen. Welche latenten Spannungen und Aggressionen ständig vorhanden waren, zeigt die Präsenz aller »klassischen« anti-jüdischen Stereotype in Zürich. Die Eskalation zu Pogromen konnte mehrmals verhindert werden; in den Jahren 1348/49, 1401, 1423 und 1429 kam es aber zu massiven Verfolgungen. Am 1. Juni 1435 beschloß der Zürcher Rat, die Aufenthaltsbewilligung der Juden, die ihnen 1424 für zwölf Jahre gewährt worden war, nicht mehr zu verlängern und keine Juden mehr in der Stadt zu dulden, die Geldgeschäfte betrieben[99]; ein Beschluß der am 15. Februar 1436 in die Tat umgesetzt und zugleich auf alle Juden ausgedehnt wurde[100].

---

97 Zur Lage der Juden in der zweiten Hälfte des 14. und im 15. Jahrhundert vgl. WENNINGER, Markus J., Man bedarf keiner Juden mehr. Beihefte zum Archiv für Kulturgeschichte 14. 1981, und BATTENBERG, Friedrich, Das europäische Zeitalter der Juden. Zur Entwicklung einer Minderheit in der nichtjüdischen Umwelt Europas. 1990, bes. S. 123 ff.
98 Vgl. BURGHARTZ, Leib, Ehre und Gut, wie Anm. 2, S. 69 ff., und DIES., Disziplinierung, wie Anm. 2, S. 394 ff. und S. 403 ff.
99 Stadtbuch 3, S. 75 f.
100 Ebd. S. 76. Zur vereinzelten Präsenz von Juden in Zürich in späteren Jahren vgl. ULRICH, wie Anm. 2, S. 119.

La question des images dans les débats entre juifs et chrétiens au XIIe siècle

PAR JEAN-CLAUDE SCHMITT

La civilisation de l'Occident médiéval n'est devenue que progressivement et plus tardivement que l'Orient byzantin, une civilisation de l'image. La profusion des peintures murales dans les églises, l'apparition de la statuaire et des vitraux, la multiplication à l'infini des miniatures dans les manuscrits datent pour l'essentiel d'un »second« Moyen Age, après l'an mil. Il en va de même de la diversité des attitudes à l'égard de certaines de ces images, en particulier du développement d'un culte des images dans la chrétienté latine. Cette évolution historique fut lente[1]. Elle ne s'est pas faite non plus sans résistances, dont témoignent, même en Occident, des poussées d'iconoclasme (on pense tout particulièrement à l'évêque Claude de Turin au IXe siècle), ou encore la critique des hérétiques (depuis les premières hérésies populaires au XIe siècle jusqu'aux hussites, et bien-sûr à la Réforme protestante). Elle a obligé enfin les clercs, face à des mutations dont ils percevaient les implications théologiques ou rituelles et qui devaient répondre à toutes ces attaques, à élaborer une justification théorique des images et de leur culte en Occident. Cette théorie occidentale de l'image chrétienne fut postérieure à la théologie grecque de l'icône, et largement indépendante d'elle.

Parmi les critiques que suscita la place croissante des images dans le christianisme médiéval, les moindres n'étaient pas celles des juifs. Respectueux de l'interdit vétéro-testamentaire de la fabrication et du culte des images, ils reprochaient aux chrétiens leur »idolâtrie«. Tant pour l'histoire de la polémique judéo-chrétienne au Moyen Age que pour celle des attitudes à l'égard des images dans la chrétienté latine, il est intéressant de voir quand et comment se sont rejointes deux traditions d'abord distinctes: celle des débats entre juifs et chrétiens et celle de la discussion chrétienne sur le statut et le culte des images.

Si la polémique judéo-chrétienne est très ancienne -elle remonte à saint Paul (l'*Epître aux Galates*) et aux Pères de l'Eglise (à commencer par l'*Adversus Judaeos* de Tertullien), elle n'a fait pendant longtemps qu'une place modeste à la question des images[2]. Sans doute celle-ci est-elle mentionnée dès le concile d'Elvire (305/306), qui prit les premières mesures contre les juifs. Mais il faut ensuite attendre l'archevêque Agobard de Lyon, au IXe siècle, pour voir mentionner le

---

1 BOESPFLUG, F. – LOSSKY, N., Nicée II 787–1987. Douze siècles d'images religieuses. Paris 1987. – WIRTH, J., L'image médiévale. Naissance et développements (VIe–XVe siècle). Paris 1989. – BELTING, Hans, Bild und Kunst. Eine Geschichte des Bildes vor dem Zeitalter der Kunst. 1990.
2 Dictionnaire de Théologie Catholique, VIII, col. 1870–1914 (F. Vernet), pour une liste des traités chrétiens contre les juifs et le judaisme. Surtout: BLUMENKRANZ, B., Juifs et chrétiens dans le monde occidental. 430–1096. Paris 1960, et du même auteur: Les auteurs chrétiens latins du Moyen Age sur les juifs et le judaisme, Paris-La Haye, Mouton, 1963. Plus récemment, mais ne faisant guère de place à la question qui nous occupe, voir: DAHAN, Gilbert, Les intellectuels chrétiens et les juifs au Moyen Age. Paris 1990.

grief d'idolâtrie adressé par les juifs aux chrétiens. Cependant, ce passage, assez isolé, s'explique aisément par la position personnelle d'Agobard à l'égard des images: parce qu'elles lui inspiraient bien des réserves (sans toutefois le pousser jusqu'à l'iconoclasme comme son contemporain Claude de Turin), Agobard devait se démarquer des juifs, eux aussi traditionnellement hostiles aux images: il leur reprochait donc de traiter les chrétiens d'»idolâtres«. Comme l'a écrit très justement Bernhard Blumenkranz, Agobard »aurait aimé voir (les juifs) privés d'un tel argument de force contre le christianisme«[3]. Mais le même auteur note aussi que si le jugement des juifs est invoqué par Agobard et quelques rares autres auteurs, la polémique au sujet des images reste à cette époque une affaire exclusivement chrétienne: le juif y est en quelque sorte une figure de rhétorique; aucun juif réel n'apparaît encore.

Ce n'est qu'à la fin du XIe siècle que les juifs eux-mêmes se saisissent de l'argument des images pour s'opposer aux chrétiens. Ils le font dans le cadre de »dialogues«, genre particulièrement prisé par la polémique judéo-chrétienne médiévale[4]. S'il est assuré que certains de ces dialogues, de même que les juifs mis en scène, étaient fictifs, il ne fait pas de doute que des discussions réelles ont aussi eu lieu et que des juifs y prirent réellement part. Les questions les plus importantes pour le désaccord entre judaïsme et christianisme y étaient abordées: la Trinité, la venue du Messie, l'identité du Christ, celle de la Vierge. Dans cet ensemble, la question des images n'avait qu'une importance secondaire, dont quelques chiffres peuvent témoigner: entre la fin du XIe siècle et le début du XIIIe siècle, je dénombre au moins dix sept auteurs chrétiens de traités anti-juifs; parmi eux, trois seulement -Gilbert Crespin, Guibert de Nogent, Rupert de Deutz (ce dernier également mentionné dans l'autobiographie d'Hermann de Scheda) abordent la question des images. Voyons en quels termes.

I. La *Disputatio Iudei et Christiani* de l'abbé de Westminster Gilbert Crispin (v. 1046–1117) est considérée comme le compte-rendu d'un débat qui opposa réellement l'auteur à un juif anonyme de Mayence. Ce débat eut lieu peu avant la première croisade, et on en a souvent souligné le ton encore assez paisible[5]. L'auteur l'a mis par écrit à la demande de ses moines, et il l'adresse à Anselme, archevêque de Canterbury, en lui demandant l'autorisation de diffuser son écrit: il pense qu'il aura des effets bénéfiques, puisqu'un juif, déjà, s'est converti à l'issu d'une des »disputes« menées par l'abbé. Le débat entre *Christianus* et *Iudaeus* porte successivement sur l'observation de la Loi par les chrétiens, sur le Christ, l'Incarnation et la Virginité de Marie et enfin sur le fait que les Ecritures avaient prédit que les juifs ne reconnaîtraient pas le Messie. La citation par *Christianus* du Psaume 97 (96), 7 *Confundantur omnes, qui adorant sculptilia et qui gloriantur in simulacris suis*, est aussi utilisée par *Iudaeus* contre les chrétiens: ce sont eux les idolâtres puisqu'ils façonnent (*exculpunt, fabricant et depingunt*) et adorent (*adorant et colunt*) des crucifix, contre l'interdit d'Exode 20, 4: *Non facies tibi sculptile neque omnem similitudinem*... Le ton est donné, et l'échange se poursuit à coup d'arguments vétéro-testamentaires: le *Livre des Rois*, les visions d'Ezechiel et d'Isaïe permettent au chrétien de démontrer que le

---

3 BLUMENKRANZ, wie Anm. 2, p. 285.
4 DAHAN, wie Anm. 2, p. 415–416, qui insiste sur l'importance du dialogue comme genre polémique et discute de la présence effective ou du caractère de convention du juif qui argumente.
5 Gisleberti Crispini...Disputatio Iudei et Christiani..., ed. B. BLUMENKRANZ (Stromata Patristica et Mediaevalia) Utrecht/Anvers 1956 (spécialement p. 65–68). Voir aussi: DAHAN, wie Anm. 2, p. 416.

temple et le tabernacle, malgré l'interdit de l'Exode, mais suivant la volonté explicite de Dieu, possédaient déjà des images, Comment expliquer ce paradoxe?[6]. C'est que, dit *Christianus*, nous offrons à Dieu des peintures et des sculptures, mais nous ne les adorons pas d'un culte divin. Le verbe *adorare* est ambigu, puisqu'il désigne à la fois, mais avec des sens différents, le respect dû à une personne (ainsi quand Bethsabée »adora« David), ou le »culte divin« par lequel le chrétien »adore« la passion du Christ *dans* la croix[7]. Pour éviter toute confusion, Gilbert Crispin (*Christianus*) distingue pour finir l'adoration vouée à Dieu seul (*adorat*), et la vénération (*colit, honorat*) adressée aux images et aux peintures. Il recommande enfin au Juif de relire les Ecritures pour en saisir le vrai sens et reconnaître que le Messie, conformément à l'annonce qui en a été faite, est déjà venu.

II. La forme et le ton du *Tractatus de Incarnatione contra Iudaeos* du moine Guibert de Nogent (vers 1110) sont différents. Il s'agit d'un traité polémique, qui ne prend qu'épisodiquement la forme d'un dialogue, et où l'argumentation chrétienne se fait beaucoup plus vive, sinon injurieuse[8]. Mais le fond de cette argumentation est le même: les juifs ont tort d'assimiler les chrétiens à des idolâtres, alors que devant le crucifix, ils n'adorent pas le »bois« de la croix, mais la »substance« de Dieu, qui est invisible. Cependant, le traité se distingue au moins sur deux points du précédent. D'une part, Guibert introduit de nouveaux textes vétéro-testamentaires, afin de démontrer que les Hébreux ont connu des formes de dévotion préfigurant le culte des images chrétiennes (*Josué* 7, 6: Josué se prosterne devant l'arche; *Daniel*, 6, 11: Daniel, trois fois par jour, se prosterne vers Jérusalem)[9]. D'autre part, il a le souci d'esquisser une démonstration rationnelle (*qua ratione*) de la légitimité des images chrétiennes et de leur culte. Quoique très limitée encore, cette préoccupation théorique, qui se glisse dans le discours polémique, lui fait distinguer trois arguments:

1) En termes augustiniens, les images ne sont que des *signes visibles*; ce ne sont pas eux, mais leurs »signifiés« que nous adorons.

2) Le regard jeté sur les peintures surprend »l'esprit qui vagabonde« et le contraint à opérer ce que nous nommerions intériorisation. Guibert tente ici de décrire le processus psychologique et les effets combinés de la perception et de la dévotion: c'est son apport le plus original.

3) Cependant, fidèle à la tradition grégorienne, il est conscient des usages sociaux différenciés des images: nous (les moines), dit-il, qui avons la connaissance directe des Ecritures, pouvons

---

6 Ibid., p. 67: *Prohibuit deus, ne fiant sculptilia, et tamen, sicut legimus, a deo jussa sunt fieri sculptilia.*
7 Ces distinctions ne sont pas neuves: elles avaient déjà été développées en 836, avec les memes exemples scripturaires, par Eginhard. Les XIe-XIIe siècles ont assuré la »relève« et développé les débats de l'époque carolingienne. Cf. Eginhard, Quaestio de adoranda cruce, éd. K. HAMPE (MGH Epistolae, tome V, Karoli aevi III) 1899, p. 145–149. Cf. SCHMITT, J.-Cl., La raison des gestes dans l'Occident médiéval. Paris 1990, p. 292–93.
8 Guibert de Nogent, Tractatus de Incarnatione contra Iudaeos, MIGNE, P.L. 156, col. 489–528 (spécialement le chap. IX, col. 524–525). Sur ce traité, cf. DAHAN, wie Anm. 2, p. 413–414. Dans le passage qui nous intéresse, Guibert accuse les ancêtres des juifs d'avoir adoré Priape (*Beelphegor, idolum scilicet tentiginis*).
9 Il fait aussi allusion au serpent d'airain et aux chérubins de l'arche, qui constituent des arguments traditionnels en ce domaine (cf. infra).

écarter les images (*remota imaginatione*). Celles-ci, en revanche, sont nécessaires aux »illettrés«[10].

III. Postérieur de quelques années seulement, le traité composé en 1126 par l'abbé Rupert de Deutz, *Anulus sive Dialogus inter Christianum et Iudaeum* est d'une tout autre ampleur[11]. Il s'agit, comme pour Gilbert Crispin, du compte rendu de débats réels. Le passage qui nous intéresse consiste, au livre III et dernier, en plus d'une douzaine d' échanges serrés d'arguments fondés sur une accumulation de citations de l'Ancien Testament. Chacun se saisit du dernier texte cité par son adversaire pour en retourner le sens contre lui.

Une fois encore, l'accusation d'idolâtrie portée contre les chrétiens, au nom d'*Exode* 20, 4, sert de point de départ. L' auteur s'en défend dans des termes que nous avons déjà rencontrés: les chrétiens n'adorent pas de *simulacrum*, mais un *signum veritatis*. Il enjoint le Juif à tenir comme lui la »voie moyenne« (*sic medium tene*) entre deux attitudes haïssables: l'idolâtrie des païens et le refus catégorique de toute image. Les chérubins d'or que Yahvé à ordonné à Moïse de mettre sur l'arche (*Exode* 25, 18) et le serpent d'airain qui, doué de vertus miraculeuses, préfigure la Passion rédemptrice du Christ sur la croix (*Nombres*, 21, 9), démontrent que les Hébreux n'ont pas ignoré les images.

Rupert, cependant, a conscience des changements intervenus dans l'histoire du Salut du fait de l'Incarnation: »avant« (*tunc*), quand Dieu n'était pas encore venu sur terre, il ne pouvait être représenté sous une forme humaine. D'ailleurs, Moïse, sur l'Horeb, ne vit aucune forme au milieu du feu. Seuls les *humaniformii*, »qui disent que l'homme est fait à l'image de Dieu selon la facture du corps« et non de l'âme, peuvent enfreindre cet interdit[12]. Mais »maintenant« (*nunc autem*) que Dieu s'est fait homme, qu'il »a été vu sur terre« (selon l'annonce prophétique de *Baruch* III, 38)[13], il est licite de le représenter sous forme humaine. L'Incarnation est la justification première de l'image chrétienne et avant tout de l'image du crucifié.

Le Juif réplique, selon le *Psaume* 115 (113 B), 8, que les idolâtres deviennent semblables à leurs idoles; or les chrétiens adorent, dans le crucifix, un *simulacrum*, fabriqué de main d'homme: ils seront donc assimilés à la matière de leur idole. Pour Rupert, il n'en est rien: ce n'est pas le corps de l'homme qui peut devenir semblable à une croix matérielle, mais son esprit qui va, dans la contemplation du crucifix, s'assimiler au Christ, par la »grâce de l'adoption« (*per gratiam adoptionis*). A l'»adoration« du crucifix est ainsi reconnue une vertu quasi sacramen-

---

10   Ces termes sont bien-sûr repris de la fameuse lettre à l'évêque Serenus de Marseille, dans laquelle le pape Grégoire le Grand, en l'an 600, a défini l'image comme »Bible des illettrés« . Cf. MGH Epistolae II, X, 10. 1957, p. 269–272.
11   Rupert de Deutz, Anulus sive Dialoguus inter Christianum et Iudaeum, ed. R. HAACKE, in M.L. ARDUINI, Ruperto di Deutz e la controversia tra Cristiani ed Ebrei nel secolo XII. Studi Storici 119–121. Rome 1979, p. 183–242 (remplace MIGNE, P.L. 170, col. 559–610, spécialement les col. 601–607). Sur la théologie de l'auteur, voir VAN ENGEN, J. H., Rupert of Deutz. Center for Medieval and Renaissance Studies. Berkeley, Los Angeles, Londres 1983. Sur le traité, voir plus précisément DAHAN, wie Anm. 2, p. 417.
12   Rupert de Deutz parle aussi des *humaniformii* dans ses commentaires d'*Exode* 3, 32 (PL 167, col. 680 D) et du prohète *Michée* 2, 5, 12 (PL 168, col. 499 B) et dans son De divinis officiis, Lib. IX, cap IX (PL 170, col. 303 C). Il s'agit d'un rappel de l'hérésie des »Quatre Grands Frères« combattus par Théophile d'Alexandrie à la fin du IVe siècle. Cf. Thesaurus Linguae Latinae, III, s. v. »Humaniformianus«, et Dictionnaire de Théologie Catholique, I, s.v. »Anthropomorphisme«.
13   Il est intéressant de voir Rupert, comme déjà Gilbert Crispin, citer le *Livre de Baruch*, dont l'autorité est rejetée par les juifs.

telle, décrite en tous cas dans les termes de l'*adoptio* baptismale. Sa condition est la reconnaissance du Messie; inversement, c'est le refus des juifs de reconnaître le Messie dans le Christ qui explique qu'ils soient abandonnés de Dieu.

Apparemment convaincu en ce qui concerne le crucifix, le Juif remarque toutefois que les églises chrétiennes sont pleines »d'autres images innombrables, tant de sexe masculin que de sexe féminin, et qui ne sont pas des dieux«. Rupert, là encore, recherche d'abord des précédents dans l'Ancien Testament: Moïse puis Salomon ont multiplié dans le Temple les chérubins, les palmes, et les peintures, sans contrevenir à l'ordre de Dieu (III *Rois* 6, 23). »Bien plus tard, en bien plus grand nombre et de bien plus grande taille, des *memorabilia* furent réalisés par le ministère des saints anges«, telles les palmes qui, selon le *Psaume* 92 (91), 13, ornaient la maison du Seigneur. C'est dans cette tradition historique que s'inscrivent les images des églises chrétiennes, dont Rupert parle à la première personne: »C'est pourquoi légitimement je sculpte des ciselures et je tourne le bois sur tous les murs des églises, et je ne multiplie pas seulement les chérubins et les palmes, mais aussi les diverses peintures qui représentent à ma mémoire les actions des saints, la foi des patriarches, la vérité des prophètes, la gloire des rois, la béatitude des apôtres et les victoires des martyrs, tandis qu'entre les images sacrées d'eux tous, la croix adorable de mon Sauveur m'éblouit de son éclat...«.

Retenons les traits essentiels de la conception des images chrétiennes selon Rupert de Deutz:

1) Les images chrétiennes appartiennent à une longue tradition qui remonte aux Hébreux de l'Ancien Testament: celle de l'ornementation du Temple, à la louange de Yahvé. Il y a une continuité des images, de même qu'il y a une continuité de l'histoire des serviteurs de Dieu, depuis les patriarches jusqu'aux saints.

2) Les modes de figuration dont parle Rupert sont de trois types:

– il y a d'une part tout le champ de l'ornementation du sanctuaire, qui vise à la louange visuelle de Dieu et qui est commune dans son principe au Temple et aux églises, avec leurs motifs angéliques (les chérubins du Temple) et floraux (les palmes), la »multiplicité« et la »diversité« des sculptures, peintures, ciselures et pièces de bois tourné. Rupert évoque de façon saisissante ce fond d'images qui ne sont pas nécessairement figuratives et qui introduisent dans l'église une sorte de musique d'images et de commentaire visuel du chœur des anges. On reconnaît là le propos d'un observateur avisé, dont toute l'exégèse porte l'empreinte d'un vif intérêt pour les arts visuels[14].

– Sur ce fond se détachent les *memorabilia*, qui sont des images narratives (elles racontent des *gesta*), propres aux églises chrétiennes. Elles ont une fonction de re présentation, devant rendre présente à la mémoire toute l'histoire sainte depuis les prophètes jusqu'aux saints. C'était déjà la fonction assignée par Grégoire le Grand aux images chrétiennes, spécialement comme instruments de l'enseignement des »illettrés«.

– Enfin, de toutes ces images se distingue celle du Christ crucifié: par son éclat, par sa justification – c'est l'Incarnation de Dieu qui l'a rendue légitime –, par sa fonction rédemptrice

---

14 Comme l'a reconnu R. HAACKE, Programme zur Bildenden Kunst in den Schriften Ruperts von Deutz. Siegburg 1974. L'auteur confronte les images et les métaphores de Rupert exégète aux œuvres plastiques contemporaines de la région de Cologne et de Liège. C'est parler un peu vite d'un »programme« artistique de Rupert... En revanche, celui-ci a bien explicité, comme nous le voyons, ses conceptions de l'image religieuse.

pour celui qui l'»adore« et se trouve ainsi »adopté« par Jésus. Cette image n'est pas qu'un »art de la mémoire«, mais un objet de culte et de contemplation mystique.

IV.   Il est interessant de confronter ces reflexions de Rupert lui-même, avec les opinions que lui prête un texte contemporain, l'autobiographie de Hermann de Scheda, juif de Cologne converti au christianisme. Ce document, passionnant à bien des égards, est pour nous d'autant plus important que la question des images y occupe une place centrale.

Hermann dut écrire le récit de sa conversion vers 1150, à un âge relativement avancé (il était né en 1107 ou 1108), bien après sa conversion à l'âge de 20 ans, qui précéda son entrée chez les chanoines de Prémontré à Cappenberg, son accession à la prêtrise et son élection comme prévôt de Scheda. Il mourut vers 1181[15].

Le traitement discontinu et différencié du temps est un trait remarquable de ce récit. Celui-ci commence par le rêve que le jeune Juda ben David ha-Levi (il recevra le nom de Hermann à son baptême) eut à l'âge de treize ans (chap. I). Puis d'un seul coup, on saute sept années, jusqu'à la conversion proprement dite, à l'âge de vingt ans. Elle est racontée, dans le détail, du chapitre II au chapitre XIX (le baptême), alors que toutes les années qui suivent et qui voient l'entrée à Prémontré et la progression dans les ordres ecclésiastiques sont hâtivement résumées dans le seul chapitre XX. Enfin, le dernier chapitre explicite le sens du rêve du chapitre I (il annonçait sa conversion et son baptême à l'enfant, qui ne pouvait encore le comprendre). Le récit (chapitre I) et l'interprétation (chapitre XXI) de ce rêve primordial encadrent ainsi toute l'autobiographie.

Au chapitre II, Hermann raconte comment, à l'âge de vingt ans, il entra pour la première fois en relation avec les chrétiens: ses parents ayant fait un prêt à l'évêque Ekebert de Munster, il dut suivre celui-ci pendant cinq mois pour obtenir la restitution de l' argent. Bientôt ébranlé par les discussions qu'il a avec les clercs de l'entourage de l'évêque, il décide d'entrer dans la cathédrale, mû »non pas tant par la dévotion que par la curiosité«. Il tenait en effet cette église pour l'équivalent d'un temple païen (*delubrum*). Une fois entré, il est littéralement saisi par les images chrétiennes.

La manière dont il dirige son regard, suit l'ordre hiérarchique que Rupert de Deutz reconnaît entre les divers modes de figuration: d'abord il examine avec soin »la diversité des artifices ciselés et peints« (*inter artificiosas coelaturarum ac picturarum varietates...*), puis il a un choc quand, au milieu de toutes ces images, il aperçoit »une idole monstrueuse«: c'est le crucifix (*monstrosum quoddam idolum video*). Désormais, il n'a d'yeux que pour cette »idole«, qu'il décrit avec autant de subtilité que Bernard de Clairvaux parlant, dans l'*Apologie à Guillaume de Saint-Thierry* des monstres sculptés qui peuplent les cloîtres clunisiens: »Je distingue en effet le même homme simultanément humilié et exalté, abaissé et élevé, ignominieux et glorieux, pendant merveilleu-

---

15 Hermannus quondam iudaeus. Opusculum de conversione sua, hg. v. Gerlinde NIEMEYER (MGH Quellen zur Geistesgeschichte des Mittelalters IV) 1963. Cette édition, avec son introduction, a remplacé celle de MIGNE, PL 170, col. 803–836. Sur cette autobiographie, voir: MISCH, G., Geschichte der Autobiographie, III,1. 1959. – BLUMENKRANZ, B., Jüdische und christliche Konvertiten im jüdisch-christlichen Religionsgespräch des Mittelalters. In: Judentum im Mittelalter. Beiträge zum christlich-jüdischen Gespräch. Miscellanea Mediaevalia 4. 1966, p. 264–281. – MOMIGLIANO, A., A Medieval Jewish Autobiography. In: Settimo Contributo alla Storia degli studi classici e del mondo antico. Storia e Letteratura, t. 161. Rome 1984, p. 331–340. – SCHMITT, J.-Cl., L'autobiographie rêvée. In: Problèmes et méthodes de la biographie, Actes du colloque Sorbonne 3–4 mai 1985. Sources-Travaux Historiques. Paris 1985, p. 153–166.

sement de haut en bas sur la croix et élevé en même temps par l'effet du mensonge de la peinture, comme l'homme le plus beau et fait Dieu. Je le confesse, je fus stupéfait, soupçonnant que cette image (*effigies*) était du genre de ces idoles (*simulachra*) que les païens avaient coutume de consacrer pour eux-mêmes. La doctrine pharisienne m'avait convaincu qu'il en était vraiment ainsi«.

Cette description d'un grand crucifix d'église a été écrite plus de vingt ans après les évènements, alors que Hermann était depuis longtemps chrétien et même prêtre. Sans doute gardait-il le souvenir précis du jugement que les juifs et lui-même portaient sur l'»idole« des chrétiens. Son texte témoigne simultanément d'une intelligence extrêmement fine des tensions de l'esthétique romane comme de la signification théologique du crucifix: image tout en même temps d'infamie et de gloire, de châtiment et de rédemption[16].

La vision du crucifix suit dans le récit le rappel de la conversion brutale de saint Paul. Car elle produit sur le jeune homme un effet comparable: aussitôt, il se procure des livres -dont, miraculeusement, il déchiffre sans peine le latin-, puis décide d'aller au monastère de Deutz »disputer« avec l'abbé Rupert. Celui-ci lui promet de répondre à toutes ses questions par des »raisons« et des »autorités« satisfaisantes. Rapportés au style direct, le discours de Hermann puis la *responsio* de l'abbé occupent respectivement les chapitres III et IV de l'autobiographie.

Le jeune juif accuse les chrétiens d'idolâtrie. Il ne prend qu'un seul exemple: celui des »grandes images peintes et sculptées à la ressemblance d'un homme crucifié«, qu'il a vues de ses propres yeux dans les églises où elles sont proposées à l'adoration. Or, les Ecritures maudissent »celui qui pend au bois« (d'une croix) (*Deutéronome* 21, 23) - donc le crucifié lui-même - et celui qui fait »de la chair son appui« (*Jérémie* 17, 5) - donc le chrétien qui adore le corps crucifié du Christ -. Il somme par conséquent Rupert de lui opposer ses propres »autorités«.

Rupert use d'abord de l'arme de l'ironie: je vais te montrer, dit-il, que ce que tu nommes notre »idolâtrie« est pleine de »piété et de religion«.

Son argumentation se veut »rationnelle«, sans qu'il ne soit fait encore mention d'aucune »*auctoritas*«. Elle distingue deux niveaux religieux et sociaux dans les usages chrétiens des images:

1) il explicite d'abord ce qu'il nomme la »raison générale des images« (*imaginum generalis ratio*). S'adressant à son adversaire, il parle à la première personne du pluriel: contrairement à ce que tu dis pour nous calomnier, »nous ne vénérons pas l'image du crucifix ou de tout autre chose pour la présence sacrée que ces objets contiendraient en eux-mêmes« (*neque...pro numine colimus*), mais »nous représentons par la forme de la croix (*per crucis formam... repraesentamus*) la Passion du Christ qui doit être adorée«. Ainsi, »en faisant une image de la mort du Christ à la ressemblance extérieure d'une croix (*dum ejus mortem per crucis similitudinem foris imaginamur*), nous sommes enflammés intérieurement d'amour pour lui (*ipsi quoque interius ad illius amorem accendamur*), nous vouons un culte perpétuel (*sine intermissione colimus*) et pensons pieusement (*pia semper cogitatione perpendamus*) à Celui qui est mort pour racheter nos péchés«. Dans cette phrase où chaque verbe pèse, non seulement Rupert distingue la forme matérielle de l'image de son signifié invisible qui est seul digne d'adoration, mais il montre bien comment le crucifix est le support des sentiments de componction et de l'adoration du chrétien.

---

16 SCHMITT, wie Anm. 7, p. 189, sur la conception, caractéristique du XIIe siècle, d'un ordre esthétique, social, gestuel qui tout à la fois exacerbe et annule les contradictions entre pôles opposés.

2) Cependant, l'image a aussi des raisons »spéciales« (*specialiter*): ce sont celles qu'avait déjà énoncées Grégoire le Grand: les images sont aux »simples et aux incultes« (*simplices et idiotae*) ce que les livres (*codices*) sont pour »nous« les clercs. Les uns par l'image, les autres par la lecture ont ainsi la connaissance (*agnoscere*) de la Passion du Rédempteur. Mais cela ne signifie pas, on vient de le voir, que les images et surtout l'image du crucifix ne soient pas utiles pour les clercs eux-mêmes: bien au contraire, elles remplissent pour eux, et sans doute pour eux seuls, une fonction mystique dont Rupert a pleinement conscience et dont Grégoire n'avait pas encore idée.

Il y a donc des types différents d'images, comme il y a des attitudes différentes à leur égard et aussi des »publics« différents (pour Rupert: des litterati et des *illitterati*, avant tout des moines et des laïcs). La fonction mystique du crucifix semble bien réservée à l'élite religieuse; pour le plus grand nombre leur fonction est avant tout didactique. Elle est justifiée par des »raisons«, mais aussi par les »autorités«, que Rupert choisit volontairement dans l'Ancien Testament: il s'agit en effet de retourner contre son adversaire juif les seuls arguments scripturaires dont celui-ci reconnaît la légitimité. Soit l'épisode de *Josué* 22: la construction par le successeur de Moïse d'un autel sur l'autre rive du Jourdain, n'avait pas pour but de permettre la célébration d'un sacrifice, mais avait la valeur d'un »témoignage« (*testimonium*) destiné aux descendants des tribus de Ruben et de Gad et de la demi-tribu de Manassé: l'autel leur permettrait, même après de nombreuses générations, de se souvenir de leur commune origine. De la même manière, si les chrétiens vénèrent le crucifix, ce n'est pas pour lui offrir un culte divin, mais parce qu'ils y voient le »témoignage« de la Passion du Christ et le gage de leur Rédemption.

Bien que Gerlinde Niemeyer assure que le *Dialogus inter Christianum et Iudaeum* de Rupert de Deutz est indépendant de la »dispute« qui opposa celui-ci au juif Hermann, on peut remarquer que ce débat eut lieu vers 1127–1128 au moment même où Rupert composait ce traité[17] et que les deux œuvres présentent la »raison« des images chrétiennes dans des termes analogues: en réfutant l'accusation juive d'idolâtrie, en opposant le crucifix aux images narratives (des saints) et aux ornements des églises, en distinguant la fonction mystique (avec les termes *amor* et *adoptio*) de la fonction de mémoire et de témoignage (*memorabilia*, *testimonium*) et de la fonction didactique (la »Bible des illettrés«), en insistant enfin sur les précédents vétéro-testamentaires de l'imagerie chrétienne. Le dialogue rapporté par Hermann au milieu du siècle me semble parfaitement fidèle aux opinions de Rupert, et celles-ci apparaissent, par le double témoignage dont nous disposons, comme une contribution de premier plan à la justification chrétienne des images au XIIe siècle.

V. Sommes-nous en droit d'accorder la même confiance au témoignage de Hermann sur l'opinion que les juifs avaient des images chrétiennes? Quand Hermann a écrit son autobiographie et rappelé le sentiment d'horreur qui l'étreignit la première fois qu'il vit le crucifix, il était chrétien et prêtre depuis longtemps et pouvait chercher à »noircir« encore plus l'attitude de ses anciens coréligionnaires... Faute de sources, la vérification ne semble pas possible pour la région et l'époque précises où vécut Hermann. En revanche, les œuvres d'un certain nombre de

---

17 Hermannus quondam…, wie Anm. 15, p. 41. Rupert composa son traité entre 1126 et 1128, à la demande de l'abbé Rudolf de Saint-Trond. Hermann, de son propre aveu, »disputa« avec lui au début de son processus de conversion, à l'âge de vingt ans, donc en 1127–1128. La commande de l'abbé de Saint-Trond n'implique pas qu'il n'y ait aucun rapport entre les deux œuvres.

polémistes juifs ont été conservées depuis la fin du XIIe siècle, notamment en Provence, et certaines parlent aussi des images. Or, leurs propos sont pour la plupart conformes à ceux que tient *Iudaeus* dans le traité de Rupert et à ceux du jeune Hermann dans son autobiographie.

Joseph Kimhi de Narbonne, à la fin du XIIe siècle, rappelle, avec *Exode* 20, 4, l'interdiction de toute image, et tire parti de *Deutéronome* 4, 15 pour insister sur le fait que Yahvé parla à Moïse sur l'Horeb sans montrer son visage: on ne saurait donc représenter Dieu dans une image. Il dit aussi que ceux qui adorent les idoles seront rendus »semblables à elles« (*Psaume* 115, 8 et 135, 18). Nous avons déjà rencontré tous ces arguments, soigneusement retournés par Rupert contre son adversaire[18]. De même l'anonyme *Nizzahon Vetus* de la fin du XIIIe siècle, développe-t-il les arguments des juifs à partir d'*Exode* 20, 4 (le deuxième commandement), *Exode* 7, 8 (le serpent d'airain) et *Exode* 25, 18 (les chérubins du Temple). Il se demande explicitement pourquoi Dieu a permis à Moïse de façonner le serpent d'airain, alors qu'il lui avait interdit de faire aucune image. Il conclut qu'il ne faut pas sonder les intentions de Dieu, même quand elles semblent contradictoires; qu'il faut obéir à tous les ordres divins, sans rien retrancher ni ajouter; que l'interdiction de faire des images »pour soi-même« n'était pas violée par la fabrication des chérubins, puisque ceux-ci étaient destinés au Temple; il ajoute que Moïse n'a pas fait le serpent pour l'adorer, mais pour édifier le peuple[19]. L'accusation d'idolâtrie portée contre les chrétiens se fait particulièrement vive à propos d'*Isaïe* 42, 8 (n'adorez pas d'images gravées, car il n'y a pas d'autre Dieu que moi) et 46, 7 (On a beau l'invoquer, il ne sauve pas). Les chrétiens, reconnaît l'auteur, »portent le bois et leur idole pour montrer l'image de leur divinité, mais ils ne prient pas le bois et l'idole eux-mêmes«. Ils prient »celui dont le bois et l'idole portent la ressemblance«. Toutefois, »celui-ci«, le Christ, »ne sauve pas«...[20]. Certains polémistes juifs, tout en niant que le Christ soit Dieu, reconnaîtraient donc que les chrétiens n'adorent pas le bois de la croix lui-même. Les auteurs chrétiens ignorent cette concession limitée faite par leurs adversaires. Elle semble tout aussi isolée dans la polémique juive: par exemple, au moment de la controverse parisienne de 1240 sur le Talmud, entre l'apostat Nicolas Donin et quatre rabbins (Yehiel de Paris, Vivo de Meaux, Judas de Melun et Samuel ben Salomon ou Moïse de Coucy), ceux-ci auraient assuré qu' »il est permis de maudire et de mépriser les idoles des chrétiens«[21].

*

La doctrine chrétienne des images, telle qu'elle s'est précisée en Occident au cours des siècles, présente deux caractères essentiels:

1) elle a toujours suivi et justifié a posteriori, -et non précédé-, le développement des formes matérielles et des pratiques religieuses et sociales relatives aux images;

---

18 KIMHI, Joseph, The Book of the Covenant, Pontifical Institute of Mediaeval Studies. Toronto 1972, p. 71-72. Il s'agit du *Sefer ha-Berit*, ou Livre de l'Alliance, qui fut »probablement le premier traité polémique juif anti-chrétien écrit en Europe«, selon TALMAGE, F. E., Disputation and Dialogue. Readings in the Jewish-Christian Encounter, New York 1975, p. 9.

19 BERGER, David, The Jewish-Christian Debate in the High Middle Ages. A critical edition of the Nizzahon Vetus, with an introduction, tranlation and commentary, Philadelphie, The Jewish Publication Society of America, 1979, /48/, p. 72-73, et p. 261 pour la discussion du serpent d'airain chez d'autres auteurs juifs, notamment Natan l'Official.

20 Ibid., /229/, p. 214.

21 LOEB, I., La controverse de 1240 sur le Talmud. In: Revue des Etudes Juives, 1 (1880), p. 247-261; 2 (1881), p. 248-270; 3, 1881, p. 39-93. Il faut remarquer cependant que l'article XXVIII, ici cité, ne se trouve pas dans la confession des rabbins Yehiel de Paris et Judas de Melun.

2) elle a largement bénéficié, à toutes les époques, de la polémique avec ceux qui semblaient, soit vouer aux images une vénération excessive (les païens idolâtres, les Byzantins iconodules), soit leur opposer un rigorisme iconoclaste non moins intolérable (de l'évêque Serenus de Marseille à l'évêque Claude de Turin, des hérétiques d'Arras aux hussites et aux Réformés). Entre ces deux pôles opposés, l'Eglise, que sa propre évolution rendait de plus en plus favorable aux images, a rencontré les juifs: ceux-ci étaient hostiles aux images au nom des interdits vétéro-testamentaires que les chrétiens, eux-mêmes héritiers de l'Ancienne Loi, ne pouvaient pas ignorer. Tant dans l'histoire des discussions religieuses entre juifs et chrétiens que dans l'histoire des images chrétiennes, le XIIe siècle représente ainsi un moment privilégié. La »dispute« avec les juifs a donné aux clercs d'Occident l'occasion d'approfondir une théorie des images capable tout à la fois d'intégrer et de dépasser l'Ancien Testament, et de rendre compte de la diversité des images chrétiennes, de leurs fonctions et de leurs usages.

*

»Cet article était déjà sous presse lorsque j'ai pris connaissance de l'étude suggestive d'Avrom SALTMAN, ›Hermann's *Opusculum de conversione sua:* Truth or Fiction?‹, *Revue des Etudes Juives* 147 (1–2), 1988, p. 31–56, convaincante dans la critique de G. Niemeyer, mais excessive à mes yeux dans l'affirmation inverse selon laquelle le texte de Hermann serait une totale fiction; même si Hermann lui-même n'est pas l'auteur de ce texte, le scribe de Cappenberg qui l'aurait écrit à la fin du XIIe siècle a pu le faire en s'inspirant partiellement d'un témoignage oral, direct ou indirect.«

Der Tag von Benfeld im Januar 1349: Sie kamen zusammen und kamen überein, die Juden zu vernichten

VON REINHARD SCHNEIDER

Die Krise des Spätmittelalters hat seit langen Jahren die internationale Forschung in starkem Maße beschäftigt[1], obwohl eine über Jahrhunderte währende »Krise« auch Zweifel am Nutzen des verwendeten Oberbegriffs hervorzurufen vermag[2]. Unstrittig ist jedoch das Faktum krisenhafter Zuspitzungen im Verlauf des späten Mittelalters, und insbesondere muß »das 14. Jahrhundert als Krisenzeit« begreifen, wer an die berüchtigte Trias »Pest-Geißler-Judenmorde« denkt, ein Thema, das aus der Feder von František Graus eine ebenso umfassende wie beeindruckende Darstellung erfahren hat[3]. Ein besonderes Anliegen von Graus war es, die Massenmorde von 1348 bis 1350 zugleich als eine Art Seismograph und »als Schule von Grausamkeiten« zu beschreiben. Insofern nach konsequenter Dämonisierung der Juden und ihrer Marginalisierung die Pogromwelle jener Jahre geradezu paradigmatischen Charakter hat[4], reichen wesentliche Teile der Analyse in ihrer Bedeutung weit über die längst vergangene Zeit hinaus. Als Ergebnis seiner vergleichenden Betrachtungen konnte Graus »neben lokal begrenzten Ereignissen regionale, sogar überregionale Verfolgungen« feststellen, die sich »üblicherweise nach dem sog. Schneeballsystem« verbreiteten, »wobei sich ›Epizentren‹ der Verfolgungswellen abzeichnen«[5].

Die von Graus gewählten Beschreibungsmetaphern reizen zu eingehender Untersuchung von Epizentren, erfordern aber gewiß auch die Annahme, daß sich die Wellen nicht nach naturwissenschaftlichen Gesetzen entwickelten, sondern daß menschliches Verhalten oder wohl eher menschliches Zutun die Wellenbildung veranlaßte und förderte. Dabei bleibt zu berücksichtigen, daß »jeweils mehrere Kausalstränge ... zum Judenmord führten«, auch wenn es zur konkreten Verfolgungssituation üblicherweise erst kam, wenn das latente Spannungsfeld »angeheizt« wurde[6].

Gegenüber der großräumigen Analyse mag es angebracht sein, auf lokaler und regionaler Ebene mit einer detaillierteren Untersuchung das knapp angedeutete Allgemeinergebnis zu vertiefen und vielleicht auch ein Epizentrum genauer zu erfassen. Außerdem besteht die Hoffnung, auch die Wirkkräfte der vom Epizentrum ausgehenden Verfolgungswellen bzw. das

---

1 Vgl. GRAUS, František, Das Spätmittelalter als Krisenzeit. Ein Literaturbericht als Zwischenbilanz. Mediaevalia Bohemica. Supplementum 1. 1969. SEIBT, Ferdinand, und EBERHARD, Winfried (Hg.), Europa 1400. Die Krise des Spätmittelalters. 1984.
2 SCHNEIDER, Reinhard, Königtum in der Krise? – Eine Zusammenfassung. In: DERS. (Hg.), Spätmittelalterliches Königtum im europäischen Vergleich. Vorträge u. Forschungen 32. 1987. S. 286f.
3 GRAUS, František, Pest – Geißler – Judenmorde. Das 14. Jahrhundert als Krisenzeit. Göttingen ²1988.
4 Ebd. S. 11.
5 Ebd. S. 377.
6 Ebd. S. 377.

verwendete Beschleunigungsinstrumentarium skizzieren zu können. Dabei wird sich zeigen lassen, daß kaum Emotionen, wie das Bild vom »Anheizen« des Spannungsfeldes es nahelegen könnte, als Beschleunigungsfaktoren eingesetzt wurden, sondern daß ein Gemisch von eiskalt kalkuliertem Einsatz von Gewalt, nacktem Opportunismus sowie bodenloser Niedertracht die ausschlaggebenden Triebkräfte bot. Sie drängten keinesfalls zu einer Spontaneität des Verhaltens und Handelns, sondern wirkten gegebenenfalls über längere Zeiträume, dazu überaus vorsichtig und absichernd. Einblicksmöglichkeiten in das nahezu perfekte Funktionieren solch inszenierter Verfolgungswellen gewährt die Überlieferung selten, so daß jede der Forschung sich bietende Chance zu ihrer Erhellung genutzt werden muß. Als besondere Ergebnisvariante dieses Bemühens könnte sich zusätzlich herausstellen, daß in beachtlicher Weise gerade im Zusammenhang krisenhafter Situationen ein zielgerichtetes, planvolles Handeln sich als wirkungsmächtig zu erweisen vermag, im Falle unseres Untersuchungsgegenstandes freilich in zutiefst bösem Sinne.

*

Der Blick soll im folgenden auf das Geschehen im elsässischen Benfeld gerichtet werden, wo im Januar 1349 ein folgenschwerer Beschluß gefaßt wurde. Der »Tag von Benfeld« scheint zwar nicht in Handbuchdarstellungen berücksichtigt zu werden, doch ist er hier und da stärker beachtet worden. So berichtet Emil Werunsky (1882) bei seiner Darstellung des elsässischen »Verfolgungseifers«, daß »gegen Ende des Jahres 1348 ... auch im Elsaß das Mordgeschrei des Volks überall mit erneuter Heftigkeit« ertönt sei. Daher hätten »die Herren und Reichsstädte des Landes ... im Januar mit dem Bischof Berthold von Straßburg eine Beratung zu Benfeld über die betreffs der Juden zu ergreifenden Maßregeln« abgehalten. Straßburgs Eintreten für die Juden habe den Unwillen der Versammelten gefunden, und »ohne auf die Straßburger zu hören, beschlossen der Bischof und die elsässischen Städte, die den Juden stark verschuldet waren, sammt den Boten der Reichsstädte die Vertreibung und Vertilgung der Juden. Zur blutigen Vollstreckung dieses erbarmungslosen Verdikts fand sich vor allem der Pöbel der elsässischen Reichsstädte, besonders von Kolmar, Schlettstadt, Mühlhausen, Hagenau und dem benachbarten Landau alsogleich bereit«[7]. Annähernd zeitgleich mußte Edward Leupold in seiner Biographie des Straßburger Bischofs Berthold von Buchegg (1882) darauf eingehen, daß im Jahre 1349 »selbst die weltlichen und geistlichen Herren einig (waren), die Israeliten preiszugeben.« So hätten die Dynasten und Reichsstädte des Elsaß in Benfeld getagt »unter dem Vorsitz des Bischofs Berthold, und hier wurde allgemein beschlossen, keine Juden mehr zu halten« [sic!]. Etwas später spricht Leupold davon, daß »die Herren im Lande zu Benfeld die Israeliten vogelfrei erklärt hatten...«[8]. In J. Krischers Verfassungs- und Verwaltungsgeschichte der Reichsstadt Schlettstadt (1909) findet sich ebenfalls ein deutlicher Bezug, wenngleich das Geschehen moderater beschrieben wird als von Werunsky: »Im Anfang des Jahres 1349 folgte dann nach vorausgegangener Besprechung der Judenfrage zwischen dem Bischof von Straßburg, den elsässischen Herren und Reichsstädten eine zweite allgemeine und größere Judenver-

---

7 WERUNSKY, Emil, Geschichte Kaiser Karls IV. und seiner Zeit. II, 1 (1346–1355). Innsbruck 1882, ND New York 1961. S. 244.
8 LEUPOLD, Edward, Berthold von Buchegg, Bischof von Straßburg. Ein Beitrag zur Geschichte des Elsaß und des Reichs im XIV. Jahrhundert. Straßburg 1882. S. 45.

folgung, die auch in Schlettstadt zu blutigen Exzessen gegen die Juden führte«[9]. Resigniert und lakonisch geht die Germania Judaica (1968) auf das Ereignis ein: »Im Januar wurden die Juden in zahlreichen Orten des Elsaß ermordet. Der Bischof von Straßburg, Herren und Vertreter der Reichsstädte traten in Benfeld zusammen und berieten über das Schicksal der Juden. Die Delegierten der Stadt Straßburg waren die einzigen, die für sie eintraten; es wurde beschlossen, die Juden ›abzuschaffen‹«[10]. An diesem Text hat sich offenbar auch František Graus orientiert, als er davon sprach, daß auf dem Programm des Benfelder Tages die »Abschaffung der Juden« stand. »Eine Pogromwelle im Oberrheingebiet« sei »die unmittelbare Folge« gewesen[11]. Alfred Haverkamp schließlich spricht (1981) von einem Beschluß, die Juden zu verfolgen, und läßt der Vermutung Raum, die Straßburger Abgesandten hätten sich noch während der Beschlußfassung wehren können[12], so daß dessen volle Realisierbarkeit zweifelhaft erscheinen könnte. Bereits die kurze Skizzierung der allgemeinen Forschungssituation mag angesichts so gravierender Unterschiede zwischen »Vertreibung und Vertilgung«, »Besprechung der Judenfrage« mit nachfolgender ›allgemeiner und größerer Judenverfolgung‹, »Abschaffung« oder Beschluß einer Judenverfolgung eine erneute Überprüfung der Quellenlage rechtfertigen.

Die historischen Nachrichten zum Benfelder Tag sind recht dürftig. Aus zeitgenössischer Sicht berichtet nur Mathias von Neuenburg[13]. Seine bis 1356 reichende und zu diesem Zeitpunkt auch abgeschlossene Chronik dürfte in ihren Endpartien zeitgleich mit den Ereignissen geschrieben worden sein, und zwar in Straßburg[14]. Die in mehreren Fassungen überlieferte Chronik berichtet über den Benfelder Tag – bis auf eine kleine Variante – einheitlich. Der Straßburger Chronist Fritsche Closener[15], der ebenfalls als Zeitgenosse anzusprechen ist, geht auf das Benfelder Geschehen in seiner 1362 vollendeten deutschsprachigen Chronik nicht ein. Nur Jakob Twinger von Königshofen[16], dessen eigener Chronik Closeners Werk »die Form und den Rahmen« gab[17], der aber weitschichtiges Material hinzuzog, liefert dann weitere Nachrichten. Seine Chronik hatte er 1382 zu schreiben begonnen und wohl um 1400 (1415) beendet, allerdings feilte und besserte er an einzelnen Teilen bis zu seinem Tode 1420[18]. Überraschenderweise erwähnt Heinrich von Diessenhofen[19], der seit 1340

---

9 KRISCHER, J., Die Verfassung und Verwaltung der Reichsstadt Schlettstadt im Mittelalter. Straßburg 1909. S. 67.
10 Germania Judaica. II,1. S. 205.
11 GRAUS, wie Anm. 3, S. 180.
12 HAVERKAMP, Alfred, Die Judenverfolgungen zur Zeit des Schwarzen Todes im Gesellschaftsgefüge deutscher Städte. In: DERS. (Hg.), Zur Geschichte der Juden im Deutschland des späten Mittelalters und der frühen Neuzeit. 1981. S. 63: »Als die übrigen Bündnispartner im Januar 1349 auf einer Zusammenkunft in Benfeld die Verfolgung der Juden beschlossen, setzten sich nur die Straßburger Abgesandten für die Juden ein, die sie weiterhin als unschuldig bezeichneten.«
13 Die Chronik des Mathias von Neuenburg, hg. von Adolf HOFMEISTER (MGH SSrG, Nova Series 4, ²1955).
14 HEGEL, C., in seiner Allgemeinen Einleitung zu den Chroniken der Stadt Straßburg. In: Die Chroniken der deutschen Städte. 8. 1870, ND 1961. S. 58.
15 Fritsche (Friedrich) Closener's Chronik. 1362. In: Die Chroniken der deutschen Städte. 8.ND 1961.
16 Chronik des Jacob Twinger von Königshofen. 1400 (1415). In: Die Chroniken der deutschen Städte. 8.ND 1961 und 9.ND 1961.
17 HEGEL, wie Anm. 14, S. 63.
18 Ebd.
19 Heinrich von Diessenhofens Chronik, ed. A. HUBER. In: Fontes rerum Germanicarum. 4. 1868. S. 16–126. Zur unbefriedigenden Edition s. GRAUS, wie Anm. 3, S. 159 mit Anm.

als Domherr in Konstanz lebte und an den Verhältnissen im Südwesten des Reiches sehr interessiert war, den Benfelder Tag nicht. Seit 1333 an seiner Chronik schreibend, muß er im allgemeinen als sehr gut informierter Zeitgenosse für das Geschehen der Jahre von 1348–50 gelten. Allerdings könnte ein kurzer, aber sehr prägnanter Satz in Heinrichs Abschnitt über die *crematio Iudeorum* sich auf den Benfelder Beschluß beziehen; darauf wird zurückzukommen sein.

Mathias von Neuenburg berichtet zunächst von wechselseitigen Kontakten dreier Städte, denen die Erhaltung der Juden am Herzen lag, die aber den Volkszorn fürchteten. Gemeint sein dürften Straßburg, Basel und Freiburg, zu denen auch Breisach zu rechnen wäre[20]. Alle genannten Städte verlängerten jedenfalls am 15. Februar 1349 ihr Bündnis bis zum 11. November 1351[21], doch läßt die Vertragsverlängerung rund 4 bis 5 Wochen nach dem Benfelder Tag allenfalls auf eine gewisse anhaltende Interessenlage allgemeiner Art schließen. Mathias berichtet dann, allenthalben seien in jenen Gegenden die Juden ergriffen worden, und fährt in sachlichem Zusammenhang fort: Ein Termin sei festgesetzt worden für einen Tag in Benfeld im Elsaß, wo zusammengekommen seien (*convenerunt*) der Bischof (von Straßburg), Herren und Barone sowie Gesandte der Städte[22]. Die Fassung WAU der Chronik variiert zu *nuncii comitum*[23], was in den Gesta Bertholdi Episc. Argentinensis desselben Verfassers wieder zu *nuncii civitatum*[24] korrigiert wird und nur so Sinn gibt. Nach zwei kurzen Berichtssätzen fährt Mathias in seiner Schilderung des Benfelder Tages fort: Übereingekommen (*convenerunt*) seien Bischof, die elsässischen Herren und Reichsstädte *de non habendis Iudeis*[25]. Die Formulierung des Benfelder Beschlusses könnte zunächst nahelegen, trotz aller Tragweite an ein nicht zwingend tödliches Verfahren zu denken, etwa in dem Sinne, daß man keine Juden mehr wolle. Eine härtere Interpretation würde indes lauten, man habe die »Abschaffung der Juden« beschlossen[26]. Dabei kann an sich kein Zweifel sein, daß diese Abschaffung vernichtenden Charakter haben sollte. Und tatsächlich betont Mathias von Neuenburg dies mit äußerster Prägnanz, denn er fährt unmittelbar fort: *Et sic (!) modo in uno loco, postea in alio sunt cremati. Alicubi autem sunt expulsi. Quos vulgus apprehendens hos cremavit, aliquos interfecit, alios in paludibus suffocavit*[27]. Sieht man von unterschiedlichen Tötungsarten ab, so ist des Chronisten eigene Erläuterung des vielleicht nicht für jeden heutigen Interpreten ganz eindeutig zu verstehenden Beschlusses *de non habendis Iudeis* zweifelsfrei: Beschlossen hatte man die Vernichtung – man hatte sie dann auch realisiert.

Im Januar 1349, vermutlich in der ersten Monatshälfte, waren die politisch führenden Kräfte des Elsaß also zusammengekommen und übereingekommen, die Juden zu vernichten. Vor den großen Judenverfolgungen durch den Nationalsozialismus dürfte es ganz selten Zeugnisse für eine gezielte Vernichtungsabsprache geben, die einen politisch-geographischen Raum von

---

20 Mathias von Neuenburg (ed. HOFMEISTER), S. 265, zur Identifizierung von Freiburg ebd. Anm. 5.
21 Urkundenbuch der Stadt Straßburg. Politische Urkunden 1332–1365. V, 1. Straßburg 1896, Nr. 198 (künftig zitiert: UB Straßburg mit Nr.).
22 Mathias von Neuenburg, S. 265.
23 Ebd., S. 423.
24 Ebd., S. 535.
25 Wie Anm. 22, S. 265f.
26 GRAUS, wie Anm. 3, S. 180.
27 Mathias von Neuenburg, S. 266.

relevanter Größenordnung betraf. Dies erfordert daher eine zusätzliche Überprüfung, ob des Chronisten Angaben unmißverständlich sind.

Jakob Twinger von Königshofen berichtet von allgemeiner Judenverfolgung und dem Druck auf die drei Städte, die er mit »Strosburg, Friburg und Basel« auch benennt, *das sü ire Iuden ouch soltent verbürnen.* Sehr deutlich macht Twinger, daß der Druck auf die genannten Städte auch in schriftlicher Form, also brieflich, ausgeübt wurde und daß die Führungsschichten der drei Städte der Ansicht waren, *men solte den Iuden nütschet tůn*[28]. Am Basler Aufstand brach jedoch diese Haltung, und die Auswirkungen reichten über Basel hinaus: *Do wurdent die Iuden in disen landen allenthalben gefangen und wart ein dag beret gein Benefelt*[29]. Jakob Twinger folgt dann im wesentlichen den Angaben des Mathias von Neuenburg, was bei seiner deutschsprachigen Chronik den methodischen Vorteil bietet, unsere Interpretation der lateinischen Vorlage zu kontrollieren: *also überkoment der bischof und die herren und des riches stette, das men die Iuden solte abetůn. also wurdent sü in vil stetten gebrant und etwo usgetriben: die wurdent denne von den geburen gefangen und erstochen oder erdrenket.* – Die sachliche Übereinstimmung ist gegeben, sie reicht bis zur scheinbaren Variante der Vertreibung (expulsi – usgetriben) – scheinbar deshalb, weil die nachfolgenden Hinweise an der konsequenten Vernichtungsabsicht keinerlei Zweifel lassen. Damit ist auch die Bedeutung von mhd. *abetůn* als vernichten erwiesen, und das Verbum entspricht voll der lateinischen Formulierung *de non habendis ...*

Vermutlich ist eine Bemerkung Heinrichs von Diessenhofen gezielt auf den Benfelder Beschluß zu beziehen. In einem etwas anderen Bezug, aber durchaus in sachlichem Zusammenhang mit dem Geschehen im Elsaß berichtet er davon, daß die Reichsstädte die Juden keineswegs länger ertragen wollten (*Sed civitates imperii ipsos* [Iudeos] *nequaquam ulterius sustinere volebant*) und deshalb Herzog Albrecht von Österreich schriftlich unter Druck gesetzt hätten: Entweder solle er sie durch seine Richter verbrennen lassen, oder sie selbst würden die Juden rechtens verbrennen. Der Herzog fügte sich dem Druck[30]. Die von Heinrich gewählte Verbform (non) *sustinere* klingt ähnlich unverfänglich wie bei Mathias zunächst das (non) *habere* oder bei Jakob Twinger das *abetůn*[31]. In allen drei Fällen läßt der Kontext jedoch keinerlei Zweifel am beabsichtigten Vernichtungscharakter. Die auffällige Verwendung »interpretierfähiger« Verben legt daher die Annahme nahe, in Benfeld habe man den Beschluß bewußt terminologisch leicht verschleiert, wie überhaupt auffällig bleibt, daß es keinerlei diesbezügliche Aktenüberlieferung und sonstige Nachrichten gibt – vermutlich hat man konsequent jegliche schriftliche Fixierung des Vernichtungsbeschlusses zu vermeiden gesucht, offenbar auch mit hinreichendem Erfolg.

Die Bilanz des furchtbaren Geschehens ist im allgemeinen bekannt und hier nur zu streifen[32]. Nachdem in Basel nach einer Revolte der Handwerkerzünfte die Schutzpolitik für

---

28 Chronik des Jacob Twinger von Königshofen. In: Die Chroniken der deutschen Städte. 9. S. 760.
29 Ebd.
30 Heinrich von Diessenhofen, FRG 4. S. 70.
31 Im Register von MGH Constitutiones, 9, finden sich S. 584 Belege für ab(e) tůn, ab(e)tun in der Bedeutung: *erledigen, bezahlen; aufheben* und auch *zerstören, vernichten.* Im Dokument Nr. 245 (1349 April 20) heißt es im Hinblick auf Colmar: *als sü die Juden unser kammerkneht hánt abgetan* (!)
32 Hier und im folgenden wird auf Germania Judaica II verwiesen: zit. GJ II, 1 bzw. GJ II, 2 mit Seite. Zu vergleichen ist die Liste (»chronologische Abfolge der Judenverfolgungen 1348–1350«) bei HAVERKAMP, wie Anm. 12, S. 35ff.

die Juden jäh aufhörte, wurden am 9. und 16. (oder 16. und 23.) Januar 1349 angeblich 600 Juden verbrannt. 130 Kinder entriß man den Eltern und taufte sie – offensichtlich handelte es sich um Kleinkinder[33]. Wohl noch vor dem 23. Januar 1349 wurden die Juden in Oberehnheim verbrannt[34], vor dem 16.2.49 die in Hagenau[35]; in Straßburg wurde die Vernichtung am 13.2.49 beschlossen, am 14.2. vollzogen und die getauften Juden im Sommer getötet[36]. In Colmar könnte die Vernichtung sehr früh erfolgt sein, jedenfalls nach dem 29.12.1348[37]; für Mülhausen im Elsaß läßt sich mit 1349 nur eine vage Zeitangabe machen[38], für Schlettstadt der Sommer 1349 angeben[39], und im bereits pfälzischen Landau erfolgte die Vernichtung wohl erst nach dem 1.4.1349[40]. Alle Zeitangaben sind in der Regel schwer zu ermitteln, weil Verfolgte und Ermordete keine historischen Nachrichten hinterließen und ihre Verfolger solche offensichtlich vermieden, ihre Taten auch nachträglich verschleierten. Zweifel an der Ernsthaftigkeit des Benfelder Vernichtungsbeschlusses sind aber ebenso unzulässig wie solche an seiner Realisierung. Die Gründlichkeit, mit welcher der Vernichtungsbeschluß zu verwirklichen versucht wurde, ist sogar in verschiedenen Phasen erkennbar. Sieht man von Einzelverhaftungen mit anschließender Folterung und Verbrennung hier einmal ab, so dominiert nach dem Benfelder Tag ganz eindeutig die Vernichtung der Juden, derer man überhaupt habhaft wurde. Eine zeitliche Zuspitzung auf Tage oder einzelne Wochen ist nicht erkennbar. In einer weiteren Phase geht es dann um die Vernichtung der getauften Juden, zu denen wohl bereits die vor 1348/49 zum Christentum Übergetretenen zu rechnen sind[41] und vor allem jüdische Kleinkinder, die man ihren Eltern entrissen und getauft hatte, sowie jene hübschen Jüdinnen (*plures mulieres pulcre quasi invite*)[42], an denen die Häscher – trotz ihres angeblichen Glaubensfanatismus – Interesse hatten. Die dritte Vernichtungswelle erreichte dann schließlich auch jene Christen, die man als einstige Helfer der Juden bezichtigte[43]. An eine Entladung des Volkszorns oder ein Abreagieren existenzieller Nöte und Ängste kann man schon angesichts unserer so knappen Skizzierung des Vernichtungsszenariums nicht glauben. Für die Ausdauer im Vertilgen und die Gründlichkeit, mit der die Vernichtung auch im Hinblick auf verfügbare Rechtstitel sozusagen organisatorisch-technisch vorangetrieben wurde, spricht bereits Karls IV. Mandat vom 5. Juli 1349. Der so ohnmächtige und untätige König erließ zu einem Zeitpunkt, als es kaum noch Juden im Elsaß gab, von Frankfurt/Main aus ein Verbot an die Stadt Straßburg, mit dem Instrument des Landfriedens weiterhin andere Herren und Städte zur Judenvernichtung zu zwingen: *Uns ist fürkomen wissentlich, daz ir als noch uber daz, daz*

---

33 GJ II, 1 S. 53 ff.; vgl. HAVERKAMP, S. 36.
34 GJ II, 2 S. 614 f.; HAVERKAMP, S. 36: 1348 Ende/1349 Anfang.
35 GJ II, 1 S. 314 f.
36 GJ II, 2 S. 801 ff.; für die getauften Juden vgl. ebd. Anm. 75.
37 GJ II, 1 S. 418 ff. (Kolmar); vgl. HAVERKAMP, S. 36: Zw. 1348 Dez. 27 und 1349 April 30.
38 GJ II, 2 S. 554 f.
39 GJ II, 2 S. 744 ff.
40 GJ II, 1 S. 465 f.
41 Mathias von Neuenburg, S. 268, mit der Zuspitzung seines Berichts: *Unde successive omnes quasi baptizati Judei sunt cremati, quia fatebantur eos omnes culpabiles;* vgl. Heinrich von Diessenhofen, S. 69.
42 Mathias von Neuenburg, S. 268; Heinrich von Diessenhofen, S. 70.
43 Vor allem Mathias von Neuenburg, S. 267 ff.; zahlreiche Einzelbelege auch in den Verhörprotokollen.

vorgeschehen ist, werbet an herren und an stet, di umb uch siczent, di sich an uns und das Riche halden und wider di Juden unser kamerkneht noch niht getan haben, mit dem lanfrid(en) darzu notigdt und si anweiset, daz si ouch ir Juden, di under in gesessen sein, vertriben und vertilgen[44].

*

Wie konnte es zu dem erschütternden Benfelder Beschluß kommen? Der Versuch einer Beantwortung dieser Frage darf sich nur auf überlieferte Quellenzeugnisse stützen, weil es im Zusammenhang mit der Reaktion christlicher Gemeinden auf existenzielle Nöte und Ängste viel zu viel ausgeprägte Theorien gibt, deren wenigstens partielle Erklärungsfunktionen hier nicht bestritten werden sollen, die aber doch zu häufig mit tatsächlichen Erklärungen verwechselt werden. Es mag sich als hilfreich erweisen, den forschenden Blick grundsätzlich über das Elsaß hinaus auszuweiten.

Beginnen soll die nähere Untersuchung mit der Frage nach den treibenden Kräften, die in Benfeld den Vernichtungsbeschluß durchsetzten, gesucht werden soll auch nach Belegen für ihre Motive. Erkennbar ist zunächst, daß sich offenbar nur die Straßburger Abgesandten zögernd bis widerstrebend verhielten, was nicht überrascht. Die Initiative zur Einladung nach Benfeld dürfte hingegen der Bischof von Straßburg ergriffen haben. Obwohl er seit Jahren der Stadt gegenüber sehr distanziert war, hatte er jedoch bislang offene Konflikte vermieden. Da des Straßburger Rates Fürsorge für die Juden in der Stadt allgemein bekannt war, liegt die Annahme nahe, daß der Bischof seinerseits von der Durchsetzung einer harten Verfolgungspolitik, die letztlich nur durch einen politischen Umsturz möglich schien, politischen Profit in seiner eigenen Bischofsstadt würde ziehen können. Gewichtiger als diese Vermutung ist freilich die Tatsache, daß der Bischof in den vorliegenden Berichten regelmäßig als erster genannt wird und daß die Versammlung in die bischöfliche Stadt Benfeld[45] einberufen worden war, ein größeres Interesse des Bischofs selbst demnach erschließbar ist. Nächst dem Bischof von Straßburg nennt Mathias von Neuenburg *domini et barones et nuncii civitatum*[46], und in ähnlicher Weise heißt es bei Twinger von Königshofen: *alle landesherren von Elsaß und der vorgenanten driger stette botten*[47]. Bei letzteren sind Straßburg, Freiburg und Basel gemeint. Diese Städte verhielten sich offenbar sehr zurückhaltend, denn in gewisser Weise gilt dies zunächst auch für Freiburg und Basel. Den Beleg liefert Twingers Bericht: In ihm heißt es u. a., der Papst habe zu Avignon die Juden geschützt, aber *donoch dümelte* (legte man Daumenschrauben an bzw. folterte) *men etliche Iuden zů Berne und zů Zovingen*. Als diese Brunnenvergiftungen gestanden hätten, *verbrant men sü in vil stetten und verschreip dise geschiht gein Strosburg, Friburg und Basel, das sü ire Iuden ouch soltent verbürnen. do meinten die mehtigsten in disen drigen stetten, an denen der gewalt stunt, men solte den Iuden nützschet tůn*. Dem Bericht ist demnach zu entnehmen, daß Straßburg, Freiburg und Basel ihre Pflichten kannten und wohl kaum in der Phase vor dem

---

44 MGH, Constitutiones et acta publica imperatorum et regum. IX. 1976, Nr. 433, S. 330, mit etwas irritierendem Regest (die Sammlung wird künftig zitiert: Const. mit Bd. und Nr.).
45 Zum Charakter als Bischofsstadt vgl. Mathias von Neuenburg, S. 516f. Die Stadt hatte Bischof Johannes von Straßburg (1306–28) ummauern lassen (ebd. S. 551).
46 Mathias von Neuenburg, S. 265.
47 Twinger von Königshofen (St. Chr. 9, S. 760); auch im folgenden nach Twingers Darstellung, S. 760, zitiert.

Benfelder Treffen sich für eine Judenverfolgung eingesetzt haben dürften[48]. Wie erwähnt, widerstanden die Straßburger Gesandten noch in Benfeld. Aber was taten ihre städtischen Kollegen? Für Freiburgs Boten liegen keine Hinweise vor, wohl aber ist die Basler Haltung erschließbar. Nachdem nämlich der Rat der Stadt Basel schon Tage vor dem 16. 1. 1349 durch den Pöbel (*das gedigene*)[49] zur radikalen Korrektur seiner Schutzpolitik gezwungen worden war, dürften die Basler Gesandten die »neue« Politik forciert in Benfeld vertreten haben. Nächst dem Bischof von Straßburg schält sich wohl auch die Stadt Basel als treibende Kraft des Benfelder Beschlusses heraus. Daneben verdient der Hinweis Beachtung, daß Bern und Zofingen sich frühzeitig bei der Judenverfolgung vorgetan hätten, so daß *in vil stetten* – offenbar der Innerschweiz – Juden verbrannt worden wären. Diesem Aspekt wie auch der Angabe Twingers, beide Städte hätten brieflich zu weiteren Verfolgungen aufgefordert, ist später noch aufmerksam nachzugehen. Zuvor muß nämlich nach den *domini et barones* bzw. *landesherren von Elsaß* gefragt werden. Werunskys Angabe, diese Herren seien »den Juden stark verschuldet« gewesen, dürfte zutreffen, ist aber konkret kaum belegbar. Immerhin liefert Mathias von Neuenburg eine interessante Angabe, die als zusätzliches Motiv gewertet werden könnte und den Straßburger Bischof ausdrücklich einbezieht. Bei der Straßburger Revolte, die zum Sturz des alten Stadtregiments in der zweiten Februarwoche 1349 führte, soll der Stadtammanmeister Peter Swarber mit anderen Straßburger Bürgern seine Schutzpolitik zugunsten der Juden gegenüber dem *populus* bzw. *clamor vulgi* unter anderem mit einem stadtpolitischen Argument verteidigt haben: »Wenn der Bischof und die Barone sich in dieser Angelegenheit gegenüber der Stadt durchsetzten, würden sie nicht Ruhe geben, bis sie sich auch in anderen Fragen behaupteten«[50]. Erfolg hatte Peter Swarber nicht mit diesem Hinweis, der eindeutig dem Bischof und den Baronen die Schuld an der Unruhe sowie der Forderung einer Kurskorrektur gegenüber den Juden zuwies: Auf die Juden ziele man, aber die Herrschaft über die Stadt wolle man. Der instrumentale Charakter einer Polemik gegen die Juden ist unverkennbar.

Schwierig bleibt es gleichwohl, die *landesherren von Elsaß* genauer zu ermitteln. Zunächst liegt es nahe, sie unter den Partnern jenes Bündnisses vom 3. März 1345 zu suchen, welches in Schlettstadt auf fünf Jahre geschlossen wurde, um Unruhen im Elsaß wirksam entgegentreten zu können[51]. Im ersten Vertragsartikel war bereits von Unruhen wegen der Juden die Rede, allerdings durchaus ohne feindliche Tendenz. Der in Frage kommende Personenkreis erhöht sich dann um jene, die dem Bündnis am 25. Mai 1345 beitraten[52]. Zu suchen wären sie dann auch im Kreis derjenigen, die am 5. Juni 1349 ein Bündnis schlossen, um sich vor Angriffen wegen der

---

48 Vgl. Mathias von Neuenburg, S. 265.
49 Twinger von Königshofen (St. Chr. 9, S. 760). Die Verbrennung erfolgte in Basel am 16./17. Januar in einem eigens dafür errichteten Haus auf einer Rheininsel. Der Bau und die planvolle Aktion lassen auf eine Korrektur der städtischen Schutzpolitik einige Tage vor dem 16. Januar schließen. Zu den Ereignissen in Basel s. vor allem GRAUS, wie Anm. 3, S. 168 ff.
50 Mathias von Neuenburg, S. 266: *Nitebatur autem Petrus Swarber magister scabinorum et aliqui alii Argentinenses adhuc defendere eos, dicentes populo:* ›*Si episcopus et barones in hoc eis prevaluerint, nisi et in aliis prevaleant, non quiescent.*‹ *Set nichilominus invaluit vulgi clamor.* – Dieser Passus fehlt in der Fassung WAU, S. 423.
51 UB Straßburg, Nr. 130.
52 UB Straßburg, Nr. 132. – Der von König Karl am 13. 12. 1347 errichtete Landfrieden für das Elsaß (UB Straßburg, Nr. 159) nennt auch viele Personen, bleibt hier jedoch unberücksichtigt, weil der König im Elsaß noch nicht allgemein anerkannt war.

Tötung von Juden und vor weiterhin kursierenden jüdischen Pfandbriefen und Schuldscheinen zu schützen – seien die rechtmäßigen Inhaber nun durch Flucht davongekommen oder aber die Wertpapiere in den Händen ihrer Verfolger[53]. Getragen wurde das angesprochene Bündnis vom Juni 1349 von der Stadt Straßburg, dem Bischof von Straßburg, dem Abt von Murbach, den Grafen Eberhard und Ulrich von Württemberg, der Gräfin von Katzenelnbogen (= Johanna von Mömpelgard), den Markgrafen Hermann, Friedrich und Rudolf genannt Wecker von Baden, Graf Friedrich von Freiburg, Haneman, Ludeman und Symunt von Lichtenberg, Hug von Hohenberg, Johann, Heinrich und Hug von Fürstenberg, drei Herren von Rappoltstein, vier von Ochsenstein, vier Herren von Eberstein, acht von Geroldseck und einigen anderen[54]. Der hier genannte Personenkreis ist allerdings größer, als man für Benfeld ansetzen kann. Vor allem die Herren aus den nicht-elsässischen Landen dürften erst später sich in die Benfelder Linie eingeordnet haben, als man den Beschluß vom Januar 1349 auch außerhalb des Elsaß energisch propagierte. Darauf wird zurückzukommen sein.

*

Zwei Aspekte, die allerdings mindestens teilweise miteinander verzahnt sind, sollen im folgenden eingehender berücksichtigt werden, obwohl die grausige Thematik damit längst nicht ausgeschöpft werden kann. Herausgehoben sei zunächst die Frage, ob es Hinweise dafür gibt, daß die elsässischen Herren und Städte ihrerseits von Dritten beeinflußt oder bedrängt wurden, die Judenvernichtung zu betreiben. Damit hängt die Frage zusammen, wie denn der Vernichtungsgedanke propagiert wurde. Es handelt sich mithin um die etwaigen Instrumente und Techniken der Beeinflussung.

1) Einzelne Hinweise, die für eine Beantwortung wichtig sind, wurden im vorstehenden bereits gegeben, sie brauchen nicht wiederholt zu werden. Es ist aber notwendig, grundsätzlich den Blick über das Elsaß hinaus zu richten. Zeitlich ist ein Rückgriff bis in den Spätsommer 1348 nötig, weil eine amtliche Instruktion vom 10. 8. 1348 in Savoyen allen Gerichten aufgetragen hatte, Untersuchungen über »Brunnenvergiftungen« der Juden durchzuführen[55], was den Auftakt zur Verfolgung und Verbrennung gab und über Savoyen hinaus wirkte[56]. Dazu trug die Versendung von Verhörprotokollen und Geständnissen bei, die gewiß als eine Art Anleitung oder »Schulungsmaterial« zu werten sind. Die Stadt Straßburg erhielt das sehr umfangreiche Material vermutlich Ende 1348 vom Castellan von Chillon zugesandt[57]. Dieser bezog sich auf ein bekundetes Straßburger Interesse (*Quia intellexi vos scire desiderare confessiones judeorum ...*)[58] und berichtete, daß die Berner dieses Material bereits hätten (*quod Bernenses copiam inquisitionum et confessionum judeorum ... habuerunt*)[59]. Enthalten waren in der Sendung datierte Geständnisse vom 15. und 19. September 1348 und vom 5., 8., 10., 11. und 18. Oktober 1348. Im undatierten Beischreiben äußerte der Castellan die Vermutung, daß angesichts der

---

53 UB Straßburg, Nr. 205. Zu den Teilnehmern vgl. STÄLIN, Christoph Friedrich von, Württembergische Geschichte. Teil 3. 1856, ND 1975. S. 245.
54 Bereits am selben Tage traten mit gesonderter Urkunde weitere Herren dem Bündnis vom 5.6.1349 bei, in der Folgezeit schlossen sich andere an: UB Straßburg, Nr. 206 und die Aufzählung ebd. Anm. 1.
55 GRAUS, wie Anm. 3, S. 160.
56 Ebd., S. 161 f.
57 UB Straßburg, Nr. 185, S. 167–174.
58 Ebd., S. 168, vgl. S. 174.
59 Ebd., S. 168.

Tatsache, daß zuverlässige Untersuchungsbeauftragte tätig seien, kein Jude übrig bleiben werde (*Et sunt certi commissarii a domino ordinati ad puniendos judaeos, ex quibus nullum credo remanere*)[60]. Am 15. November 1348 meldete die Stadt Lausanne dem Straßburger Rat, der seinerseits wegen der Juden die Stadt angeschrieben hatte, im Herrschaftsbereich des Grafen von Savoyen seien viele Juden und auch Christen wegen desselben Delikts (der »Brunnenvergiftung«) nach Folter, Geständnis und Rechtsspruch verbrannt worden[61]. Das dem Schreiben beigefügte Geständnis eines prominenten Juden, der aufs Rad geflochten worden war, hatte der Bailli von Lausanne bereits erheblich früher (*diu est*) auf Anforderung dem jeweiligen Rat von Bern und Freiburg (i. Ü.) übersandt[62]. Der weitere Weg der Pogromwelle von Savoyen, den Gebieten am Genfer See bis in die deutschsprachigen Teile des Reiches ist bekannt[63], zumal auch die Chronisten ihn zeichnen. Auffällig ist aber, daß Heinrich von Diessenhofen, der wie andere Chronisten bei der Erklärung von Zusammenhängen und dem Ursachennachweis sich sehr zurückhaltend äußert, gleich dreimal die Stadt Solothurn nennt:[64] Vom Arelat her habe man die Juden verbrannt und erschlagen bis hin nach Solothurn (*usque ad oppidum Solodorensem, in quo etiam cremati sunt*). Bei der Schilderung der Judenverfolgung im deutschsprachigen Raum stellt Heinrich die Stadt abermals heraus: *Et primo in Alamannia in castro Solodorensi cremati fuerunt omnes Iudei ex fama que habuit, eos fontes ac rivos intoxicasse, sicut postea* [!] *per eorum confessionem et etiam Christianorum corruptorum per Iudeos patuit ...* Der erklärende Nachsatz scheint viel Distanzierung zu verraten, um so merkwürdiger ist wenig später der dritte Hinweis auf die Stadt an der Aare: *Et primum occisi sunt seu cremati in Solodoro in mense novembris, deinde in Zovingen capti fuerunt ...*

Brachen im Fall von Solothurn die Dämme einer recht sorgfältig geknüpften Schutzpolitik für die Juden im Südwesten des Reiches, oder warum sonst denunziert der Chronist diese Stadt so auffällig?[65] Im Juni 1342 hatte Solothurn mit Freiburg einen Frieden geschlossen, war dann aber offensichtlich in eine politische Isolierung geraten und hatte daher etwas Anschluß an Bern gesucht[66]. Resultierte aus dieser Anlehnung ein Druck im Herbst 1348? Aus dem November 1348 könnte ein Antwortschreiben Berns auf eine Straßburger Anfrage datieren (*Alz ir úns geschriben hant von der juden wegen ...*)[67]. Darin teilen die Berner mit, *daz wir gesendet hatten gen Solottern zu klagenne uffen die juden umbe ir mort ...* Tatsächlich hätte man in Solothurn auch zwei Juden gerichtlich belangt und verurteilt. Einer von beiden habe, *do der in daz fúr wart geworfen und in dú hitze angieng*, öffentlich und überlaut gerufen: *wissent daz alle juden in allen landen umbe die gifft wissen!* Mit diesem »Bekenntnis« vom Scheiterhaufen herab endet

---

60 Ebd., S. 174.
61 UB Straßburg, Nr. 179.
62 Ebd., S. 164f.
63 Siehe die Aufstellungen von HAVERKAMP, wie Anm. 12, S. 35ff., und GRAUS, wie Anm. 3, S. 161ff.
64 Heinrich von Diessenhofen, FRG 4, S. 68f.
65 Keinerlei Auskünfte für diese Fragen gibt das umfangreiche Werk von AMIET, Bruno, Solothurnische Geschichte. 1: Stadt und Kanton Solothurn von der Urgeschichte bis zum Ausgang des Mittelalters. Solothurn 1952.
66 Für gemeinsame Interessen spricht auch König Karls IV. Zusage vom 16. 12. 1348 gegenüber den Bürgern von Bern und Solothurn, die Berner Münze nicht ohne Wissen und Willen der Bürger beider Städte künftig zu verleihen, MGH Constitutiones, VIII, Nr. 536.
67 UB Straßburg, Nr. 180, mit z. T. irreführendem Regest, S. 165.

der überlieferte Berner Brieftext, er klingt allzu deutlich nach amtlicher Tendenz und vorgefaßter Meinung. Alle Sachinhalte dieses Schreibens werden aber in einem Schreiben Burkart Senns von Münsingen an den Bürgermeister von Straßburg bestätigt[68]. Burkart Senn II. hatte am 20. Dezember 1347 von König Karl das Gericht zu Solothurn als Reichslehen erhalten[69] und war über seine Mutter Johanna von Buchegg ein Neffe des Straßburger Bischofs Berthold von Buchegg. Bertholds Bruder, der 1347 verstorbene Hug von Buchegg, hatte zuvor *das gerichte zu Solotern* besessen[70]. Die etwa eine Meile südlich von Solothurn gelegene Stammburg Buchegg sollte Burkart später erben. Jetzt nun suchte sich der Solothurner Gerichtsherr gegenüber dem (noch) umsichtigen Straßburger Rat, der offensichtlich Rechenschaft forderte, zu rechtfertigen: *Her der burgermeister. Als ir mir hant enboten und versriben um die getöften juden, die ich verderbet sölle han, da sönt ir wissen, das ich die verderbet han ir zwen...*[71] Seinen weiteren Bericht schloß Ritter Burkart Senn mit einer zusätzlichen Warnung, die den Gedanken an eine zweite Verfolgungswelle deutlich erkennen läßt: *Ir sön öch wüssen, das er mich hies die kristanheit warnen, daz nieman keim getöften juden sölle getrüwen. Da warne ich üch an gúten trúwen, das ir úch vor in hütent.* Merkwürdigerweise wird im Schreiben Burkarts nie der Name der Stadt Solothurn genannt, die Heinrich von Diessenhofen so absichtlich heraushob. Vielleicht tat es der Diessenhofener, weil er mit dem Solothurner Gerichtsherrn auch den Straßburger Onkel ansprechen wollte, was dem Konstanzer Chorherrn in direkter Form wohl kaum möglich war. Da Mathias von Neuenburg in Straßburg letztmalig 1355, dem Todesjahr des Bischofs Berthold von Buchegg, urkundlich faßbar ist, dürfte er als bischöflicher *clericus*[72] ebenfalls darauf verzichtet haben, in seinem faktenreichen Bericht den Namen der Stadt zu nennen, die so viele Assoziationen wecken mochte. Doch ehe der Boden der Spekulation vollends betreten wird, sollte festgehalten werden, daß Bern Solothurn drängte, die Juden wegen Mordes zu belangen, daß der Solothurner Gerichtsherr dieser Forderung bedingt nachkam und sich gegenüber der Stadt Straßburg rechtfertigen mußte. Die Stadt Solothurn selbst könnte sich distanziert verhalten haben, zumal wenn es sich um Berner Druck handelte. So gehörte Solothurn zwar zur burgundischen Eidgenossenschaft, die ab 1243 faßbar wird und in der Bern eine führende Rolle einnahm. Aber gemeinsam mit Neuenburg, Freiburg und Biel verstand es Solothurn, sich als unabhängiger Bündnispartner zu halten, ohne vom Berner Territorium vereinnahmt zu werden[73]. Faktisch ändert sich jedoch kaum etwas daran, daß in Solothurn die Judenverfolgung *in Alamannia* begann[74]. Trifft hingegen die Annahme einer Zurückhaltung der Stadt selbst zu, dann werden die Fäden, die von Bern zu Burkart Senn II. liefen, um so deutlicher. Sie könnten dann auch zu dessen Onkel, dem Straßburger Bischof, gelaufen sein, dessen späteres Engagement in Benfeld keineswegs als bloße Spekulation mehr abgetan werden kann.

Über Berns Eifer erfährt man aus einem Kölner Brief an den Straßburger Rat vom 19. Dezember 1348. Ein Kölner Bürger, der zuvor in Straßburg war, habe dem Rat der

68 UB Straßburg, Nr. 184.
69 MGH Constitutiones VIII, Nr. 442 (Concessio Feudorum) S. 478f.
70 Ebd.
71 UB Straßburg, Nr. 184.
72 Mathias von Neuenburg, S. 8.
73 Im Hof, U., Eidgenossenschaft, Schweizerische. In: Lexikon des Mittelalters. 3. 1985, Sp. 1697.
74 Heinrich von Diessenhofen, FRG 4, S. 68.

Domstadt erzählt, *quod consules opidi de Berne in Oitland quendam judeum captivum transmiserint vobis ad informandum vos de intoxitacione et venenosa sparsione, qua in diversis mundi partibus obierunt christiani*. Deshalb begehre man von den Straßburger Kollegen präzise Auskünfte[75]. Briefwechsel ist im Verkehr deutscher Städte des 14. Jahrhunderts nicht ungewöhnlich, etwaige Schreiben aus Bern auch nicht. Daß die Berner allerdings einen verhafteten und doch wohl »geständigen« Juden eigens nach Straßburg zur Information des Rates schickten, ist jedoch beachtenswert. Denkt man demgegenüber an die Zofinger Weigerung, dem Straßburger Rat Proben des von Juden angeblich ausgelegten Giftes, die energisch angefordert worden waren, zu schicken[76], so ist das Berner Aufklärungsbedürfnis noch auffälliger. Damit verdichtet sich die Annahme, daß Bern besonders interessiert war, die Judenfrage zu »klären«. Bei der Erforschung der Hintergründe für den Benfelder Beschluß muß daher weiterhin der Blick auch auf Gebiete außerhalb des Elsaß gerichtet werden.

Twinger von Königshofen hatte in seiner Straßburger Chronik von Judenverbrennungen in vielen Städten berichtet, und daß man schriftlich die Städte Straßburg, Freiburg und Basel davon informiert habe, damit sie ihre Juden ebenfalls verbrennen. Von manchen Schreiben und Briefen war seither die Rede, und die schriftliche Mitteilung bzw. briefliche Korrespondenz zwischen den verschiedenen Städten schält sich in den Krisenjahren 1348/49 als Hauptinstrument wechselseitiger Information und Beeinflussung heraus. Zwei Überlieferungskomplexe sind besonders wichtig, nämlich 18 im Straßburger Urkundenbuch edierte Briefe sowie 8 Schreiben in einer Würzburger Sammlung[77]: 15 Briefe sind an Straßburg adressiert, 7 an Würzburg, 2 weitere gingen von Schlettstadt an Mainz und Frankfurt/Main, sie sind aber im Straßburger Kontext überliefert. Im folgenden sollen diese 26 Schreiben nur insofern näher betrachtet werden, als sie zum Benfelder Beschluß und seinen Auswirkungen Auskunft geben. Allerdings mag eine zusätzliche Aufstellung aller Schreiben in möglichst chronologischer Reihung dokumentieren[78], wie intensiv die Beziehungen der Städte untereinander in den Fragen der Judenverfolgung waren, welche Absprachen sie trafen und wie wirksam publizistische Druckmittel eingesetzt wurden.

Dominieren während der Straßburger Amtszeit eines Peter Swarber noch besorgte Anfragen beispielsweise aus Köln und Beeinflussungsversuche, so hat man nach dem Sturz des Straßburger Stadtregiments im Februar 1349 eher den Eindruck, als erhielte Straßburg eine Art von Vollzugsmeldungen (Nr. 196 aus Offenburg, Nr. 209 und 212 aus Basel). Schlettstadts Brief vom 30. 6. 1349 an die Stadt Mainz sowie ein gleichlautender Brief (!) vom selben Tage an Frankfurt warben für Sicherungsvorkehrungen, für die Schlettstädter Vorgänge indirekt als Muster gelten konnten. Größeres Interesse verdienen im Zusammenhang mit dem Benfelder Beschluß die 8 Schreiben der Städte Oberehnheim, Breisach, Frankfurt/Main, Heilbronn, Freiburg, Fulda, Erfurt und Straßburg an Würzburg, dessen vermutlich erste Informationsbitte Anfang Januar 1349 an Oberehnheim (Obernai) gegangen war. Nicht alle Briefe an Würzburg

---

75 UB Straßburg, Nr. 181.
76 UB Straßburg, Nr. 182 (23. 12. 1348).
77 HOFFMANN, Hermann, Die Würzburger Judenverfolgung von 1349. In: Mainfränkisches Jahrbuch für Kunst und Geschichte 5 (1953), S. 91–114, hat die »Briefe deutscher Städte an Würzburg« aus dem Codex Mch f 140 (f 275–277) der Universitätsbibliothek Würzburg ediert, S. 98–103.
78 Siehe die im Anhang beigefügte Liste. Auf sie wird grundsätzlich verwiesen, so daß Einzelnachweise im folgenden entbehrlich erscheinen.

sind datiert, doch fallen sie alle in die Zeit nach der Versammlung von Benfeld. Fast alle Briefe beziehen sich auch ausdrücklich auf Würzburger Anfragen. Die Stadt erwies sich als sehr besorgt *von des ufleufs wegen der juden, so ytzunt in dem land ist allenthalbe*[79], doch konnte sie ihrerseits trotz umfangreicher Erkundigungen den Untergang ihrer Judengemeinde am 21. April 1349 nicht vermeiden[80]. Notwendig ist der Hinweis, daß Erfurt (vor 31.3.1349) und Straßburgs alter Rat (vor 14.2.1349) den *von Wurtzpurg gescriben (haben), si haben kein untat von iren juden vernomen, dar umb wollen sye sy halden und hegen*[81]. Beide Städte sind bis zu diesem Zeitpunkt neben Köln zu nennen, dessen 3 Briefe an Straßburg[82] als bemerkenswerte Ausnahmen in einer Zeit tiefster Verwirrung zu werten sind.

Heilbronns Brief an Würzburg wurde um den 24.2.1349 geschrieben. In ihm berichten Bürgermeister und Rat, daß vor Fastnacht (vor 24.2.1349) in Schwäbisch Gmünd ein Städtetag stattgefunden hatte, *do alle ander stette unser mitgenossen uf dem selben tag bey einander waren*[83]. Zu diesem (schwäbisch-württembergischen) Tag *kamen dy stete von dem Bodensehe auch dar*, und *brachten etwe manchen brief mit in*. Heilbronns Städteboten hatten Mühe, die zahlreichen verlesenen Briefe inhaltlich zu rekapitulieren, doch berichteten sie eindeutig, daß die von den »Bodenseestädten« verlesenen Briefe von etlichen Städten aus dem Elsaß stammten und über dortige Judenuntersuchungen und ihre Ergebnisse handelten. Die Heilbronner Stadtväter scheinen darüber maßlos erschrocken gewesen zu sein, denn sie baten ihren Würzburger Adressaten, den eigenen Brief nach Erhalt zu beseitigen; das Würzburger Anfrageschreiben hätten sie auch »zerbrochen«. Dieser fast geringfügige Hinweis skizziert den heimlichen Charakter der Korrespondenz, ob er auch als Beleg für ein schlechtes Gewissen zu werten ist, stehe dahin. Wichtiger ist das Aufscheinen der Benfelder Auswirkungen: Mit publizistischen Mitteln, Propaganda und unterschiedlichem Druck war der Benfelder Vernichtungsbeschluß erreicht worden. Mit offenbar gleichen Mitteln hatten nach dem Benfelder Tag elsässische Städte die Schwesterstädte am Bodensee bearbeitet und diese sich dann bei dem Städtetag in Schwäbisch Gmünd in Szene gesetzt[84]. Mit den überlieferten Antwortschreiben an Würzburg wurde der Südwesten des Reiches räumlich noch überschritten. Das planvolle Szenarium dehnte sich aus, zumal der Boden aus vielerlei Ursachen, denen wir nicht nachgehen konnten, gut vorbereitet war. Man kann die Wirkungsweise mit einem Schneeballeffekt vergleichen, doch wurden diese »Schneebälle« nicht geworfen, sondern gut formuliert und verpackt dem Boten anvertraut.

79 Ed. HOFFMANN, wie Anm. 77, Nr. 2, S. 99.
80 HOFFMANN, wie Anm. 77, S. 103 ff., »zur Datierung der Würzburger Judenkatastrophe«.
81 Ed. HOFFMANN, wie Anm. 77, Nr. 7 (Zitat) und Nr. 8· *Item dy von Straßburg schreiben in sulcher maß auch den von Wurtzburg*.
82 UB Straßburg, Nr. 173 ([1348] August 10), Nr. 181 ([1348 Dezember 19]) und besonders eindrucksvoll Nr. 190 ([1349] Januar 12).
83 Ed. HOFFMANN, wie Anm. 77, Nr. 4, S. 101 – auch im folgenden Textabschnitt.
84 Anhaltspunkte für den Kreis der Bodenseestädte sowie den erweiterten Kreis in Schwäbisch Gmünd liegen konkret nicht vor, doch mag die Skizzierung von FEGER, Otto, Geschichte des Bodenseeraumes 3. 1963 hier hilfreich sein. Feger hebt S. 68 unter den ersten schwäbischen Städtebünden vor allem den Städtebund von 1331 mit 21 Städten heraus. Das Schwergewicht habe bei den niederschwäbischen Städten gelegen (Esslingen, Reutlingen, Rottweil, Heilbronn, Hall, Gmünd, Weil der Stadt, Weinsberg). Hinzu seien gekommen Ulm, Augsburg, Biberach, Memmingen, Kempten und schließlich in einer besonderen »Konstanzer Gesellschaft« die Bodenseestädte: Konstanz, Überlingen, St. Gallen, Ravensburg, Pfullendorf, Zürich und Lindau.

2) Mit einem knappen Strich soll die Rolle begünstigender Faktoren skizziert werden. In erster Linie handelt es sich um die Rolle des Königs bzw. König Karls IV. Bis zum Tod Ludwigs des Bayern am 11.10.1347 war er ein sehr schwacher Gegenkönig. Seither suchte er seine Position zu bessern, ohne die Wittelsbachische Partei überwinden zu können, die ihrerseits am 30.1.1349 Günther von Schwarzburg zum Gegenkönig erhob. Erst spät gelang es Karl, dem Rivalen die Königswürde förmlich abzukaufen: Am 24.5.1349 entsagte Günther. In dürren Daten ist damit angedeutet, daß Karl IV. in der kritischsten Phase der Judenverfolgung und Judenvernichtung mit der Durchsetzung seiner Königsansprüche vollauf beschäftigt war. Vielen Anhängern mußte er zudem Judennachlässe und Amnestien für Morde als Preis zahlen[85]. Aber auch in dieser aufgedrungenen Rolle hätte der König in manchen Fällen nicht so kraß versagen dürfen. Diese Feststellung zwingt zur Überprüfung der Frage, ob Karl speziell von der Entwicklung im Südwesten des Reiches genauere Kenntnis hatte. Zwar ist es schlecht vorstellbar, daß der König vom Benfelder Beschluß nichts gehört haben sollte, auch die Resonanz, welche die elsässische Übereinkunft zunächst bei den Städten am Bodensee und dann infolge von deren Einsatz in der letzten Februarwoche in Schwäbisch Gmünd gefunden hatte, kann ihm nicht verborgen geblieben sein. Gleichwohl dürfte man allgemein mit Spannung darauf geachtet haben, ob und gegebenenfalls wie König Karl IV. seinerseits reagieren würde, wenn es um »seine« Kammerknechte ging. Zum 22. März 1349 war zudem eine Reichsversammlung nach Speyer einberufen worden. Hier gab es langwierige politische Verhandlungen zwischen Karl und den schwäbischen sowie rheinischen Reichsstädten, ob diese sein Königtum gegen Günther von Schwarzburg unterstützen würden. Das Ringen mündete in ein Bündnis beider Seiten, was Karls Position zweifellos festigte[86]. Ob auch die »Judenfrage« wenigstens auf der Tagesordnung stand, bleibt offen. Judenangelegenheiten wurden aber in Einzelfällen vom König geregelt, beginnend mit einer Amnestie für Nördlingens Untaten gegenüber den Juden[87]. Insgesamt sind in den Speyerer Tagen 18 Urkunden solcher und ähnlicher Art vom König ausgestellt worden, so daß hinreichend klar wird, daß während der Speyerer Versammlung beide Seiten detaillierte Kenntnis von der Lage der Juden im Südwesten des Reiches hatten. Karls urkundliche Verfügungen vom 1.4.1349 über Judennachlaß in Straßburg[88] weisen direkt ins Elsaß, und einen Tag später gab der König dem Landvogt vom Nieder-Elsaß, Johann von Vinstingen, urkundliche Vollmacht, die Bürger Colmars und Schlettstadts von *allir schult und missetat, ob si dheine haben an der selben Juden tod in der gemein odir besundern, welherlei di sein, ledig und loz* zu lassen und zu sprechen[89]. Jeder, der von dieser königlichen Vollmacht erfuhr, durfte mithin sicher sein, daß der König auch die eigenen Verbrechen kaum ahnden würde. Insofern ergibt sich fast zwingend die These von einer allgemein seit der Speyerer Tagung verbreiteten Annahme, König Karl IV. werde das Vorgehen gegen die Juden im

---

85 In Bd. IX der Constitutiones sind ab November 1348 bis Ende Juni 1349 nach meiner Zählung 83 Urkunden Karls IV. betreffend Judenangelegenheiten (Pfändungen, Schutzbriefe, Nachlaßregelungen usw.) enthalten; da bis zum Nürnberger Pogrom im Dezember 1349 weitere 25 Urkunden folgen, liegen ab 1.11.1348 bis 31.12.1349 insgesamt 108 einschlägige Urkunden des Königs vor.
86 Heinrich von Rebdorf, FRG 4, S. 535: *Karolus in Spira tractatum magnum habuit cum civitatibus imperii in Suevia et iuxta Rhenum. Et confederatus est cum eis.* Vgl. Mathias von Neuenburg, S. 275, Regesta Imperii 8, Nr. 893a sowie Nr. 914 (ein Schreiben Karls IV. an seinen Bruder Johann von Mähren).
87 Const. IX, Nr. 194 (Speyer, 1349 März 26).
88 Const. IX, Nr. 240 und 241.
89 Const. IX, Nr. 244; vgl. Nr. 245.

Südwesten schon sanktionieren. Eine ebenfalls in Speyer erwirkte Amnestie für die Stadt Konstanz, der ihre Haltung gegenüber den Juden verziehen wurde, weist über das Elsaß hinaus und gibt zugleich einen vielleicht typischen Hinweis. Das Konstanzer Privileg scheint nämlich bereits am Bodensee geschrieben und in Speyer nur noch gesiegelt worden zu sein[90].

Warum aber schützte der König auch in Speyer seine Kammerknechte nicht, zu deren Schutz er verpflichtet war? Es hat den Anschein, als könnten seine Einzelverfügungen nicht verdecken, daß Karl schon längst den Weg der Tolerierung und Sanktionierung von Judenverfolgungen beschritten hatte. Diese dunkle Vermutung zwingt zu einem knappen zeitlichen Rückblick und führt nach Köln. Dort hatte Karl IV. zwischen dem 7. und 19. Februar 1349 zehn Urkunden für den Erzbischof Balduin von Trier ausgestellt[91]. Sein Großonkel hatte die Königswahl von 1346 in übergroßen Teilen finanziert und mußte auch für die spätere geldliche Unterstützung honoriert werden. Der Ablösung dieser Schulden galten die genannten Kölner Privilegien, von denen sich drei auf Judengut bezogen. Am 12. Februar 1349 wurde Balduin der Nachlaß *verdarfter* Juden überlassen, und an alle Stände des Reiches erging das königliche Gebot, dem Trierer Erzbischof bei der Einziehung behilflich zu sein[92]. Am 15. Februar gab der König dem Erzbischof Balduin die urkundliche Vollmacht, *alle die yene, die bij der Iuden slacht und namens ires gudes sin gewest*, in des Reiches Gnade und Huld wieder aufzunehmen und die dem Reich zustehenden Bußgelder einzuziehen[93]. Am 17. Februar 1349 schließlich erhielt Balduin wegen der *sere große summen geldes*, die Karl schuldig war, allen Nachlaß der im Elsaß erschlagenen Juden sowie die wegen ihrer Tötung anstehenden Bußgelder: *alles daz erbe, gelt, bereidschaft und die brieve, buchere, pende und cleynode und alle ander gut und stucke, die der Juden sin gewest, die zu Elsaßen oder anders wa daz were sin erslagen oder noch erslagen würden ...*[94]

Die drei Kölner Urkunden vom 12., 15. und 17. Februar 1349 setzen genaue Kenntnisse des Geschehens im Elsaß voraus und prägen bereits des Königs Haltung über den Städtetag von Schwäbisch Gmünd (vor dem 24.2.1349) und die Speyerer Reichsversammlung (ab Ende März) hinaus. An Karls sehr schwieriger Situation im Februar kann kein Zweifel sein, auch seine finanzielle Verstrickung gegenüber dem Trierer Erzbischof kann in ihrer Bedeutung gar nicht überschätzt werden. Balduin dürfte die Rückzahlungsverpflichtungen der königlichen Kanzlei förmlich diktiert haben. Daß der König selbst aber über Amnestien wegen erfolgter Morde hinausging und sogar künftige Verbrechen im Vorgriff verzieh, kann nur als verhängnisvoller Dammbruch gewertet werden. Damit erhält die Vollmacht für Balduin vom 17.2.1349 de facto auch den Charakter eines Freibriefs, der die Risiken künftigen Judenmords kalkulierbar machte. Angesichts dieser hier nur anzudeutenden Tragweite ist es recht unerheblich, ob Balduin in der

---

90 Const. IX, Nr. 248. Die Urkunde steht unter dem Verdacht, verunechtet zu sein, siehe Vorbemerkung zu Nr. 248. WEECH, Fr. von, hat in der ZGORh 40 (1886), S. 338, vermutet, daß die Urkunde in Konstanz geschrieben und nur zur Besiegelung in die Kanzlei Karls IV. geschickt worden sei. Vgl. auch RI VIII. Supplementum. 1889, Nr. 6585.
91 Const. IX, Nr. 141, 143–151. Hinzu gerechnet werden müssen Nr. 140 (Bonn, 1349 Febr. 4) sowie Nr. 142 (Luxemburg, 1349 März 18).
92 Const. IX, Nr. 148.
93 Const. IX, Nr. 149.
94 Const. IX, Nr. 150.

Lage war, die Vollmacht konsequent oder gegebenenfalls nur teilweise zu nutzen[95], fast belanglos auch, daß er sich in seinem eigenen Territorium um seine jüdischen Schutzbefohlenen offenbar gekümmert hat[96].

Mitte Februar 1349 wußte man also am königlichen Hof mit Sicherheit, was im Elsaß für die Juden beschlossen war. Einstweilen liegen keine Indizien dafür vor, daß der König und seine Umgebung sich gegen die beschlossene Vernichtung gewandt hätten. So zwingt gerade die Vollmacht vom 17. 2. 1349 zur Annahme, daß der König und der Erzbischof von Trier nur noch bestrebt waren, »fiskalisch« zu retten, was vielleicht gerade noch zu retten war.

Die Kölner Vollmacht für Balduin erweist sich jedoch nicht nur für das Schicksal der Juden im Südwesten als fatal, ihr ausdrücklicher Vorgriff auf künftigen Judenmord modifiziert die Beurteilung[97] von fünf Parallelfällen aus dem Juni 1349. Dies gilt keinesfalls für deren schändlichen Charakter, sondern betrifft eher die iterative Funktion. In einer größeren Zahl einschlägiger Verfügungen zu Judenverfolgungen fehlten seit dem 17. Februar 1349 Vorgriffsregelungen, im Juni kehren sie in fünf zu Frankfurt/Main ausgestellten Urkunden wieder und beziehen sich auf Frankfurts sowie Nürnbergs Judengemeinden, deren Untergang (am 24. Juli bzw. 5. Dezember 1349) noch bevorstand. Am 23. Juni 1349 gab der König dem Bischof von Bamberg eine urkundliche Anweisung auf Juden in Nürnberg, in der es einschlägig heißt: *Were auch, daz die vorbenanten Iuden zů Nůremberg abgiengen oder vertriben wůrden oder wie sie von dannen komen*[98]. Zwei Tage später (25. 6. 1349) gab Karl IV. die Frankfurter Juden als Pfand für einen Kredit, den die Stadt gewährt hatte: *Wer es ouch, das got nicht enwelle, das die juden von todes wegen abgingen adir virterbit adir dirslagen wurden adir enweg fůren, es were wo von es were, adir queme, wo von es queme ...*[99] Am selben Tage (25. 6. 1349) erfolgte eine Erhöhung der Verpfändung der Juden in Nürnberg an die Burggrafen von Nürnberg, und der Eventualfall wird einkalkuliert: *Wer auch, daz die vorgenanten Iůden zů Nůremberg ab giengen oder vertriben wůrden, ...*[100] Unter dem Datum 27. 6. 1349 erhielt ebenfalls in Frankfurt der Wittelsbacher Markgraf Ludwig von Brandenburg die drei besten Judenhäuser in Nürnberg und wußte, daß die Schenkung erst wirksam werden würde, *wann die Iuden da selbes nu nehst werden geslagen ...*[101] Schließlich verpfändete Karl IV. am 28. 6. 1349 in Frankfurt die Juden von Rothenburg an den Elekt von Würzburg und ließ ausdrücklich die Formulierung zu: *Were auch daz, die Iuden da abgiengen, so ...*[102]

---

95 HAVERKAMP, Alfred, Studien zu den Beziehungen zwischen Erzbischof Balduin von Trier und König Karl IV. In: Hans PATZE (Hg.), Kaiser Karl IV., 1316–1378. Forschungen über Kaiser und Reich. (Sonderabdruck der Aufsätze aus »Blätter für Deutsche Landesgeschichte«, Bd. 114, 1978) 1978. S. 477 f. Vgl. HAVERKAMP, wie Anm. 12, S. 87 f.
96 Besonders herausgearbeitet von HAVERKAMP, Alfred, Erzbischof Balduin und die Juden. In: Balduin von Luxemburg. Erzbischof von Trier – Kurfürst des Reiches. 1285–1354. Festschrift aus Anlaß des 700. Geburtstages, hg. von F.-J. HEYEN. Quellen und Abhandlungen zur mittelrheinischen Kirchengeschichte 53. 1985. S. 437–483.
97 SCHNEIDER, Reinhard, Probleme der Reichspolitik Karls IV. In: PATZE, wie Anm. 95, S. 92 ff.; DERS., Karl IV. 1346–1378. In: Helmut BEUMANN (Hg.), Kaisergestalten des Mittelalters. ²1985. S. 272 f.
98 Const. IX, Nr. 389.
99 Const. IX, Nr. 361 (nur Regest und Analyse des Inhalts); vollständiger Abdruck bei J. KRACAUER, Urkundenbuch zur Geschichte der Juden in Frankfurt am Main. 1. 1914, Nr. 141, S. 50 ff.
100 Const. IX, Nr. 346.
101 Const. IX, Nr. 402.
102 Const. IX, Nr. 391.

Verfehlt wäre es, nur in diesen Urkunden den Ausdruck eines schier unglaublichen sittlich-moralischen Verfalls und skrupelloser Politik zu sehen. Diesen Weg hatte auch der König schon längst beschritten. Daß es aber der König war, verschärfte die politische Situation zur definitiven Hoffnungslosigkeit für die Judengemeinden des Reiches. Beschritten hatten den Weg zur Vernichtung viele Fürsten und Herren, vor allem auch Reichsstädte. Die in Benfeld in der ersten Januarhälfte 1349 Versammelten aber hatten mit ihrem frühen und kategorischen Beschluß auch die allgemeine Entwicklung beschleunigt.

Die Frage nach den Motiven ist zuletzt in den Hintergrund gerückt und wohl auch sekundär. Innerstädtische Machtauseinandersetzungen, vor allem der Gedanke, die Aufgabe der Schutzpolitik für die Juden als Vehikel für innerstädtischen Umsturz zu nutzen, Gier nach jüdischem Geld und Reichtum stehen vornean und werden ausdrücklich bezeugt. Anderes ließe sich hinzufügen, doch im Vergleich zu dem berüchtigten Sprichwort des 16. Jahrhunderts, das sagte: »Man bedarf keiner Juden mehr, es sind andere, die wuchern können«[103], ist vor allem der Benfelder Beschluß ungemein brutaler und umfassender. Gleichwohl ist dieser Aspekt, daß man der Juden nicht mehr bedürfe, weil man mittlerweile in der Kapitalleihe und im Geldwechselgeschäft selbst hinreichend erfahren sei, nicht ganz zu vernachlässigen. Luzern hat beispielsweise relativ frühzeitig vorgesorgt, ohne sich auf zu lange Zeiträume zu binden. Am 2. November 1349 erklärten drei Lombarden aus Asti urkundlich in Luzern, nachdem der dortige Schultheiß Peter von Hochdorf, der Rat und die Gemeinde von Luzern zugestimmt hatten, sie würden 15 Jahre in Luzern bleiben wollen[104], was tatsächlich auch einer Selbstverpflichtung gleichkommt.

---

103 Den ersten Teil des Sprichworts hat Wenninger zum Titel seiner Untersuchung gemacht: WENNINGER, Markus J., Man bedarf keiner Juden mehr. Ursachen und Hintergründe ihrer Vertreibung aus den deutschen Reichsstädten im 15. Jahrhundert. 1981. Der Hinweis auf das Sprichwort ebd. S. 262.
104 Quellenwerk zur Entstehung der schweizerischen Eidgenossenschaft, Abteilung I Urkunden, Bd. 3/1. Hälfte (von Anfang 1333 bis Ende 1353, bearb. von E. SCHUDEL, B. MAYER, E. USTERI. Aarau 1964, Nr. 859).

Anhang:
Aufstellung der städtischen Korrespondenz in möglichst zeitlicher Reihung

Hinweise auf vorhergehende Anfragen werden nicht berücksichtigt. (Die Würzburger Sammlung wird abgekürzt: Slg W mit Nr., während die Stücke aus dem Straßburger Urkundenbuch als UB Str. mit Nr. angegeben werden.)

10. 8. (1348)	Köln an Straßburg	UB Str. Nr. 173
15. 11. (1348)	Lausanne an Straßburg	UB Str. Nr. 179
(November 1348)	Bern an Straßburg	UB Str. Nr. 180
(19. 12. 1348)	Köln an Straßburg	UB Str. Nr. 181
23. 12. 1348	Zofingen an Straßburg	UB Str. Nr. 182
29. 12. (1348)	Colmar an Straßburg	UB Str. Nr. 183
(Ende 1348)	(Freiburg/Br.) an Straßburg	UB Str. Nr. 186
(Ende 1348)	Oberehnheim an Straßburg	UB Str. Nr. 187
(Ende 1348)	Kenzingen an Straßburg	UB Str. Nr. 188
(Ende 1348)	Burkart von Münsingen/Solothurn an Straßburg	UB Str. Nr. 184
(Ende 1348)	Kastellan von Chillon an Straßburg	UB Str. Nr. 185
12. 1. (1349)	Köln an Straßburg	UB Str. Nr. 190
vor 23. 1. 1349	Oberehnheim an Würzburg	Slg W. Nr. 1
23. 1. (1349)	Breisach an Würzburg	Slg W. Nr. 2
(nach 23. 1. 1349)	Frankfurt/M. an Würzburg	Slg W. Nr. 3
(nach 30. 1. 1349)	Freiburg an Würzburg	Slg W. Nr. 5
(nach 10. 2. 1349)	Offenburg an Straßburg	UB Str. Nr. 196
(vor 14. 2. 1349)	Straßburg an Würzburg	Slg W. Nr. 8
(um 24. 2. 1349)	Heilbronn an Würzburg	Slg W. Nr. 4
27. 3. (1349)	Fulda an Würzburg	Slg W. Nr. 6
vor 31. 3. 1349	Erfurt an Würzburg	Slg W. Nr. 7
(Sommer 1349)[a]	Breisach an Straßburg	UB Str. Nr. 189
30. 6. 1349	Schlettstadt an Mainz	UB Str. Nr. 208
30. 6. 1349	Schlettstadt an Frankfurt/M.	UB Str. Nr. 208 Anm.
4. 7. (1349)	Basel an Straßburg	UB Str. Nr. 209
18. 7. 1349	Basel an Straßburg	UB Str. Nr. 21

---

[a] So Germania Judaica II,2 S. 746 Anm. 19 mit einer ansprechenden Vermutung

Königtum und Juden im deutschen Spätmittelalter

VON PETER AUFGEBAUER UND ERNST SCHUBERT

František Graus ist in seiner letzten großen Monographie über das 14. Jahrhundert als Krisenzeit[1] im Zusammenhang mit der Analyse der Pestpogrome auch auf die Kehila, die jüdische Gemeinde, als Grundlage des jüdischen Lebens eingegangen. Aus der rituellen Vorschrift des Minjan heraus – zehn religionsmündige männliche Juden müssen beisammen sein, damit ein Gottesdienst stattfinden kann – stellten die autonomen Gemeinden zugleich die maßgebliche soziale Organisationsform jüdischen Lebens dar. Dementsprechend wurden sie von der christlichen Obrigkeit auch lange Zeit als Gemeinschaft besteuert, ähnlich den Stadtgemeinden. In diese Judengemeinden gelangte im 14. Jahrhundert von außen her ein existenzgefährdender Konfliktstoff: Aufgrund der außerordentlich starken Besteuerung sahen sie sich vielfach gezwungen, den Zuzug von möglichen Konkurrenten und vor allen Dingen armen Juden zu verhindern; zudem versuchten sie zu unterbinden, daß vermögende einzelne Juden mit der Obrigkeit Sondervereinbarungen über ihre Besteuerung trafen und so aus der Steuergemeinschaft ausscherten. Um die Zuwanderung zu stoppen, griffen manche Gemeinden gar zum umstrittenen Instrument eines innerjüdischen Ansiedlungsverbots (Cherem hajischub), das im jüdischen Recht keine Grundlage hatte. Angesichts dieser Entwicklung kann von Einheit und Einigkeit nur sehr eingeschränkt gesprochen werden: »Der große Spaltpilz für die Gemeinschaft war die Auswirkung der Steuerpolitik der Judenherren«[2].

Ein wesentlicher Aspekt obrigkeitlicher Steuerpolitik gegenüber den Juden soll im folgenden erörtert werden: die Besteuerung durch den König. Dabei ist nicht nur nach dem Einfluß königlicher Steuerpolitik auf das jüdische Gemeindeleben zu fragen, sondern auch nach dem Verhältnis von Judenschutz und Judensteuern. Ferner ist zu erörtern, inwiefern unterschiedlich gehandhabte Steuerpolitik Rückschlüsse erlaubt auf verfassungsgeschichtlich bedeutsame Wandlungen in der Herrschaftsauffassung und Herrschaftsausübung des spätmittelalterlichen Königtums.

Neben dem direkten gibt es auch einen indirekten Bezug, der das Folgende mit den Forschungen von František Graus verbindet: Steuer ist eine von den alten grundherrschaftlichen Abgaben unterschiedene neue Form der Herrschaftssicherung, und sie schafft zugleich neue Abhängigkeiten. Der Ausdruck Judensteuern, aus Gründen der Verständlichkeit gewählt, verschleift, was diese Abgaben von denen der Christen unterscheidet: *Petitio*, *Bede* heißen die neuen mit dem ausgehenden Hochmittelalter entwickelten allgemeinen Abgaben, die ein Landesherr zwar fordern kann, deren Namen aber auf eine freiwillige Leistung hinweisen – was

---

1 GRAUS, František, Pest – Geißler – Judenmorde. Das 14. Jahrhundert als Krisenzeit. VeröffMPIG 86. 1987, bes. S. 251 ff.
2 Ebd., S. 251.

in Bedeverträgen ebenso zum Ausdruck kommt wie in dem Zusammenhang von Steuern (als materieller Form von Rat und Hilfe) und ständischer Entwicklung. Was der König aber von den Juden fordert, erinnert niemals terminologisch an eine freiwillige Leistung: es ist Zwang. »Schatzung« heißt es am häufigsten in den Quellen. Judensteuern stehen damit nicht, wie ansonsten die Steuern, im großen Rahmen der Konsensfindung und der Frühgeschichte des europäischen Parlamentarismus, sondern in dem Zusammenhang, den František Graus in seinen tiefen historischen Profilen ausgeleuchtet hat, in dem von Gewalt und Recht[3].

1. Kammerknechtschaft

Macht und Recht stehen in der Variante von Unterwerfung des Schwachen und Schutz des Schwachen hinter der Urkunde Friedrichs II. von 1236, in der er die Juden als seine Kammerknechte bezeichnete[4]. Kammerknechtschaft wurde hinfort ein zentraler Rechtsbegriff, auf den die Nachfolger des Staufers sich beriefen[5], und er wurde für die Forschung des 19. Jahrhunderts der wissenschaftliche Vereinbarungsbegriff, unter dem das Leid der deutschen Juden zusammengefaßt werden konnte, der als Stichwort zugleich den von Pogromen begleiteten wirtschaftsgeschichtlichen Wandlungsprozeß benannte, an dessen Ende der jüdische Kaufmann nur noch als Geldverleiher geduldet und fiskalisch ausgebeutet wurde[6].

3 GRAUS, František, Gewalt und Recht im Verständnis des Mittelalters. Basler Beiträge zur Geschichtswissenschaft 134. 1974.
4 Druck: MGH Const. 2, S. 274f., Nr. 204. Vgl. ARONIUS, Julius (Bearbeiter, unter Mitwirkung von Albert Dresdner u. Ludwig Lewinski), Regesten zur Geschichte der Juden im Fränkischen und Deutschen Reiche bis zum Jahre 1273. 1902 (Neudruck 1970), S. 139ff., Nr. 496f.; CARO, Georg, Sozial- und Wirtschaftsgeschichte der Juden im Mittelalter und in der Neuzeit. 1–2. 1908/24. Bd. 1, S. 399ff.; FISCHER, Herbert, Die verfassungsrechtliche Stellung der Juden in den deutschen Städten während des dreizehnten Jahrhunderts. 1931 (Neudruck 1964), S. 3ff.; KISCH, Guido, The Jews in Medieval Germany. A Study of their Legal and Social Status. Chicago 1949, bes. S. 143ff.; DERS., Forschungen zur Rechts- und Sozialgeschichte der Juden in Deutschland während des Mittelalters. 1955 (= Ausgewählte Schriften 1, 1979), S. 59ff.; BARON, Salo Wittmayer, A Social and Religious History of the Jews. 9. New York-London ²1965. S. 136ff.; OVERDICK, Renate, Die rechtliche und wirtschaftliche Stellung der Juden in Südwestdeutschland im 15. und 16. Jahrhundert. Konstanzer GRechtsQ 15. 1965, bes. S. 132; BATTENBERG, Friedrich, Zur Rechtsstellung der Juden am Mittelrhein in Spätmittelalter und früher Neuzeit. In: ZHistForsch 6 (1979), S. 129–184; DERS., Des Kaisers Kammerknechte. Gedanken zur rechtlich-sozialen Situation der Juden in Spätmittelalter und früher Neuzeit. In: HZ 245 (1987), S. 545–600, hier bes. S. 559f.; WILLOWEIT, Dietmar, Vom Königsschutz zur Kammerknechtschaft. Anmerkungen zum Rechtsstatus der Juden im Hochmittelalter. In: Karlheinz MÜLLER und Klaus WITTSTADT (Hgg.), Geschichte und Kultur des Judentums. 1988, S. 71–89. – Zur Terminologie vgl. auch: VEITSHANS, Helmut, Die Judensiedlungen der Schwäbischen Reichsstädte und der württembergischen Landstädte im Mittelalter. 1970. S. 10 mit Anm. 36.
5 So bezeichnet Wilhelm von Holland 1252 die Goslarer Juden als *speciales camerae servos*, MGH DD 18/1 (1989), S. 239 Nr. 185. Vgl. HÄGERMANN, Dieter, Studien zum Urkundenwesen Wilhelms von Holland. AfD Beih. 2. 1977. S. 136ff. Daß die Kammerknechtschaft der Juden im Reich anerkannt wurde, zeigt u. a. der Wetterauische Landfriede, der 1265 den Mainzer Erzbischof mit einbeschloß und auch die Juden zu schirmen versprach, die von *zügellosem Volk in den Städten ... ohne Rücksicht auf das Reich, zu dessen Kammer sie bekanntlich gehören*, angegriffen worden seien. ARONIUS, wie Anm. 4, Nr. 706. Vgl. WATZ, Karl, Geschichte der jüdischen Gemeinde in Wetzlar von ihren Anfängen bis zur Mitte des 19. Jahrhunderts. MittWetzlarerGV 22. 1966. S. 16. – Erstmals 1323 begegnet der deutsche Ausdruck *Kammerknecht* für *servus camerae*. KAUFMANN, Ekkehard. In: HRG 2 Sp. 586.
6 WENNINGER, Markus J., Man bedarf keiner Juden mehr. Ursachen und Hintergründe ihrer Vertreibung aus den deutschen Reichsstädten im 15. Jahrhundert, 1981; GRAUS, wie Anm. 1, S. 352ff.

Zunächst stellt sich die Frage, warum die Urkunde Friedrichs II. eine solch weitreichende Folgewirkung haben konnte, denn die Formulierung, die Juden seien *servi camerae nostrae*, erscheint zunächst nicht sonderlich auffallend, sie faßte nur terminologisch enger, was bereits in der Kanzlei Barbarossas formuliert und auch vor dem Privileg von 1236 mehrfach vom Königtum behauptet wurde, daß nämlich die Juden zur königlichen Kammer gehörten[7].

Urkunden haben im Mittelalter ihr Eigenleben, sie können baldiger Vergessenheit anheimfallen oder auch neue Rechtstatbestände schaffen. Es gehört zu den häufigsten Fehlern, daß die Wirkung von Urkunden nicht geprüft wird. Die Untersuchung der Judensteuern hat zugleich einen Beitrag zur Rezeptionsgeschichte dieser Urkunde zu leisten. Dafür aber ist vorab ein erstaunlicher Sachverhalt zu konstatieren: Eine königliche oder kaiserliche Kammer gab es unter den Nachfolgern des Staufers gar nicht. Theoretisch war zwar der Zusammenhang von *fiscus* und *camera* mit der Rezeption des Römischen Rechts dem mittelalterlichen Staatsgedanken durchaus vertraut[8], er lebte auch als Rechtsfigur durchaus im spätmittelalterlichen Verfassungsgedanken[9] und fand schließlich im Reichskammergericht terminologisch eine neue (eine vom Königtum losgelöste) Heimat, aber auf die Frage eines ungarischen Ritters auf dem Regensburger Reichstag 1454, wo denn, wie in anderen Königreichen, die Kammer des Heiligen Reiches konkret sei, wo denn die Schatzkammer des Kaisers sich befinde, hätte niemand eine Antwort gewußt. Und damit ist, das Thema Macht und Recht ebenso aufnehmend wie ein Ergebnis der folgenden Darstellung vorwegnehmend, ausgesagt: Wenn angesichts der mangelnden institutionellen Statik des Königtums eine zentrale Finanzverwaltung spätestens seit dem Interregnum nicht mehr vorhanden war, wenn es keine reale *camera imperii* mehr gab, dann war auch der Zusammenhang gelockert, der Friedrichs II. Feststellung einer jüdischen Kammerknechtschaft den Sinn gegeben hatte.

Auf eine Verschlechterung der sozialen Situation der Juden, eben seiner Kammerknechte, hatte es Friedrich II. nicht abgesehen. Möglicherweise hatte er mit dem neuen Begriff seinen bevorrechtigten Anspruch auch auf jene Juden, die in Bischofsstädten unter bischöflichem Schutz standen, hervorheben wollen. Vor allem: Der Kaiser hatte gerade in jenen Tagen in seinem Entscheid zum angeblichen Fuldaer Ritualmord die Juden geschützt[10]. Offen scheint

---

7 MGH DF I, S. 284 Nr. 166 (1157): ... *cum ad cameram nostram attineant*. Vgl. ARONIUS, wie Anm. 4, Nr. 315 mit dem Kommentar S. 139 ff. (1182); im Jahre 1233 urkundet Heinrich (VII.) über die Regensburger Juden, die *ad nostrum et imperii cameram spectare noscuntur*. ARONIUS, wie Anm. 4, Nr. 459. Bereits 1227 hatte dieser König gegenüber dem Grafen von Jülich erklärt, daß alle in dessen Herrschaft einwandernden Juden von den Ansprüchen des Königs und des Reiches befreit seien. ARONIUS, wie Anm. 4, Nr. 441.
8 Zu diesen Begriffen: SCHUBERT, Ernst, König und Reich. Studien zur spätmittelalterlichen deutschen Verfassungsgeschichte. VeröffMPIG 63. 1979, S. 278 f.
9 Vgl. demnächst SCHUBERT, Ernst, Art. Kammer. In: Lexikon des Mittelalters. Zur Bedeutung einer *camera imperii* in staufischer Zeit vgl. MGH Const. 2, Nr. 52 (1214) und 276 (1222).
10 STERN, Moritz, Die Blutbeschuldigung zu Fulda und ihre Folgen. In: ZGJudenDtld 2 (1888), S. 194 ff.; KISCH, Forschungen, wie Anm. 4, S. 259 f.; HEINEMEYER, Walter, Chronica Fuldensis. Die Darmstädter Fragmente der Fuldaer Chronik. AfD Beiheft 1. 1976. S. 112 ff. (mit weiterer Lit.) – Den Zusammenhang des Fuldaer Prozesses mit der Erklärung einer jüdischen Kammerknechtschaft erkannte bereits COHN, Willy, Kaiser Friedrich II. und die deutschen Juden. In: DERS., Juden und Staufer in Unteritalien und Sizilien. Eine Sammlung verstreut erschienener Schriften aus den Jahren 1919–1936. 1978. S. 9–26, bes. S. 13 ff.

nach wie vor die Frage nach der Toleranz des Kaisers gegenüber den Juden[11], aber daß er finsterem Ritualmorddenken (wie auch andere Herrscher) ablehnend gegenüberstand, zeigen schon allein die von ihm veranlaßte sofortige Beerdigung der angeblich geschächteten Kinder, die keine »Blutzeugen« sein sollten, und das von ihm ins Werk gesetzte Untersuchungsverfahren, dessen Ergebnis – so offenbar vom Kaiser, der Rabbiner heranzog, gewollt – nicht nur eine Entschuldigung im konkreten Fall, sondern eine grundsätzliche Ablehnung des Ritualmordgedankens (und damit tatsächlich »Aufklärung«) enthielt[12].

Kammerknechtschaft bedeutete im Zusammenhang mit dem Fuldaer Entscheid Schutz des Herrn für den Knecht. Die Juden gehörten dem höchsten weltlichen Herrn – und wer sich am Knecht vergriff, vergriff sich auch an dessen Herrn.

Macht und Recht: Nicht nur im Zusammenhang mit dem Fuldaer Ritualmordprozeß ist die Urkunde Friedrichs II. zu sehen, sondern auch im Zusammenhang mit dem Reichssteuerverzeichnis von 1241. Die zeitliche Kohärenz ist – da Abrechnungen ihre eigene (in jener Zeit eher vom Überlieferungszufall bestimmte) Chronologie haben – nicht so evident, dafür aber um so mehr die sachliche. Die kleinen Judengemeinden der königlichen Städte im Reich zahlen etwa ein Fünftel aller Abgaben, die das Reichsoberhaupt von seinen Städten erhält[13]: Knechtschaft.

Soviel also ist deutlich. Friedrich II. hatte nicht die Konsequenzen im Auge, die sich späterhin mit der Kammerknechtschaft verbanden. Ob er sich den Schutz seiner Kammerknechte nicht sehr teuer bezahlen ließ, sei außer acht gelassen; die Frage, welche die Zukunft stellte, ist die, wieweit fiskalischer Eigennutz als Schutz der Juden wirksam wurde, auf welchen Wegen die Schutzverpflichtung des Herrn für den Knecht immer mehr abgeschwächt wurde, so daß schließlich Kammerknechtschaft mit Entrechtung gleichzusetzen war – und damit wird letztlich nicht nur nach der Situation des Juden in der Gesellschaft, sondern auch nach der des Königs im Reich gefragt.

Daß die Juden allein dem König zugehörten, daß es damit auch Aufgabe des Königs sei, sie zu schützen, wurde schon im Investiturstreit im Zusammenhang auch mit den ersten

---

11 Die Frage, ob bei Friedrich II. mit einer über seine Zeit hinausweisenden toleranten Haltung gegenüber den Juden grundsätzlich zu rechnen ist, stellt sich ähnlich wie bei der Bewertung seiner religiösen Auffassungen; denn wenn in letztere Frage des Kaisers Ketzergesetze einzubeziehen sind, muß auch zu allen Zeugnissen seiner Toleranz gegenüber den Juden das Mandat des Jahres 1222 gerechnet werden, das den Juden eigene Kleidung und Barttracht vorschreibt, damit sie äußerlich von den Christen zu unterscheiden wären. KANTOROWICZ, Ernst, Friedrich der Zweite. 1. 1927. S. 245; WOLF, Gunther, Kaiser Friedrich II. und die Juden. In: DERS. (Hg.), Stupor Mundi. 1966. S. 774–783. – Gegen eine Toleranz des Kaisers spricht auch das Wiener Judenprivileg von 1238 (gleichlautend auch für Wiener Neustadt), das den Ausschluß der Juden von öffentlichen Ämtern ermöglicht (ARONIUS, wie Anm. 4, Nr. 509f.), was zu jener Zeit durchaus eine Neuerung darstellte. Vgl. ebd. Nr. 476. Vgl. dazu CSENDES, Peter, Studien zum Urkundenwesen Kaiser Friedrichs II. In: MIÖG 88 (1980), S. 113ff. Gegenüber Papst Gregor IX. rechtfertigt sich 1236 der Kaiser doppeldeutig, daß ihm von Rechts wegen die Juden in Deutschland und Sizilien unterstünden und er sie keiner Kirche entzogen habe, die einen Anspruch hätte, der dem gemeinen kaiserlichen Recht (*communi iuri nostro*) vorangige. Regest: ARONIUS, wie Anm. 4, Nr. 498.
12 ... *Iudeos loci predicti ab obiecto crimine ac alios Iudeos Alemannie a tam gravi infamia dictante sentencia principum pronunciavimus penitus absolutos.* MGH Const. 2, S. 274ff. Nr. 204.
13 CARO, wie Anm. 4, S. 415ff.; VEITSHANS, wie Anm. 4, S. 12. Vgl. RÖSEL (1), wie unten Anm. 41, S. 682ff.; BATTENBERG, Rechtsstellung, wie Anm. 4, S. 147; DERS., Kammerknechte, wie Anm. 4, S. 564.

überlokalen Judenpogromen vertreten. Von Heinrich IV. bis Friedrich II. sollte sich immer wiederholen, daß die urkundlichen Behauptungen der Zugehörigkeit aller Juden zum Königtum auch eine Schutzaussage gegenüber Pogromen und Pogromdrohungen enthielten[14].

Ebenso wie diese Urkunden nur auf vorausgegangene Ereignisse reagierten, ist die Urkunde von 1236 in der Formulierung *servi camerae nostrae* Antwort auf einen vorausgegangenen Prozeß und nicht nur Kanzleitradition. Sie ist auf die spezifischen Verhältnisse der Geldverleiher zugeschnitten, auf ihre Mobilität ebenso wie auf ihre besondere Form des Reichtums, der sich nicht in Besitz an Land und Leuten, sondern in Geld (genauer: in Geldbeschaffung aufgrund von Kreditgewährung innerhalb einer Glaubensgemeinschaft) ausdrückte. Diese Interpretation sieht in der Kammerknechtschaft keine Antwort auf die Probleme einer religiösen Minderheit, sondern eine Antwort auf die Probleme einer Minderheit, die Formen des Geldhandels und der Geldbeschaffung entwickelt, die einer agrarischen Gesellschaft fremd sind. Das läßt sich – wie üblich – nicht direkt aus den Urkunden ablesen, wohl aber aus ihrer Rezeption: aus der häufigen Gleichsetzung von Juden und Kawertschen. Auch die christlichen Geldhändler, die ursprünglich aus Cahors stammten, werden als Kammerknechte verstanden. Solange, bis ins 14. Jahrhundert hinein, die Kawertschen als besondere Händlergruppe in deutschen Städten erscheinen, hat das Königtum die Herrschaft auch über sie als Kammerknechte beansprucht[15].

Die Geschichte der Kammerknechtschaft ist nicht unabhängig von Auffassungen zu verstehen, wie sie etwa Thomas von Aquin vertrat: Die Juden seien wegen ihrer Schuld am Tode Christi ewiger Sklaverei verfallen[16]. Die Fernwirkung der kaiserlichen Feststellung von 1236 wurde durch die im Mittelalter weitverbreitete Legende gesichert, wonach mit der Eroberung Jerusalems die Juden in die Gewalt Vespasians gefallen wären, der sie aber als Belohnung für die ärztliche Kunst des Flavius Josephus bei der Heilung des Titus *in des romischen küniges kamer*

---

14 LOTTER, Friedrich, The Scope and Effectiveness of Imperial Jewry Law in the High Middle Ages. In: Jewish History 4 (1989), S. 31 ff.
15 Zum Beispiel: ARONIUS, wie Anm. 4, Nr. 439 (1227). Auch Thomas von Aquin stellte fest, daß alles, was er über die Juden gesagt habe, ebenfalls für die *cavorsini* gelte: De regimine Judaeorum ad ducissam Brabantiae, ed. Joseph MATHIS, Divi Thomae Aquinatis ... De regimine principum ... et de regimine Judaeorum ... politica opuscula duo, Turin 1924, S. 117ff. Vgl. dazu das Testament Herzog Heinrichs III. von Brabant 1261, in dem er, Juden und Kawertschen gleichsetzend, die Austreibung der Wucherer aus seinen Landen befiehlt. ARONIUS, wie Anm. 4, Nr. 669, vgl. ebd., Nr. 727. Die Rolle von Juden und Kawertschen beispielhaft vergleichend: IRSIGLER, Franz, Juden und Lombarden am Niederrhein im 14. Jahrhundert. In: Alfred HAVERKAMP (Hg.), Zur Geschichte der Juden im Deutschland des späten Mittelalters und der frühen Neuzeit. MonogrGMA 24. 1981. S. 122–162; vgl. auch STROMER, W. v., Oberdeutsche Hochfinanz 1350–1450. VSWG Beih. 55–57. 1970. S. 155ff. – Noch 1409 setzt König Ruprecht Juden und Lombarden (die Nachfolger der Kawertschen) als Geldhändler gleich, wenn er Solothurn erlaubt, beide Personengruppen aufzunehmen. STUDER, wie unten Anm. 69, 1, S. 294f. Nr. 126. Vgl. auch Arye MAIMON (Hg.), Germania Judaica III/1. 1987, S. 5, 108, 263.
16 Thomas von Aquin, wie Anm. 15, S. 118; vgl. COHN, Willy, Thomas von Aquino und die Frage der Berufsumschichtung der Juden im Mittelalter. In: DERS., wie Anm. 10, S. 75ff.; LIEBESCHÜTZ, Hans, Judaism and Jewry in the Social Doctrine of Thomas Aquinas. In: The Journal of Social Studies 8 (1962) S. 57–81. DERS., Synagoge und Ecclesia. Religionsgeschichtliche Studien über die Auseinandersetzung der Kirche mit dem Judentum im Hochmittelalter. Aus d. Nachlaß hg. von Alexander PATSCHOVSKY. VeröffDtAkadSpracheDichtung 55. 1983, S. 222ff.

ze eigen gab... und davon suln si des riches knehte sin, und der romische künic sol si schirmen[17]. Die verschiedenen Varianten dieser Legende sind auch Indizien für ein Schwanken im Rechtsdenken zwischen einer durch kaiserliche Gewalt begründeten absoluten Knechtschaft und einer im kaiserlichen Schutz bevorrechtigten Unfreiheit.

Den Schutz der Juden hat das spätmittelalterliche Königtum zunächst noch gewährleisten können. Das zeigt sich daran, daß Zeiten eines geschwächten Königtums immer die Gefahr von Pogromen heraufbeschworen[18]. Und das gilt selbst für die große Katastrophe des Jahres 1349. Angesichts des Thronkampfes zwischen Karl IV. und Günther von Schwarzburg wurde im Reich schon anfangs des Jahres, als noch niemand von den drohenden Seuchenzügen der Pest wußte, mit Pogromen gerechnet[19]. Nach den Verfolgungen klagt Karl IV., daß die *Judischayt ... von bosen lewinden verderbt sint an leib und guet ... Davon wir und das reich unsir stewr, nutz und gult uzlizen und enbern*[20]. Judenschutz und Judennutz hingen zusammen. Da es aber keine Kammer gab, welche eine fiskalische Rationalisierung und damit – indirekt – einen Verrechtlichungsprozeß gewährleisten konnte[21], hingen Art und Umfang dieses Schutzes doch von der Persönlichkeit eines Herrschers ab. Die Pogrome des Jahres 1349 zeitigten deswegen so tiefgreifende und langfristige Folgen, weil auf die Zeiten eines Ludwig des Bayern die eines Karl IV. gefolgt waren – so grundverschieden die beiden Herrscher in ihrer Persönlichkeit waren, so grundverschieden war auch ihre Auffassung vom Judenschutz.

Ludwig der Bayer nannte mehrmals die Juden *unser lieben Kamerchnechte*[22]. Damit deutet

---

17 Schwabenspiegel 214 § 3; vgl. Kisch, Jews, wie Anm. 4, Register s.v. Josephus; Ders., Forschungen, wie Anm. 4, S. 72 ff.
18 Schubert, Ernst, Probleme der Königsherrschaft im spätmittelalterlichen Reich. In: Reinhard Schneider (Hg.), Das spätmittelalterliche Königtum im europäischen Vergleich. VortrrForsch 32. 1987. S. 135 ff., hier S. 170. Entsprechende Beobachtungen lassen sich auch im Zusammenhang mit der sog. Rintfleisch- (1298) und der sog. Armlederverfolgung (1336) machen; vgl. Lotter, Friedrich, Hostienfrevelvorwurf und Blutwunderfälschung bei den Judenverfolgungen von 1298 (»Rintfleisch«) und 1336–1338 (»Armleder«). In: Fälschungen im Mittelalter. 1–5. SchrrMGH 33. 1988, hier 5, S. 533–583, bes. S. 555 f., 560 f. Ders., Die Judenverfolgung des »König Rintfleisch« in Franken um 1298. In: ZHistForsch 15 (1988), S. 385–422, bes. S. 392 f. »Es dürfte wohl kaum Zufall sein, daß die erste Welle der Rintfleischverfolgung in die Zeit fiel, als der Bürgerkrieg zwischen König Adolf und Herzog Albrecht seinem Höhepunkt zustrebte.« Ebd.
19 Schneider, Reinhard, Probleme der Reichspolitik Karls IV. In: BllDtLdG 114 (1978), S. 73 ff., hier S. 92 f.
20 Vock, Walter E. (Bearb.), Die Urkunden des Hochstifts Augsburg 769–1420. 1959. S. 174 Nr. 360.
21 Eine Ausnahme, die zugleich verdeutlicht, was unter einem Verrechtlichungsprozeß zu verstehen ist: 1334 beurkundet Ludwig der Bayer, von den Würzburger Juden nie mehr als 400 Pfd. Heller verlangen zu wollen. Das ist offenbar die von Juden selbst durchgesetzte Antwort auf eine im Jahr zuvor von dem Kaiser in der Würzburger Diözese ausgeschriebene Schatzung (*hanc impostam et collectam*), deren Erträge er mit dem Würzburger Bischof (der zwei Drittel erhalten sollte) teilen wollte. Die Reaktion aber stellt einen Rechtszustand her, der 1322 (bezeichnenderweise nach dem langwierigen Thronstreit) gefunden worden war. Wenn damals der Bischof die Abgaben der Juden auf 600 Pfd. Heller erniedrigt, so steht dahinter: 1000 Pfd. haben die Juden seit der Zeit Rudolfs von Habsburg *nomine precarie et exactionis* gezahlt. Davon erhält der König 400 Pfd. – eben jene Summe, die 1334 erneut festgeschrieben wird. Allein bei einer Thronvakanz fließen dem Bischof die ganzen 1000 Pfd. Heller zu. Stumpf, Andreas Sebastian, Die Juden in Franken: ein Beytrag zur Geschichte der Juden in Teutschland. In: Ders., Denkwürdigkeiten der teutschen, besonders der fränkischen Geschichte. Erstes Heft. Erfurt 1802. S. 119 ff., hier S. 136 ff. Nr. 1 (1322), S. 140 Nr. 3 (1333), S. 141 Nr. 4 (1334).
22 Schubert, wie Anm. 18, S. 171 mit Anm. 265.

sich an, daß er den Judenschutz als eine persönliche Verantwortung verstanden hat (und deshalb von seinen Zeitgenossen vielfachen Tadel erfuhr[23]): *Wir gehizzen auch den Juden bey unsern cheserlichen triwen der worten ... Daz wir si fudernt sullen sein und geholffen umb ir gut und umb ir gult gen aller mangelichen*[24]. Wenn der Wittelsbacher als erster Herrscher den Juden Gerichtsstandsprivilegien gab, *daz si uns und dem rich dester baz gedienen mugn*[25], so betonte er den Zusammenhang von Schutz durch den Herrn und Dienst des Knechtes.

Die Auseinandersetzung zwischen Papst und Kaiser zu Zeiten Ludwigs des Bayern spiegelt sich in der Gegensätzlichkeit wider, mit der die beiden Gewalten den Juden begegnen[26]. Während zum Beispiel Benedikt XII. namentlich aufgeführten Juden 1335 befiehlt, dem Würzburger Bischof die Schulden zu erlassen[27], ist der Kaiser in einem ähnlichen Fall bemüht, einen nur durch komplizierte Regelungen möglichen Ausgleich zwischen dem Bamberger Bischof und seinen Gläubigern zustande zu bringen[28].

Auch wenn Karl IV. zunächst wie sein Vorgänger von seinen *lieben Kammerknechten* sprach[29], so hat er doch nach siegreichem Thronkampf sich gewinnbringend der Verantwortung des Judenschutzes entledigt. Die Pogrome strafte er nicht wie seine Vorgänger[30] – und wie er es in seinen böhmischen Erblanden tat[31] –, sondern er ließ sich den Verzicht auf Strafen von den Städten abkaufen, und vor allem: Er legalisierte die von den Verfolgungen geschaffenen Verhältnisse, nahm erstmals den Juden den angestammten urbanen Lebensraum[32].

23 Ebd.
24 BANSA, Helmut (Bearb.), Die Register der Kanzlei Ludwigs des Bayern. QErörtBayerG NF 24. 1974. 2. S. 392 ff., Nr. 549 (1331). Daß Ludwig den Judenschutz energisch wahrnahm, belegt BORK, Ruth, Zur Politik der Zentralgewalt gegenüber den Juden im Kampf Ludwigs des Bayern um das Reichsrecht und Karls IV. um die Durchsetzung seines Königtums bis 1349. In: Evamaria ENGEL (Hg.), Karl IV. Politik und Ideologie im 14. Jahrhundert. 1982. S. 30 ff., hier bes. S. 36 ff. und 45 f. Vgl. auch RUSER, Konrad (Bearb.), Die Urkunden und Akten der oberdeutschen Städtebünde vom 13. Jahrhundert bis 1549. 1. 1979. S. 285 Nr. 354 (1343).
25 ENGEL, wie Anm. 24, S. 39; vgl. auch z.B. MGH Const. 8, S. 671 Nr. 665: Juden dürfen nicht vor die Freigerichte geladen werden. Zur Wirksamkeit dieses Mandats: ASCHOFF, Diethard, Die Feme und die Juden. In: BeitrrGDortmundGfSchftMark 72 (1980), S. 31–47, hier S. 35 ff. Vgl. auch BATTENBERG, Friedrich, Die Gerichtsstandsprivilegien der deutschen Könige und Kaiser bis zum Jahre 1451. 1–2. QForsch zur höchsten Gerichtsbarkeit im Alten Reich 12. 1983, hier: 1, S. 255 f. Nr. 442a, S. 296 Nr. 531a.
26 So befiehlt der Kaiser 1337 dem Frankfurter Rat – vor dem Hintergrund der Armleder-Pogrome –, daß dieser die Juden vor denjenigen schützen sollte, die sie *mit geistlichen gerichten umbetriben*, und schärft frühere Mandate ein, die auf einen Schutz der Juden im Namen des Kaisers hinauslaufen: *Als wir iuch vormals geschribn und gehaizzen haben, daz ir unser iuden ze Franchenfort schirmten*. Codex Diplomaticus Moenofrancofurtanus. Urkundenbuch der Reichsstadt Frankfurt. Neubearbeitung. Hg. von Johann Friedrich BÖHMER, bearb. von Friedrich LAU. 2. 1905. S. 460 Nr. 610. Vgl. auch BORK, wie Anm. 24, S. 35 ff. zu den Versuchen des Papsttums, die geistliche Gerichtsbarkeit gegen den »Wucher« der Juden einzusetzen.
27 STUMPF, wie Anm. 21, S. 142 f. Nr. 5; Urkundenbuch der Benediktinerabtei St. Stephan in Würzburg, bearb. von F. J. BENDEL. 1. 1912. S. 410, 435 ff.
28 Vgl. KLOOS, Rudolf M., Eine hebräische Urkunde zum Finanzwesen des Hochstifts Bamberg im 14. Jahrhundert. In: BerHistVBamberg 103 (1967), S. 341 ff. Der Vermittler dieses Vergleichs ist Berthold von Henneberg, der einflußreichste Berater des Wittelsbachers.
29 SCHUBERT, wie Anm. 18, S. 171 mit Anm. 266.
30 Ebd. S. 171 Anm. 264.
31 Vgl. DEMANDT, Dieter, Die Judenpolitik der Stadt Eger im Spätmittelalter. In: Bohemia 24 (1983), S. 1–18, bes. S. 6 ff.
32 SCHUBERT, wie Anm. 18, S. 171 f. – Das Verhalten des Luxemburgers zeichnet sich schon während des Thronstreits ab, vgl. BORK, wie Anm. 24, S. 58 ff., mit dem keineswegs übertriebenen Urteil (S. 73): Karl

Die großen Folgen des Jahres 1349 zeigen sich selbst im engen Bereich unseres Themas. Sie lösen den Zusammenhang von Judenschutz und Judennutz insofern auf, als sie ein unmittelbares (Eigen-)Interesse des Herrschers am Schutz seiner Kammerknechte nicht mehr zulassen. Die theoretische Ausdeutung der Kammerknechtschaft konnte gemäß der zitierten Josephus- oder Titus-Legende entweder auf die Seite der Schutzverpflichtung des bevorrechtigten Knechtes fallen (*und der römische künic sol si schirmen*) oder auf die Seite der Sklaverei, da Vespasian die Juden *in des römischen küniges kamer ze eigen gab*.

Erinnern wir uns der Urkunde Karls IV., in der er klagt, daß böse Leute die Juden *an leib und an guet* verdorben hätten[33]. Was zunächst wie Mitgefühl aussieht, meint etwas anderes. Der Luxemburger klagt nicht über die Juden, sondern über sich: Denn diese gehörten ihm mit Leib und Gut. Die Kammerknechte sind nicht Knechte im mittelalterlichen Verständnis, sondern eher antike Sklaven. Es ist ein Rechtsverhältnis zumindest theoretisch damit angesprochen, das keine Entsprechung in den vielfältigen Abhängigkeitsformen bis hin zur Leibeigenschaft der christlichen Gesellschaft hat. Daß mit dieser Aussage die Wendung *an leib und an guet* nicht überinterpretiert wird, bestätigt der Luxemburger in einer anderen Urkunde, wonach *all Juden mit leib und mit gut in unser kamern gehoren ... daz wir mit unser mechtichait da mit tun und lazzen mugen, waz wir wellen*[34]. Karl teilt damit seinen Zeitgenossen nichts Neues mit. Diese Auslegung der Kammerknechtschaft hat sich inzwischen durchgesetzt. Zum Beispiel sagt selbst Ludwig der Bayer zu den Juden, daß *ir uns und das Riche mit leib und mit gut gehoret, und mugen damit schaffen, tun und handeln, swaz wir wellen und wie uns das gut dunncket*[35]. Am weitesten sollte dann im 15. Jahrhundert diese Auffassung ausgebaut werden, daß unter anderem Markgraf Albrecht Achilles 1464 behaupten konnte: *so ein romischer konig wurdt erkoren oder so er zu keyserlich wirde kompt und gekront wird, das er die Juden alle mag brennen nach altem herkommen oder gnad beweysen den dritten pfennig irs guts zu nemen*[36].

Alle zitierten Behauptungen aber sind nicht als realisierbare Möglichkeiten eines königlich

---

»spekulierte ... auf Pogrome, begünstigte und förderte sie«. Scharf verurteilt auch STROMER, Wolfgang von, Die Metropole im Aufstand gegen Karl IV. In: MittVGStadtNürnberg 65 (1978) S. 55 ff., hier: S. 82 f. das Verhalten Karls, der »seine Schutzbefohlenen wissentlich und willentlich dem Verderben durch Mord oder Vertreibung und totale Ausplünderung« preisgab. Vgl. dagegen das zurückhaltende Urteil bei HAVERKAMP, Alfred, Die Judenverfolgungen zur Zeit des Schwarzen Todes. In: DERS. (Hg.), wie Anm. 15, S. 27–93, hier S. 85 ff.

33 Vgl. Anm. 20.

34 Monumenta Zollerana. Urkundenbuch zur Geschichte des Hauses Hohenzollern. 1–7. Hg. von Rudolf VON STILLFRIED und Traugott MAERKER. 1852–1890, 3, S. 163 Nr. 181 (1347); eine ähnliche Wendung aus dem Jahre 1353 zitiert BRESSLAU, Harry, Zur Geschichte der Juden in Rothenburg an der Tauber. In: ZGJudenDtld 3 (1889), S. 301 ff., 4 (1890), S. 1 ff., hier 3 (1889), S. 303. – Ruprecht von der Pfalz betont ebenfalls seine Verfügungsgewalt, schränkt sie aber eher auf die Schatzung ein. So überträgt er dem Bischof Raban von Speyer die Juden zu Landau mit dem Recht, daß er *dieselben Juden sust scheczen mogen umbe gelte, wie und wann sie wollent, glicherwise, als wir und unser nachkomen am riche selber tun möchten*. Regesten der Pfalzgrafen am Rhein. 1 (1214–1400), bearb. von Adolf KOCH und Jakob WILLE, 2 bearb. von L. v. OBERNDORFF, Nachträge, Ergänzungen, Berichtigungen bearb. von Manfred KREBS. Innsbruck 1894–1939. 2. Nr. 6115 (1409).

35 Monumenta Zollerana 3, S. 108, Nr. 110. Vgl. auch MGH Const. 9, S. 467, Nr. 599; STOBBE, Otto, Die Juden in Deutschland während des Mittelalters in politischer, socialer und rechtlicher Beziehung. 1866 (Neudruck mit einem Vorwort von Guido KISCH, Amsterdam 1968), S. 15.

36 HÖFLER, Constantin, Das kaiserliche Buch des Markgrafen Albrecht Achilles. Vorkurfürstliche Periode 1440–1470. 1850. Nr. 41, S. 108.

angeordneten Holocaust[37] zu verstehen, vielmehr sind sie Beispiele für eine bestimmte Technik mittelalterlicher Rechtssetzung: Fiktive Extremsituationen werden vorgestellt, um vom Extrem eine theoretische Begründung des Normalen abzuleiten. So werden etwa in bäuerlichen Weistümern die grausamsten Strafen für Baumfrevel und Versetzen von Grenzsteinen angedroht, Auswinden der Därme und – was mit den damaligen Pflugscharen kaum zu bewerkstelligen war – Abpflügen der Köpfe, Strafen, die nie vollzogen wurden. Sie werden aber deshalb in den Weistümern so häufig beschworen, weil damit jede von der Dorfgemeinschaft verhängte Strafe als Gnade und rechtsgültiges milderes Verfahren begründet werden konnte. Im gleichen Sinne wurde mit der Fiktion einer absoluten Verfügungsgewalt des Herrschers über seine Kammerknechte das Besteuerungsrecht des Königs begründet[38], daß – um noch einmal Albrecht Achilles zu zitieren – *kein Jud oder Judin für die schatzung des dritten Pfennigs ... gefreyet sey. ... Dann so ein yeder Romischer konig oder kayser gekroenet wirdet, mag er den Juden allenthalben im Reich alle ir gut nemen, darzu ir leben, und sie tötten, bis auf ein anzal, der lutzel sein soll, zu einer gedechtnus zu erhalten, des hat die gemain Judischait im Reich Tewtscher land freyheit behalten, das sie sulcher beswerd halben mit dem drittentail irs guts ... verpent sind, damit ir leib, leben und ander it gut auf das mal zu lösen*[39].

2. Das kaiserlich-königliche Besteuerungsrecht zwischen Anspruch und Wirklichkeit

Vom Prinzip her war die Kammerknechtschaft nicht von den Ansprüchen unterschieden, die das englische und französische Königtum auf die ihm unterstellten Juden erhob[40]. Doch der europäische Vergleich des königlichen Judenschutzes weist auf Strukturprobleme der königlichen Herrschaft im Reich zurück. Nach dem Interregnum finden sich kaiserliche Kammerknechte in der Hauptsache nur noch in den Kerngebieten des Reiches, den königsnahen Landschaften, in Franken, Schwaben, Elsaß, im Speyer- und Wormsgau und in der Wetterau, nicht aber in den königsfernen Gebieten Norddeutschlands[41] und den thüringisch-sächsischen

---

37 Diesen Ausdruck gebrauchte Spieß im Kopfregest der Anm. 39 zitierten Urkunde.
38 Vgl. das Mandat Rudolfs von Habsburg 1286: MGH Const. 3 S. 368 f. Nr. 388. – Gestützt auf diesen Rechtsgrundsatz nutzte Karl IV. die Pogrome des Jahres 1349, *wan die Juden und ir gut in unser und dez Riches kammern und niergen anders horen*. MGH Const. 9 Nr. 150, S. 111. Gleichgerichtete Aufforderungen ergingen auch an die königlichen Landvögte. COLBERG, Katharina, Reichsgut und Reichsreform. Diss. masch. Göttingen 1968. S. 452 f. Vgl. allgemein: KISCH, Guido, Jewry-Law in Medieval Germany. New York und s'Gravenhage 1949. S. 123, 125.
39 Druck: SPIESS, Philipp Ernst, Von dem Recht über Leben und Tod, welches die Römischen Konige und Kayser über die Juden ausgeübet haben. In: DERS., Archivische Nebenarbeiten und Nachrichten. Erster Theil. Halle 1783. S. 127 f. Die Stellung des Albrecht Achilles zu den Juden wird am besten durch seine Instruktion für die Verwaltung der Mark Brandenburg 1470 beleuchtet: *der juden halben, das man gelt daraus bring, so meyße man mog. Die reichen Juden solle man halten*, weil sie zu besteuern seien (*die zins zu geben haben*), aber *was soll das gepofel, die ... nichts zu geben haben*. PRIEBATSCH, Felix, Politische Correspondenz des Kurfürsten Albrecht Achilles. 1. PublIPreußStaatsarch 59. 1894. S. 123 Nr. 40.
40 RICHARDSON, H. G., The English Jewry under Angevin Kings. London 1960. S. 135 ff.; CARO, wie Anm. 4, 1, S. 367 ff.
41 SCHMIDT, Otto, Die Reichseinnahmen Ruprechts von der Pfalz. LeipzigHistAbhh 30. 1912. S. 87; RÖSEL, Isert, Die Reichssteuern der deutschen Judengemeinden von ihren Anfängen bis zur Mitte des 14. Jahrhunderts. MschrGWissJud 53 (= NF 17), 1909; 54 (= NF 18), 1910 [zitiert RÖSEL (1) bzw. (2)], hier (2), S. 55.

Landen⁴². Die kaiserlichen Rechte hatten auch die bayerischen Herzöge im 13. Jahrhundert an sich ziehen können, ohne daß der genaue Zeitpunkt und die Ursachen dieses Vorgangs erhellt werden können⁴³. Ebenso wenig ist das von spätmittelalterlichen Chronisten eigens erwähnte Vorrecht des Herzogs von Österreich, daß nur er die Juden in seinen Landen schützen dürfe, in seiner Entstehung geklärt⁴⁴.

Selbst in den Kerngebieten des Reiches, in dessen am weitesten entwickelter Städtelandschaft die meisten Juden des mittelalterlichen Deutschland lebten, war die königliche Schutzgewalt vielfach durch die Territorialisierung dieses Regals ausgehöhlt worden⁴⁵. Dieser Prozeß hatte schon in sächsisch-salischer Zeit begonnen⁴⁶ und sich verstärkt unter den Staufern fortgesetzt, als etliche Reichskirchen und vorab die rheinischen Erzstifte dieses Königsrecht erwarben⁴⁷. Die Goldene Bulle Karls IV. verfestigte im wesentlichen nur bestehende Verhältnisse, als sie allen Kurfürsten dieses Schutzrecht einräumte⁴⁸. Nachdem auch die Bischofsstädte, die sich der bischöflichen Stadtherrschaft entziehen konnten, als Freistädte weder eine städtische Jahressteuer noch eine Judensteuer dem König zahlten⁴⁹, waren an der wichtigsten Handelsstraße im Reich, am Rhein, die meisten bedeutenden jüdischen Gemeinden der königlichen Gewalt entzogen. Während mit der Ausnahme Magdeburgs der Verlust des Judenschutzes in Mittel- und Norddeutschland nicht allzu schwer ins Gewicht fiel, war die Territorialisierung am Mittelrhein eine fiskalische und letztlich auch politische Schwächung königlicher Gewalt.

---

42 RÖSEL (2) S. 64. Ludwig der Bayer hatte dann seinem Schwiegersohn, Landgraf Friedrich von Thüringen, auf Lebenszeit alle königlichen Juden in seinen Landen übertragen: Urkundenbuch der ehemals freien Reichsstadt Mühlhausen in Thüringen, bearb. von Karl HERQUET. GQProvSachsen 3. 1874. S. 399f., Nr. 834 (1330), was Karl IV. in eine dauernde Schenkung umwandelte. Reg. Imp. VIII, 6637. 1350.
43 GEISSLER, Klaus, Die Juden in Deutschland und Bayern bis zur Mitte des 14. Jahrhunderts. In: ZBayerLdG, Beih. 7, Reihe B. 1976. S. 129.
44 LOHRMANN, Klaus, Judenrecht und Judenpolitik im mittelalterlichen Österreich. 1990. S. 113f.
45 Vgl. grundsätzlich: RÖSEL (1), wie Anm. 41, S. 685ff.; (2), S. 218ff.; SCHMIDT, wie Anm. 41, S. 88f.; LITTMANN, Ellen, Studien zur Wiederaufnahme der Juden in den deutschen Städten. Diss. Köln 1928. S. 20f.; HAVERKAMP, wie Anm. 32, S. 76ff.
46 Vgl. ARONIUS, wie Anm. 4, Nr. 129, 132–134: Übertragung an Magdeburg bzw. Merseburg durch Otto I. und Otto II.
47 Vgl. FISCHER, wie Anm. 4, S. 12ff. – 1209 erklärt Otto IV., das Reich habe keine Ansprüche auf die Juden im Erzstift Mainz, vgl. ARONIUS, wie Anm. 4, Nr. 379; 1255 sprach ein Schiedsgericht dem Kölner Erzbischof alle Juden im Erzstifte und im Ducatus Westfaliae zu. Ebd. 614; vgl. Bernhard BRILLING – Helmut RICHTERING, Westfalia Judaica. Urkunden und Regesten zur Geschichte der Juden in Westfalen und Lippe. 1. 1005–1350. Studia Delitzschiana 11. 1967. S. 38ff., Nr. 14 u. 16; LOHRMANN, wie Anm. 44, S. 31ff. Zum dritten der geistlichen Kurstaaten: HAVERKAMP, Alfred, Die Juden im mittelalterlichen Trier. In: Kurtrierisches Jahrbuch 19 (1979), S. 5ff. Im Trierer Kurfürstentum wurden die Juden, bis zu ihrer Vertreibung 1418, als *Erbeigene* bezeichnet, eine Analogie zur Leibeigenschaft, weswegen – wie bei bäuerlichen Hörigen die *ungenossami* – eigene Verträge die Ansprüche des Landesherrn sichern sollten, wenn eine Heirat mit einem nichttrierischen jüdischen Partner eingegangen wurde. RESMINI, Bertram, Juden am Mittelrhein im 16. Jahrhundert. In: JbWestdtLdG 7 (1981), S. 75ff., hier: S. 79f.
48 Cap. 9, ed. Wolfgang D. FRITZ, Die Goldene Bulle Kaiser Karls IV. (MGH Font. iur. ant. 11) 1972, S. 64f.; daß die Juden hier in einem Atemzug mit dem Bergwerksregal genannt sind, zeigt, wie weit bereits der fiskalische Aspekt über den Schutzgedanken dominiert. Vgl. BATTENBERG, Rechtsstellung, wie Anm. 4, S. 139.
49 Vgl. unten Anm. 52.

Weiterhin standen die königlichen Ansprüche überall dort weitgehend nur auf dem Pergament der Rechtsbücher, wo sich Juden in kleineren Landstädten niedergelassen hatten, auch wenn der zuständigen Obrigkeit das Judenregal keineswegs verbrieft worden war. Schon im späten Mittelalter gibt es zahlreiche Ackerbürgerstädte[50], in denen sich Juden aufhalten, wobei nicht klar wird, ob es sich hier – wie zum Beispiel bei dem reichen Mosche von Dachsbach – um Wohlhabende handelt, die von ihrem ländlichen Wohnsitz aus großen Geldgeschäften nachgehen, oder ob es in der Mehrzahl kleine Geldverleiher sind, für die in der unterkapitalisierten Agrarwirtschaft ein großer Bedarf bestand. Gleichviel: Dem Königtum fehlten noch im 14. Jahrhundert einfach die organisatorischen Mittel, um auch solche Juden besteuern zu können.

Nachdem die theoretisch für das ganze Reich geltende Kammerknechtschaft ausgehöhlt worden war, blieben die Judengemeinden in den Reichsstädten der eigentliche Gegenstand der königlichen Steueransprüche. Hier erhielt der Herrscher bei seiner Ankunft sowohl von der Kommune als auch von der Judengemeinde eine »Ehrung«, deren nicht unbeträchtlicher materieller Wert meist durch Tradition festgelegt war[51]. Im Gegensatz zu den Freistädten[52] gelang es keiner Reichsstadt, die Judensteuern völlig an sich zu ziehen[53].

Die weitgehende Einengung der königlichen Judenzinsen auf die Reichsstädte prägte sich darin aus, daß dieses Gefälle, dessen Erhebung noch nach dem Interregnum zunächst zu verschiedenen Terminen erfolgte[54], seit Ludwig dem Bayern allgemein am 11. November zugleich mit den städtischen Steuern fällig wurde[55]. Die Stadtgemeinde wurde bei der

---

50 So weisen die Namen der 1383 in Rothenburg ansässigen Juden vielfach auf deren Herkunft aus Ackerbürgerstädten des Umlandes wie Crailsheim, Bopfingen, Uffenheim. WEHRMANN, Michael H., Die Rechtsstellung der Rothenburger Judenschaft im Mittelalter (1180–1520). Diss. iur. Würzburg 1976. S. 71 f. Vgl. auch JENKS, Stuart, Judenverschuldung und Verfolgung von Juden im 14. Jahrhundert: Franken bis 1349. In: VSWG 65 (1978), S. 309 ff., bes. S. 324 f.
51 SCHMIDT, wie Anm. 41, S. 62; STERN, Moritz, König Ruprecht von der Pfalz in seinen Beziehungen zu den Juden. 1898. S. XXVI f.
52 Vgl. SCHUBERT, wie Anm. 8, S. 292, und für die Judensteuern besonders: CARO, wie Anm. 4, 2, S. 176 ff. Einzelbeispiel für die seit dem 13. Jahrhundert immer stärker durch eine Freistadt angezogene Steuerschraube: KISCH, Guido, Die Rechtsstellung der Wormser Juden im Mittelalter. In: ZGJudenDtld 5 (1935), S. 130 ff. (auch in DERS., Ausgewählte Schriften. 1. 1978, S. 93 ff.) Dazu auch: REUTER, Fritz, Warmaisa. 1000 Jahre Juden in Worms. 1984. S. 57–63, 65–67. Vgl. ebenfalls (für Regensburg): FISCHER, wie Anm. 4, S. 29 ff.; S. 164 ff. (Regesten), S. 173 ff. (Zu dieser Frage wenig ergiebig: CARLEBACH, Ephraim, Die rechtlichen und sozialen Verhältnisse der jüdischen Gemeinden: Speyer, Worms und Mainz von ihren Anfängen bis zur Mitte des 14. Jahrhunderts. Diss. Rostock 1901.) Wenn, dann waren die Judensteuern in den Freistädten nicht zwischen der Kommune und dem König, sondern zwischen Kommune und ihrem (Erz-) Bischof umstritten wie etwa in Straßburg (ARONIUS, Nr. 673), Speyer (ebd., Nr. 710) oder in Köln. BRISCH, Carl, Geschichte der Juden in Köln und Umgebung aus ältester Zeit bis auf die Gegenwart. 1. 1879 (Neudruck 1973), bes. S. 72 ff. Dazu auch Germania Judaica III/1, S. 635. Vgl. die Regesten bei ARONIUS, Nr. 588 und 636, sowie DROEGE, wie unten Anm. 81, S. 137. – In Augsburg, der königstreuesten unter den Freistädten, scheint hingegen nicht umstritten gewesen zu sein, daß der König oberster Schutzherr der Juden war, denen deshalb die Stadt nach der Ermordung Albrechts I. ein eigenes Schutzversprechen gab. Zvi AVNERI (Hg.), Germania Judaica II/1. 1968, S. 33.
53 Diese Beobachtung schon bei VEITSHANS, wie Anm. 4, S. 10.
54 RÖSEL (2), wie Anm. 41, S. 60 f.
55 Ebd., S. 61; MOSER, Johann Jacob, Von dem Römischen Kayser. Römischen König, und denen Reichs-Vicarien. Frankfurt 1767. S. 560 ff. Vgl. für Rothenburg WEHRMANN, wie Anm. 50, S. 67; nach WATZ, wie Anm. 5, S. 20 wird erst unter Ludwig dem Bayern der 11. November zum allgemeinen Erhebungstag.

Einbringung und Festsetzung der Judengelder zur Mithilfe herangezogen[56] und mußte auch teilweise Bürgschaft für die ordnungsgemäße Ablieferung der nicht in Einzelumlage, sondern in Gesamtbesteuerung erhobenen Abgaben leisten[57].

Wie bei den Reichssteuern läßt sich auch bei den Judenzinsen seit dem Interregnum ein beträchtliches Ansteigen der Hebesätze feststellen[58]. In Frankfurt zum Beispiel stiegen sie zwischen 1241 und 1309 auf das Achtfache[59]. In Rothenburg hatten Ende des 14. Jahrhunderts die Juden zwölfmal so hohe Steuern zu zahlen wie die Bürger[60].

Ebenso wie die Reichsstädte wurden unter Rudolf von Habsburg[61] und Ludwig dem Bayern die Judengemeinden zu außerordentlichen Abgaben herangezogen, die der König *ex iure et potentia* erhob[62]. Von ihnen berichten nur zufällig erhaltene Nachrichten. Über die Steuerforderung des Jahres 1331 gibt lediglich eine Urkunde Ludwigs für Dortmund Auskunft: *hanc enim subventionem ... per universas civitates imperii duximus statuendam*[63]. Möglicherweise ist es die gleiche Forderung, die zum Jahre 1333 in Regensburger Urkunden genannt ist[64], was durchaus mittelalterlicher Steuerpraxis entsprechen könnte. Genauere Aussagen läßt die bruchstückhafte Überlieferung nicht zu. Beiläufig wird in einer Mühlhäuser Urkunde eine 1336 erhobene allgemeine außerordentliche Judensteuer erwähnt[65], allein in einer Wormser Beurkundung ist eine solche Forderung des Jahres 1338 überliefert[66].

Obwohl noch unter Ludwig dem Bayern beträchtliche Summen aus den verbliebenen Resten der Kammerknechtschaft dem Reichsoberhaupt zuflossen, fehlte jeder Ansatz einer fiskalischen Rationalität. Wie alle anderen Reichseinkünfte wurden auch die Steuern der Judengemeinden behandelt: Anweisungen auf die Gelder – und das ist bis tief ins 15. Jahrhundert hinein zu beobachten – wurden ohne System und Kontrolle nach den Erfordernissen des Tages vergeben[67]. Weiterhin hatte unter Karl IV. der König Judensteuern wie eine Rente an Klöster vergeben oder hatte sie wie Rentenlehen an Adlige verschrieben[68]. Vor allem aber

---

56 RÖSEL (2), wie Anm. 41, S. 206 ff.
57 Ebd., S. 211; KRACAUER, Isidor, Geschichte der Frankfurter Juden. 1–2. 1925–1929. 1, S. 19.
58 CARO, wie Anm. 4, 2, S. 118.
59 KRACAUER, wie Anm. 57, 1, S. 19.
60 WEHRMANN, wie Anm. 50, S. 75.
61 Vgl. das Formular Reg. Imp. VI/1, 1547; RÖSEL (2), wie Anm. 41, S. 214; LOHRMANN, wie Anm. 44, S. 102 ff.
62 Dortmunder Urkundenbuch, bearb. von Karl RÜBEL. 1–3. 1881–1899. Erg. Bd. 1, 1910, Bd. 1, S. 321 Nr. 463.
63 Ebd. – MASER, Karl, Die Juden in der Frei- und Reichsstadt Dortmund und der Grafschaft Mark. Diss. Münster 1912. S. 40 ff., bezieht diese Steuerforderung zu Unrecht auf den Goldenen Opferpfennig.
64 Regensburger Urkundenbuch Bd. 1, bearb. von Josef WIDEMANN. Monumenta Boica 53. 1912. S. 390 f., Nrn. 697 und 699. Die Sondersteuer betrug im Falle Regensburgs 1000 Pfund; vgl. Germania Judaica II/2 (1968), S. 682.
65 HERQUET, wie Anm. 42, S. 429 Nr. 883. Vgl. Franziska WEISSENBORN, Mühlhausen in Thüringen und das Reich. 1911, S. 19.
66 Urkundenbuch der Stadt Worms, bearb. von Heinrich BOOS. 1–3. 1886–1893, hier 2, S. 201 Nr. 300; FISCHER, wie Anm. 4, S. 23.
67 Vgl. WIENER, Max, Regesten zur Geschichte der Juden in Deutschland während des Mittelalters. Hannover 1862. S. 17 ff., 25 ff. CARLEBACH, wie Anm. 52, S. 32 ff. Für das 15. Jahrhundert vgl. unten Anm. 121.
68 1360 erhielt das Kl. Ingelheim eine Rente von 200 fl. auf die halbe Judensteuer von Frankfurt/M. Reg. Imp. 8, Nr. 3353 (vgl. die Bestätigung durch Siegmund: Reg. Imp. 11 [wie unten Anm. 114], Nr. 2809). Die

mußte auf das Verhältnis des Königtums zu seinen Kammerknechten die angesichts leerer Kassen übliche Verpfändungspraxis des Spätmittelalters einwirken; denn gerade die Reichsstädte waren von den Herrschern versetzt worden. Hier waren vielfach die Schutzgewalt und die davon abhängigen Gefälle mit dem königlichen Amman- bzw. Schultheißenamt verbunden und gingen mit dessen Verpfändung dem Königtum verloren[69]. Aber auch unmittelbar wurden Judensteuern verpfändet[70], ein gern genommenes Pfandobjekt: Statt der ansonsten meist schwankenden Naturalgefälle waren hieraus fixierbare Gelder zu ziehen. Jedoch hatte die Verpfändung ganzer Judengemeinden deren Beziehung zum Herrscher nicht völlig abgeschnitten. Weil der Pfandgeber nach mittelalterlicher Auffassung noch weitgehende Rechte am Pfand behielt, an dem ohne seine Einwilligung nichts verändert werden durfte, unterstanden die verpfändeten Judengemeinden mehreren konkurrierenden Gewalten: dem Rat der Stadt als der unmittelbaren Obrigkeit, dem Kaiser oder König, dessen Kammerknechte sie waren, und ihrem Pfandherren[71].

Die Zeit Ludwigs des Bayern erwies, daß trotz aller Anweisungen und Verpfändungen die

Behandlung der Judensteuer wie ein Rentenlehen zeigt sich etwa, wenn seit Karl IV. die von Colditz jährlich 200 fl. von der Nürnberger Judensteuer bezogen (Bestätigung durch Sigmund: Reg. Imp. 11, Nr. 140, vgl. ebd., Nr. 1429f., 1845), und der halbe Anteil dem Schenk von Geiern zusteht. Nach dem Tod des Wigulaeus Schenk verleiht, wie ein heimgefallenes Reichslehen, Sigmund diesen Anteil dem Patrizier Rummel (Reg. Imp. 11 Nr. 10781). Ein analoger Fall: Germania Judaica III/1, 424 (Gau-Odernheim).
69 So hatte Burkart Münch (IV.) von Landskron, dem das Reichsschultheißenamt in Solothurn verpfändet war, die Abgaben der Juden in der Stadt inne. Charles STUDER (Hg.), Die Rechtsquellen des Kantons Solothurn. 1. Die Rechtsquellen der Stadt Solothurn. SlgSchweizRQ X,1. Aarau 1943. S. 172 Nr. 87 (1377).
70 LANDWEHR, Götz, Die Verpfändung der deutschen Reichsstädte im Mittelalter. ForschDtRG 5. 1967. S. 26, 31f. – Vgl. für die Zeit Ludwigs des Bayern: RÖSEL (2), wie Anm. 41, S. 334ff.; CARLEBACH, wie Anm. 52, S. 30f.; für Karl IV.: NUGLISCH, Adolf, Das Finanzwesen des Deutschen Reiches unter Kaiser Karl IV. Diss. Straßburg 1899. S. 73ff.; für Siegmund: SCHUMM, Karl, Konrad von Weinsberg und die Judensteuer unter Kaiser Sigismund. WürttFranken 54. 1970, S. 20–58, hier S. 34ff. Aufschlußreich ist die Pfandgeschichte der Dortmunder Juden. Nachdem 1250 die Stadt selbst ihre Judengemeinde dem Erzbischof von Köln unterstellt hatte (BRILLING-RICHTERING, wie Anm. 47, S. 37f. Nr. 13), versuchten im 14. Jahrhundert sowohl Kurköln als auch die Grafen von Kleve und von der Mark den Schutz der Dortmunder Juden vom König zu erlangen (ebd., S. 62 [Nr. 37], S. 75 [Nr. 55], S. 81 [Nr. 64], S. 135f. [Nr. 135], S. 138 [Nr. 138]). – Versuche des Königtums, die verpfändeten Rechte an den Juden wiedereinzulösen, fehlen vollständig. Ein entsprechender Vorstoß Konrads von Weinsberg 1444 (RTA 17, S. 313, Nr. 158 § 5) ist ein Einzelfall und bleibt ergebnislos. – Neben den Verpfändungen sind zahlreiche Anweisungen auf Judengefälle (vgl. als Beispiel WATZ, wie Anm. 5, S. 20 u. oben Anm. 67) Ausdruck improvisierender Finanzwirtschaft, die ohne Registerführung, ohne Kontrolle, ohne jede Übersicht auskommen muß. Aus leidvoller Erfahrung lassen sich 1346 die Reichsstädte in der Wetterau von Ludwig dem Bayern, der ihnen Judengefälle versetzt hatte, die Versicherung geben, daß die Abrede gültig bleibe, auch wenn *von Vergessen wegen oder wie das sonst käme* jemand eine königliche Anweisung auf diese Abgaben einlösen wolle. Ebd.
71 Exemplarisch zeigt dies der Prozeß, den 14/6 Friedrich III. gegen Regensburg wegen der Gefangennahme der Juden infolge einer Ritualmordbeschuldigung durch seinen Fiskalprokurator führen läßt, der unter dem Habsburger immer tätig wird, wenn es um Reichs- oder Königsrechte geht; denn Friedrich III. hatte in der Vertreibung einen Eingriff in seine Rechte gesehen, da *dy selb Judischait mit der oberchait allein dem K. und dem heil. Reich zusten* (STRAUS, Raphael, Urkunden und Aktenstücke zur Geschichte der Juden in Regensburg. 1453–1783. QErBayerG NF 18. 1960. S. 104 Nr. 323; WENNINGER, wie Anm. 6, S. 168ff.), und dabei negiert, daß die Regensburger Juden dem bayerischen Herzog verpfändet waren (vgl. dazu das gesamte bei STRAUS, S. 103–161, zusammengetragene Prozeßmaterial). Der Habsburger setzte sich durch – zu Lasten der Juden: die Stadt hat dem Herrscher eine Bußzahlung von 17 000 fl. zu leisten, durfte aber 8 000 fl. davon bei den Juden selbst erheben, bei den eigentlich Geschädigten (ebd., bes. S. 166f. Nr. 489 und 491f.; WENNINGER, wie Anm. 6, S. 172f.).

kaiserliche Kammerknechtschaft noch einen realen Bezug hatte[72]. Ihre Grundbedingungen aber, Schutz und dessen Fiskalisierung, wurden seit Karl IV. entscheidend verändert, faktisch entleert. Ebenso wie sich die Wohnbedingungen nach der zögerlichen Wiederaufnahme von Juden in den Reichsstädten entscheidend veränderten (genauer: verschlechterten), veränderten sich auch die Rechtsbedingungen: Die Schutzgelder wurden zwischen Stadt und dem Reichsoberhaupt geteilt[73]. Daß die Reichsstädte sich immer stärker zu der eigentlichen Schutzgewalt entwickeln sollten, zeigte sich bereits unter König Wenzel, als 1387 Hagenau entschlossenen Widerstand gegen eine zu hohe Besteuerung der Juden durch den Luxemburger leistete[74] – ein Vorgang, der sich im 15. Jahrhundert dann in mehreren Reichsstädten wiederholen sollte[75].

Die faktische Wandlung von Königsschutz zum Schutz durch die Stadt ist Ausdruck eines tiefergehenden Wandels. Es hatte sich vieles zwischen Pogrom und Wiederansiedlung verändert. Nicht mehr als Angehörige einer längst mit der Stadt verwachsenen Gemeinde lebten die Wiederaufgenommenen, sondern als Individuen, bei denen die Ratsherren darauf achteten, ob sie der Stadt von Nutzen waren, als Menschen, deren die städtische Welt bedurfte. Bezeichnenderweise sind unter den ersten Juden, denen die Wiederansiedlung gewährt wird, viele Ärzte[76]. Das hieß aber auch im Alltag, daß die städtische Herrschaft viel direkter und restriktiver als die eines fernen Kaisers wirken mußte.

72 BATTENBERG, Rechtsstellung, wie Anm. 4, S. 149.
73 Vgl. allgemein: LITTMANN, wie Anm. 45. 1360, bezeichnenderweise zu einem Zeitpunkt, da Karl IV. allenthalben im Reich die Revindikation von Reichsgut betrieb (SCHUBERT, wie Anm. 8, S. 166f.), nahm er alle Juden in Nürnberg und diejenigen, die sich noch hier ansiedeln würden, auf 15 Jahre in seinen Schutz. Die Gefälle teilten sich Kaiser (2/3) und Stadt (1/3). RTA 2, S. 324 Nr. 1; Reg. Imp. 8, Nr. 3092; vgl. ebd. Nr. 4945 (1371). Als Ruprecht 1401 das Privileg erneuerte, sollte die Hälfte der Gefälle zur königlichen Kammer fallen. Reg. Pfalzgrafen, wie Anm. 34, 2, Nr. 349. Die 1401 für Ulm und Windsheim vom König erteilte Erlaubnis, Juden wieder aufzunehmen, sah vor, daß die Hälfte der Judensteuer und der gesamte Goldene Opferpfennig dem König zustehen sollte. Ebd., 1367 und 1796. Der Kaiser gewährte 1372 Dinkelsbühl das Recht, zu den gleichen Bedingungen wie andere Reichsstädte Juden aufnehmen zu dürfen, wobei die Gefälle zwischen Kaiser und Stadt geteilt werden. SCHNURRER, Ludwig, Die Urkunden der Stadt Dinkelsbühl. 1282–1450. Bayerische Archivinventare 15. 1960. S. 45 Nr. 205 und 52 Nr. 237. Vgl. auch für Frankfurt: GOLDSCHMIDT, Joseph, Die Rückkehr der Juden nach Frankfurt am Main im Jahre 1360. In: ZGJudenDtld 2 (1888), S. 155ff. – Es weist auf wirtschaftliche Notlage einer Reichsstadt, wenn – wie im Falle Wetzlars 1382 – das Königtum der Stadt alle Einnahmen der wieder aufgenommenen Juden überläßt. WATZ, wie Anm. 5, 92ff. Im Jahre 1368 erlaubte Karl IV. der Stadt Schweinfurt, Juden aufzunehmen und deren Gefälle für die Stadt zu verwenden. Friedrich STEIN (Hg.), Monumenta Suinfurtensia historica inde ab anno DCCXCI usque ad annum MDC. 1875. S. 116 Nr. 117.
74 Sogar die Reichsacht nahm Hagenau bei der Gegenwehr gegen die königlichen Ansprüche in Kauf. SÜSSMANN, Arthur, Die Judenschuldentilgungen unter König Wenzel. 1907. S. 84ff.; BURG, A.M., Die unteren Volksschichten in Hagenau. In: Erich MASCHKE – Jürgen SYDOW (Hgg.), Gesellschaftliche Unterschichten in den südwestdeutschen Städten. 1967. S. 97. Auch Rothenburg lehnte 1395 und 1397 außerordentliche Abgaben seiner Judengemeinde an den König ab. WEHRMANN, wie Anm. 50, S. 83ff.
75 So setzt Oppenheim 1414 den Verzicht auf die »Konzilsabgabe« der Juden durch, Dortmund und Frankfurt sperrten sich 1422 bzw. 1423 gegen die auch von ihren Schutzjuden geforderte Beisteuer zum Hussitenkrieg (Reg. Imp. 11, Nr. 1213, 5411, 5942; vgl. Germania Judaica III/1, S. 356 [Frankfurt]), aber das galt nicht allgemein. Mehrfach bedankt sich Siegmund bei den Städten für ihre Mithilfe bei der Einbringung der Schatzungen (Reg. Imp. 11, Nr. 1986 [Erfurt], Nr. 2024 [Regensburg]), oder er mahnt die schon im 14. Jahrhundert bestehende städtische Pflicht, bei der Einbringung der Judensteuern mitzuhelfen, an (ebd. Nr. 6049 [Windsheim]).
76 Vgl. die Beispiele bei BERLINER, A., Aus dem Leben der deutschen Juden im Mittelalter, zugleich als Beitrag für deutsche Culturgeschichte. 1900. S. 60; GÜDEMANN, Moritz, Geschichte des Erziehungswe-

Allein auf die fiskalische, vertraglich festgelegte Nutzung der Kammerknechtschaft reduzierten die Reichsstädte im 14. Jahrhundert die königlichen Herrschaftsansprüche. Und selbst dieser Rest wurde unter Wenzel noch preisgegeben. Der König hatte, um rasch zu Geld zu kommen, diese Einnahmen gegen sofortige Zahlung der Hälfte des Ertrages an die königliche Kammer 38 schwäbischen und fränkischen Reichsstädten überlassen[77]. Vergebens versuchte er, diesen Schritt auf dem Hoftag zu Eger rückgängig zu machen; die Städte nagelten ihn auf seine Verbriefung fest; er mußte sogar 1390 das Zugeständnis von 1385 noch bekräftigen[78].

Es ist zweifellos zutreffend, als Folge nicht nur der großen Pogrome 1349 und vor allem des Verhaltens Karls IV., eine Zeit der »Territorialisierung« des Judenschutzes mit der Mitte des 14. Jahrhunderts beginnen zu lassen und eine eigene Epoche von 1350 bis 1500 »als Zeit des territorialen Judenregals« zu konstatieren[79]. Doch handelte es sich – wie wir notierten – um einen längerfristigen Prozeß, der in seinen Anfängen beträchtlich vor 1350 liegt und der im jeweiligen territorialen Kontext höchst unterschiedlich verlaufen konnte, wie sich insbesondere für den königsfernen Nordwesten des Reiches zeigen läßt: Wenn 1337 Ludwig der Bayer glaubte, die Einnahme *von des Riches Juden in der stat und dem bistum zu Muenster* dem Grafen von Waldeck anweisen zu können, so war das hier ebenso ergebnislos wie die gleiche Anweisung auf die Juden in Osnabrück. Die Bischöfe behaupteten ihre Schutzherrschaft[80].

Neben reichs- und freistädtischer Schutzherrschaft gab es noch die fürstliche, vielfach als Folge königlicher Verleihung des Judenregals. Die beträchtlichen Einnahmen[81] wurden von den Fürsten noch durch neue Auflagen erhöht, indem sie mit der Drohung des Entzugs von Schutzprivilegien existenzgefährdend hohe Steuerzahlungen erpreßten[82]. Als dann im 15. Jahrhundert das Königtum aus der Kammerknechtschaft eine grundsätzliche Oberhoheit ableitete und weitere Sondersteuern verlangte, mußten Fürsten und Städte um die Finanzkraft der ihnen unterstehenden Judengemeinden besorgt sein. Teils setzte das Königtum besondere Druckmittel gegen die Fürsten ein[83], teils wurden die königlichen Ansprüche akzeptiert, teils stellte das

sens und der Cultur der Juden in Deutschland während des XIV. und XV. Jahrhunderts. Wien 1888. S. 196ff.
77 SCHMIDT, wie Anm. 41, S. 89f.; LINDNER, Theodor, Geschichte des deutschen Reiches unter König Wenzel. 1–2. 1875–1880. Bd. 1, S. 273f.; WENNINGER, wie Anm. 6, S. 40–46.
78 VEITSHANS, wie Anm. 4, S. 12. Vgl. KISCH, Forschungen, wie Anm. 4, S. 80; WENNINGER, wie Anm. 6, S. 46ff.
79 BATTENBERG, Kammerknechte, wie Anm. 4, S. 569; DERS., Rechtsstellung, wie Anm. 4, S. 143 (vgl. ebd., S. 138f.).
80 BRILLING-RICHTERING, wie Anm. 47, S. 112 (Nr. 108); ROTHERT, Hermann, Geschichte der Stadt Osnabrück im Mittelalter, 1–2. Bd. 2. 1938 (Neudruck 1966), S. 26. – Ein weiteres Beispiel stellt Ruprechts Versuch dar, den Goldenen Opferpfennig am Niederrhein und im Hochstift Osnabrück durchzusetzen, indem er ihn seiner Schwester, der Herzogin von Berg, überschrieb. Reg. Pfalzgrafen 2, wie Anm. 34, Nrr. 3548, 5189, 5679 (1408).
81 Vgl. z. B. DROEGE, Georg, Verfassung und Wirtschaft in Kurköln unter Dietrich von Moers. 1414–1463. In: Rheinisches Archiv 50 (1957), S. 138.
82 So forderte 1414 Erzbischof Dietrich von Moers 25 000 fl. von seinen Kölner Juden, denen er andernfalls die Privilegien entziehen wollte. DROEGE, wie Anm. 81, S. 88.
83 Als Erzbischof Dietrich von Moers sich 1434 weigerte, die vom Kaiser ausgeschriebene Krönungssteuer (dazu unten, S. 296 u. 304) einzutreiben, sperrte ihm Siegmund die Einkünfte von den dem Kölner verpfändeten elsässischen Reichsstädten. Daraufhin gab Dietrich nach. DROEGE, wie Anm. 81, S. 137 Anm. 115.

Königtum den Fürsten *Schadlosbriefe* aus, daß die Zahlung der Sondersteuern ihre Rechte nicht beeinträchtigen würde[84]. Bisweilen beteiligten sich auch die Fürsten selbst an einem Raubzug an den Juden, der sich den Namen einer Reichshilfe lieh. Der Mainzer Kurfürst Konrad von Dhaun verweigerte 1429 eine königliche Besteuerung (aufgrund des Hussitensteuergesetzes von 1427), zahlte statt dessen Siegmund eine Abstandssumme von 4000 fl. und benutzte dann die königliche Autorität, um diese Steuer in seinem Erzstift selbst zu erheben, die ihm etwa 20000 fl. Reingewinn einbrachte[85].

Wenn nach Verpfändungen und Verleihungen des Judenregals noch von einer weiterbestehenden königlichen Oberhoheit gesprochen werden muß, so hängt das mit einem spezifisch mittelalterlichen Rechtsdenken zusammen. Regalien konnten gar nicht vollständig preisgegeben, sondern nur delegiert und in ihren Nutzungen anderen Gewalten übertragen werden. Dieses Denken gestattete dem Königtum zum Beispiel, an verpfändeten Zollstätten am Rhein einen »Überzoll«, den sogenannten Königsturnos, zu nehmen und diese königliche Aufstockkung des Zolltarifs in die eigene Kasse zu leiten[86]. Ebenso beanspruchte das Königtum die Oberaufsicht über alle Zölle im Reich, gleich welcher Rechtsnatur sie waren. Daß dieser Anspruch nicht mehr realisierbar war, mußten Wenzel und Ruprecht erfahren. Zu geschlossen war der Widerstand der Betroffenen[87]. Die Frage jedoch stellt sich, welches Schicksal das entsprechende Vorgehen der Könige hatte, ihr Judenregal geltend zu machen und aus der Kammerknechtschaft eine Oberherrschaft über alle Juden im Reich abzuleiten. Denn die Herrscher betonten, daß ein Fürst die Juden *von unsern und des reichs wegen innehat*[88]. So hatten schwäbische Städte *in heimelickeid* 1388 vom Prager Hofe erfahren, Wenzel wolle mit den rheinischen Kurfürsten verhandeln *der Juden wegen, die sie haben, daz sie ... dem konige das zehende teil folgen laißent*[89].

Daß ein Fürst die Juden nur im Namen des Königs und des Reiches innehabe, wie die Könige zur Behauptung ihrer Oberhoheit betonten, ist von den Fürsten selbst nicht bestritten worden[90]. Sogar Rudolf IV. von Österreich nahm in seiner Fälschung des Privilegium maius darauf Rücksicht, als er sich die kurfürstlichen Prärogativen des Judenschutzes mit der

---

84 Vgl. etwa Reg. Imp. 11, Nrr. 2315, 2868–2870, 4423 (für die Landgrafen von Thüringen), 2073, 2101 (für Bayern-Ingolstadt). Auch Städte wie Frankfurt, die sich zunächst gegen den sog. Dritten Pfennig sperrten, erhielten einen solchen Schadlosbrief. Ebd., Nr. 5942.
85 MATHIES, Christiane, Kurfürstenbund und Königtum in der Zeit der Hussitenkriege. QAbhMittelrheinKG 32. 1978. S. 257.
86 SCHUBERT, wie Anm. 18, S. 159f.
87 Ebd.
88 Urkundenbuch zur Geschichte der Bischöfe zu Speyer. Hg. von Franz Xaver REMLING. 1. Mainz 1852, S. 431, Nr. 554 (1331). Ähnlich zum Beispiel auch die Übertragung des Judenregals an den Abt von Hersfeld durch Karl IV. 1347. LINDNER, Theodor, Nachträge zu den Regesten Karls IV. In: Neues Archiv 8 (1883) S. 251 ff. (Nr. 6).
89 RTA 1 S. 418f., Nr. 233.
90 Wenn 1456 Friedrich III. dem Lüneburger Welfen erlaubt, in seinem Herzogtum *von uns und des reiches wegen* die Juden bis zu der Grenze von 1000 fl. ungarisch zu besteuern (KOENEN, Dieter, Völkerrechtliche Funde in deutschen Rechtsquellen des 13. bis 16. Jahrhunderts. Diss. iur. Bonn 1966. S. 80f.), so hat nicht nur der Kaiser, sondern offenbar auch ein Herzog im königsfernen Norden aus der kaiserlichen Kammerknechtschaft noch eine Oberhoheit auch über die landesherrlichen Juden abgeleitet.

Einschränkung zuschrieb: *sine imperii molestia et offensa*[91]. Als 1470 der burgundische Landvogt im Oberelsaß die Juden besteuern will, wird ihm entgegengehalten, daß die Juden den Habsburgern nur *a cause de l'empereur et non pas a leur privée nom* unterstanden hätten, daß sie infolgedessen gar nicht an Burgund hätten verpfändet werden können[92].

3. Die Regalhoheit in der Probe: Der Goldene Opferpfennig

Der von Ludwig dem Bayern 1342 eingeführte sogenannte Goldene Opferpfennig[93] war der Versuch des Königtums, die grundsätzliche Oberhoheit über die Juden als fiskalischen Anspruch allgemein zu nutzen. Es handelte sich um das »Schutzgeld« von einem Gulden. Zunächst noch geltende einschränkende Modalitäten wurden alsbald übergangen. Der Gulden sollte grundsätzlich im gesamten Reich von allen Juden beiderlei Geschlechts über 12 Jahren zu Weihnachten dem Reichsoberhaupt gezahlt werden. Hierin ist die Realisierung eines 1330 von Ludwig erwogenen Gedankens zu sehen, *ob wir hernach ze rat werden, daz wir alle Jüden in unser kamer wellen ziehen*[94], was keine neue Form der Kammerknechtschaft bedeuten kann, sondern auf fiskalische Nutzung auch des territorialisierten Judenregals durch den Kaiser zielt.

Im Gegensatz zum Umlageverfahren der allgemeinen Judensteuern, die von der Gemeinde insgesamt aufgebracht wurden[95], war mit dem Goldenen Opferpfennig eine direkte Kopfsteuer vorgesehen, was die Erhebung ziemlich schwierig gemacht hat. So ist zu erklären, daß unter Ruprecht von der Pfalz, der ansonsten erhebliche Steuersummen von den Juden erhalten hatte[96], diese Abgabe nur eine geringe Summe einbrachte[97], hing doch die Erhebung maßgebend von der Königsautorität ab. Aufgegeben hat das Königtum im späten Mittelalter aber die

---

91 STEINHERZ, S., Karl IV. und die österreichischen Freiheitsbriefe. In: MIÖG 9 (1888), S. 77.
92 BRAUER-GRAMM, Hildburg, Der Landvogt Peter von Hagenbach. GöttingerBausteineGWiss 27. 1957. S. 88; vgl. ebd., S. 241 ff. zur Diskussion dieses Problems auf dem Trierer Tag 1473.
93 Reg. Imp. 11, wie Anm. 114, Nr. 2266. BÖHMER, Reg. Lud. Nr. 3096. Dazu CARO, wie Anm. 4, 2, S. 136f.; KRACAUER, wie Anm. 57, 1, S. 28f.; RÖSEL (2), wie Anm. 41, S. 208f.; GRADENWITZ, Hirsch, Beiträge zur Finanzgeschichte des Deutschen Reiches unter Ludwig dem Bayern. Diss. Erlangen 1908. S. 29f. MÜLLER, Aus fünf Jahrhunderten. Geschichte der Juden in Nördlingen und benachbarten Gebieten. In: ZHistVerSchwaben und Neuburg 25 (1898), S. 1 ff., hier: S. 12, 33ff., 89; KISCH, Jews, wie Anm. 4, S. 167. In Wetterauischen Reichsstädten ist der Opferpfennig erstmals 1346 erwähnt. WATZ, wie Anm. 5, S. 29.
94 Ludwig hatte den Goldenen Opferpfennig nur von Juden und den verwitweten Jüdinnen verlangt, von allen, die über 12 Jahre alt waren und mehr als 20 fl. Vermögen besaßen. Das übernahm Karl IV., vgl. MGH Const. 8, Nr. 642 § 5, S. 648. Weiterhin entwickelten sich regionale und lokale Sondermodalitäten. In Schwaben wurde zur Zeit Siegmunds der Opferpfennig nur von den über Dreizehnjährigen, in Frankfurt nur von den Eheleuten gefordert. KERLER, Dietrich, Zur Geschichte der Besteuerung der Juden durch Kaiser Sigmund und König Albrecht II. In: ZGJudenDtld 3 (1889), 1 ff., 107ff., hier: S. 1 Anm. 1.
95 Dazu RÖSEL (2), wie Anm. 41, S. 56ff. (59f. zum Eid bei der Steueranlage).
96 STERN, wie Anm. 51, S. LVII.
97 SCHMIDT, wie Anm. 41, S. 90.

von Ludwig eingeführte Abgabe nicht[98]. Daß tatsächlich dieses Gefälle auch in Territorien erhoben wurde, geht aus manchen Beispielen hervor[99].

Wieweit der allgemeine Geltungsanspruch des Goldenen Opferpfennigs, an dem noch Friedrich III. festhielt[100], gegenüber den Territorial- bzw. Pfandherren durchgesetzt werden konnte, ist nicht grundsätzlich festzustellen. Das liegt insbesondere daran, daß die Einbringungsschwierigkeiten dieses nicht wie die anderen Judensteuern zu Martini, sondern zu Weihnachten zu erhebenden Gefälles das Königtum veranlaßten, den Opferpfennig regional zu verpfänden[101], als Belohnung für treue Dienste anzuweisen[102] oder, wie zumeist im Norden des Reiches üblich, ihn gegen eine Abstandszahlung Reichsständen zu überlassen[103], womit das Problem der Einbringung für den jeweils Begünstigten bestand.

Im Falle Ruprechts können wir ein zentrales königliches Interesse an diesem Gefälle nachvollziehen: Während er 1400 offenbar noch keine klaren Vorstellungen von dieser Steuer hatte, als er sie mit der Jakobssteuer Wenzels zusammenwarf[104], nahm er 1410 in einem Judenprivileg für den Würzburger Bischof den Goldenen Opferpfennig aus, weil dieser allein

---

98 Karl IV., der schon 1348 Balduin von Trier den Opferpfennig überschrieb, *in aller der weis si denselben...Ludwige von beiern antwurten und gaben* (MGH Const. 8 Nr. 642 § 5, S. 648), erhob seit 1360 diese Abgabe wieder. (Johann Reinhard WEGELIN), Gründlich-Historischer Bericht von der kayserlichen und Reichs Landvogtei in Schwaben. O.O. 1755. S. 56f., Nr. 93. Wenzel hielt ebenso daran fest. Vgl. nur RTA 2, Nr. 200 ff., S. 342 ff. (1392. 1400). Als Siegmund 1414 den Heilbronner Juden einen Schutzbrief gibt, bestimmt er, daß er nur für die gelten soll, die den Opferpfennig erlegen. Urkundenbuch der Stadt Heilbronn. 1. Bearb. von Eugen KNUPFER. WürttGQ 3. 1904. S. 210 ff., Nr. 451, S. 210 ff. – Noch Karl V. gebot 1521, den Opferpfennig zu erheben. OLENSCHLAGER, Johann Daniel von, Neue Erläuterung der Goldenen Bulle Kaysers Carls des IV. Frankfurt-Leipzig 1766. Urkundenbuch S. 90f., Nr. 33.
99 Ruprecht hatte bei der Verleihung des Judenregals sich immer den Goldenen Opferpfennig vorbehalten. HÖFLER, Konstantin, Ruprecht von der Pfalz genannt Clem. Römischer König 1400–1410. 1861. S. 377. – Unter Siegmund wurde diese Abgabe offenbar auch in der Eidgenossenschaft erhoben. Reg. Imp. 11, Nrr. 717, 1144, 5069, 5085.
100 Als 1461 Friedrich III. Markgraf Albrecht Achilles für ein Jahr die Einkünfte der Judenschaft des Reichs überweist, mahnt er alle Reichsstände, den Goldenen Opferpfennig der Juden *so hinder euch wohnhafftig und gesessen sein* einzunehmen und an Albrecht auszuliefern. BACHMANN, Adolf, Briefe und Acten zur österreichisch-deutschen Geschichte im Zeitalter Kaiser Friedrichs III. (FRA II/44) Wien 1885. S. 142ff., Nr. 98. Der Zoller hat dann 1464 sogar von dem Pfälzer Kurfürsten, seinem großen Gegner der vergangenen Jahre, freies Geleit verlangt, um die Judensteuern und den Goldenen Opferpfennig in pfälzischen Gebieten zu erheben. Erstaunlicherweise hat Pfalzgraf Friedrich I. diesem Ansinnen stattgegeben. HASSELHOLDT-STOCKHEIM, Gustav von, Herzog Albrecht IV. von Bayern und seine Zeit. 1, Abtlg. 1: Kampf der wittelbachischen und brandenburgischen Politik 1459 bis 1465. Archivalischer Beitrag zur deutschen Reichsgeschichte. 1865. S. 275 f. Frankfurt, das seit Karl IV. die Steuern seiner Judengemeinde in städtischen Besitz gebracht hatte, verweigerte zwar die Zahlung von Judensteuern, willigte aber dennoch in die Abgabe des Goldenen Opferpfennigs ein: KRACAUER, wie Anm. 57, S. 213 ff.
101 Bereits 1346 hatte Ludwig den Goldenen Opferpfennig in den wetterauischen Reichsstädten verpfändet. Vgl. Urkundenbuch der Stadt Friedberg. Bd. 1, bearb. von M. FOLTZ. VeröffHistKommHessen und Waldeck. 1904. S. 159 Nr. 365. – Verpfändungen des Goldenen Opferpfennigs durch Karl IV. in der Wetterau: Reg. Imp. 8, Nrr. 6031, 3376; an Balduin von Trier (vgl. Anm. 98); an Rothenburg: MGH Const. 8 Nr. 363, S. 410. Vgl. für das 15. Jahrhundert: Reg. Imp. 11, Nrr. 3398, 7035, 7243.
102 Vgl. RÖSEL (2), wie Anm. 41, S. 209 f., S. 470. Reg. Imp. 11, Nrr. 1144, 5818.
103 Für die Zeit Ruprechts: STERN, wie Anm. 51, S. XVIII ff.; SCHMIDT, wie Anm. 41, S. 93 f., für Siegmund vgl. die Erhebung des Opferpfennigs und anderer Judengefälle, die 1415 Markgraf Friedrich im Norden des Reichs übertragen wird: Monum. Zoll., wie Anm. 34, 7 Nr. 422 f.
104 Reg. Pfalzgrafen 2, wie Anm. 34, Nr. 6218.

dem König zustehen sollte[105]. Im Jahre 1403 erklärt er die Dortmunder Juden in die Acht, weil sie den Goldenen Opferpfennig, *der uns von aller judischeit, die unter dem reiche ist, jährlich zufallen soll*, nicht gezahlt haben und der dreimaligen Ladung vor das Hofgericht nicht gefolgt sind. Der Dortmunder Rat soll die Acht vollziehen[106]. Im selben Jahr provozieren die Ansprüche Ruprechts eine Reaktion des Mainzer Erzbischofs; er wolle dem König Urkunden über die Mainzer Rechte am Goldenen Opferpfennig vorlegen[107]. Gegen den Trierer Erzbischof erhob der König Klage wegen des *versessenen* Gefälles; zwar erließ er im Jahre 1405 dem Erzbischof die bisher versäumte Zahlung, beanspruchte sie aber für die Zukunft[108]. Wie zäh um diese Abgabe gerungen wurde, zeigte sich 1408, als es dem Trierer Erzbischof gelang, sich vom König den Goldenen Opferpfennig in seinem Erzstift überschreiben zu lassen[109].

Es spricht für die Bedeutung des Goldenen Opferpfennigs, daß Wenzel versucht hat, ihn zu kopieren. Nachdem sich der König 1390 den Verlust der Hälfte der städtischen Judensteuern eingestehen mußte[110], versuchte er im folgenden Frühjahr, eine neue Einnahmequelle zu erschließen. Für umfangreiche Privilegien (Sicherung der Judenschulden, Genuß des Landfriedens, Befreiung von Zöllen, Verbot der gewaltsamen Taufe und ähnliches) verlangte er als Dank von jedem Juden eine jährliche Abgabe von einem Gulden zu St. Jakob. Die Einnahme sollte weder verpfändet werden noch durch Anweisung in fremde Hände gelangen, sondern *nyndert anders komen danne in unser camer*[111].

Den Goldenen Opferpfennig kann man noch als Ausdruck der Oberhoheit über die Regalien interpretieren, wie sie auch in anderen Fällen – wir wählten das Beispiel des Zollregals – zum Ausdruck kam. Bei den Bußgeldern der Judengemeinden ist jedoch eine solche Analogie verfehlt. Grundsätzliches spiegelt sich wider: Auf die Rechtsverhältnisse, unter denen die Juden stehen, färben zwar die üblichen Rechtsverhältnisse der Gesellschaft ab, aber es bleibt immer ein Sonderrecht. Seit dem Frühmittelalter war es das dem Kaufmannsrecht verwandte Gästerecht, dem die Juden unterworfen waren[112]. Auch die Kammerknechtschaft war ein solches spezifisches Recht, so nah es auch dem üblichen Schutz- und Dienstgedanken verwandt war. Und

---

105 WIENER, Regesten, wie Anm. 67, S. 69 Nr. 97.
106 Reg. Pfalzgrafen 2, wie Anm. 34, Nr. 3226.
107 RTA 5, S. 515, Nr. 372.
108 Reg. Pfalzgrafen 2, wie Anm. 34, Nr. 4138.
109 Reg. Pfalzgrafen 2, wie Anm. 34, Nr. 5154. Diese Verschreibung ist ziemlich singulär, ansonsten nimmt Ruprecht den Goldenen Opferpfennig aus (vgl. Reg. Pfalzgrafen 2, Nr. 6115. WIENER, Regesten, wie Anm. 67, S. 66 Nr. 85), offenbar weniger aus fiskalischem als aus rechtlichem Interesse; denn eine Kopfsteuer galt als signum servitutis und konnte der Behauptung einer königlichen Regalhoheit dienen. Am Goldenen Opferpfennig orientiert war auch zur Finanzierung des Landfriedens in der Wetterau der von allen über zwölfjährigen Juden beiderlei Geschlechts erhobene Personalzoll in Höhe von einem alten Turnos. RTA 5, S. 639 Nr. 441 § 6.
110 Vgl. oben zu Anm. 77f.
111 SÜSSMANN, wie Anm. 74, S. 88. – Es ist wohl als ein Reflex auf Wenzels Steuer zu sehen, wenn im 15. Jahrhundert in Rothenburg der Jakobstag der Stichtag zur Aufnahme von Juden ist, vgl. WEHRMANN, wie Anm. 50, S. 55. Ebd., S. 81, ist diese Steuer als »Neueinführung« des Goldenen Opferpfennigs verkannt worden.
112 KISCH, Guido, Jewry Law in Central Europe – Past and Present. In: DERS., Ausgewählte Schriften 2. 1979, S. 50ff., hier bes. S. 53f.

schließlich ist die beanspruchte Oberhoheit des Königs über die Juden mehr als nur Regalherrschaft; das zeigt sich nicht nur in dem Anspruch auf die Bußgelder, das zeigt sich im 15. Jahrhundert in ganz neuen Steuerforderungen, die das Königtum aus der – nur noch theoretisch bestehenden – Kammerknechtschaft ableitete.

4. Versuchte Ausbeutung: Krönungs- und Reichssteuern im 15. Jahrhundert

König Siegmund hatte schon bald nach seiner Wahl beklagt, *das riche si wol groß und wit, aber der nuetze cleine*[113]. Auf der Suche nach neuen Finanzquellen, beraten und angetrieben von dem Kämmerer Konrad von Weinsberg, hatte der Luxemburger schnell die Juden als das am leichtesten auszubeutende Besteuerungsobjekt entdeckt. So verlangte er eine »Hilfe« der Juden zu seiner Königskrönung[114]. Eine solche Steuer hatte schon Adolf von Nassau – wie es scheint ergebnislos – durchzusetzen versucht[115]. Davon aber wird Siegmund kaum etwas gewußt haben. Der Gedanke, eine Steuer zur Königskrönung zu fordern und damit eine königliche Oberhoheit auch über die Juden unter städtischer und fürstlicher Herrschaft zu beanspruchen, lag nahe. Doch angesichts des schleppenden Aufbaus einer Art Finanzverwaltung scheint die Eintreibung dieser Steuer sich hingezogen zu haben und mit einer neuen Abgabe verschmolzen zu sein, die in ihrer Höhe alles bisher Bekannte weit überstieg, dem sogenannten Dritten Pfennig. Hinter dieser harmlos klingenden Bezeichnung verbirgt sich ein Denken, das die Kammerknechte völlig der Willkür des Königs ausliefern wollte[116]: ein Drittel aller jüdischen Habe. Diese nach eigenen Worten *redliche Steuer* forderte der Luxemburger, weil die Juden seinen Vorgängern seit langer Zeit nicht gedient hätten[117].

Am 13. August 1414 kündigt der König dem Frankfurter Rat an, daß er eine besondere, noch nicht näher bestimmte Abgabe von den Juden erheben wolle[118]. Zwei Wochen später wird er konkreter, fordert von den Gemeinden in den Städten und Stiften Augsburg und Eichstätt sowie denen von Ulm und den Städten des Ulmer Städtebundes und schließlich auch von Rothenburg *ein redlich steure und hilfe*[119]. Die Begründung, die für diese immer noch unbestimmte Forderung gegeben wird, ist die gleiche, die dann die Abgabe des »Dritten Pfennigs« stützen soll: Der König habe große Kosten in welschen Landen in Angelegenheiten der Kirche und des Reiches gehabt. Die Begründung wird auch hinfort stets gegeben, wobei immer deutlicher auf die königlichen Reisen durch Europa, an die Königshöfe von Aragon, Frankreich und England

---

113 RTA 10, S. 375 Nr. 311 § 5. Vgl. SCHUBERT, wie Anm. 8, 153.
114 Regesta Imperii XI. Die Urkunden Kaiser Sigmunds, Verzeichnet von Wilhelm ALTMANN. Innsbruck 1896–1900 (künftig: Reg. Imp. 11), Nr. 1579.
115 KRACAUER, Isidor, Urkundenbuch zur Geschichte der Juden in Frankfurt am Main. 1911. S. 7 Nr. 18: Am Widerstand Frankfurts scheiterte Adolfs Versuch, von den Juden der Reichsstadt einen Beitrag zur Krönung zu erhalten; vgl. SCHALLES-FISCHER, Marianne, Pfalz und Fiskus Frankfurt. VeröffMPIG 20. 1969 S. 182, 462, 468.
116 Vgl. als Überblick über Siegmunds Forderungen KARASEK, Dieter, Konrad von Weinsberg. Studien zur Reichspolitik im Zeitalter Sigismunds. Diss. Erlangen 1967. S. 18 ff. Zu Recht nannte der Herausgeber der entsprechenden Reichstagsakten diese Steuern »Plünderungs-Feldzüge«. BECKMANN, Gustav, RTA 11, S. XXXII.
117 RTA 12, S. 180 f. (Einl.).
118 Reg. Imp. 11, Nr. 1143; vgl. auch Nr. 1164.
119 Ebd., Nr. 1163, 1166. Vgl. STEIN, wie Anm. 73, S. 452.

im Interesse des Konstanzer Konzils hingewiesen wird[120]. Das sollte nicht die Juden überzeugen, sondern ihre christlichen Obrigkeiten, damit sie nicht ihre Privilegien gegen die königlichen Ansprüche ins Feld führten.

Inwieweit Siegmund seine Forderung durchsetzen konnte, läßt sich nicht annähernd abschätzen. (Diese und die folgenden Sondersteuern begleiteten ebenfalls die üblichen Anweisungen[121].) Sie standen nicht nur auf dem Papier, sie versetzten – nicht zuletzt Folge der Energie Konrads von Weinsberg – Judengemeinden in Angst und Schrecken. Die Goslarer Juden wanderten aus und begaben sich unter den Schutz des mächtigen Rates von Braunschweig, wo sie sich in Sicherheit wähnten[122]. Denn die Städte wollten die Finanzkraft der Juden für sich nutzen, bemühten sich, die königlichen Forderungen herunterzuschrauben[123]. Mit 5000 fl. löste die Frankfurter Judengemeinde die königliche Forderung ab[124]. Die Dortmunder Gemeinde zahlte schließlich nur 400 fl[125]. Eindeutig war, daß König und Kämmerer die Juden nur als fiskalische Beute betrachteten[126]. Siegmunds Interesse an den Goslarer Juden erlosch

---

120 Vgl. Reg. Imp. 11, Nr. 2867, 3256f.
121 Vgl. z. B. Reg. Imp. 11, Nrr. 1229–1237 (1414), 5522, 5542 (1423). Zur Kaiserkrönungssteuer 1434 vgl. ebd., 10343 (RTA 11, S. 313 Nr. 170): Zur Bezahlung der Schulden von 7500 fl., die der Kaiser bei Basel gemacht hatte, darf der Rat die ihm angewiesenen Judengelder durch eigene Beauftragte mit einziehen, eine sicherlich notwendige Vorsichtsmaßnahme. Denn so üblich solche Anweisungen von Beginn der Regierungszeit Siegmunds an waren (vgl. ebd., Nr. 80, 82, 884), so hatte, aller Bemühungen eines Johann Kirchen oder eines Konrad von Weinsberg zum Trotz, niemand eine wirkliche Übersicht über diese Anweisungen. Sie sind deswegen auch oft im Reichsregister durchgestrichen (vgl. z. B. ebd., Nr. 6412). Ein Beispiel: 1423 wurde für drei Jahre eine Anweisung auf die halbe Nürnberger Judensteuer ausgestellt (ebd., Nrr. 5478–5480), womit in den folgenden Jahren erneute Anweisungen kollidieren mußten, die dann im Reichsregister durchgestrichen oder mit dem Vermerk *non valet* korrigiert wurden (ebd., Nrr. 5612, 5962). Sicherheits- und einfachheitshalber ließ sich deswegen 1425 Pfalzgraf Johann von Neumarkt nicht nur die Judengelder von Augsburg, sondern auch die von allen Juden im Reich anweisen. Ebd., Nr. 6285; RTA 8, S. 156 Nr. 144. Solche Anweisungen konnte noch nicht einmal Konrad von Weinsberg verhindern – ungerührt gibt Siegmund seinem Kämmerer Befehl, Rechnungen für Rüstungen oder Judengelder an bewährte Diener zu zahlen. Reg. Imp. 11, Nr. 10298 bzw. 10223 (1434). Vgl. auch ebd., Nr. 10372: Konrad von Weinsberg soll vom Judengeld Siegmunds in Basel für 6100 fl. verpfändete Kostbarkeiten, vor allem seine Krone, auslösen. Solche Anweisungen begleiten – wenngleich seltener – die Sondersteuern, die Friedrich III. verlangte. Vgl. RTA 17, S. 416f. Nr. 202 (1444), oder CHMEL, Reg. Frid., wie Anm. 142, Nr. 2974 (1452).
122 Während Maimon den Auszug der Goslarer Juden nach Braunschweig mit der Krönungssteuer von 1414 in Zusammenhang brachte, lehnte FAHLBUSCH (wie unten), S. 70 f. diesen Zusammenhang mit dem Hinweis auf die angeblich geringe Steuersumme von 155 fl. ab – ohne zu berücksichtigen, daß die Juden erkannten: Hier sollte eine neue Phase königlicher Besteuerung beginnen, die sie einem doppelten Steuerzwang, dem durch die Stadt und dem durch den Herrscher, aussetzen würde. MAIMON, Arye, Die Flucht der Juden aus Goslar im Jahre 1414 und ihre Folgen. In: HarzZ 24/25 (1972/73), S. 113–119; FAHLBUSCH, Friedrich Bernward, Städte und Königtum im frühen 15. Jahrhundert. Ein Beitrag zur Geschichte Sigmunds von Luxemburg. Städteforschung A 17. 1983. S. 142 ff.
123 Am Königshofe verkannte man die Realitäten, wenn man an die Städte wie z. B. an Frankfurt und Friedberg das Ansinnen richtete, bei der Einbringung der Krönungssteuer behilflich zu sein. WATZ, wie Anm. 5, S. 106.
124 KRACAUER, wie Anm. 57, 1, S. 151.
125 FAHLBUSCH, wie Anm. 122, S. 54 Anm. 20 und S. 70 f.
126 Vgl. Anm. 116.

sofort, nachdem diese mit erstaunlich geringer Summe die königlichen Ansprüche abgelöst hatten[127].

Die Einnahme des Dritten Pfennigs zog sich naturgemäß lange hin. Während die Nürnberger Gemeinde schon im Oktober 1414 (in zwei Raten) zahlte[128] und im Dezember dieses Jahres entsprechende Verhandlungen mit den Frankfurtern liefen[129], werden erst 1417 Anstrengungen unternommen, diese Abgabe in wettinischen und österreichischen Landen durchzusetzen[130], was in Bayern-Landshut 1418 geregelt wurde[131], in jener Zeit aber im Mainzer Erzstift noch ausstand[132].

Während die eine Steuer noch nicht eingebracht war, wurde die nächste bereits ausgeschrieben. Es handelte sich um das sogenannte Bullengeld, das der König beanspruchte, weil er den Juden die Freiheiten garantierte, die ihnen Papst Martin V. zugestanden hatte[133]. Seit 1418 forderte der König dafür den, wie es die Quellen umschreiben, dritten Teil des Zehnten Pfennigs, eine Vermögenssteuer von 3⅓ Prozent[134]. Auch diese Abgabe wurde nicht sofort eingebracht, noch 1421 wird sie zum Beispiel von rhein-mainischen Städten gefordert[135]. Offenbar war es jedoch diejenige von allen königlichen Sondersteuern des 15. Jahrhunderts, die noch am bereitwilligsten von den Gemeinden bezahlt wurde[136].

In welcher Größenordnung die einlaufenden Sondersteuern sich bewegten, ist aus einer Nachricht des zollerschen »Finanzexperten« Ludwig von Eyb zu erfahren[137]. Er weiß im Alter

---

127 Nur bis zur Bezahlung der 155 fl. hatte der König die Ansprüche des Goslarer Rates gegenüber den nach Braunschweig abgewanderten Juden unterstützt. FAHLBUSCH, wie Anm. 122, S. 75.
128 Reg. Imp. 11, Nr. 1228, 1242.
129 Ebd., Nr. 1347.
130 Ebd., Nr. 2313f. mit 2867. 1420 war in Österreich der Dritte Pfennig noch nicht eingebracht (vgl. ebd., Nr. 4073), wohl aber 1421 in Thüringen und Meißen (ebd., Nr. 4422).
131 Ebd., Nr. 3733.
132 Ebd., Nr. 2802. Vgl. zur Durchführung der Steuer auch Germania Judaica III/1, S. 43 (Augsburg), 75 (Bamberg), 234 (Dingolfing), 235 (Dinkelsbühl), 243 (Dortmund), 251 (Dresden), 451 ff. (Goslar), 473 (Großenhain), 494 (Halberstadt), 500 (Halle), 533f. (Heilbronn), 613 (Kempten), 635 (Köln), 651 (Königsberg i. Fr.).
133 Reg. Imp. 11, Nr. 3015. – Nikolaus Sprenger, Annalen, ed. STEIN, wie Anm. 73, S. 337, vermengt Bullensteuer und Tätigkeit jüdischer Steuerboten, wenn er zum Jahre 1417 (!) notiert: *haben etlich Juden vom Babst Martino quinto Freyheit erlangt, von andern Juden Schatzung zuendtpfahen.*
134 Reg. Imp. 11, Nr. 2881, 3008, 3110. Vgl. WATZ, wie Anm. 5, S. 107. Die Konstanzer Juden, die u.U. an der päpstlichen Privilegierung Anteil genommen hatten, waren bereit, 600 fl. an Bullengeld zu zahlen. Reg. Imp. 11, Nr. 3006.
135 WATZ, wie Anm. 5, S. 107f.
136 Das läßt sich den Ortsartikeln der Germania Judaica III/1 entnehmen, in denen wesentlich häufiger als bei anderen Sondersteuern die Zahlungen des *Bullengeldes* nachgewiesen (wenn auch nicht in jedem Fall vom Bearbeiter als solches erkannt) sind: S. 27 (Arnstadt), 43 (Augsburg), 107 (Bern), 131 (Blaubeuren), 132 (Bleicherode), 134 (Bodenwerder), 138 (Bopfingen), 150 (Braunschweig), 192 (Büdingen), 243 (Dortmund), 293 (Eisenach), 294 (Eisleben), 297 (Ellrich), 313 (Thüringen), 400 (Freiburg i. Ü.), 424 (Gau-Odernheim), 428 (Gelnhausen), 435 (Giengen), 447 (Göttingen), 457 (Gotha), 471 (Grimma), 476 (Groß Umstadt), 487 (Hagenau), 494 (Halberstadt), 509 (Hameln), 542 (Helmstedt) 558 (Hildesheim), 589 (Jena), 605 (Kassel), 610 (Kelbra), 636 (Köln), 666 (Konstanz), 730 (Leipzig), 749 (Lindau).
137 Die Kenntnis des Ritters beruht entweder auf Familientradition (vgl. unten Anm. 147) oder eventuell darauf, daß Siegmund 1411 dem Burggrafen Friedrich VI. neben allen zu Martini fälligen Stadtsteuern auch eigens *die judenstewer und gulden opferpfennyg* überschreibt, weil der Zoller in deutschen Landen den königlichen Hof zu bestellen habe. Reg. Imp. 11, Nr. 118; Constantin HÖFLER (Hg.), Des Ritters Ludwig

zu berichten, daß Siegmund neben dem Goldenen Opferpfennig auch den *zehenden pfennig von den Juden erhoben habe, das man achtet, das dazumalen von den juden ob dreißig tausent guldin bracht wurd, das weiß ich aus dem, das herr Caspar Slicken ein ort der Judenschaft hie umb in den Fürstenthumbn Brandenburg, Würzburg, Bamberg und da umb in den Stetten des Reichs geben wurd, des herr Caspar Slick mein alten Vettern Mertein von Eyb sagt, solchs von den Juden einzufordern mit den königlichen penen der Acht und Oberacht* [138]... *So weiß ich nit anders denn Kaiser Friedrich hab es auch lassen nemen* [139].

Selbst wenn Ludwig von Eyb nur vom übertreibenden Hörensagen den Ertrag von Judensteuern angegeben haben sollte, so muß die Summe aller eingehenden Gelder unter Siegmund noch weit höher gelegen haben, denn der fränkische Ritter nennt nur eine von mehreren königlichen Schatzungen. Alle Belege weisen in die gleiche Richtung: Aus keinem Königsrecht hatte Siegmund so viel praktischen Nutzen ziehen können wie aus der Kammerknechtschaft. Selbst wenn die Forderung eines Drittels aller jüdischen Habe als Königssteuer seit 1414 durch Abstandszahlungen gemildert worden war, so hatte doch der König seinen Anspruch durchgesetzt [140], hatte eine neue Steuer geschaffen. Die Krönungssteuer galt seitdem als selbstverständliches Recht, so daß Albrecht II. 1438 sofort nach seiner Wahl den Dritten Pfennig forderte und nach seinem frühen Tod der Pfalzgraf Ludwig III. im Jahre 1439 aufgrund seines Vikariatsrechtes die Ansprüche Albrechts II. einzutreiben versuchte [141] – vergeblich allerdings, denn der Habsburger war gar nicht gekrönt worden. Friedrich III. [142] und selbst Maximilian, der die Vertreibung der Juden aus so vielen Reichsstädten geduldet hatte [143], haben die Krönungssteuer erhoben und nach dem Vorbild Siegmunds ein Drittel aller jüdischen Habe beansprucht [144]. Noch 1643 verhandelte der Reichsdeputationstag über eine solche Besteuerung der Juden [145]. Daß – zum letzten Mal und natürlich vergeblich – noch im Jahre 1743 von seiten des Reiches der Versuch unternommen wurde, die Juden zu Krönungssteuer und Goldenem

von Eyb Denkwürdigkeiten brandenburgischer (hohenzollerischer) Fürsten. QSlgFränkG 1. Bayreuth 1849. S. 37f.
138 Vgl. unten Anm. 147 und HÖFLER, wie Anm. 137, S. 39 Anm. 55: Über einen Erfurter Juden wird die Reichsacht verhängt, weil er die Steuer nicht zahlen wollte.
139 Ebd., S. 144.
140 MINUTOLI, Julius von, Friedrich I. Kurfürst von Brandenburg und Memorabilia aus dem Leben der Markgrafen von Brandenburg. 1850. Nr. 20, S. 71f. (1418).
141 Vgl. zu Albrechts Forderung des Dritten Pfennigs: KRACAUER, wie Anm. 57, 1. S. 180ff., ferner WATZ, wie Anm. 5, S. 112, und zu dem Versuch des Reichsvikars, diese Forderung zu realisieren: RTA 14 Nrr. 5–11, 17–21, 29, 33, S. 38ff. (Auch den Goldenen Opferpfennig hatte der Pfalzgraf aufgrund seines Vikariatsrechtes zu erheben versucht. Ebd., Nr. 24, S. 56.) Die Ortsartikel der Germania Judaica III/1 lassen an dem Scheitern dieser Steuer keinen Zweifel: S. 43 (Augsburg), 243 (Dortmund), 265 (Ebern), 311 (Erfurt), 367 (Frankfurt), 428 (Gelnhausen), 487 (Hagenau), 608 (Kaysersberg), 658 (Kolmar), 666 (Konstanz).
142 CHMEL, Joseph, Regesta chronologico-diplomatica Friderici III Romanorum Imperatoris. Wien 1840. Nrr. 764, 795 (1442). RTA 16, S. 670–689, Nrr. 294–319; RTA 17, S. 291f. Nr. 141, S. 418f. Nr. 202e-g. Vgl. Hermann HERRE in RTA 16, S. 226f., 267f. Auf das Vorbild Siegmunds berief sich auch Friedrich III. RTA 17, S. 291 Nr. 141. Zur Krönungssteuer 1442–1444 vgl. Germania Judaica III/1, S. 75 (Bamberg), 211 (Cleeberg), 299 (Eltville), 342 (Forchheim), 424 (Gau-Odernheim), 436 (Gießen), 494 (Halberstadt), 500 (Halle).
143 WENNINGER, wie Anm. 6, passim.
144 KRACAUER, wie Anm. 57, S. 239ff.
145 MOSER, Johann Jacob, Teutsches Staatsrecht. 4. Frankfurt-Leipzig ²1748. S. 77ff.; 6. ebd. ²1752. S. 521. Vgl. unten Anm. 166.

Opferpfennig heranzuziehen, ist historisches Kuriosum und nur aus der verzweifelten Lage Karls VII. zu erklären, dessen Hoffnung auf die Subsidien der Reichsfürsten sich nicht erfüllt hatte[146].

Nachdem Siegmunds Forderung 1414 im Prinzip nicht bestritten worden war, konnte es nicht ausbleiben, daß der Luxemburger 1434 auch eine Kaiserkrönungssteuer von den Juden eintreiben ließ[147]. Er beanspruchte – schließlich war die Krönung eines Kaisers bedeutender als die eines Königs – die Hälfte aller jüdischen Habe[148], und es schien ihm eine Gnade zu sein, wenn er die Steuereinnehmer instruierte, auch mit einem Viertel sich begnügen zu wollen[149]. Friedrich III. folgte auch hier dem Vorbild des Luxemburgers und beanspruchte ebenfalls die Ehrung durch die Juden anläßlich seiner Kaiserkrönung, war aber etwas bescheidener in seinem Anspruch, indem er nur ein Drittel aller Habe verlangte[150].

Die Beisteuern zur Königs- und Kaiserkrönung wurden *von der Judischheit durich das gancz heilig Romisch rich* verlangt[151]. Im 15. Jahrhundert nennt ein Herrscher die Juden nicht nur seine Kammerknechte, sondern *unser und des heiligen reichs kamerknechte*, ja bisweilen sogar *des heilgen reichs kamerknecht*[152]. Mit der verstärkenden Berufung auf das Reich sollte also der ursprüngliche Gedanke der Kammerknechtschaft gegenüber Territorialisierungen und Verpfändungen zur Geltung gebracht werden. Dem Reich konnten sich die Fürsten nicht versagen. Wählen wir als Beispiel nur die Krönungssteuern Friedrichs III. Der König konnte 1442 neben anderen auch den Kurfürsten Sachsens beauftragen, die Krönungssteuer in mitteldeutschen Gebieten einzubringen und im Weigerungsfalle Strafen zu verhängen[153]. Obwohl dann die Erträge der Kaiserkrönungssteuer weit hinter den Erwartungen zurückblieben, hat es doch auch hier noch keinen offenen Widerspruch der Fürsten gegeben.

Nachweislich haben fürstliche Schutzjuden diese Kaiserkrönungssteuer bezahlt[154]. Daß sie

---

146 Mandat vom 13.3.1743, überliefert z.B.: Stadtarchiv Hildesheim, Best. 1 Nr. 50. Vgl. AUFGEBAUER, Peter, Die Geschichte der Juden in der Stadt Hildesheim im Mittelalter und in der frühen Neuzeit. Schriftenreihe des Stadtarchivs u. der Stadtbibliothek Hildesheim 12. 1984. S. 136.
147 RTA 11, S. 296–325 Nrr. 163–174; Reg. Imp. 11, Nrr. 9818–9821. Vgl. Gustav BECKMANN in RTA 11, S. XXXff., S. 192ff. – Mit der Einbringung dieser Steuer in Franken wurde 1434 Martin von Eyb beauftragt. Reg. Imp. 11, Nr. 10175. Auch in Savoyen sollte diese Abgabe erhoben werden. Ebd., Nr. 10305 und 10392. Vgl. auch Germania Judaica III/1, S. 27 (Arnstadt), 43f. (Augsburg), 75 (Bamberg), 138 (Bopfingen), 144 (Bozen), 150 (Braunschweig), 194 (Burgau), 233 (Dillingen), 235 (Dinkelsbühl), 238 (Donauwörth), 264 (Ebermannstadt), 265 (Ebern), 269 (Eger), 311 (Erfurt), 428 (Gelnhausen), 435 (Giengen), 500 (Halle), 519 (Haßfurt), 530 (Heidingsfeld), 533f. (Heilbronn), 545 (Herford), 565 (Hochstädt an der Donau), 571 (Hollfeld), 573 (Horb), 582 (Ingolstadt), 585 (Iphofen), 603 (Kamen), 610 (Kelbra), 611 (Kelheim), 613 (Kempten), 620 (Kleinlangheim), 666 (Konstanz).
148 RTA 11, S. 311 Nr. 168/I.
149 Vgl. SCHUMM, wie Anm. 70, S. 49f., und, die ältere Literatur zusammenfassend, KARASEK, wie Anm. 116, S. 166ff.
150 ISENMANN, Eberhard, Reichsfinanzen und Reichssteuern im 15. Jahrhundert. In: ZHistForsch 7 (1980), S. 1ff., hier: S. 30. Vgl. KRACAUER, wie Anm. 57, 1, S. 191ff., und Germania Judaica III/1, S. 311 (Erfurt), 487 (Hagenau), 519 (Haßfurt) sowie WEISSENBORN, wie Anm. 65, S. 28f.
151 RTA 11, S. 297 Nr. 163 (1433). ISENMANN, wie Anm. 150, S. 64 Anm. 289.
152 RTA 16, S. 667 Nr. 291.
153 CHMEL, wie Anm. 142, Nr. 1014.
154 Vgl. die Quittungen für (Würzburger) Juden zu Haßfurt und zu Mainbernheim (CHMEL, wie Anm. 142, Nr. 3155 zu 1453) und für die zu Halberstadt, denen zugleich eine fünfjährige Freistellung von außerordentlichen Steuern gewährt wird (ebd., Nr. 3262 zu 1454). Vgl. auch WEHRMANN, wie Anm. 50, S. 107 (für Rothenburg); WATZ, wie Anm. 5, S. 118f. (für Frankfurt, das 1900 fl. zahlte).

in habsburgischen Ländern von den Fürsten erhoben wurde, nimmt nicht wunder[155]; daß aber selbst die bayerischen Herzöge die kaiserliche Forderung ernst nahmen, zeigt sich in ihrem Bemühen, durch Fürsprache am Kaiserhofe einzelne reiche Juden von dieser Steuer auszunehmen[156]. Im Jahre 1454 bevollmächtigte der Kaiser seinen Fiskalprokurator Hartung von Kappl, den Dritten Pfennig von allen einzufordern, die ihn noch nicht bezahlt hätten[157]. Dieser hatte schon zuvor erfolgreich die kaiserlichen Ansprüche durchgesetzt, hatte etwa den Rat von Mühlhausen durch Drohung mit der Reichsacht gezwungen, 1000 fl. für seine verarmte Judengemeinde vorzuschießen[158]. Daß Hartung von Kappl aber insgesamt kein großer Erfolg beschieden war, lag weniger an verdecktem oder offenem Widerstand von Fürsten und Reichsstädten, sondern an der Verarmung der ausgeplünderten Judengemeinden.

Denn die Schatzungen zur Königs- und Kaiserkrönungssteuer waren keineswegs die einzigen Sondersteuern, die im 15. Jahrhundert erhoben wurden. Aus der Formulierung *unser und des reichs kamerknechte* folgte unabwendbar, daß die Juden auch zu allen Reichsanschlägen, wie sie sich seit den Hussitenkriegen ausgebildet hatten, herangezogen wurden. Nur: Während in den Reichsmatrikeln die Leistungen der Stände mühsam ausgehandelt wurden, glaubte man die Juden direkt beschatzen zu können. 1422 wurde zum Kampf gegen die Hussiten wiederum ein Drittel aller Habe verlangt[159], und nach dem Reichskriegssteuergesetz von 1427 sollte jeder Jude, ob Mann oder Frau, 1 fl. zahlen – so viel wie bei den Christen nur diejenigen mit mehr als 1000 fl. Vermögen[160]. Ebenso wurden die Juden auch bei den späteren Projekten eines Gemeinen Pfennigs mit einer hohen Kopfsteuer angeschlagen, die nicht wie bei den Christen eine Vermögensstaffelung und damit zumindest ansatzweise Steuergerechtigkeit vorsah. Zu Reichspflichten versuchte Friedrich III. auch auf dem Großen Christentag zu Regensburg 1471, die Juden heranzuziehen; sie sollten drei Jahre lang eine – im Vergleich zu den

---

155 CHMEL, wie Anm. 142, Nr. 3091 (1453).
156 Ebd., Nr. 3206 (1454).
157 Ebd., Nr. 3242. Vgl. ISENMANN, wie Anm. 150, S. 31 f.
158 CHMEL, wie Anm. 142, Nr. 3179. – Am Kaiserhof war sicherlich noch bekannt, welchen massiven Schutz 1442 der Rat von Mühlhausen seinen Juden gegen die Forderung der Königskrönungssteuer gewährt hatte. Vgl. unten Anm. 215.
159 RTA 8, S. 176 f. Nrr. 154 f; S. 183 f. Nr. 161. Dazu KERLER. In: ebd., S. 107 f. RTA 9 S. 97 Nr. 76; dazu KERLER, ebd., S. 111 f. KARASEK, wie Anm. 116, S. 166. Vgl. RTA 8, S. 244 f. Nr. 198, S. 248 f. Nr. 203, S. 269 f. Nr. 227 f., S. 274 Nr. 234. Vgl. KRACAUER, wie Anm. 57, 1, S. 158 ff. und die Ortsartikel in Germania Judaica III/1, S. 43 f. (Augsburg), 243 (Dortmund), 356 u. 367 (Frankfurt), 400 (Freiburg i. Ü.), 533 f. (Heilbronn), 545 (Herford). – Wenn der Frankfurter Rat feststellt, der König beanspruche von den Juden den *dritten phennig allir irer narunge* (RTA 8, S. 249 Nr. 203), so wird die Forderung Siegmunds entscheidend abgemildert, eine – allerdings sehr hohe – Einkommensteuer wird gefordert, nicht aber ein Drittel des Vermögens. Solche Widersprüche aber beeinflußten die Praxis weniger, da letztlich die Juden nur Abstandszahlungen, *Ehrungen*, leisteten. – Nicht recht einzuordnen, aber wohl, Verwechslungen des Chronisten unterstellend, auf diese Steuer zu beziehen, ist die Nachricht des Schweinfurter Chronisten Nikolaus Sprenger zum Jahre 1424: *hatt Hertzog Hans von Bayern* (= Pfalzgraf Johann von Neumarkt) *von wegen K. Majestat. die halbe Habe von den Juden volgen zulaszen an einen Rath werben lassen*, STEIN, wie Anm. 73, S. 343.
160 RTA 9 Nr. 76 § 12, S. 97. – Das ist sicherlich das »Ketzergeld« von 53 fl., das in Arnstadt 1431 »die Juden für sämtliche Familienmitglieder zu zahlen hatten«. Germania Judaica III/1, S. 27. Vgl. ebd., S. 43 f. (Augsburg), wo eindeutig der Reichsanschlag von 1427 gemeint ist. Vgl. WATZ, wie Anm. 5, S. 108; WEHRMANN, wie Anm. 50, S. 99.

Christen – überaus hohe Vermögensabgabe für den Türkenkrieg leisten[161]. Aber dies scheiterte ebenso wie die folgenden entsprechenden Versuche (gefordert wurden Beisteuern zum Reichskrieg gegen Burgund 1474 und zur Befreiung Maximilians aus seiner Haft in Brügge)[162]. Auf dem Wormser Reichstag zum Steuerprojekt des Gemeinen Pfennigs 1495 sollten auch die Juden einen (wie üblich unangemessen hohen) Beitrag leisten, was mit dem Scheitern des Gemeinen Pfennigs gegenstandslos wurde.

Trotz des Scheiterns des Gemeinen Pfennigs wurde noch mehrfach versucht, die Kammerknechtschaft, die eine personale Zuordnung zum König bedeutete, in eine Leistungspflicht für das Reich umzudeuten. Im Jahre 1500 beschloß der Augsburger Reichstag als Beitrag zum Türkenkrieg eine jährliche Kopfsteuer eines Guldens von allen Juden, wobei die reicheren die armen unterstützen sollten[163]. Der Reichstag von 1512 gestand zumindest teilweise die Unmöglichkeit ein, eine solche Steuer durchzusetzen, indem er nur einen halben Gulden forderte – aber er scheiterte damit ebenfalls[164]. Genauso erging es 1513 Maximilian, als er Vertreter aller jüdischen Gemeinden nach Worms berufen wollte, um über einen *anslag pfennig* zu verhandeln[165].

Seit Karl V. hatten weder Kaiser noch Reich Einkünfte von den ehemaligen königlichen Kammerknechten. Zwar gab es mehrfach Versuche, wenigstens den Goldenen Opferpfennig wieder zu erheben[166]; aber sie verliefen ebenso im Sande wie die Bemühungen des Reichsdeputationstages in Frankfurt 1643, Krönungssteuer und Opferpfennig als Reichsabgaben wieder durchzusetzen[167].

Daß König und Reich am Ende des 15. Jahrhunderts fast gar keine Einnahmen mehr von ihren Kammerknechten hatten, lag nicht an verfassungsgeschichtlichen Wandlungen, sondern schlicht am Überdrehen der Steuerschraube, lag an fiskalischer Willkür, lag letztlich daran, daß das Königtum nicht mehr den Zusammenhang von Schutz und Nutz sah, sondern die Juden allein als Ausbeutungsobjekt betrachtet hatte.

Außerordentliche Steuern als Zeichen der Willkür: Auf Zahlungsfähigkeit der Juden nahm das Königtum keine Rücksicht. Krönungs- und Sondersteuern konnten einander je nach Bedarf

---

161 Vgl. WATZ, wie Anm. 5, S. 121; KRACAUER, wie Anm. 57, 1, S. 226 ff. Die Verhandlungen, die der Kaiser mit den Vertretern der jüdischen Gemeinden führen will, sind nicht, wie Kracauer meint, Bemühungen um eine Reichsjudensteuer, sondern Teil des Regensburger Steuerkonzeptes – ein Zusammenhang, der von Kracauer übersehen wurde. Friedrich III. verlangte 1471 und 1474 von den Regensburger Juden Beisteuern für den Türkenzug bzw. für den Reichskrieg gegen Burgund. STRAUS, wie Anm. 71, Nrr. 119, 123, S. 33 ff. (1471), Nrr. 156 f., 159, 162 f., S. 42 f. (1474); die letztere Forderung von 4000 fl. verhinderte zunächst der Pfandherr, Ludwig der Reiche, aufgrund hartnäckiger Mahnungen des Kaisers (ebd. Nrr. 172–175).
162 WATZ, wie Anm. 5, S. 121. Vgl. ebd. Im kaiserlichen Auftrag sollte 1482 der Jude Levi über eine Umlage der jüdischen Gemeinde zur Bezahlung von 400 Zentnern Pulver für den Krieg gegen Matthias Corvinus verhandeln.
163 WATZ, wie Anm. 5, S. 123.
164 (SCHMAUSS-SENCKENBERG), Neue und vollständige Sammlung der Reichs-Abschiede ... in vier Theilen. 1747 (Neudruck Neuwied 1967), Zweyter Theil. S. 140.
165 WEHRMANN, wie Anm. 50, S. 108.
166 DUCHHARDT, Heinz, Karl VI., die Reichsritterschaft und der ›Opferpfennig‹ der Juden. In: ZHistForsch 10 (1983), S. 149–167, hier S. 149.
167 Vgl. oben sowie SPIESS, wie Anm. 39, S. 117.

folgen. Kaum hatte die gerade zwölf Haushaltungen zählende[168] Frankfurter Gemeinde im Jahre 1452 die Kaiserkrönungssteuer von 1900 fl. bezahlt[169], da forderten kaiserliche Steuerboten im darauffolgenden Jahr wegen schwerer Kriegsläufe im Reich erneute Leistungen. 2300 fl. zahlte die Gemeinde[170].

Das Schrumpfen der Judengemeinden im 15. Jahrhundert gerade in den Reichsstädten, auf die der König noch größeren Einfluß ausübte – in Rothenburg von 8 auf 4 steuerzahlende Familien[171], in Frankfurt auf 10 Haushalte im Jahre 1422 [172] – ist wohl auch eine Folge der Sondersteuern. Die Belastungen sind zwar im einzelnen nicht mehr rekonstruierbar, aber immerhin in ihren äußeren Umständen, in ihren Rahmenbedingungen im Umriß zu erkennen.

5. Jüdische Gemeinden und reiche Juden unter fiskalischem Druck

Traurige Berühmtheit hat der Fall des Rabbi Meir ben Baruch gefunden, den Rudolf von Habsburg gefangen setzte und trotz der Zahlung eines Lösegeldes von 20000 fl. nicht freiließ. In der Haft des Königs starb der berühmteste jüdische Gelehrte seiner Zeit, der seinen Glaubensgenossen verbieten mußte, weitere Lösegelder erpressen zu lassen[173]. Die Geschichte der Judensteuern im Spätmittelalter zeigt, daß dieses Verhalten des ersten Habsburgers auf dem Königsthron kein Einzelfall war. Judensteuern stehen der Erpressung ziemlich nahe; und auch darin erweist sich, daß Meir ben Baruchs Schicksal nicht von der Geschichte königlicher Schatzungen getrennt werden kann, daß vor allem reiche Juden von den Steuerforderungen in oft schwindelnder Höhe bedroht waren[174].

Ein Ravensburger Jude sollte 1401 insgesamt 9½ fl. steuern, *do hat er die nit*. Er verspricht, ein halbes Jahr später zu zahlen, aber dann wird seine Steuerschuld erlassen, weil er statt dessen einen Kundschafter im Mailänder Krieg besolden soll[175]. Der Fall zeigt, daß selbst ein vielbeschäftigter Mann wie der Sekretär Johannes Kirchen den einzelnen Steuerpflichtigen persönlich kennt (*Item zu Ravensburg siczt ein Jud, heißt Michel*) und mit ihm persönlich Vereinbarungen trifft. Wenn schon relativ arme Juden sich nicht vor den Steuerboten verbergen konnten, so vermochten dies noch weniger die reichen. Die Steuerboten wissen, wenn 1424 der reiche Levi aus Konstanz vor der Schatzung des Dritten Pfennigs flieht[176], sie wissen, wenn der reiche Judlin nach Nürnberg zieht, und reklamieren sofort dessen Anteil von 500 fl. an der Ablösung der Krönungssteuer für den König, welche die Nürnberger Gemeinde in ihre Abstandszahlung einzubeziehen gehofft hatte[177].

168 KRACAUER, wie Anm. 57, 1, S. 163.
169 Ebd., S. 216.
170 Ebd., S. 119.
171 WEHRMANN, wie Anm. 50, S. 52.
172 KRACAUER, wie Anm. 57, 1, S. 163.
173 AGUS, Irving, Rabbi Meir of Rothenburg. 1–2, New York 1970.
174 So konnten auch direkt Anweisungen auf die Abgaben einzelner reicher Juden ausgestellt werden: 1415 befiehlt Siegmund dem Propst von Münstermaifeld, der dem König 400 fl. *von Michels juden wegen* versprochen hatte, diese Summe an Johann Kirchen zu zahlen. Reg. Imp. 11, 1446. Die Abgaben des Kuschel zu Merseburg konnte 1424 Konrad von Weinsberg nicht einziehen, weil der König sie eigens dem Merseburger Bischof verschrieben hatte. Ebd., 4093.
175 RTA 5, 228 Nr. 174.
176 Reg. Imp. 11, Nr. 5868.
177 Ebd., Nr. 1467f. mit 1491 (1415).

Reiche Juden mußten zwischen die Mühlsteine konkurrierender Schutzgewalten geraten. Auch der Alltag des Fiskus ist verschwiegen, selten in den Quellen konserviert. Streitigkeiten – auch hier – bringen das zumeist verschwiegene Normale an den Tag. Der Mainzer Erzbischof klagt 1406 über den König, dieser habe im Fall eines reichen Bensheimer Juden eingegriffen, so daß – die Sprache entlarvt, wie sehr ein Jude als Sache betrachtet wurde – *wir unz desselben Judden üßern und abetun musten*[178]; und weiterhin habe der König die Bußgelder des Juden Gottschalk in Höhe von 7000 fl. eingezogen, obwohl dieser in der Sponheimer Grafschaft seßhaft war[179].

Daß reiche Juden Sonderabmachungen mit den königlichen Steuerboten trafen – ebenso wie der kleine *Jude Michel* aus Ravensburg –, wird im nachhinein an den Privilegien deutlich, die sie individuell vom König erhalten. So nimmt, offenbar aufgrund einer hohen Abstandszahlung auf die Kaiserkrönungssteuer, 1434 Sigmund den Vivelman aus Augsburg in seinen Schutz, befreit ihn von den regulären Abgaben wie dem Goldenen Opferpfennig und verbietet den Rabbinern, über ihn zu richten[180]. Solche Privilegien, die schon in Ruprechts Zeiten im Reichsregister notiert sind[181] und die sich dann noch in denen Friedrichs III. finden[182], können auf nähere Verwandtschaftskreise einer Jüdin ebenso ausgedehnt werden[183] wie auf ganze Geschäftsgemeinschaften, die naturgemäß ein verwandtschaftliches Grundmuster aufweisen[184]. Denn der sogenannte Reichtum der Juden erklärt sich daraus, daß in einer agrarischen Gesellschaft keine effektiven Formen der Kreditschöpfung vorhanden waren. Die Juden hingegen, denen es verwehrt war, ihr Geld in Grundbesitz anzulegen, hatten, in verfolgter Glaubensgemeinschaft zusammengefügt, durch Kreditversprechungen untereinander – vielfach auf der Basis verwandtschaftlicher Beziehungen[185] – die Möglichkeit, binnen kurzem größere Barmittel zu aktivieren. So waren z. B. die großen Kredite, die Kurfürst Balduin von Trier bei Juden in Metz, Köln und Straßburg aufnahm, von seinen jüdischen Kämmerern vermittelt worden[186].

Königliche Schutzprivilegien für eine jüdische Firma, die ihn *mit merklichem gelte und cösten* unterstützt hatte[187], mag normaler Huldbeweis, mag die königliche Form von Dankbar-

---

178 RTA 6, S. 28 Nr. 26 § 14.
179 Ebd., § 16.
180 Reg. Imp. 11, Nr. 9928. Vgl. z. B. auch ebd. Nr. 10300: Löwe aus Villingen wird, nachdem er das Ehrengeschenk zur Kaiserkrönung überreicht hat, für 10 Jahre von allen außerordentlichen Reichssteuern befreit.
181 SCHUBERT, wie Anm. 18, S. 173 mit Anm. 275.
182 Vgl. Germania Judaica III/1, 230, 353, 626. Eine solche individuelle Privilegierung praktizieren auch die Landesherren. Vgl. GOLDHAMMER, Hans, Aschaffenburg. Probeartikel zu Germania Judaica Bd. III. In: ZBLG 39 (1976), 607ff., hier: 616; MAIMON, Arye, Germania Judaica Bd. III. Artikel Goslar. In: BlldtLdG 110 (1974), 232ff., 238.
183 Jeutlin aus Konstanz wird 1425 (auf Geheiß Konrads von Weinsberg) mit ihren Geschwistern, ihrem Vetter Markus und ihrem Knecht in den Königsschutz genommen. Reg. Imp. 11, Nr. 6162.
184 Ein instruktiver Fall ist das besondere (dem Herzog von Jülich übertragene) königliche Schutzversprechen für Jakob zu Nordhausen, Meyer Morssins Sohn zu Köln, Salomon Snisgen Eidam, Salomon Binis Sohn zu Andernach, Meyer Snysgen Sohn, Abraham von Köln, der mit seinem Sohn zu Frankfurt wohnt, Gumprecht Dolben Simons Sohn zu Frankfurt am Main, den Eidam des Jakob von Nordhausen, der zu Meissen ansässig ist. Reg. Imp. 11, Nr. 6304 (1425).
185 Vgl. WATZ, wie Anm. 5, S. 61.
186 LAUFNER, Richard, Die Ausbildung des Territorialstaates der Kurfürsten von Trier. In: Hans PATZE (Hg.), Der deutsche Territorialstaat des 14. Jahrhunderts. 2. VortrrForsch 14. 1971. S. 127ff., hier S. 141.
187 Reg. Imp. 11, Nr. 721 (vgl. den ähnlichen Fall ebd., Nr. 736) (1413).

keit sein, aber im Grunde zeigen sie die tiefgreifende Erosion des Judenschutzes, die Sinnentleerung der ursprünglichen Konzeption der Kammerknechtschaft, wenn das, was ursprünglich königliche Verantwortung für seinen *Knecht* war, jetzt einer besonderen Privilegierung bedarf, wenn zum Beispiel der König den Abraham zu seinem *sunderlichen juden und camerknechte* annimmt[188]. Zum zweiten bestätigen solche Privilegien als Folge von Sonderabmachungen die Ansicht von František Graus, daß königlicher Steuerdruck den Gemeindeverband auflösen konnte[189].

6. Die Realisierung der Steuerforderungen und die Mitwirkung jüdischer Steuerboten

Schon aus fiskalischem Interesse konnte das Königtum auf die Mitwirkung von Juden bei der Steuererhebung nicht verzichten, da das Reich über keine eigene Steuerbehörde verfügte. Bis in die Zeit Ludwigs des Bayern hinein waren die Reichslandvogteien in den Kerngebieten des Reiches an Rhein, Main und Donau, wo sich auch die Hauptzahl jüdischer Gemeinden konzentrierte, Erhebungsstellen aller dem König zustehender Steuern und Gefälle gewesen. Auch wenn, wie sich an den jüdischen Gefällen zeigt, die Landvögte in die eigene Tasche arbeiteten[190], so war doch der Untergang dieser Landvogteien als königliche Herrschaftsinstrumente auch ein Wendepunkt in der Finanzgeschichte des Reiches. An den Judensteuern läßt sich zeigen, daß das Königtum nur über eigens Beauftragte überhaupt in der Lage war, seine Ansprüche zu realisieren, aber nicht durch mit institutionellen Umrissen gekennzeichnete Ämter. So erklärt sich etwa unter Siegmund eine Gestalt wie Konrad von Weinsberg als bedeutendste Hintergrundfigur in Finanzdingen[191], so erklärt sich, daß Fürsten und Adlige immer wieder als Eintreiber von Judensteuern in Erscheinung treten, wie etwa die Zollern[192] oder die Marschälle von Pappenheim[193].

Anweisungen, Verpfändungen von Judensteuern waren letztlich ein Notbehelf, der den König um große Erträge brachte. Sinnvoller war es auf jeden Fall, Juden selbst mit der Einbringung der Gefälle zu beauftragen, und das nicht nur in untergeordneter, sondern in hauptverantwortlicher Funktion. Die Fürsten hatten ein solches Verfahren häufiger praktiziert[194]. Unter Ludwig dem Bayern begegnen vereinzelt solche Helfer bei der Steuereintreibung[195], aber erst unter Ruprecht werden Männer wie Elias von Weinheim, der Arzt Meyer von

---

188 Ebd., Nr. 6726 (1426).
189 Vgl. oben zu Anm. 1.
190 Vgl. z. B. Germania Judaica II,1 S. 17 (Annweiler).
191 Vgl. neben KARASEK: IRSIGLER, Franz, Konrad von Weinsberg. In: WürttFranken 66 (1982), S. 59 ff.
192 So erlaubte Siegmund dem Markgrafen Johann 20 000 fl. ungarisch von den Juden in Deutschland und Italien zu erheben. Reg. Imp. 11, Nr. 1888, 1899, 3607. Vgl. oben zu Anm. 137.
193 KRAFT, Wilhelm, Zur Geschichte der Juden in Pappenheim. In: Monatsschrift GWissJud 70 (NF 34), 1926, S. 277 ff., hier: S. 281: »Zur Einziehung der Gelder bei der Judenschaft im ganzen Reiche bedienten sich die Kaiser im 15. Jahrhundert vielfach und gern der gewandten Dienste ihrer treuen Reichsmarschälle.«
194 So hatten zwischen 1365 und 1379 die Habsburger Albrecht III. und Leopold III. fünf Juden mit der Eintreibung der Judensteuer von 10 000 Pfund Pfennigen betraut. Ausgewählte Urkunden zur Verfassungs-Geschichte der deutsch-österreichischen Erblande. Hg. von Ernst SCHWIND und Alphons DOPSCH. Innsbruck 1895. S. 266 ff., Nr. 136. Balduin von Trier hatte sogar die Leitung seiner Finanzen teilweise jüdischen Kaufleuten anvertraut. LAUFNER, wie Anm. 186, S. 141.
195 Vgl. UB Dortmund 1 (wie Anm. 62), S. 321 Nr. 463 (1331): Der Kaiser nehme die Judensteuern von *providis viris judeis* entgegen. – Als im Jahre 1348 Karl IV. seinem Großonkel Balduin von Trier die

Cronberg und Isaak von Oppenheim mit dieser Aufgabe über Jahre hinweg betraut, fast schon verbeamtet[196]. Die Beauftragung dieser jüdischen Steuerboten war ein sachliches Erfordernis nicht nur wegen des fehlenden Behördenapparates, sondern vor allem auch, weil christlichen Steuereinnehmern, mit denen es Ruprecht gleichwohl ebenfalls versuchte, die Sachkenntnis fehlen mußte, um die verschiedenen Steuern aus den verstreuten Gemeinden einzutreiben. Nach anfänglichem Zögern hatte denn auch Ruprechts Nachfolger im Reich auf die Hilfe jüdischer Steuerboten zurückgegriffen[197]. Solche in Finanzdingen erfahrenen Männer gerieten wie Michel aus Koblenz 1414 oder der lange Zeit in Steuerfragen unverzichtbare Levi Colner in Verdacht des Unterschleifs, der sich aber sofort legte, wenn dem König Rechnung gelegt und das Bargeld abgeliefert wurde, *daß er ein gut benügen doran* hatte[198].

Über die Mitwirkung der Betroffenen bei der Einbringung der Judensteuern hinaus bahnte sich im frühen 15. Jahrhundert eine Art Mitspracherecht der Judengemeinden an. Schon die bis zu diesem Zeitpunkt zu beobachtenden häufigen befristeten Befreiungen von künftigen Sondersteuern, die in Quittungen über bezahlte Abgaben enthalten sind, lassen auf Verhandlungen schließen. Eine Art Mitsprache der Betroffenen zeigt sich darin, daß 1415–1417 der Erbkämmerer Konrad von Weinsberg zäh um Vereinbarungen über die Krönungssteuer kämpfen mußte[199], ebenso darin, daß 1417 Burggraf Johann die Juden nach Nürnberg zu Beratungen über die Einbringung der Judensteuern geladen hatte[200], daß 1430 eine auf das

---

Judengefälle im Erzstift überschreibt (MGH Const. 8 Nr. 642f., S. 648ff.), findet sich auch ein königlicher Geleitbrief für den Juden Samuel, der also offenbar mit der Einbringung der Gefälle beauftragt war. Vgl. SCHUBERT, wie Anm. 18, S. 174ff.

196 Schon in seinem Frankfurter Königslager hatte Ruprecht die Juden Elias und Isaak mit der Einbringung des Goldenen Opferpfennigs betraut: Reg. Pfalzgrafen 120f. Zu ihrer späteren Tätigkeit, für die sie ein Viertel der Gefälle behalten durften, vgl. ebd., Nrr. 2749, 3161 und 2444–2445. Im Jahre 1404 nimmt der König Isaak von Oppenheim in seinen besonderen Schutz, ebd. Nr. 3800. Im selben Jahr erscheint Meyer von Cronberg (zur Person: WATZ, wie Anm. 5, S. 103) als königlicher Steuerbote. Im folgenden Jahr teilt der König den fränkischen Reichsstädten mit, daß er nach dem Tode des Berthold Pfinzing, der dieses Amt auf Lebenszeit innegehabt habe, an dessen Stelle Meyer zu seinem Einnehmer der Judensteuer ernannt habe, ebd. Nr. 4173. Zur Tätigkeit Meyers: ebd., Nrr. 4640 (1406), 4681, 5075, 5095 (1407), 5754, 5848, 5858, 5873 (1409). Vgl. STERN, wie Anm. 51, S. XXX f.; KRACAUER, wie Anm. 57, 1, S. 138ff.; Germania Judaica III/1, S. 692. Vgl. ebd., S. 98 mit Anm. 28 zu Elias von Weinheim.

197 Moses aus Konstanz wird 1414 und 1417 mit der Einbringung der halben Judensteuer und des Goldenen Opferpfennigs beauftragt (Reg. Imp. 11, Nr. 1849, 2707–2709). Vgl. auch Germania Judaica III/1, S. 251. Konrad von Weinsberg bediente sich der Hilfe angesehener Juden, zum Beispiel des Rabbi Josef von Schlettstadt und der Konstanzer Lazarus Isaak, Judas und Lewe bei der Einbringung des Bullengeldes 1418 (Reg. Imp. 11, Nr. 2881f., 3005, 3007).

198 Reg. Imp. 11, Nr. 1140: Ehrenerklärung Siegmunds für Michel aus Koblenz 1414, der seit 1412 mit der Einbringung der Abgaben von den Juden beauftragt war (ebd., Nr. 210). – Levi Colner, der seit 1415 im Auftrag des Königs mit jüdischen Gemeinden zu verhandeln hatte (ebd., Nr. 1736f., vgl. Nr. 1784 und Nr. 1943 [1416]), der immer wieder Ordnung in das verwirrte System von Anweisungen bringen mußte (instruktiv: ebd., Nrr. 2323 und 2353 [1417], Nr. 3105 [1418]), der 1417 vom König mit der Einziehung aller Judensteuern beauftragt wurde (ebd. Nr. 2360), wird 1420 von dem Luxemburger abgesetzt, da er sich als treulos und unehrlich erwiesen haben sollte (ebd., Nr. 4278; vgl. dazu ebd., Nr. 4317, wo Colner, der fürchtete, von den Nürnberger Juden getötet zu werden, als *unverrechneter Amtmann* des Königs bezeichnet wird).

199 KARASEK, wie Anm. 116, S. 17ff., dazu auch CHONE, Heymann, Zur Geschichte der Juden in Zürich im 15. Jahrhundert. In: ZGJudenDtld 6 (1935), bes. S. 200ff.

200 KARASEK, wie Anm. 116, S. 33.

folgende Jahr verschobene »Besprechung« mit Vertretern der Judenschaft vor Siegmund über Steuerangelegenheiten stattfinden sollte[201], daß Siegmund Vertreter der Judengemeinden zu Verhandlungen nach Basel beorderte[202] und daß Albrecht II. die Vornehmsten der jüdischen Gemeinden zu einer Tagsatzung über die geforderte Krönungssteuer berief[203]. Auf den durch Mitspracherecht implizierten Vertragscharakter zielt der Hinweis der Frankfurter Juden 1439, wonach *die Judischeit ... zu Nüremberg mit ... des koniges fründen ein tedinge begriffen hetten*[204]. Von einer Teidigung, einem Schiedsausgleich, konnte man mit Recht deshalb sprechen, weil den Juden für die Leistung des Dritten Pfennigs ein Freiheitsbrief gegeben werden sollte. Der frühe Tod Albrechts II. ließ diese Vereinbarungen nicht wirksam werden. Auch die Krönungssteuer Friedrichs III. ist aufgrund von Verhandlungen, bei denen jedoch der Habsburger die Ansätze zu einer Gesamttagsatzung mit den Vertretern aller Gemeinden nicht fortsetzte, erhoben worden[205]. Wenn Friedrich III. Gemeinden, die sich überhaupt weigerten, in Verhandlungen einzutreten, mit der Reichsacht bedrohte[206], zeigt sich: Vorsicht ist geboten, den Verhandlungs- und Mitsprachecharakter in diesen Fällen zu überschätzen. Angesichts der Bedrohungen, unter denen die verhandelnden Juden standen, handelte es sich im Grunde nur darum, bis zu welcher Höhe eines Lösegeldes sich die Juden erpressen lassen konnten.

Im Grunde stellten die Steuerfüße, die für die königlichen Ansprüche festgesetzt waren, eine Maximalforderung, eine Drohung dar, an deren Abwendung den Juden – so waren die Ausschreiben gedacht – gelegen sein mußte. Steuerforderung und *Taidigung*, Verhandlung, gehören zusammen. Im Ergebnis führen sie zu einer *Ehrung*, einem *Geschenk*, mit der die erpreßten Juden den Herrscher zufrieden stellen. So befreien sich zum Beispiel 1444 die Regensburger Juden mit einer *Ehrung* von 4000 fl. von der Steuerdrohung, zur Königskrönung Friedrichs III. ein Drittel ihrer Habe auszuliefern[207]. Schon Siegmund hatte das Prinzip der Taidigung so gehandhabt. Die enorme Summe von 12000 fl., die 1414 Nürnberger, und die 580 fl., die 1418 die Gemeinden im Herzogtum Bayern-Landshut zahlten[208], beruhten sicherlich auf solchen Taidigungen, wobei die geringe Zahlung der Landshuter wohl auf schützende Intervention des bayerischen Herzogs zurückgehen dürfte.

Ein solches Verfahren steht hinter der Anfrage Frankfurts 1434, ob der Kaiser bei seiner Forderung auf einem Rechtstitel beharren oder die Zahlung »geschenkweise« verlangen wolle. In den entsprechenden Quittungen finden sich dann nur Ausdrücke wie *erung* oder *schenkung*

---

201 KERLER, wie Anm. 94, S. 113.
202 RTA 11, S. 228 Nr. 114, S. 299ff. Nr. 164.
203 Basler Verhandlungen: RTA 11, S. 228, Nr. 114, S. 299ff., Nr. 164. Die geplante Versammlung in Nürnberg geht aus einem Brief Albrechts an den Nördlinger Rat 1438 Mai 18 hervor, Druck: MÜLLER, wie Anm. 93, S. 35; Vgl. WEISSENBORN, wie Anm. 65, S. 26.
204 RTA 14, Nr. 17, S. 49.
205 Dazu RTA 17, S. 305f.: Verzeichnis der Juden in rhein-mainischen Orten, die sich 1444 weigerten, ein Abkommen über die Krönungssteuer zu schließen, und deshalb geächtet wurden. Vgl. die Darstellung der Verhandlungen bei Hermann HERRE, in: RTA 16, S. 267f. und ebd., S. 367 Anm. 1, S. 648f. Nrr. 312 u. 314. Die Judengemeinden, die bis 1444 noch nicht die Steuer geleistet haben, werden dann nach Frankfurt berufen. Ebd., S. 291f. Nr. 141.
206 Vgl. das Verzeichnis mittelrheinischer Juden, die 1444 geächtet wurden, *daz sie nit getedinget haben*. RTA 17, S. 305f. Nr. 155.
207 RTA 17, S. 417 Nr. 202c.
208 Vgl. oben zu Anm. 128.

für diese Abgabe, die also nicht als rechtlich fundierte Steuer angesehen wurde[209]. Von Basel bis Braunschweig reichen die Belege dafür, daß die kaiserliche Forderung im Prinzip zwar anerkannt wurde, daß aber der brutal hoch angesetzte Steuersatz durch ein allerdings beträchtliches Ehrengeschenk abgegolten wurde[210]. Die eingehenden Summen reichen von den 600 fl. der Mainzer Gemeinde bis zu den 4000 der Nürnberger[211]. Es dürfte jedoch bei den andauernden Forderungen des Luxemburgers kein Lamento gewesen sein, wenn der Frankfurter Rat erklärte, der Reichtum der jüdischen Gemeinde sei dahin; die Wohlhabenden wären weggezogen und nur die Armen geblieben[212]. Tatsächlich konnte von der Nürnberger Gemeinde nur ein Drittel dessen erpreßt werden, was 1414 die Krönungssteuer erbracht hatte.

Nachdem die Städte erkennen mußten, daß die Sondersteuern König Siegmunds die Judengemeinden so sehr schwächten, daß deren Leistungen für die Stadt kaum noch erbracht werden konnten, griffen sie massiv zum Schutz ihrer Judengemeinden in die Taidigungen ein[213]. Kaum hatte Siegmund 1422 das *Hussengeld* ausgeschrieben, bemühte sich Frankfurt, eine gemeinsame Abwehrhaltung mit den benachbarten Städten aufzubauen[214]. Am hartnäckigsten hatte 1442 die Stadt Mühlhausen ihre Juden vor der Krönungssteuer Friedrichs III. zu schützen versucht, hatte sogar die Reichsacht nicht gescheut und schließlich erreicht, daß ihre Judengemeinde nur mit einer *Ehrung* von 600 fl. belastet wurde[215].

Taidigung: Für die Ehrung erhielten – als einzige Gegenleistung – die jeweiligen Judengemeinden ein Privileg, das ihnen für eine bestimmte Zahl von Jahren die Befreiung von weiteren Sondersteuern garantierte. Unter Siegmund wurde diese Befreiung für zehn Jahre[216], unter Friedrich III. aber nur noch für fünf Jahre ausgestellt[217]. Daß reiche Juden mit dem Herrscher Sonderkonditionen aushandelten, individuelle *Ehrungen* reichten, zeigt sich darin, daß ihnen ebenso individuelle Steuerbefreiungen zugestanden wurden[218].

Bei den durch Konrad von Weinsberg 1418 in Siegmunds Auftrag vorgenommenen Steuererhebungen läßt sich im Falle der Markgrafschaft Meißen und Landgrafschaft Thüringen beispielhaft zeigen, wie sich unterschiedliche Organisationsformen – Beauftragung ein-

---

209 KRACAUER, wie Anm. 57, 1, S. 172ff.
210 GILOMEN-SCHENKEL, Elsanne, Henman Offenburg (1379–1459). Ein Basler Diplomat im Dienste der Stadt, des Konzils und des Reiches. QForschBaslerG 6. 1975. S. 88ff. (für Basel); FAHLBUSCH, wie Anm. 122, S. 146 (für Braunschweig). Allgemein: Reg. Imp. 11, Nrr. 10064–10081, 10144, 10167. Für Rothenburg: WEHRMANN, wie Anm. 50, S. 101.
211 WATZ, wie Anm. 5, S. 110. Weiterhin zahlten Erfurt 3000 fl., Zürich 1000 fl., Oppenheim 1500 fl.
212 KRACAUER, wie Anm. 57, 1, S. 175.
213 Entsprechende Schutzmaßnahmen unter Siegmund: RTA 8, S. 269 Nr. 228, S. 273 Nr. 232 (Augsburg 1423), S. 275 Anm. 1 (Frankfurt 1423). RTA 11, S. 228 Nr. 114 (Nürnberg 1434). Vgl. für Nürnberg auch: SCHRÖTTER, Georg, Dr. Martin Mair. Diss. München 1896. S. 35; für Frankfurt: KRACAUER, wie Anm. 57, 1, S. 191ff.
214 RTA 8, S. 248f. Nr. 203.
215 RTA 16, S. 673ff. Nrr. 299–307, S. 684ff. Nrr. 311, 313 und 315–317.
216 Vgl. Reg. Imp. 11, Nrr. 1111, 1119, 1135f., 2008, 2533, 5149f., 10064–10081, 10144 (mit 10167), 10404, 10492f., 10776 (mit 10795). Vgl. WEHRMANN, wie Anm. 50, S. 101f. (der aber irrig eine allgemeine Steuerfreiheit annimmt), sowie Germania Judaica III/1, S. 310f. (Erfurt).
217 RTA 16, S. 665f. Nr. 289f.
218 Z.B. gewährt 1414 Siegmund drei Schweinfurter Juden und ihrem *Schulklepper* eine zehnjährige Steuerfreiheit (Reg. Imp. 11, Nr. 1119 und 1135f.), und Friedrich III. gab 1444 dem Ulmer Juden Seligman einen entsprechenden Gnadenbrief für fünf Jahre (RTA 17, S. 418 Nr. 202f.).

zelner Adliger, Beteiligung jüdischer Finanziers, Veranlagung entsprechend den regionalen Zusammenschlüssen jüdischer Gemeinden – abwechseln und teilweise auch ineinander greifen.

Der mit Abstand wohlhabendste Jude[219] der Markgrafschaft, Abraham von Leipzig, erhält am 8. Mai 1418 zu Konstanz von Siegmund einen individuellen Schutz- und Geleitbrief[220]. Im Mai und Juni 1418 erhebt Abraham zusammen mit dem Juden Gotlieb von Leipzig den Dritten Pfennig in Höhe von zunächst 1140 fl. von der Judenschaft Markgraf Friedrichs des Streitbaren, die Hälfte der festgesetzten Steuersumme[221]. Abraham, der sein eigenes Vermögen bei dieser Gelegenheit gesondert beeidet, nimmt von diesem Eid einen Betrag von 500 fl. aus, den er seit längerem an Friedrich geliehen habe. Konrad von Weinsberg fordert einen Beleg für diese Anleihe und gibt sich zufrieden, nachdem die Ritterschaft des Landes für Abraham gebeten hat[222]. Der maßgebliche jüdische Finanzier des Territoriums, Gläubiger des Landesherren und offenbar auch des Adels, erhält nach Privilegierung durch den König die Aufgabe übertragen, die Steuererhebung durchzuführen, und zwar ohne daß ihm, wie sonst üblich[223], eine nichtjüdische Kommission übergeordnet ist. Vorausgegangen ist eine kollektive Vermögensbeeidigung der landgräflichen Juden[224]; die Juden Markgraf Wilhelms II. hingegen werden einzeln nach städtischen Judengemeinden veranlagt[225]. Diese unterschiedliche Veranlagungsweise deutet wohl auf Unterschiede der innerjüdischen regionalen Organisation hin, vermutlich hat es in Teilen Thüringens bereits einen Zusammenschluß autonomer Judengemeinden zu Gemeindeverbänden gegeben.

Friedrich der Streitbare, über Jahre hin der maßgebliche militärische Führer gegen die Hussiten, läßt sich in den zwanziger Jahren einen erheblichen Teil seiner Anstrengungen im Dienste des Reiches durch Abraham finanzieren; im Vorfeld und Umfeld des Erwerbs der sächsischen Kurwürde wickelt Abraham in Friedrichs Auftrag Geldgeschäfte mit einem Umfang von knapp 10000 fl. ab[226]. Friedrich bezeichnet ihn 1425 als seinen *obirsten judenschosser*, den er *von der ander judischeit ußgeslossen*, also von der allgemeinen Besteuerung der Juden ausgenommen habe; zugleich verspricht der Kurfürst, Abraham gegen alle Beschwerungen – bezeichnenderweise auch gegen solche durch andere Juden – in Schutz zu nehmen[227]. Diese Regelung führt 1428 anläßlich einer landesherrlichen Bede zu Beschwerden der *juden gemeynlichen*, der Judenschaft des Territoriums, vor Herzog Friedrich II., weil Abraham *alles*

---

219 Ausweislich seines selbstbeeideten Vermögens von 2690 fl. – Hohenlohe Zentralarchiv Neuenstein, Schubl. E 58/7. Vgl. zum folgenden neben SCHUMM, wie Anm. 70, auch: AUFGEBAUER, Peter, Die ersten wettinischen Kurfürsten von Sachsen und ihr Kammerknecht Abraham von Leipzig (ca. 1390-ca. 1450). In: BllDtLdG 116, 1980, S. 121–138

220 ... *haben wir in zu unßm juden und camerknecht ufgenomen und im, sinem wibe und kyndern ... unß und des richs sicher und fri geleyte mit rehtem wissen gegeben*... Haus-, Hof- und Staatsarchiv Wien, Reichsregistraturbuch F., fol. 113r, Regest. Reg. Imp. 11, Nr. 3156. 1426 wird das Privileg erneuert: Reg. Imp. 11, Nr. 6726.

221 Hohenlohe Zentralarchiv Neuenstein Schubl. E 58/4, Rechnungslegung durch Konrad von Weinsberg, Graf Günther von Schwarzburg und Mathis Lemlin.

222 Ebd.

223 SCHUMM, wie Anm. 70, S. 50 ff.

224 Hohenlohe Zentralarchiv Neuenstein, Schubl. E 58/4.

225 Dies sind Weißenfels, Jena, Altenburg, Zwickau, Weida, Saalfeld, Königsberg, Coburg, Naumburg. Ebd.

226 Cod. dipl. Sax. I B IV Nrr. 187, 189, 208, 277, 197, 308, 324, 193 f., 487, 535, 548, 581.

227 Cod. dipl. Sax. I B IV Nr. 415, AUFGEBAUER, wie Anm. 219, S. 130.

das die juden mit um hetten zcu schaffen für sich nicht anerkennen wolle. Daraufhin revidiert Friedrich II. wesentliche Bestimmungen der von seinem Vorgänger gewährten Privilegierung, zieht den jüdischen Finanzier gleichwohl weiterhin selbst heran[228].

Bezeichnend für die jüdische Mitwirkung bei der Besteuerung der Juden sind auch die Umstände der Erhebung des Krönungspfennigs nach der Wahl Albrechts II. Innerhalb von acht Wochen stellt Konrad von Weinsberg eine Liste derjenigen Territorialherren zusammen, die seiner Erinnerung nach Juden unter sich haben. Parallel dazu fertigt der Wiener Jude Nachem für Konrad von Weinsberg eine Aufstellung an, in der unter Berücksichtigung der jeweiligen Anzahl der Juden für die einzelnen Territorien und Städte die Höhe der Steuer veranschlagt wird[229]. Diese Aufstellung spiegelt ein bemerkenswert differenziertes Bild wider. Konrad von Weinsberg hätte mit Hilfe seiner Rechnungsunterlagen von 1418 bzw. 1434 wohl eine ähnlich differenzierte Aufstellung liefern können. Woher nun ein Wiener Jude ein über das ganze Reich hinweg derart detailliertes Bild der Größe und Vermögensverhältnisse der jüdischen Gemeinden haben konnte, bleibt im Grunde unerfindlich; es sei denn, man unterstellt ein dichtes Netz von Verbindungen der Gemeinden untereinander oder regionale Zusammenschlüsse in größerer Zahl. Allerdings fragt sich, ob Nachems Anschlag von insgesamt 145 300 fl. realistisch war; der weitere Verlauf der Aktion[230] spricht jedenfalls nicht dafür.

7. Organisierte Willkür: Drohungen, Bußgelder und der fiskalische Hintergrund des jüdischen Hochmeisteramtes

Schatzung ist nicht nur eine terminologische Variante für *Steuer*, sondern im Falle der Judensteuern zugleich eine Aussage für deren gewalttätigen Eintreibungsmodus. Zum Beispiel schlägt der königliche Kammermeister Hans Ungnad 1442 dem Nürnberger Rat folgendes Verfahren vor, um die Krönungssteuer, die Friedrich III. fordert, einzubringen, *daz man die juden bei uns wonhaftig alle junk und alt in ein haus vahen und versperren und sie bewaren solte, auch ir heuser besetzen, daz sie nichts von hinnen verrucken mochten*[231]. Ein solches Verfahren hatte lange Tradition[232], es war von Wenzel[233] und Ruprecht[234] gehandhabt worden, es war in den Städten[235] und ebenso in den Fürstentümern in Gebrauch, wenn der Landesherr seine Schutzjuden beschatzte[236]. So kann man unterstellen, daß die 1414 dem Frankfurter Rat

---

228 SCHUBERT, wie Anm. 18, S. 171 mit Anm. 268.
229 KERLER, wie Anm. 94, S. 118; HÖDL, Günther, Albrecht II. Königtum, Reichsregierung und Reichsreform 1438–1439. Beihefte zu Reg. Imp. 3. Wien–Köln–Graz 1978. S. 86f.
230 HÖDL, wie Anm. 229, S. 86ff.
231 MUMMENHOF, Ernst, Die Kettenstöcke und andere Sicherheitsmaßnahmen im alten Nürnberg. In: MittVGStadtNürnberg 13 (1899), S. 1ff., hier S. 5. Vgl. dazu ISENMANN, wie Anm. 150, S. 28.
232 Wenn 1331 Ludwig der Bayer die Augsburger Juden gefangensetzen läßt (Germania Judaica II/1, S. 31), dient das offenbar der Einbringung der in diesem Jahr ausgeschriebenen allgemeinen Schatzung von den Juden im Reich. Vgl. oben zu Anm. 63. Daß der Wittelsbacher Städte aufforderte, außerordentliche *Ehrungen* der Juden mit Gewalt einzutreiben, belegt CARLEBACH, wie Anm. 52, S. 38.
233 Germania Judaica III/1, S. 488 (Hagenau).
234 Ebd., S. 244 (Dortmund).
235 Ebd., S. 49 (Augsburg), 85 (Basel), 368 (Frankfurt), 429 (Gelnhausen).
236 Vgl. nur die Schilderung der Landshuter Ratschronik über die Judenschatzung Herzog Ludwigs des Reichen in Bayern-Landshut 1450. Die Chroniken der deutschen Städte. Bd. 15. 1878 (Neudruck 1967), S. 300.

übermittelte Ankündigung einer neuen Judensteuer[237] die indirekte Aufforderung enthielt, Vorbereitungen für eine Gefangensetzung der Juden zu treffen. Wenn ein Chronist des frühen 17. Jahrhunderts noch aus den von ihm benutzten Akten weiß, daß im Jahre 1422 *die Juden in ganz Francken seher verfolgt, sonderlich aber im Stift Würzburg allenthalben eingezogen und seher hart gehalten worden*[238], so liegt der Grund in dem damals in Franken erhobenen *Hussengeld*, das als Sonderabgabe von den Juden gefordert wurde. Auch im Zusammenhang mit Siegmunds Kaiserkrönungssteuer ist zumindest die Drohung einer Gefangennahme ausgesprochen worden[239].

Auch ohne brutale Gefangennahme schwebte eine Drohung über allen Steuerforderungen: die der vom König veranlaßten Schuldentilgungen bei jüdischen Gläubigern. Die entsprechenden berüchtigten Maßnahmen Wenzels[240] waren in den Gemeinden sicherlich nicht vergessen, und Siegmund hatte sich nicht gescheut, direkt mit der Wiederholung der Maßnahmen seines Halbbruders zu drohen[241], hatte in Einzelfällen Reichsdienste mit Tilgung der Judenschulden kraft königlichen Erlasses belohnt[242] und hatte offenbar vorgehabt, alle Teilnehmer am Hussitenkrieg ihrer Schulden bei den Juden für quitt und ledig zu erklären[243].

Angesichts der Druck- und Drohmittel, die das Königtum skrupellos einsetzte, kann es nicht nur an wirtschaftlicher Erschöpfung der Judengemeinden liegen, daß sie unter Friedrich III. nicht um so große Summen wie in früheren Jahren erpreßt werden konnten. Es wird auch eine wesentliche Rolle gespielt haben, daß der Habsburger grundsätzlich kein so großes Interesse an der direkten Reichsherrschaft hatte wie seine Vorgänger[244]. Daß unter ihm keine jüdischen Steuerboten mehr begegnen, sondern daß weitgehend mit der Materie wenig vertraute Christen von Fall zu Fall mit der Einbringung von königlichen Forderungen an die Judengemeinden beauftragt wurden, zeigt Nachlässigkeit, zeigt Rückfall in Zeiten, da finanzielle Fragen improvisatorisch geregelt wurden.

Diese Thesen werden gestützt durch die Geschichte der Bußgelder, die das Königtum von den Juden erhob[245]. Zwar waren es wohl nur reichere Juden, bei denen es sich lohnte, Strafgelder zu reklamieren, jedoch hatte der Anspruch des Königs weitergehende Folgen: Zum einen konnte das Reichsoberhaupt daraus ableiten, in die Streitigkeiten jüdischer Gemeinden einzugreifen – beanspruchte es doch auch einen Anteil an den innerhalb der Gemeinden

---

237 Reg. Imp. 11, Nr. 1143.
238 MÜLLNER, wie Anm. 240, S. 241. Vgl. Germania Judaica III/1, S. 434 (Hochstift Würzburg) und weiterhin S. 299 (Eltville).
239 Germania Judaica III/1, S. 687 (Bad Kreuznach).
240 WENNINGER, wie Anm. 6, S. 46ff. Vgl. auch Johannes MÜLLNER, Die Annalen der Reichsstadt Nürnberg von 1623. Teil II. Von 1351 bis 1469. Hg. von Gerhard HIRSCHMANN. (QGKulturStadt Nurnberg 11. 1984. S. 125f.
241 Germania Judaica III/1, S. 49 (1431).
242 Reg. Imp. 11, Nrr. 3421 u. 4629.
243 Ebd., Nr. 5717.
244 Vgl. dazu SCHUBERT, wie Anm. 18.
245 Es scheint, als hätte erstmals Ludwig der Bayer 1338 Bußgelder von den Juden beansprucht. CARLEBACH, wie Anm. 52, S. 38f. Erst unter Ruprecht jedoch wird dieser Anspruch konsequent verfolgt. Vgl. Reg. Pfalzgrafen 2, Nr. 2443–2445. Diese Bußgelder konnten auch die Städte beanspruchen, wogegen etwa Ruprecht im Falle Nördlingens einschreitet: Reg. Pfalzgrafen 2, Nr. 3374 und 3386. Vgl. auch Germania Judaica III/1, S. 83 (Basel).

verhängten Strafgeldern²⁴⁶ –, und zum zweiten konnte es Sondergesetze erlassen und diese zugleich fiskalisieren. So belegte Ruprecht von der Pfalz im Jahre 1405 die Juden mit einer Kleidersteuer²⁴⁷. Offenbar hatte er die diskriminierenden Kleidungsvorschriften noch in einen fiskalischen Vorteil umwandeln wollen. Die Erhebung der Bußgelder hatte eine Konsequenz für die Steuererhebung: Um sie überhaupt einbringen zu können, waren angesehene Juden notwendigerweise zu beteiligen. Deshalb hatten unter Ruprecht die Steuerboten Elias von Weinheim und Isaak von Oppenheim auch die Kompetenz, über die Bußfälle in den Gemeinden selbst richten zu dürfen. Wieweit unter dem Pfälzer das Königtum aus fiskalischen Interessen in die Gemeinden selbst eingriff bzw. glaubte eingreifen zu können, zeigt sich in dem Versuch des Königs, etwa die Bezahlung des Goldenen Opferpfennigs dadurch zu sichern, daß diejenigen, welche die Zahlung verweigerten, von der Gemeinde auszuschließen seien²⁴⁸. Ruprecht versuchte also, innerjüdische Sanktionen für seine Steuererhebung auszunutzen.

Aus Gründen der fiskalischen Effizienz bediente er sich dort, wo in kleinstädtisch-ländlichen Gebieten die Juden verstreut in kleinen Gemeinden lebten, einer Organisationsform, die die Juden sich hilfsweise selbst geschaffen hatten: Wo nicht jede Gemeinde einen eigenen Friedhof erhalten und unterhalten durfte oder konnte, entstanden regelrechte Friedhofsbezirke, die mitunter Gemeinden im Umkreis bis zu fünfzig Kilometern einbezogen²⁴⁹. In der Bevollmächtigung für Elias von Weinheim und Isaak von Oppenheim aus dem Jahre 1403 werden diejenigen Juden, die sich weigern sollten, den Goldenen Opferpfennig zu bezahlen, mit der Sanktion belegt, *das dann die andern Juden alle, die in denselben frithoff gehoren, mit denselben allen kein gemeinschafft haben sollen in allen sachen, als jüdische recht ist, und welicher des nit dete, der sol in unser und des heil. richs swere ungnade verfallen sin*²⁵⁰. Als die Juden in der Altmark um Salzwedel herum die Erhebung durch die Herzöge Bernhard und Heinrich von Braunschweig-Lüneburg hintertrieben, wandte sich Engelhard von Weinsberg in Ruprechts Namen unter dem Datum des 23. Februar 1407 an alle Juden und Jüdinnen *wie die genannt oder wo die gesessen sind, die in den judyschen freythofe zu Soltwedel gehören*²⁵¹. Sie sollten entweder bis zum Pfingsttag (15. Mai) den Opferpfennig bezahlen oder aber sich zu einem auf den 29. Juni anberaumten Termin vor dem Hofgericht verantworten. Ließen sie beide Fristen verstreichen, sollten sie der Acht verfallen sein.

Der auf gemeinsame Friedhofsnutzung ausgerichtete regionale Zusammenschluß ist zugleich funktionierende soziale Gemeinschaft; dies erklärt sich in abgelegenen Gegenden, wo

---

246 So begnadigt Ruprecht mehrfach Juden, die ihm wegen Frevel und »jüdischem Bann« zu Strafe verfallen waren. Reg. Pfalzgrafen 2, Nr. 5189f.
247 STERN, wie Anm. 51, S. XVI f. und S. 29f. (Nr. 38f.).
248 Wohl deswegen hatte der König jüdische Steuerboten mit der Einbringung des Goldenen Opferpfennigs beauftragt. KRACAUER, wie Anm. 57, 1, S. 138 ff. Erst 1409 tritt – von früheren einzelnen Anweisungen abgesehen (vgl. nur RTA 5, S. 226f. zu 1401) – der königliche Hofschreiber Johannes Kirchen durchgehender als Einnehmer des Goldenen Opferpfennigs auf.
249 Daß die große Braunschweiger Judengemeinde während des 15. Jahrhunderts keinen eigenen Friedhof besaß und jahrzehntelang den 43 km entfernten Friedhof zu Hildesheim gegen Gebühr an den Rat mitbenutzte, zeigt, daß Entfernungen dieser Größenordnung nicht allzu ungewöhnlich waren; ähnliche Beispiele sind aus Ulm und Regensburg überliefert. Vgl. AUFGEBAUER, wie Anm. 146, S. 38f.; EBELING, Hans-Heinrich, Die Juden in Braunschweig. Rechts-, Sozial- und Wirtschaftsgeschichte von den Anfängen der jüdischen Gemeinde bis zur Emanzipation (1282–1848). 1987. S. 88; BERLINER, wie Anm. 76, S. 118f.
250 Reg. Pfalzgrafen 2, Nr. 2749; vgl. WIENER, wie Anm. 67 Nr. 35, S. 58f. u. S. 76f.
251 Druck: JUNG, Johann Heinrich, Tractatio iuridica de iure recipiendi judaeos. Göttingen 1741. S. 80f.

die Juden zerstreut siedelten, schon aus der Totenliturgie des Kaddisch. Und nur vor dem Hintergrund dieser funktionierenden sozialen Gemeinschaft erweisen sich die 1403 und 1407 ausgesprochenen Sanktionsandrohungen aus der Sicht des Königs als ein probates Druckmittel der Steuereintreibung; die Organisationsform der regionalen Friedhofsgemeinschaft wird des fiskalischen Zugriffs wegen in eine haftbar zu machende Rechtsgemeinschaft umgedeutet.

Die Folgen von Ruprechts Organisation zeigen sich bei den Sondersteuern des 15. Jahrhunderts: Auch die Judengemeinden in kleineren Landstädten werden von dem Steuernetz erfaßt[252]. Und diese Erfassung greift unter Siegmund sogar in die inneren Verhältnisse der Gemeinden hinein. Konrad von Weinsberg ließ sich sowohl 1418 als auch 1421 und 1434 vom König das Privileg ausstellen, nach Bedarf Rabbiner, *Judenmeister*, ein- und abzusetzen[253]. Eine gleiche Vollmacht erhielt auch 1429 Erkinger von Seinsheim, als er mit der Einnahme von Judensteuern beauftragt wurde[254].

Wenn 1422 der König den *jüdischen Bann* über die Jüdin Goldgensin aufhebt, da diese sich dem Gericht des Nathan zu Eger stellen wird[255], scheint der Weg vom fiskalischen Druck zum direkten Eingriff in innerjüdische Angelegenheiten beschritten worden zu sein. Tatsächlich gibt es solche Fälle[256], aber sie sind doch vergleichsweise selten. Nicht immer ist der Bezug zum königlichen Steuerdruck so deutlich wie in dem geschilderten Fall von 1422; denn verhängt hatte den Bann über Goldgensin jener Levi Colner, der als einst wichtiger Steuerbote beim König in Ungnade gefallen war.

Welche Bedeutung die Strafgelder von den Juden haben mußten, zeigt sich – auch wenn unter Siegmund genaue Zahlen fehlen – zum Beispiel daran, daß der Luxemburger den Jahressold des Albrecht von Egloffstein in Höhe von 300 fl. auf das Strafgeld des David Dawtz zu Regensburg, der *in den jüdischen Bann getan ist*, anweisen kann[257]. Die konsequente Fiskalisierung der Strafgelder unter Ruprecht und Siegmund[258] geht unter Friedrich III. verloren. Das war keineswegs ein judenfreundlicher Verzicht, sondern administrative Nachlässigkeit. Denn als 1463 Dr. Martin Mair, der damals einflußreichste Gelehrte Rat in deutschen Landen, mit Friedrich III. um eine umfassende Reichsreform verhandelt, gelingt es ihm zwar nicht, seine hochfliegenden Pläne durchzusetzen, aber zumindest erlangt er vom Kaiser ein lukratives Privileg: Er darf »als kaiserlicher Anwalt« jüdischen Wucher im Reich bestrafen[259]. Die Auswirkungen seiner Tätigkeit lassen sich noch 1465 in der Kleinstadt Klingenberg am Main feststellen[260].

Die gleiche Entwicklung, die sich an der Geschichte der Strafgelder ablesen ließ, der direkte Zugriff des Herrschers auf die Judengemeinden bis etwa zur Mitte des 15. Jahrhunderts und dessen Lockerung (aus Nachlässigkeit, nicht aus Prinzip), zeigt sich auch auf einem anderen

---

252 Vgl. z. B. RTA 17, S. 306 Nr. 155 (1441).
253 Reg. Imp. 11, Nr. 2886 (1418), 4635 (1421), 10288 (1434). RTA 11, S. 309f. Nr. 167; S. 551, Nr. 300.
254 Reg. Imp. 11, Nr. 7367–7369. Vgl. dazu ebd., Nr. 7440 und 7452.
255 Reg. Imp. 11, Nr. 5078.
256 Vgl. z. B. ebd., Nr. 3735 und – möglicherweise – Nr. 3458 mit 3480. – Befreiung von Strafmaßnahmen des Rabbiners durch den König: Germania Judaica III/1, S. 199 (Butzbach).
257 Reg. Imp., Nr. 5053.
258 Vgl. z. B. ebd., Nrr. 3404, 3743, 3810 (1418/19).
259 HOHENEICHER, Diplomatische Beiträge zur Geschichte der Juden in Teutschland. In: ArchivGes-ÄltDtGkde 2 (1821), S. 282ff.
260 Germania Judaica III/1, S. 620.

Gebiet, das aber ebenfalls von fiskalischen Interessen beherrscht wird; denn diese bilden den eigentlichen Hintergrund des Versuchs König Ruprechts, die einzelnen deutschen Judengemeinden durch das Amt eines obersten Judenmeisters zusammenzuschließen[261]. Die Aufsplitterung in autonome Gemeinden hatte für die Juden auch einen gewissen Schutz vor neuen Steuerforderungen bedeutet, hatte die Eintreibung des königlichen Anteils an den durch die Rabbiner verhängten Buß- und Strafgeldern erschwert, ja teilweise wohl unmöglich gemacht. Ruprecht, der mehrfach direkt in die inneren Verhältnisse der Judengemeinden, selbst in die Strafgewalt der Rabbiner, eingegriffen hatte[262], ernannte gegen heftigen Widerstand einzelner Gemeinden 1407 Israel von Rothenburg als *des richs Judische hochmeyster uber alle und igliche Judische Hohemeistere, Juden und Judynn in tütschen landen*[263]. Strafkompetenzen wurden Israel eingeräumt, weil er auch den königlichen Anteil an den Buß- und Strafgeldern, die von den Rabbinern verhängt wurden, einzuziehen hatte. Dies war ein keineswegs unbeträchtlicher Einnahmeposten der königlichen Kammer; Ruprecht konnte während seiner zehnjährigen Regierungszeit insgesamt 18 000 fl. aus solchen Bußgeldern einnehmen[264]. Unzuträglichkeiten, die sich 1404/05 zwischen dem König und der Frankfurter Gemeinde wegen dieser Bußgelder erhoben hatten[265], haben möglicherweise erst den Anstoß zur Errichtung dieses Hochmeisteramtes gegeben.

Auch wenn Ruprechts Nachfolger durch maßlose Forderungen die fiskalischen Erfolge zunichte gemacht haben, ist daraus nicht der Schluß zu ziehen, das mit der Erhebung der Judensteuern zusammenhängende Amt wäre alsbald verfallen oder hätte zumindest doch den Wechsel von Ruprecht zu Siegmund nicht überstanden. Denn noch 1415 nimmt Siegmund auf die Person und die übertragenen Aufgaben des Israel von Rothenburg Rücksicht[266], obwohl bereits Ruprecht im Jahre 1410 Israel als ehemaligen Judenmeister bezeichnet[267]. Konrad von Weinsberg ist möglicherweise erst durch den Tod dieses offenbar erfahrenen Mannes veranlaßt worden, die Reorganisation der königlichen Judengefälle ohne Hilfe eines *Hochmeisters* durchzuführen. Er teilte 1418 das Reich in fünf Erhebungsräume ein, wobei in jedem einzelnen dieser Räume ein Jude als Mitkollektor ernannt wurde[268]. Im Grunde war damit lediglich eine verbesserte (aber immerhin schon das Konzept von Reichskreisen vorwegnehmende) Organisation gegenüber derjenigen früherer jüdischer Steuerboten erreicht worden.

Doch hat offenbar Konrad von Weinsbergs Organisation die in sie gesetzten Erwartungen nicht erfüllt: Denn 1426 erwägt Siegmund, drei Meister über die Juden des Reiches zu setzen, damit des Reiches Kammer *nicht geswechet wird* – ein Gedanke, der zunächst folgenlos

---

261 Reg. Pfalzgrafen 2, Nr. 4849. Dazu eingehend: STERN, wie Anm. 51, S. XLVIIII ff.; DERS., Der Wormser Reichsrabbiner Anselm. In: ZGJudenDtld 5 (1935), S. 157f.
262 Vgl. Reg. Pfalzgrafen 2, Nrr. 4062, 4356, 4406, 5073, 5183, 5313.
263 Vgl. die vorige Anm. und – zum Titel – KRACAUER, wie Anm. 57, 1, S. 12 Anm. 1: *hohemeistere*, *magister judeorum* kann sowohl Gemeindevorsteher als auch Rabbiner bedeuten.
264 SCHMIDT, wie Anm. 51, S. 97; STERN, wie Anm. 51, S. XXXVf. – Es war ein beträchtliches Gefälle, das Karl IV. 1348 seinem Großonkel Balduin von Trier übertragen hatte. MGH Const. 8, S. 648 Nr. 642. Auch die Höhe des Abstandsgeschenkes, das Frankfurt dem König für seinen Verzicht auf die Bußgelder der Frankfurter Judengemeinde überreicht, 2000 fl., läßt die Bedeutung dieses Gefälles erkennen.
265 KRACAUER, wie Anm. 57, 1, S. 142ff.
266 STERN, wie Anm. 51, S. 158.
267 Reg. Pfalzgrafen 2, Nr. 6227.
268 Reg. Imp. 11, Nr. 3713. Vgl. MÜLLER, wie Anm. 93, S. 30.

bleibt²⁶⁹. Drei Jahre später wird Erkinger von Seinsheim vom König beauftragt, die jährlichen Judenabgaben auf der Grundlage eines Pauschalsystems zu organisieren; bis dahin sollte er sämtliche regelmäßigen Abgaben der Juden in einer Sonderaktion auf einmal abrechnen. Man wird hierin einen Affront gegen Konrad von Weinsberg sehen dürfen²⁷⁰.

Im Jahre 1435 schließlich, nach verschiedenen anderen Organisationsversuchen, kehrte Siegmund zu dem von Ruprecht geschaffenen Amt zurück: Aufgrund kaiserlicher Vollmacht wurde der in Worms ansässige Rabbi Anselm von Köln zum obersten Judenmeister im Reich bestimmt, der *des heiligen richs gülte, felle und buß, wo er dez weyß und erfert*, einfordern soll²⁷¹. Konrad von Weinsberg, Siegmunds Spezialist für die Judensteuern, war mit der Einsetzung beauftragt, mit der er den Schlußstrich unter seine ergebnislosen Reorganisationsversuche ziehen mußte. Wiederum lassen uns die Quellen im Stich, was das Amt und die Person des Anselm von Köln betrifft. Daß das Amt weitergelebt haben muß, wird aus urkundlichen Streiflichtern sichtbar: 1464 lebt in Frankfurt *Simon de hoemeister*; er ist zwei Jahre zuvor, wahrscheinlich im Zusammenhang mit der Überwältigung der Stadt durch Erzbischof Diether von Isenburg, aus Mainz geflohen²⁷².

Daß auch vor den prominentesten Juden die immer mehr sich verfinsternde Stimmung in der christlichen Umwelt nicht halt machte, zeigt eine Urkunde Kaiser Friedrichs III. von 1468, in der er *Ysrahelen, Juden von Regenspurg, obristen maister der judishait* die Ansiedlung in seinen habsburgischen Erblanden erlaubt²⁷³. Offenbar hatte die judenfreundliche Haltung des Kaisers in seinen Erblanden – die ihm den Vorwurf seiner Stände einbrachte, *rex judeorum* zu sein²⁷⁴ – den Israel von Regensburg veranlaßt, Zuflucht in habsburgischen Landen zu suchen; hinter der Urkunde Friedrichs III. ist zugleich aber auch ein Verzicht auf die fiskalischen Funktionen des *Hochmeisters* in deutschen Landen zu sehen, denn diese Aufgaben waren wesentlich besser von einer Stadt im Reich aus wahrzunehmen als inmitten der habsburgischen Erblande, in denen die Erhebung der Judensteuern als Herzogsrecht ohnehin keine Probleme bereitete.

Unter gänzlich anderen Voraussetzungen bezeugt um die Wende vom 15. zum 16. Jahrhundert die nur unter großen Widrigkeiten erreichte Leistung des Josel von Rosheim, daß dem von Ruprecht geschaffenen Amt eines obersten *Judenmeisters* neben den obligaten Problemen des Steuereinnehmers auch erhebliche Widerstände in den Gemeinden erwachsen mußten; diese Gemeinden, gewohnt, ihre Angelegenheiten autonom zu regeln, mißtrauten von vornherein einer zentralen Instanz, und das um so mehr, als diese von einer christlichen Obrigkeit eingesetzt worden war, die nur noch in den seltensten Fällen als Schutzmacht erkannt werden konnte. Gleichviel, welchem unter den drei möglichen Gründen für das Scheitern der Ruprechtschen Konzeption – der notorisch laxen Steuermoral des Mittelalters, der institutionell offenbar nicht abgesicherten Erhebungsbehörde oder den Widerständen aus den jüdischen

---

269 Reg. Imp. 11, Nr. 6799; STERN, wie Anm. 51, S. 158f. – Der Haym von Landshut, zu Konstanz wohnhaft, der 1426 im Auftrag des Königs die drei Judenmeister einsetzen will, ist offenbar jener Haim Isaak, der, damals zu Würzburg seßhaft, 1418 vom König beauftragt wurde.
270 MATHIES, wie Anm. 85, S. 256f.
271 STERN, wie Anm. 51, S. 159f.
272 KRACAUER, wie Anm. 57, 1, S. 219 Anm. 1.
273 Burkhard SEUFFERT – Gottfried KOGLER, Die ältesten steirischen Landtagsakten 1396–1519. 1–2. QVerwaltungsGSteiermark 3/4. 1953–58, hier: 2, Nr. 135, S. 101.
274 BENNA, Anna Hedwig, Zum AEIOV Friedrichs III. Auslegungen des 15. Jahrhunderts. In: MittÖstStaatsarch 26 (1973), S. 416ff., hier S. 425; vgl. auch die Hinweise ebd., S. 426 Anm. 63.

Gemeinden gegen eine zentrale Oberinstanz – man die größere Bedeutung einräumt: Solange das Königtum im Reiche keinen wirksamen Schutz seiner Juden mehr gewährleisten konnte oder wollte, ließ sich auch keine wirksame Erhebungsbehörde für die Judensteuern aufbauen, weil die damalige Staatlichkeit bei jeder Steuererhebung auf die Mitwirkung der Betroffenen angewiesen war.

8. Zusammenfassung und Ausblick

Im Lichte der Besteuerung hat sich erwiesen, daß die Kammerknechtschaft kein starres (und das heißt auch: kein schützendes) Rechtsinstitut gewesen war. Die Erosion der königlichen Regalherrschaft hatte sich im 14. Jahrhundert verstärkt fortgesetzt. Der Ausverkauf des Reichsgutes durch Karl IV.[275] fand seine Entsprechung in dem weitgehenden Verzicht auf den Judenschutz (wozu auch Wenzels Schuldentilgungen gehörten) und damit auch auf die entsprechende Nutzung. Die Kammerknechtschaft konkretisierte sich neben der halben Judensteuer der Reichsstädte in der Erhebung des Goldenen Opferpfennigs, den Ludwig der Bayer als Ausdruck seiner Herrschaft eingeführt hatte. Im Gegensatz zu anderen Regalien konnte dann das Königtum sein Judenregal zum Teil gegen dessen Territorialisierung behaupten. Dies ist der verfassungsgeschichtliche Hintergrund der neuen, mit Ruprecht von der Pfalz einsetzenden Besteuerung der Juden im 15. Jahrhundert. Auch wenn die vor allem von Siegmund geforderten Sondersteuern nicht in vollem Umfange eingebracht worden sind, haben sie doch, als Ausdruck direkter Königsherrschaft, eine ungeheure Belastung für die jüdischen Gemeinden gebracht, haben sie nicht nur wirtschaftlich, sondern durch den fiskalischen Druck auch in ihrem sozialen Zusammenhang entscheidend geschwächt.

Schon in der mangelhaften Realisierung von Reichs- und Krönungssteuern unter Friedrich III. bahnte sich aber an, daß die Zeit der königlichen Kammerknechtschaft abgelöst wurde durch eine fürstliche Schutzherrschaft. Die Frage ist, ob dieses den Juden letztendlich zugute kam. Für viele Gemeinden entfiel die Doppelbesteuerung durch den fürstlichen Schutzherrn und das Reichsoberhaupt, und an die Stelle organisierter Willkür trat im 16. Jahrhundert das neuerdings in der Forschung sehr stark hervorgehobene Bestreben einer Verrechtlichung des Judenschutzes[276]. Hierin hat das Fürstentum zweifellos eine Aufgabe zu lösen versucht, vor der das spätmittelalterliche Königtum versagt hatte; es bleibt aber doch die Frage, ob hier nicht nur ein juristisches Problem, abgehoben von der sozialen Wirklichkeit, gelöst worden war. Nach wie vor waren die Juden nur dann einigermaßen geschützt, wenn sie zahlungsfähig waren, wenn sie den Schutz zu hohem Preis erkaufen konnten.

Als die entscheidende Wandlung in der Geschichte der deutschen Juden sehen wir nicht

---

275 SCHUBERT, wie Anm. 8, S. 162 ff.
276 GÜDE, Wilhelm, Die rechtliche Stellung der Juden in den Schriften deutscher Juristen des 16. und 17. Jahrhunderts. 1982; FREY, Sabine, Rechtsschutz der Juden gegen Ausweisungen im 16. Jahrhundert. RechtshistReihe 30. 1983; BATTENBERG, Friedrich, Judenordnungen der frühen Neuzeit in Hessen. In: Neunhundert Jahre Geschichte der Juden in Hessen. 1983. S. 83 ff.; DERS., Kammerknechtschaft, wie Anm. 4, S. 578 ff., DERS., Rechtsstellung, wie Anm. 4, S. 171.- Die Territorialisierung des Judenschutzes haben die Betroffenen keineswegs als Fortschritt empfunden. Deshalb kam es 1603 zu dem letzten Versuch eines Zusammenschlusses aller Juden im Reich, ein Versuch, der von den Juden selbst ausging. PRESS, Volker, Kaiser Rudolf II. und der Zusammenschluß der deutschen Judenheit. In: HAVERKAMP, wie Anm. 15, S. 243–293.

diejenige von der Kammerknechtschaft zur fürstlichen Schutzherrschaft an, sondern den Verlust des urbanen Lebensraumes im ausgehenden Mittelalter und das Entstehen des Landjudentums in der frühen Neuzeit[277]. Diese Wandlung aber ist nicht unabhängig von der Auflösung der beiden Rechtsinhalte der Kammerknechtschaft zu sehen, von Judenschutz und Judennutz.

Aus der Kammerknechtschaft hatte das Königtum noch bis tief ins 15. Jahrhundert hinein den Anspruch abgeleitet, daß es eines königlichen Privilegs bedurfte, um den Juden das Wohnrecht an einem Ort zu gewähren und sie *zu der Stadt Nutzen zu gebrauchen*[278]. Städte, Fürsten, ja selbst Ritter haben solche Privilegien mit nicht geringen Kosten erworben[279]. Seit Friedrich III. und vor allem unter Maximilian hatte das Königtum eine ganz andere Konsequenz aus seiner Regalhoheit gezogen. Die Städte durften allein mit königlicher Bewilligung, die nur gegen hohe Abstandszahlungen zu erreichen war, die Juden vertreiben[280]. Diese völlige Umkehrung des Judenschutzes ist auch eine Folge der vorausgegangenen fiskalischen Ausplünderung der Gemeinden, die nun, wirtschaftlich erschöpft, von keinem unmittelbaren Interesse mehr für den Herrscher waren[281].

277 Vgl. SCHUBERT, Ernst, Arme Leute, Bettler und Gauner im Franken des 18. Jahrhunderts. VeröffGesFränkG IX/26. ²1990, S. 151 ff.
278 So die Kommentierung eines Schweinfurter Chronisten zu dem entsprechenden Privileg von 1429. STEIN, wie Anm. 73, S. 453. Vgl. dazu ebd., S. 212f. Nr. 234, S. 218f., Nr. 236.
279 Dazu knapp CARLEBACH, wie Anm. 52, S. 35f., BORK, wie Anm. 24, S. 42. – Vgl. für die Zeit Ruprechts etwa Reg. Pfalzgrafen 2, Nrr. 5773, 5776, 5795 (Rothenburg) bzw. 4655 (Dompropst von Bamberg) und für die Zeit Siegmunds die entsprechenden Aufnahmeprivilegien, z. B. Reg. Imp. 11, Nr. 6652, die auch Städten wie Schweinfurt, Gelnhausen, Freiburg i.B., Konstanz und Wimpfen ebenso verliehen wurden (ebd., Nrr. 4314, 4943, 5814, 6176, 6190) wie den Rittern von Aufseß (ebd., Nr. 998), von Egloffstein (ebd., Nr. 3673), von Eyb (ebd., Nr. 6512) und von Seinsheim (ebd., Nr. 10359).
280 Vgl. WENNINGER, wie Anm. 6, BATTENBERG, Kammerknechtschaft, wie Anm. 4, S. 575f. – Ein früher (und bezeichnenderweise in den Urkunden sehr verklausulierter) Fall ist Rothenburg, das wenige Wochen vor Wenzels Absetzung am 24. Juni 1400 für 6000 fl. dem König das Besteuerungsrecht der Juden abkauft und drei Wochen später das Privileg erwirbt, jüdisches Vermögen ohne königliche Bestrafung (d. h. Ersatzanspruch) einziehen zu dürfen. WEHRMANN, wie Anm. 50, S. 85f. Zwar war es nicht zu einer vollständigen Vertreibung der Juden gekommen, aber wenn 1410 der Goldene Opferpfennig der Stadt nur 49 fl. erbringt (ebd., S. 93), muß die Gemeinde stark geschrumpft sein. – 1456 verlangte Friedrich III. von Augsburg 12000 fl. an Abstandszahlung für die Austreibung der Juden. (Die Chroniken der deutschen Städte. Augsburg 2, Beil. III., bes. S. 279f.), und auch Heilbronn mußte 1476 *mit sweren kosten* die entsprechende Genehmigung vom Kaiserhofe erlangen (VEITSHANS, wie Anm. 4, S. 15). – Zu den Vertreibungen unter Maximilian vgl. neben Wenninger: IOCH, Michael, »Umb gemeyns nutz und nottdurfft willen.« Obrigkeitliches und jurisdiktionelles Denken bei der Austreibung der Nürnberger Juden 1498/99. In: ZHistForsch 11 (1984), S. 1 ff. – Auch in Nördlingen erfolgte die Vertreibung mit königlicher Genehmigung, wofür der Rat *groß lob und dannck* sagte. Druck der Urkunden: ZGJudenDtld 4 (1890), S. 88–91. – Folge dieser Praxis und nicht nur Fernwirkung der Regensburger Ereignisse von 1519 sind 1520 die Vertreibungen in Weißenburg und Rothenburg. Vgl. STERN, Moritz, Die Vertreibung der Juden aus Weißenburg 1520. In: ZGJudenDtld 1 (1929/30), S. 297ff., und SCHNURRER, Ludwig, Die Wallfahrt zur Reinen Maria in Rothenburg (1520–1525). In: WürzburgerDiözesanGBll 42 (1980), S. 463ff., hier S. 473ff.
281 Aus fiskalischem Interesse hatte Siegmund sich den Versuchen mancher Städte widersetzt, die Juden auszuweisen. Vgl. für Köln (1424): VON DEN BRINCKEN, Anna Dorothea, Das Rechtfertigungsschreiben der Stadt Köln wegen Ausweisung der Juden 1424. In: Köln, das Reich und Europa. MittStadtArchKöln 60. 1971. S. 305ff., 310f. In Nürnberg, wo der Rat 1406 die Synagoge geschlossen hatte, hatte der König 1421 der Judengemeinde das Privileg gegeben, daß sie zehn Jahre lang nicht vertrieben werden dürfte. MÜLLNER,

Die Geschichte der Judensteuer bestätigt die skeptische, fast schon resignative Einschätzung des Verhältnisses von Gewalt und Recht im Mittelalter, wie sie František Graus im Widerspruch zu Heinrich Mitteis formuliert hat. Die Rechtsidee unterlag – aber, und das zeigt die Geschichte der Judensteuer, diese Niederlage schwächte zugleich auch den Mächtigen.

---

wie Anm. 240, S. 195 und 236. Vgl. Reg. Imp. 11, Nrr. 4445, 5171 und bes. 5302: Der Jude Strolin, der ohne königliche Erlaubnis aus der Stadt gejagt worden war, darf 1422 zurückkehren. Nur in Zürich, das erst 1424 vom König das Recht der Aufnahme von Juden erbeten hatte (Reg. Imp. 11, Nr. 5930), scheint ein königlicher Einspruch gar nicht erfolgt zu sein, als dort 1435/36 die Juden *Gott und unser lieben frowen ze lob und eren* auf ewig der Stadt verwiesen wurden. NABHOLZ, Hans, Die Anfänge des Bankwesens in Zürich. In: DERS., Ausgewählte Beiträge zur Wirtschaftsgeschichte. Zürich 1954. S. 60 ff., hier: S. 79. Hingegen hatte – zu Nutzen seiner Kammer – Albrecht II. Übergriffe gegen Schweinfurter Juden noch mit einer Strafsumme von 1800 fl. geahndet, eine Maßnahme, die auf Betreiben Konrads von Weinsberg vollzogen wurde. STEIN, wie Anm. 73, S. 244 f. Nr. 286.

Die Publikationen von František Graus

Zusammengestellt unter Benützung seiner hinterlassenen Angaben von Hans-Jörg GILOMEN und Mireille OTHENIN-GIRARD

1. Soukenictví v době předhusitské [Das Tuchmachergewerbe in vorhussitischer Zeit]. In: Sborník pro hospodářské a sociální dějiny 1 (1946), S. 164–182.
2. Chudina městská v době předhusitské [Die Stadtarmut in vorhussitischer Zeit, mit französischem Resumé], Praha 1949.
3. Několik zpráv z bruselského státního archivu k českým dějinám z let 1403–1413 [Einige Nachrichten aus dem Brüsseler Staatsarchiv zur böhmischen Geschichte in den Jahren 1403–1413]. In: Časopis Společnosti přátel starožitností 57 (1949), S. 107–108.
4. Rannaja stadija razvitija feodalizma v Cechii [Frühstadien der Entwicklung des Feudalismus in Böhmen]. In: Voprosy istorii 6 (1950), S. 89–93.
5. Rejstřík rozděleného sukna kláštera třeboňského, 1406–1414 [Register des verteilten Leinengewebes im Kloster Třeboň, 1406–1414]. In: Prameny a studie k českým dějinám I (1951), S. 3–26.
6. Zprávy belgických pramenů o českých dukátech ve 14. a počátkem 15. století [Berichte belgischer Quellen zu böhmischen Dukaten im 14. und beginnenden 15. Jh.]. In: Numismatické listy 4 (1949), S. 95–97.
7. Český obchod se suknem ve 14. a počátkem 15. století [Der böhmische Tuchhandel im 14. und zu Beginn des 15. Jahrhunderts], Praha 1950.
8. La crise monétaire du XIVe siècle. In: Revue Belge de philologie et d'histoire 29 (1951), S. 445–454.
9. Mistr Jan Hus [Magister Jan Hus]. In: Rudé právo 6. 7. 1951.
10. Odpowiedź autora [Antwort des Autors]. In: Przegląd historyczny 42 (1951), S. 413–415.
11. O vzniku feudalismu v českých zemích [Zur Entstehung des Feudalismus in den böhmischen Ländern]. In: Český lid 6 (1951), S. 282–285.
12. »Prawo lenne« w Czechach [Das »Lehnsrecht« in Böhmen]. In: Sobótka 6 (1951), S. 31–44.
13. Tři Marxovy koncepty dopisu V. Zasulicové [Drei Konzepte des Briefes von Marx an V. Zasulicová]. In: Český lid 6 (1951), S. 185–187.
14. Jan Hus. In: Aufbau und Frieden 3. 7. 1952, 1.
15. Jak vzniklo husitství [Wie entstand das Hussitentum]. In: Mladá fronta 6. 7. 1952.
16. Lenní právo v Čechách [Das Lehnsrecht in Böhmen]. In: Český lid 39 (1952), S. 67–73.
17. Braniboři v Čechách [Die Brandenburger in Böhmen]. In: Československý voják 19 (1953), S. 30–31.
18. Dějiny venkovského lidu v Čechách v době předhusitské I [Geschichte der Landbevölkerung in Böhmen in vorhussitischer Zeit], Praha 1953.

19. Krise feudalismu ve 14. století [Krise des Feudalismus im 14. Jahrhundert]. In: Historický sborník I (1953), S. 65–121.
20. K významu Stalinových statí »Ekonomické problémy socialismu v SSSR. Výroba zboží za feudalismu« [Zur Bedeutung der Abhandlungen Stalins »Ökonomische Probleme des Sozialismus in der UdSSR. Herstellung der Ware im Feudalzeitalter«]. In: Československý časopis historický 1 (1953), S. 6–21.
21. Pokus o periodisaci českých dějin v období feudalismu I [Versuch einer Periodisierung böhmischer Geschichte im Zeitalter des Feudalismus 1]. In: Československý časopis historický 1 (1953), S. 202–213.
22. Prvobytně pospolný řád v českých zemích [Ursprüngliche gemeinsame Ordnung in böhmischen Ländern], Praha 1953.
23. Proti kosmopolitismu ve výkladu raného feudalismu v Čechách [Gegen Kosmopolitismus in der Interpretation des frühen Feudalismus in Böhmen]. In: Proti kosmopolitismu v našich národních dějinách, Praha 1953, S. 47–60.
24. Velkomoravská říše [Das Großmährische Reich]. In: Český lid 40 (1953), S. 146–151.
25. Přehled českých dějin I, These [Abriß der Geschichte Böhmens I. Thesen]. In: Příloha k Československý časopis historický 2 (1954), S. 11–19.
26. První ročník Československý časopis historický [Erster Jahrgang des Československý časopis historický]. In: Československý časopis historický 2 (1954), S. 1–4.
27. Die erste Krise des Feudalismus. In: Zeitschrift für Geschichtswissenschaft 3 (1955), S. 552–592.
28. K otázkám metodiky středověkých dějin [Zu Fragen der Methodik mittelalterlicher Geschichte]. In: Československý časopis historický 4 (1956), S. 99–115.
29. O postavení historie v kulturním životě [Über die Stellung der Historie im Kulturleben]. In: Literární noviny, 15 (1956), S. 3.
30. Tři zlomky českých kupeckých knih z doby předhusitské [Drei Fragmente böhmischer Kaufmannsbücher aus vorhussitischer Zeit]. In: Československý časopis historický 4 (1956), S. 644–654.
31. Dějiny venkovského lidu v Čechách v době předhusitské. 2. Dějiny venkovského lidu od polovice 13. století do roku 1419 [Geschichte der Landbevölkerung in Böhmen in vorhussitischer Zeit. 2. Geschichte der Landbevölkerung von der Mitte des 13. Jh. bis 1419], Praha 1957.
32. O poměr mezi archeologií a historií. K výkladu nožů na slovanských pohřebištích [Zur Beziehung zwischen Archäologie und Geschichte. Zur Interpretation der Messer in slavischen Begräbnisstätten]. In: Archeologické rozhledy 9 (1957), S. 535–552.
33. Přehled československých dějin [Abriß der böhmischen Geschichte] I/IV, V-1, 2, 3, § 1, VI-1, 4, § 1–5, Praha 1958.
34. K otázkám naší medievistyky, These [Zu Fragen unserer Mediävistik, Thesen]. In: Zprávy Československé historické společnosti 2, n. 3 (1959), S. 102–103.
35. K vosprosu o proischozdenii knjazeskoj, korolevskoj, vlasti v Cechii. In: Voprosy istorii 4 (1959), S. 138–155.
36. Několik poznámek ke středověkému učení o společnosti [Einige Bemerkungen zur mittelalterlichen Lehre von der Gesellschaft]. In: Československý časopis historický 7 (1959), S. 205–231.

37. Über die sogenannte germanische Treue. In: Historica 1 (1959), S. 71–121.
38. Die Anfänge der herzoglichen (königlichen) Macht in Böhmen. In: XI. Congrès International des sciences historiques, Stockholm 21–28 août 1960, Upsala 1960, S. 113–115.
39. Die Handelsbeziehungen Böhmens zu Deutschland und Österreich im 14. und zu Beginn des 15. Jahrhunderts. In: Historica 2 (1960), S. 77–110.
40. Einige Bemerkungen zur Diskussion. In: Städtische Volksbewegungen im 14. Jahrhundert. Referat und Diskussion zum Thema Probleme städtischer Volksbewegungen im 14. Jahrhundert. Redaktion Erika Engelmann. Berlin 1960 (Tagung der Sektion Mediävistik der deutschen Historiker-Gesellschaft vom 21.–23. 1. 1960 in Wernigerode, Bd. 1, hg. von Ernst Werner und Max Steinmetz), S. 186–190.
41. La société féodale à ses débuts et à son apogée. In: 25 ans d'historiographie tchécoslovaque 1936–1960. Praha 1960, 147–165.
42. Některé ideové aspekty české historiografie [Einige Ideenaspekte der tschechischen Historiographie]. In: Zprávy Československé historické společnosti 3 (1960), S. 9–13.
43. O »právně-historický« výklad dějin středověku [Zur rechtsgeschichtlichen Auslegung der Mittelaltergeschichte]. In: Československý časopis historický 8 (1960), S. 162–172.
44. Rex-dux Moraviae. In: Sborník prací filosofické fakulty Brněnské univerzity 9, Č. 7 (1960), S. 181–190.
45. Die Gewalt bei den Anfängen des Feudalismus und die »Gefangenenbefreiungen« der merowingischen Hagiographie. In: Jahrbuch für Wirtschaftsgeschichte 1961, Teil 1 (1961), S. 61–156.
46. Origines de l'Etat et de la noblesse en Moravie et en Bohême. In: Revue des études slaves 39 (1961), S. 43–58.
47. Pauvres des villes et pauvres des campagnes. In: Annales E.S.C. 16 (1961), S. 1053–1065.
48. Počátky českého státu a vývoj »státní« ideologie [Die Anfänge des tschechischen Staates und die Entwicklung der »Staatsideologie«]. In: Slavia occidentalis 22 (1962), S. 147–163.
49. Autour de la peste noire au XIVe siècle en Bohême. In: Annales E.S.C. 18 (1963), S. 720–724.
50. Deutsche und slawische Verfassungsgeschichte? In: Historische Zeitschrift 197 (1963), S. 265–317.
51. Jaroslav Böhm 1901–1962 [Nekrolog]. In: Československý časopis historický 11 (1963), S. 141–143.
52. Říše Velkomoravská, její postavení v současné Evropě a vnitřní struktura [Das Großmährische Reich, seine Stellung im zeitgenössischen Europa und seine innere Struktur]. In: Konferencia o Veľkej Morave a byzantskej misii, Brno-Nitra 1.–4. 10. 1963, S. 5–74.
53. Velkomoravská říše v české středověké tradici [Das Großmährische Reich in der böhmischen mittelalterlichen Tradition]. In: Československý časopis historický 11 (1963), S. 289–305.
54. The Late Medieval Poor in Town and Countryside, in: Change in Medieval Society. Europe North of the Alps 1050–1500. Ed. Silvia L. Thrupp. Toronto, Buffalo, London 1964 (Medieval Academy Reprints for Teaching), S. 314–324 [Übersetzung von: Pauvres des villes et pauvres des campagnes. In: Annales E.S.C. 16 (1961), S. 1053–1065].
55. Die Entstehung der mittelalterlichen Staaten in Mitteleuropa, In: Historica 10 (1965), S. 5–65.

56. Les débuts des Etats du Moyen Age en Europe centrale. In: XIIe Congrès International des Sciences historiques, Vienne 29 aout–5 septembre 1965, Rapport IV. Wien 1965, S. 103–110.
57. Raně středověké družiny a jejich význam při vzniku státu ve střední Evropě [Die frühmittelalterlichen Gefolgschaften und ihre Rolle bei der Entstehung der mitteleuropäischen Staaten]. In: Československý časopis historický 13 (1965), S. 1–18.
58. Světové dějiny a úkoly české historiografie [Weltgeschichte und die Aufgaben tschechischer Historiographie]. In: Československý časopis historický 13 (1965), S. 521–528.
59. Volk, Herrscher und Heiliger im Reich der Merowinger. Studien zur Hagiographie der Merowingerzeit, Praha 1965.
60. Adel, Land und Herrscher in Böhmen vom 10. bis 13. Jahrhundert. In: Nachrichten der Gießener Hochschulgesellschaft 35 (1966), S. 131–153.
61. Das großmährische Reich in der böhmischen mittelalterlichen Tradition. In: Das östliche Mitteleuropa in Geschichte und Gegenwart. Acta congressus historiae slavicae Salisburgensis in memoriam ss. Cyrilli et Methodi anno 1963 celebrati. Wiesbaden 1966. S. 129–139.
62. Die Bildung eines Nationalbewußtseins im mittelalterlichen Böhmen. (Die vorhussitische Zeit). In: Historica 13 (1966), S. 5–49.
63. Herrschaft und Treue. Betrachtungen zur Lehre von der germanischen Kontinuität I. In: Historica 12 (1966), S. 5–44.
64. L'Empire de Grande-Moravie, sa situation dans l'Europe de l'époque et sa structure intérieure. In: Das Großmährische Reich. Praha 1966, S. 133–219.
65. Slovanská liturgie a písemnictví v přemyslovských Čechách 10. století [Die slavische Liturgie und Literatur im přemyslidischen Böhmen des 10. Jahrhunderts, mit französischer Zusammenfassung]. In: Československý časopis historický 14 (1966), S. 473–495.
66. Bemerkungen zur Frage der sozialen Struktur des sogenannten Großmährischen Reiches. In: Colloquium zur Geschichte des Großmährischen Reiches im frühen Mittelalter, Berlin 23. 10. 1967, S. 21–26.
67. Minulost – úkol nebo mytus ? [Vergangenheit – Aufgabe oder Mythos?] In: Kulturní tvorba 28 (1967), 13.7., 1, 3.
68. Necrologium bohemicum – martyrologium pragense a stopy nekosmovského pojetí českých dějin [Necrologium bohemicum – martyrologium pragense und die Spuren einer von Kosmas abweichenden Auffassung der böhmischen Geschichte]. In: Československý časopis historický 15 (1967), S. 789–810.
69. Prolegomena zu einer Geschichte der Juden in den Böhmischen Ländern (Gewidmet dem Andenken an Dr. Otto Muneles). Praha 1967 (Judaica Bohemiae III-2), S. 79–86.
70. Social Utopias in the Middle Ages. In: Past and Present 38 (1967), S. 3–19.
71. Siedlung und Verfassung Böhmens in der Frühzeit. Hg. von František Graus und Herbert Ludat, Wiesbaden 1967.
72. Kirchliche und heidnische (magische) Komponenten der Stellung der Přemysliden. Přemyslidensage und St. Wenzelsideologie. In: Siedlung und Verfassung Böhmens in der Frühzeit. Hg. von František Graus und Herbert Ludat. Wiesbaden 1967, S. 148–165.
73. A propos de l'évolution de la noblesse en Bohême du IXe au XIIIe siècle. In: L'Europe aux IXe–XIe siècles. Aux origines des états nationaux. Varsovie 1968, S. 205–210.
74. Dovršení tužeb generací [Erfüllung der Hoffnungen von Generationen]. In: Politika I, 11 (1968), S. 21–22.

75. Grundfragen und Schwerpunkte der tschechischen Mediaevistik nach 1945. In: Studi Medievali, serie terza 9 (1968), S. 917–948.
76. Nacismus a ňemecká historiografie [Nationalsozialismus und die deutsche Historiographie]. Na okraji knihy K. F. Wernera. In: Československý časopis historický 1968, S. 215–219.
77. Naše národní minulost. K. 170. výročí narození F. Palackého [Unsere nationale Vergangenheit. Zum 170. Geburtstag von F. Palacký]. In: Rudé právo 14. 6. 1968, S. 5.
78. Naše živá i mrtvá minulost [Unsere lebendige und tote Vergangenheit]. In: Osm esejí o českých dějinách 1, Praha 1968, S. 7–25.
79. Obecný přehled českých dějin – úvod do diskuse [Allgemeine Übersicht der böhmischen Geschichte, eine Einführung in die Diskussion]. In: Lid, národ, Stát v našich dějinách, 1968, S. 3–11.
80. Současná krize našeho historického vědomí [Die jetzige Krise unserer historischen Kenntnis]. In: Československý časopis historický 16 (1968), S. 485–504.
81. Böhmen zwischen Bayern und Sachsen. Zur böhmischen Kirchengeschichte des 10. Jahrhunderts. In: Historica 17 (1969), S. 5–42.
82. Das Spätmittelalter als Krisenzeit. Ein Literaturbericht als Zwischenbilanz, Prag 1968 (Mediaevalia Bohemica, Supplementum 1).
83. Die Herrschersagen des Mittelalters als Geschichtsquelle. In: Archiv für Kulturgeschichte 51 (1969), S. 65–93.
84. Hon na čarodějnice [Hexenjagd]. In: Československý časopis historický 17 (1969), S. 190–195.
85. Kněžna Libuše – od postavy báje k národnímu symbolu [Die Fürstin Libussa – von der Sagengestalt zum nationalen Symbol]. In: Československý časopis historický 17 (1969), S. 817–844.
86. Krise středověku a husitství [Die Krisen des Mittelalters und das Hussitentum]. In: Československý časopis historický 17 (1969), S. 507–526.
87. Littérature et mentalité médiévales: le roi et le peuple. In: Historica 16 (1969), S. 5–79.
88. Geschichtsschreibung und Nationalsozialismus [Übersetzung von Nacismus a ňemecká historiografie. Na okraji knihy K. F. Wernera. In: Československý časopis historický 1968, S. 215–219]. In: Vierteljahrshefte für Zeitgeschichte 17 (1969), S. 87–95.
89. Židovské dějiny – dějiny Židů [Jüdische Geschichte – Geschichte der Juden]. In: Československý časopis historický 17 (1969), S. 712 717.
90. Zur Gegenwartslage der Geschichtswissenschaft, Gießen 1969 (Schriften der Justus Liebig-Universität Gießen 8).
91. Slavs and Germans. In: Eastern and Western Europe in the Middle Ages. Hg. von Geoffrey Barraclough. London 1970. S. 15–42.
92. Die Entwicklung der Legenden der sog. Slavenapostel Konstantin und Method in Böhmen und Mähren. In: Jahrbücher für Geschichte Osteuropas, Neue Folge 19 (1971), S. 161–211.
93. Mittelalter. In: Sowjetsystem und demokratische Gesellschaft. Eine vergleichende Enzyklopädie. Hg. von Claus Dieter Kernig. Bd. 4. Freiburg–Basel–Wien 1971, S. 569–588.
94. Přemysl Otakar II. – sein Ruhm und sein Nachleben. Ein Beitrag zur Geschichte politischer Propaganda und Chronistik. In: Mitteilungen des Instituts für österreichische Geschichtsschreibung 79 (1971), S. 57–110.

95. Struktur und Geschichte. Drei Volksaufstände im mittelalterlichen Prag, Sigmaringen 1971 (Vorträge und Forschungen, Sonderband 7).
96. The Crisis of the Middle Ages and the Hussites. In: The Reformation in Medieval Perspective. Hg. von Steven E. Ozment. Chicago 1971, S. 77–103.
97. Middle Ages. In: Marxism, Communism and Western Society. A Comparative Encyclopedia. Hg. von Claus Dieter Kernig, New York 1972, S. 426–436 [Übersetzung von: Mittelalter. In: Sowjetsystem und demokratische Gesellschaft. Eine vergleichende Enzyklopädie. Hg. von Claus Dieter Kernig. Bd. 4. Freiburg–Basel–Wien 1971, S. 569–588].
98. Am Rande der ersten zwei Bände des neuen »Dahlmann – Waitz«. In: Blätter für deutsche Landesgeschichte 108 (1972), S. 211–222.
99. Die Entwicklung Mitteleuropas im 8. Jahrhundert und die Vorbedingungen der Staatenentwicklung in diesem Gebiet. In: Settimane di studio del Centro italiano di studi sull'alto medioevo 20: I problemi dell'Occidente nel secolo VIII. Spoleto 1973, S. 451–481 und 515–524.
100. Die Entstehung der früh- und hochmittelalterlichen Geschichtstradition in Böhmen. In: Tijschrift voor Geschiedenis 86 (1973), S. 2–20.
101. Böhmen und Altsachsen. Zum Funktionswandel einer Sagenerzählung. In: Festschrift für Walter Schlesinger. Hg. von Helmut Beumann. Bd. 2. Köln–Wien 1974 (Mitteldeutsche Forschungen 74/II), S. 354–365.
102. Die Geschichtswissenschaft zwischen Vergangenheit und Zukunft. In: Uni nova 1, Basel 1974.
103. Gewalt und Recht im Verständnis des Mittelalters. In: Basler Beiträge zur Geschichtswissenschaft 134 (1974), S. 5–21.
104. Ketzerbewegungen und soziale Unruhen im 14. Jh. In: Zeitschrift für Historische Forschung 1 (1974), S. 3–21.
105. Die Vorläufer der Städte auf westslawischem Gebiet. In: Settimane di studio del Centro italiano di studi sull'alto medioevo 21: Topographia urbana e vita cittadina nell'alto medioevo in occidente. Spoleto 1974, S. 232–330.
106. Die Problematik der deutschen Ostsiedlung aus tschechischer Sicht. In: Die deutsche Ostsiedlung des Mittelalters als Problem der europäischen Geschichte. Hg. von Walter Schlesinger. Sigmaringen 1975 (Vorträge und Forschungen 18), S. 31–75.
107. Sozialgeschichtliche Aspekte der Hagiographie der Merowinger- und Karolingerzeit. Die Viten der Heiligen des südalemannischen Raumes und die sogenannten Adelsheiligen. In: Mönchtum, Episkopat und Adel zur Gründungszeit des Klosters Reichenau. Hg. von Arno Borst. Sigmaringen 1974 (Vorträge und Forschungen 20), S. 131–176.
108. From Resistance to Revolt. The Late Medieval Peasant Wars in the Context of Social Crisis. In: The Journal of Peasant Studies 3 (1975), S. 1–9.
109. Lebendige Vergangenheit. Überlieferung im Mittelalter und in den Vorstellungen vom Mittelalter, Köln–Wien 1975.
110. Tausend Jahre Prager Bistum. Ein Literaturbericht. In: Jahrbücher für Geschichte Osteuropas 23 (1975), S. 525–535.
111. Vom »Schwarzen Tod« zur Reformation. Der krisenhafte Charakter des europäischen Spätmittelalters. In: Revolte und Revolution. Hg. von Peter Blickle, Historische Zeitschrift, Beiheft 4 (1975), S. 10–30.

112. Hagiographische Schriften als Quelle der »profanen« Geschichte. In: Fonti medioevali e problematica storiografica. Atti del congresso internazionale tenuto in occasione del 90° anniversario della Fondazione dell'Istituto Storico Italiano. Bd. 1. Roma 1976, S. 375–396.
113. Der Herrschaftsantritt St. Wenzels in den Legenden (Zum Quellenwert mittelalterlicher Legenden für die Geschichte I). In: Osteuropa in Geschichte und Gegenwart. Festschrift für Günther Stökl zum 60. Geburtstag. Hg. von Hans Lemberg, Peter Nitsche und Erwin Oberländer. Köln–Wien 1977, S. 287–300.
114. Der Heilige als Schlachthelfer – Zur Nationalisierung einer Wundererzählung in der mittelalterlichen Chronistik. In: Festschrift für Helmut Beumann zum 65. Geburtstag. Hg. von Kurt-Ulrich Jäschke und Reinhard Wenskus. Sigmaringen 1977, S. 330–348.
115. Der Wandel des Hus-Bildes seit dem 15. Jahrhundert. In: Konstanzer Blätter für Hochschulfragen 63 (1979), S. 48–63.
116. Prag als Mitte Böhmens 1346–1421. In: Zentralität als Problem der mittelalterlichen Stadtgeschichtsforschung. Hg. von Emil Meynen. Köln–Wien 1979, S. 22–47.
117. Böhmen und Mähren I. Mittelalter. In: Theologische Realenzyklopädie. Bd. 6. Berlin–New York 1980, S. 754–662.
118. Die Nationenbildung der Westslawen im Mittelalter, Sigmaringen 1980 (Nationes. Historische und philologische Untersuchungen zur Entstehung der europäischen Nationen im Mittelalter. Hg. von Helmut Beumann und Werner Schröder, 3).
119. Die Einheit der Geschichte. In: Historische Zeitschrift 231 (1980), S. 631–649.
120. Mittelalter. In: Der Große Ploetz. 29. Auflage. Freiburg–Würzburg 1980, S. 319–320.
121. Wirtschaft und Gesellschaft des Hochmittelalters. In: Der Große Ploetz. 29. Auflage. Freiburg–Würzburg 1980, S. 387–391.
122. Das Spätmittelalter. Grundzüge von Politik, Wirtschaft, Gesellschaft, Verfassung. In: Der Große Ploetz. 29. Auflage. Freiburg–Würzburg 1980, S. 495–498.
123. Europäisches Mittelalter: Schlagwort oder Forschungsaufgabe? In: Zeitschrift für Historische Forschung 4 (1980), S. 385–399.
124. Kaiser Karl IV. Betrachtungen zur Literatur eines Jubiläumsjahres (1378/1978). In: Jahrbücher für Geschichte Osteuropas 28 (1980), S. 71–88.
125. Jeanne d'Arc als Symbol Frankreichs. Die Jungfrau von Orléans im Spiegel der Geschichtsschreibung. In: Damals. Zeitschrift für geschichtliches Wissen 12 (1980), Heft 4, S. 343–356.
126. St. Adalbert und St. Wenzel. Zur Funktion der mittelalterlichen Heiligenverehrung in Böhmen. In: Europa slavica – Europa orientalis. Festschrift für Herbert Ludat zum 70. Geburtstag. Hg. von Klaus-Detlev Grothusen und Klaus Zernack. Berlin 1980 (Osteuropastudien der Hochschulen des Landes Hessen, Reihe 1: Gießener Abhandlungen zur Agrar- und Wirtschaftsforschung des europäischen Ostens 100), S. 205–231.
127. Historische Traditionen über Juden im Spätmittelalter (Mitteleuropa). In: Zur Geschichte der Juden im Deutschland des späten Mittelalters und der frühen Neuzeit. Hg. von Alfred Haverkamp. Stuttgart 1981, S. 1–26.
128. Judenpogrome im 14. Jahrhundert: Der Schwarze Tod. In: Die Juden als Minderheit in der Geschichte. Hg. von Bernd Martin und Ernst Schulin. München 1981, S. 68–84.
129. La sanctification du souverain dans l'Europe centrale des Xe et XIe siècles. In: Hagio-

graphie, cultures et sociétés, IVᵉ–XIIᵉ siècles, Etudes Augustiniennes. Paris 1981, S. 559–572.
130. Randgruppen der städtischen Gesellschaft im Spätmittelalter. In: Zeitschrift für Historische Forschung 8 (1981), S. 385–437.
131. Tendenzen der Stadt-Land-Beziehungen im ausgehenden Mittelalter. In: Fribourg: Ville et Territoire / Feiburg: Die Stadt und ihr Territorium. Politische, soziale und kulturelle Aspekte des Verhältnisses Stadt-Land seit dem Spätmittelalter; Akten des Kolloquiums an der Universität Freiburg zur 500-Jahrfeier des Eintritts von Freiburg in die Eidgenossenschaft, veröffentlicht von Gaston Gaudard, Carl Pfaff, Roland Ruffieux. Fribourg 1981, S. 26–41.
132. Die Geschichtsschreibung zwischen Heroisierung und Nostalgie. In: Apropos Artemis. Ein Werkstattbuch aus dem Artemis-Verlag. Zürich–München 1982, S. 151–154.
133. Böhmen. In: Lexikon des Mittelalters. Bd. 2. München–Zürich 1983, Sp. 335–344.
134. Burg: Böhmen und Mähren. In: Lexikon des Mittelalters. Bd. 2. München–Zürich 1983, Sp. 981 f.
135. Bürger, Bürgertum: Ostmitteleuropa. In: Lexikon des Mittelalters. Bd. 2. München–Zürich 1983, Sp. 1032 f.
136. Chronik: Böhmen. In: Lexikon des Mittelalters. Bd. 2. München–Zürich 1983, Sp. 2005 f.
137. Böhmen im 9. bis 11. Jahrhundert. Von der »Stammesgesellschaft« zum mittelalterlichen Staat. In: Gli Slavi occidentali e meridionali nell'alto medioevo, Settimane di Studio del Centro italiano di studi sull'alto medioevo 30, Bd. 1, Spoleto 1983, S. 169–199.
138. Die Ohnmacht der Wissenschaft gegenüber Geschichtsmythen. In: Wissenschaft in der Öffentlichkeit, Vorträge im Wintersemester 1982/83. Studium Generale an der Ruprecht-Karls-Universität Heidelberg. Heidelberg 1984, S. 30–42.
139. Judenfeindschaft im Mittelalter. In: Antisemitismus. Von der Judenfeindschaft zum Holocaust. Hg. von Herbert A. Strauss und Norbert Kampe. Frankfurt–New York 1985, S. 29–46.
140. A propos de la »religion royale« au bas Moyen Age: Venceslas IV et la mystique royale dans la Bohême hussite. In: Histoire sociale, sensibilités collectives et mentalités. Mélanges Robert Mandrou. Paris 1985, S. 507–516.
141. Die Randständigen. In: Unterwegssein im Spätmittelalter. Hg. von Peter Moraw. Zeitschrift für Historische Forschung, Beiheft 1 (1985), S. 93–104.
142. Kontinuität und Diskontinuität des Bewußtseins nationaler Eigenständigkeit im Mittelalter, in: Entstehung von Sprachen und Völkern. Glotto- und ethnogenetische Aspekte europäischer Sprachen. Akten des 6. Symposiums über Sprachkontakt in Europa. Mannheim 1984. Hg. von Per Sture Ureland. Tübingen 1985 (Linguistische Arbeiten 162), S. 71–81.
143. Corona: Böhmen. In: Lexikon des Mittelalters. Bd. 3. München–Zürich 1986, Sp. 255 f.
144. Cosmas von Prag. In: Lexikon des Mittelalters. Bd. 3. München–Zürich 1986, Sp. 300 f.
145. Europa zur Zeit der Schlacht bei Sempach. In: Jahrbuch der Historischen Gesellschaft Luzern 4 (1986), S. 3–15.
146. Nationale Deutungsmuster der Vergangenheit in spätmittelalterlichen Chroniken. In: Nationalismus in vorindustrieller Zeit. Hg. von Otto Dann. München 1986 (Studien zur Geschichte des 19. Jahrhunderts 14), S. 35–53.

147. Verfassungsgeschichte des Mittelalters. In: Historische Zeitschrift 243 (1986), S. 529–589.
148. Das Scheitern von Königen: Karl VI., Richard II., Wenzel IV. In: Das spätmittelalterliche Königtum im europäischen Vergleich. Hg. von Reinhard Schneider. Sigmaringen 1987 (Vorträge und Forschungen 32), S. 17–39.
149. Epochenbewußtsein im Spätmittelalter und Probleme der Periodisierung. In: Epochenschwelle und Epochenbewußtsein. Hg. von Reinhart Herzog und Reinhart Kosellek. München 1987 (Poetik und Hermeneutik 12), S. 153–166.
150. Epochenbewußtsein – Epochenillusion, in: Epochenschwelle und Epochenbewußtsein. Hg. von Reinhart Herzog und Reinhart Kosellek. München 1987 (Poetik und Hermeneutik 12), S. 531–533.
151. Die Struktur einer Epoche. In: Epochenschwelle und Epochenbewußtsein. Hg. von Reinhart Herzog und Reinhart Kosellek, München 1987 (Poetik und Hermeneutik 12), S. 541 f.
152. Funktionen der spätmittelalterlichen Geschichtsschreibung. In: Geschichtsschreibung und Geschichtsbewußtsein im späten Mittelalter. Hg. von Hans Patze. Sigmaringen 1987 (Vorträge und Forschungen 31), S. 11–55.
153. Zusammenfassung. In: Geschichtsschreibung und Geschichtsbewußtsein im späten Mittelalter. Hg. von Hans Patze. Sigmaringen 1987 (Vorträge und Forschungen 31), S. 838–845.
154. Städte in Mähren. In: Germania Judaica III/1, Tübingen 1987 (Austerlitz, S. 65 f.; Brünn, 178–183; Eibenschitz, 289; Fratting, 394; Grossbittesch 473; Hosterlitz, 575; Iglau, 579–581; Jamnitz, 586 f.; Kremsier, 686).
155. Mentalität – Versuch einer Begriffsbestimmung und Methoden der Untersuchung. In: Mentalität im Mittelalter: methodische und inhaltliche Probleme. Hg. von František Graus. Sigmaringen 1987 (Vorträge und Forschungen 35), S. 9–48.
156. Pest – Geißler – Judenmorde. Das 14. Jahrhundert als Krisenzeit, Göttingen 1987 (Veröffentlichungen des Max-Planck-Instituts für Geschichte 86).
157. Böhmen und das Reich im Mittelalter. In: In Europas Mitte, Deutschland und seine Nachbarn. Hg. von Heinz Duchhardt. Bonn 1988, S. 71–75.
158. Diskussionsbeitrag. In: Vergangenheit in mündlicher Überlieferung. Hg. von Jürgen von Ungern-Sternberg und Hansjörg Reinau. Stuttgart 1988 (Colloquium Rauricum 1), S. 325–327.
159. Fälschungen im Gewand der Frömmigkeit. In: Fälschungen im Mittelalter. Hannover 1988 (Monumenta Germaniae Historica Schriften 33/V), S. 261–282.
160. Juden und andere Randgruppen in den Städten des Spätmittelalters. In: Alternative Welten in Mittelalter und Renaissance. Hg. von Ludwig Schrader. Düsseldorf 1988 (Studia humaniora 10), S. 87–109.
161. Judentum und Judenverfolgung im Hoch- und Spätmittelalter. In: Christen und Juden in Offenbarung und kirchlichen Erklärungen vom Urchristentum bis zur Gegenwart. Hg. von Erika Weinzierl. Wien-Salzburg 1988 (Veröffentlichungen des internationalen Zentrums für Grundfragen der Wissenschaften Salzburg, Neue Folge 34; Publikationen des Instituts für kirchliche Zeitgeschichte, Serie II – Studien, Dokumentationen), S. 33–46.
162. Fahrende. In: Lexikon des Mittelalters. Bd. 4. München–Zürich 1989, Sp. 231.

163. Friedrich (Bedřich), Herzog von Böhmen. In: Lexikon des Mittelalters. Bd. 4. München–Zürich 1989, Sp. 947.
164. Goldenes Zeitalter, Zeitschelte und Lob der guten alten Zeit. Zu nostalgischen Strömungen im Spätmittelalter. In: Idee, Gestalt, Geschichte, Festschrift Klaus von See. Odense 1989, S. 187–222.
165. Organisationsformen der Randständigen. Das sogenannte Königreich der Bettler. In: Rechtshistorisches Journal 8 (1989), S. 235–255.
166. Troja und trojanische Herkunftssage im Mittelalter. In: Kontinuität und Transformation der Antike im Mittelalter. Hg. von Willi Erzgräber. Sigmaringen 1989 (Veröffentlichung der Kongreßakten zum Freiburger Symposion des Mediävistenverbandes), S. 25–43.
167. Hagiographie und Dämonenglauben – zu ihren Funktionen in der Merowingerzeit. In: Settimane di studio del Centro italiano di studi sull'alto medioevo 36. Spoleto 1989, S. 93–120.
168. Der Ketzerprozeß gegen Magister Johannes Hus (1415). In: Macht und Recht. Große Prozesse in der Geschichte. Hg. von Alexander Demandt. München 1990, S. 103–118, 299–300.
169. Mittelalterliche Heiligenverehrung als sozialgeschichtliches Phänomen. In: Heiligenverehrung in Geschichte und Gegenwart. Hg. von Peter Dinzelbacher und Dieter R. Bauer. Ostfildern 1990, S. 86–102.
170. Die Juden in ihrer mittelalterlichen Umwelt. In: Die Juden in ihrer mittelalterlichen Umwelt. Hg. von Alfred Ebenbauer und Klaus Zatloukal, Wien–Köln 1992 (im Druck).